중독치료의 이론과 실제

Pamela S. Lassiter · John R. Culbreth 편저
서울상담심리대학원대학교 부설 중독상담연구소 편역
이문희 · 장수정 · 김문형 · 손은경 · 김은주 · 박영례 · 이유정 · 임보람 공역

Theory and Practice of Addiction Counseling, First Edition
by Pamela S. Lassiter and John R. Culbreth

역자 서문

중독을 의미하는 addiction이라는 단어는 고대 로마에서 채무자가 빚을 갚지 못했을 때 법원 명령으로 채권자에게 '노예처럼 넘겨진 상태'를 뜻하는 라틴어 addictus에서 유래되었다. 중독은 다양한 물질이나 행위에 집착하는 것이 삶의 다양한 영역에 걸쳐 부정적 영향을 미치고 있어 중단이 필요하다는 필요성을 인지하고 있음에도 불구하고 지속하는 상태를 의미하는데, 중독 물질이나 행위에 사로잡혀 노예 상태가 된다는 점에서 어원적 의미와 연결된다.

우리나라의 중독 실태는 날로 증가 추세이다. 알코올, 니코틴, 처방약, 마약류와 같은 물질중독에 더해 스마트폰, 게임, 도박, 쇼핑, 성, SNS, 음식 등과 같은 행위 중독이 광범위하고 빠르게 증가하고 있다. 대상 연령 또한 다양화되고 있는데 영유아의 스마트폰 노출 증가와 청소년들의 게임 및 도박 중독, 노년층의 도박 및 알코올 의존이 사회적 문제로 부상하고 있다. 안타깝지만 중독 문제는 향후 우리 사회의 골칫거리 수준을 넘어서 사회 전체가 적극적으로 해결해야 할 문제가 될 것이며, 중독 문제를 제외하고서는 우리 사회 구성원들의 정신건강 문제를 논하기 어려울 것이다.

중독 문제의 다양화와 증가 추세가 가파른 것에 비해 이에 대한 대처는 아직 미미한 수준이다. 중독 문제의 예방 및 조기 개입에 대한 시스템의 부재와 통합적이고 다학제적인 치료 시스템의 부재가 가장 주목되는 이유이다. 이러한 사회적 시스템의 부재 안에는 우리 사회가 중독을 바라보는 시선이 담겨 있다. 바로 중독 문제는 개인의 도덕적 결단력의 부족이 문제이지 치료를 통해 개선될 여지가 있는 주제로 생각하지 않는, 중독에 대해 가지고 있는 우리의 고정관념의 작용이 있을 것이다. 흔히 '중독 문제는 죽어야 끝난다'는 언급 속에 중독 문제에 대해 우리가 가지고 있는 혐오감, 거부감, 그리고 개입에 대한 무기력감이 담겨 있다.

실제 심리치료의 현장에서 중독 문제를 가진 환자를 접하게 되는 많은 중독치료 관련 실무가들 또한 이들을 어떻게 이해해야 하고 어떻게 개입해서 도움을 줘야 하는지에 관해서는 막막한 상황이다. 공존장애를 가지고 있거나, 한 가지 이상의 중독 문제를 가지고 있는 경우, 그리고 중독 문제가 주 호소 문제는 아니지만 그 안에 깊이 뿌리박혀 있는 경우 실무가들은 복잡한 중독 문제에 좌절하게 되며 소진된다. 중독치료 현장에서 겪게 되는 이러한 현실적인 문제점들에 대한 인식이 바로 역자들이 이 책을 번역하게 된 동기이다. 기존의 중독 관련 서적을 살펴보면 중독 실태와 중독 유형에 대한 이해 및 개입에 초점이 맞춰져 있는 반면, 중독 문제를 다양한 이론적 관점에서 어떻게 조명하여 살펴볼 것인가를 다루는 관련 서적은 충분하지 못한 실정이다.

그런 점에서 이제까지 경험적으로 그 효과가 입증된 다양한 이론적 접근들의 관점에서 중독 문제를 이해하고 치료 개입의 함의점들을 제시하고 있는 『중독치료의 이론과 실제』라는 이 책은 중독 문제의 전문적 이해가 필요한 치료자들에게 큰 도움을 줄 수 있을 것이다. 이 책은 중독에 대한 다양한 관점이 충실히 담겨 있다. 우선 1, 2장에서는 중독의 치료 전통과 역사적 관점 그리고 도덕 모델을 소개하고 있다. 3~18장은 다양한 이론적 접근을 포함하고 있는데 대표적으로 생물학적 이론, 발달적 관점, 사회학 이론, 정신분석 이론, 애착 이론, 인지행동 이론, 가족 이론, 구성주의적 관점을 포함하고 있다. 또한 이 밖에도 변화를 위한 초이론 모델, 동기면담, 폐해 감소 모델, 12단계 촉진, 집단치료, 행위 중독, 중독의 재발 방지를 포괄하고 있다. 대표적 사례를 다양한 이론적 접근에서 어떻게 바라보고 개입할 수 있을 것인지를 다루는 사례 연구를 포함하고 있어 실무자들에게는 실제적인 도움이 될 것이다.

이 책은 중독 문제를 가지고 있는 개인이나 중독 문제를 가지고 있는 가족으로 인해 고통을 겪었거나 현재 겪고 있는 환자들을 만나고 있는 다양한 현장 전문가들에게 큰 도움이 될 것이다. 중독치료에 입문하는 학생들에게는 이론과 실제를 연결해 주는 훌륭한 입문서가 될 것이며, 현장에서 활동하는 실무가들에게는 자신의 익숙한 모델 외에 다양한 관점에서 중독 문제를 성찰하고 확장할 수 있는 계기가 될 것이다. 무엇보다 독자 여러분이 중독을 단지 교정하거나 제거해야 할 대상이 아닌 깊이 이해하고 회복의 여정을 함께 걸어야 할 인간적 경험으로 받아들이는 데 이 책이 작은 고리가 되기를 희망한다. 끝으로 이 귀중한 책을 국내에 소개할 수 있도록 허락해 주신 저자들과 번역서의 출간을 가능하게 해 주신 학지사 관계자 여러분께 깊이 감사를 전하며 독자 여러분의 중독치료에 이 책이 실질적 도움이 되기를 진심으로 바란다.

역자 일동

서문

네 명의 미국인 중 한 명은 삶에서 중독 문제에 직면하게 된다. 이렇게 만연한 중독 문제는 놀라운 수준에 이르렀다. 전문 치료자들에게 서비스를 받는 거의 모든 환자 역시 유사한 방식으로 중독에 영향을 받고 있다. 중독은 가족, 직장, 우정, 그리고 일상생활의 모든 측면에 영향을 미치고 있다. 너무나 많은 환자가 중독에 영향을 받기 때문에 모든 치료자는 치료 현장과 무관하게 중독 문제를 효과적으로 다룰 수 있는 기술을 가져야 한다.

중독은 대인관계적 · 개인 내적 · 사회적 · 영적 · 생물학적 요소들에 의해 뒷받침되고 유지되는 다차원적인 문제이다. 중독 문제의 인식론에 있어 복잡성 때문에 중독 문제를 고립된 문제로 효과적으로 이해하고 치료하는 것은 거의 불가능하다. 누군가에게 중독은 신체적 혹은 성적 학대(심리적 요인)와 같은 아동기 외상을 대처하는 방식일 수 있고, 또 다른 누군가에게는 사회적 탄압과 차별(사회적 요인)을 다루는 방식일 수 있다. 생물학적으로 보면, 환자들은 유전적 소인(생물학적 요인)으로 인해 더 쉽게 중독자가 될 수 있다.

효과적인 치료자는 적절한 치료를 수행하기 전에 환자의 삶에서 중독과 중독의 유지를 검토하고 이해하는 데 있어 복잡한 요인들 간의 상호작용인 생물심리사회적 관점이 필요하다. 이론과 실제에 대한 다양한 접근의 철저한 이해를 통해 치료자들은 회복과 장기적 재발 예방의 가능성을 높일 수 있는 개별화된 문제를 다루는 것을 준비할 수 있다. 중독치료자들은 그들이 치료에서 적절한 접근을 선택하기 전에 중독의 이론적 인식론(theoretical epistemology)을 이해해야 한다. 의학적 · 심리학적 · 사회적, 그리고 폐해 감소 모델과 같은 현재 이론들 모두는 서로 다른 방식으로 치료에 활용된다. 치료자가 적용하는 이론은 환자가 받게 될 치료의 형태를 결정하게 된다. 이 책은 중독에 관해 존재하는 여러 이론을 다루고자 하며 이러한 이론들은 치료자가 이론과 실제를 연결하는 데 도움을 줄 것이다.

중독 이론에만 유일하게 초점을 둔 중독 관련 책은 거의 없다. 지금까지 이러한 영역을 다룬 교과서들 대부분은 연구 위주였다. 즉, 이러한 책들은 전형적으로 심리학적 · 사회학적, 그리고 의학적 모델과 같이 4~5가지 넓은 이론적 범주에 관한 짧은 개요를 제공하고 있으며 하나의 장에서 이러한 이론들의 서로 다른 특성을 간략하게만 언급할 뿐이다. 이들은 중독 이론을 실제와 연결하지 않고 있다. 이러한 연구 중심 책들은 평가 문제, 가족 문제 그리고 12단계 접근의 개요를 제공하지만 다른 치료 접근들이나 문제들에 대해서는 단지 한두 개의 장을 할애할 뿐이다. 반대로, 일반적인 치료 분야에서 나오는 이론 교재를 검토해 보면 이러한 교과서들은 전형적으로 치료 이론에만 초점을 맞추고 있다. 중독 강의 현장에서 부족한 것은 치료 이론서와 유사하게 중독 이론에 초점을 맞추는 교과서이다. 이제 이론을 가르치는 강의자들은 교과서, 교과서 내 몇몇 장, 그리고 논문들을 참고하여 학생들을 위해 읽을거리를 종합해야 한다. 이 책은 하나의 교과서 안에 중독 이론에 대한 모든 정보를 제공하고 있다.

우리는 구체적 이론을 담아내는 각 장으로 구성된 중독치료의 현재 이론들을 깊게 검토하고자 한다. 각 장은 이론의 기본 구성 요소를 철저히 기술하고, 이론의 철학적 기초와 핵심 개념, 치료자들이 이론적 접근을 활용하는 방법, 이론의 강점과 약점, 사례 연구 반응을 통한 실제 적용으로 구성되어 있다. 저자들은 중독의 원인, 유지 그리고 개인의 다양한 정체성이 치료에 미치는 영향을 학생들이 이해하도록 조력하기 위해 다문화적 초점을 의도적으로 포함하였다. 저자들은 저술하는 각 이론의 초점과 원리의 이론적 관점에 기반한 공통적인 질문들에 반응하도록 요청받았다. 사례 연구 개입들은 서로 다른 이론적 접근이 환자 상황들에 어떻게 적용되는지를 비교할 수 있는 기회를 독자들에게 제공하기 위해 사용 가능하다. 추가로, 각 장은 강의 중 함께 논의할 수 있는 질문들 혹은 활동들을 포함하고 있는데 이는 학생들이 이론의 탐구를 더 깊게 하도록 도울 것이다. 각 장은 학습을 지속하도록 격려하기 위해 문헌 목록으로 끝이 난다.

이 책의 주된 독자는 중독치료 수업을 듣는 학생들이다. 과거 10년 넘게 이러한 형태의 강의들이 탄탄하게 성장해 왔다. 또한 치료 및 관련 교육 프로그램을 위한 인증 협의회(Council for Accreditation of Counseling and Related Education Programs: CACREP)의 전문화가 중독치료로 확장되면서, 이러한 유형의 교재는 중독치료자를 전문 과정으로 양성하려는 프로그램에서 특히 필요하다. 중독 이론을 다루는 과정은 중독치료 프로그램의 기초를 제공할 것이며 학생들이 중독의 병인학에 영향을 미치는 다양한 이론적 영향과 치료 개입에 미치는 이론의 영향을 검토하는 데 도움을 줄 것이다.

차례

역자 서문 • 3

서문 • 5

1장
구전된 치료 전통에서 이론 적용으로
-중독 이론과 실제에 대한 서론- • 11

1. 치료 전통 /12
2. 책의 영역과 각 장에 대한 개관 /17
3. 중독치료 사례 연구 /22

[부록]
전국 알코올 및 약물남용 치료자 협회 윤리 강령

1. 치료 관계 /25
2. 환자 자료의 평가, 진단 및 해석 /30
3. 기밀 유지/특권적 의사소통과 개인 보호 /33
4. 전문적 책임 /34
5. 문화적으로 다양한 세계에서 일하기 /38
6. 직장 기준 /39
7. 지도 감독 그리고 자문 /39
8. 윤리적 문제 해결 /40
9. 의사소통 및 출판물 /41
10. 정책 및 정치적 참여 /42

2장
역사적 관점과 도덕 모델 • 45

1. 식민지 시대(1492~1763) /45
2. 미국 혁명과 젊은 공화국(1763~1820년대) /46
3. 치료 운동(1826~1919) /47
4. 금주령 시대(1919~1933) /51
5. 제2차 세계 대전 시기(1939~1945) /52
6. 닉슨 시대(1969~1974) /53
7. Carter 시대(1977~1981) /54
8. Reagan 시대(1981~1989) /55
9. 1990년대 그리고 2000년대 /57
10. 중독의 문화적 입장 /59
11. 도덕 모델의 기본 원리 /61
12. 이론의 강점과 약점 /62
13. 사회 정책에 미치는 영향 /63
14. 임상가들에게 미치는 영향 /64
15. 사례 연구 반응 /65

3장
생물학적 이론 -유전학과 뇌 화학- • 71
1. 중독 과정에 대한 경험적 연구 결과 개요 /71
2. 이론의 기본 개념 /75
3. 이론의 철학적 기초와 핵심 개념 /76
4. 중독 물질 /79
5. 치료자가 이론적 접근을 활용하는 방법 /90
6. 평가 및 예방의 함의 /94
7. 이론의 강점과 약점 /94
8. 사례 연구 반응 /97

4장
정신분석 이론 • 109
1. 이론의 기본 개념 /109
2. 이론의 철학적 기초와 핵심 개념 /115
3. 치료자가 이론적 접근을 활용하는 방법 /120
4. 평가 및 예방의 함의 /128
5. 이론의 강점과 약점 /130
6. 사례 연구 반응 /131

5장
자기심리학 이론 -중독과 상처받은 자기- • 139
1. 이론의 철학적 기초와 핵심 개념 /140
2. 치료자가 이론적 접근을 활용하는 방법 /145
3. 평가 및 예방의 함의 /149
4. 이론의 강점과 약점 /149
5. 사례 연구 반응 /150

6장
발달적 접근 • 159
1. 발달이론의 공통 요소 /159
2. 선정한 발달이론의 개요 /162
3. 중독치료에서 치료자의 활용과 적용 /173
4. 물질사용장애의 예방, 평가 및 치료에 대한 적용 및 시사점 /176
5. 발달이론의 강점과 약점 /178
6. 사례 연구 반응 /179

7장
애착 이론 • 183
1. 이론의 기본 개념 /183
2. 이론의 철학적 기초 및 핵심 개념 /187
3. 치료자가 이론적 접근을 활용하는 방법 /193
4. 평가 및 예방의 함의 /198
5. 이론의 강점과 약점 /200
6. 사례 연구 반응 /201

8장
사회학 이론 • 209
1. 중독에 대한 사회적/문화적 영향의 간략한 역사, 미국과 세계 다른 지역 간의 차이점 /210
2. 이론의 기본 원칙 /212
3. 이론의 철학적 기초와 핵심 개념 /218
4. 치료자가 이론적 접근을 활용하는 방법 /221
5. 평가 및 예방의 시사점 /222
6. 이론의 강점과 약점 /223
7. 사례 연구 반응 /224

9장
가족체계 이론 • 229

1. 이론의 기본 개념 /230
2. 이론의 철학적 기초와 핵심 개념 /232
3. 치료자가 이론적 접근을 활용하는 방법 /238
4. 이론의 강점과 약점 /246
5. 사례 연구 반응 /247

10장
초이론 모델 • 257

1. 이론의 기본 개념 /257
2. 이론의 철학적 기초와 핵심 개념 /261
3. 치료자가 이론적 접근을 활용하는 방법 /265
4. 종결 /270
5. 치료자의 태도 /270
6. 평가 및 예방의 함의 /271
7. 이론의 강점과 약점 /273
8. 사례 연구 반응 /274

11장
동기면담 • 281

1. 이론의 기본 개념 /282
2. 이론의 철학적 기초와 핵심 개념 /284
3. 평가 및 예방의 함의 /288
4. 이론의 강점과 약점 /300
5. 사례 연구 반응 /301

12장
폐해 감소 -환자들이 있는 곳에서 그들과 만나기- • 309

1. 이론의 기본 개념 /309
2. 이론의 철학적 기초와 핵심 개념 /312
3. 치료자가 이론적 접근을 활용하는 방법 /319
4. 평가 및 예방의 함의 /322
5. 이론의 강점과 약점 /324
6. 사례 연구 반응 /330

13장
인지행동적 접근 • 339

1. 이론의 기본 원칙 /339
2. 이론의 철학적 기초와 핵심 개념 /341
3. 치료자가 이론적 접근을 활용하는 방법 /348
4. 평가 및 예방의 시사점 /357
5. 이론의 강점과 약점 /358
6. 사례 연구 반응 /359

14장
12단계 촉진 • 369

1. 이론의 기본 원리 /369
2. 철학적 기초와 이론의 핵심 개념 /373
3. 치료자가 이론적 접근을 활용하는 방법 /380
4. 평가 및 예방의 함의 /383
5. 사례 연구 반응 /385

15장

구성주의적 접근 -페미니스트, 여성주의 그리고 내러티브 이론-

구성주의적 접근 -페미니스트, 여성주의 그리고 내러티브 이론- • 393

1. 페미니스트와 여성주의 이론의 철학적 기초와 핵심 개념 /394
2. 치료자가 이론적 접근을 활용하는 방법 /398
3. 평가 및 예방의 함의 /401
4. 페미니스트와 여성주의 이론의 강점과 약점 /403
5. 철학적 이해와 내러티브 이론의 핵심 개념 /405
6. 치료자가 이론적 접근을 활용하는 방법 /408
7. 내러티브 이론의 평가 및 예방의 함의 /413
8. 내러티브 이론의 강점과 약점 /414
9. 페미니스트 이론의 사례 연구 반응 /415
10. 여성주의 이론의 사례 연구 반응 /416
11. 내러티브 이론의 사례 연구 반응 /418

16장

행위 중독

행위 중독 • 423

1. 행위 중독 /423
2. 행위 중독에 대한 문화적 문제 /440
3. 사례 연구 반응 /441

17장

중독 집단치료

중독 집단치료 • 451

1. 중독치료에서 집단치료의 간략한 역사 /452
2. 중독치료에서 집단치료의 핵심 개념과 이론적 기초 /452
3. 집단치료의 실제 /458
4. 집단치료의 유형 /466
5. 중독 집단치료의 강점과 약점 /469
6. 사례 연구 반응 /471

18장

재발 방지 접근

재발 방지 접근 • 479

1. 재발 방지 접근의 기본 원칙 /479
2. 재발 방지의 철학적 기초와 핵심 개념 /482
3. 치료자가 재발 방지 접근을 활용하는 방법 /490
4. 재발 방지 평가와 방지의 함의 /494
5. 재발 방지 접근의 강점과 약점 /498
6. 사례 연구 반응 /499

찾아보기 • 507

1장 구전된 치료 전통에서 이론 적용으로

-중독 이론과 실제에 대한 서론-

John R. Culbreth
Pamela S. Lassiter

이 책은 중독에 대한 인식과 치료 모두에 대한 다양한 이론적 접근을 탐색한다. 독자들은 편집자인 우리의 관점을 이해하는 것이 중요하다. 왜냐하면 우리가 누구인지와 우리가 믿는 것은 이 책을 편집한 렌즈를 궁극적으로 정의하기 때문이다. 편집자들 모두 중독의 원인과 유지에 관한 생물심리사회적 그리고 영적인 이론적 관점을 지지한다. 우리는 중독의 형성과 그것이 시작된 이후 중독의 유지에 있어서 중요한 생물학적 · 심리적 · 사회학적, 그리고 영적인 요소가 있다고 믿는다. 우리는 모두 중독치료가 중독이라는 질병을 적절하게 설명하기 위해 이러한 모든 관점을 반드시 포함해야 한다고 믿는다.

또한 우리는 중독치료에 대한 여러 기저 가정에 기반하여 작업을 한다. 이는 다음과 같다.

- 이론과 모델은 우리의 삶에서 무엇이 문제의 원인이며, 사람들이 이러한 문제에 대한 반응에서 어떻게 왜 변화하는지에 대한 우리의 신념을 포함하는 임상 실제에서의 기본적인 지침이다. 치료에서 우리의 이론은 변화에 대한 신념만큼이나 우리 자신이 누구인지를 잘 보여 준다. 다시 말해, 우리가 적용하는 치료 이론들은 우리 자신의 발달 과정과 그로 인한 세계관에 기반을 두고 선택된다.
- 우리는 치료자가 중독 문제와 중독 문제를 가진 사람들에 대한 그들의 편견을 인식하고 이를 지속해서 성찰하는 실제에 관여해야 한다고 가정한다. 우리 중 대부분은 어떤 방식으로든 중독에 영향을 받아 왔다. 개인적으로 말하면, 치료 경력 30년 이상이 지난 나는 중독이 문자 그대로 뇌를 강타하는 질병이라는 강한 확신이 있지만 8번의 음주 운전 적발 이력이 있는 사람이 음주 운전으로 젊은 대학생을 차로 치어 죽게 만들었을 때 도덕 모델의 신념에 빠지지 않는 것이 여전히 어렵다. 우리는 이러한 판단을 이해해야 하고 우리가 이러한

판단(인종차별과 성차별이 항상 우리 안에 존재할 것이다)을 가질 수 있음을 수용하며 우리가 치료를 제공할 때 이러한 입장에서 행동하지 않기를 의식적으로 선택해야 한다.

- 중독의 원인과 유지에 대해 치료자가 믿고 있는 것과 중독된 환자의 치료와 치료 과정 사이에 강한 관계가 있다는 것을 명심해야 한다. 치료자가 가족의 고통이 환자의 중독에 중요하게 기여하는 요인이라고 믿고 있다면 그 치료자는 우선적 치료 모델로 가족치료 혹은 체계적 접근을 선택할 것이다. 만약 심리적 문제를 중독의 기저하는 원인으로 본다면 스트레스 감소 기법 혹은 불안이나 우울 약물 처방과 같은 치료가 강구될 수 있다. 중독 환자와의 치료에 적용되는 치료 이론과 상관없이, 중독, 중독된 사람들 그리고 적절한 치료에 대한 치료자 자신의 편견들을 탐색하는 것은 치료자의 몫이다.
- 또한 중독치료에서 가장 최선의 실제는 효과성에 있어 근거 기반을 가진 올바른 이론적 접근으로 이루어진다고 생각한다. 모든 이론적 접근이 효과적이라고 '입증'되지는 않았지만 치료에 적용하는 우리의 일반적 접근은 치료 실제를 위해 경험적 지지에 기반해야만 한다.

1. 치료 전통

우리가 치료자로서 수련 프로그램을 마칠 때인 1980년대경 물질남용 치료자들에 대한 훈련은 오늘날의 중독치료 수련과는 사뭇 달랐다. 그러나 아직도 오늘날의 중독치료 교과 과정에 초기 훈련의 많은 측면이 여전히 존재한다. 이러한 것들의 대부분을 치료 전통이라고 부를 수 있다. 중독 환자 치료에 있어 이 전통은 20세기 해당 분야의 발전 과정에서 독자적인 역사를 형성해 왔으며, 이것은 AA(Alcoholics Anonymous) 및 질병 모델과 밀접하게 연관되어 있다. 치료 전통의 개념은 구전 역사와 유사한 방식으로 전수되어 오고 있다. 이 점을 염두에 두면서 이러한 개념과 사상에 대한 공로를 우리가 주장하지 않는다는 것을 주목하라. 이것은 우리가 여러 해에 걸쳐 축적해 온 전통의 제시이며, 서비스 교육, 치료자로서 받은 지도 감독, 치료 프로그램 과정, 그리고 치료자가 환자와 함께 사용하는 심리 교육 자료를 통해 배운 것들이다. 전통이라는 말을 사용한다고 해서 이러한 개념이 사실이 아니라는 것을 의미하지는 않는다. 이것은 단지 중독치료에서 수용되는 문화의 부분일 뿐이며, 중독치료자가 환자를 인식하고 치료하는 방식에 영향을 미친다.

비록 교실에서는 심리치료 전반에 걸쳐 견고한 기반을 둔 경험적 접근과 이론에 집중하는 중대한 변화가 있었음에도 불구하고, 이러한 치료 전통은 오늘날까지 여전히 이어지고 있다. 치료 전통이 지속되는 곳은 전문성 개발 교육, 워크숍, 중독치료 훈련 기관 그리고 중독치료 기관과 같이 다양하다. 치료 프로그램을 마친 학생들은 이러한 치료 전통의 접근을 통해 작업하는 치료 프로그램 안에서 자리를 구하게 된다. 당연하게, 점점 더 많은 프로그램은 제공된 치료가 이론적 · 경험적으로 근거가 있다는 것을 증명하도록 요구받고 있다. 그러나 이러한 요구가 보편적인 것은 아니며 많은 치료 센터와 프로그램에서 중독치료자들은 여러 개념과 신념 그리고 개인적 경험을 통합하여 그들이 매일매일 만나는 환자들과의 작업을 어떻게 할 것인지에 활용하고 있다.

비록 치료자들이 중독된 환자와 작업하는 기초로서 치료 전통을 사용하는 것을 옹호하지 않더라도, 이러한 개념 일부를 제시하는 것은 두 가지 이유에서 중요하다고 생각한다. 첫째, 이 분야에 입문하는 치료 전문 인력들이 그들이 일하게 되는 환경의 문화를 이해하는 것은 중요하다. 이러한 개념 대부분은 일하고 있는 중독치료자들에 의해서 거의 본능적 수준으로 받아들여지고 있다. 이는 치료자들의 일부가 자기 자신의 회복 과정을 통과했거나 가까운 가족이 회복 중인 상태이기 때문이라고 생각한다. 결과적으로 이 전문가가 여전히 살아 있고 오늘도 숨 쉬고 있다는 사실과 이와 같은 신념은 깊게 관련이 있다. 개인적으로 말하자면, 이러한 생각의 일부 혹은 전부가 없었다면 우리 가족 구성원들의 일부는 중독 문제로 죽었을 것이다. 이와 같은 경험을 통과해 온 사람들에게서 이러한 신념은 '광신자'를 만들어 낸다. 그리고 종종 이 광신자는 중독을 개념화하고 중독 환자를 치료하는 다른 대안적 방법에 개방적이지 않을 수 있다.

이러한 정보를 제안하는 두 번째 이유는 치료 전통의 많은 부분이 의미가 있으며 중독된 환자들이 그들의 회복 과정에서 다루어야 할 경험과 문제들을 정확하게 기술하고 있기 때문이다. 치료 전통의 일부는 치료 전문 인력들이 이러한 문제들을 이해할 수 있도록 도울 뿐만 아니라 환자들의 경험을 더 잘 이해하도록 돕는다. 이와 같은 사고들이 정확하다면, 그리고 사실이라고 믿는다면 중독치료자들은 이 생각들을 환자들에게 가르칠 수 있고 회복 과정에서 그들을 도울 수 있을 것이다.

공통적 치료 전통이라는 것을 살펴보면, 거기에는 중독의 정의, 질병의 정의 그리고 질병이 어떻게 환자에게 나타나는지 그리고 중독 환자와 치료를 진행할 때 고려해야 할 점과 같은 여러 개념이 있다. 여기서 간략하게 이러한 개념들을 논의하고 어떻게 사용될 수 있는지 그 예를 제공할 것이다.

중독된 환자들과 치료를 시작할 때 공통적인 문제는 알코올 중독 혹은 약물 중독이라는 용어에 대한 저항감이다. 두 용어 모두 부정적 의미를 지니고 있고 부정적인 고정관념들이 수반된다. 종종 환자들은 공개적으로 그리고 반항적으로 자신들이 여기에서 어떤 것도 해당하지 않는다고 말한다. 우리의 개입은 이러한 환자의 입장에 동의하면서, 그러한 판단을 하는 것은 우리의 역할이 아니라고 언급한다. 그 혹은 그녀가 화학 물질을 사용하는 데 있어 어느 정도 불편한지를 결정하는 것은 환자의 몫이다. 우리는 개인 및 집단치료 혹은 심리교육에서 중독이란 부정적 결과에도 불구하고 지속해서 기분을 변화시키는 물질 혹은 행동의 강박적 사용이라는 공통적인 중독의 정의를 전달한다. 이러한 정의에 대해 가장 잘 알려진 옹호자 중 한 사람은 Father Martin인데, 그는 자신의 잘 알려진 칠판 강연 비디오에서 이 개념에 대해 교육했다(Kelly Productions, 1972). 이 개념에 대한 중요한 귀결은 치료자와 환자 모두 화학 물질 그 자체(혹은 과정 중독에서라면 행위)는 우선적인 문제가 아니라는 것을 이해하는 것이 중요하다는 것이다. 그보다 중요한 것은 화학 물질(혹은 행위)의 사용과 남용을 둘러싼 행동, 인지, 정서이다. 다시 말해, 알코올 중독에서 중요한 것은 알코올이 아니다. 다루어야 할 것은 '중독'이다. 알코올 중독, 코카인 중독, 일 중독, 성 중독, 도박 중독, 그리고 완벽주의 중독 모두 '중독'에 대한 것이다. 이러한 각각의 '중독'은 단순히 그 혹은 그녀의 기분을 변경하는 서로 다른 방법일 뿐이다. 다른 식으로 말하면 '약물은 그저 약물이다'.

다른 치료 전통은 환자가 중독으로부터 회복되면서 그들이 경험하는 것이 무엇인지 이해할 수 있도록 그들에게 중독의 속성을 어떻게 설명할 것인지와 관련된다. 이러한 정의는 흔히 3Ps 그리고 1T로 언급된다. 이 용어는 중독이 진행되고(progressive), 지속적이며(persistent), 방치될 경우 치명적이고(terminal) 우선적인 질병(primary illness)이라는 의미를 뜻한다. 우선적 질병이라는 것은 다른 문제 혹은 염려 사항들이 다루어지기 전에 치료를 요하는 것을 의미한다. 중독치료에서 이것은 중독 문제를 다루는 것을 간과하고 결국 이 문제를 다루지 않으면서 다른 심리적 혹은 정서적 문제에 초점을 맞추게 되는 환자들과 관련이 있다. 다른 문제에 대해 치료가 진행되면서 종종 환자는 더 적절한 건강한 대처 전략을 발달시키기보다 화학 물질 혹은 행위를 통해 자가-처방을 시작할 수 있다. 하지만 이것은 기껏해야 한계가 있고 종종 매우 일시적이다. 종국에 가서 치료자는 환자에게 사실상 무슨 일이 발생했는지 알게 되고 결국 다양한 수준에서 성과를 보이면서 화학물질사용을 다루려고 한다. 긍정적인 변화를 얻기 위한 환자 혹은 치료자에 의해 이루어지는 노력을 무색하게 만드는 우선적인 질병이기에 결국 환자를 위한 성공적 결과는 차단된다.

진행되는 문제로서 중독은 강박적이고 억제되지 못한 사용과 관련된 많은 부정적 결과를 말한다. 이러한 결과는 특성에 따라 경증, 중등증, 중증 수준까지 일련의 순서로 이어진다. 경증 결과의 예는 알코올에 대한 내성 증가, 블랙아웃의 시작, 그리고 심지어 다른 사람들은 그렇게 할 수 있을 때조차 본인은 스스로 음주를 중단하는 데 어려움이 포함된다. 중등증의 결과는 섭취하는 양을 조절하거나 완전히 끊는 것의 실패, 직장, 재정, 그리고 가족과 친구들에 미치는 부정적 영향, 그리고 떨림의 진행이 포함된다. 중증의 결과는 신체적 도덕적 황폐화, 중독(intoxication), 그리고 역내성(reverse tolerance)이라고 알려진 현상으로 알코올에 대한 내성이 감소하는 것이 포함된다. 심각성의 각 수준은 진행의 세 가지 단계 모델을 통해 중독을 바라보는 견해와 일치한다. Jellinek(1960)은 환자들이 중독의 초기, 중기 그리고 후기 단계를 통해 어떻게 내려가면서 진행되는지를 보여 주는 Jellinek 곡선으로 불리는 도표를 만들었다. 이 곡선의 반대편에는 회복을 향해 발전해 나가는 환자들을 위한 단계들과 과정 지표들을 제공하고 있다.

지속성의 개념은 이 문제가 결국에는 사라질 것이고 저절로 해결될 것이라고 바라며 무시될 수 없다는 사실을 말한다. 중독은 치료 과정에서 적극적 참여를 통해 정면으로 직접 다루어져야 한다는 것이다. 환자들은 회복을 향한 그들의 노력에서 안일해질 수 없다는 것을 이해해야만 한다. 지속성이라는 개념은 특히 아이의 중독 문제를 수용하기 어려운 부모가 치료자에게 아이의 중독 행동은 단지 과정일 뿐 곧 벗어날 것이라고 말하는 경우이다. 이런 문제는 여러 번 일어날 수 있다. 하지만 더 자주 누군가의 화학 물질 사용과 남용이 전문가의 관심을 받게 됐을 때는 이미 실험적 단계 혹은 국면은 훨씬 넘어선 것이다. 이 시점이 되면 중독은 존재하고 지속해서 나타나며 저절로 사라지지 않을 것이다.

마지막 특징인 T는 중독의 말기 상태(terminal condition)를 의미한다. 억제되지 못한 채 방치된다면, 지속적인 특성과 계속해서 심각한 결과를 통해 진행되면서 마지막 결과는 죽음일 가능성이 크다. 죽음은 다양한 방식으로 일어난다. 신체의 물리적 황폐화를 거쳐 시간이 (비록 여기서 시간이라는 것은 개인이 물질을 사용하는 양과 빈도에 따라 상대적이지만) 지날수록 발생할 수 있다. 혹은 죽음은 교통사고 사망과 같이 손상된 사고로 인해 위험한 행동에 참여하는 것의 결과로 일어날 수 있다. 중독을 가진 많은 사람은 우울과 씨름을 하고 있는데 물질로 유도된 자살 사고나 자살 행동이라는 커다란 위험이 있고 종종 결과적으로 자살에 성공하기도 한다.

중독된 환자들에 대해 두 번째로 기술하는 용어는 바로 중독의 3D이다: 부정(denial), 왜곡(delusion), 부정직(dishonesty). 비록 다른 두 개의 특성이 중독치료를 공부하는 학생들에게 분명하지만, 부정이 세 가지 특성 중에 가장 흔히 알려진 것이다. 중독이 진행되면서 환자들은 그들의 행동과 이어지는 결과의 영향을 부정하게 된다. 종종 그들은 부정적 결과에 대한 탓을 물질사용과 남용보다는 다른 많은 영역으로 돌리려고 할 것이다. 음주 운전으로 체포된 것에 대해, 단순히 경찰관이 교통 위반 딱지 부여의 할당을 채우려고 일어난 일이라고 언급하는 것을 듣는 것은 일반적이다. 음주로 인해 제 기능을 하지 못하는 상태에서 운전했다는 사실을 무시한다. 다른 환자들은 물질남용이 부정적 역기능적 관계 때문이라고 본다. 이 모든 것이 부정이다.

중독 문제가 진행될수록 부정이 증가하면서 화학적 물질남용을 둘러싼 손상된 사고 혹은 망상의 패턴이 발전되기 시작한다. 이는 가족과 친구들을 향한 합리적이지 않은 분개를 포함한다. 물질 혹은 행위 강박이 진행되면서 망상적 사고가 일어날 수 있다. 종종 이러한 왜곡된 사고는 환자의 삶에서 사람들이 자신을 박해하고 있다는 망상적 신념을 지지한다.

세 번째 특성인 부정직은 환자가 중독의 진실을 외면하면서 긴 시간 지속한다는 점에서 첫 두 가지 특성과 관련이 있다. 부정과 왜곡된 사고를 통해 자기 스스로에 대해 부정직할 뿐만 아니라 그들이 상호작용하는 사람들과 매일매일의 만남에서 부정직을 포함하고 있다. 행동의 부정적 결과로부터 환자를 보호하면서 거짓말의 체계가 만들어진다. 중독된 사람들과 친밀한 많은 사람은 중독 행동을 가능하게 하면서 공공연하게 이러한 부정직을 지지하거나 혹은 남용하는 행동과 관련된 결과에 대해 자신만의 '이유'를 대면서 부정직을 은밀하게 지지한다. 친구들이나 가족 구성원들에 의해 이루어지는 이러한 타협 형성의 접근들 모두는 부적절한 남용 행동을 직접적으로 그리고 정직하게 직면하지 않는다는 공통적인 특성을 공유한다. 결과적으로, 의도적이든 의도적이지 않든 그 혹은 그녀의 행동의 마땅한 부정적 결과로부터 중독자들을 막아 주게 되는 셈이다. 이러한 부정직의 복잡한 수준의 최종 결과는 일반적으로 부실한 거짓말의 체계 그리고 중독 행동에 대한 변명의 붕괴이다.

여러 다른 치료 전통 개념이 언급되어야 한다. 이 중 한 가지는 모든 화학 물질에 대해 즉각적이고 완벽한 금욕(abstinence)만이 중독으로부터 회복을 성취할 수 있는 유일한 길이라는 것이다. 이것을 지지하는 이론적 접근이 있고 이를 진실로 공언하는 많은 중독치료자가 있지만 이것만이 절대적인 것으로 여겨질 수는 없다. 이러한 절대적 사고를 통해 다양한 수준에 있는 모든 사람을 다루기는 어렵다. 많은 환자는 자신만의 회복 과정을 통해 치료되기도 하며 금욕을 요구하지 않는 치료 접근을 통해 성공적으로 그들의 삶을 다시 세우기도 한다.

전통의 다른 부분은 환자들이 그들의 행동을 직면할 수 있는 유일한 방식이 집단치료이고 집단 과정에서 중독된 환자들은 그들이 행한 자신의 행동을 마침내 보도록 돕기 위해 중독 환자들의 부정이라는 장벽을 돌파할 필요가 있다는 것이다. 하지만 이것은 사실이 아니며, 실제로는 모든 환자에게 상당히 해로울 수 있는 가부장적 사고의 수준이 있다. 중독치료자들은 환자들과 그들의 개별적 상황에 대한 인식을 발전시키는 것이 중요하다. 이러한 가부장적 사고를 통해 어떤 치료자들에게는 그들 자신의 회복 경험, 혹은 가족의 회복 경험을 치료 과정으로 가져올 수 있다. 그들에게 효과적이라면 그들의 환자에게도 분명히 효과적일 것이라고 가정하게 된다. 이러한 방식은 매우 서구중심주의적 사고 관점으로 오늘날 다양한 사회에는 효과적이지 않다. 치료자는 결국 부정이라는 용어를 쓰려고 한다. 어떤 치료자들은 환자의 부정을 환자의 저항 행동이라고 규정하려 한다. 환자가 들을 준비가 되어 있지 않고, 자신의 문제나 실패를 인정하지 않으며, 타인에게 피해를 줬다는 사실조차 받아들이려 하지 않는다고 보는 시각이 있다. 즉, 환자가 처한 현재의 상태를 기꺼이 수용하고, 안전한 치료 관계를 형성하여 환자 스스로 동기와 행동을 되돌아보게 돕는 치료자의 책임에서 멀어지게 한다. 환자들은 많은 수치심을 가지고 있다. 치료자가 더 얹을 필요는 없다.

이 짧은 논의에서 제시되지 못한 더 많은 치료 전통의 측면이 있다. 우리는 중독치료 공동체의 문화에 담겨 있는 몇몇 개념과 신념 체계를 독자들에게 제공하려고 한다. 중요한 점은 이러한 정보가 많은 물질남용 전문인력들과 프로그램에 대한 고발로 간주되어서는 안 될 것이다. 전혀 그렇지 않다. 이것은 단지 새로운 중독치료 전문인력들이 그들이 일하는 환경을 이해하도록 돕는 정보를 제공하는 것이다. 그들이 중독치료에 대한 이론적 접근을 개발하려고 노력할 때 그들의 사고에 이러한 개념들을 통합할 수 있도록 하는 것이며, 이것은 다른 치료 전문인력들이 더 전반적인 치료 이론적 접근과 그들 자신만의 개인적 이론적 틀을 통합하는 것을 돕는 것과 유사하다.

2. 책의 영역과 각 장에 대한 개관

이 책 안에 우리는 생물심리사회적 구조로 각 장을 구성하였다. 그리고 마지막 두 부분에는 개입 혹은 변화 전략들에 대한 이론적 접근 및 중독치료와 관련된 추가적 문제들을 논의할 것이다. 우선 중독과 중독된 사람들에 대한 개념의 진화를 역사적으로 개관하며 시작한다. 이 논의는 대부분 도덕 모델의 발전에 초점을 두는데, 도덕 모델은 오늘날 치료 전문가들 사이에서는 중독 이론으로 수용되지 못하고 있다. 하지만 도덕 모델은 치료에 영향을 미칠 수 있는 정책과 편견에 기저하는 사회적 압력이다. 이 장에서 독자들은 어떻게 서구 문화가 물질사용과 중독에 대해 상대적으로 느슨한 입장에서부터 도덕적으로 이를 규탄하는 입장으로 변화해 왔는지 이해할 수 있을 것이다. 중독을 죄악으로 간주하는 전개뿐만 아니라 그러한 입장이 치료 제공자들과 약물사용을 규제하는 법과 관련된 공공 정책에 미치는 영향을 탐색하게 된다. 독자들은 어떻게 도덕 모델과 중독에 대한 지배적인 문화적 입장이 그들의 신념에 영향을 미치는지 탐색하도록 초대된다. 독자들은 또한 성찰적이고 의식 있는 중독치료자들이 되기 위해 깨어 있을 것을 격려받게 된다. 이 논의는 3장에서 이루어지는데, 이 장에서는 중독을 생물학의 산물로 개념화하는 생물학적 그리고 유전적 이론을 제시한다. 뇌와 중추신경 시스템의 변화, 내성과 금단 증상의 문제들, 그리고 생리학적 효과에서 성차를 포함하여 서로 다른 약물에 대한 신체 반응에 초점을 둔다. 논의의 주요 주제는 약물학, 신경생리학, 그리고 유전에 관한 정보이다. 이 장에서는 중독을 질병으로 규정하고 최신 실증적 증거를 통해 이 관점을 뒷받침하고 있다. 또한 중독치료에서 처방약물의 혁신과 사용에 대한 정보도 간략하게 논의할 것이다.

이 책의 두 번째 영역에서는 중독의 시작, 유지 그리고 치료와 관련된 심리 이론을 제시한다. 정신분석적 이론을 다루는 4장은 정신분석적 스펙트럼에서 다양한 관점을 가진 이론가와 임상가들이 역사적 관점을 포함하여 어떻게 중독과 중독치료를 이해할 것인지를 기술한다. 정신분석적 이론은 일반적으로 동기 혹은 중독 행동 뒤에 있는 '왜'를 이해하려고 한다. 내적 갈등의 증상으로 중독을 바라보며 목표는 그들의 정신 내적 갈등을 자각하고 무의식을 의식화하는 것이다. 기저하는 원인을 확인하는 것이 증상 제거의 핵심이다. 최신 정신분석 개념화와 중독 행동에 대한 적용이 제시된다.

5장은 심리학적 요인을 다루는 부분으로 '자기심리학 이론'이다. 이 장은 응집력 있는 자기구조를 이끄는 어떤 특성을 적절하게 통합하는 데 있어 발달적 실패로 중독을 보는 견해를 제시한다. 이러한 특성들은 이후 발달에 중요하며, 더 이른 시기에 자기대상으로부터 받지 못했던 특성들을 중독자들이 내면화할 수 있는 구조화된 경험을 통해 얻을 수 있다. 또한 이 이론과 관련된 외상의 영향에 대한 정보들이 논의될 것이다. 따라서 회복은 자기 회복 과정으로 개념화된다. 다음으로, 6장은 중독의 발달적 특성을 논의한다. 이 관점에서는 인간이 성숙 혹은 발달해 가면서 중독 과정에 대처하는 그들의 능력이 성숙해 가며 재발 경향에 대처하는 방법을 발견한다는 것을 가정한다. 6장은 발달적 렌즈를 통해 중독의 병인학과 유지를 기술한다. 또한 의식의 높은 수준을 향한 발달적 이동이 삶 전반에 걸쳐 중독에 어떻게 영향을 미치고, 이러한 발달적 이동이 중독으로부터의 회복과 어떻게 관련되어 있는지를 탐색한다.

다른 심리학적 관점으로 7장은 애착 유형과 자기를 조절하는 능력에 미치는 영향 사이에 관련성을 검토하는 렌즈로 애착 이론을 제시한다. 중독은 자기조절(정서, 자기 존중, 관계)의 장애로 보며 잘못 안내된 자기 복구의 시도로 본다. 이 장에서는 중독된 환자들에 대한 애착 이론과 연구 그리고 임상 적용에 대해 논의한다. 또한 이 이론과 관련된 외상의 영향에 대한 정보가 논의된다. 애착 이론이 기존 중독 이론과 어떤 면에서 같고 다른지를 살펴보고, 중독치료의 기제가 내담자의 애착 성장을 촉진하는 데 어떻게 활용될 수 있는지 탐색하고자 한다.

책의 세 번째 영역은 중독의 인식론과 유지와 관련된 다양한 사회학적 요인들에 초점을 두고 있다. 8장은 외부적 · 문화적 · 맥락적 요인의 렌즈를 통해 중독을 제시한다. 이 입장에서 사회적 영향은 물질사용 문제를 결정한다. 그리고 물질에 대한 문화적 태도가 개인의 행동에 영향을 미친다. 중독된 개인들은 전체와 연관된 문제의 부분으로 여겨지며 사회 내에 연결되어 있다. 물질사용의 사회학적 기능으로는 사회적 상호작용 촉진, 일반적인 사회 규제로부터의 해방, 그리고 사회 혹은 종교 집단의 응집력 증진 등이 있다. 그리고 기성 체계에 대한 거절의 수단으로 사용될 수 있다. 8장에서는 미국과 세계 다른 나라 사이에 사회문화적 차이를 포함하여 중독의 인식과 유지에 영향을 미치는 다양한 역사적 그리고 시대적 · 사회문화적 영향을 탐색한다. 이 부분의 두 번째 장인 9장은 가족체계 렌즈를 통해 중독을 제시한다. 이 장은 가족체계 안에서 중독의 기능을 검토하고 중독된 가족을 치료하는 데 있어 서로 다른 접근을 확인한다. 어떤 접근은 중독을 질병으로 보고 가족 구성원들이 그들 자신의 문제를 검토할 것을 격려한다. 공동의존, 중독을 가능하게 하는 측면, 가족 역할과 같은 개념들이 논의된다. 다른 접근들은 규칙, 경계, 의사소통, 문제 해결 그리고 역할을 탐색하면서 가족 내에서 중독이 어떻게 기능하는지에 초점을 맞추면서 더 많은 가족체계 접근을 취한다. 행동 가족 모델은 물질사용에 선행하고 이를 강화하는 가족의 행동을 확인하여 물질사용의 전과 후에 일어나는 것을 변화시키려고 한다. 그리고 관계 패턴, 의사소통 방식, 그리고 약물사용이 어떻게 관계를 안정화하는지를 다룬다.

이 책의 네 번째 영역은 중독치료에 있어 초이론 모델, 동기면담, 폐해 감소, 인지행동 접근, 12단계 촉진, 포스트모던 접근을 포함하면서 개입과 변화 전략에 있어 다양한 이론적 접근을 다룬다. 변화 단계를 포함하고 있는 초이론 모델은 올바른 과정이 적절한 시기에 일어날 때 변화가 일어난다고 가정한다. 이 관점에서 변화는 외부적이기도 하고 내부적이기도 하며 특성상 초이론적으로 보인다. 10장의 초이론 모델 이론은 치료자가 어떻게 변화 과정 개입(경험과 활동)을 사용하여 환자가 하나의 단계에서 다른 단계로 이동하는지를 상세하게 논의한다. 이 장은 환자가 어떻게 각 단계를 오가는지 그리고 어떻게 변화 행동이 문화적 맥락 안에서 이해될 필요가 있는지를 보여 준다.

동기면담은 환자 안에 있는 양가감정을 탐색하고 해결함으로써 변화에 대한 내적 동기를 강화하기 위한 환자 중심의 방법이다. 11장에서 동기면담은 치료자가 환자의 저항과 함께 구를 수 있도록 돕고, 환자의 자기효능감을 높이면서 환자와 협력적 관계를 발전시키는 데 초점을 두는 치료적 개입의 형태로서 제안된다. 이 장은 적절한 동기면담 접근을 통해 변화의 단계를 통합하도록 도우면서 이론적 실제적 초점을 두고 있다.

12장은 중독치료 접근으로서 폐해 감소 모델을 논의한다. 폐해 감소는 물질에 대한 평생의 금욕이 중독된 사람들에게는 극히 어렵기에 금욕을 향해 서서히 증가하는 목표를 설정하는 것이 더 현실적이라는 생각에 기반을 두고 있다. 기분 변화를 일으키는 화학 물질 혹은 행동으로부터 완벽한 금욕이 더 선호될지라도 이것이 모든 환자에게 성취 가능한 것은 아니다. 이 장에서는 폐해 감소 모델의 예가 논의될 것이며 다른 접근보다 이 접근이 선호될 수 있는 환자의 사례들을 다룰 것이다.

13장은 인지행동치료(CBT)의 경험적 지지를 검토하고 물질사용장애와 치료에 적용되는 부분을 조사한다. CBT의 기본 가정 및 중독의 병인학과 유지에 대한 기본 가정의 개요가 설명된다. CBT 치료의 목표와 과제가 치료에서 사용될 수 있는 기법의 예들과 함께 논의될 것이다.

14장에서는 중독의 병인학과 유지에 있어서 12단계 운동의 개념, 다른 이론적 모델과의 통합(생물심리사회적/영적 차원), 그것의 유용함에 대한 경험적 근거, 핵심 개념의 논의(예: 무력함, 수용, 부인, 영적 불균형, 동료애, 시간 축적, 후원, 단계별 작업)를 기술하고 12단계 운동의 역사가 짧게 다루어진다. 14장은 또한 치료와 치료의 보조적 지지로서 12단계 집단을 논의한다.

15장은 중독치료에서 구성주의 혹은 포스트모던 접근을 기술한다. 내러티브, 페미니스트 그리고 여성주의 치료는 권력, 정의 그리고 옹호와 같은 공통적인 철학적 입장을 공유하고 있다. 그러나 그들은 임상적 적용에서는 서로 다르다. 문제로 가득 찬 이야기들은 중독과 고군분투하는 사람들 사이에서 공통적이다. 내러티브 접근은 사람을 그들의 문제와 분리된 존재로 보고 문제가 그들의 삶에 미치는 많은 영향을 줄일 수 있도록 돕는 그들의 유능함, 신념, 가치 그리고 기술들을 가지고 있다고 가정한다. 해체적 경청, 외재화 대화, 독특한 결과, 탄탄한 구성, 뉴스의 확산 그리고 희망 찾기와 같은 내러티브 개념은 치료 작업에서 대안적 이야기와 선호되는 현실을 창조하는 데 탐험을 안내한다. 중독치료에서 페미니스트 그리고 여성주의 접근은 개인적 경험의 교차성과 정치적 현실, 평등주의적 관계, 목소리와 회복탄력성의 탐색과 같은 개념들을 강조한다.

이 책의 다섯 번째 영역은 중독과 관련하여 고려할 추가적인 문제들을 제시하는데 과정 혹은 행위 중독, 중독 문제를 다루는 집단 작업의 이론과 실제 그리고 재발 방지 접근을 포함한다. 16장은 과정 혹은 행위 중독에 대한 이론적 접근을 탐색하고 독자들이 이러한 이론들과 연관된 치료 전략을 연결한다. 평가, 진단적 문제들 그리고 공존하는 문제들이 또한 논의된다. 과정 중독의 치료에서 현재 추세와 구체적 문제들을 탐색한다.

17장은 중독치료에서 집단 작업을 활용하는 것에 대한 이론적 근거와 효용성에 대해 검토한다. 다음과 같은 주제들에 대한 논의를 포함한다: 12단계 집단과 지역사회에서 중독치료의 뿌리, 대리 학습, 사회적 지지, 피드백, 변화에 대한 희망, 그리고 공통적인 문제가 재발에 대한 공동의 경계를 강화하는 방법, 집단에서 치료적 요인들, 집단 발전의 단계, 효과적인 리더십 스타일, 그리고 집단 작업에서 특별한 문제들(예: 재발 주변의 경계들, 부정, 정직과 존중의 통합). 중독 환자들과의 집단 작업에서 구체적인 실제적 전략과 기법을 제안한다.

18장은 중독치료 그리고 회복에서 공통으로 일어나는 재발을 기술한다. 치료자들은 효과적인 예방 전략을 설계할 수 있도록 재발의 병인학과 역동을 이해하여야 한다. 이 장은 각 모델의 경험적 지지와 함께 재발 개입의 다양한 모델에 대한 개관을 제시한다. 공통적인 재발의 경고 신호에 대한 논의와 재발이 치료를 강화하는 데 어떻게 활용될 수 있는지가 포함되어 있다.

『정신질환의 진단 및 통계 편람-5판(Diagnostic and Statistical Manual of Mental Disorders: DSM-5)』이 DSM-IV(물질의존과 물질남용)의 두 가지 항목에서 중독 장애를 '경증'에서 '중증'까지 연속선에서 측정되는 단일한 장애로 통합하였다는 점을 주목하는 것이 중요하다. 이러한 용어의 변화로 인해 물질남용 그리고 화학적 의존과 같이 중독치료에서 공통으로 사용된 용어들은 DSM-5의 새로운 명명법에는 적합하지 않을 수 있다. 우리는 이 책의 저자들이 각 장에서 제시한 모든 기술(DSM-5 언어뿐만 아니라)을 포함하기로 하였다. 왜냐하면 이들은 미국 전역에서 중독치료 분야의 전문가들이기 때문이다. 마찬가지로 독자들은 서로 다른 저자들에 의해 중독 문제와 고군분투하는 개인들을 기술할 때 물질남용자, 중독된 사람, 중독자 혹은 물질사용장애를 지닌 사람과 같이 다양한 용어를 사용했다는 것을 확인할 수 있을 것이다. 우리는 하나의 개념화로 제한하는 것보다는 현재 사용되는 모든 용어를 포함하는 것이 이 영역을 더 잘 대표한다고 생각한다.

이 책에서 기술된 다양한 이론적 접근을 적용하고 비교하는 데 있어 독자들을 돕기 위해 사례 연구가 제시된다. 저자들은 자신들이 제시하는 이론적 접근에 기반하여 그 사례 연구에 반응할 것이다. 독자는 각 접근의 핵심 개념을 완전하게 개념화하기 위해 각 장에서 이 사례를 다시 읽게 될 것이다. 각 장의 저자들에 의해 제시된 사례 연구에 대한 반응을 고려하면서 독자는 부록에 제시된 전국 알코올 및 약물남용 치료자 협회(National Association of Alcohol and Drug Abuse Counselors: NAADAC)의 윤리 강령과 미국 중독 의학회(American Society of Addiction Medicine: ASAM)의 배치 기준 그리고 돌봄 수준을 살펴볼 것을 권한다. 윤리적 지침의 맥락 안에서 제시된 반응을 각각 검토하는 것은 다양한 임상 접근의 실제적 적용에 대한 독자의 이해를 높일 것이다.

3. 중독치료 사례 연구

교육하는 자료로 사용하기 위해 모든 저자는 같은 사례를 받았다. 우리의 의도는 독자들이 다양한 중독 이론과 접근의 적용에 따라 어떻게 서로 같고 다른지를 볼 수 있도록 환자의 환경적 상황을 제공하려고 한다. 모든 저자는 특정 이론적 접근으로부터 같은 사례 연구를 설명해야만 한다. 독자들은 쉽게 이론의 강점과 약점을 확인할 수 있는데 이는 중독치료자들이 더 많은 정보에 근거해 이론적 접근(들)을 결정하도록 한다. 다음은 제시된 사례이며, 이어서 사례 연구에 대한 각 저자의 응답을 안내하는 질문들이 뒤따른다.

가브리엘은 26세 혼혈 남성이고 미혼이며 아이는 없다. 동성애자로 본인의 정체성을 설명하면서도 성적 지향에 대해서는 의문을 가지고 있다. 어머니는 아프리카계 미국인이고 아버지는 아메리카 원주민(Cherokee: 체로키, 북미 원주민 부족)이다. 그는 애팔래치아라는 시골의 작은 마을에서 자랐다. 자신이 선호하는 약물은 마리화나 혹은 알코올이라고 언급한다. 그는 다른 약물(코카인)을 시도해 본 적이 있으나 정맥 주사용 약물은 시도한 적이 없다. 약물사용은 하루에 2~3회이다. 그러나 약 없이도 종종 2~3일을 지낸 적이 있다. 가브리엘은 여러 번 약물을 중단하려고 시도해 봤고 두 번의 입원을 한 적도 있다. 가장 긴 단약 기간은 7주였는데 이때는 두 번째 입원 이후였다. 그 기간 동안 가브리엘은 알코올 익명자(Alcoholics Anonymous: AA) 모임에서 후원자로 일했는데 자신을 '무뚝뚝하지만 돌보는 남자'로 묘사하였다. 그는 여자 친구와 헤어진 후에 약을 다시 시작했고 모임에도 나가지 않았다. 24시간 안에 가브리엘이 가장 많이 사용한 것은 마리화나 한 봉지 가득과 맥주 한 병이다. 그는 음주와 약물로 인해 여러 번의 블랙아웃과 의식을 잃은 적이 있다. 가장 길게 블랙아웃이 된 적은 대략 36시간 정도 지속된 때이다.

누나는 분노 문제와 물질남용의 문제를 가지고 있는 남자와 관계를 하고 있다. 누나에게 10세 딸이 있는데 가브리엘을 여러 번 찾아와 약을 그만할 것을 간청한 적이 있다. 둘이 함께 운동도 하지만 가브리엘이 다시 약을 할 때면 조카 앞에 나타나지 않으려고 한다. 가브리엘은 약물의존에 대한 가족사를 보고하였는데 고모와 삼촌 역시 물질사용 문제를 가지고 있고 아버지 또한 가브리엘이 아주 어렸을 때부터 알코올과 약물 문제가 있었다. 가브리엘이 청소년이었을 때 아버지와 여러 번 약을 함께하기도 했다. 사실상 아버지가 코카인을 가브리엘에게 소개한 셈이다. 어려서 아버지가 약에 취해 있을 때 집에서 여러 번 다툼이 있었고, 가브리엘이 엄마와 누나를 물리적으로 보호하는 역할을 했던 것을 기억한다. 아버지를 사랑하지만, 아버지와 맨정신으로 이야기를 나눈 기억이 거의 없고 아버지에 의해 온전히 수용된 경험이 없다.

그의 부모는 4년 전 이혼을 했기 때문에 현재 가브리엘은 어머니와 살고 있다. 어머니와 매우 친밀하지만 어머니는 최근 Al-Anon 모임에 참여하고 자신의 물질사용 행동과 경계를 그으려고 노력 중이라고 그는 말한다.

가브리엘은 음주운전과 마리화나 소지 혐의로 체포된 적이 있지만, 법원 명령 평가 그리고 외래 환자 교육/치료 프로그램을 참여해서 이 범죄로 복역을 하지는 않았다. 의무 교육을 모두 마쳐서 현재 보호관찰 대상은 아니다.

가브리엘은 강박장애나 불안장애와 일치하는 다른 정신건강 증상을 보고한다. 관계 패턴은 한 여자가 끝나면 다시 다른 여성을 찾아 나선다고 보고한다. 대개 6개월 정도 지속되다가 여자 친구의 불륜을 알게 될 때 끝이 난다. 가브리엘은 이러한 관계에서 자신의 불성실함을 인정한다. 그는 전념하는 관계가 있으면서도, 최근 병원 입원치료 기간 동안 두 명의 여성과 성관계를 했다. 가장 첫 번째 성관계는 15세에 동성 친구와 이루어졌는데 상당한 수치심을 느꼈다. 현재 누나와 어머니의 권유로 다시 치료에 의뢰되었다.

사례 연구에 대한 저자의 답변을 안내하는 질문은 다음과 같다.

1. 당신이 이 장에서 기술한 각 이론에 따른 이 환자의 문제, 욕구, 주제, 강점을 어떻게 개념화할 수 있는가?
2. 당신이 이 장에서 기술한 이론적 접근에 기반하여 이 환자 그리고/혹은 그의 가족과 어떻게 작업을 할 수 있는가?

3. 당신이 치료에서 사용한 이론적 접근과 일치하는 핵심 기법 혹은 전략들은 어떤 것들이 있는가?
4. 이 특별한 환자의 환경에 의해 조명된 당신의 이론적 접근의 약점 혹은 한계점은 무엇인가?
5. 이 특별한 환자의 환경에 의해 조명된 당신의 이론적 접근의 강점은 무엇인가?

각 장에서 저자들은 이론 혹은 접근의 기본 개념을 기술하고, 철학적 토대 그리고 이론의 핵심 개념들을 논의하며 이론적 접근이 임상가들에 의해 어떻게 사용될 수 있는지를 제안할 것이다. 또한 중독 문제의 평가와 예방에 대한 함의를 탐색하고 이론의 강점과 약점을 확인하며 이론을 사례 연구에 적용할 것이다. 그리고 이론의 더 깊은 논의와 이해를 자극할 수 있는 보충 자료를 독자들에게 제공할 것이다. 우리는 이 유일한 책이 중독치료에 대한 다양한 접근의 이해를 확장할 것이라고 믿는다. 우리는 중독과 고군분투하는 개인과 가족에게 제공되는 치료 서비스가 더욱 강화되기를 희망한다.

참고문헌

Jellinek, E. M. (1960). *The disease concept of alcoholism*. New Haven, CT: Hillhouse Press.

Kelly Productions (Producer). (1972). Chalk talks [DVD]. Available from http://fathermartinmedia.org.

부록

전국 알코올 및 약물남용 치료자 협회 윤리 강령

1. 치료 관계

치료 관계의 진실성을 보호하고 환자에게 가장 이득이 되는 서비스를 제공하도록 보장하는 것은 중독치료 전문가의 책무이다. 환자는 개별적인 교육적·법적 및 재정적 자원의 필요를 고려하여 효과적인 치료 및 의뢰에 대한 접근을 제공받을 것이다. 중독치료자는 제한된 상황에서는 환자에 대한 충성을 넘어서 더 큰 사회에 대한 그들의 책무와 특정한 법적 의무를 인식해야 한다. 중독치료자는 환자 그리고/혹은 보호자에게 잠재적·전문적 관계에 대한 정확하고 완전한 정보를 제공해야 한다. 중독치료자는 모든 기능의 영역에서 취약하고 착취당할 수 있는 개인들과 만날 가능성이 있다. 그러한 관계에서 그/그녀는 불공정하게 이득을 취하지 않으며 동등한 관계의 발전을 키우고 추구한다. 개인적 관계에서 중독치료자는 다른 사람의 자기효능감과 건강한 자존감을 촉진하려고 노력한다. 환자와의 관계에서 그/그녀는 필요하고 수용할 만한 돌봄의 수준과 기간만을 제공해야 한다.

1) 기준 1: 환자 복지

중독치료자는 선(善)을 행할 수 있는 능력이 다른 사람의 안녕에 대한 근본적인 관심에 기초하고 있음을 이해한다. 중독치료자는 다른 사람에게 이익이 되도록 행동하고 존중, 민감함 그리고 통찰력을 발휘한다. 중독치료자는 일차적인 전문적 책무성과 충성심이 환자의 복지를 위함이라는 것을 이해하고 그/그녀의 보수를 실제로 누가 지불하는지와 상관없이 환자를 위해 일할 것임을 안다.

1. 중독치료자는 환자가 더 나은 삶의 질, 더 많은 자유 그리고 진정한 독립을 할 수 있도록 조력하는 행동들을 이해하고 지원한다.
2. 중독치료자는 환자가 자신을 위해 기꺼이 할 수 있는 일을 성취하도록 돕는다. 마찬가지로, 중독치료자는 환자가 좋고 필요하다고 인식하는 것을 합의하지 않은 상태에서 치료 목표를 추구하려고 주장하지 않는다.
3. 중독치료자는 특정 환자가 겪는 고통이 그 환자에게 매우 주관적이고 구체적인 것이며, 장애에 대한 이해에서 발견되는 것과 같이 일반화된 혹은 추상적인 고통이 아님을 이해한다. 이를 바탕으로 고통을 완화하도록 하기 위한 개입이 그 개인에게 적절해야 하고 단순히 일반적인 처방이어서는 안 된다.
4. 서비스는 환자나 제3자가 제공한 보상과 관계없이 이루어져야 하며 그들이 할인된 치료비를 지불하든, 전체 치료비를 지불하든 혹은 치료비를 면제받든, 개인에게 적절한 서비스를 동등하게 제공해야 한다.

2) 기준 2: 환자의 자기 결정

중독치료자는 모든 개인의 자기 결정권과 자신에게 최선의 이익이 되는 결정을 내릴 수 있는 기본적인 인권을 이해하고 존중한다. 이와 관련해서 치료자는 각 개인이 자신의 치료에 대해 충분한 정보를 바탕으로 결정을 내릴 수 있도록 서비스의 성격, 범위, 가능한 효과 및 비용에 대해 공개적이고 명확하게 설명한다. 중독치료자는 전문적 기능의 모든 영역에서 역량을 향상시키기 위해 노력한다. 모든 역할의 중심에는 다른 사람의 복지와 행복에 크게 기여하는 윤리적 약속이 있음을 인식한다. 그/그녀는 특히 환자가 일반적으로 적절하게 역량을 판단할 자원을 가지고 있지 않은 특수한 신뢰 관계, 즉 수탁 관계(fiduciary relationships)에서는 중독치료자의 충실한 역량이 필요하다는 점을 염두에 둔다.

1. 중독치료자는 윤리 강령 및 직업적 충성심과 책임에 관한 문서를 포함하여 잠재적인 전문적 관계의 범위에 관한 정확하고 완전한 정보를 환자 그리고/혹은 보호자에게 제공한다.
2. 중독치료자는 치료의 효과에 대한 정확한 정보와 환자가 이용 가능한 연계 방법들을 제공한다.

3. 중독치료자는 서비스가 더 이상 필요하지 않을 때 혹은 더 이상 환자의 최선의 이익이 되지 못하는 경우 환자와의 치료를 종결한다.
4. 중독치료자는 서비스가 필요한 환자를 포기하지 않는 합리적인 조치를 한다. 연계는 부작용을 최소화할 수 있는 모든 요소를 신중하게 고려한 후에만 이루어지도록 한다.
5. 중독치료자는 효과적으로 치료할 수 없는 환자가 있다는 것을 인식한다. 그런 경우 자문을 위한 조치, 공동 치료 혹은 연계가 이루어지도록 한다.
6. 중독치료자는 재정적 계약 약정이 명확하게 환자에게 전달되었고, 환자가 자기 혹은 타인에 대한 즉각적인 위험을 초래하지 않을 경우, 미지불에 대해서는 환자에게 제공되는 서비스를 종료할 수 있다. 중독치료자는 환자에 관한 체납 결과의 논의를 문서화한다.
7. 중독치료자가 비용 지불 능력이 없는 환자를 수용할 수 없는 경우, 윤리 기준은 중독치료자가 다른 치료를 찾아보는 것을 지지한다. 하지만 재정적 제약은 이 기준을 방해할 수 있다.
8. 중독치료자는 환자의 정신적 · 영적 · 신체적 혹은 화학적 손상 상태가 중독치료자의 전문지식 범위를 벗어나는 경우 환자에게 적절한 자원을 소개한다. 중독치료자는 환자 안에 자기효능감과 건강한 자존감을 키워 준다. 환자, 학생, 고용인, 지도 감독자와의 관계에서 그/그녀는 완전한 창의적 잠재력과 성숙하고 독립적인 기능을 개발하기 위해 노력한다.
9. 사전 동의: 중독치료자는 치료에 대한 정보를 제공받을 환자의 권리를 이해한다. 사전 동의 정보는 환자 또는 보호자에게 서비스의 목적, 서비스와 관련된 위험 요소, 제3자 지급인의 요구사항으로 인한 서비스 제한, 관련 비용, 합리적인 대안 및 동의서에 명시된 기간 안에 동의를 거절하고 철회할 환자의 권리를 분명하고 이해할 수 있는 언어로 전달한다. 강요로 인해 치료를 받는 환자의 경우 중독치료자는 서비스의 성격과 범위, 선택할 수 있는 치료들 그리고 환자가 치료를 거부할 권리를 가지고 있는 범위에 대한 정보를 제공한다. 컴퓨터, 전화 또는 웹-기반 치료와 같은 기술을 통해 서비스가 제공되는 경우 환자는 이러한 서비스의 제한 사항 및 위험에 대해 충분한 정보를 제공받는다. 환자의 질문은 합리적인 시간 안에 해결된다.
10. 수련 중에 지도 감독을 받고 있는 수련생에게 환자가 치료를 받는다면 비밀보장을 포함하여 모든 정보를 제공받는다. 치료에 대한 동의에는 환자-수련생 관계의 경계, 수련생의 훈련 상태 그리고 비밀보장 문제의 개요를 서술한다. 환자는 기관 정책에 따라 수련생이 제공하는 서비스에 참여하지 않는 것을 선택할 수 있다. 모든 공개 양식은 불만 처리 절차에 대

한 정보를 제공할 것이다.

3) 기준 3: 이중 관계

중독치료자는 치료 서비스의 목표가 모든 당사자의 보호와 공정성을 보장하기 위해 개인들의 평등한 관계 발전을 육성하고 지원하는 것임을 이해한다.

중독치료자는 전문적 환경의 맥락에서만 환자에게 서비스를 제공한다. 시골 환경이나 소규모 지역사회에서는 이중 관계를 신중하게 평가하고 가능한 한 피하도록 한다.

1. 관계가 힘의 차이를 가지고 시작되기 때문에 중독치료자는 사회적 혹은 사업적 관계를 포함하여 개인적인 이득을 위해 현재 혹은 이전의 수련생 혹은 동료들과의 관계를 이용하지 않는다.
2. 중독치료자는 이해 상충으로 보이거나 혹은 해석될 수 있는 상황들을 피한다. 환자, 다른 치료 기관 혹은 중독치료자의 실무에 사용되는 자료나 서비스 제공자로부터 받은 선물은 허용되지 않는다. 단, 선물의 거절이 환자와의 관계에 회복 불가능한 피해를 끼칠 수 있는 경우는 예외로 한다. 약 3만 원 상당의 가치가 있는 선물은 어떤 상황에서도 허용되지 않는다.
3. 중독치료자는 그러한 이중 관계로 인해 복지가 위태로워질 수 있는 가족 구성원, 친구, 가까운 동료, 그 외 타인과 충돌하는 전문적 관계 혹은 약속에 관여하지 않는다.
4. 중독치료자는 어떤 상황에서도 현재 혹은 이전 환자들과 성적 관계를 허용하지 않는다.
5. 중독치료자는 낭만적인 혹은 성적 관계를 맺은 사람을 환자로 받아들이지 않는다.
6. 중독치료자는 치료와 직접적인 관련이 없는 요청(프로그램에 대한 평가를 제공, 기자 또는 학생과의 인터뷰 참여)을 환자에게 요구하지 않는다.
7. 중독치료자는 이중 관계를 피하기 어려운 상황이 있음을 인식한다. 농촌 지역, 소규모 지역사회 그리고 다른 상황에서 치료 관계에 대한 논의가 필요하고 치료 관계를 다른 상호작용과 구별하기 위한 조치를 하도록 한다.
8. 중독치료자가 교정국, 군대, 건강관리 조직과 같은 기관에서 근무를 하거나 환자의 고용주의 고용인으로서 근무를 하는 경우 서비스를 제공하기 전에 외부 개인 그리고 조직에 대한

의무를 공개한다.

9. 중독치료자는 중독치료를 위해 의뢰를 할 경우 형사 사법 시스템의 역할 증대로 인해 발생하는 어려움을 인식한다. 치료 및 회복 과정에 대한 참여를 독려하기 위해 가능한 한 빨리 이러한 연계의 강압적 요소를 제거하려고 노력한다.
10. 중독치료자는 회복 과정 및 자기 관리와 관련된 매일매일의 선택을 할 때 환자의 자기효능감을 격려한다.
11. 중독치료자는 개인의 종교적/영적 · 정치적 신념을 내담자에게 주입하거나 수용을 강요하는 행위를 해서는 안 된다. 또한 회복 지지 집단에 참여하도록 격려하고 지지한다.

4) 기준 4: 집단 기준

물질사용장애 환자를 대상으로 수행되는 작업 대부분은 집단 환경에서 수행된다. 중독치료자는 환자에게 신체적 · 정서적 · 영적 그리고 심리적 건강과 안전을 제공하면서 필요한 서비스를 제공하기 위한 조치를 취해야 한다.

1. 기밀 유지 기준은 중독치료자와 환자들이 함께 기밀 유지 지침을 설정함으로써 각 치료 집단을 위해 확립된다.
2. 가능한 한 중독치료자는 환자를 유사한 욕구와 목표를 가진 다른 환자들이 있는 집단에 연결한다.

5) 기준 5: 폐해 예방

중독치료자는 모든 결정과 행동이 이익 혹은 해악을 가져오는 윤리적 함의를 갖는다는 것을 이해하고 결정이나 행동이 신체적 · 심리적 · 재정적 · 법적 혹은 영적인 면에서 해를 끼칠 가능성이 있는지를 신중하게 고려한다. 중독치료자는 잘 살아온 삶 속에서도 생각 없는 말과 행동으로 타인에게 해악을 끼칠 수 있다는 것을 인식한다. 자신의 언행이 타인에게 해를 입혔음을 알게 되면 이를 기꺼이 인정하고, 피해를 복구하는 과정이 오히려 더 큰 해를 초래하지 않는 한 사태를 해결하거나 개선하기 위한 조치를 취한다.

1. 중독 전문 치료자는 위협, 부정적 낙인 그리고 수치심 혹은 굴욕감을 유발하려는 시도와 같은 강압적이라고 여겨질 수 있는 어떤 방법도 사용하는 것을 삼간다.
2. 중독치료자는 확인된 문제/욕구, 치료 목표 그리고 치료 목표에 도달하는 수단에 대한 환자의 의견을 구하면서 환자와 합의를 통해 치료 계획을 세운다.
3. 중독치료자는 합의된 치료 계획의 일부로 필요하지 않은 요청을 환자에게 하지 않는다. 각 회기 초기에 환자에게 회기의 의도를 알린다. 환자와 중독치료자 사이에는 협력적인 노력이 최대한 유지된다.
4. 중독치료자는 환자가 상호관계로부터 도움을 얻지 못한다는 것이 합리적으로 분명할 때 치료 관계 혹은 자문 관계를 종료한다.
5. 중독치료자는 다른 사람에 의해 발생할 수 있는 피해로부터 개인, 기관 그리고 전문가를 보호해야 할 의무를 이해한다. 결과적으로 다른 개인의 행위가 환자, 동료, 기관 또는 직업에 해를 끼칠 수 있는 실제적 혹은 그럴 가능성이 있는 원천임을 자각한다. 중독치료자는 그러한 행위를 관할 당국에 보고할 윤리적 의무를 가진다.
6. 중독치료자는 연구 프로토콜에 강압이 없고 사전 동의 절차가 준수되는지 확인하기 위해 인간 대상 위원회(기관 검토 위원회)의 검토를 따른다. 해당 절차가 연구에 필수적이며 위원회의 승인을 받은 경우를 제외하고는, 비밀리에 수행되는 방식이나 기만적 관행을 피해야 한다.
7. 연구가 수행될 때 중독치료자는 피험자에 대한 보상이 참여에 관해 자유로운 결정을 내리는 환자의 능력을 왜곡할 만큼 크거나 매력적이지 않도록 주의한다.

2. 환자 자료의 평가, 진단 및 해석

중독치료자는 환자의 개인적 · 문화적 배경을 고려하여 치료/치료 과정의 한 구성 요소로서 평가 도구를 사용한다. 평가 과정은 개별 환자 혹은 집단의 복지를 증진한다. 중독치료자는 승인된 평가 도구 및 절차를 바탕으로 권고/보고를 한다. 지정된 평가 도구는 연구를 통해 신뢰성이 검증된 것이다.

1) 기준 1: 역량의 범위

중독치료자는 관리 및 해석을 위해 적절하게 훈련받은 평가 도구만 사용한다.

2) 기준 2: 사전 동의

중독치료자는 평가를 수행하기 전에 서면 사전 동의를 받아야 한다. 단, 정부나 사법 기관의 명령에 의한 평가로서, 해당 명령이 동의 절차를 면제하는 경우는 예외로 한다.

통역 서비스가 필요한 경우 중독치료자는 통역사와 환자로부터 사전 동의 문서와 비밀보장 확인을 받아야 한다. 중독치료자는 평가 결과와 결론 그리고 권고사항의 근거에 대한 환자의 알 권리를 존중한다. 평가의 성격상 공개가 제한되거나 공개가 환자에게 해를 끼칠 것으로 판단되는 예외적인 경우를 제외하고는, 환자 및 보호자에게 평가 결과를 설명해야 한다.

3) 기준 3: 선별

특별한 문제/필요를 가진 환자 혹은 특정 영역에서 문제가 발생할 위험이 있는 개인을 확인하는 공식적 과정은 해당 시점에 추가 평가가 필요한지를 결정하기 위한 예비 절차로 수행된다.

4) 기준 4: 평가의 기초

평가 도구는 가장 적절한 치료 계획 수립을 위해 필요한 통찰력을 얻기 위해 활용된다. 평가 도구는 개인의 문제/욕구의 정도 그리고 중독 행동의 정도를 이해하는 것을 목표로 활용된다.

5) 기준 5: 평가 결과의 공개

중독치료자들은 평가 결과를 보고할 장소와 시기를 고려하면서 수검자의 복지, 평가 과정에 대한 이해 및 사전 동의를 고려해야 한다. 개인 또는 집단 평가 결과를 다른 기관에 보고할 때 공유되는 정보에는 정확하고 적절한 해석을 포함해야 한다.

6) 기준 6: 자격을 갖춘 전문가에게 자료 공개

평가와 관련된 정보는 서명된 정보 공개 양식 혹은 환자의 법적 대리인이 작성한 공개를 통해서만 다른 전문가에게 공개된다. 그러한 정보는 자료를 해석할 자격이 있다고 인정된 사람에게만 공개된다.

7) 기준 7: 정신건강 장애 진단

정신건강 장애 진단은 정신건강 평가를 수행할 수 있는 면허 또는 인증을 받은 공인 정신건강 전문가 혹은 정신건강 장애 진단에 대한 대학원 수준의 특정 교육을 이수한 면허가 있거나 인증된 중독치료자에 의해서만 수행되어야 한다.

8) 기준 8: 감독되지 않은 평가

사용되는 평가 도구가 자가 실시 또는 자가 채점용으로 개발되어 타당성이 입증된 경우가 아닌 한, 중독치료자는 권장된 방법에 따라 평가 도구를 선택하고 채점해야 한다.

9) 기준 9: 평가 보안

중독치료자는 법적 그리고 계약상 의무에 따라 검사 및 기타 평가 절차의 진실성과 보안을 유지한다.

10) 기준 10: 오래된 평가 결과

중독치료자는 오래되거나 더 이상 쓸모가 없는 평가 도구에 의존하는 것을 피한다. 치료자는 평가 및 검사 자료의 관리, 채점, 보고와 관련하여 시기적절한 교육 및 훈련을 이수해야 한다. 치료 단계 권고 및 치료 계획 수립에 활용되는 환자의 접수 자료와 기타 문서는, 공인 정신건강 전문가 또는 평가 및 검사에 관한 전문 교육을 이수한 유자격 중독치료자가 검토하고 승인해야 한다.

11) 기준 11: 문화적 민감성 진단

중독치료자는 문화적 배경과 사회경제적 지위가 환자의 문제/욕구를 정의하는 방식에 영향을 미친다는 것을 인식한다. 임상적 진단을 내릴 때 이러한 요소를 신중하게 고려한다. 평가 절차는 특정 환자 집단의 적절한 평가를 위해 신중하게 선택한다. 중독치료자는 평가 중에 개인의 문화나 인종을 고려하면서 그 결과를 평가하기 위한 적절한 조치를 취해야 한다.

12) 기준 12: 사회적 편견

중독치료자는 물질사용장애 진단에 따르는 사회적 편견의 존재를 인식하고 그러한 진단 기록이 장기적으로 미치는 영향을 자각한다. 중독치료자는 환자나 다른 사람에게 해로움을 초래한다고 판단된다면 진단을 내리거나 보고하는 것을 삼간다.

3. 기밀 유지/특권적 의사소통과 개인 보호

중독치료자는 기밀 유지법에 따라 정보를 공개하는 이유와 기밀 유지에 대한 정보를 환자에게 제공해야 한다. 가족, 커플 혹은 집단에 서비스를 제공할 때 기밀 유지의 한계와 예외 사항이 검토되어야 하고 기밀 유지를 설명하는 서면 문서를 각 개인에게 제공해야 한다. 중독치료자가 개인 정보를 얻은 후에는 기밀 유지 기준이 적용된다. 기밀 유지 정보는 환자 혹은 보호자의 타당한 동의가 있는 경우 적절한 때에 공개된다. 특별한 경우나 상황을 제외하고 환자 정보의 기밀성을 보호하기 위해 모든 노력을 기울인다.

1. 중독치료자는 각 환자에게 기밀 유지에 대한 예외 사항을 알리고 연구, 감사, 내부 기관 의사소통 혹은 의학적 응급 상황으로 인한 법원 명령이 있을 때나 다른 사람이나 집단에 대한 피해를 방지하거나 최소화하고, 보호받는 사람의 학대를 방지하기 위한 목적으로만 공개한다. 각 상황에서 공개 사유를 충족하는 꼭 필요한 정보만을 제공한다.

2. 중독치료자는 환자가 구체적으로, 서면으로, 정보에 입각한, 제한적 동의를 한 경우나 환자가 자신이나 타인에게 해를 끼칠 위험이 있는 경우를 제외하고는 환자의 개인정보나 기밀 유지를 보호하기 위해 가능한 한 모든 것을 하여야 한다.
3. 중독치료자는 환자의 기밀 유지에 영향을 미칠 수 있는 모든 영역을 환자에게 알리는 과정의 일환으로 환자에게 서면으로 기밀 유지 권리를 알린다.
4. 중독치료자는 팩스, 이메일 혹은 다른 전자 수단을 통해 기밀정보를 전송하기 위해 전자기록 및 전자 장치 사용의 영향에 관해 설명한다. 환자 정보가 전자 장치를 통해 전송될 때 중독치료자는 가능한 한 안전한 전용 전화선이나 암호화 프로그램을 활용하여 기밀성을 보장한다.
5. 공개가 이루어진 경우, 누구에게 공개되었으며 어떤 목적으로 공개되었는지를 환자에게 통보해야 한다.
6. 중독치료자는 면담의 녹음을 포함하여 훈련 목적을 위한 면담 자료 그리고/혹은 다른 사람에 의한 면담 관찰이 환자 참여에 영향을 미칠 수 있는 영역에 대해 환자에게 알리고 동의를 얻는다.
7. 중독치료자는 면담을 녹음하기 전이나 훈련 목적으로 회기에서 얻은 정보를 사용하기 전에 환자에게 비밀 유지의 한계를 알린다.

4. 전문적 책임

중독치료자는 객관성과 성실성을 옹호하고 제공되는 서비스의 가장 높은 수준을 유지한다. 중독치료자는 직업에서 자신의 효과성이 신뢰받을 만한 능력에 기반을 두고 있음을 인식한다. 치료자는 권위 있는 기관의 지침을 사용하여 임상적 결정과 행동의 윤리적 의미를 성찰하는 데 시간을 갖는다. 더 나아가 중독치료자는 책임 있는 삶을 살도록 조력하는 역할을 맡는 사람들이 일반적으로 책임감을 가지는 것 이상으로 인간에 대해 윤리적 책임감을 가져야 한다는 것을 인식한다. 중독치료자는 잘 살아온 삶에서도 말과 행동으로 타인에게 해를 가할 수 있음을 인식한다. 어떤 작업이나 행위가 해를 입혔다는 사실을 알게 되면 그러한 실수를 인정하고 그렇게 하면 더 큰 해를 끼칠 수 있는 경우를 제외하고는 피해를 복구하거나 개선할 수 있는 조치를 취한다. 치료자들은 자신들이 환자와 지역 내 다른 사람들에게 영향을 미치는 다양한 방식을 인식하고 개인적 행동에 관한 결정을 내릴 때 이 사실을 고려한다.

1) 기준 1: 치료자 속성

1. 중독치료자는 서비스가 수행되는 기관 및 조직의 제도적 정책과 관리 기능을 존중하지만 환자의 이익에 더 부합하도록 그러한 정책을 개선하는 데 앞장선다.
2. 중독치료자는 교육자로서 타인이 물질사용장애 치료에 필요한 지식과 기술을 습득하도록 돕는 데 일차적인 의무가 있다.
3. 중독치료자는 그 혹은 그녀의 환자에 대한 옹호자로서 비폭력적인 물질 관련 범죄에 대한 첫 번째 개입으로 치료를 인정하는 법률 및 공공 정책을 지지할 의무가 있음을 이해한다.
4. 중독치료자는 정확한 서비스에 대한 청구, 정확한 비용 회계, 환자와의 상호작용에 대한 신뢰 있고 정확한 보고를 포함하여 업무의 모든 측면에서 정직성과 일치성을 실천한다.
5. 중독치료자는 물질사용장애 전문 영역의 많은 재산이 지적 재산이라는 것을 인정한다. 이와 관련해서 중독치료자는 전문가로서 그리고 개인으로서 말하거나 글을 쓸 때 다른 사람의 생각, 개념, 출판물에 대해 적절한 공로를 인정하는 것에 주의를 기울인다.
6. 중독치료자는 자신의 삶에서 다양한 관계와 약속에 적용되는 의무와 권리 사이에 갈등이 발생할 수 있다는 것을 인식한다. 이러한 관계 사이에 우선순위가 설정되고, 가족, 친구, 동료에게 이러한 관계와 그로부터 생기는 의무들을 균형 있게 유지하기 위해 설정된 우선순위에 대해 알린다.
7. 잠재적으로 폭력적인 환자의 요구사항을 다루는 것이 포함될 때 중독치료자는 환자와 직원을 위험으로부터 보호하기 위해 적절한 보호 조치가 마련되어 있는지 확인한다.
8. 중독치료자는 지속적인 교육 연구, 다른 분야 전문가와의 활동에 참여하는 등 자신의 전문적 능력을 향상하기 위한 새롭고 효과적인 접근 방식을 지속해서 찾아야 한다.
9. 중독치료자는 환자와 지역사회에 더 나은 서비스를 제공하기 위해 평생 학습과 지속적인 교육 및 기술에 전념하도록 한다.
10. 중독치료자는 자신과 다른 전문적 훈련과 경험에 기반한 다양한 관점을 존중한다. 이와 관련하여 하나의 의견이 다른 의견을 지배하기보다는 공통점을 찾으려고 노력한다.

11. 중독치료자는 자신이 '회복 중'이라고 밝혔는지와 무관하게, 공 · 사적인 향정신성 약물 사용이 타인에게 부정적인 영향을 미칠 수 있음을 인식해야 한다. 여기에는 일반 대중, 회복 공동체, 동료 전문가뿐만 아니라, 특히 약물 문제로 도움을 구하고 있는 취약한 내담자들이 포함된다. 자신의 회복 사실을 공언한 중독치료자는 향정신성 화학 물질로 인해 직업적 또는 개인적 삶이 손상되지 않도록 해야 한다. 만약 손상이 일어나면 이를 보고하고 전문적인 업무를 중단한다는 즉각적인 보고를 하고 전문적인 지원을 통해 그들의 손상을 해결하기 위한 즉각적인 조치를 취해야 한다(기준 2, 항목 3 참조).

2) 기준 2: 법적 · 윤리적 기준

중독치료자는 물질사용장애 치료의 실행을 규율하는 모든 연방법 및 법률을 철저히 인식함으로써 전문가의 법적 · 윤리적 기준을 유지한다. 더 나아가 중독치료자는 법과 강령의 조항을 지키는 것뿐만 아니라 자율성, 선의, 악행 금지, 정의, 충실성 그리고 진실성과 같은 이상적인 윤리적 기준을 옹호하기 위해 노력한다.

1. 중독치료자는 자신의 전문 자격, 소속 및 경험을 솔직하게 드러내야 한다.
2. 제공되는 모든 서비스는 서비스의 효과성에 대한 근거 있는 주장이 정확하게 확인되고 기술되어야 한다. 물질사용장애는 과학적 연구를 통해 검증된 정보로 기술되어야 한다.
3. 중독치료자는 물질사용장애의 더 나은 이해를 위해 노력하며 가정과 편견을 마치 진실인 것처럼 받아들이는 것을 거부한다.
4. 전문적 성과에 미치는 장애의 영향을 확인한다. 중독치료자는 스스로 혹은 동료들에 대한 적절한 치료를 구한다. 중독치료자는 동료 혹은 자기 자신의 회복을 위해 동료 지원 프로그램의 활동을 지지한다.
5. 중독치료자는 교육, 시연, 출판 혹은 다른 형태의 미디어를 통해 회원과 관련되거나 회원이 제공하는 자료들 혹은 관련 서비스가 이 강령의 윤리 기준을 충족하는지 확인한다.
6. 회복 중인 중독치료자는 그/그녀 자신의 웰빙과 개인적 성장을 높이고 전문적인 환경에서 지속적인 작업을 장려하기 위해 업무 환경 외부에서 지지 시스템을 유지한다.
7. 중독치료자는 개인과 기관의 자산을 보호하는 데 도움이 되는 적절한 재산, 생명 및 과실

보험 정책을 유지한다.

3) 기준 3: 기록 및 자료

중독치료자는 환자와 직업 전체에 대한 직업적 책임과 관련하여, 제공된 전문 서비스, 수행된 연구, 다른 개인, 기관, 법적 및 의료 기관과의 상호작용에 대한 기록을 유지한다.

1. 중독치료자는 법직 기준에 따라 그리고 확립된 윤리적 기준을 허용/충족시키는 방식으로 연구, 실습, 서비스 비용 지불, 부채 지불 및 기타 업무와 관련된 기록을 생성, 유지, 배포, 저장, 유지 및 폐기한다. 문서는 환자와 접촉한 일시, 시간, 접촉 장소 그리고 제공된 서비스, 이루어진 연계, 비밀 정보에 대한 공개, 환자에게 제공된 자문, 지도 감독 회의 정보, 제공된 모든 서비스의 결과와 관련된 자료를 포함한다.
2. 환자 기록은 법령에 의거하고 현행 윤리 기준에 부합하는 방식으로 유지 및 폐기된다.
3. 집단 및 개인 치료 서비스를 포함하여 환자와의 상호작용 기록은 환자가 지불한 금액, 제3자의 지불 그리고 선물이나 기부와 같은 재정적 거래를 기록하고 있는 문건과는 구분하여 관리한다.
4. 기록물은 환자 관리 혹은 기관 운영에 있어 필수 서비스를 수행하는 전문가 이외의 전문가가 쉽게 접근할 수 없는 잠긴 캐비닛이나 사무실에 보관되어야 한다.
5. 전자 기록은 환자에게 일관적 서비스 그리고 비밀을 보장하는 방식으로 관리되어야 한다.
6. 모든 전자 자료를 타 기관으로 전송할 때는 기밀성 보장을 위한 조치를 취해야 한다.
7. 중독치료자는 환자의 서비스와는 관련이 없지만, 환자 관리에 대한 적절한 결정을 내리는 데 도움이 되는 자료를 별도의 잠금장치가 있는 장소에 보관해야 한다.

4) 기준 4: 전문가들 간의 관계

중독치료자는 존중, 예의, 공정성 및 선의로 동료를 대해야 하며 다른 전문가에게도 동일하게 대해야 한다.

1. 중독치료자는 다른 전문가와 치료 중인 환자에게 전문 서비스를 제공하는 것을 자제해야 하며 이는 다른 전문가의 동의를 받거나 환자와 다른 전문가의 관계가 종료된 후에만 가능하다.
2. 중독치료자는 적법하게 구성된 전문 윤리위원회와 협력하고 비밀 유지 요구사항에 의해 제한되지 않는 한 필요한 정보를 신속하게 제공해야 한다.
3. 중독치료자는 수련생, 고용인, 학생, 연구 참여자 혹은 자원봉사자와의 관계를 어떠한 방식으로든 이용해서는 안 된다.

5. 문화적으로 다양한 세계에서 일하기

중독치료자는 개인의 인식과 삶의 방식에 인종과 문화가 미치는 영향의 중요성을 이해한다. 중독치료자는 많은 내담자가 가시적이거나 비가시적인 장애를 가지고 있을 수 있음을 항상 인지해야 한다. 일부 장애는 눈에 보이지 않으며 설명되지 않는 한 예상되는 사회 상호작용이나 업무 및 의료 상호작용을 방해하지 않는 것처럼 보일 수 있다. 눈에 보이지 않는 장애 범주에는 청각장애가 있는 자, 학습장애가 있는 자, 뇌 또는 신체 부상이 있는 자, 만성질환을 앓고 있는 자가 포함된다. 이러한 한계가 있는 사람은 65세 미만일 수 있다. 접수 및 평가 중 환자와 작업할 때 고려해야 하는 추가 요소에 관한 질문이 포함되어야 한다.

1. 중독치료자는 인종, 민족, 출신 국가, 피부색, 성별, 성적 취향, 군필 여부, 성 정체성 또는 성적 표현, 연령, 결혼 여부, 정치적 신념, 종교, 이민 신분 그리고 정신적 혹은 신체적 어려움 여하에 따라 차별하지 않는다.
2. 신체적 · 정신적 · 교육적 어려움 또는 정서적 어려움을 겪고 있거나 치료자와 다른 언어를 사용하는 환자를 위해 필요에 따라 편의가 제공된다.

6. 직장 기준

중독치료자는 이 직업이 사회, 환자, 개인으로 개별 중독치료자 그리고 직업 전체의 최선의 이익을 증진하는 국가 역량 기준에 기반을 두고 있음을 인식한다. 중독치료자는 전문 역량 및 발전의 구성 요소로서 지속적 교육의 필요성을 인식한다.

1. 중독치료자는 자신의 역량의 경계와 한계를 인식하고 자신의 전문 역량 이외의 서비스를 제공하거나 기술을 사용하지 않는다.
2. 중독치료자는 자신의 장애가 수행에 미치는 영향을 인식하고 자신이나 동료를 위해 적절한 치료를 기꺼이 구해야 한다.

1) 근무 환경

중독치료자는 환자, 동료 및 직원이 안전할 수 있는 작업/치료 환경을 유지하기 위해 노력한다. 작업 환경은 유지 관리, 위생 요구사항의 충족, 구조적 결함의 해결을 통해 양호한 상태로 유지되어야 한다.

1. 중독치료자는 근무 환경의 표준 준수를 보장하기 위해 적절한 지도 감독/자문을 구한다.
2. 중독치료자가 고용하고 감독하는 치료 기관의 사무직원은 유능하고 비밀보장 기준과 서비스를 찾는 고객의 존중에 대해 교육을 받아야 한다.
3. 비밀이 보장되는 개인 작업 공간이 확보된다.

7. 지도 감독 그리고 자문

다른 사람을 지도 감독하는 중독치료자는 정확한 최신 정보, 시기적절한 평가 및 건설적인 자문을 제공함으로써 이러한 개인의 전문성 개발을 촉진할 의무를 수용한다. 지도 감독자는 수련생과의 관계에서 힘의 차이를 자각하고 윤리적 기준을 유지하기 위해 예방조치를 취한다. 학생, 직원 및 수련생과의 관계에서 지도 감독자는 완전한 창의적인 잠재력을 개발하고 성숙한 독립적 기능을 발휘하기 위해 노력한다.

1. 중독치료자는 다른 사람에게 자문을 제공할 때 적절한 자원을 사용할 수 있도록 조치를 취해야 한다. 자문 치료자는 명확하고 이해하기 쉬운 언어를 사용하여 관련된 모든 당사자에게 자문과 관련된 목적과 기대를 알린다.
2. 직원, 수련생 그리고 다른 치료자들에게 지도 감독을 제공하는 중독치료자는 임상 및/또는 행정적 지도 감독에 관한 교육 및 훈련을 이수해야 한다. 훈련 중인 치료자를 지도 감독하는 중독치료자는 훈련 중인 치료자가 환자 관리에 관한 정책을 준수하도록 해야 한다.
3. 지도 감독자 역할을 하는 중독치료자는 자신이 지도 감독하는 사람들과 윤리적 · 개인적 · 사회적 관계를 명확하게 정의하고 유지해야 한다. 다른 전문적인 역할을 맡아야 한다면 잠재적 갈등을 최소화하기 위한 기준을 마련해야 한다.
4. 현재 수련생과의 성적 · 낭만적 또는 개인적 관계는 금지된다. 친척, 연인 또는 친구를 지도 감독하는 것은 금지되어 있다.
5. 지도 감독 회의는 구체적이고 정기적인 간격으로 실시되며 각 회의의 문서는 보관된다.
6. 지도 감독자는 사전 동의 원칙을 지도 감독 관계에 통합할 책임이 있다.
7. 지도 감독자 역할을 하는 중독치료자는 지도 감독자에게 연락하거나 부재 시 대체 당직 지도 감독자에게 연락하는 절차를 확립하고 전달해야 한다.
8. 지도 감독하는 중독치료자는 지도 감독하는 사람들이 역전이 및 전이 문제를 구별할 수 있도록 도움을 준다. 수련생이 전문적인 업무나 개인적인 문제와 관련된 문제를 해결하기 위해 치료가 필요한 경우 적절한 추천이 이루어져야 한다.

8. 윤리적 문제 해결

중독치료자는 자신의 업무에 대한 법적 · 윤리적 · 도덕적 기준에 따라 행동해야 한다. 이를 위해 치료자들은 관련된 모든 당사자 간의 직접적이고 개방적인 의사소통을 위해 윤리적 딜레마를 해결하려고 시도하고 적절한 지도 감독 및/또는 치료를 구한다.

1. 윤리적 책임이 법률, 규정 또는 기타 법적 권위와 충돌하는 경우 중독치료자는 치료와 지도감독을 통해 문제를 해결하기 위한 조치를 취해야 한다.
2. 중독치료자는 다른 치료자가 비윤리적인 방식으로 행동한다는 사실을 알게 된 경우 본 윤리 강령, 즉 윤리위원회 및 국가자격검증위원회의 기준에 따라 적절한 조치를 취할 의무가 있다.
3. 윤리 기준을 따르지 않는 사람과 관련된 윤리적 딜레마가 비공식적으로 해결될 수 없는 경우 그 문제는 국가윤리위원회와 국가자격검증위원회에 회부되어야 한다.
4. 중독치료자는 윤리위원회의 조사, 진행 과정 및 요구사항에 협력한다.

9. 의사소통 및 출판물

출판을 위해 제출하거나 환자, 학생 또는 일반 배포를 위해 유인물을 준비하는 중독치료자는 저작권법을 알고 준수해야 한다.

1. 중독치료자는 알코올 및 약물남용과 관련된 공개 진술에서 현재 자신의 지식의 한계를 정직하게 존중한다. 사실에 관한 진술은 경험을 통해 사실로 입증된 내용을 기반으로 한다. 중독 과정과 관련된 기타 의견, 추측 및 가설은 과학적으로 검증된 것보다 덜 신뢰할 수 있는 것으로 간주되어야 한다.
2. 중독치료자는 자신의 서면 문서에 대한 다른 사람의 기여를 인정한다.
3. 공동 작업을 기반으로 한 문서의 경우 문서나 발표에서 다른 사람의 기여를 안정한다.
4. 출판, 연구 또는 기타 학술 목적으로 제출된 자료를 검토하는 전문가는 저자의 비밀보호 및 저작의 소유권을 존중해야 한다.

10. 정책 및 정치적 참여

1) 기준 1: 사회적 의미

중독치료자는 자신의 능력을 최대한 발휘해서 입법 과정, 교육기관 및 일반 대중과 적극적으로 소통하여 알코올 중독과 약물남용으로 삶이 손상된 모든 인종 및 사회적 배경을 갖고 있는 사람들이 기회를 갖고 서비스를 선택할 수 있는 공공 정책과 법률의 변화를 촉진하도록 강력히 권장된다.

1. 중독치료자는 사회의 선한 질서와 위해 및 악의 억제를 위해 법률과 규정이 존재한다는 것을 이해하고 이를 준수한다. 그러나 동시에 시민 불복종 권리를 보유하고 있다는 것을 인지한다.
2. 이 원칙의 한 가지 예외는 명백히 부당한 법률이나 규정으로 법률의 준수가 이것을 위반하는 것보다 더 큰 해를 끼치는 경우이다.
3. 중독치료자는 법률이나 규정이 부당하다는 판단은 선호나 의견의 문제가 아니라 합리적인 조사, 심의, 논쟁의 문제임을 이해하고 정당한 시민 불복종에 대해 처벌이 있을 수 있음을 기꺼이 받아들인다.

2) 기준 2: 대중 참여

중독치료자는 물질사용장애에 영향을 미치는 정책 및 기관을 형성하기 위해 고안된 지역사회 활동에 적극적으로 참여할 것이 강력히 권장된다. 중독치료자는 공공 비상사태에서 가능한 한 적절한 전문 서비스를 최대한 제공한다.

3) 기준 3: 사회적 · 정치적 활동

중독치료자는 개인적 · 직업적 약속과 관계가 권리 및 그에 따른 의무의 네트워크를 형성한다는 사실을 이해해야 한다. 또한 지역사회 내 각 개인의 자연적이고 합의된 권리를 보호하기 위해 노력할 것을 강력히 권장한다. 아울러 중독치료자는 사회적 · 정치적 활동과 의견이 개인의 고유한 권리임을 인식하고, 전문적인 관계에 있는 사람에게 자신의 견해를 강요하지 않아야 함을 명심해야 한다.

이 자료는 치료 전문가들이 사용할 윤리 강령과 윤리 기준을 제공하기 위해 고안되었다. 이러한 윤리적 행동 원칙은 윤리적 기준을 갖는 것과 이를 준수하는 것의 중요성을 개괄적으로 설명한다. 이러한 원칙은 치료자가 실무에서 윤리적 딜레마에 직면하고 이를 방지하는 방법을 모색하는 데 도움이 될 수 있다.

2장 역사적 관점과 도덕 모델

Pamela S. Lassiter
Michael S. Spivey

미국에서 물질사용과 중독의 역사는 길고 다채롭다. 알코올과 약물에 대한 문화적 진화는 방관적 태도로부터 악마화, 범죄화, 대량 투옥에 이르기까지 변화해 왔다. 식민지 시대부터 현재까지 초점은 범죄에 대한 치료 및 예방 프로그램과 사용자와 범법자에 대한 가혹한 처벌 사이에서 자주 흔들렸다. 도덕 모델은 미국의 알코올과 약물 문화의 진화 전반에 걸쳐 발견되는 핵심적 기초 중 하나이다. 종종 중독과 치료 역사의 논의는 도덕적 스펙트럼 양극단의 맥락 안에서 이루어진다: 선 대 악, 금욕 대 만취, 상류층 대 하류층, 종교적 대 비종교적, 그리고 질병 대 부도덕한 행위(Thombs, 2006). 이 장에서 우리는 미국에서의 물질사용과 중독에 대한 역사적 및 문화적 관점을 탐구하고 도덕 모델의 진화를 포함한 내용을 다룰 것이다.

1. 식민지 시대(1492~1763)

식민지 시대에 유럽인들이 신세계(the New World)에 도착하기 시작하면서 이들은 원주민에게 알코올 사용을 소개했다. 또한 이 시기에 원주민들은 유럽인들에게 니코틴과 담배를 소개했다. 정착민들과 유럽인들은 담배와 코담배(snuff)와 같은 담배 부산물들을 많이 사용하기 시작했다. 시간이 지나면서 담배는 매우 중독성이 강해졌고 사람들은 담배를 끊을 수 없게 되었다. 담배는 현금을 대용하는 작물로서 신세계 경제에 큰 영향을 미쳤다. 담배는 법정 화폐로 사용되었고 이는 식민지 미국의 노예무역에 기여하는 요인이었다(Spruling & Leonard, 1993).

Spurling과 Leonard(1993)에 따르면, 미국 초기에도 럼주가 법적 통화로 사용되었다. 당시에는 수질 정화 시스템이 없었기 때문에 물이 건강에 좋지 않아 알코올이 식민지 미국에서 물을 정화하는 형태로 사용되었다. 그 결과 식민지인 미국의 거의 모든 사람은 어떤 형태로든 알코올을 마셨다. 대부분의 미국인은 아침 식사와 함께 알코올을 마시며 하루를 시작했고 종일 계속해서 알코올을 마셨다. 결국 영국이 럼주 제조에 필요한 당밀 공급을 차단하자 미국 식민지 주민들은 다른 곡물로 위스키를 만들기 시작했다. 많은 양의 곡물이 있었기 때문에 위스키는 비교적 저렴하고 만들기 쉬웠다. 실제로 위스키는 커피보다도 저렴했다. 따라서 식민지인 미국에서 위스키는 선호 음료가 되었고 그 사용과 사용자에 대한 도덕적 판단은 거의 없었다(Spurling & Leonard, 1993).

2. 미국 혁명과 젊은 공화국(1763~1820년대)

초기 미국 정착민들 사이에서 술과 담배의 사용이 널리 퍼져 있었지만 술의 부정적인 영향을 인식하기 시작한 사람들도 있었다. 독립 선언서에 서명한 미국 건국의 아버지이자 의사인 Benjamin Rush 박사는 술이 인간의 신체에 미칠 수 있는 부정적인 효과에 대해 처음으로 주의를 환기시켰다. Rush 박사는 술을 마시는 것이 정신적 · 신체적 건강 문제를 일으켜 죽음에 이를 수 있다고 경고했다(Thombs, 2006). 1790년 Rush 박사는 그의 책 『증류주가 인체에 미치는 영향에 대한 조사(An inquiry into the effects of spirituous liquors on the human body)』에서 '도덕 온도계(moral thermometer)'를 포함하였다. Rush(1790) 박사의 도덕 온도계는 인간에게 미치는 증류주의 영향으로 절제에서 비절제로 진행되는 것(온도계로 표현)을 보여 주는 시각적 척도이다. 도덕 온도계의 절제 부분에서는 물에서부터 강한 맥주로, 온도계의 비절제 부분에서는 약한 펀치[1]에서부터 럼주에 담근 고추를 포함한다. 온도계의 절제된 부분에서 절제되지 못한 상태로 내려갈수록 인간이 겪을 수 있는 결과를 시각적으로 묘사하고 있다. 이러한 결과에는 악행에서 자살, 질병으로 인한 죽음, 처벌에서 교수형까지 다양하게 포함되어 있다(Rush, 1790). Rush 박사는 중독된 사람들에 대한 인도적 치료 개념을 처음으로 옹호한 사람 중 한 명으로 알려져 있다(Durrant & Thakker, 2003; Thombs, 2006). 미국에서의 알코올 소비는 계속 증가했고 알코올 중독의 위험성은 서서히 미국인의 의식 속에 자리 잡기 시작했다. 1791년에는 '위스키 세금'이 통과되었다. 알코올 과다 사용에 대한 인식이 높아졌음에도 불구하고 이 소비세 통과는 미국인의 알코올 사용을 억제하기보

1) 역자 주: 여러 가지 알코올과 과일 주스를 혼합하여 만든 음료

다는 국가 부채를 상환하는 것에 더 중점을 두고 있었다. 매우 인기가 없었던 이 소비세는 1801년 폐지되었다(Durrant & Thakker, 2003).

알코올은 또한 통제의 수단으로 사용되었다. Spurling과 Leonard(1993)에 따르면, 노예들을 농장에 머물게 하려고 알코올을 제공했고, 원주민의 협상 능력을 저해시키려는 노력의 일환으로 무역 및 조약 협상 중에 자주 알코올을 제공했다. 알코올이 미국인들의 생활에 모든 측면을 관통하면서 공공장소에서의 만취는 드물지 않은 일이었다. Rush 박사의 예측대로 알코올 관련 질병과 사망률이 증가했다. 미국의 알코올 소비는 여러 사회 문제를 초래했다. 그중 하나는 채무자의 감옥 인구가 폭발적으로 증가한 점이다. 일부 추정에 따르면, 연간 50,000명에 이르는 사람들이 감옥에 들어갔다고 한다. 이 시기에는 사회적 및 개인적 문제를 겪는 사람들을 위한 복지나 사회보장 같은 사회적 안전망이 없었다(Spurling & Leonard, 1993).

3. 치료 운동(1826~1919)

초기 미국 사회에서 알코올에 대한 수용이 매우 두드러졌고 과도한 알코올 사용이 인체에 미칠 수 있는 영향에 대한 이해가 부족했기 때문에 음주나 심지어 공공장소에서의 만취 상태에 대한 우려는 거의 없었다. 과도한 만취는 가정 폭력과 여성 및 아동학대로 이어졌으며 이는 절제를 요구하는 목소리로 이어졌다. 미국에서 알코올 문제가 있다는 것이 점점 더 명백해졌고 무언가 조치가 필요했다.

금주 운동은 음주 문제를 해결해야 한다는 인식에서 태어났다. 이 운동은 원래 미국의 성직자들에 의해 주도되었다(Spurling & Leonard, 1993). 목표는 온화한 도덕적 설득을 통해 과도한 음주와 공공장소에서의 만취를 억제하는 것이었다. 원래 이 운동의 핵심 메시지는 절제의 관점에서 알코올 사용을 바라보는 것이었다. 이 개념은 절제를 신과 맺는 개인적 관계의 중요성과 연결하였다. 운동의 핵심 메시지는 인간을 신의 종으로 보고 있으며 알코올 사용이 자주 만취로 이어질 때 만취한 사람은 신을 잘 섬길 수 없다는 것이었다. 다시 말해, 음주는 신과의 긍정적인 관계 형성을 방해하므로 나쁘다고 여겨졌다(Spurling & Leonard, 1993; Thombs, 2006). 많은 금주 운동으로 여러 조직이 생겨났는데 워싱턴 사람들의 모임에서부터 기독교 여성 금주 연합회, 반-술집(Anti-Saloon) 연맹이 있었다. 이러한 운동이 커지면서 메시지는 곧 절제보다는 금욕으로 변했다

(Durrant & Thakker, 2003). Hanson(1999)에 따르면, 1830년대 후반까지 미국에는 800개 이상의 금주 관련 조직이 있었고 150만 명 이상의 회원이 있었다.

역설적으로, 금주 운동의 아버지 중 한 명인 Reverend Lyman Beecher는 학교 다닐 때 술을 팔아 학비를 충당했다. 원래의 절제 메시지와는 달리 Reverend Beecher는 금욕을 설파했다. Reverend Beecher의 활동은 메시지의 분위기를 절제에서 알코올 사용 자체가 나쁘다는 메시지로 전환하였다. 이것이 오늘날에도 알려진 도덕 모델의 시작이었다(Spurling & Leonard, 1993).

이 기간에 사람들은 자신의 이름에 서명하고 그 서명 앞에 T를 표시하여 금주 서약을 하도록 요구받았다. T는 개인이 완전 금주자가 되기로 동의하고 모든 알코올 섭취를 피하겠다는 약속을 의미했다. 하지만 모든 사람이 절대 금주자(Teetotaler) 접근을 수용하는 것은 아니었다. 운동 내 많은 사람은 모든 알코올을 피하는 데 동의했으나 일부는 독한 술만 피하고 와인은 계속 마시기로 했다. 이러한 노력의 결과로 미국인들의 음주량은 이전 10년보다 훨씬 줄어들었다(Spurling & Leonard, 1993). 1840년까지 미국인들은 연간 1인당 약 3.1갤런을 마시고 있었는데 이는 1830년대 초반의 1인당 연간 약 7.1갤런과 비교되는 수치였다(Goode, 1993).

알코올의 해로운 영향과 이를 막으려는 방법에 집중하고 있는 동안 미국에서는 동시에 오피오이드(opioids, 아편 유사제)의 수입량이 급격히 증가하고 있었다. 1840년부터 1870년까지 오피오이드의 수입은 인구 증가율의 7배로 증가했다(Spurling & Leonard, 1993). 오피오이드가 증가한 주된 이유는 의사들이 다양한 의학적 목적으로 이를 사용했기 때문이다. 이 시기에 오피오이드는 종종 진통제로 사용되었다. 모르핀과 피하주사 약물의 분리로 인해 의사들은 모든 종류의 건강 문제에 대해 오피오이드를 처방하기 시작했다. 규제되지 않은 의사들의 무제한적인 오피오이드 사용은 새로운 중독 시대를 초래했다. 이 시대에는 많은 의사와 환자가 약물에 중독되었다. 이러한 물질들은 합법적이었고 많은 경우 처방전이 없어도 구매할 수 있었다. 이 시기에는 정부의 규제가 존재하지 않았다(Durrant & Thakker, 2003). 피하주사기도 쉽게 구할 수 있었으며 실제로 1897년 Sears Roebuck[2] 상품 목록에서 피하주사기 세트를 2달러 미만에 판매했다(Spurling & Leonard, 1993).

오피오이드는 '만병 통치약'으로 여겨져 대부분 사회에서 사용되었다. 일부 광고에서는 울고 있는 아이들이 약을 먹고 진정하는 모습을 묘사하는 어머니들을 표현했다. 그들은 알지 못했지만

---

2) 역자 주: 미국의 유명한 소매업체

아이들은 아마 금단 증상을 겪고 있었을 것이다. 그러니 당연하게 약을 더 먹이면 아이들은 진정될 수 있었을 것이다. 이렇게 약물의 장기적인 영향에 대해 거의 이해하지 못했기 때문에 많은 사람은 중독이 되었다는 것을 너무 늦게야 깨달았다(Spurling & Leonard, 1993).

알코올처럼 오피오이드의 광범위한 사용은 사회에 큰 영향을 미쳤다. 오피오이드 중독은 모든 사회경제적 경계를 넘나들었다. Durrant와 Thakker(2003)에 따르면 1920년대까지 아편제(opiate)의 전형적인 사용자는 30세 이상, 백인, 여성, 중산층이었다. 종종 이러한 여성들은 의사로부터 어떤 의학적 상태나 신체적 통증을 완화하기 위해 오피오이드를 처방받으면서 중독자가 되었다. 그러나 오피오이드 사용과 그에 따른 중독으로부터 면역된 사람은 아무도 없었다. Spurling과 Leonard(1993)에 따르면 상류층은 오피오이드 소굴을 자주 찾았는데 이곳은 그들에게 이국적으로 여겨졌고 이곳을 방문한다는 것 자체가 일정한 사회적 지위를 가졌다는 것을 뜻했다. 동시에 하류층은 일상적인 스트레스를 해소하기 위해 오피오이드를 사용했다. 코카인 또한 오락 약물과 흥분제로 널리 사용되었다. 이 시기에 미국에서 약물사용과 인종 간의 교차점이 가시화되었다. 예를 들어, 아프리카계 미국인 남성들은 장시간의 컨테이너 선적 작업을 버티기 위해 코카인을 각성제로 자주 사용했다(Spurling & Leonard, 1993). 대륙 횡단 철도와 광산에서 일하기 위해 미국에 온 중국인 이민자들은 종종 가혹한 현실을 피하기 위해 오피오이드를 사용했다. 많은 중국인 이민자들에게 아편 소굴은 그들의 문화에서 받아들여졌고 실제로 문화적 및 인종적 정체성의 원천으로 여겨졌다(Spurling & Leonard, 1993).

1880년까지 많은 미국인은 미국 내 알코올 중독이 있다는 것을 인식하기 시작했다. 미국인들은 금단 과정을 겪으며 치료 시설과 병원에 입원하기 시작했다. 1879년에 문을 연 Keeley 연구소는 알코올 중독으로 고통받는 사람들을 돕는 최초의 기관 중 하나가 되었다(Spurling & Leonard, 1993).

집에서 스스로 치료하려고 하거나 치료 기관에 자발적으로 입원한 많은 사람은 치료 프로그램을 마친 후에도 여전히 약물과 알코올에 갈망을 느끼고 있다는 것을 알게 되었다. 그들은 중독 물질을 스스로 끊을 수 없었다. 이 시기에 미국 언론의 도움을 받은 대중은 물질사용장애와의 싸움에 대해 도움을 요청하기 시작했다(Spurling & Leonard, 1993).

27년간의 논란 끝인 1906년에 「순수 식품 및 의약품법(Pure Food and Drug Act)」이 의회를 통과했다. 이 법은 특히 의약품 제조업체에게 중독성이나 위험성이 있는 성분을 제품 라벨에 표시하도록 요구했다. 이 법은 알코올, 모르핀, 아편, 대마초를 중독성이나 위험성이 있는 성분 목록에 포함하였다. 「순수 식품 및 의약품법」은 이러한 약물이 처방전 없이 판매되는 것을 막지는 않았다. 그러나 이 법은 미국에서 약물 규제의 첫걸음 중 하나였다. 1909년경까지 「흡연용 아편 배제법(Smoking Opium Exclusion Act)」이 통과되었다. 이 법은 비의료용 목적으로 아편을 소지하는 것을 범죄로 규정했다(Durrant & Thakker, 2003).

1900년경, 미국은 100만 명의 중독자가 있는 것으로 추정되었다(Spurling & Leonard, 1993). 중독은 모든 사회경제적 계층에 널리 퍼져 있었지만 사회 계층과 인종에 따라 중독이 묘사되는 방식이 매우 달랐다. 예를 들어, 아프리카계 미국인 항만 노동자와 중국인 노동자는 부정적으로 묘사되었고 약물사용자로 낙인찍혔다. 아편 흡연은 중국인 노동자들과 연관되었고 백인 사회 일부에서는 코카인이 아프리카계 미국인들에게 힘을 강화시켜 그들이 백인 지도자들로부터 받은 억압과 차별에 맞서게 한다는 두려움이 있었다(Musto, 1999). 이 시기에 약물사용의 위험성과 소수 민족에 대한 편견이 결부되었다. 이는 오늘날까지도 우리 사회에 스며들어 있는 연결고리이다. 또한 이 시기에 법률 제정자들이 정치적 목적을 위해 약물사용장애에 대한 메시지를 조작하기 시작했다.

1900년대 초반에 의회에서 통과된 최초의 법안 중 하나는 1914년 「Harrison 마약법(Harrison Narcotics Act)」이다. 이 법안은 아편제 그리고 코카인에 대한 더 엄격한 규제를 도입했다. 법이 통과된 후 많은 의사가 중독자들에게 헤로인 및 기타 약물을 처방한 혐의로 감시를 받게 되었다(Sharp, 1994; Spurling & Leonard, 1993). 실제로 Sharp(1994)에 따르면, "1915~1938년 사이에 「Harrison 마약법」을 집행하는 연방 요원들의 감시를 받은 의사가 25,000명 이상이었으며 그중 약 5,000명이 유죄판결을 받고 벌금형을 받거나 투옥되었다"(p. 20). 이러한 정부의 단속은 Webb과 사람들 대 미국(Webb et al. v. United States)(1919) 사건에 대한 대법원 판결로 더욱 뒷받침되었다. 이 판결에서 의사들이 중독자에게 치료 목적으로 아편제를 처방할 수 없다고 명시했다. 이는 중독자에 대한 유지 치료 프로그램의 존재를 사실상 중단시킨 것이다. 대법원은 「Harrison 마약법」이 헌법에 위배되지 않으며, 중독을 질병으로 간주하지 않기 때문에 의사들은 더 이상 중독자들에게 아편제를 처방할 수 없다고 판결했다(Sharp, 1994).

이 대법원 판결은 종종 약물사용자에 대한 범죄화의 시작으로 여겨지며 미국의 많은 약물 정책의 기초가 되었다. 이 판결 하나로 대법원은 근본적으로 한 집단 전체를 범죄자로 만들었다. 또한 이 판결은 약물사용자가 단순히 자기만족과 쾌락을 추구하는 범죄자이자 일탈자라는 내러티브를 강화했다(Sharp, 1994; Spurling & Leonard, 1993).

4. 금주령 시대(1919~1933)

금주령 시대는 알코올을 더 빠르고 저렴하게 제조할 수 있게 하는 여러 새로운 기술의 등장으로 시작되었다. 미국에서 이용 가능한 곡물의 양이 있고 알코올을 만드는 것이 편리해지면서 알코올 중독이 지속해서 증가했다. 1913년까지 많은 미국인은 알코올 남용이 사회에 미치는 영향을 의식적으로 인식하기 시작했다. 금주 운동과 금주령이라는 노력은 1840년부터 1930년까지 강력한 정치적 힘이었다. 금주 운동은 미국인의 50% 이상이 주류 판매 및 유통이 금지된 술 없는 자치주에서 살게 만들었다(Spurling & Leonard, 1993).

금주령은 제1차 세계 대전 중 1917년 4월 미국이 독일에 맞서 연합국에 합류하면서 본격적으로 형성되기 시작했다. 제1차 세계 대전 동안 미국에서는 알코올을 마시는 일이 비애국적인 행위로 여겨졌다. 알코올을 만드는 데 사용되던 곡물은 이제 미국 군대를 지원하는 데 필요했다. 역설적으로, 제1차 세계 대전은 미국 전역에서 금주령이 완전히 시행되기 전에 끝이 났다. 1919년에 헌법 제18차 수정안이 통과되었고, 1920년 1월 18일에 금주령이 법으로 제정되었다. 이 헌법 수정안은 모든 알코올 음료의 판매, 생산, 수입 및 운동을 금지했다. 금주령은 13년 후인 1933년에 폐지되었다(Spurling & Leonard, 1993).

금주령은 종종 새로운 범죄 계층이 탄생할 수 있는 환경을 조성한 것으로 평가된다. 조직적인 범죄 일당이 생겨나기 시작했으며 미국에서 알코올 음료의 생산, 판매 및 운송을 위한 전체 암시장이 형성되었다. 비밀 술집(speakeasies)으로 알려진 상점은 앞에서는 여송연(cigars)과 잡지를 팔았고 가게 뒤쪽의 술집에서는 불법으로 알코올 음료를 판매했다(Spurling & Leonard, 1993).

금주령을 시행하는 것은 미국 정부에 매우 어려운 과제였다. 이 기간에 미국에서 생산된 알코올은 품질이 낮았다. 이 시기 동안 종종 집에서 품질이 나쁜 술을 만들었는데 이것을 '욕조 술(bathtub gin)'이라고 불렀다. 더 나은 품질의 알코올은 캐나다에서 불법으로 수입되었고 이는 조직 범죄의 증가를 더욱 부추겼다(Spurling & Leonard, 1993).

예산을 계속 늘려 가며 술의 생산과 판매를 통제하는 대신, 의회는 규제 및 과세 모델로 방향을 전환했다. 금주법의 폐지는 대공황 시기 사람들에게 절실히 필요한 일자리를 제공했을 뿐만 아니라, 미국 정부에 꼭 필요한 세수 기반도 마련해 주었다. 다시 한번, 약물과 알코올 남용이 미국 정부와 언론에서 어떻게 묘사되는가에 있어서 정치적 힘이 작용하고 있었다.

5. 제2차 세계 대전 시기(1939~1945)

미국의 마약 정책을 형성하는 데 가장 영향력이 있는 인물 중 한 사람은 Harry Jacob Anslinger였다. 그는 1930년에 설립된 미국 재무부 연방 마약국(U.S. Treasury Department's Federal Bureau of Narcotics: FBN)의 초대 국장으로 임명되었다. Anslinger는 금주령과 마약의 범죄화를 강력히 지지하는 인물이었다. 그는 전례 없이 32년간 재임했으며 그의 영향력은 오늘날에도 미국의 마약 정책에 여전히 영향을 미치고 있다(Sharp, 1994). 그의 철학은 중독에 대해 매우 단순하고 직설적인 입장이었다. 즉, 마약과 알코올 사용은 나쁘다는 것이다. 그는 모든 마약, 사용자 및 판매자를 사회에서 제거해야 한다고 믿었다. Anslinger의 노력은 미국의 첫 번째 '마약과의 전쟁'을 이끌었다(Spurling & Leonard, 1993). 그는 자신의 대의를 지지하는 여성 클럽 연맹, 기독교 여성 절제 연합회, 세계 마약 방위협회와 같은 조직적인 집단들을 활용하는 데 능숙했다(Sharp, 1994).

초기 냉전 시대에서 마약 판매와 사용은 종종 많은 미국인의 마음에 공포를 심어 주기 위한 공산주의의 음모로 묘사되었다. 이 시기에 마약과의 전쟁은 더욱 강화되었고 여러 중요한 법률 제정을 이끌었다. 1951년에 「Boggs법」이 통과되었는데 이 법은 마리화나 및 마약 밀매에 대해 의무적인 징역형을 부과했다(Sharp, 1994; Spurling & Leonard, 1993). 「Boggs법」은 최초 위반자에게 최대 2,000달러의 벌금과 최소 2년에서 5년의 징역형을 부과했고, 두 번째 위반자에게는 5년에서 10년의 징역형을 부과했으며 집행 유예의 가능성은 없었다(Sharp, 1994, p. 22). 1956년의 「마약법」은 마약 판매에 대한 처벌을 더욱 강화했다. 이 법을 지지한 국회의원들은 마약 밀매에 대해 의무적인 사형을 요구했지만 최종 법안에는 포함되지 않았다. 그러나 이 법은 미성년자에게 헤로인을 판매한 사람에게 사형을 부과하도록 요구했다(Sharp, 1994).

Spurling과 Leonard(1993)에 따르면, 아프리카계 미국인, 히스패닉 및 아시아계 미국인의 물질사용은 범죄로 묘사되고 있었고 중상류층의 알코올 및 담배 사용은 때때로 세련되고 매혹적인 것으로 묘사되었다. 배우들은 영화와 텔레비전 속 다양한 사회적 상황에서 담배를 피우고 술을 마시는 장면이 자주 등장했다. 금주령이 폐지된 이후 알코올과 담배 사용은 꾸준히 증가했다(Spurling & Leonard, 1993).

6. 닉슨 시대(1969~1974)

첫 번째 금연 경고는 1950년대 초반에 의사들에 의해 발표되기 시작했다(Spurling & Leonard, 1993). 1964년경 첫 번째로 담배 사용에 대해 외과 의사의 일반적인 공격이 발표되었다. 외과 의사의 일반적인 공격에도 불구하고 담배 판매는 계속 증가했다. 1960년대 동안 마리화나와 대마초 흡연자(pot smokers)는 평화운동의 상징이 되었다. Richard Nixon 대통령은 공공의 적 1호인 마약에 대한 전쟁을 선포했다. 오랫동안 국민 대부분의 지지를 받지 못한 전쟁을 치른 후에 미국으로 돌아온 베트남 참전 용사들 사이에 발생하는 많은 양의 마약사용에 대한 우려들이 있었다. 1970년경 많은 지방법 집행기관과 경찰 부서가 오락용 마약사용자들을 적극적으로 조사하고 체포하지 않는다는 인식이 있었다. 미국 내 마약의 가용성에 대한 우려가 커지자 미국 정부는 1973년 법무부 산하에 마약 단속국(Drug Enforcement Administration: DEA)을 설립했다(Spurling & Leonard, 1993). DEA는 마약 및 위험 약물국(the Bureau of Narcotics and Dangerous Drugs: BNDD) 그리고 마약남용법 집행국(the Office of Drug Abuse Law Enforcement: ODALE)이라는 두 기관을 합쳐서 만들어졌다(Sharp, 1994).

이들 기관과 그들의 임무는 마약사용자와 판매자에 대한 미국의 접근 방식이 정치화되었다는 또 다른 예를 보여 준다. Sharp(1994)는 두 기관이 Nixon 대통령이 발행한 행정 명령의 결과로 만들어졌다고 기록했다. 두 기관이 백악관의 직접적인 통제하에 있었기 때문에 Nixon은 마약사용 및 마약사용자에 대한 자신의 메시지를 통제할 수 있었고 그의 마약 정책 목표에 저항하는 사람들의 시도를 저지시키기를 바랐다(Sharp, 1994). Sharp(1994)는 ODALE의 임무가 "단순히 길거리 마약 딜러에 대한 체포의 확대"였다고 지적한다(p. 26). BNDD의 임무는 상위 수준의 마약 밀매업자의 체포에 중점을 두는 것이었는데, 이는 길거리 마약 거래상과 사용자에 중점을 두고 있는 Nixon 행정부의 당시 접근 방식과 직접적으로 충돌했다(Sharp, 1994). Sharp(1994)가 지적하듯이, 이러한 접근 방식은 형사 사법 시스템에 엄청난 부담을 주었다. 그러나 그것이 해결하려고 했던 전체적인 마약 밀매 문제에는 거의 영향을 미치지 못했다. 낮은 수준의 길거리 거래상들이 체포되고 구속되면 그들은 높은 수준의 마약 거래상들로 대체되었다(Sharp, 1994). 형사 사법 시스템을 통과하는 사람들의 수가 증가하면서 "변론 거래, 기소 취하, 조기 출소와 같은 대응책이 생겨났고 그 결과 대규모 체포 전략은 의미 없는 '회전문(revolving-door)' 사법으로 변해 버렸다"(Sharp, 1994, p. 27).

이 기간에 대중문화에서 마리화나와 코카인의 사용에 대한 묘사가 계속해서 나타났다. 많은 상류층과 중산층 미국인들이 영화와 텔레비전에서 이러한 물질을 즐기는 모습으로 자주 묘사되었다. 마치 미국의 집단 기억이 희미해져서 한 세대 전에 경험한 중독 문제가 다시 미국 문화의 중심에 있는 것 같았다(Spurling & Leonard, 1993).

Nixon 대통령은 미국 내 물질중독 문제를 법 집행의 측면에만 초점을 두지 않았다. Sharp(1994)는 Nixon의 마약 전쟁에서 가장 흥미로운 측면 중 하나는 마약 치료에 대한 집중이었다고 제안한다. 1971년 6월, Nixon은 마약 남용 예방 및 통제에 관한 특별 메시지에서 1972년 예산을 수정하고 추가로 1억 5천 5백만 달러를 제공해 달라고 의회에 요청했다(이로써 마약 통제 프로그램에 지정된 총액은 3억 7천 1백만 달러가 되었다)(Woolley & Peters, 1999). Nixon이 마약 치료를 지원하기 위해 의회에 자금을 요청했음에도 불구하고, 그는 계속해서 미국의 마약 문제를 국가 비상사태로 묘사하고 마약 중독자를 사회의 쓰레기로 간주하며 경멸적인 시각으로 보았다(Woolley & Peters, 1999).

7. Carter 시대(1977~1981)

Jimmy Carter 대통령은 마약사용자를 신속하고 강하게 처리해야 할 범죄자로 공개적으로 묘사한 Nixon과는 달랐다. 예를 들어, Carter 행정부의 마약 정책은 범죄적 접근보다는 웰빙에 기반을 두었다(Sharp, 1994). Carter 시절의 마약 정책은 예방과 치료 프로그램에 중점을 두었으며 기존 정책과 프로그램을 개선하는 데 주력했다. Carter의 새로운 마약 정책 지도자 중 한 명은 Peter Bourne이었다. 정신건강 및 약물사용 분야에서 일해 온 의사인 Bourne은 Jimmy Carter의 오랜 지지자였다. 1976년 Carter가 당선된 후 Bourne은 마약 정책 수석 고문이 되었고 약물남용 정책 사무소(the Office of Drug Abuse Policy: ODAP)의 소장으로 임명되었다(Sharp, 1994).

Peter Bourne의 경력과 교육 배경은 국가의 마약 정책에 대한 접근 방식에 매우 다른 관점을 가져왔다(Sharp, 1994). Carter의 마약 정책 의제에는 세 가지 주요 주제가 있었다. ⓐ 마약 문제에 대한 균형 잡힌 접근, ⓑ 미국의 마약사용에 대한 공공의 불안을 조성하는 것보다 연구에 중점, 그리고 ⓒ 마약 정책을 수립하는 국가의 접근 방식을 재조직하는 것이었다(Sharp, 1994). Carter 행정부의 더 균형 잡힌 접근은 Nixon 행정부가 불법 마약사용에 집중했던 것만큼이나 처방약 사용과 남용 문제에 초점을 맞추었다.

Carter 시대의 마약 정책에서 아마도 가장 큰 변화는 마리화나에 대한 비범죄화의 추진이었다

(Sharp, 1994). 1977년 3월 미 하원 마약남용 및 통제 특별위원회는 마리화나 비범죄화 주제에 대해 청문회를 열었다. Carter 행정부는 마리화나의 잠재적인 의료 용도를 검토하고 마리화나 관련 범죄자들에게 부과된 가혹한 처벌을 해결하는 것을 지지했다.

1967년부터 1970년까지 기존 법률에 많은 변화가 있었다(Sharp, 1994). 마약남용 및 통제에 관한 하원 특별위원회 청문회 요약에 따르면, 이미 특정 연방 마약 범죄에 대해 엄격한 연방 처벌이 존재했다. 예를 들어, 첫 번째 범죄는 5~20년의 징역형을, 두 번째 범죄는 10~40년의 징역형을 부과하였다(U.S. House of Representatives, Select Committee on Narcotics Abuse and Control, 1977). 그러나 1970년 연방의회에서 통과된 「통제된 물질법(Controlled Substance Act)」은 이전의 모든 연방 법률을 폐지하고 연방 마약 범죄에 대한 처벌을 경감시켰다. 단순 소지 및/또는 유통에 대한 첫 번째 범죄의 새로운 연방 처벌은 최대 5년의 징역형과 최대 15,000달러의 벌금이었다. 두 번째 범죄의 경우, 처벌은 두 배로 늘어났다. 또한 단순 소지에 대한 첫 번째 범죄자는 유죄판결 없이 1년간 보호 관찰을 받을 수 있었다(U.S. House of Representatives, 1977).

Carter 당선 이전에 연방 처벌의 완화와 마리화나의 의학적 사용에 대한 집중에도 불구하고 Carter 행정부는 마리화나를 비범죄화하는 데 실패했다(Sharp, 1994). Carter의 마약 정책 실패에는 여러 요인이 작용했다. 자주 언급되는 요인 중 하나는 Peter Bourne의 논란 속 사임이다. 그는 워싱턴 DC의 한 파티에서 코카인을 사용한 혐의를 받았다. 또한 동료를 위해 가명을 사용하여 처방전을 작성한 혐의를 받았다. 이 두 사건으로 인해 Bourne의 신뢰성이 무너졌고 이와 함께 Carter의 마약 정책의 신뢰성도 붕괴하였다(Sharp, 1994). Carter 행정부는 오랫동안 마약사용과 남용을 부정적으로 묘사해 온 이미지를 극복하는 데 어려움을 겪었다. 그 영향력은 너무 강해 Carter 행정부의 일부가 희망했던 것처럼 빠르고 쉽게 여론을 바꾸는 것은 불가능했다(Sharp, 1994).

8. Reagan 시대(1981~1989)

Carter 행정부가 마약 관련 논의에서 마약에 대한 범죄화를 치료 및 예방으로 전환하려는 시도가 실패한 이후 Reagan 시대는 마약 범죄자를 다시 범죄화하는 데 중점을 두게 되었다(Sharp, 1994). 1980년 대선에서는 미국의 마약 문제가 주요 쟁점으로 논의되지 않았지만, Ronald Reagan 대통령은 공적 인식과 법 집행에 중점을 둔 미국의 마약 정책에 새롭게 관심을 두고 대통령직을 시작했다(Sharp, 1994).

여러 가지 문제로 인해 미국 대중은 마약사용에 관한 논쟁에 다시 휘말리게 되었다. 새로운 형태의 코카인인 크랙 코카인의 도입은 대화를 크게 바꾸어 놓았다(Sharp, 1994). 1986년까지 코카인은 상류층 사이에서 선호되는 마약으로 여겨졌다. 운동선수와 유명인들이 코카인을 사용한다는 이야기가 언론에 자주 등장했다. 크랙 코카인은 일반 코카인보다 저렴했기에 코카인 사용은 모든 사회경제적 경계를 넘나들게 되었고 대중이 더 쉽게 접근할 수 있게 되었다(Sharp, 1994; Spurling & Leonard, 1993). 부유층, 운동선수, 유명인들이 마약을 사용하는 모습은 "빈곤한 흑인과 히스패닉 사람들"로 대체되었다(Sharp, 1994, p. 53). 1920년대와 1930년대의 중국인과 아프리카계 미국인 노동자들처럼 마약사용자는 다시 한번 범죄자와 소수 민족으로 묘사되었다(Sharp, 1994). 1980년대 중반경 미국의 가장 큰 위협으로 걱정하는 점에 대해 미국인들을 대상으로 여론 조사를 했을 때 마약사용이 종종 가장 큰 우려로 꼽혔다(Spurling & Leonard, 1993).

마약과 마약사용에 대한 미국인들의 두려움을 증가시킨 또 다른 요인은 새롭게 확인된 질병인 후천성 면역 결핍 증후군(AIDS)의 확산이었다(Sharp, 1994). 이 치명적인 질병의 확산에 대해 거의 알려진 바가 없었기 때문에 많은 두려움과 사회적 낙인이 따랐다. 에이즈가 주사기를 사용하는 마약사용자들 사이에서 퍼진다는 사실은 미국 내 마약사용에 대한 두려움을 더욱 증폭시켰다(Sharp, 1994). 이러한 두려움은 1980년대 후반의 전반적인 마약 서사에 얽혀 들어갔다.

마약 전염병(drug epidemic)으로 불리는 문제를 해결하기 위해 'Just Say No' 캠페인이 시작되었다. 영부인인 Nancy Reagan은 미국 대중에게 불법 마약과 마약사용에 대한 인식을 높이기 위해 여러 차례 공식 석상에 등장하기 시작했다(Sharp, 1994). 1986년 9월, Reagan 대통령과 영부인은 가능한 한 많은 미국인에게 다가가기 위해 황금 시간대에 전국적으로 텔레비전 연설을 했다. 이 연설은 미국이 직면한 현재의 마약 문제에 대한 대중의 인식을 높이기 위한 것이었다(Sharp, 1994). 연설의 발췌문은 다음날『뉴욕 타임스』에 실렸다. Nancy Reagan은 "마약은 모든 아이의 마음에서 꿈을 앗아 가고 악몽으로 대체합니다……. 도덕적 중립 지대는 없습니다. 무관심은 선택사항이 아닙니다……. 우리의 일은 결코 쉽지 않습니다. 왜냐하면 마약 범죄자들은 교묘하기 때문입니다"라고 말했다(연설 발췌, 1986).

대중 인식에 대한 강조가 증가했음에도 불구하고 Reagan 행정부의 비판자들은 이 시기에 치료 및 예방 프로그램을 개발하기 위한 새로운 자금이 확보되지 못했다는 점을 지적했다. 강조점은 다시 한번 금욕, 법 집행, 그리고 사용자의 범죄화로 옮겨졌다(Sharp, 1994). 법 집행 부분을 강화하기 위해 의회에서 더 엄격한 법이 통과되었고 1986년의 「마약남용 방지법(Anti-Drug Abuse Act)」이 포함되었다. 이 법은 코카인과 크랙 코카인의 유통에 대해 최소 형량을 요구했다. 소지 및 판매 의도를 가진 초범은 최소 5년의 징역형을 받게 되었다. 이러한 더 엄격한 처벌은 미국의 높은 수감률에 계속 기여하고 있었다(Capuzzi & Stauffer, 2016).

9. 1990년대 그리고 2000년대

모든 'Just Say No' 캠페인에도 불구하고 1990년대에 들어서면서 13세와 14세 청소년들 사이에 마약사용이 급격히 증가했다(Spurling & Leonard, 1993). 가장 인기 있는 마약은 여전히 마리화나와 코카인이었다. 종종 청소년들이 시험 삼아 해 보는 마리화나는 더 빈번한 사용을 이끌었고 시간이 지나면서 더 위험한 다른 마약을 찾으려는 욕구를 불러일으켰다(Spurling & Leonard, 1993).

최근 몇 년간 국가적인 주목을 받은 '마약과의 전쟁'의 눈에 보이는 결과 중 하나는 대량 수감 문제이다. 2000년 초반까지 그리고 90년간 이루어진 마약 퇴치 시도 끝에 미국은 세계에서 가장 높은 마약 관련 수감률을 기록하게 되었다. 법무부 통계국(Department of Justice, Bureau of Justice Statistics, 2003a)의 보도 자료에 따르면, "1995년에서 2001년까지 연방 시스템의 성장(61% 증가)은 주로 마약 범죄자 증가(성장의 48% 차지)에 기인한다"(p. 1). 2002년의 통계는 "미국 거주자 143명 중 1명이 주 또는 연방 교도소나 지역 감옥에 수감되어 있다"라는 점에서 충격적이다(Department of Justice, Bureau of Justice Statistics, 2003b, p. 2). 그리고 이러한 높은 수감률은 2000년대 중반까지 계속되었다. 최신 법무부 통계국 보고서인 「2014년의 수감자」에 따르면 "30~39세의 흑인 남성 중 6%가 교도소에 있으며 같은 연령대의 히스패닉 남성은 2%, 백인 남성은 1%에 불과하다"라고 했다(Department of Justice, Bureau of Justice Statistics, 2015, p. 1). 2014년 9월 기준으로 연방 교도소에서 복역 중인 남성의 50%와 여성의 59%가 마약 범죄로 인해 수감되어 있다(Department of Justice, Bureau of Justice Statistics, 2015).

미국에서 마약과의 전쟁이 계속되면서, 약물사용에 대한 처벌이 저소득층과 소수 민족에게 집중되고 있다는 사실이 통계로 명확히 드러나고 있다. 미국 양형위원회(United States Sentencing Commission, 1998)에 따르면 가루 코카인 소지는 주(state) 범죄였다. 그러나 동등한 양의 코카인을 소지한 경우, 유죄 판결 시 최소 10년의 연방 교도소 형량이 부과된다. 이 구분이 처음 만들어진

1988년 이후로 크랙 범죄로 유죄 판결을 받은 사람의 95%가 아프리카계 미국인이었다(Caulkins, Rydell, Schwabe, & Chiesa, 1997). 인권 단체인 인권감시기구에 따르면, 이는 불법 마약사용이 백인들 사이에서 더 높은 비율을 보인다는 사실에도 불구하고 이루어진 판결률이다(Human Rights Watch, 2000, p. 2). 인권감시기구(2000)에 따르면, "흑인 동네의 크랙 코카인은 복잡하고 깊이 뿌리 박힌 인종, 계층, 정치, 사회, 도덕적 역학 관계의 피뢰침이 되었다"(p. 2).

흑인 남성들이 도시 지역에서 종종 마약 범죄의 표적이 되면서 인종적 분열은 지속되고 있다. 경찰은 도심 거리에서 범죄자를 적발하기 쉽고, 미디어 또한 백인 위주의 교외 지역보다 이곳의 체포 장면을 포착하기가 훨씬 수월하다. 이러한 이유로 소외 계층은 종종 법 집행의 집중적인 표적이 되곤 한다(Spurling & Leonard, 1993). 이러한 특정 마약 문제는 중상류층 백인 지역보다 주로 가난한 도시의 소수 민족 지역에서 더 자주 눈에 띄었다(Human Rights Watch, 2000).

글상자 2-1 물질사용의 역사적 이정표

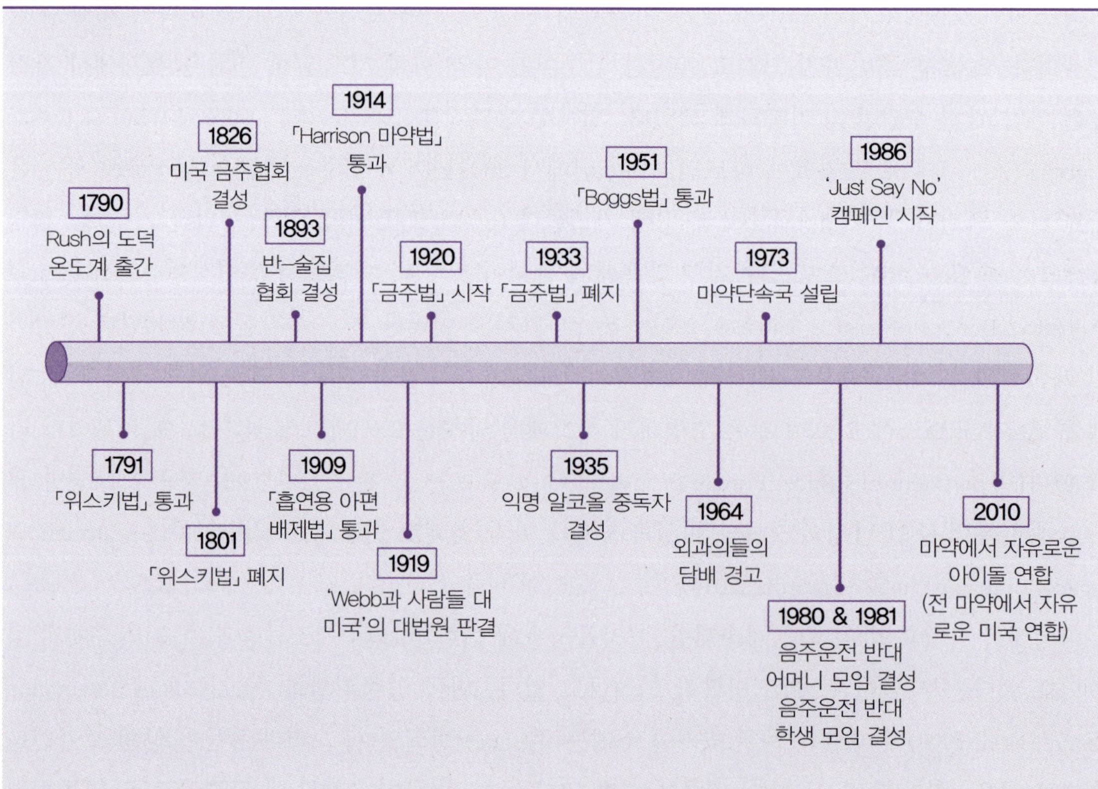

미국에서 불법 마약의 판매와 사용에 대한 많은 관심이 집중되는 반면, 여전히 가장 치명적인 두 가지 합법적 약물은 알코올과 담배이다. 음주운전법이 강화되고 담배 사용의 위험성에 대한 예방 및 인식 프로그램의 지속적인 관심에도 불구하고 이 두 가지 합법 약물이 여전히 매년 미국에서 높은 사망을 초래하고 있다는 사실을 잊어서는 안 된다. 2005년부터 2009년까지 흡연은 매년 35세 이상 미국인들 사이에서 48만 명 이상의 조기 사망을 초래했다(U.S. Department of Health and Human Services, 2014). 질병통제예방센터에 따르면, 2006년부터 2010년까지 과도한 알코올 사용으로 인한 사망자는 약 87,000명에 달한다(Centers for Disease Control and Prevention, 2013).

미국 문화 내 마약사용과 중독의 역사적 여정은 다양한 시대를 거치면서 변화하는 태도와 사회적 구성의 반영이다. 중독이 무엇인지 그리고 우리가 문화적으로 이 문제를 어떻게 다뤄야 하는지에 대한 본질적인 진리는 없다는 것이 분명하다. 미국 사회를 구성하는 사회의 다양한 문화를 고려할 때 중독에 대한 이러한 인식은 더욱 복잡해진다.

10. 중독의 문화적 입장

알코올과 마약사용에 대한 문화적 · 민족적 관점은 문화적 그리고 인종적 정체성과 밀접하게 얽혀 있다. 알코올과 마약사용은 종종 특정 인종 집단과 관련이 있으며 이러한 고정관념은 해당 집단이 극복하는 것이 어려울 수 있다. 많은 문화에서 알코올과 마약사용은 사람들이 함께 어울리는 정상적인 사회 활동의 일환이다. 알코올은 유럽인들이 신대륙에 오면서 아메리카 원주민에게 소개되었다. 많은 미국 원주민에게 알코올 중독은 그들의 인구에 오랫동안 그리고 파괴적인 방식으로 영향을 미쳤다. Porter와 Teich(1995)에 따르면, 미국 원주민의 알코올 중독률은 "미국 전체 인종보다 5.4배 높다"(p. 133). 왜 미국 원주민 사이에서 알코올 중독률이 높은지에 대한 여러 이론이 있으며 대부분 이론은 사회적 환경에서 음주의 중요성에 초점을 맞추고 있다. 예를 들어, 많은 나이 든 미국 원주민 남성들은 전통적인 의식뿐만 아니라 미국 원주민 가정에서 열리는 파티에서도 음주를 포함시켰다(Porter & Teich, 1995). 미국 원주민의 높은 알코올 사용률에 대해 자주 인용되는 또 다른 원인은 그들의 문화 적응 과정과 관련이 있으며 스트레스 및 기타 사회적 문제를 해결하는 방식의 결과라는 것이다(Porter & Teich, 1995).

알코올이 미국 원주민 문화에 미치는 영향은 그 원인이 무엇이든 간에 과소평가되어서는 안

된다. 또한 미국 원주민 인구 하위 그룹에서 알코올 사용을 살펴볼 때 나이, 성별, 부족 문화, 사회 조직 측면에서 인디언 사람들 사이에 존재하는 다양성도 고려해야 한다(Porter & Teich, 1995; Straussner, 2001). 미국 원주민의 알코올 사용이 오래된 고정관념과 연관되어서는 안 되지만 이 인구 집단에서 알코올 사용은 미국 원주민 문화 정체성의 한 부분이 되었으며 이와 관련된 고정관념은 극복하기가 쉽지 않다(Heath, 2000).

알코올은 또한 유대인 문화에서 중요한 역할을 한다. 음주 행위는 주로 가족과 함께 집에서 이루어지며 가족 축하 행사의 일환으로 행해진다. 많은 유대인에게 알코올을 절제하는 노력은 자기 통제의 한 형태로 간주되며 반드시 악습으로 여겨지지는 않는다(Thombs, 2006). Heath(2000)에 따르면, 많은 유대인이 전통적인 안식일을 축하하는 일환으로 안식일 식사 전후 와인 한 잔을 마신다. Heath(2000)는 유대의 문화 내에서 "금주자도 없지만 문제 음주자도 거의 없다"라고 설명한다(p. 90). 아마도 이는 유대인 문화 내에서 만취가 부정적이고 용납할 수 없는 것으로 여겨지기 때문일 수 있다(Thombs, 2006). Straussner(2001)는 실제로 "유대인들은 미국 일반 인구에 비해 알코올 중독이나 알코올 의존율이 낮다"는 것을 발견했다(p. 302).

Vaillant(1983)에 따르면, 모든 인종 집단 중 아일랜드인은 지중해 문화권 사람들보다 알코올 중독에 걸릴 확률이 7배 정도 더 높다. Thombs(2006)는 "음주가 한편으로 '아일랜드의 저주'로 여겨지지만 다른 한편으로는 가장 '아일랜드적인 것'을 구현하는 대표적인 아일랜드 행위로 여겨진다. 상징적인 방식으로 만취는 아일랜드인을 그들과 비슷한 고통을 겪은 모든 조상과 연결한다"라고 제안했다(p. 239).

Heath(2000)에 따르면, 알코올 소비는 문화마다 다르며 가장 선호되는 알코올 음료의 종류도 다르다. 예를 들어, 러시아, 포르투갈, 스페인, 프랑스, 이탈리아, 그리스는 연간 알코올 소비량과 해당 국가에서 음주와 관련된 사회적 규범을 기준으로 '(술에) 젖은' 문화로 분류될 수 있다. '(술에 취하지 않은) 마른' 국가로는 인도, 이스라엘, 사우디아라비아뿐만 아니라 일부 미국 원주민 부족인 호피족과 광동 문화도 포함된다.

Heath(2000)는 또한 한 문화의 주된 음료에 따라 특정 국가를 와인, 맥주, 또는 증류주(spirits) 문화로 분류할 수 있다고 제안한다. 맥주 문화는 영국, 호주, 오스트리아, 독일이 포함된다. 그는 포르투갈, 칠레, 아르헨티나, 프랑스를 와인 문화로 분류한다. 일본, 러시아, 일부 스칸디나비아 국가, 게일 및 에스키모 문화는 주로 증류주를 마시는 경향이 있다. Heath(2000)는 또한 어떤 문화권의 사람들은 그들이 살아가는 사회적 · 문화적 맥락에 따라 이 세 가지 종류의 알코올 음료를 모두 마시거나 전혀 마시지 않을 수도 있다고 말했다.

음주와 아일랜드 문화가 종종 연관되는 방식과 유사하게 아편 흡연은 종종 중국 문화와 연관된다(Durrant & Thakker, 2003). 앞서 논의한 바와 같이 미국 내 중국 이민자들 사이의 아편 흡연은 커다란 사회적 측면을 가지고 있었다. 중국 아편 사용의 문화적 측면은 종종 "생산성, 행동력 그리고 서부 개척에 대한 미국인의 지향성과 상충되었다"(Thombs, 2006, p. 241). 그 결과 아편 흡연은 중국계 미국인들에게는 받아들여졌지만, 지배적인 미국 문화에서는 이를 못마땅하게 여겼고 외국인들이 미국 문화를 타락시키고 있다는 인종차별적 맥락에서 바라보았다(Durrant & Thakker, 2003).

물질사용 및 남용은 단순히 역사적 관점에서만 볼 수 없으며 독특한 인구 집단 내에서 무엇이 문화적·사회적으로 용인되는 규범으로 간주되는지를 통해서도 봐야 한다. 여기서 논의한 바와 같이 일부 문화가 부도덕하다고 여기는 점이 다른 문화에서는 완벽히 용인될 수 있다.

11. 도덕 모델의 기본 원리

도덕 모델로 중독을 개념화하는 것은 역사적인 사용/남용 그리고 사회에 그것이 미치는 영향을 치료하려는 시도에서 발전되었다. 도덕 모델은 중독된 사람들이 윤리적 또는 도덕적 행위를 거부하고 그들의 행동을 자유롭게 선택한 것으로 가정한다. 과도한 음주나 기타 약물사용은 무책임한 행동, 죄 많은 행동, 심지어 악마에 사로잡힌 것으로 여겨진다. 중독자는 도덕적으로 잘못된 행동을 저지르는 위반자로 정의된다. 이 입장은 사람들이 자신의 행동을 자유롭게 선택할 수 있다고 가정하기 때문에 다른 모델에서처럼 말 그대로 중독을 '제어할 수 없는' 것으로 보지 않는다. 대신 그들은 자신과 가족에게 고통을 야기하는 것을 선택하는 것으로 간주되며 결과적으로 이들의 행동이 비난받는 것은 매우 타당하다고 본다. 자유롭게 행동을 선택한 것으로 보기에 문제를 치료하는 가장 논리적인 방법은 위반자를 처벌하는 것이다. 따라서 이 관점에서 가장 좋은 해결책은 법적 제재를 만들고 더 엄격한 징역형을 선고하며 벌금을 증가시켜 사용자를 통제하고 처벌하는 것이다. 처벌은 중독된 사람에게 돌봄이나 도움을 제공하는 것보다 선호된다. 재발은 그 사람 안에 지속적인 죄와 악이 있음을 증명하는 것으로 간주되어 더 강력하고 보다 집중적인 처벌이 필요함을 뜻한다.

12. 이론의 강점과 약점

도덕 모델의 관점에서 중독의 장점 및 단점은 여러 가지가 있다. 이 이론적 관점의 긍정적인 측면 중 하나는 쉽고 간단하며 명확하다는 점이다. 중독의 원인이나 본질에 관한 모호함이나 복잡성이 거의 없으며 해결책도 명확하다. 중독의 인식론과 관련하여 사회적 · 생물학적 · 심리적 · 영적 요소를 검토할 필요가 없다. 중독은 많은 영향과 기초를 가진 복잡한 본질을 가진 문제라고 간주되지 않는다. 행동은 단순하게 잘못된 것이나 죄 많은 것으로 간주되며 처벌이 명확하게 적용될 수 있다. 이 관점에서 사회 전반에 걸친 중독률 증가는 널리 퍼진 '도덕적 타락'에 기인하며 문제를 해결하기 위해 '전통적인 가족 가치'로 돌아가야 한다고 주장한다.

도덕 모델의 단점 중 하나는 과학적 연구가 중독에 대해 여러 요인이 기여하는 매우 복잡한 문제라는 점을 제시한다는 점이다. 우리는 생물학적 · 사회적 · 심리적 · 영적 관점에서 중독의 복잡한 본질을 이해하기 시작한 지 얼마 되지 않았다. 과학적 증거에 따르면, 중독의 발달과 유지에 기여하는 요인은 유전적 요인, 가족 구조와 같은 환경적 요인, 장기간 사용 후 일어나는 뇌의 생물학적 변화와 관련이 있다. 도덕 모델의 또 다른 단점은 중독적 사용이 자유의지로 선택된 것인지, 자유의지의 문제인지 명확하지 않다는 것이다. 사실, 이 책에서 다루는 많은 모델은 반대 입장을 취하며 중독 행동이 개인의 통제 밖에 있고 화학 물질의 작용으로 인해 뇌가 실제로 장악된다는 증거를 제시한다. 마찬가지로 사회학적 요인의 입장에서 살펴보면, 미국 역사상 다양한 사회 정책은 노예와 원주민을 더 순종적으로 만들기 위해 알코올을 사용한 것과 같이 보다 체계적 중독에 기여했다. 중독을 자유롭게 선택했다는 도덕 모델의 원칙과 대조적으로 중독의 발병과 유지를 위한 이러한 외부 기여 요인은 개인의 통제를 벗어난다. 도덕적 관점의 또 다른 단점은 처벌이 중독률을 감소시키지 못했다는 점이다. 사실, 마약사용과 마약사용자에 대한 사회적 제재와 금지에 중점을 두면 조직 범죄가 증가하고, 이익이 크고 위험한 지하 시장이 형성되며 치료를 제공하는 것보다 훨씬 더 높은 비용으로 감옥이 과포화되었다는 역사가 있다.

도덕 모델이 중독치료를 위한 조직화되고 공식적으로 채택된 모델은 아니지만, 이 모델은 우리의 역사와 우리의 문화적 및 개인적 신념 체계에 존재한다. 이러한 특성 때문에 치료 모델로서 연구하기는 어렵지만, 앞서 언급한 증거들만 해도 이 모델의 유용성을 뒷받침하지 않는다. 이 모델의 효능에 대한 의문에도 불구하고 중독을 비도덕적 행위로 보는 이러한 관점은 사회 정책에 엄청난 영향을 미친다.

13. 사회 정책에 미치는 영향

도덕 모델은 정치적 시기마다 등장하며 보수단체들의 정치 캠페인에서 볼 수 있다. 이들은 중독의 도덕적 타락과 광범위한 영향을 막기 위해 더 강력한 처벌을 제안하여 대중의 감정에 호소한다. 많은 사람이 여전히 중독과 약물사용을 죄악으로 보고 있으며 개인적으로 중독자에게 피해를 겪은 경험이 있으므로 이러한 감정은 일반 대중에게 매력적으로 다가온다. 정부가 법적 단속으로 중독을 근절하려는 시도가 반복적으로 실패했음에도 불구하고(예: 1800년대 중국의 아편 흡연자, 금주법 시대), 도덕적으로 통제할 수 없는 것을 통제하겠다는 약속은 여전히 매력적이다. 1970년대에 Richard Nixon은 마약을 '공공의 적 1호'라고 칭했으며 이는 결국 1980년대의 'Just Say No' 캠페인의 탄생에 영향을 미쳤다. 1980년대 중반 실시된 여론 조사에 따르면, 미국인들은 마약과 마약 사용이 국가에서 가장 큰 문제라고 믿었다. Just Say No 캠페인은 마약을 나쁜 것으로, 그리고 마약사용자를 나쁜 사람으로 묘사하며 도덕 모델의 확산에 기여한 것으로 보인다. 이 메시지는 중독 행동이 선택이며 처벌받아야 할 문제라는 것을 분명히 했다. 사실 이것은 사람들이 도덕성이 강하면 중독을 피할 수 있다는 문제의 과잉 단순화이다. Ronald Reagan은 "우리는 미국을 되찾을 것이다"라고 계속해서 말했다. 이 관점에서는 중독이 사회적 맥락, 빈곤, 중독 부모 밑에서 자라는 문제, 억압의 영향과는 무관하며, 그저 도덕적으로 의지를 갖고 '아니요'라고 말할 수 있느냐의 문제로 간주된다. '아니요'라고 말할 수 없는 사람은 '그들' 또는 '다른 사람'이 된다. 당신은 '그들' 중 하나가 되고 싶지 않을 것이다.

우리의 역사가 현대 정책에 큰 영향을 미친다는 점을 인정하는 것은 중요하다. 공공 마약 정책의 측면에서 우리의 역사는 도덕성과 질병에 관해 흔들리고 종종 모순적인 가정을 가져왔다. 사회적으로 우리는 중독이 질병이라고 믿지만, 다른 한편으로는 이 질병과 관련된 행동 때문에 중독자를 처벌한다. Peele(1996)은 이를 '질병법 집행 모델'이라고 불렀다. 예를 들어, 금주 운동은 질병-도덕 모델을 결합하였으며 이는 약물 법원이 음주 운전 위반자에게 처벌을 내리는 방식에서 볼 수 있다(Thombs, 2006). 위반자들은 종종 벌금과 구금 외에도 치료나 12단계 모임에 참여하도록 강요받는다. 또한 고용주는 중독된 직원에게 직장을 잃을 수 있다고 위협하면서 치료에 참여할 것을 요구한다. 우리 사회는 중독의 본질과 대처 방식, 그리고 허용 가능한 물질사용에 대한 사회적 규범을 두고 여전히 혼란을 겪고 있다.

글상자 2-2 활동-자기 탐색

1. 당신이 기억하는 중독자들에 대한 첫 번째 언급은 무엇인가?
2. 당신이 중독된 사람으로 인식한 첫 번째 사람을 보거나 만난 기억은 무엇인가?
3. 중독된 사람들에 대해 부모 또는 가족에게서 받은 메시지는 무엇인가? 이러한 메시지가 당신의 믿음에 어떤 영향을 미쳤는가?
4. 중독된 사람들에 대해 내가 걱정하는 점은 ______________________이다.
5. 도덕적으로 중독된 사람들에 대해 나는 ______________________라고 생각한다.
6. 중독된 사람을 치료할 때 예상되는 어려움은 ______________________이다.

14. 임상가들에게 미치는 영향

임상가들은 종종 자신들의 중독 경험을 업무로 가져가게 된다. 많은 사람이 중독에 직접적으로 또는 간접적으로 영향을 받아 왔다. 일부는 알코올 중독자의 성인 자녀들이고 일부는 자신이 중독과 싸워 왔으며, 일부는 중독으로 고통받는 친척과 친구들이 있다. 우리 대부분은 중독된 사람들에 대한 선입견을 지니고 있으며 이러한 인식 중 많은 부분은 우리가 아는 사람들과 관련된 고통스러운 감정에서 비롯된다. 우리는 본능적으로 판단하는 존재이며 이러한 판단은 도덕 모델의 핵심 개념과 매우 유사할 수 있다. 중독과 그 원인에 대한 우리의 관점은 우리가 그것을 어떻게 치료할지에 직접적으로 영향을 미친다. 만약 우리가 가까운 사람이 중독과 싸우는 것을 목격했다면 우리는 개인적 감정에 따라 그들을 판단할 수 있다. 만약 당신의 삶에 중독된 사람과 미완성된 과제가 있다면 당신은 그 감정을 중독된 환자에게 투사할 수 있다. 우리는 그들이 충분히 노력하지 않거나 더 많은 의지가 있어야 한다고 믿을 수 있다.

우리의 배경에 따라 우리는 중독된 사람이 종교적 맥락에서 문제의 치유를 발견할 수 있다고 믿는다. 만약 당신이 스스로 회복 중이고 종교나 영성이 도움이 되었다면 당신은 동일한 길을 환자에게 강요할 수 있다. 중독을 유발하고 유지하는 원인에 대한 당신의 믿음과 상관없이 여덟 번의 음주 운전으로 체포된 사람이 학교에서 집으로 돌아가던 무고한 대학생을 치어 죽였다면 그를 판단하지 않는 것이 매우 어렵다. 마찬가지로 여러 번의 치료를 받았어도 성공하지 못한 재발 환자와 비판 없이 일하기는 어렵다. 자신의 음주가 자녀에게 영향을 미치지 않는다고 주장하며 극도의 부정에 빠져 화가 난 환자는 임상가에게 좌절과 분노를 일으킬 수 있다. 인종차별, 성차별, 동성애 혐오가 우리 모두에게 내재되어 있듯이 도덕 모델도 우리 주변과 우리 안에 있다. 이러한 가능성을 인정하고 받아들이는 것이 우리의 편견이 중독된 환자와의 상호작용에 부당한 영향을 미치지 않도록 하는 유일한 방법이다. 문제와 사람을 분리할 수 있는 능력이 중요하다. 중독의 부정적 영향에 대한 자신의 취약성을 검토하는 것은 임상가들이 환자를 위해 최선을 다할 수 있도록 도와준다. 정치적으로 올바르다고 주장하며 도덕 모델을 따르지 않는다고 하는 것은 결국 중독치료자로서의 우리의 작업에 오히려 해로울 수 있다.

글상자 2-3 활동-중독자에 대한 일반적인 신화

집단으로 모여서 중독자에 대해 들어 본 일반적인 신화 목록을 브레인스토밍하라. 사회는 일반적으로 중독자에 대해 어떤 믿음을 가지고 있는가? 어떤 고정관념이 있는가? 집단으로 목록을 작성한 후 이러한 신화 중 일부를 해체하여 그 기저에 깔린 믿음이나 가정을 발견해 보라. 예를 들어, '중독자들은 의지가 약하다'가 목록에 있다면 그 밑바탕에 깔린 가정은 무엇인가? 그것은 중독이 선택이라는 생각에 기초한 신화일 수 있다. 이 토론에서는 부정과 저항에 대한 개념 탐색도 특히 유용할 수 있다. 이러한 신화가 중독자에 대한 치료를 제공하는 것과 어떻게 연결되는지 논의해 보라.

또한 법적 문제가 있는 중독된 환자를 다루는 임상가들은 환자를 위한 옹호의 형태로 도덕 모델의 영향을 완화하기 위해 보호 관찰관 및 가석방 담당자에게 교육을 제공해야 할 수 있다. 중독을 질병으로 인식하지 못하거나 뇌에 미치는 약물의 효과에 대해 교육받지 못한 조직에 의해 환자들의 법적 상태와 회복은 위험에 처할 수 있다. 예를 들어, 많은 보호 관찰관은 마리화나가 체내에 30일 동안 남아 있다는 사실을 알지 못해 이 기간에 실시되는 약물 검사에서 양성 반응이 나오면 환자를 보호 관찰 위반으로 간주할 수 있다. 판단적 관점이 아닌 교육적 관점에서 치료받을수록 회복 노력이 더 잘 지원될 가능성이 크다.

15. 사례 연구 반응

가브리엘은 자신의 부정행위와 성적 지향에 대한 혼란에서 비롯된 죄책감과 수치심 때문에 중독에 시달리는 것으로 보인다. 헌신적인 관계에 있음에도 여러 여성과 데이트를 하는 무책임한 행동은 이러한 감정을 더욱 심화시킨다. 그는 강한 가족 가치가 결여된 가정에서 자랐기 때문에 강한 도덕적 기반의 혜택을 누리지 못했다. 그는 옳고 그름의 개념에 대해 어려움을 겪고 있으며 그의 삶의 선택을 안내하는 개인적 가치가 부족하다. 그의 어린 시절에 대해 많이 기억하지 못하지만 그의 부모는 그의 의사결정을 안내하는 종교적 또는 영적 환경을 제공하지 못한 것 같다. 그의 부모의 문화적 배경(미국 원주민과 아프리카계 미국인)은 전통을 통해 도덕적 나침반을 찾고 교회 및 문화 공동체로부터 지지를 받도록 도울 수 있을 것이다. 가브리엘은 오랫동안 사용을 중단할 개인적인 의지가 부족하며, 그의 사용 및 불법 행위의 영향을 완전히 이해하지 못하고 있다. 그의 법적 처벌은 그가 더 이상 잘못을 저지르지 않을 만큼 가혹하지는 않았던 것 같다. 그는 또한 자신의 잘못된 행동이 가족에게 미친 영향을 완전히 이해하지 못하고 있으며, 계속되는 의도적인 약물 사용이 통제 불능 상태에 빠져 가족 구성원들에게 고통을 주고 있다. 그의 행동은 그의 삶에서 악한 힘에 의해 통제되고 있으며 그의 구원은 하나님의 도움과 교회 공동체의 수용 안에 있다. 그는 사용을 중단하기로 선택해야 한다.

가브리엘을 대상으로 한 도덕 모델 치료 접근은 매우 직설적이다. 이는 전통적이거나 가족 가치를 회복하고 강한 종교적 요소를 강조할 것이다. 우리는 가브리엘에게 도덕적으로 올바른 생활방식을 만드는 데 도움을 줄 동료 멘토와 환경을 제공할 종교 공동체를 찾을 것을 권장할 것이다. 매일 기도하고 헌신하며 명상하는 것이 그의 회복에 중요할 것이다. 또한 그의 행동에 대한 더 강한 처벌과 법적 결과를 강조할 것이다. 그는 가족을 부양하기 위해 일자리를 찾고 유지할 필요가 있다. 그는 자신의 삶에서 하나님과의 관계를 가장 중요하게 여겨야 한다. 그는 약물사용과 성적 방탕함 사이의 관계를 탐구해야 하며, 약물은 그가 하나님을 잘 섬기는 것을 방해한다. 신앙이 강해지고 도덕적 나침반을 찾음에 따라 그의 성적 지향에 대한 혼란은 해결될 것이다.

도덕 모델 관점에서, 가브리엘은 그의 잘못된 결정과 물질남용에 대해 더 심한 처벌을 받는 것이 도움이 될 것이다. 치료를 통해 그는 가족을 최우선으로 두고 문화의 전통적 가치를 회복하도록 권장될 것이다. 그는 자신의 잘못된 행동과 미성숙함에 대해 전적인 책임을 지고, 자신의 문제는 자신이 만든 것임을 인정하고 받아들여야 한다. 그는 자신의 행동에 도덕적 나침반을 제공할 틀을 삶에 통합하도록 안내받을 것이다.

도덕 모델 관점에서는 가브리엘의 삶에서 생물학적 · 심리적 · 사회적 기여 요인에 주목하지 않는다. 예를 들어, 이 관점에서는 그의 여러 번의 중단 시도가 뇌 화학의 변화로 인한 것이 아니며, 유전적으로 중독에 취약하다는 것은 그의 어려움을 설명하는 요인이라기보다 변명으로 간주될 수 있다. 마찬가지로, 어린 시절과 출신 가정에서의 환경적 요인은 그의 문제에 기여하는 요인으로 간주되지 않으며, 치료의 중요한 부분으로 보이지 않는다. 그가 유색인종 혼혈인으로서 겪었을 가능성이 있는 억압은 그의 심리적 문제와 관련이 있는 것으로 인식되지 않을 것이며, 오히려 그의 나쁜 행동에 대한 변명으로 여겨질 것이다. 도덕 모델의 또 다른 약점은 중독이 자유롭게 선택된 행동이나 의도적인 비행의 결과라는 개념을 뒷받침하는 과학적 증거가 없다는 것이다. 또한 처벌은 물질사용을 억제하는 효과적인 수단으로 입증되지 않았다.

가브리엘의 물질사용 문제를 도덕 모델 관점에서 바라보는 것의 장점 중 일부는 그의 문제가 단순하고 명확하다는 것이다. 문제의 원인과 유지에 대해 과도하게 철학적이거나 이론적일 필요가 없다. 만약 그가 그것들을 해결할 의지가 있다면, 그의 잘못된 행동과 도덕적 결핍만 다루면 된다. 그는 물질사용을 중단하고, 자기 행동의 결과를 받아들이며, 강한 도덕적 가치를 중심으로 삶을 안내할 신앙 공동체를 찾음으로써 더 나은 삶을 선택해야 한다.

요약

약물사용과 중독에 대한 도덕 모델 관점은 길고 복잡한 역사를 지니고 있다. 초기 미국인들은 규칙적으로 알코올을 사용했고, 그 영향에 대해 무관심했다. 이러한 태도는 무관심에서 사용자와 중독자를 악마화하고 범죄화하는 극단으로 변화했다. 남용을 억제하기 위한 사회적 · 정치적 통제는 도덕 모델의 강화를 초래했고, 매우 복잡한 문제를 과도하게 단순화했다. 중독치료자들은 도덕 모델의 태도를 반영하는 내면화된 편견을 가지고 있을 수 있으며, 환자와의 작업에 영향을 미치지 않도록 인식을 높이기 위해 노력해야 한다. 중독된 사람들의 어려움에 대한 공공의 민감성이 증가했지만, 많은 도전과 장벽이 여전히 일부 사람들이 필요한 치료에 접근하지 못하도록 막고 있다.

참고문헌

Capuzzi, D., & Stauffer, M. D. (2016). *Foundations of addictions counseling* (3rd ed.). Boston: Pearson Education.

Caulkins, J., Rydell, C., Schwabe, W., & Chiesa, J. (1997). *Mandatory minimum drug sentences: Throwing away the key or the taxpayer's money?* Washington, DC: RAND Drug Policy Research Center.

Centers for Disease Control and Prevention. (2013). *Alcohol related disease impact (ARDI) application*. Retrieved from http://nccd.cdc.gov/DPH_ARDI/Default.aspx.

Department of Justice. Bureau of Justice Statistics. (2003a). *U.S. prison population rises 2.6 percent during 2002* [Press release]. Retrieved from www.bjs.gov/content/pub/press/p02pr.cfm.

Department of Justice. Bureau of Justice Statistics. (2003b). *Prisoners in 2002* [Bulletin]. Retrieved from www.bjs.gov/content/pub/pdf/p02.pdf.

Department of Justice. Bureau of Justice Statistics. (2015). *Prisoners in 2014* [Bulletin]. Retrieved from www.bjs.gov/content/pub/pdf/p14.pdf.

Durrant, R., & Thakker, J. (2003). *Substance use & abuse: Cultural and historical perspectives*. Thousand Oaks, CA: Sage.

Excerpts from speech on halting drug abuse. (1986, September 15). *New York Times*. Retrieved from www.nytimes.com/1986/09/15/us/excerpts-from-speech-on- halting-drug-abuse.html.

Goode, E. (1993). *Drugs in American society* (4th ed.). New York: McGraw-Hill.

Hanson, D. J. (1999). Historical overview of alcohol abuse. In R. T. Ammerman, P. J. Ott, & R. E. Tarter (Eds.), *Prevention and societal impact of drug and alcohol abuse* (pp. 31-45). Mahwah, NJ: Erlbaum.

Heath, D. B. (2000). *Drinking occasions: Comparative perspectives on alcohol and culture*. Philadelphia: Brunner/Mazel.

Human Rights Watch. (2000). *Punishment and prejudice: Racial disparities in the war on drugs*. Retrieved from www.hrw.org/reports/2000/usa/.

Musto, D. F. (1999). *The American disease: Origins of narcotics control* (3rd ed.). New Haven, CT: Yale University Press.

Peele, S. (1996). Assumptions about drugs, and the marketing of drug policies. In W. K. Bickel & R. J. DeGrandpre (Eds.), *Drug policy and human nature: Psychological perspectives on the prevention, management, and treatment of illicit drug abuse*. New York: Plenum Press.

Porter, R., & Teich, M. (1995). *Drugs and narcotics in history*. Cambridge, UK: Cambridge University Press.

Rush, B. (1790). *An inquiry into the effects of spirituous liquors on the human body: To which is added, a moral and physical thermometer*. Boston: Thomas and Andrews.

Sharp, E. B. (1994). *The dilemma of drug policy in the United States*. New York: HarperCollins College.

Spurling, A. (Producer), & Leonard, M. (Director). (1993). *Altered states: A history of drug use in America* [Motion picture]. (Available from Films for the Humanities and Sciences and Films on Demand at digital.film.com/play/KUHJSD.)

Straussner, S. L. A. (2001). *Ethnocultural factors in substance abuse treatment*. New York: Guilford Press.

Thombs, D. (2006). *Introduction to addictive behaviors* (3rd ed.). New York: Guilford Press.

United States Sentencing Commission. (1998). *United States Sentencing Commission guidelines manual*. Washington, DC: The Commission.

U.S. Department of Health and Human Services, Centers for Disease Control and Prevention, National Center for Chronic Disease Prevention and Health Promotion, Office on Smoking and Health. (2014). *The health consequences of smoking—50 years of progress: A report of the surgeon general* (CDC-INFO Publication No. 221648). Atlanta, GA: U.S. Department of Health and Human Services.

U.S. House of Representatives, Select Committee on Narcotics Abuse and Control. (1977). *Decriminalization of marihuana*. Washington, DC: U.S. Government Printing Office.

Vaillant, G. E. (1983). *The natural history of alcoholism*. Cambridge, MA: Harvard University Press.

Woolley, J. T., & Peters, G. (1999). *The American presidency project*. Santa Barbara, CA: University of California. Retrieved from www.presidency.ucsb.edu/ws/?pid=3048.

3장 생물학적 이론
-유전학과 뇌 화학-

Kathleen Brown-Rice
Regina R. Moro

1. 중독 과정에 대한 경험적 연구 결과 개요

개인의 생리적 기능에 미치는 약물의 효과는 매우 다양하다. 약물이 체내에 들어가면 면역계, 소화계 등 수많은 체계에 영향을 미치는데, 특히 중추신경계(central nervous system: CNS)에 가장 심각한 손상을 입히게 된다. 특히 뇌 보상경로가 만성적인 알코올과 약물사용으로 인해 장악되므로, 위험한 약물 추구와 약물사용 행동으로 이어진다. 따라서 전문 치료자들은 약물이 뇌 화학을 어떻게 변화시키는지와 관련하여 중독의 신경생물학에 대한 기초적인 이해가 필요하다.

1) 신경전달물질

인간의 뇌는 천억 개의 뉴런(neurons) 혹은 신경 세포로 이루어져 있는데([그림 3-1]), 이들은 시냅스를 통해 신호를 전달하는, 신경전달물질(neurotransmitters)이라고 불리는 화학 물질에 의해 서로 신호를 주고받는다(Koob, Arends, & Le Moal, 2014). 신경전달물질은 신호를 받는 신경 세포의 수용체에 부착함으로써 이러한 신호들을 전달한다. 신경전달물질의 정확한 숫자는 알려지지 않았지만 대략 100개 이상으로 추정된다(Koob et al., 2014). 중독 과정에 가장 크게 관여하는 신경전달물질은 도파민(dopamine), 세로토닌(serotonin), 가바(gamma-aminobutyric acid: GABA), 글루타메이트(glutamate)이다(Lovinger, 2011). 도파민은 쾌락을 경험하기 위해 뇌가 방출하는 화학 물질이다. 도파민 생성은 알코올, 니코틴, 아편제, 칸나비스(cannabis)에 의해 자극된다. 세로토닌은 신체 리듬, 식욕, 성행동 그리고 정서 상태의 조절을 돕기 위해 생성되며, 암페타민(amphetamines)과 칸나비스에 의해 생성이 촉진된다.

[그림 3-1] 뉴런 도식

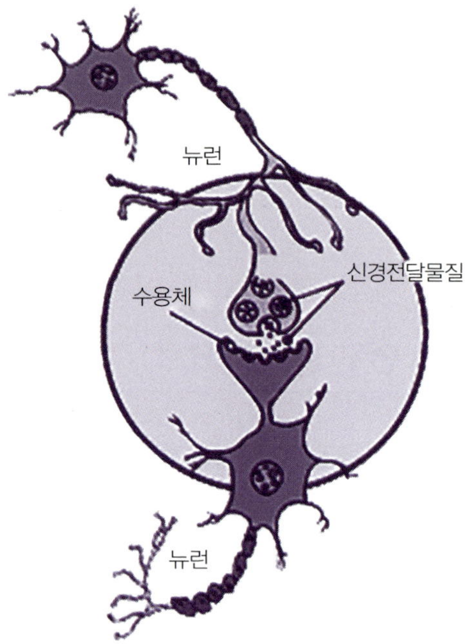

출처: National Institute on Drug Abuse, National Institutes of Health, U. S. Department of Health and Human Services. (2009). *Mind over matter: Prescription drugs*. Retrieved from https://teens.drugabuse.gov/educators/mind-over-matter/prescription-drugs.

뇌에서 가장 흔한 신경전달물질은 글루타메이트와 가바이다. 뇌 전체 시냅스의 50% 이상은 글루타메이트를, 20~30%는 가바를 사용한다(McKim & Hancock, 2013). 가바는 억제성 신경전달물질로서 운동 조절과 시각에 관여하는 신경 자극의 전달을 억제한다. 반면, 글루타메이트는 학습과 기억에 관여하는 흥분성 신경전달물질이다. 가바는 신경 간 소통을 억제하고 글루타메이트는 신경 신호를 중재하기 때문에 이들 신경전달물질은 뇌의 많은 신경 과정을 조절한다. 약물은 뇌에서 진정 효과 또는 각성 효과를 가짐으로써 글루타메이트와 가바의 안정성을 변화시킨다. 가바를 증가시키거나 글루타메이트를 감소시키는 약물들은 억제제(depressants) 또는 신경 안정제(tranquilizers)이고, 가바를 감소시키거나 글루타메이트를 증가시키는 약물들은 각성제(stimulants)이다(Lovinger, 2011). 글루타메이트 수용체가 과도하게 자극되면 신경 세포가 사멸할 수도 있다(McKim & Hancock, 2013). 도파민, 세로토닌, 가바, 글루타메이트와 같은 신경전달물질의 효과는 작용(agonistic) 또는 길항작용(antagonistic)으로 나뉜다(Nutt & Nestor, 2013). 작용 효과는 신경전달물질 생성과 방출을 증가시키고, 신경전달물질에 반응하는 수용체를 활성화시킨다. 예로, 마리화나의 델타-9-테트라하이드로칸나비놀(delta-9-tetrahydrocannabinol: THC)은 칸나비노이드 수용체와 결합하여 가바 등 억제 신경전달물질의 방출을 차단함으로써 결국 과도한 도파민이 시냅스에 범람하게 만든다. 길항 효과는 신경전달물질의 방출을 방해하고 신경전달물질에 반응하는 수용체를 잘못된 신호로 인식하거나, 소포(vesicle)에서 신경전달물질이 누출되게 한다. 예로, 환각제의 일종인 펜사이클리딘(phencyclidine: PCP)은 수용체를 차단하여 글루타메이트의 유출을 막는다.

2) 뇌 보상경로

대부분의 남용 약물은 뇌의 보상회로를 도파민으로 넘쳐나게 함으로써 뇌의 보상회로에 직접적 또는 간접적으로 영향을 준다. 뇌 보상경로(brain reward pathway)라고 알려진 이 회로는 전전두엽 피질(prefrontal cortex), 중격의지핵(nucleus accumbens), 복측피개영역(ventral tegmental area: VTA)을 포함한다. 전전두엽 피질은 성격 표현, 의사결정, 행동 조절에 관여한다. 중격의지핵은 도파민 방출을 중재해서 욕망과 억제를 조절한다. 복측피개영역은 뇌의 가장 중심부에 있는 신경 세포군인데 전전두엽 피질, 중격의지핵과 연결되어 있어서 정보를 받아들이고 개인의 생물학적 욕구가 충족되었는지를 파악한다. 어떤 것이 신체를 만족시킨다는 정보를 얻으면, 복측피개영역은 도파민을 통해 정보를 전달한다. 도파민 수준이 올라가면 중격의지핵을 압도하게 되고 이는 전전두엽 피질에도 전달된다. "방금 한 행동을 다시 해! 매우 기분이 좋아" 이 경로는 자연스러운 과정이며, 즐거움을 주는 행동(예: 좋아하는 음식을 먹거나 만족스러운 성행위)을 함으로써 계속 활성화된다. 편도체와 해마를 통해 우리 뇌는 어떤 행동들이 쾌락을 가져다주는지를 기억한다. 약물은 행복감의 극치에 달하는 많은 양의 도파민을 방출함으로써 보상회로를 과자극하게 되고, 이는 다시 강력한 강화요인이 된다(Solof, 2013)([그림 3-2]). 따라서 정적 강화는 약물 복용을 더욱 촉진하므로 중독의 순환을 낳는다(Koob & Le Moal, 2005).

약물의 형태는 뇌 보상회로를 범람시키는 도파민의 양에 영향을 준다. 약물을 복용하는 방식도 얼마나 빠르게 희열에 도달하는지에 영향을 준다. 약물을 경구로 복용하는 방식은 위를 통해 혈관으로 흡수되므로, 약 30분 이내에 고조 상태에 이르게 한다(McKim & Hancock, 2013). 좌약 방식은 직장에서 점막을 통해 흡수되고 15분 안에 고조 상태에 이른다. 코로 흡입하는 방식은 약물의

[그림 3-2] 남용 약물은 뇌의 쾌락 중추를 목표로 한다.

뇌 보상(도파민) 경로 **남용 약물은 도파민을 증가시킨다.**

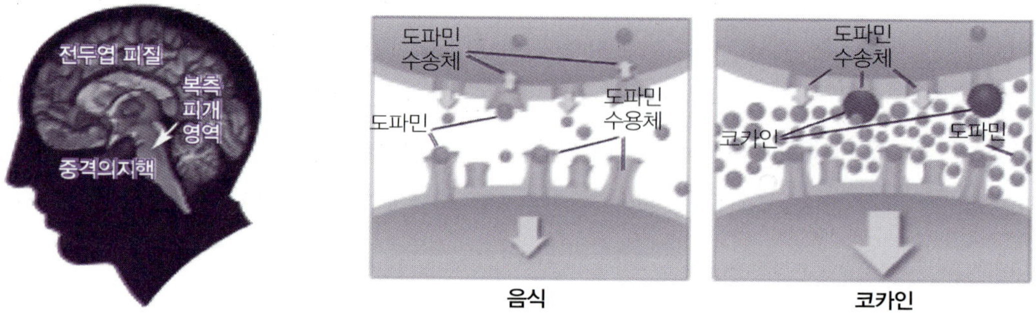

음식 **코카인**

이 뇌 회로는 음식, 음악, 성관계와 같은 자연적인 보상에서 중요하다.

도파민은 음식과 같은 자연적인 보상에 반응하여 증가한다. 코카인을 복용하면 도파민 증가가 과도해지고, 뇌의 신경 간 의사소통이 변화된다.

출처: National Institute on Drug Abuse, National Institutes of Health, U. S. Department of Health and Human Services. (2014). *Drugs and the brain*. Retrieved from www.drugabuse.gov/publications/drugs-brainsbehavior-science-addiction/drugs-brain.

30~60%가 코의 점막을 통해 혈관으로 들어가고, 나머지는 들이켜서 위를 통해 혈관으로 들어간다(McKim & Hancock, 2013). 일반적으로, 흡입 시점으로부터 약 15분 이내에 고조에 이른다. 약물을 흡연하는 방식은 폐를 통해 혈관으로 빠르게 흡수되므로 더 빠르게 고조 상태에 이르게 한다. 주사로 주입하는 방식은 혈관으로 직접 들어가므로 3~5초 이내에 즉각적으로 고조에 달하게 한다(McKim & Hancock, 2013).

뇌에서 약물이 만들어 내는 보상은 초콜릿이나 행복한 성행위가 주는 보상보다 2~10배 강력할 수 있다. 따라서 뇌는 항상성을 유지해야 하므로 자가-조절을 하려고 한다. 약물로 인해 뇌가 비정상적으로 도파민 범람이 되고 나면 뇌는 도파민 생성을 줄이므로, 결과적으로 약물을 남용한 사람들은 비정상적으로 낮은 도파민 수준에 이르게 된다. 낮은 수준이라는 것은 그 물질을 다시 취하지 않으면 기쁨을 경험할 수 있는 능력이 감소한다는 것을 의미하므로, 역으로 약물을 계속 찾을 수밖에 없는 상태가 된다.

3) 중독 회로

Jellinek(1960)은 중독의 과정을 보여 주는 행동적 단서를 발전시켰던 최초의 인물로 여겨지고 있다. 그는 Jellinek 곡선이라고 불리는 U 자 형태 모델을 제시하고 알코올 중독 과정을 설명하였다. 그러나 성별과 문화적 특성이 다양한 집단에서는 Jellinek 모델에 대한 신뢰도가 낮은 것으로 나타났다(Venner & Miller, 2001). Koob과 Volkow(2010)는 동물과 인간의 뇌 영상 연구를 통해 중독 회로에 대한 폭넓은 이해를 가능하게 했는데, 그 3단계는 폭음/중독(intoxication), 금단/부정적 정서, 집착/예기(예: 갈망, 재발)이다. "신경생물학적 관점에서 중독 회로의 3단계를 거치는 진행은 신경회로의 가소성을 유도하여 강박적으로 약물을 복용하게 하고 행동반경을 약물 추구로 좁힌다"(Koob & Le Moal, 2005, p. 1442).

폭음/중독 단계에서는 중격의지핵과 복측피개영역이 활성화된다. 앞서 언급했듯이 보상경로는 행동을 지속하게 하는 정적 강화요인이 된다. 금단/부정적 정서 단계에서는 중격의지핵과 편도체가 중요하다. 약물의 지속적 노출은 중격의지핵에서 도파민 수용체 숫자를 감소시키므로, 정상적인 기분을 느끼려면 더 많은 약물이 필요해진다. 편도체의 변화는 짜증, 불안, 스트레스 같은 금단 증상과 연관되는 것으로 보인다(Logrip, Koob, & Zorrilla, 2011). 이 과정에서 부적 강화가 약물 추구 행동을 더욱 촉진한다. 집착/예기 단계에 관여하는 주된 뇌 구조는 전전두엽 피질과 해마이다. 연구자들의 가설에 따르면, 심각한 물질사용장애 환자들은 전전두엽 피질과 해마의 기능이 변화하므로 부정적 결과에도 불구하고 약물 추구 행동을 한다(Lubman, Yücel, & Pantelis, 2004; Schoenbaum & Shaham, 2008).

2. 이론의 기본 개념

중독을 질병으로 보는 개념은 새로운 것이 아니다. 1784년 Benjamin Rush는 만성적 알코올 만취에 치료가 필요하다고 처음으로 주장하였고, 1829년 William Sweetser 박사는 만성적 취함이 인체의 주요 기능과 구조의 역기능적인 변화를 직간접적으로 초래한다고 처음 제시하였다(White, 2001). 오늘날, 중독의 질병 모델은 중독을 진행 중인 만성적 상태로 보며, 치유되지는 않으나 관리될 수는 있다고 제안하고 있다(Thombs & Osborn, 2013). 중독을 질병 모델 관점으로 보는 임상가들은 중독을 질병으로 정의하는 것이 중독에 대한 도덕적 편견을 없애는 데 도움이 된다고 믿는다(Buchman, Skinner, & Illes, 2010).

중독을 오로지 금욕을 통해서만 관리될 수 있는 만성적이고 치료하기 어려운 상태로 보는 질병 개념은 12단계 조직[예: 익명의 알코올 중독자들 모임(Alcoholics Anonymous: AA), 익명의 마약 중독자들 모임(Narcotics Anonymous: NA)]을 통해 오랫동안 강조되어 왔다(Meurk, Carter, Partridge, Lucke, & Hall, 2014). 중독의 질병 이론은 유전자 검사, 신경생물학, 신경 영상[예: 양전자 방출 단층 촬영(positron emission tomography: PET), 기능 자기공명영상법(functional magnetic resonance imaging: fMRI)]의 발달과 함께 더욱 공고해졌다. PET는 매우 복잡한 통계 전산시스템으로 물, 포도당 또는 다른 화학 물질들을 추적함으로써 뇌 활동을 측정한다(Hickman, 2014). fMRI는 뇌의 신경 활동과 연관성이 있는 혈류와 산소 수준을 측정한다. 뇌의 활동 부위는 빛이 나므로 fMRI 영상을 통해 감지될 수 있다. 결론적으로, 현재 중독의 질병 모델은 기질 모델과 신경생물학적 모델이라는 두 가지 서로 다른 모델로 분류되고 있다.

3. 이론의 철학적 기초와 핵심 개념

1) 기질 모델

기질 모델(dispositional model)은 어떤 이들은 유전적으로 또는 생물학적으로 달라서 중독으로 발전할 소지가 더 크다는 관점이다. 인간 게놈(genome)이 30,000개의 유전자를 포함한다고 알려졌는데, 그중 50~100개의 유전자가 중독에 영향을 미치는 것으로 밝혀졌다(Snow & Lu, 2012). 쌍둥이와 가계도 연구는 알코올 사용이 유전적으로 영향을 받는다는 것을 일관되게 밝혀 왔다. Kendler, Maes, Sundquist, Ohlsson과 Sundquist(2014)는 약물남용의 원인 중 환경과 유전적 위험 요인을 쌍둥이 모델을 이용하여 연구한 결과, 남성은 55%, 여성은 73%에서 유전성이 약물남용을 예측한다고 하였다([그림 3-3]).

[그림 3-3] 위험 요인

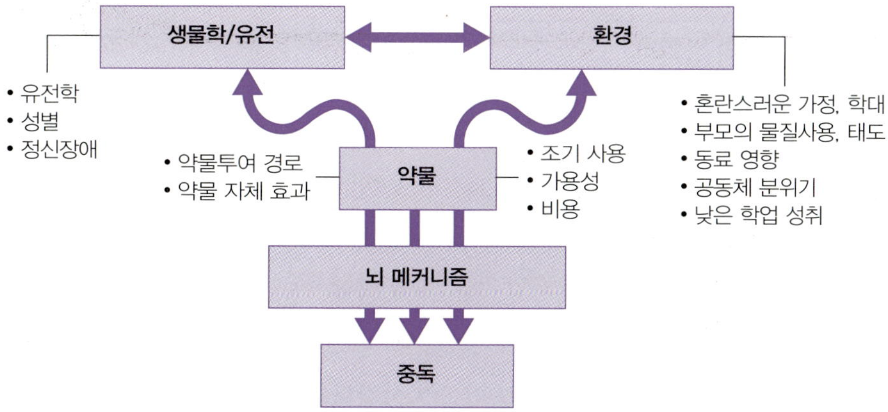

출처: National Institute on Drug Abuse, National Institutes of Health, U. S. Department of Health and Human Services. (2014). *Drugs and addiction*. Retrieved from www.drugabuse.gov/publications/drugs-brains-behavior-science-addiction/drug-abuse-addiction.

한 개인이 중독될 위험에 있는지를 결정할 때, 후생 유전학([글상자 3-1])이 고려되어야 한다. 약물중독이 되고 유지되는 이유로 뇌 보상 영역에서 유전자 발현의 변화를 꼽을 수 있다(Renthal & Nestler, 2014). 동물 연구 결과, 코카인에 반복적으로 노출되는 경우 특정 유전자군이 발현되는데 코카인의 마지막 투약 이후 수일에서 수 주일 동안 여전히 활성화된 상태로 있다는 것이 밝혀졌다(Bowers et al., 2004; Grimm et al., 2003; McClung & Nestler, 2003). 이 유전자들은 "약물남용에 의한 행동반응을 조절하는 데 관여하는" 뇌 영역과 관련이 있으며, 이는 오락으로 사용했던 약물이 어떻게 만성질환으로 진행되는지를 이해하는 데 중요한 함의를 갖는다(Renthal & Nestler, 2013, p. 346). 이러한 유전자 변형은 왜 쌍둥이들이 똑같이 물질남용에 이르지 않는지를 설명해 준다. 어떤 쌍둥이는 이러한 유전자가 활성화되거나 발현되지 않는데, 다른 쌍둥이에게서는 즉각 발현된다. 체내로 약물이 들어오면 유전자 코드가 발현되는 방식을 변화시키고 결국 중독에 이르게 한다. Vassoler, Byrnes와 Pierce(2014)는 "[부모의] 약물남용에 노출은 후생학적인 변화로 이어져서 결국 자녀의 유전자 구성과 약물 행동에 심각한 변형을 초래한다"(p. 273)라고 제안한다. 그러나 물질사용자의 유전자 코드 변화가 후세대의 유전자 구성을 영구적으로 변화시키는지에 관해서는 연구가 필요하다.

2) 신경생물학적 모델

글상자 3-1 후생 유전학 정의

인간 세포에는 많은 유전자가 있다. 어떤 유전자는 활동하지 않으며 아무것도 하지 않는다(발현되지 않는다). 또 다른 유전자는 우리 신체에서 자연적으로 일어나는 어떤 조건에 의해 활성화된다(발현된다). 후생 유전학(epigenetics)은 환경적인 요인이 유전자의 발현 방식을 어떻게 변화시키는지를 연구하는 학문이다(Francis, 2009). 본래 비활성화 상태의 유전자는 환경 요인(예: 약물, 영양, 학대, 방임, 빈곤, 억압)에 의해 활성화된다.

신경생물학적 모델(neurobiological model)은 중독을 알코올과 약물에 노출로 인해 뇌 구조와 기능이 변화된 결과로 이해한다. 논의했듯이 약물은 신경전달물질이 기능하는 방식을 방해한다. 신경생물학 이론에 따르면, 만성적인 약물사용은 신경전달물질과 수용체의 기능을 변화시키고 이것이 뇌 기능을 변화시킨다(Nutt & Nestor, 2013). 이 모델은 중독이 왜 지속되고 재발하는가를 설명해 준다. 뇌의 신경생물학적 변화는 여러 가지 효과를 가져온다. ⓐ 전전두엽 피질의 기능에 영향을 줘서 판단이 손상된다. ⓑ 뇌 회로를 변화시켜서 재발에 취약하게 한다. ⓒ 도파민 수용체를 차단해서 약물의존 상태에 이르게 한다(Koob & Simon, 2009). 실제로 술을 많이 마시는 성인과 청소년들 뇌의 어떤 영역(예: 측두엽, 두정엽, 후두엽)에서 구조적이고 기능적인 차이가 발견되었다(Fein & McGillivray, 2007; Fein, Shimotsu, & Barakos, 2010; Sullivan, Harris, & Pfefferbaum, 2010). 특히 통제력 상실과 관련된 물질에 중독된 사람들에게서 뇌의 전전두엽 기능 이상이 발견되었다(Luijten et al., 2014; Moeller et al., 2014).

3) 장악된 뇌 이론

1994~2001년까지 국립약물남용연구소(National Institute of Drug Abuse: NIDA)의 책임자였던 Alan Leshner 박사는 약물이 뇌를 장악한다는 이론의 창시자이다. Leshner(1997)는 중독을 "강박적인 약물 추구와 사용을 특징으로 하는, 만성적이고 재발하는 뇌 장애"이며 "지속적인 약물사용은 뇌 기능의 전반적인 변화를 초래하고 그 변화는 약물을 멈춘 후에도 오래 유지된다"(p. 45)라고 언급한 최초의 연구자 중 한 사람이다. 결과적으로 중독된 뇌는 분자적(molecular) · 세포적(cellular) · 구조적(structural) · 기능적(functional) 수준에서 중독되지 않은 뇌와 크게 차이를 보인다. 이러한 변화는 알코올이나 약물이 중독 회로(폭음/중독, 금단/부정적 정서, 집착/예기)를 촉발하

는 뇌 기제를 얼마나 장악하고 붕괴시키느냐에 달려 있다(Koob & Volkow, 2010).

뇌가 장악되는 것은 청소년기에 더욱 해롭다. 왜냐하면 전전두엽 피질이 약 25세까지는 아직 충분히 발달하지 않은 상태여서, 아동 · 청소년은 건강한 의사결정, 충동 통제, 행동의 결과를 예측하는 능력이 취약하기 때문이다(Sowell et al., 2003). 따라서 청소년은 위험한 약물사용에 몰입하는 경향이 있고 이것이 전전두엽 피질의 발달을 변화시킬 수 있다(Volkow & Li, 2004). Blum 등(2015)은 청소년의 후생유전적 소인, 전전두엽 피질 조절의 어려움, 그리고 중독 행위 몰입 성향에 관한 방대한 문헌 고찰을 통해 "어린 시절 알코올 노출이나 역경은 적절한 신경발달에 변화를 일으키므로, 부정적일 경우 성인기에 중독 행동으로 이어질 수 있다"(p. 290)라고 밝혔다.

4. 중독 물질

앞서 언급했듯이, 물질의 유형과 인간의 뇌 보상체계에 미치는 영향 간에는 관련성이 있다. 그러므로 전문 치료자들은 약물의 이름(거리에서 팔리는 이름까지)과 더불어, 약물의 사용이 개인의 심리적 · 생리적 기능에 미치는 영향까지 충분히 숙지해야 한다. 〈표 3-1〉은 약물의 단기, 장기 영향 및 가능한 금단 증상을 간단히 보여 준다. 주요 중독 약물과 관련된 자세한 내용은 뒤에 제시되어 있다.

글상자 3-2 베르니케 증후군

베르니케 증후군(Wernicke's syndrome)은 과음하는 음주자들에게 영향을 미치는 신경학적 장애이다. 영양실조, 경련, 비자발적 눈 움직임 혹은 눈 근육의 마비, 제대로 서 있지 못하거나 균형을 잡지 못함, 혼란 혹은 가벼운 기억손실 등의 증상을 나타낸다.

글상자 3-3 코르사코프 증후군

코르사코프 증후군(Korsakoff's syndrome)은 오랜 기간 과음을 이어 온 사람들에게 나타나는 뇌장애이다. 비타민 B1 결핍이 원인이며, 증상으로는 단기기억의 상실이 있다.

1) 억제제

억제제(depressants)는 가바 신경전달물질을 강화함으로써 중추신경을 억제하는 약물이다. 기본적으로 개인의 뇌 기능은 저하되거나 진정된다. 어떤 억제제[예: 발륨(Valium)]는 처방에 따라 복용하면 수면장애와 불안 증상을 가지고 있는 환자들에게 도움이 된다. 그러나 남용하면 개인의 전반적 기능에 해로운 영향을 줄 수 있다.

〈표 3-1〉 물질별 약물 효과 및 금단 증상

물질	단기 효과	장기 효과	금단 증상
담배(cigarettes, chewing tobacco, cigars, bidis, hookahs)	혈압 상승, 호흡 증가, 심박 상승	암, 만성 기관지염, 폐기종, 심장병, 백혈병, 백내장 및 폐렴의 위험 증가	짜증, 주의력과 수면 문제, 식욕 증가
알코올(beer, wine, hard liquor)	불분명한 발음, 졸음, 구토, 설사, 두통, 왜곡된 시각, 손상된 판단, 협응과 인식의 감소, 의식 상실, 빈혈, 블랙아웃, 혼수상태	신장과 간 손상(예: 간염, 간경변), 혈압 상승, 뇌졸중, 베르니케 증후군([글상자 3-2]), 코르사코프 증후군([글상자 3-3]), 성기능 장애	불안 또는 초조, 우울, 피로, 짜증, 긴장 또는 불안정, 기분 변화, 악몽, 불명확한 사고, 차갑고 축축한 피부, 확장된 동공, 두통, 불면증, 식욕 상실, 메스꺼움, 구토, 빠른 심박수, 식은땀, 손이나 신체의 떨림
마리화나(pot, grass, reefer, weed, ganja, hash, chronic, gangster)	감각 지각과 행복감 증가, 졸음/이완 유발, 느려지는 반응 시간, 균형과 협응의 문제, 심박수와 식욕의 증가, 학습과 기억 문제, 환각, 불안, 공황 발작, 정신증	정신건강 문제, 만성적 기침, 빈번한 호흡기 감염	짜증, 수면장애, 식욕 감소, 불안
코카인(coke, blow, snow, flake, toot, crack, candy, C, bump, rock)	좁아진 혈관, 넓어진 동공, 심박, 체온 및 혈압 상승, 두통, 불안, 변덕스러운 폭력 행동, 공황 발작, 편집증, 정신증, 심근경색, 뇌졸중, 발작, 혼수상태	코피, 코 손상, 영양 불량, 식욕 감소, 체중 감소	우울, 피로, 식욕 증가, 불면증, 생생한 불쾌한 꿈, 느려지는 사고와 움직임, 초조함
암페타민(speed, Ritalin, ecstasy, X, diet pills, crystal meth, ice, crank)	각성과 에너지 증가, 혈압 상승, 심박 상승, 식욕 감소, 혈관 좁아짐, 혈당 상승	심장 문제, 정신증, 분노, 혼란, 편집증, 불면증, 공격적 행동, 집중력과 기억 문제, 식욕 상실, 환각, 심한 가려움증, 심각한 치과 문제	우울, 불안, 피로, 수면 장애, 식욕 감소, 집중력 문제

물질	단기 효과	장기 효과	금단 증상
흡입제(glue, correction fluid, gasoline, butane, paint thinner, lighter fluid, spray paint, poppers, snappers, Rush, Locker Room, nitrous oxide, laughing gas, whippets)	혼란, 메스꺼움, 불분명한 발음, 협응 부족, 극치감, 현기증, 졸림, 억제 상실, 환각/망상, 두통, 심부전 또는 질식으로 인한 사망, 경련, 발작, 혼수상태, 기도 폐쇄	간과 신장 손상, 골수 손상, 경련을 일으키는 신경 손상, 사고, 움직임, 시각 및 청각에 문제를 일으키는 뇌 손상	메스꺼움, 식욕 상실, 식은땀, 틱, 수면 문제, 기분 변화
진정제(Valium, Xanax, Librium, Dalmane, Ativan, Halcion, Miltown, Thorazine, Mellaril, Restoril, Rohypnol, roofies, GHB, Liquid X, Liquid E, Mebaral, Nembutal, Seconal, Fiorinal, Amytal, Phenobarbital, Placidyl, Doriden, downers, barbs, phennies, red birds, reds, tooies, yellow jackets, candy, tranks, rope, R2)	졸음, 불분명한 발음, 집중 곤란, 혼란, 어지러움, 움직임과 기억의 문제, 혈압 저하, 느린 호흡	알려져 있지 않음	불면증, 불안, 떨림, 식은땀, 심박 증가, 혈압 증가, 정신증 사고, 발작
환각제(LSD, blotter, acid, mushrooms, PCP, angel dust, THC, wet, illy, ketamine, Special K, vitamin K, 2C-B)	환각, 시간에 대한 인식 변화, 현실과 판타지를 구별하지 못함, 공황, 기억 상실, 혼란, 근육 이완 혹은 약화, 동작 문제, 넓어진 동공, 메스꺼움, 구토, 졸음	플래시백의 위험, 기억 문제, 편집증, 기분 변화	두통, 식은땀, 모든 금단 증상이 다 알려진 것은 아님
오피오이드(Codeine, OxyContin, Darvon, Vicodin, Dilaudid, Demerol, Lomotil, Percodan, Talwin NX, heroin, morphine, methadone, Cody, Lean, Schoolboy, Sizzurp, Purple Drank, Doors & Fours, Loads, China Girl, China White, Dance Fever)	고통 완화, 졸음, 메스꺼움, 변비, 극치감, 혼란, 느린 호흡, 사망	알려져 있지 않음	초조함, 근육통과 골통, 불면증, 설사, 구토, 냉감, 다리 움직임

출처: National Institute on Drug Abuse, National Institutes of Health, U.S. Department of Health and Human Services. (2016). *Drug Facts*. Retrieved from www.drugabuse.gov/publications/finder/t/160/DrugFacts.

(1) 알코올

알코올(alcohol, 에탄올)은 가장 흔하게 남용되는 물질이다. 2015년 국립 알코올 남용 및 알코올 중독 연구소(The National Institute on Alcohol Abuse and Alcoholism: NIAAA) 보고에 따르면, 2013년 미국 18세 이상 인구의 71%가 지난 12개월 이내에 알코올을 섭취했다고 한다. 실제로, 과도한 음주는 상해와 예방 가능한 사망을 초래하는 원인 중 세 번째로 꼽힌다. 음주에서 순수 에탄올의 양을 프루프(proof)[1]라고 부른다. 알코올 음료에서 중요한 것은 형태(예: 포도주, 소주, 맥주, 증류주)가 아니라 에탄올 함량이다. 에탄올 함량이 많을수록 신체가 처리해야 하는 양도 많아진다.

알코올의 함량이 많을수록 신체는 더 빨리 흡수하고, 흡수가 빠를수록 혈중 알코올 농도(blood alcohol concentration: BAC)는 더 빠르게 고조에 달한다. 만약 무언가가 알코올의 위 체류시간을 늘린다면 흡수는 지연된다(〈표 3-2〉). 개인의 기분도 알코올 흡수를 지연시킬 수 있다. 신체가 알코올을 제거할 수 있는 속도보다 빠르게 혈중 알코올 농도가 상승하면 중독 현상이 발생한다. 체수분은 혈중 알코올 농도를 감소시킨다. 즉, 수분이 알코올을 희석하므로 혈중 알코올 농도는 낮아진다. 지방보다는 근육에 수분이 많고 여성은 근육보다 지방 조직을 더 많이 가지고 있어서, 여성은 일반적으로 남성보다 혈중 알코올 농도가 높고 더 빠르게 중독으로 진행될 수 있다. 표준 음주량([그림 3-4])은 1시간 안에 체내에서 대사되는 술의 양이다. 오직 시간만이 혈중 알코올 농도를 낮춘다. 시원한 샤워, 카페인 음료, 운동은 혈중 알코올 농도를 전혀 낮추지 못한다.

〈표 3-2〉 알코올 흡수

알코올 흡수를 늦추는 것	알코올 흡수를 빠르게 하는 것
다른 비알코올 액체를 알코올과 섞을 때(혼합 음료)	스트레이트 주류(샷)
위에 음식이 있을 때	단숨에 마시기
분노, 두려움, 스트레스, 피곤함	행복감, 흥분

알코올은 중추신경계에 가장 확실한 영향을 미친다. 기본적으로 알코올은 천천히 뇌를 잠들게 한다. 가장 먼저 영향을 주는 부분은 의사결정과 비판적 사고를 담당하는 전전두엽 피질이다. 음주를 하는 사람은 적절하지 않은 것을 말하거나 행동하는 경향이 있다. 전전두엽 피질이 잠자고

1) 역자 주: 미국에서 술의 강도를 나타내는 단위. 우리나라의 도수=퍼센트(%)=1/2 프루프(Proof)에 해당한다.

[그림 3-4] 표준 잔의 정의

출처: National Institute on Alcohol Abuse and Alcoholism, National Institutes of Health, U.S. Department of Health and Human Services. (n.d.). *What is a standard drink?* Retrieved from www.niaaa.nih.gov/alcoholhealth/overview-alcohol-consumption/what-standard-drink.

있을 때는 변연계(즉, 뇌의 정서 중추)가 대신 활동하므로, 어떤 사람들은 부적절하게 웃거나 울고 화를 내며 적개심을 보이고 심지어 폭력적인 등 예측할 수 없는 모습을 나타낸다. 뇌에서 다음으로 영향을 받는 부분은 소뇌(즉, 운동 협응)이다. 따라서 과음을 하게 되면 협응이 영향을 받게 된다. 마지막으로 영향을 받는 부분은 불수의계이다. 한 번에 너무 많은 양의 알코올은 개인의 중요한 기능(예: 호흡, 심장 박동)을 늦추거나 멈추게 한다. 폭음은 매우 위험한데, 왜냐하면 단기간에 다량의 알코올 소비는 혼수상태나 사망에 이르게 할 정도로 활력 기능에 영향을 주기 때문이다.

(2) 진정제

진정제(sedatives)는 불안과 수면 문제를 위해 처방되는 약물이다. 가바 신경전달물질을 증가시키므로, 진정제는 뇌 활동을 억제해서 졸음과 진정되는 느낌을 준다(Lovinger, 2011). 이 부류의 약물 중 가장 흔한 형태는 벤조디아제핀(benzodiazepines)(예: 클로르디아제폭사이드, 발륨, 자낙스, 할시온), 바비튜레이트(barbiturates)(예: 펜토바르비탈, 페노바르비탈), 수면제(예: 암비엔, 루네스타, 소나타)

글상자 3-4 내성

내성(tolerance)은 약물이 더 이상 개인에게 효과를 나타내지 않을 때를 말한다.

(NIDA, 2014)이다. 진정제 목록은 〈표 3-1〉을 참고하라. 벤조디아제핀 계열은 약물에 의해 촉진되는 성폭행과도 관련이 있다. 플루니트라제팜(Flunitrazepam)(또는 로힙놀)은 음식에 몰래 넣어 왔던 약물이다(Jansen & Theron, 2006). 결국 움직일 수 없을 정도로 무의식 상태에서 희생당한다.

12~17세 여성을 제외하면 남성이 여성보다 처방된 약물을 더 많이 남용한다(NIDA, 2014). 처음에는 처방된 약물을 복용하기 시작하지만 점차로 진정 효과에 적응이 되면서 내성이 생긴다([글상자 3-4]). 장기간 사용하게 되면 결국 약물에 의존하게 되고 충분한 양이 들어오지 않으면 금단 증상을 나타낸다. 금단 증상에는 발작처럼 심각한 것도 있다. 바비튜레이트 금단은 생명을 위협할 수 있으므로 의학적 관찰이 권장된다.

(3) 오피오이드

마약으로 알려진 오피오이드(opioids)는 천연 제제(예: 아편, 모르핀, 코데인), 반합성(예: 헤로인, 하이드로몰폰), 또는 합성(예: 메타돈, 데메롤)으로 나뉜다(NIDA, 2014). 천연 오피오이드는 다쳤을 때 우리를 보호해 준다. 반합성과 합성은 주로 고통을 줄이기 위해 처방되므로 졸음을 유발한다(McKim & Hancock, 2013). 오피오이드의 목록은 〈표 3-1〉을 참고하라. 오피오이드는 중추신경계와 위장관에서 보이는 오피오이드 수용체에 스스로 부착한다(McKim & Hancock, 2013). 그 결과 졸리고 어지러워서 짧은 시간 안에 잠에 빠져들게 된다. 오피오이드는 호흡기관에 영향을 주므로 다량의 오피오이드는 호흡에 문제를 일으키고 과다 복용하면 호흡부전을 초래한다. 실제로 오피오이드 문제로 사망하는 사람이 다른 불법 약물로 인한 사망자 수보다 많다(Centers for Disease Control and Prevention, 2011).

글상자 3-5 불법 약물

불법 약물은 불법으로 만들어지고, 거래되고, 사용되는 약물이다.

오피오이드를 남용하는 사람들은 고통을 완화하고 행복감을 얻기 위해 물질을 사용한다. 그러나 오피오이드는 중독성이 높아서 과해지면 신체적 의존이 생긴다. 미국인의 경우 210만 명 이상이 오피오이드 관련 장애(Substance Abuse and Mental Health Services Administration, 2013)이고, 비의학적 오피오이드 사용자의 1/4은 12~17세 청소년이다(Wu, Ringwalt, Mannelli, & Paktar, 2008). Wu, Woody, Yang, Pan과 Blazer(2011)는 72,561명의 12~17세 청소년을 대상으로 2005~2008년까지의 약물사용과 건강에 대한 국가실태조사 자료를 분석한 결과, 모든 인종 집단 중에서 마리화나 다음으로 오피오이드가 가장 흔하게 사용되는 불법 약물([글상자 3-5])이며, 주로 원주민, 백인, 유색인 청소년에서 현저히 사용이 높았음을 밝혀냈다.

헤로인은 특히 중독성이 강한 오피오이드이다. 미국에서 467,000명이 헤로인에 중독된 것으로 추산된다(SAMHSA, 2013). 헤로인은 신체에서 분비되는 천연 아편제처럼 도파민 억제를 멈추게 하여, 도파민이 보상체계로 유입되도록 한다. 신체는 물질사용 동안 나왔던 초기 도파민의 범람 상태를 다시 만들 수 없으므로 계속해서 물질이 외부에서 공급되어야 한다. 결과적으로 헤로인은 매우 중독성이 강한 물질이다. 헤로인을 남용하는 사람은 주사기 공유로 인해 HIV와 간염 가능성도 크다(CDC, 2011).

2) 각성제

글루타메이트 신경전달물질을 증가시킴으로써 중추신경계를 각성시킨다는 점에서 각성제(stimulants)는 억제제와 반대 효과를 나타낸다. 따라서 각성제는 도파민을 증가시키고 의학적으로 처방되는 수준을 넘어서면 행복감을 경험한다. 처방대로 사용하면 각성, 반응성, 에너지 수준을 증가시킬 수 있다. 각성제 남용은 중독만이 아니라 심혈관계 문제도 일으키는데 그 이유는 각성제가 혈압, 호흡, 심박을 높이기 때문이다(NIDA, 2014).

(1) 암페타민

각성제 처방은 1991년 400만 건에서 2010년 4,500만 건으로 늘어났다(NIDA, 2014). 각성제는 주로 주의력 결핍/과잉행동 장애(ADHD)를 치료하여 과잉행동을 낮추기 위해 처방된다. 그러나 처방 각성제(예: 콘서타, 아데랄, 리탈린)가 계속해서 남용되고 있다. 특히 대학생들이 위험군으로 여겨진다. Varga(2012)는 대학 캠퍼스에서 아데랄 사용에 관한 광범위한 문헌 고찰을 통해 학업수행 부담 때문에 불법적으로 사용하는 학생들이 증가하고 있음을 밝혔다. 한 연구에 따르면, 대학생의 34%가 합법적인 처방 없이 각성제를 사용하고, 이때 남성이 여성보다 더 남용한다고 보고되었다(DeSantis, Webb, & Noar, 2008).

메스암페타민(methamphetamine: meth)과 같은 불법 약물은 약학적으로 생산되는 암페타민의 대체물이다. 메스는 흡입, 흡연, 주사 혹은 섭취하는 방식이 있다. 효과와 금단 증상 목록은 〈표

3–1〉을 보라. 이 약물은 매우 중독성이 강하다. 이유는 도파민 재흡수를 차단함과 동시에 범람을 증가시켜서 뇌 보상체계를 장악하고 결과적으로 극단적인 쾌락의 감정을 제공하기 때문이다(NIDA, 2012a). 헤로인처럼 초기 극단적인 행복감이 뇌에서 재생산되지 않기에 이 약물에 중독된 개인은 계속해서 그 극치감을 추구하려고 한다. 대개 가정을 기반으로 하는 메스 실험실에서 제조되기 때문에 처방된 각성제보다 저렴해서 더 많이 사용한다. 바늘을 공유하므로 HIV, 간염, 다른 감염의 위험이 크다(NIDA, 2012a). 주사를 쓰지 않는 약물사용자들도 위험하다. 왜냐하면 약물이 판단과 제어에 영향을 주어 위험 행동(예: 안전하지 않은 성행동)에 관여하게 만들기 때문이다.

(2) 코카인

코카인(cocaine)의 형태는 흡연 또는 주사 방식이다(〈표 3–1〉). 미국의 경우 지난 30년간 코카인의 사용은 감소 추세로 보인다(Drug Enforcement Agency, 2015). 코카인은 18~25세 성인들이 가장 많이 사용한다(NIDA, 2010). 코카인 사용과 성별 및 인종 차이를 다룬 연구 결과들은 코카인 중독이 남성보다 여성에서 많다고 밝히고 있다. 그러나 인종별 차이는 없었다(Wu et al., 2010).

코카인은 대개 흡입 또는 주사로 투여된다. 코카인은 도파민의 재흡수를 차단함으로써 뇌 보상체계에 교란을 일으켜서 단기간에 행복감을 일으킨다. 이런 점이 코카인이 매우 중독적인 이유이다. 또한 동작을 통제하는 뇌 영역(즉, 소뇌)에도 영향을 준다. 결과적으로 코카인을 남용하는 개인은 안절부절못하고 가만히 있지 못하는 상태가 된다. 신경 영상을 보면 지속적인 코카인 사용이 뇌의 도파민 수용체에 영향을 주는 것을 볼 수 있다. 이는 뇌 보상체계가 자연적으로 활성화되는 민감성을 감소시킨다. 그 결과 코카인으로 인한 비정상적인 높은 갈망이 일어난다(Volkow et al., 2014).

(3) 마리화나

2013년 통계에 따르면, 마리화나(marijuana)는 가장 보편적으로 사용되는 불법 약물이다(글상자 3–6)(SAMSHA, 2014). 특히 지난 30일 동안 약물을 사용한 사람의 81%가 마리화나를 사용했고, 응답자의 65%가 사용한 유일한 약물이었다. 청소년은 알코올 포함해서 다른 어떤 약물보다도 마리화나를 많이 사용한다(Wu et al., 2011). 또한 여성은 남성과 비교해서 마리화나에 더 빨리 적응한다(Schepis et al., 2011). 마리화나는 다양한 형태로 사용된다(〈표 3–1〉).

마리화나의 활성물질은 THC이다. THC는 도파민 방출을 억제하는 신경전달물질을 차단하여 과다한 도파민이 방출되게 한다(NIDA, 2015). 결과적으로 마리화나 사용자는 안정감을 느끼고 그 느낌을 지속하기 위해 다시 약물을 찾게 된다. THC는 6주까지 체내에 머무를 수 있지만 흡연의 형태일 때는 1~3시간, 음식이나 음료로 섭취될 때는 수 시간 후에 고조가 사라진다(NIDA, 2015). 마리화나의 사용은 정신증 증상과도 관련이 있다. 그러나 증상의 정도는 사용 패턴, 사용자 개인의 특성, 마리화나에 사용된 식물의 형태나 강도에 따라 다양하다(Guimarães Silva, Queiroz Balbino, & Moura Weiber, 2015).

글상자 3-6 마리화나

의학용이나 오락용으로 마리화나가 어떤 관할 구역(사법권) 안에서는 허용되나, 그것을 만들고 팔고 사용하는 것은 연방법에 위반되므로 여전히 불법 약물로 여겨진다.

만성적 마리화나 사용자의 신경 영상 연구에서 전전두엽 피질의 비정상적 기능을 발견했다. 인지적·정서적 정보를 통합하는 뇌의 영역들, 즉 전측 대상회 피질(anterior cingulate cortex)에서 둔화가 관찰되었는데(Wesley, Hanlon, & Porrino, 2011), 세부적으로는 작업 기억을 담당하는 영역[즉, 배외측 전전두엽 피질(dorsolateral prefrontal cortex)](Bolla, Eldreth, Matochik, & Cadet, 2005), 의사결정에 중요한 영역[즉, 복내측 전전두엽 피질(ventromedial prefrontal cortex)](Li, Lu, D'Argembeau, Ng, & Bechara, 2010), 인지-운동 기술과 협응하는 움직임을 담당하는 영역(Weinstein et al., 2008)에서 각각 낮은 활성을 보였다. 이러한 활성 감소는 개인의 동기, 비판적 사고, 기억, 운동 협응에 영향을 줄 수 있다.

(4) 담배

담배(tobacco)는 중추신경계를 자극하고 혈압, 심박, 호흡, 그리고 동맥의 수축을 증가시킨다. 담배의 장기, 단기 효과와 금단 증상에 관한 더 많은 정보는 〈표 3-1〉을 참조하라. 담배는 미국에서 예방이 가능한 질병과 사망의 가장 큰 원인이다(CDC, 2014). 남성은 100명 중 20명, 여성은 100명 중 15명으로, 남성이 여성보다 더 많이 사용한다(CDC, 2014). 담배를 피우는 고등학생의 비율은 지난 15년간 많이 감소했지만, 12학년 학생들의 전자담배 사용은 2011년 4.7%에서 2014년 17.2%로 오히려 증가했다(Office of Adolescent Health, 2015).

니코틴(nicotine)은 중독을 일으키는 담배의 물질이다. 코카인, 헤로인과 비슷하게 니코틴도 도파민을 범람시켜서 보상체계에 영향을 준다. 장기적으로 담배를 사용하면 보상체계가 변형되어 중독에 이르게 된다(McKim & Hancock, 2013). 담배 사용은 다른 중독 물질과도 연결된다. 궐련

(cigarette)을 피웠던 사람은 나이, 인종, 성별에 무관하게 코카인, 헤로인, 크랙, 마리화나를 훨씬 더 사용하는 경향이 있다(Lai, Lai, Page, & McCoy, 2000). 따라서 궐련 흡연은 불법 약물의 관문으로 여겨진다. 더욱이 담배는 코카인 중독 환자의 외래 치료에서 단기 효과가 저조한 것과 관련이 있다(Harrell, Montoya, Preston, Juliano, & Gorelick, 2011).

3) 최근의 추세

많은 전문 분야가 추세를 반영하듯이, 약물남용과 중독 분야 또한 그러하다. 최근의 약물사용에서 가장 두드러지는 추세는 합성 제조된 약물의 남용이다. 이들 물질의 다수는 이전에 밝혀진 다른 남용 물질의 효과를 모방하려고 한다. 다음 세 가지는 새롭게 떠오르는 약물일 뿐 매주 더 많은 것이 생겨나고 있다.

(1) 몰리

2012년 플로리다주 마이애미 야외 음악 축제에서 전설의 가수 Madonna는 다음과 같이 말했다. "여러분 중 몰리를 보신 분이 얼마나 되나요?"(Diaz, 2012, 4집). 몰리(Molly)는 Madonna의 질문이 강조하듯이, 최근 대중화되고 있는 약물이다. 몰리는 엑스터시(Ecstasy)로 알려진 메틸렌디옥시메스암페타민(MDMA)의 순수 형태이다(NIDA, 2013). 몰리 사용자들은 대개 활력의 증가와 행복감을 추구한다. 이러한 느낌은 세로토닌, 도파민, 노르에피네프린, 세 가지 신경전달물질의 활성이 증가한 결과로 생겨난다(NIDA, 2013). 사용자들은 기분 고조와 긍정적·사회적 상호작용도 언급한다. 부작용은 주로 세로토닌 방출 때문인데, 세로토닌이 옥시토신(oxytocin)과 바소프레신(vasopressin)이라는 사랑, 신뢰, 사회적 유대와 연관된 두 호르몬의 방출을 자극하기 때문이다(NIDA, 2013). 약물을 사용하는 동안 세로토닌 방출이 과다해지면 뇌는 고갈되어 혼란감, 약물 갈망으로 이어진다(NIDA, 2013).

(2) K2/스파이스

K2 혹은 스파이스(Spice)는 새롭게 사용되고 있는 합성 마약인데 주요 용도는 마리화나의 대용품이다. 이 약물은 법적으로 포장지에 '인간에게 사용할 수 없음'이라고 명시해서 판매되었던 약물이다(NIDA, 2012b). 포장은 향료처럼 보이지만 실제 구성 성분은 건조 약초나 화학 물질인데, 이

들은 뇌에서 카나비노이드(cannabinoids) 효과를 따라서 만든 것이다. 사용자들은 고양된 기분, 이완, 인지의 변화를 보고하는데, 이는 마리화나의 경우와 비슷하다(NIDA, 2012b). 빠른 심박, 구토, 짜증, 환각 증상으로 인해 의료적 개입이 필요한 사례들이 보고된 바 있다(NIDA, 2012b). 보고에 따르면 2010년에 합성 카나비노이드의 사용으로 약 11,406명이 응급실에 실려 왔는데, 2011년에는 28,531명으로 K2 관련 문제가 2배 이상 늘었다(Bush & Woodwell, 2014).

(3) 플래카

플래카(Flakka)라고 명명된 물질은 '자갈(gravel)' 혹은 '알파-PVP'로 알려져 있다. 이 약물은 각성제이지만, 주로 국외 실험실에서 합성된다(United Way of Broward County Commission on Substance Abuse, 2014). UWBCCSA(2014)에 따르면, 사용자들은 주로 행복감을 추구하나 흔히 심박수 증가, 편집, 짜증, 정신증과 같은 심각한 부작용이 발생한다. 또한 섬망, 즉 "근육조직이 파열되어 근섬유가 혈액으로 방출(또는 횡문근융해증), 신장 손상, 심각한 체온 상승(또는 열사병)을 동반하는 난폭한 행동 증후군"으로 발전할 위험도 있다(UWBCCSA, 2014, 2집). 미국에서는 플래카 사용으로 인해 사망에 이르는 예가 점점 많아지고 있다.

4) 복합 물질의 사용

여러 가지 물질을 복합적으로 사용하는 경우, 생명을 위협할 만큼 치명적이다. 억제제(예: 알코올, 진정제)와 각성제(예: 암페타민, 코카인)를 동시에 사용하는 경우, 신체에 모순되는 신호를 보내게 된다. 이에 중추신경계, 심혈관계, 호흡계는 엄청난 부하를 받게 된다. 이러한 과부하는 결과적으로 느린 호흡, 심정지, 심장마비, 심부전, 혼수상태, 혹은 사망에 이르게 한다. 실제로, 과량 복용에도 불구하고 생존한 이들을 대상으로 한 인터뷰에서 67.5%는 가장 최근 과량 복용한 약물이 복합 물질이었다고 보고하였다(Martin et al., 2014).

흔한 추세 중 하나는 카페인이 든 에너지 음료를 알코올과 함께 복용하는 것이다. Khan, Cottler와 Striley(2016)는 10개의 미국 도시에서 13~18세의 청소년 4,905명을 대상으로 알코올과 에너지 음료 사용을 조사했다. 그들은 28%가 지난 30일 동안 알코올을 사용했고, 그중 27%는 에너지 음료와 알코올을 섞어 마셨음을 보고했다. 대학생을 대상으로 알코올과 에너지 음료의 혼용을 조사했을 때도 27%라는 유사한 결과를 얻었다(Rutledge, Bestrashniy, & Nelson, 2016). 에너지 음료는 각성 효과가 있고, 알코올은 중추신경을 진정하는 효과가 있다. 함께 사용할 때 에너지 음료가 "알코올의 억제 효과를 가리므로 심리적으로나 생리적으로 진정 효과가 반감되어 피로감을 느끼게 된다. 반면, 각성 효과는 높아진다"(Peacock, Pennay, Droste, Bruno, & Lubman, 2014, p. 1613). 결과적으로 자신이 중독되는 수준을 저평가하게 되므로 위험한 음주 및 행동으로 이어질 수 있다(Peacock et al., 2014).

앞서 살펴본 물질들은 오늘날 남용되고 있는 물질의 예시일 뿐이다. 게다가 많은 사용자가 물질을 복합적으로 사용하므로 환자의 사용 패턴과 그로 인한 생리적 효과를 이해하려고 시도하는 치료자에게 부작용에 대해 혼란을 줄 수 있음을 고려해야 한다. 치료자는 새로운 약물 관련 교육에 꾸준히 참여함으로써 최신 정보를 유지하는 것이 중요하다.

5. 치료자가 이론적 접근을 활용하는 방법

신경과학은 중독 영역뿐만 아니라 일반적인 임상 치료에서 점차 중요한 초점이 되고 있다. 생물학/유전학이 인간 행동에 미치는 영향에 대한 인식이 커지고 있고, 뇌 구조와 화학에 대해 배우고자 하는 관심이 증가하고 있다. 중독치료 영역만 보자면, 신경과학이 특별한 원인이라는 이해는 중독을 질병으로 설명한 초창기부터 있었다. 그러나 연구가 진행되면서 중독치료에서 신경과학의 역할은 서서히 발전 중이다. 치료자에게 신경과학은 개념화와 심리교육이라는 두 가지 목적으로 주로 활용된다.

1) 개념화

개념화는 환자가 어떻게 현재의 기능 상태에 이르게 되었는지를 확인하는 기제이므로 치료자에게는 매우 중요하다. 개념화는 치료적 접근도 알려 준다. 생물학적 이론을 적용하는 치료자에게 이론은 환자 중독이 어떻게 발전되었는지를 설명하기 위해 사용된다. 당신이 집중적인 외래 프로그램에서 일하는 치료자라고 가정해 보자. 당신은 28세 라틴계 마리아라는 여성을 의뢰받았다. 마리아는 약에 취한 상태로 운전했고 이번이 두 번째이다. 그녀는 첫 번째 음주운전 때 법원 명령으로 외래 프로그램에 참여해서 알코올 평가와 외래 치료를 받았다. 그녀의 어머니와 언니도 수년간 알코올 문제가 있어서 치료를 받았었다. 당신은 자신을 소개하는 첫 만남에서 그녀가 여러 번 반복하는 소리를 듣게 된다. "내가 어떻게 해서 또 술을 먹게 되었는지 모르겠어요. 나는 프로그램을 잘 수행하고 있었는데, 어느 날 눈을 떠 보니 포도주의 마지막 잔을 따르고 있었어요. 이걸 어떻게 설명하시겠어요?"

마리아의 이야기는 드문 경우가 아니다. 그녀의 뇌는 다음을 설명해 준다! 가족력이 있으므로 그녀는 알코올에 취약한 기질을 가지고 있다고 추측할 수 있다. 그리고 그녀의 보고에 따르면, 그녀는 다른 활동(예: 요가, 만다라 그리기)에 참여하기보다는 오로지 음주밖에 할 줄 모르는 신경회로를 가졌다. 치료자로서 그녀의 현재 기능을 뇌 화학으로 설명하면서 사례를 개념화할 수 있다. 중독에 미치는 생물학적 영향이 부분적인지 전적인지 판단하는 것은 당신이 생물학적 이론을 하나의 독립적인 이론으로 받아들이는지 혹은 다른 이론과 함께 통합적으로 보는지에 달려 있다.

2) 심리교육

생물학적 이론이 환자들에게 주로 적용되는 또 다른 영역은 심리교육이다. 심리교육은 치료 방안(예: 약물사용에 대한 권유)을 논의하기 위해 환자와 환자 가족에게 제공된다. 우선 환자와의 심리교육부터 논의해 보겠다.

안타깝게도 뇌 과학, 뇌 화학, 신경생물학이라는 용어는 많은 환자를 혼란스럽게 한다. 치료자는 환자들에게 그들이 뇌 과학자가 될 정도로 높은 수준을 이해해야 하는 것은 아니며, 단지 뇌에 관한 대화에 열려 있으면 된다고 알려 주는 것이 중요하다. 치료자는 고등학교 생물 교사 존스 씨처럼 복잡하지 않으면서도 이 주제에 관여해야 한다.

환자 심리교육에서는 뇌 구조에 관한 이야기로 시작해서 신경과 신호 전달 체계에 관한 이야기로 옮겨 가도록 한다. 구체적으로 예시를 들면서 이야기하는 것이 중요하다. 일단 기초를 제공해 주어서 인간 게놈과 그것이 뇌 구조에 미치는 영향 등 환자가 조금 더 복잡한 이야기를 이해할 수 있도록 준비시킨다. 중독치료에서 환자와 현재 나누는 대부분이 신경과학에 기반을 두고는 있지만, 이것은 잘 알려져 있지 않거나 그 맥락에서 논의되지 않는다. 예로, 촉발 요인은 중독치료에서 환자와 흔히 논의되는 주제이지만, 항상 촉발 요인이 신경회로와 연관된다고 해석하지는 않는다. 우리는 모두 신경회로, 즉 어떤 상황이나 느낌에서 행동하는 양식을 지니고 있다. 환자와 그들의 신경회로 혹은 그들이 선호하는 행동양식에 관해 이야기하는 것이 중요하다. 치료자는 환자의 뇌가 정비되어 새로운 회로가 생기는 것이 중요하다고 이야기할 수 있다. 생물학적 이론은 촉발 요인에 관한 이야기가 왜 중요한지를 환자가 이해하도록 도울 수 있다. 일단 환자가 뇌에 관한 기초적인 지식을 이해했다면, 치료자는 생물학적인 관점에서 중독의 원인에 대해 좀 더 이야기할 수 있다. 이것은 환자 스스로 수치심을 줄이고 회복 과정에서 적극적인 노력을 하려는 의지를 높인다는 점에서 희망적이다.

심리교육의 또 다른 주요 대상은 가족 구성원이다. 공적인 수준에서 중독에 대해 교육하는 경우는 거의 존재하지 않는다. 중독의 도덕적 모델이 지배적이어서, 중독을 비도덕적으로 선택하는 개인의 문제로 생각하는 것이 만연해 있다. 중독의 생물학적 요소를 가족에게 교육하는 것은 많은 성과를 가져온다. 우선 중독을 생물학적 과정으로 이해하는 것은 도덕적 판단을 줄인다(White, 2001). 가족 구성원이 중독의 생물학적 지식을 갖추게 되면 중독된 가족에게서 종종 경험하는 분노를 줄일 수 있다. 또한 가족 역시 중독되기 쉬운 기질 혹은 소인을 지녔음을 자각하고, 중독으로 발전되지 않기 위해 스스로 치료를 받거나 그 가능성을 줄여야 한다는 점을 깨닫기도 한다. 중독은 중독자와 연관된 모든 사람(예: 중요한 타인, 가족, 친구)에게 영향을 주므로 중독 교육은 모두에게 필요하다.

치료자는 치료 개입을 논의하기 위해 심리교육을 사용할 수 있다. 인지행동치료와 같은 개입이 뇌에 뿌리를 두고 있지만(앞서 촉발 요인에서 언급했듯이), 약물 개입에 관한 최신 연구가 발전 중이다. 약물의 기제는 무엇인지, 뇌의 어떤 부분이 약물과 상호작용하는지 등에도 심리교육이 활용될 수 있다. 약을 처방하지 않는 치료자라고 해도 처방 약에 대한 이해를 높여 환자 심리교육에 활용하는 것이 중요하다.

(1) 사회 정책에 미치는 영향

정책은 사회가 중독을 원인과 진단, 그리고 치료 측면에서 어떻게 이해하느냐에 영향을 받는다. 안타깝게도 중독은 치료가 필요한 질병으로 인식되기보다는 주로 개인의 성격적 결함(Dackis & O'Brien, 2005)으로 이해된다. 사회 정책은 형사사법제도에 관련된 정책뿐만 아니라 연구기금조성에도 영향을 미친다. 관련 정책의 올바른 집행을 위해 정책 결정자들이 중독에 관한 생물학적 기제를 이해하는 것은 중요하다.

중독의 병인을 조사하는 연구는 주로 정부 기관[예: 국립약물남용연구소(NIDA), 국립 알코올 남용 및 알코올 중독 연구소(NIAAA), 물질남용 및 정신건강 서비스국(SAMHSA)]에서 보조를 받아 관리된다.

질병 모델이 받아들여짐에 따라 중독 관련 연구도 다른 질환처럼 국립보건원(National Institutes of Health: NIH)의 지원을 받는다. 2015년 알코올에 대한 예산은 6,350억 원, 약물 연구에 대한 예산은 1.4조 원이 각각 책정되었다(NIH, 2015). 이 금액은 유방암 연구예산 9,140억 원, 폐암 연구예산 3,400억 원과 비교할 때 고무적인 수치이다(NIH, 2015). 눈여겨볼 점은 많은 다른 질환이 중독에 직간접적으로 영향을 받으므로(예: 간암, C형 간염), 중독 연구를 위한 실제 보조금 규모는 알코올/약물에 대한 단독 예산보다도 훨씬 크다는 것이다.

형사사법제도와 건강보험 영역에서 공공 정책의 변화는 중독자들뿐만 아니라 사회 전반에도 긍정적 영향을 미친다. 선진국임에도 불구하고 많은 재소자를 양산해 낸다는 점에서 미국의 형사사법제도는 비판을 받아 왔다(Gopnick, 2012). 미국의 경우 재소자 중 48%가 약물 사범으로 수감되어 있다(Federal Bureau of Prisons, 2015). 이 중에는 중독치료가 필요해도 치료의 기회나 선택권이 주어지지 않는 경우가 종종 있다(Dackis & O'Brien, 2005). 오바마 대통령은 46명의 비폭력 약물 사범을 석방했는데(Horwitz & Eilperin, 2015), 이 부분은 지지와 비난을 동시에 받았다. 대중이 중독 과정과 중독의 생물학에 대해 더 많이 이해했다면 반응이 달랐을 수도 있다.

미국에서 중독의 영향을 받는 다른 하나는 의료보험제도인데 중독 장애에 대해서는 선별검사나 치료가 매우 제한적으로 이루어지고 있다(Dackis & O'Brien, 2005). 응급실 수용환자의 약 24~31%가 위험한 음주 때문일 만큼 위험한 알코올 사용은 의료보험체계에 막대한 영향을 미친다(D'Onofrio & Degutis, 2004-2005). 모든 외상 환자의 50% 정도가 자신 또는 타인의 위험한 음주 행동 때문에 상해를 입고(American College of Surgeons Committee on Trauma, 2003), 1차 진료 환자의 15~20%가 알코올 사용 장애를 갖고 있다고 보고되고 있다(McQuade, Levy, Yanek, Davis, & Liepman, 2000). 이렇게 음주가 의료보험제도에 많은 영향을 줌에도 불구하고, 의료진에 대한 중독 교육은 극히 제한적으로 이루어지고 있다(Dackis & O'Brien, 2005; Rasyidi, Wilkins, & Danovitch, 2012). 의료 현장에서 신경생물학 관련 중독 교육은 편견을 줄여 주고 치료 효과를 높일 수 있다. 레지던트 과정뿐만 아니라 의대 학부에서도 중독 교육을 의무화하는 교육 정책이 치료의 의료보험 영역을 넓힐 수 있다. 정책은 여론의 영향을 받는데 현재 중독에 대한 인식은 대체로 부정적이다(Dackis & O'Brien, 2005). 중독의 신경생물학에 관해 대중을 교육하고 중독의 완화를 목표로 하는 정책을 입안하는 것이 절실하다(Dackis & O'Brien, 2005).

6. 평가 및 예방의 함의

생물학과 뇌 화학 이론은 예방적 노력과 직접적으로 관련이 있다. 현재는 대중에 초점화되어 있지만(Hammer et al., 2013), 중독의 생물학적 지표를 확인할 수 있다면 예방 노력도 반대로 개인에게 초점을 맞춘 것이 될 수 있다(Gartner, Carter, & Partridge, 2012). 예로, 개인 맞춤형 교육에서는 만약 자신이 중독에 얼마나 취약한 요인 혹은 위험인자를 지녔는지 자각하는 경우라면 그 위험을 피하도록 논의할 수 있다. 연구기금이 많아지면 백신과 같은 진일보한 예방적 노력이 개발될 수도 있다(Gartner et al., 2012).

또한 생물학적 이론은 평가 과정에서도 함의를 갖는다. 언급했듯이, 현재 중독에 대한 분자 수준의 검사는 없지만 고려할 만한 다른 주제들은 있다. 중독과 중독 행위는 이것과 관련된 낙인이 따라 붙는데 이는 중독을 가진 개인에게는 치명적이다. 편견과 판단 때문에 중독자들은 자신을 개방하기 어렵고 신뢰하기를 주저한다. 치료자 또한 편견을 가질 수 있지만 그래도 환자와 관계 형성을 통해 신뢰와 개방성을 구축하는 것은 매우 중요하다. 생물학적 이론은 환자를 중독과 분리해서 볼 수 있도록 돕고 판단이나 부정적 견해를 완화할 수 있다. 편견은 삶의 일부이지만 그것이 우리 삶을 좌우하게 둘 필요는 없다. 치료 전문가로서 우리는 자신의 편견을 수용하고 직면함으로써 그것을 다르게 변화시킬 수 있다. 생물학적 이론을 단독의 이론 혹은 다른 이론과 통합해서 받아들임으로써 치료자는 중독 행위를 개념화하는 하나의 기반을 갖게 된다. 이는 평가 과정에서 편견과 선입견을 줄이고 치료 동맹을 형성하도록 돕는다.

7. 이론의 강점과 약점

어느 이론이나 그렇듯이 중독의 생물학적 이론도 강점과 약점을 가지고 있다. 다음은 이러한 반대되는 견해를 요약하고, 그간 간과되기 쉬웠던 추가적인 강점과 약점에 대해 독자들이 논의해 보도록 안내한다. 독자들은 환자들에게 생물학적 이론의 강점과 약점을 어떻게 설명할지, 그리고 이것이 중독치료자로서의 작업에 어떻게 영향을 주는지에 대해 생각해 볼 수 있다.

1) 강점

생물학적 이론과 관련된 가장 대표적인 강점 중 하나는 도덕적 평가를 줄여 주는 역할이다(Hammer et al., 2013; White, 2001). 중독자, 그들의 가족, 친구들은 중독자들의 문제를 다룰 때 강한 분노를 경험한다. 생물학적 이론을 이해한다고 해서 이러한 강렬한 감정이 모두 해소되는 것은 아니지만, 분노의 초점을 중독자 개인이 아니라 뇌의 화학적 기제에 맞추도록 도와준다. Hammer 등(2013)은 치료 중에 생물학적 이론을 접했던 중독자들은 중독에 대해 책임감을 더 가질 수 있고 도움을 받아야 한다는 인식이 높아졌다고 보고하였음을 발견했다. 환자들은 중독과 관련된 수치심과 비난 때문에 해로운 사용을 지속하므로, 도덕적 평가를 줄여 준다는 것은 이 모델의 핵심 강점이다.

최근 생물학적 이론의 다른 강점은 신경유전학(neurogenesis)과 신경가소성(neuroplasticity)에 관한 새로운 지식을 제공한다는 점이다. 신경유전학은 새로운 뇌세포가 성장하는 가능성을 의미하고, 신경가소성은 현재 뇌 경로가 재구성되고 새로운 경로가 형성되는 가능성을 의미한다(Arden, 2015). 이 연구는 개인이 미래를 바꿀 수 있음을 강조하므로 매우 고무적이다. 생물학적 이론의 진부한 점은 뒷부분에 더 상세하게 나오는데, 운명론적인 시각을 부각할 수 있다는 점이다(즉, 중독이 유전적으로 결정되었다는 견해를 심어 줄 수 있다). 따라서 중독자가 되지 않을 수 없고, 일단 중독이 되면 다시 회복되기 어렵다는 이해를 부추길 수 있다. 그러나 이 견해에 대해 최근 결과들은 희망적이다.

결과적으로, 생물학적 이론은 단독으로 활용되기보다는 다른 접근과 통합적으로 사용된다. 잘 알려진 생물심리사회모델(Engel, 1977)은 진단과 치료 개입을 위해 생물학적 · 심리적 · 사회학적인 요소를 함께 고려한다. 중독의 생물학적인 요소를 무시할 수는 없지만 다른 심리적 요소(예: 외상, 공존 질환) 그리고/혹은 사회학적 요소(예: 사회정치적 분위기, 가족 역동)를 고려하면서 포괄적으로 이해할 필요가 있다(Morphett & Meurk, 2013).

2) 약점

생물학적 접근의 강점이 세간의 인정을 받았지만 그래도 약점은 드러난다. 우선, 이 접근을 부정적으로 보는 사람들은 과학적 신뢰성에 대해 강하게 불신한다(White, 2001). 중독의 생물 지표를 규명하려는 노력에도 불구하고 의미 있는 결과를 내지는 못했다(Hammer et al., 2013). 또한 중독의 진단은 주로 중독자들과의 면접을 통해 얻어지는 행동 관찰에 전적으로 달려 있다(Hammer et al., 2013). 예로, 피로를 호소하는 경우 의사는 주로 진단 검사나 갑상선 기능 검사를 먼저 하려고 할 것이다. 중독 증상을 보이는 경우는 분자 수준의 검사가 없으므로 해당하지 않는다. "중독을 분자적 기초를 가진 뇌 질환이라고 주장하지만, 분자 수준의 진단 부족은 반대자들에게는 비판의 지점이 되고 과학자들에게는 좌절의 원천이 된다"(Hammer et al., 2013, p. 4). 진단적 도구가 없이 질병의 생물학적 원인을 밝혀내기는 어렵다.

다른 약점 혹은 비판은 이 모델이 운명론적인 사고방식을 부추길 수 있다는 점이다(Morphett & Meurk, 2013). 달리 말하면, 금욕을 유지하는 자기효능감을 낮출 수 있다(Gartner, Carter, & Partridge, 2012). 예로, 선천적으로 중독에 취약하다면 스스로 적극적으로 예방하면서 피하기보다는 어차피 중독자가 될 운명으로 생각하며 무력해질 수 있다. 그러나 모든 환자가 이렇게 운명론적인 시각에 사로잡히는 것은 아니다(또는 우리 환자 중에 그런 사람이 없을 수도 있다). Hammer 등(2013)의 연구에 따르면, 중독의 신경생물학을 이해함으로써 환자가 치료에 대한 책임감을 더욱 수용하도록 도울 수 있다고 한다. 그래도 운명론은 이 모델의 비판 대상이 된다.

앞서 언급했듯이, 중독의 생물학적 이론은 다른 접근과 통합되어 사용 가능하다. 그러나 Luke (2016)는 생물학적 이론 하나로 중독에 이르게 하는 다양한 행동을 모두 설명할 수는 없으며 발전될 필요가 있다고 주장한다. 예로, 코카인에 중독되려면 우리는 우선 코카인을 사용해야 한다. 또래의 압력이 초기 코카인을 접하는 데 중요하다고는 연구되었지만, 1980년대 Just Say No 캠페인의 실패를 통해 많은 것을 알 수 있다. 왜 어떤 이는 친구들의 압력에 "난 안 할 거야"라는 말을 할 수 없는 것일까? 생물학적 모델은 질병 모델과 동의어는 아니지만 서로 연관된다. 중독이 질병이라는 생각은 오랫동안 존재해 왔다(White, 2001). 찬성론자들은 중독을 다른 질병과 다르게 보지 않는다는 점에서 질병 모델이 중독에 대한 편견을 줄여 준다고 믿는다. 하지만 이 주장은 결함이 있다. 왜냐하면 질병 및 질병을 갖고 사는 사람들이 편견에 면역이 되는 것은 아니기 때문이다(Hammer et al., 2013). 1980년대 후반 그리고 1990년대 초반 HIV/AIDS 감염을 생각해 보면 그 질병으로 진단받은 사람들에 대한 편견이 어떠했는지 기억할 수 있을 것이다. 일반적으로 질병은 비정상이라는 인식이 여전하고 편견에 취약할 수밖에 없다.

8. 사례 연구 반응

생물학적 이론에 따르면 가브리엘은 화학 물질로 인해 뇌가 장악당한 상태로 이해할 수 있다. 알코올과 마리화나(가브리엘의 남용 약물)가 뇌를 변화시켰고 가브리엘은 이 두 약물로부터 서로 다른 효과를 추구했는데, 그 이유는 뇌와 신체에 미치는 영향이 다르기 때문이다. 가브리엘은 신체적으로 갈망의 차원에서 약물을 이해하기를 원하고, 약물사용으로 인해 예측되는 문제를 알고 싶어 하며, 약물이 뇌를 어떻게 변화시키는지 알고자 한다. 또한 가브리엘은 신경유전학과 신경가소성의 개념을 이해하기를 원한다. 이러한 개념은 치료가 왜 중요한지를 설명하는 데 도움이 되는데, 이유는 뇌가 새로운 신경회로를 생성할 수 있고 이것은 결국 새로운 존재로 변화한다는 것을 증명하는 개념이기 때문이다. 이러한 정보는 가브리엘에게 희망을 주었는데 그는 금욕과 재발을 계속 반복하는 자신에 대해 절망하고 있었기 때문이다.

생물학적 접근을 위해 가브리엘의 패턴을 면밀하게 평가하는 것이 우선 필요하다. 존경과 신뢰를 얻기 위해 치료자는 라포 형성과 공감적 경청을 통해 환자 중심의 비판단적인 치료 틀을 갖추는 것이 중요하다. 이러한 치료자의 태도를 통해 가브리엘은 자신의 알코올 사용 상황을 솔직히 드러낼 수 있다. 사례 연구 정보에 따르면, 가브리엘은 하루에 2~3회 약물을 하고 있는데, 치료자는 이를 좀 더 자세히 이해할 필요가 있다. 가브리엘이 마리화나와 알코올을 항상 함께 사용하는가? 혹은 매일 마리화나를 두 번, 그리고 매일 알코올을 한 번 사용하는가? 이러한 정보를 정확히 파악하는 것은 뇌에 미치는 약물의 효과를 이해하는 데 중요하다. 알코올은 중추신경 억제제이고 마리화나는 중추신경 각성제이기에 이를 동시에 사용하면 신체에 혼란을 가져온다. 치료자는 가브리엘이 보고한 것을 중심으로 상세하게 이해하기를 원할 수 있다. 예로, 사용 기간을 기억해 내거나 그때의 신체적 감각 혹은 느낌을 더 탐색할 수도 있다. 치료자는 가브리엘이 코카인 사용을 주된 약물로 보고하지 않더라도 코카인 사용을 더 논의할 수 있다. 이러한 평가는 마리화나와 알코올 사용과는 다르게 코카인 사용의 어떤 부작용을 가브리엘이 싫어하는지 치료자가 이해하는 데 중요하다. 가브리엘이 코카인을 기피하는 이유가 코카인의 부작용이 아니라 코카인(오히려 더 심각한 약물로 보이는)에 대한 편견일 수 있다. 이 부분은 치료자가 가브리엘과 솔직하게 이야기함으로써 이해될 수 있을 것이다.

마리화나와 알코올의 사용에 대한 탐색과 별개로 치료자는 가브리엘의 처방전 약의 사용을 평가할 필요가 있다. 강박장애와 불안장애가 동반되고 있지만, 치료자는 그가 과거에 정신건강 문제로 공식적인 진단을 받았는지 확실히 알지 못한다. 만약 그렇다면 치료자는 과거에 처방받았던 약물과 그 약물들의 부작용에 대해서도 관심을 가져야 한다.

가브리엘의 명확한 약물중독 이력을 얻게 되면 치료자는 화학 물질의 생물학적 구성 성분과 그것이 뇌에 미치는 영향에 대해 가브리엘이 얼마나 이해하는지를 평가한다. 약물에 관한 심리교육은 치료 프로그램에서 흔한 일인데, 가브리엘은 외래/입원 프로그램을 했으므로 자신이 약물에 대해 배워서 기억하고 알고 있는 것이 무엇인지 아는 것은 중요하다. 치료자는 이미 가브리엘이 배웠다는 가정하에 진행하더라도 반복적으로 중독의 생물학적 구성 성분을 확인하는 것이 필요하다.

가브리엘은 약물사용 후에 뇌와 신체에서 일어나는 화학적 반응을 이해함으로써 도움을 받을 수 있다. 치료자는 약물을 통해 무슨 일이 일어나는지 그리고 보상체계에 미치는 신경전달물질의 효과로 인한 갈망을 설명할 수 있어야 한다. 가브리엘은 스스로 어떤 과정을 통해 약물을 사용하고 결정하게 되었는지 기억하지 못할 수 있다. 이런 경우, 치료자는 신경회로와 뇌가 어떻게 장악당하는지 말해 줄 수 있다. 여기에는 비록 의식하지 못하는 상태에서도 뇌가 약물을 사용하는 로드맵까지 포함된다. 일반적으로, 가브리엘과의 작업의 많은 부분이 심리교육과 관련되는데, 치료자는 생물학적 이론을 환자가 이해하고 동의하는지 평가하면서 이때 공감적으로 대하는 것이 중요하다. 환자가 이 모델을 신뢰하기 어려워하는 경우 치료자는 환자의 경험을 타당화해 주면서 탐색할 수 있다.

언급했듯이, 가브리엘과 작업할 때 치료자가 비판단적인 태도를 취하는 것이 매우 중요하다. 환자가 치료에 온다는 것이 쉽지는 않으므로, 가브리엘이 치료 관계에서 가능한 한 편안하게 느끼도록 하는 것이 중요하다. 일반적으로 생물학적 이론은 심리교육, 즉 환자에게 증상과 장애에 대해 이해시키는 과정을 상당히 강조한다. 가브리엘의 경우, 치료자는 장악된 뇌, 신경전달물질의 역할, 뇌 가소성의 개념 등 뇌 과정에 관해 교육해야 한다. 가브리엘은 약물사용을 덜 갈망하는 방식으로 그의 뇌 구조를 변화시킬 수 있음을 이해하는 것이 중요하다. 심리교육 과정에서는 기본적인 치료기법을 사용하는 것이 중요하다. 만약 가브리엘이 혼란스러워 보인다면, 치료자는 그 느낌을 반영해 주는 것이 필요하다. "가브리엘, 혹시 내 이야기에 좀 혼란스러운가요? 저한테 들은 것을 다시 한번 들려줄 수 있나요?" 반영이 잘되면 가브리엘을 치료 과정으로 잘 이끌 수 있다. 치료자가 가브리엘에게 이야기한다기보다 가브리엘과 함께 이루어져야 한다. 나아가 치료자는 가브리엘이 중독에 책임이 있지 않지만 중독에 반응하는 것에서 책임이 있음을 확인시키려고 한다.

생물학적 접근의 도전적인 부분은 뇌와 생물학의 용어 사용 문제이다. 뇌 외과의사가 신경전달물질의 역할을 이해하는 수준이 아니지만 그러한 개념만으로도 두려움을 갖게 하기에는 충분하다. 또한 치료자는 환자의 교육 수준을 이해하는 것이 필요하다. 예로, 가브리엘의 최종 학력과 생물 성적을 알 필요가 있다. 사례에서 가브리엘의 학력에 관한 정보는 제한적이다. 그는 생물학 석사학위, 사회학 학사학위를 받았을 수 있고 아니면 화학에 낙제해서 고등학교를 중퇴한 후 GED[2]를 마쳤을 수도 있다. 가브리엘의 교육 수준에 따라서, 치료자는 그가 주제에 흥미를 갖고 참여하게 할 수도 있다.

다른 중독자들과 마찬가지로 가브리엘은 자신이 부정적인 결과에도 불구하고 계속 약물을 지속하는 이유에 대해 혼란스러울 수 있다. 생물학적 이론은 화학적 특성과 뇌에 미치는 영향에 관한 객관적인 사실을 제공함으로써 이 질문에 대한 설명이 될 수 있다. 객관성을 바탕으로 한 논의를 통해 가브리엘이 자신에게 연민을 느끼며 치료에 더 관심을 가지도록 도울 수 있다. 이러한 자각을 통해 뇌 가소성과 관련된 최신 연구와 더불어 그의 미래에는 뇌를 재건하여 갈망을 줄이고 금욕을 더 잘 유지할 수 있다는 희망을 품을 수 있다.

2) 역자 주: General Education Development, 미국과 캐나다에서 고등학교 졸업 학력을 인정하는 자격시험

요약

뇌 영상의 발달로 중독의 신경과학에 대한 이해가 발전했다. 기술의 발전은 중독이 만성질환이라는 생물학적 관점을 뒷받침한다. 이 관점은 뇌 기능과 구조는 체내로 들어간 약물에 의해 장악된 것이며, 중독이 부도덕한 행위라는 편견을 줄여 준다. 생물학적 이론을 지향하면서 다른 이론과 통합하려는 전문 치료자들은 중독 관련 신경학적 기초에 대한 이해가 필수이다. 이를 통해 환자가 어떻게 중독 질환으로 발전했는지, 그래서 현재의 기능 상태에 어떻게 영향을 주고 있는지를 개념화할 수 있다. 다른 질환과 마찬가지로 환자는 중독에 책임이 있는 것이 아니라, 중독에 반응하는 것에서 책임이 있다. 임상가들은 환자들에게 중독 질환의 병인을 둘러싼 지지체계와 심리교육 정보를 제공하고, 촉발 요인이 신경회로와 어떻게 연결되는지 확인함으로써 환자가 회복으로 나아가도록 도울 수 있다.

지속적인 학습을 위한 자료

▸ **Books**

Arden, J. B. (2015). *Brain2Brain: Enacting client change through the persuasive power of neuroscience*. Hoboken, NJ: Wiley.

Doidge, N. (2007). *The brain that changes itself: Stories of personal triumph from the frontiers of brain science*. New York: Penguin Books.

Luke, C. (2016). *Neuroscience for counselors and therapists: Integrating the sciences of mind and brain*. Thousand Oaks, CA: Sage.

▸ **Websites**

Commonly Abused Drugs: www.drugabuse.gov/ drugs-abuse/commonly-abused-drugs-charts-0.

Drugs, Brains, and Behavior: The Science of Addiction: www.drugabuse.gov/publications/drugs-brains-behavior-science-addiction/preface.

Heads Up: Real News About Drugs and Your Body for Students: http://headsup.scholastic.com.

The Hijacked Brain: http://gailpellettproductions.com/the-hijacked-brain.

History of the Disease Concept, a series of papers authored by William L. White: www.williamwhitepapers.com/pr/2000HistoryoftheDiseaseConceptSeries.pdf.

NIDA for Teens: Brain and Addiction: http://teens.drugabuse.gov/drug-facts/brain-and-addiction.

NIDAMED: Medical & Health Professionals: www.drugabuse.gov/nidamed-medical-health- professionals.

The Science of Addiction: Genetics and the Brain: http://learn.genetics.utah.edu/content/addiction.

참고문헌

American College of Surgeons Committee on Trauma. (2003). *Alcohol and injury* [PowerPoint slides]. Retrieved from www.facs.org/trauma/alcslide.html.

Arden, J. B. (2015). *Brain2Brain: Enacting client change through the persuasive power of neuroscience*. Hoboken, NJ: Wiley.

Blum, K., Febo, M., Smith, D. E., Roy, A. K., Demetrovics, Z., Cronjé, F. J., . . . Gold, M. S. (2015). Neurogenetic and epigenetic correlates of adolescent predisposition to and risk for addictive behaviors as a function of prefrontal cortex dysregulation. Journal of Child & Adolescent Psychopharmacology, 25(4), 286–292. doi:10.1089/ cap.2014.0146

Bolla, K. I., Eldreth, D. A., Matochik, J. A., & Cadet, J. L. (2005). Neural substrates of faulty decision-making in abstinent marijuana users. *Neuroimage, 26*(2), 480–492. doi:10.1016/j.neuroimage.2005.02.012

Bowers, M. S., McFarland, K., Lake, R. W., Peterson, Y. K., Lapish, C. C., Gregory, M. L., . . . Kalivas, P. W. (2004). Activator of G protein signaling 3: A gatekeeper of cocaine sensitization and drug seeking. *Neuron, 42*(2), 269–281.

Buchman, D. Z., Skinner, W., & Illes, J. (2010). Negotiating the relationship between addiction, ethics, and brain science. *American Journal of Bioethics Neuroscience, 1*(1), 36–45. doi:10.1080/21507740903508609

Bush, D. M., & Woodwell, D. A. (2014). *Update: Drug-related emergency department visits involving synthetic cannabinoids*. Rockville, MD: Substance Abuse and Mental Health Services Administration.

Centers for Disease Control and Prevention. (2011). Vital signs: Overdoses of prescription opioid pain relievers. *Morbidity and Mortality Weekly Report*. Retrieved from www.cdc.gov/mmwr/preview/mmwrhtml/mm6043a4.htm.

Centers for Disease Control and Prevention. (2014). Current cigarette smoking among adults—United States, 2005–2013. *Morbidity and Mortality Weekly Report*. Retrieved from www.cdc.gov/mmwr/preview/mmwrhtml/mm6347a4.htm?s_cid=mm6347a4_w.

Dackis, C., & O'Brien, C. (2005). Neurobiology of addiction: Treatment and public policy ramifications. *Nature Neuroscience, 8*(11), 1431–1436.

DeSantis, A. D., Webb, E. M., & Noar, S. M. (2008). Illicit use of prescription ADHD medications on a college campus: A multimethodological approach. *Journal of American College Health*, 57, 315–324. doi:10.3200/JACH.57.3.315–324

Diaz, N. (2012). *Avicii and Madonna meet molly at ultra music festival 2012*. Retrieved from www.miaminewtimes.com/music/avicii-and-madonna-meet-molly-at-ultra-music-festival-2012-6475412.

D'Onofrio, G., & Degutis, L. C. (2004–2005). Screening and brief intervention in the emergency department. *Alcohol Research & Health, 28*(2), 63–72.

Drug Enforcement Agency. (2015). *Successes in the fight against drugs*. Retrieved from www.dea.gov/resource-center/2014_successes.pdf.

Engel, G. (1977). The need for a new medical model: A challenge for biomedicine. *Science, 196*(4286), 129–136.

Federal Bureau of Prisons. (2015). *Offenses*. Retrieved from www.bop.gov/about/statistics/statistics_inmate_offenses.jsp.

Fein, G., & McGillivray, S. (2007). Cognitive performance in long-term abstinent elderly alcoholics. *Alcoholism: Clinical & Experimental Research, 31*(11), 1788–1799.

Fein, G., Shimotsu, R., & Barakos, J. (2010). Age- related gray matter shrinkage in a treatment naïve actively drinking alcohol-dependent sample. *Alcoholism: Clinical & Experimental Research, 34*(1), 175–182. doi:10.1111/j.1530-0277.2009.01079.x

Francis, D. D. (2009). Conceptualizing child health disparities: A role for developmental neurogenomics. *Pediatrics, 124*, 196–202. doi:10.1542/peds.2009-1100G

Gartner, C. E., Carter, A., & Partridge, B. (2012). What are the public policy implications of a neurobiological view of addiction? *Addiction, 107*, 1199–1200. doi:10.1111/j/1360-0443.2012.03812.x

Gopnick, A. (2012). *The caging of America: Why do we lock up so many people?* Retrieved from www.newyorker.com/magazine/2012/01/30/ the-caging-of-america.

Grimm, J. W., Lin, L., Hayashi, T., Hope, B. T., Tsung-Ping, S., & Shaham, Y. (2003). Time-dependent increases in brain-derived neurotrophic factor protein levels within the mesolimbic dopamine system after withdrawal from cocaine: Implication for incubation of cocaine craving. *Journal of Neuroscience, 23*(3), 742–748.

Guimarães Silva, T. B., Queiroz Balbino, C., & Moura Weiber, A. F. (2015). The relationship between cannabidiol and psychosis: A review. *Annals of Clinical Psychiatry (Taylor & Francis Ltd), 27*(2), 134–141.

Hammer, R., Dingel, M., Ostergren, J., Partridge, B., McCormick, J., & Koenig, B. A. (2013). Addiction: Current criticism of the brain disease paradigm. *American Journal of Bioethics Neuroscience, 4*(3), 27–31. doi:10.1080/21507740.2013.796328

Harrell, P., Montoya, I., Preston, K., Juliano, L., & Gorelick, D. (2011). Cigarette smoking and short-term addiction treatment outcome. *Drug & Alcohol Dependence, 115*(3), 161–166. doi:10.1016/j.drugalcdep.2010.08.017

Hickman, T. A. (2014). Target America: Visual culture, neuroimaging, and the "hijacked brain" theory of addiction. *Past and Present, 222*(Suppl. 9), 207–226.

Horwitz, S., & Eilperin, J. (2015). *Obama commutes sentences of 46 nonviolent drug offenders*. Retrieved from www.washingtonpost.com/world/national-security/obama-commutes-sentences-of-46-non-violent-drugoffenders/2015/07/13/b533f61e-2974-11e5-a250-42bd812efc09_story.html

Jansen, K. L., & Theron, L. (2006). Ecstasy (MDMA), methamphetamine, and date rape (drug-facilitated sexual assault): A consideration of the issues. *Journal of Psychoactive Drugs, 38*(1), 1-12.

Jellinek, E. M. (1960). *The disease concept of alcoholism*. New Brunswick, NJ: Hillhouse Press.

Kendler, K. S., Maes, H. H., Sundquist, K., Ohlsson, H., & Sundquist, J. (2014). Genetic and family and community environmental effects on drug abuse in adolescence: A Swedish national twin and sibling study. *American Journal of Psychiatry, 171*(2), 209-217. doi:10.1176/appi.ajp.2013.12101300

Khan, S. R., Cottler, L. B., & Striley, C. W. (2016). Correlates of use of alcohol mixed with energy drinks among youth across 10 US metropolitan areas. *Drug & Alcohol Dependence, 163*, 236-241. doi:10.1016/j.drugalcdep.2016.04.030

Koob, G. F., Arends, M. A., & Le Moal, M. (2014). *Drugs, addiction, and the brain*. Waltham, MA: Academic Press.

Koob, G. F., & Le Moal, M. (2005). Plasticity of reward neurocircuitry and the "darkside" of drug addiction. *Nature Neuroscience, 8*(11), 1442-1444. doi:10.1038/nn1105-1442

Koob, G. F., & Simon, E. J. (2009). The neurobiology of addiction: Where we have been and where we are going. *Journal of Drug Issues, 39*(1), 115-132. doi:10.1177/002204260903900110

Koob, G. F., & Volkow, N. D. (2010). Neurocircuitry of addiction. *Neuropsychopharmacology, 35*(1), 217-238. doi:10.1038/npp.2009.110

Lai, S., Lai, H., Page, J. B., & McCoy, C. B. (2000). The association between cigarette smoking and drug abuse in the United States. *Journal of Addictive Diseases, 19*(4), 11-24.

Leshner, A. I. (1997). Addiction is a brain disease, and it matters. *Science, 278*(5335), 45-47.

Li, X., Lu, Z., D'Argembeau, A., Ng, M., & Bechara, A. (2010). The Iowa Gambling Task in fMRI images. *Human Brain Mapping, 31*(3), 410-423.

Logrip, M., Koob, G., & Zorrilla, E. (2011). Role of corticotropin-releasing factor in drug addiction: Potential for pharmacological intervention. *CNS Drugs, 25*(4), 271-287. doi:10.2165/11587790-000000000-00000

Lovinger, D. M. (2011). Neurobiological basis of drug reward and reinforcement. In B. Johnson (Ed.), *Addiction medicine: Science and practice* (pp. 255-281). New York: Springer.

Lubman, D. I., Yücel, M., & Pantelis, C. (2004). Addiction, a condition of compulsive behaviour? Neuroimaging and neuropsychological evidence of inhibitory dysregulation. *Addiction, 99*(12), 1491-1502. doi:10.1111/j.1360-0443.2004.00808.x

Luijten, M., Machielsen, M. J., Veltman, D. J., Hester, R., de Haan, L., & Franken, I. A. (2014). Systematic review of ERP and fMRI studies investigating inhibitory control and error processing in people with substance dependence and behavioural addictions. *Journal of Psychiatry & Neuroscience, 39*(3), 149-169. doi:10.1503/jpn.130052

Luke, C. (2016). *Neuroscience for counselors and therapists: Integrating the sciences of mind and brain*. Thousand Oaks, CA: Sage.

Martin, G., Vallance, K., Macdonald, S., Stockwell, T., Ivsins, A., Chow, C., . . . Duff, C. (2014). Nonfatal overdose from alcohol and/or drugs among a sample of recreational drug users. *Journal of Substance Use, 19*(3), 239-244. doi:10.3109/14659891.2013.784369

McClung, C. A., & Nestler, E. J. (2003). Regulation of gene expression and cocaine reward by CREB and FosB. *Nature Neuroscience, 6*(11), 1208. doi:10.1038/ nn1143

McKim, W. A., & Hancock, S. D. (2013). Drugs and behavior: An introduction to behavioral pharmacology. Upper Saddle River, NJ: Pearson.

McQuade, W. H., Levy, S. M., Yanek, L. R., Davis, S. W., & Liepman, M. R. (2000). Detecting symptoms of alcohol abuse in primary care settings. *Archives of Family Medicine, 9*, 814-821.

Meurk, C., Carter, A., Partridge, B., Lucke, J., & Hall, W. (2014). How is acceptance of the brain disease model of addiction related to Australians' attitudes towards addicted individuals and treatments for addiction? *BMC Psychiatry, 14*(1), 1-17. doi:10.1186/ s12888-014-0373-x

Moeller, S. J., Froböse, M. I., Konova, A. B., Misyrlis, M., Parvaz, M. A., Goldstein, R. Z., & Alia-Klein, N. (2014). Common and distinct neural correlates of inhibitory dysregulation: Stroop fMRI study of cocaine addiction and intermittent explosive disorder. *Journal of Psychiatric Research, 58*, 55-62. doi:10.1016/ j.jpsychires.2014.07.016

Morphett, K., & Meurk, C. (2013). The "brain disease" concept in addiction: A cause for ambivalence, not concern. *American Journal of Bioethics Neuroscience, 4*(3), 48-50. doi: 10.1080/21507740.2013.806377

National Institute of Alcohol Abuse and Alcoholism. (2015). *Alcohol facts and statistics*. Retrieved from www.niaaa.nih. gov/alcohol- health/overview-alcohol-consumption/alcohol- facts-and-statistics.

National Institute on Drug Abuse. (2010). *Cocaine*. Retrieved from https:// d14rmgtrwzf5a. cloudfront.net/sites/default/ files/cocainerrs. pdf.

National Institute on Drug Abuse. (2012a). *Methamphetamines*. Retrieved from https:// d14rmgtrwzf5a.cloudfront.net/sites/default/ files/methrrs.pdf.

National Institute on Drug Abuse. (2012b). *DrugFacts: K2/Spice ("Synthetic Marijuana")*. Retrieved from www.drugabuse.gov/ publications/drugfacts/k2spice-synthetic-marijuana.

National Institute on Drug Abuse. (2013). *DrugFacts: MDMA (Ecstasy or Molly)*. Retrieved from www.drugabuse.gov/ publications/ drugfacts/mdma-ecstasy-or-molly.

National Institute on Drug Abuse. (2014).

Research Report Series: Prescription drug abuse. Retrieved from https://d14rmgtrwzf5a.cloudfront.net/sites/default/files/prescriptiondrugrrs_11_14.pdf.

National Institute on Drug Abuse. (2015). *Research Report Series: Marijuana*. Retrieved from https://d14rmgtrwzf5a.cloudfront.net/sites/default/files/mjrrs_9_15.pdf.

National Institutes of Health. (2015). *Estimates of funding for various research, condition, and disease categories (RCDC)*. Retrieved from http://report.nih.gov/categorical_spending.aspx.

Nutt, D., & Nestor, L. J. (2013). *Addiction*. Oxford, UK: Oxford University Press.

Office of Adolescent Health. (2015). *Trends in adolescent tobacco use*. Retrieved from www.hhs.gov/ash/oah/adolescent-health- topics/substance-abuse/tobacco/trends.html.

Peacock, A., Pennay, A., Droste, N., Bruno, R., & Lubman, D. I. (2014). "High" risk? A systematic review of the acute outcomes of mixing alcohol with energy drinks. *Addiction, 109*(10), 1612-1633. doi:10.1111/add.12622

Rasyidi, E., Wilkins, J. N., & Danovitch, I. (2012). Training the next generation of providers in addiction medicine. *Psychiatric Clinics of North America, 35*, 461-480. doi:10.1016/j.psc.2012.04.001

Renthal, W., & Nestler, E. J. (2014). Epigenetic mechanisms of drug addiction. *Neuropharmacology, 76*, 259-268. doi:10.1016/j.neuropharm.2013.04.004

Rutledge, P. C., Bestrashniy, J. M., & Nelson, T. F. (2016). Problematic drinking among postgraduate students: Binge drinking, prepartying, and mixing alcohol with energy drinks. *Substance Use & Misuse, 51*(8), 972-982. doi:10.3109/10826084.2016.1152499

Schepis, T. S., Desai, R. A., Cavallo, D. A., Smith, A. E., McFetridge, A., Liss, T. B., . . . Krishnan-Sarin, S. (2011). Gender differences in adolescent marijuana use and associated psychosocial characteristics. *Journal of Addiction Medicine, 5*(1), 65-73. doi:10.1097/ADM.0b013e3181d8dc62

Schoenbaum, G., & Shaham, Y. (2008). The role of orbitofrontal cortex in drug addiction: A review of preclinical studies. *Biological Psychiatry, 63*(3), 256-262. doi:10.1016/j.biopsych.2007.06.003

Snow, D., & Lu, J. H. (2012). Genetics and genomics: Unraveling new opportunities for addiction treatment and education. *Journal of Addictions Nursing, 23*(2), 93-96. doi:10.3109/10884602.2012.669914

Solof, B. (2013). *The therapist's guide to addiction medicine: A handbook for addiction counselors and therapists*. Las Vegas, NV: Central Recovery Press.

Sowell, E. R., Peterson, B. S., Thompson, P. M., Welcome, S. E., Henkenius, A. L., & Toga, A. W. (2003). Mapping cortical change across the human life span. *Nature Neuroscience, 6*(3), 309-315.

Substance Abuse and Mental Health Services Administration. (2013). *Results from the 2012 National Survey on Drug Use and*

Health: Summary of national findings. HHS Publication No. (SMA) 13-4795. NSDUH Series H-46. Rockville, MD: Substance Abuse and Mental Health Services Administration.

Substance Abuse and Mental Health Services Administration. (2014). *Results from the 2013 National Survey on Drug Use and Health: Summary of national findings*. HHS Publication No. (SMA) 14-4887. NSDUH Series H-49. Rockville, MD: Substance Abuse and Mental Health Services Administration.

Sullivan, E. V., Harris, R. A., & Pfefferbaum, A. (2010). Alcohol's effects on brain and behavior. *Alcohol Research & Health, 33*(1/2), 127-143.

Thombs, D. L., & Osborn, D. J. (2013). *Introduction to addiction behaviors* (4th ed.). New York: Guilford.

United Way of Broward County Commission on Substance Abuse. (2014). *"Flakka" or "gravel" is the dangerous "bath salt" synthetic stimulant, "Alpha-PVP."* Retrieved from http://ndews.umd.edu/sites/ndews.umd.edu/files/Nov%20 2014%20Flakka.pdf.

Varga, M. D. (2012). Adderall abuse on college campuses: A comprehensive literature review. *Journal of Evidence-Based Social Work, 9*(3), 293-313. doi:10.1080/15433714.2010.525402

Vassoler, F., Byrnes, E., & Pierce, R. (2014). The impact of exposure to addictive drugs on future generations: Physiological and behavioral effects. *Neuropharmacology, 76*, 269-275. doi:10.1016/j.neuropharm.2013.06.016

Venner, K. L., & Miller, W. R. (2001). Progression of alcohol problems in a Navajo sample. *Journal of Studies on Alcohol, 62*(2), 158.

Volkow, N. D., & Li, T. (2004). Science and society: Drug addiction: The neurobiology of behaviour gone awry. *Nature Reviews Neuroscience, 5*(12), 963-970. doi:10.1038/nrn1539

Volkow, N. D., Tomasi, D., Wang, G., Logan, J., Alexoff, D. L., Jayne, M., . . . Du, C. (2014). Stimulant-induced dopamine increases are markedly blunted in active cocaine abusers. *Molecular Psychiatry, 19*(9), 1037-1043. doi:10.1038/mp.2014.58

Weinstein, A., Brickner, O., Lerman, H., Greemland, M., Bloch, M., Lester, H., . . . Even-Sapir, E. (2008). Brain imaging study of the acute effects of Δ9-tetrahydrocannabinol (THC) on attention and motor coordination in regular users of marijuana. *Psychopharmacology, 196*(1), 119-131. doi:10.1007/s00213-007-0940-7

Wesley, M. J., Hanlon, C. A., & Porrino, L. J. (2011). Poor decision-making by chronic marijuana users is associated with decreased functional responsiveness to negative consequences. *Psychiatry Research: Neuroimaging Section, 191*(1), 51-59. doi:10.1016/j.pscychresns.2010.10.002

White, W. L. (2001). Addiction disease concept: Advocates and critics. *Counselor, 2*(1), 42-46.

Wu, L., Pan, J., Blazer, D. G., Tai, B., Stitzer, M. L., & Woody, G. E. (2010). Using a latent variable approach to inform gender and racial/

ethnic differences in cocaine dependence: A National Drug Abuse Treatment Clinical Trials Network study. *Journal of Substance Abuse Treatment, 38*(Suppl. 1), S70-S79. doi:10.1016/j.jsat.2009.12.011

Wu, L., Ringwalt, P. H., Mannelli, P., & Patkar, A. A. (2008). Hallucinogen use disorders among adult users of MDMA and other hallucinogens. *American Journal of Addictions, 17*(5), 354-363. doi:10.1080/10550490802269064

Wu, L., Woody, G. E., Yang, C., Pan, J., & Blazer, D. G. (2011). Racial/ethnic variations in substance-related disorders among adolescents in the United States. *Archives of General Psychiatry, 68*(11), 1176-1185. doi:10.1001/ archgenpsychiatry.2011.120

4장 정신분석 이론

Leigh F. Holman

정신분석 이론은 Freud의 정신 내적 갈등의 한 사람 모델로부터 두 사람 대인관계 모델을 포함하는 더 넓은 범주로 확장되어 왔다(Wachtel, 2008). 최근 임상에서 정신분석은 관계성을 강조하며 이 장에서 다루는 심리적 요인 전체를 통합하고 있다.

1. 이론의 기본 개념

정신분석 이론은 모든 이론과 마찬가지로 임상가의 치료에 지침이 되는 일련의 가정을 기반으로 한다. 가장 중요한 것은 인간은 맥락과 경험에 기반을 두고 변화하는 역동적 존재라는 가정이다. 즉, 정신분석은 역동적 이론이다. 역동적이기에 이 이론은 시간이 지나면서 계속 변화하고 발전해 왔다. 임상가들은 Freud의 이론적 개념을 사용해 왔으며, 대상관계, 대인관계, 관계적 및 Freud 이론의 발달적 적용과 같은 새로운 정신분석적 사고, 그리고 새로운 신경생물학적 발견을 통합하고 있다(Kaufman, 1994; Keller, 1996; Khantzian, Halliday, & McAuliffe, 1990; Wachtel, 2008).

정신분석 치료자들은 삶의 초기 경험이 성격 발달과 기능에 영향을 미친다고 생각한다(Freud, 1960; Wachtel, 2008). 그중에서도 가장 강력한 영향을 주는 것은, 정서적 측면을 인지적으로 처리하는 능력이 채 발달하기 이전에 겪은 초기 외상이나 양육자와의 관계이다(Wanigaratne & Keaney, 2002). 이러한 경험은 의식적 자각 밖의 비서술적 또는 암묵적 기억에 전체 또는 부분적으로 저장된다(LeDoux, 2002). 즉, 해당 기억은 변연계에 감각적 경험이나 해리된 기억으로 남아 있기 때문에 언어로 표현하는 데 한계가 있다(Fonagy, 1999; Van der Kolk, McFarlane, & Weisaeth, 1996).

글상자 4-1 정신분석 이론의 핵심 개념

1. 정신분석은 대인관계, 그리고 정신 내적 과정을 강조한다.
2. 초기 관계 틀이 이후 행동을 결정한다.
3. 행동은 그 행동의 맥락에 적응한다.
4. 정서적 · 감각적으로 동기를 부여하는 무의식적인 추동이 중독 행동을 유발한다.
5. 불안은 무의식이 의식화되면서 일어난다.
6. 목표는 의식적 자각을 높이는 것이다.
7. 방어기제는 무의식이 의식화되지 못하도록 차단하는 역할을 한다.
8. 대인관계적 치료 관계는 초기 관계 틀과 외상 경험의 훈습을 통한 교정적 정서 경험으로 이루어진다.

Siegel(2012)이 설명하듯이, 발달 초기에는 자신의 경험을 말로 할 수 있는 능력이 없으므로 이러한 경험에 대한 기억은 감각적이라고 할 수 있다. 정서는 감각적 경험이다. 말을 할 수 있는 능력이 발달한 후에야 자신이 경험한 정서에 이름을 부여할 수 있다. 발달이 이루어지면서 감각적 정서 경험에 고차원적인 인지를 동원함으로써 그 정서 경험을 이해할 수 있게 된다. 만약 언어와 인지가 발달한 후에 외상 경험을 했어도 그 경험이 너무 압도적인 경우는 기억의 일부 또는 전체가 해리되어 감각적인 비서술적 기억으로 저장된다(Van der Kolk et al., 1996). 기억의 일부 또는 전체는 개인의 현재 자각 밖의 무의식에 머무르게 된다.

무의식적 기억과 그에 상응하는 정서적 기억이 의식화되기 시작하면 개인은 불안을 경험한다(Horney, 1945, 1950). 이러한 정서와 경험은 비서술적인 것이므로 정서적 경험을 더 잘 이해하기 위해 언어적으로 풀어내는 것은 어려울 수 있다. 이는 개인의 불안을 더욱 높일 수 있다. 때때로 강렬하고 압도적인 불안으로 느껴지는 것을 방지하기 위해 사람들은 과거의 무의식적인 정서 경험을 현재의 자각으로부터 차단하는 방어기제를 형성한다(Bromberg, 2001). Petrucelli와 Stuart(2001)가 설명한 바와 같이, 중독과 같은 호소 문제는 종종 고통스러운 감각적 또는 정서적 촉발 요인을 다루려고 형성된 방어기제의 분명한 증후이다.

불안을 다루기 위해 환자는 하나의 방어를 우세하게 사용하기도 하고 여러 방어기제를 복합적으로 사용할 수도 있다. 보편적 발달적 방어기제는 〈표 4-1〉에 설명되어 있다. 방어기제는 모두 대인관계적 방식으로 드러나며 이는 치료 관계를 통해 다뤄질 수 있다. 방어기제는 '병리적, 미성숙한, 신경증적, 성숙한'의 네 가지 범주로 나눌 수 있다. 병리적 방어는 개인이 미친 사람이나 정신병자처럼 보일 정도로 현실 대처를 피할 수 있게 해 준다. 미성숙한 방어는 현실을 왜곡해서 불안을 일으키는 자극으로 인한 고통을 피할 수 있게 한다. 이러한 방어는 정신건강 진단을 받은 사람들에게서 종종 나타난다. 신경증적 방어는 성인이 고통스러운 상황에 순간 대처하기 위해 흔히 사용된다. 그러나 여러 상황과 관계에서 방어기제에 너무 의존하는 경우 기능 손상이 일어날 수 있다. 마지막으로, 성숙한 방어기제는 잘 기능하는 성인에게서 흔히 사용되며 회복탄력성과 관련이 있다. 여기에는 수용, 이타주의, 존중, 인내, 관용, 용기, 정서적 자기조절, 감사, 겸손, 유머 등이 포함된다.

〈표 4-1〉 방어기제

수준 1: 병리적 방어		
방어기제	**설명**	**예**
부인 (Denial)	환자가 의식적으로 자신의 행동의 진실을 수용하고 받아들이지 못하므로 진실이 아니라고 진술하거나 행동함	과거에 네 차례 음주운전 경험이 있는 환자에게 입원 치료를 권했는데 그녀는 스스로 문제가 없다고 함
정신병적 부인 (Psychotic denial)	현실이 깨짐. 이차과정 사고(현실)를 압도해서 일차과정 사고에 집중	정신착란
취소 (Undoing)	좋은 것을 함으로써 나쁜 선택을 지우려는 시도	물질남용자가 여친을 심하게 폭행한 후에 고가의 선물을 사주고 그녀에게 지나치게 친절하게 대함
분열 (Splitting)	환자가 누군가 혹은 어떤 것을 전적으로 좋은 것으로 혹은 전적으로 나쁜 것으로 보는 인식이 관계적으로 드러나는 상황을 만듦	거주 시설에 있는 환자가 한 치료진을 이상화하고 다른 치료진은 평가절하함
이상화 (Idealization)	환자가 치료자를 모두 좋다거나 혹은 이상화하여 생각함	아무도 자신을 알아줄 수 없는데 치료자만이 이해한다고 치료자를 이상화. 다른 치료진보다 공감적이고 자신을 이해한다고 이상화
평가절하 (Devaluation)	환자가 치료자를 형편없고 나쁘다고 인식함	집단치료자가 '그저 인턴일 뿐'이므로 많이 배워야 한다고 생각함. 치료자는 회복자가 아니기에 자신의 고충을 잘 알 수 없다고 하면서 치료자의 능력과 경험에 대해 평가절하

수준 2: 미숙한 방어		
방어기제	**설명**	**예**
환상 (Fantasy)	받아들일 수 없는 충동을 받아들일 수 있는 형태로 전환	게임 문제를 가진 환자가 다음 카지노 여행에서는 대박을 칠 거라고 생각함

방어기제	설명	예
투사 (Projection)	삶에서 자기 혹은 다른 사람의 특성을 덜 위협적으로 인식되는 누군가에게 귀인시키는 것	거주 시설 치료 명령을 받았다고 법원에 분개하는 환자가 치료 초기 동안 반복해서 치료자가 자신을 거주 시설에서 치료를 받게 하여 아이와 자기를 분리했기 때문에 화가 난다고 비난함
투사적 동일시 (Projective identification)	다른 사람으로부터 투사된 것을 동일시하는 것	해독을 위해 자신을 입원시킨 아버지를 향해 비난. 아버지는 죄책감을 느끼고 딸을 꺼내 줌
행동화 (Acting out)	정서를 경험하고 그것을 말로 표현하는 대신 환자가 정서에 따라 행동. 종종 이러한 환자들은 느낌을 표현하는 어휘를 모르거나 감정 표현 불능 상태	약물을 사용할 수 없는 통제된 환경에 있을 때 무기력감을 느끼지만, 언어적으로 정서를 표현하기보다 집단치료자에게 힘을 행사하기 위해 공격적으로 행동함. 공격적 행동을 치료적으로 다루기 위해서는 환자의 경험을 공감적으로 이해하고 행동 밑에 있는 감정을 드러내도록 하는 것이 핵심

수준 3: 신경증적 방어		
방어기제	**설명**	**예**
주지화/정서의 고립 (Intellectualization/ Isolation of affect)	정서는 외면하면서 상황을 오로지 인지적 기술로만 다루려는 것	환자가 고통스러운 사고를 식별하고 논할 수 있어도 그것에 대한 어떤 느낌도 표현하지 못함. 인지치료 기반에서는 결과가 좋은 환자로 비칠 수 있음
합리화 (Rationalization)	어떤 일이 왜 생겼는지 표면적으로는 합당한 설명을 하지만, 상황의 진실 탐색을 회피하는 것	월 2회 음주운전에 걸린 환자의 예. 그는 음주운전 검문소 근처에 살아서 적발되기 쉽고, 그가 영업사원이어서 음주를 했을 뿐이고 영업을 잘하려면 고객과의 음주가 필요하다고 설명함
반동 형성 (Reaction formation)	정서와 일치하지 않는 방식으로 행동하는 것	동성애자이지만 남부 침례교회에 열성적 신자인 환자의 예. 그가 게이가 아님을 자신과 타인에게 '입증'하기 위해 매주 여러 차례 낯선 이와 성관계를 갖는 것
해리 (Dissociation)	현실 상황이 너무 위협적이어서 환자가 그 상황에 대한 자각을 완전히 차단한 것	중학교 시절에 대해 질문했을 때 당시 약물을 사용하기 시작한 것 말고는 아무것도 기억나지 않는다는 환자. 그러나 현실은 12세 초반에 의붓아버지로부터 성폭행을 당했던 것
억압 (Repression)	현실 상황이 환자 자신과 중요한 타인에 대한 신념에 너무 위협적이어서 현실을 의식적인 자각으로부터 밀어내는 것	접수 면접에서 가족관계 등 자신의 발달사 탐색이 어려운 환자의 예. 이유는 아버지가 폭력적인 알코올 중독자였지만 음주하지 않을 때는 사랑하는 사람으로 경험했고, 심리적으로 아버지를 이상적인 남자로 믿고 싶은 '욕구' 때문임

방어기제	설명	예
전치 (Displacement)	어떤 사람이나 상황에 대한 정서가 더 안전한 대안으로 옮겨지는 것	치료자가 집단치료에서 환자를 직면한 상황에서 화가 나지만 분노를 표현했을 때 처벌되는 것이 두려우므로, 집에 돌아가 룸메이트와 방이 지저분한 것에 대해 싸움

수준 4: 성숙한 방어		
방어기제	**설명**	**예**
유머 (Humor)	유머러스하지 않은 것을 유머로 드러냄	환자가 그녀의 오빠에 대해 이렇게 농담을 함. "흉가에 있는 소아 성애자만큼 더 무서운 것이 있을까?"
승화 (Sublimation)	느낌을 건설적인 행동 방식으로 전환	논쟁 이후 방에 들어간 환자가 좌절감에 관해 랩 음악을 작사함
보상 (Compensation)	나쁘거나 틀렸다고 인식되는 어떤 것을 다른 것으로 만회하려는 노력	7년 동안 취해 있던 회복 중인 환자가 이를 되돌리기 위해 중독치료자가 되려고 하는 것
억제 (Suppression)	더 중요한 것을 다룰 때까지 어떤 상황이나 느낌에 초점을 두지 않음	환자가 일단 안정된 후에 양육 문제를 해결해야 한다고 이해하면서 그녀의 아이들이 보호 구금되는 동안 그녀의 회복에 집중하기로 선택함
이타주의 (Altruism)	수용되지 않는다고 느껴지는 자기의 측면을 다루기 위해 타인을 돕는 것에 초점	환자가 약물에 의해 유발된 무가치감이라는 느낌을 다루기 위해 노숙인 쉼터에서 자원봉사를 함
기대 (Anticipation)	미래 불안에 대한 현실적 계획	촉발 요인을 현실적으로 확인하고 재발 방지 계획을 세움. 지금 사용하는 대처기제보다 더 건강한 대처기제를 발달시킴

환자가 불안을 관리하기 위해 방어기제를 사용하는 예로, 다양한 약물 소지와 투약 혐의로 법원 명령을 받는 사람들이 체포되었을 때 그동안 정서를 조절하기 위해 사용한 물질을 포기하는 것에 강한 두려움을 갖는 경우를 들 수 있다. 그는 치료를 시작할 때 다른 정서적 대처 자원이 거의 또는 전혀 없을 수 있다. 따라서 통제된 치료 환경에서 물질을 포기한다는 것에 강렬하고 압도적인 불안을 일으킬 수 있다. 그는 치료를 강제하는 것에 대해 분개할 수 있으나 법정은 중독자들을 처벌할 수 있는 기관이므로, 중독자들은 그 분노를 치료에 오게 '만든' 치료자나 치료진에게 대신 투사할 수 있다. 그는 친구를 위해 마약을 소지하고 있었다거나, 누군가가 준 콜라에 마약이 들어 있는 줄 몰랐다거나, 술에 취해 있었다는 등 자신이 마약을 소지하고 있다가 적발된 이유에 대

해 여러 가지 사유를 댈 수 있다. 이것이 합리화의 예이다. 자신의 행동에 대한 문제점과 중단해야 하는 이유를 명확하게 설명할 수는 있지만, 이러한 문제를 논의하는 과정에서 정서를 전혀 표현하지 못하며 기분이 괜찮다거나 화가 났다고 대답하는 것 외에 자신의 정서에 관한 질문에 대답하지 못하기도 한다. 이는 주지화의 증거가 될 수 있다. 그는 '파티'를 좋아하긴 하지만 운이 나빠서 잡혔다는 것 이외에는 다른 21세 남성과 다를 바 없다고 말할 수 있다. 이는 중독 문제를 완전히 부인하는 것이다. 이상은 환자가 중독치료를 시작할 때 사용할 수 있는 방어기제의 잠재적 징후 중 일부에 불과하다. 정신분석 치료자는 경험적 개입, 대인관계 과정 개입, 분석적 개입 등 특정 환자에게 적합한 방식으로 이 모든 것을 다룬다.

정신분석 치료자는 환자가 자신의 행동에 대해 의식적인 선택을 할 수 있게 하려면 중독으로 가는 무의식적인 동기의 추동에 대한 의식적인 자각을 높여야 한다고 믿는다(Hassin, Ulemann, & Bargh, 2006; Horney & Bernard, 1999). 따라서 치료자는 환자의 삶 및 중요한 관계와 사건이 환자에 미친 정서적 영향을 꼭 이해해야 한다. 정신분석 치료자는 환자가 이러한 경험을 정서적·인지적으로 처리하고 의식적 자각으로 통합할 수 있도록 돕는다. 이 과정에서 치료자는 초기 관계적 틀이 환자의 현재 증후와 어떻게 관련이 있는지를 관찰한다(Fosshage, 2005). 치료자는 과거와 현재의 관계 및 사건에 대한 환자의 인식을 탐색하고, 환자가 치료 환경 내에서 또는 치료자와 함께 관계적 틀을 어떻게 행동으로 옮기고 있는지 관찰한다(Wachtel, 2008). 이를 통해 치료자는 특정 환자에게 중요하게 작용하고 있는 방어기제의 패턴을 파악할 수 있다.

방어기제 패턴은 치료 개입으로 활용된다(Teyber & McClure, 2011). 즉, 환자가 치료 환경 안에서 방어기제를 어떻게 행동으로 옮기는지, 그 행동 패턴에 대한 과정 언급은 무의식적인 자료를 의식으로 올리도록 하여 이후 환자가 그러한 경험을 언어적·정서적으로 처리하는 능력을 촉진하는 데 도움이 된다. 이러한 행동 패턴은 종종 환자에게 중독을 촉발하는 요인이 되므로 이 과정을 거치는 것은 아주 중요하다. 많은 중독자의 경우 변연계(정서와 감각)와 뇌의 실행기능(문제 해결 및 충동 조절)을 연결하는 신경회로가 최적으로 발달해 있지 않다. 따라서 환경에서 무의식적 감각적 촉발 요인은 중독 행위를 동기화시키고, 회복을 지속하는 데 필요한 환자의 잠재력을 훼손한다. Bromberg(2001)는 중독 행위를 "연결된 인간관계와 그로 인한 회복의 가능성을 배제한 채 생리적·정서적 상태만을 다루려는 지속적 요구의 결과일 수 있다"(p. 73)라고 말한다. 따라서 정서의 감각적·경험적/행동적, 그리고/혹은 대인관계적 과정을 통해 무의식과 전의식(변연계) 자료에 집중하는 것이 매우 중요하다. 이러한 방식으로 치료자는 환자가 변연계와 뇌의 실행기능 영역을 연결하는 새로운 신경회로를 형성하고 강화하도록 돕는다. 이는 치료 관계 안에서 시간에 걸쳐 일어나는 일관된 교정적 · 정서적 경험을 통해 일어난다(Teyber & McClure, 2011).

무의식을 의식화하는 환자의 과정을 촉진하기 위해 정신분석 치료자는 치료자, 다른 중독 환자, 집단 또는 치료 환경의 지도자, 가족 구성원들과의 상호작용을 관찰하고 과정적 피드백을 제공할 수 있다. 또한 치료자는 미술, 음악, 사이코드라마, 모래놀이와 같은 다른 체험적 방법이나 안내된 시각화(guided visualization), 점진적 근육 이완과 같은 행동적 방법을 사용하여 환자의 중독 행동을 촉발하는 것과 유사한 감각적 또는 정서적 경험을 불러일으킬 수 있다. 대인관계 과정이나 기타 창의적인 경험적 개입은 분노와 같이 명백하게 행동으로 드러나는 정서의 밑에 있거나 장기 중독의 영향으로 인해 무감각해진 취약성, 상실감, 외로움, 두려움, 이해받지 못한다는 무의식적 느낌에 다가가도록 돕는 데에 더 효과적이다.

정신분석은 과정 지향적이며 치료자와 환자 간의 지속적인 치료적 대인관계 상호작용을 구축하는 것에 가치를 둔다(Horney & Bernard, 1999; Wachtel, 2008). 이는 구조적 및 신경 화학적 변화를 촉진하므로 환자는 지속적인 재발 방지 계획을 성공적으로 도모할 수 있게 된다. 재발 방지 계획은 중독된 환자가 처음 치료를 시작할 때 활용할 수 없었던 실행 인지 기능을 사용하게 되는 것과 관련이 있다. 그러나 중독된 한 환자가 어떤 일상 상황(예: 수술할 때 문제 해결 및 충동 조절 능력을 발휘할 수 있는 의사의 경우처럼)에서는 실행기능 능력이 있지만, 중독 행동을 유발하는 환경적 촉발 요인(예: 대인관계 갈등)과 관련해서는 실행기능 또는 상위 수준의 인지 과정을 사용하지 못할 수도 있다는 점에 유의해야 한다. 많은 중독 환자가 무의식적 촉발 요인을 불러일으키지 않는 맥락에서는 효과적인 대처기술을 가지고 있다. 그러나 무의식적 촉발 요인이 있으면 환자는 똑같은 대처기술을 효과적으로 사용할 수 없게 된다. 효과적인 대처기술은 신경회로의 발달을 보여 주는 것이다. 즉, 뇌의 변연계와 실행기능 영역이 연결되어 정서적/감각적 촉발 요인과 더 건강한 방어/개입이 연결되고 의식적 자각이 가능해짐을 의미한다. 정신분석 치료자는 환자가 대처기술을 가지고 있는 삶의 다른 영역을 파악하고 그 경험을 재발 방지에 적용하려고 시도한다.

2. 이론의 철학적 기초와 핵심 개념

정신분석적 사고의 기초가 되는 몇 가지 핵심 개념이 있다. 일반적으로 중독 환자 일상의 의식적 자각 밖에 있는 무의식적 혹은 전의식적 경험을 더 잘 이해하는 것이 중독에 대한 동기를 이해하는 데 필요하다고 여겨지고 있다. 무의식은 비서술적 기억 또는 완전히 해리된 외상적 기억으로 구성된다(Grawe, 2007). 전의식은 서술적 기억으로 구성되며 비서술적인 해리된 부분도 일부 있을 수 있다.

중독치료 분야에서 이러한 개념화는 매우 흥미로운 것이다. 왜냐하면 중독 물질이나 중독 행동(예: 섹스 또는 도박)이 종종 환자가 원치 않는 정서, 신체 감각 또는 사고를 의식적인 자각으로부터 분리하는(의식되지 않도록 막는) 역할을 한다고 가정하기 때문이다. 그래서 정신분석 치료자들은 외상 경험을 가진 중독 환자들의 과거 외상이 동시에 다루어져야 하고 이것이 회복 과정의 부분이라고 믿는다. 그렇지 않으면 그들은 표면에 떠오르는 기억과 경험 때문에 지속해서 촉발되고 다시 중독으로 이어질 수 있다.

글상자 4-2 정신분석 이론의 도해

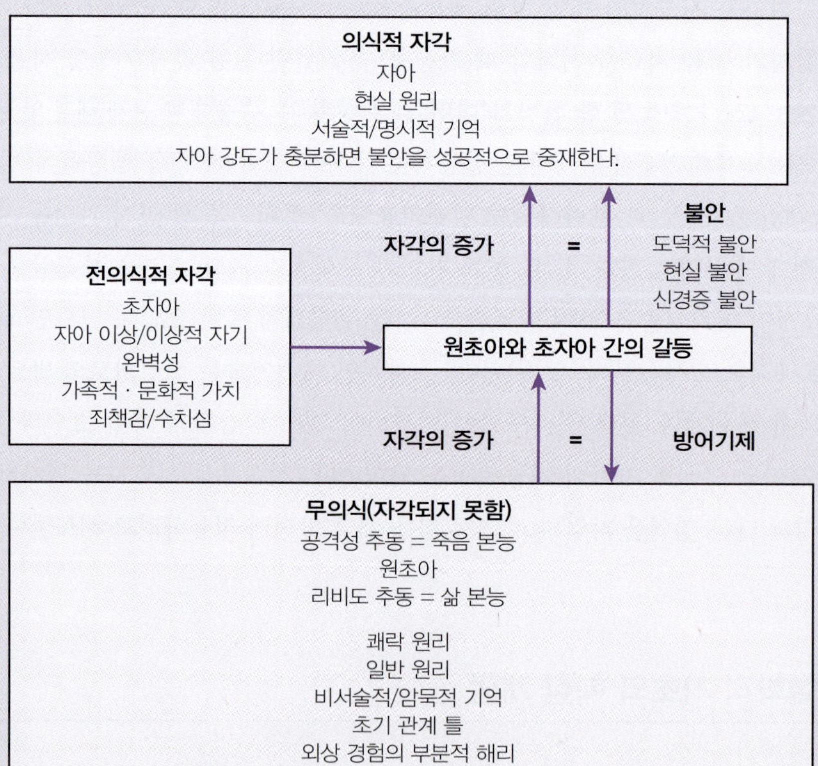

정신분석학은 인간 행동을 자아, 원초아, 초자아라는 세 가지 구조와 관련된 것으로 개념화한다(Wachtel, 2008; Williams, 2002). 자아는 의식적 자각 내에 존재하며 일반적으로 문제 해결, 우선순위 정하기, 의사결정 및 충동 조절을 위한 뇌의 실행기능에 관여한다. 자아는 '현실원리'에 의해 움직이며, 본능 추동과 자아 이상 사이의 긴장이나 갈등을 다루기 위해 타협을 형성하고 원초아와 초자아 사이를 중재한다. 가장 기능적인 자아는 진화론적으로 가장 기본인 변연계와 더 최근에 발달한 신피질 사이의 신경망이 최적으로 발달한 상태를 나타낸다. 그러나 뇌 발달이 덜 기능적일 때, 원초아의 충동과 초자아의 이상적 자기(ideal self) 사이를 자아가 효과적으로 중재하지 못함으로써 결과적으로 불안이 발생한다. 이때 불안 경험을 중재하는 데 도움이 되는 방어기제가 동원된다. 환자의 불안이 높을수록 환자는 방어기제에 대한 의존도가 높아진다. 환자에 따라 하나의 방어기제를 주로 사용하기도 하고 여러 기제를 복합적으로 사용하여 불안에 대처할 수도 있다.

방어기제는 무의식적 충동과 환자의 의식적 자각 안에 있는 표현적 충동 사이의 절충형성이라고 여겨진다. 이러한 방어기제는 무의식적으로 이루어지고 종종 정신분석 치료자의 개입을 위한 자료가 된다. 예를 들어, 약물 소지로 여러 번 체포된 법원의 명령을 받은 환자는 치료를 시작할 때 다른 정서적 대처 자원이 거의 또는 전혀 없을 수 있다. 법원에서 입원 치료 시설에 입소 명령을 내리면 통제된 치료 환경이기 때문에 물질을 포기해야 할 것이다. 이 경우 그는 격렬하고 압도적인 불안을 겪을 가능성이 크다.

그는 치료를 의무화한 법원에 분개할 수 있으나 법원은 분개의 대상도 아니고 그를 더 처벌할 수도 있는 기관이기 때문에 대신 치료를 받으러 오도록 이끈 치료진과 치료자에게 분노를 투사할 수 있다. 그는 '친구를 위해 소지하고 있었다'라는 등 자신이 약물로 적발된 이유에 대해 여러 가지 이유를 댈 수 있다. 그가 이유를 대는 것은 합리화라는 방어기제를 사용하는 예이다. 주지화는 또 다른 방어기제로, 자신의 행동에 대한 문제점과 중단해야 하는 이유를 명확하게 설명할 수 있지만 이러한 문제를 논의하는 과정에서 정서를 전혀 표현하지 못하고 기분이 괜찮다거나 화가 났다고 대답하는 것 외에 자신의 정서에 관한 질문에 대답하지 못하는 환자가 보여 주는 기제이다. 많은 중독자가 처음에는 부인(denial)을 방어기제로 사용한다. 이 경우 그는 '파티'를 좋아하긴 하지만 운이 나빠서 잡혔을 뿐, 다른 21세 남성들과 다르지 않다고 말할 수 있다. 이상은 환자가 중독치료를 시작할 때 사용할 수 있는 일부의 방어기제를 보여 주는 것에 불과하다.

원초아는 무의식과 전의식 수준의 자각 사이 어딘가에 존재한다. 신경생물학을 신경분석(neuro analysis)(Peled, 2008)이라고도 하는 정신분석에 적용할 때, 원초아는 감각 경험, 기억, 스트레스 반응과 관련된 변연계 내에 존재하는 것으로 간주할 수 있다. 원초아는 본능적 추동이 존재하는 곳이다. 이러한 추동이 행동을 동기화한다. Freud 정신분석에서는 이러한 추동을 성(리비도 또는 삶 본능이라고도 함)과 공격성(죽음 본능이라고도 함)의 두 가지 범주로 분류했다. 원초아는 쾌락 원리에 의해 움직이며, 그 목표는 쾌락을 극대화하고 고통을 최소화하는 것이다.

인간은 열반 원리(nirvana principal)라고도 하는 열반 또는 무아감과 삶/죽음 본능 사이의 갈등으로부터 생겨나는 불안을 줄이기 위해 쾌락 원리의 추동을 만족시키려고 한다. 이러한 무아감은 중독자들이 경험하는 마비 효과와 유사하므로 중독치료에서 흥미로운 개념이다. 초기 관계 외상과 같은 무의식적 기억은 종종 일차과정 사고와 관련이 있다. 이러한 유형의 사고는 문제 해결, 선택지 고려, 충동 조절과 같은 뇌의 실행기능에 의해 여과되지 않는다. 실제로 일차과정은 환각, 플래시백(flashback) 또는 부분적으로 혹은 전체적으로 해리된 기억으로 경험되기도 한다.

초자아는 자아 이상 또는 이상적 자기로 언급된다. 초자아는 부모와 문화가 제시하는 기준이 무의식과 전의식 기억에 저장되는 곳이다. 초자아는 가족적 또는 문화적 기대의 측면에서 완벽성을 반영한다. 개인이 그 기준에 미치지 못한다고 느끼면 불안을 경험하기도 한다. 어떤 가족, 문화, 성별에서는 일부 또는 모든 정서 표현이 용납되지 않는 것으로 여겨진다. 정서 표현의 제한은 초기 관계 외상의 실제 결과일 수도 있다. 즉, 외상 또는 외상을 지속시키거나 촉진하는 사람(양육자)에 대해 어떤 정서 반응을 느끼거나 표현하는 것이 정서적으로나 신체적으로 안전하지 않았기 때문이다.

정서 표현이 제한되면 사람들은 정서 혹은 관련된 기억을 의식적인 자각에서 해리시킨다. 기억은 BASK 해리 모델에서 설명하는 네 가지 수준 중 하나 혹은 그 조합으로 해리될 수 있다(Braun, 1988). Braun의 주장에 따르면, 개인의 해리는 완전한 자각으로부터 완전한 해리 혹은 무의식적 자각에 이르는 연속체에서 이루어진다. 해리된 자각의 수준은 경험과 관련된 행동(Behavior), 경험과 관련된 정서(Affect), 당시의 신체 감각(Sence) 또는 경험에 대한 지식(Knowledge)에 영향을 미친다. 정신분석 치료자들은 충분히 표현되지 않은 정서가 불안으로 이어진다고 여긴다. 불안이 커지면 의식적인 자각 사이로 끼어든다. 정신분석에서는 세 가지 유형의 불안을 논의한다.

현실 불안은 자아가 실제 위협에 압도되어 촉발상황을 피하려고 할 때 발생한다(Weegmann, 2002a). 예를 들어, 환자는 학대 가정에서 성장했을 수 있다. 이는 아동이 거의 또는 전혀 힘을 쓸 수 없는 실제 위협이다. 아동은 음주, 약물사용, 강박적인 자위행위, 인터넷 게임에 몰입 등 가능한 수단을 통해 학대 가정환경을 피하려고 할 것이다. 이러한 방법으로 현실 불안 상황은 물질과 행동을 통해 다루어지게 되고 그런 환경에 적응적인 방식이 된다. 그러나 나중에 정서적으로 조절이 어려운 모든 경험을 물질이나 행위로 대처하려고 할 때 그 개인은 중독에 이르게 된다. 따라서 정신분석 치료자는 재발 방지 계획의 일환으로 어린 시절의 외상을 다룬다. 외상과 관련된 정서와 인지를 훈습하지 않으면, 환경적 감각 단서나 정서적 촉발 요인들은 계속해서 환자를 중독 행동에 빠져들게 할 것이다. 외상의 영향을 더 많이 의식할수록 환자는 의식적으로 이 상황을 더 건강한 방식으로 다룰 수 있게 된다.

신경증 불안(Horney, 1945)은 개인이 자신의 충동을 통제할 수 없을 것이라는 무의식적 두려움을 가질 때 생긴다. 예를 들어, 신체적으로 학대하는 가정에서 성장한 개인은 교사나 상사의 질책에 화가 날 때 그들을 충동적으로 폭행하고 싶은 충동을 경험할 수 있다. 이 사람은 어렸을 때 학대 가정에서 성장했으므로 충동을 통제하지 못하는 것을 두려워할 수 있지만, 동시에 처벌이 임박했다는 두려움(예: 퇴학 또는 실직)도 느낀다. 그 개인은 뛰어난 운동선수가 됨으로써 공격적인 충동을 승화시킨다. 이런 식의 행동은 적응적이다. 그러나 과도한 운동과 체중 조절을 위해 지나친 섭식 제한을 할 정도가 되고, 이것이 경쟁에 필요한 부분이라고 합리화하면서 실제로 섭식장애로 이어질 수 있다. 에너지 섭취(음식)와 소비(운동)를 조절하는 것이 대인관계 갈등과 같은 정서적으로 조절이 어려운 경험을 피하는 유일한 해결책이 된다면 그 행동은 부적응적 행동이 된다.

정신분석 치료자가 이 환자와 함께 작업하려면 통제하지 못할 것이라는 근본적인 두려움을 다루어야 한다. 실제로 정신분석가는 치료 상황에서 환자가 심리적으로 감당할 수 있는 만큼의 모호함을 만들 수 있고, 그로 인한 불안을 모호함에 대한 환자의 생각과 정서를 처리하기 위한 기초로 사용할 수 있다. 그런 다음 치료자는 그 상황에서 경험했던 통제하지 못할 것이라는 불안과 두려움을 환자가 정서적 · 인지적으로 처리하도록 촉진한다. 나아가 치료자는 치료 환경에서 정서적으로 지지적인 환경을 제공하여 환자의 불안을 담아냄으로써, 환자가 통제할 수 없을 것 같은 상황을 견뎌 내도록 촉진한다(Weegmann, 2002a).

도덕적 불안은 자신의 가치나 도덕적 기준을 어길 것이라는 두려움이다. 이것은 원초아의 성적 · 공격적 충동과 문화적 · 가족적 가치에서 비롯된 초자아의 자아이상 간의 전형적인 갈등이다. 도덕적 불안이 있는 경우, 환자가 갖지 말았어야 했다고 믿는 생각에 대한 죄책감 혹은 개인의 도덕 양식과 일치하지 않는 행동을 저질렀다는 수치심을 종종 갖는다. 예를 들어, 목사의 자녀는 동성애는 죄라고 믿는 가정과 문화에서 자랐을 수 있다. 그러나 그는 동성애자이며 다른 남성과 성관계를 갖고 싶은 환상과 충동을 가질 수 있다. 따라서 그는 도덕적 불안으로 인해 자신의 성적 지향에 대한 수치심을 느낄 수 있다. 수치심은 그 정서를 피하려고 물질을 사용하게 하는 촉발 요인이 될 수 있고, 자신의 성적 지향을 '극복'하거나 바꾸려고 시도하는 성욕과다증과 같은 행동으로 나타날 수도 있다. 따라서 정신분석 치료자는 이러한 환자를 치료할 때 환자가 자신의 불안과 중독 행동을 유발하는 갈등을 의식적으로 자각할 수 있도록 도와야 한다. 현실검증은 환자의 수치심과 자기 거부가 일어나는 현실 왜곡을 다루는 데 도움이 된다. 그렇지 않으면, 성적인 존재로서 자신이 누구인지에 대한 문제는 항상 잠재적 촉발 요인이 될 것이다.

일반적으로, 정신분석 치료자의 관점에서 재발은 환자의 불안이 압도적으로 커질 때 대처기제로 중독 행동이 촉발된 것이다(Wanigaratne & Keaney, 2002). 또한 환자가 촉발 요인의 기저에 있는 무의식적인 느낌이나 기억을 훈습하지 못했음을 의미한다. 물론 재발이 바람직한 것은 아니지만 정신분석 치료자는 재발이 치유 과정의 일부라는 것을 이해한다. 왜냐하면 새로운 신경회로를 구축하고 강화하려면 반복해서 일관된 경험이 쌓여야 하기 때문이다. 따라서 재발 상황은 환자가 감각적 환경 또는 정서적 촉발 요인에 대해 의식적으로 더 자각하고, 확인된 미해결된 정서적 문제를 훈습하도록 가르칠 수 있는 순간으로 활용된다.

재발은 환자의 이상적 자기와 쾌락 원리를 대표하는 재발 행동 간에 갈등이 일어났다는 의미이므로 수치심을 유발한다. 중독 환자가 재발의 귀인을 명확히 하는 것은 중요하다. 예를 들어, 환자는 자신이 가족, 법원 또는 치료자의 기준이나 기대를 만족시키는 데에 '실패'했다고 생각할 수 있다. 이 예에서 환자의 귀인은 '나는 중독에 속수무책인 사람이다' 또는 '나는 실패자다'일 수 있다. 귀인은 종종 무의식적이거나 전의식적이다. 따라서 치료자는 언어적 처리를 통해 재발의 귀인에 대한 의식적 자각을 도울 수 있다. 언어적 처리는 또한 환자가 중독자로서의 '자기'에 대한 자신의 관점을 의식하도록 돕는다. 무의식적/전의식적 자아 이상과 의식적 자아(현실) 사이의 긴장을 줄이기 위해 중독 물질 혹은 행동을 부적응적으로 반복함으로써 '실패'했다는 자기 처벌적 기제로 죄책감과 수치심을 경험할 수 있으므로 치료에서는 이것을 의식화하는 것이 중요하다.

3. 치료자가 이론적 접근을 활용하는 방법

정신분석 치료자는 모든 치료 상황에 참여자-관찰자로서 접근한다(Horney & Bernard, 1999; Kuriloff, 2001). 치료자는 자신이 치료 관계에서 환자에게 영향을 받기도 하고 환자와의 대인관계를 통해 환자에게 영향을 미치기도 하는 참여자라는 것을 이해한다. 또한 치료자는 관찰자로서 이전에 수집한 자료 및 환자가 현재 치료에서 공유하고 있는 언어적 및 비언어적 정보를 통해 치료자와 환자 간의 대인관계 상호작용을 지속해서 분석한다. 환자의 언어적 및 비언어적 상호작용은 치료자의 개입이 효과적인지에 대한 피드백으로 여겨진다. 지속적인 분석을 통해, 치료자는 환자를 치료 과정에 관여시켜서 더 나은 결과를 내는 것이 필요할 때 회기 중에 치료 개입을 조정할 수 있다.

정신분석 치료자는 초기 관계 틀이 초기 양육자 관계에서 형성되고, 이후의 관계는 그 관계 틀의 영향을 받는다고 믿는다(Teyber & McClure, 2011). 이는 치료가 이루어지는 방식과 관련된 중요한 개념이다. 왜냐하면 현대 정신분석가들은 관계 틀이 치료자와 치료 환경에서 재연되어 치료적 개입의 기회를 만든다고 믿기 때문이다. Stuart는 "중독자의 삶에 일어나는 복잡한 대인관계 패턴을 이해하는 것이 중독치료에서 가장 중요한 요소이다. 왜냐하면 중독 행동은 중독자의 해로운 역동 안에 다른 사람을 옭아매기 때문이다"(Petrucelli & Stuart, 2001, p. 31)라고 말한다. 정신분석 기법의 기초는 자유 연상인데, 이것이 치료적 맥락에서 환자가 관계적 틀을 행동으로 드러내는 것과 연관되기 때문이다. 처음에 치료자는 중립적이거나 '빈 서판(blank slate)'이 되려고 시도하여, 환자가 자신의 관계 틀을 치료 관계에 투사하도록 촉진한다(Meissener, 1998).

빈 서판이 되기 위해 치료자는 개인적 · 문화적 편견을 의식적으로 자각하고 치료 상황에서 이를 제거하려고 적극적으로 노력해야 한다(Horney & Bernard, 1999; Wachtel, 2008). 성과 인종은 임상 상황에서 가장 제거되기 어려운 생득적 편견의 예이다. 따라서 이러한 속성이 환자의 투사 또는 전이 반응에 영향을 미친다는 사실을 이해해야 한다(Read, 2002). 이런 이유에서 정신분석 치료자들은 환자가 치료 상황에서 여러 사람(치료자, 치료진, 집단원, 후원자, 가족)과 상호작용하는 것이 환자의 투사를 극대화하는 데 도움이 된다고 믿는다. 치료자의 편견과 가치관은 필연적으로 환자의 치료 경험에 영향을 미친다. 따라서 이러한 갈등을 둘러싼 경험이 치료자와 환자 간에 의식적으로 처리되는 것이 중요하다. 이것이 처리되지 않으면 관계의 균열을 초래할 수 있다(Horney & Bernard, 1999; Wachtel, 2008). 그러나 임상적으로 책임감 있게 다루어질 때 이 상황은 치료적 성장의 계기가 될 수 있다.

앞서 설명했듯이, 불안은 정신분석 치료의 핵심이다. 중독은 환자가 쾌락 원리의 성적 · 공격적 충동과 자아 이상 또는 초자아 사이의 갈등으로 인한 불안을 처리하는 방식으로 개념화된다(Petrucelli & Stuart, 2001). 환자가 이러한 갈등을 의식적으로 중재할 건강한 경험이 없다면, 불안을 다루기 위해 건강하지 못한 방어기제를 사용할 것이다. 치료자는 특히 환자의 불안이 압도적일 때 치료 환경과 치료 관계가 불안을 담아내는 역할을 해야 한다는 사실을 이해한다(Teyber & McClure, 2011; Williams, 2002). 이는 관계 초기, 환자가 정서를 조절하지 못하는 상황에서 중독 행동의 사용을 자제하거나 최소화하려고 시도할 때 매우 강렬하게 일어날 것으로 예상된다.

환자의 불안이 고조되면, 환자와 긴밀하게 조율된 치료자 역시 그 불안의 상승을 함께 경험하게 된다(Horney, 1950; Horney & Bernard, 1999). 일반적으로 구조(structure)와 격려가 불안 완화에 도움이 된다. 이때 치료자는 환자의 불안에 대한 자신의 경험을 자각하고 환자에게 구조와 격려를 제공하려는 적극적인 노력을 해야 한다. 이렇게 치료에서 환자의 불안에 대한 안전한 환경이 제공됨으로써 환자는 중독 행동에 대한 무의식적 동기를 탐색할 수 있는 안전한 장소로 치료를 경험하게 된다(Williams, 2002). 그러나 때때로 치료자 또는 치료 환경은 환자의 초기 관계 틀을 드러내는 건강하지 못한 대인관계 역동을 재경험하도록 이끌기도 한다. 이때 치료자가 환자와 함께 이 과정을 처리하는 것이 중요하다(Petrucelli & Stuart, 2011). 처리(processing)는 치료 관계에서 균열을 회복하도록 돕는다. 사실, 치료적 균열을 처리하는 것은 환자가 치료 과정에서 경험하는 가장 치료적인 개입이 될 수 있다.

환자가 불안을 의식적으로 자각하도록 돕는 것 또한 똑같이 중요하다(Horney & Bernard, 1999). 이때 불안을 일으키는 사건, 관계 또는 느낌이 무엇인지 파악하는 것이 필요하다. 불안의 촉발 요인은 중독 행동을 행동화하도록 촉발한다. 이러한 파악은 재발을 예방하는 과정이기도 하다. 치료 과정에서 환자는 교정적 정서 경험과 이를 언어화하는 작업을 통해, 불안을 조절하기 위한 수단으로 중독 행동 대신 더 건강한 대처 방식을 의식적으로 선택하게 된다.

관찰자로서 치료자는 환자의 중독 과정에 중요한 상호작용의 주제나 패턴을 파악하려고 노력한다(Mitchell & Aron, 1999). 치료자는 환자에 대한 자신의 반응을 관찰한다. 특히 환자가 이전에 확인된 초기 관계 틀에 기반한 대인관계를 치료 관계 내에서 행동화할 때 치료자는 이를 잘 관찰해야 한다(Petrucelli & Stuart, 2001). 이러한 대인관계는 종종 치료자로부터 어떤 반응을 유발하므로 환자의 관계 모델을 구체화할 수 있게 한다. 관계 틀을 행동화하는 것은 환자의 전이로 이해될 수 있는데, 그 이유는 환자가 초기 관계에 기반한 특성을 치료자에게 투사하기 때문이다(Read, 2002).

예를 들어, 수감 중인 흑인 남성 자말에게 인종차별과 억압의 경험은 중독 행동을 촉발하는 요인이므로 주로 백인 치료팀과 함께 작업할 때 불안을 느낄 수 있다. 그는 비슷하게 백인 치료팀을 억압적으로 느낄 수 있다. 치료팀의 다양성 부족은 타당한 문제일 수 있고 이것을 해결해야 할 필요도 있다. 어쨌든 자말은 백인 여성인 주 치료자 수를 신뢰할 수 있는 사람으로 경험할 수 있다. 자말이 치료팀으로부터 행동상의 이유로 권한에서 수준 상승을 거부당하는 경우, 그는 치료팀 회의에서 수가 자신의 편이 되어 줄 것으로 믿기 때문에 그녀에게 분노를 드러낼 수 있다. 자말은 억압적인 제도 및 개인적으로 경험한 모든 분노와 억울함을 백인 치료자에게 투사할 수 있는데, 그녀가 자말의 분노를 안전하게 표출할 수 있는 대상이기 때문이다. 치료자는 치료팀의 결정에 대해 더 논의하기보다는 권한을 주는 수준 체계에만 주목함으로써, 오히려 이전의 관계 틀을 지지하는 방식으로 대응할 수 있다. 그러나 이는 환자에게 부정적인 결과를 가져오는 관계 균열을 초래할 수 있다.

임상적으로 신중한 정신분석 치료자는 자말이 자신의 반응 기저에 있는 생각과 느낌을 확인하고 그것이 중독 행동과 어떻게 연관되는지 파악하도록 도와야 한다. 여기에는 억압과 인종차별에 대한 경험을 다루는 것도 포함된다. 또한 약물을 사용하면서 분노가 행동화로 대체되었고 그것이 자말의 현재 문제라는 사실도 알게 된다. 이러한 접근은 다음 세 가지 결과로 이어질 수 있다. ⓐ 관계 균열을 치유하고, ⓑ 환자의 교정적 정서 경험을 촉진하며, ⓒ 자말이 자신의 촉발 요인을 자각하고 그 촉발 요인이 어떻게 중독 행동으로 이어지는지 잘 알아차리도록 촉진한다. 이 작업이 가능하기 위해서는 치료자가 백인의 특권에 대한 자신의 경험을 자각하고 있어야 한다. 또한 치료자는 치료자의 백인 특권이 환자와의 상호작용을 어떻게 편향시킬 수 있는지에 대해 자말과 동료 및 지도 감독자로부터 체계적으로 피드백을 구하고 개방적이어야 한다. 이러한 자기 자각과 지속적인 자기평가에는 절제와 겸손이 필요하다.

자말에 대한 치료자의 정서적 반응은 역전이, 투사적 동일시, 대인관계 과정 활용이라는 세 가지 형태로 나타난다. 역전이는 치료자 자신의 관계 틀을 기반으로 한다(Petrucelli & Stuart, 2001; Rodriguez de la Sierra, 2002). 이 상황에서 치료자가 자말에게 보이는 반응은 자말이라는 환자에게 기인한 부분이 최소한에 불과하며 치료자의 개인적 삶의 역사에 근거한 것일 수 있다. 중독 환자와 함께 작업하는 것은 매우 도전적일 수 있으므로 정신분석 치료자는 꾸준히 지도 감독을 받고 사례 연구에 참여하며 자신의 치료에도 충실해야 한다

글상자 4-3 역전이(집단작업)

소집단: 자말과의 관계에서 치료자의 역전이에 대해 논의하라. 역전이에 영향을 줄 당신의 문화적 · 가족적 배경을 집단원과 논의하라. 당신이 자말의 치료자였다면 어떤 잠재적인 역전이 문제가 있을 것인가?

(Rodriguez de la Sierra, 2002). 치료에서 역전이가 일어났을 때 가장 좋은 반응은 치료자가 자신의 실수를 언어로 표현하고 실수를 책임지는 것이다. 그렇지 않으면 환자는 자신의 현실이 타당화되지 않았던 과거 상황을 재경험할 수 있다. 이러한 관계 균열의 회복은 환자에게 매우 치료적일 수 있는데, 그 이유는 환자들은 힘이 있는 누군가(치료자)가 자신의 실수를 인정하고 책임을 받아들이는 경험을 이전에 하지 못했기 때문이다.

투사적 동일시는 복잡한 방어기제이다. 이는 환자가 치료자의 행동과 실제로 관련이 없는 특성을 치료자에게 투사함으로써 전이 반응을 보일 때 시작된다. 이를 투사라고 한다. 일반적으로 투사는 환자의 초기 관계 틀(예: 학대하는 부모) 또는 환자가 직접 마주하기 두려워하는 권위자(예: 판사)로 인해 일어난다. 이 상황에서 치료자는 환자의 불편하고 원치 않는 부정적인 느낌을 안전하게 담아내는 용기가 된다(Williams, 2002). 그러나 단순한 전이 그 이상으로, 이 상황에서 치료자가 그렇지 않다는 분명한 증거가 있더라도(예: 힘의 차이를 자각하고 최소화하려고 애쓰면서 환자의 경험을 존중함), 치료자는 마치 실제인 것처럼 그러한 특성을 나타낸다(예: 힘을 남용함). 투사가 투사적 동일시로 바뀌는 현상은 치료자가 환자의 투사를 마치 아무런 근거가 없음에도 근거가 있는 것처럼 동일시하기 때문에 일어난다.

투사적 동일시를 설명하기 위해 환자가 '같은 범죄를 저지른 두 명의 백인 중산층 아이를 풀어준' 법원과 '악질 경찰'에게 화가 나 있고, 그가 어렸을 때 겪은 학대로 인해 자신을 이런 식으로 '만든' 아버지에게 화가 나 있다고 가정해 보라. 하지만 법원, 경찰, 학대하는 아버지에게 화풀이하기에는 안전하지 않다. 그래서 그는 학대하는 힘의 특성을 치료자에게 투사함으로써 치료자(안전한 대상)에게 분노를 표현한다. 실제로 치료자는 환자에게 허락된 흡연 시간 외에 담배를 피우느라 집단을 빠지면 어떤 결과를 초래하는지 상기시킴으로써 치료 환경의 규칙만 강조할 수 있다. 환자는 "당신도 시스템 내의 다른 사람들과 똑같군요. 좋아하는 사람들은 봐 주고 나머지를 처벌하려고 하는군요"라고 대답할 수 있다. 이 상황에서 치료자는 환자의 투사와 동일시하여 마치 자신은 힘을 남용하는 사람으로 느낄 수 있다. 이것은 치료자와 환자의 대인관계에 영향을 미쳐, 치료 센터 규칙과 반대로 환자가 담배를 피우기 위해 '이번 한 번만' 집단을 빠지도록 허락할 수 있다.

이 예에서 환자는 초기 관계 틀의 관계 역동을 치료자에게 투사하는데, 치료자는 자신의 평소 행동대로 하기보다는 그것이 사실인 양 동일시하여 행동화한다. 결과적으로 치료자는 환자의 행동화를 조장하게 된다. 이러한 상황이 일어나고 치료자가 나중에 이를 알게 된다면, 환자와 함께 발생한 대인관계 역동을 다루는 것이 중요하다. 치료자는 이러한 상황과 환자가 중독 행동을 위해 사용하는 대인관계 기제 간의 관련성을 알아내려고 해야 한다.

결과적으로, 치료자는 환자의 전이 행동을 관찰하고 전이에 대한 자신의 반응을 자각하여 과정을 언급함으로써 관계 패턴을 파악할 수 있다. 대인관계 과정 개입을 하기 위해서는 환자의 대인관계 역동 및 행동 패턴의 의미에 대해 환자의 주의를 환기시켜야 한다(Horney & Bernard, 1999; Mitchell & Aron, 1999; Read, 2002; Teyber & McClure, 2011). 따라서 앞서 설명한 상황에서 치료자는 전이 및 투사와 동일시하는 대신, "법정에서 당신이 인종차별을 경험한 방식으로 내가 당신에게 힘을 남용한다고 느끼는 것 같아요"와 같은 과정 언급을 함으로써 반응할 수 있다. 이는 대인관계의 역동에 관한 언급을 하는 것이다. 또한 기저에 있어서 환자의 행동화로 이이지는 무의식적 동기에 다시 다가가는 방식이다. 이러한 과정 언급은 환자가 삶에서 체험했던 무의식적인 평가절하 느낌과 관련된 사고와 정서를 확인하고 다루도록 촉진한다. 이는 환자의 경험을 인정하고 존중하는 분위기를 조성하며, 동시에 치료자의 투사적 동일시를 초래하지 않도록 해 준다.

정신분석 치료자는 치료 관계 또는 치료 환경에서 환자의 방어기제가 어떻게 사용되는지 관찰한다(Petrucelli & Stuart, 2001; Weegmann, 2002a). 대인관계 관점에서 볼 때, 개인의 중독 패턴은 쾌락 추구와 정신적 고통의 완화뿐만 아니라 관계에서 발생하는 골치 아픈 문제를 해결하려는 시도이기도 하다(Petrucelli & Stuart, 2001, p. 31). 치료 환경은 정신분석 치료에서 중요한 개입의 원천이다. 치료 센터 또는 프로그램은 문화적 차이, 힘의 차이, 규칙 및 결과를 포함하는 복잡하고 변화하는 관계가 얽힌 환경을 만들어 낸다. 이러한 환경은 중독된 개인이 기능하고자 하는 더 큰 세계의 축소판 역할을 한다. 따라서 정신분석 치료자는 치료 환경과 학제 간 치료 팀을 개입의 치료적 자료와 기회의 원천으로 사용한다. 환자는 치료 프로그램에서 치료 밖에서와 유사한 방식으로 행동하므로, 그들이 삶과 관계를 어떻게 구조화해서 불안과 조절되지 않는 정서를 회피하고 중독 행동으로 이어지는지를 그대로 볼 수 있다.

치료진은 환자가 치료 환경에서 조절되지 않는 정서를 다루기 위해 중독 행동을 사용할 수 없을 때 환자의 방어기제를 자각하는 것이 필요하다(Safran & Muran, 2000). 방어기제의 군집 및 방어기제를 행동화하는 방식은 환자마다 독특하다. 치료자는 치료 관계에 존재하는 대인관계 역동 및 치료 환경에서 환자와 타인과의 대인 간 상호작용을 자각하는 것이 중요하다. 이 정보는 재발 방지 계획 수립에 중요한 자료가 된다.

통제된 치료 상황에서 흔히 발생하는 문제는 환자가 불안을 견디기 위해 증상 대체라고도 불리는 방어기제, 즉 승화를 사용하는 것이다. 예를 들어, 환자는 통제된 치료 환경(예: 병원, 거주형 치료, 감옥)에서 이전에 사용하던 알코올과 약물을 사용할 수 없을 때 불안을 견디기 위해 치료 중인 다른 환자와 승인되지 않은 성적인 만남을 여러 번 가짐으로써 성적 행동화를 시도할 수 있다. 이는 외래 환자 환경에서도 잘 드러나는데, 환자가 수년간 알코올 및 약물로부터 맨정신은 유지할 수 있지만 강박적 성적 행동 혹은 병리적 게임 중독으로 치료에 임할 때 그렇다.

치료자 그리고/또는 치료팀은 관찰을 통해 수집한 정보를 사용하여 환자의 정신 내적 및 대인관계 경험에 대한 가설을 설정해야 한다(Teyber & McClure, 2011; Wachtel, 2008). 치료자는 이러한 가설들을 경험적으로 검증하기 위해 내담자와의 치료적 관계를 활용한다. 예를 들어, 치료자는 내담자가 자신이 가진 관계의 틀에 근거하여 예상하는 것과는 전혀 다른 방식으로 행동할 수 있다(Horney, 1945; Horney & Bernard, 1999; Wachtel, 2008). 예로, 치료자는 치료자를 향한 환자의 화난 위협에 반응하기보다는 관찰된 느낌을 반영할 수 있다. 치료자는 환자가 치료자를 언어적으로 위협한 것에 대해 실제로 치료 프로그램에서 내쫓는 대신, 공감적 어조로 "아……. 통제할 수 없는 상황이 정말 두려워서 내가 당신을 치료에서 내보낼 것이라고 예상하며 말로 위협하려는 거군요"라고 말할 수 있다. 물론 이러한 행동화된 행동은 환경체계의 일부인 보호관찰관, 부모 또는 치료팀의 조치로 인해 결과가 달라지기도 하지만, 고유한 관계적인 정신분석적 개입으로 상호작용하는 것은 치료자의 몫이다.

환자는 치료자로부터 다른 반응을 예상하기 때문에 이러한 유형의 언어화된 반영이나 관찰은 종종 균형을 깨뜨릴 것이다. 이것이 다른 경험이 되려면 환자가 최소한 그 순간이라도 자동적인 행동 패턴을 멈추는 일이 필요하다. 치료자는 환자가 언어적으로 처리하여 새로운 경험에 대한 의식적 자각을 높이도록 이 사건을 신속하게 기회로 삼아야 한다. 치료자는 "내가 당신이 예상한 것과 다른 방식으로 반응한 것 같군요. 어떤 걸 예상했나요?"라고 말할 수 있다. 이러한 유형의 반영은 환자가 현재와 과거의 경험을 연결하기 시작하고, 욕구 충족을 위해 사용하고 있는 대인관계 기제를 확인하고 책임을 지며, 중독 행동과 연관된 느낌을 확인하고, 그 느낌이나 촉발 요인이 꼭 중독 행동으로 끝날 필요는 없다는 의식적 자각을 높이는 데 도움을 줄 것이다. 그는 자신의 부정적인 느낌이 언어 처리를 통해 직접 다루어질 수 있음을 깨달음으로써 교정적 정서 경험을 하게 된다.

이는 환자에게 새로운 건강한 관계 틀의 기초가 될 수 있는 교정적 정서 경험을 제공하는 경험적 개입방식이다(Teyber & McClure, 2011). 시간이 지나면서, 환자의 초기 관계 틀과는 다른 경험을 반복하게 되면 새로운 신경회로가 형성되고 강화된다(Siegel, 2012). 이러한 관계의 반복을 통해 치료자는 환자가 촉발 요인에 대해 더 지속해서 유연해지도록 도울 수 있다. 이러한 유형의 재구조화는 점점 건강해지는 가족 구성원, 다른 치료진, 보호관찰관/가석방 담당관, 아동 보호 직원 및 집단원 등 후원자와의 건강한 관계를 통해 강화된다.

교정적 정서 경험이 일어날 때 치료자는 환자의 지각을 다룸으로써 환자가 현재 관계 경험에 대해 성찰하고 이 새로운 경험이 과거의 관계적 틀과 어떻게 다른지 확인하도록 격려한다(Mitchell & Aron, 1999). 정서 경험에 대한 언어적 처리는 뇌의 실행기능 영역으로부터 감각 기억과 정서가 있는 변연계까지 신경회로가 구축된다는 것을 뜻한다(Siegel, 2012). 이렇게 하면 환자가 경험된 정서를 인지적으로 처리하는 능력을 향상하는 데 도움이 된다. 환자가 재발 방지 계획의 일환으로 환경적 · 정서적 · 감각적 촉발 요인에 성공적으로 대처하려면 사고를 통해 정서를 전달할 수 있어야 한다.

또한 치료자는 환자의 이야기를 언어화하는 과정이나 환자와 치료자 또는 치료 환경의 다른 사람들(예: 후원자, 집단원, 간호사)과의 상호작용에서 관찰한 주제나 패턴에 대해 과정 언급을 할 수 있다. 과정 언급은 치료자가 이러한 상호작용에 대해 관찰한 내용을 구두로 반영하는 방식이다(Horney & Bernard, 1999; Teyber & McClure, 2011; Wachtel, 2008). 예를 들어, 치료자는 "게시된 시간 외에 흡연실을 이용하지 못했을 때 치료진에게 화를 내고 욕을 하는 걸 들었어요" 또는 "당신이 게시된 시간 외에 담배를 피울 수 없을 때 치료진들과 상호작용하는 방식에서 어떤 패턴을 발견했는지 궁금하네요" 같은 말을 할 수 있다. 이러한 언급은 주로 환자의 기저에 있는 전의식 또는 무의식적 동기에 대한 의식적 자각을 높이기 위한 것이다.

치료자는 환자가 경험하는 기저의 느낌을 파악하고 어린 시절 경험과 연관시키도록 격려하면서 계속 진행한다. 환자가 현재의 행동과 느낌을 과거의 경험과 연관시키지 못해도 치료자가 환자의 과거력을 알고 있고 연상할 수 있는 경우, "치료진으로부터 안 된다는 말을 들었을 때 드는 느낌이 어린 시절 부모님과의 경험을 떠올리게 하는지 궁금하네요" 또는 "권위 있는 인물에게 '안 돼요'라는 말을 들었을 때 드는 느낌을 묘사하는 것이 흥미롭네요. 당신의 아버지가 알코올 중독자였을 때 당신의 약물사용에 대해 벌을 주셨던 이야기가 생각나는군요"와 같이 잠정적 가설의 형태로 제시할 수 있다. 이러한 질문은 치료자의 이해를 명확히 하고, 관찰된 패턴이나 주제에 대한 호기심을 드러내며, 환자의 내적 경험에 대한 의식적 자각을 높인다(Teyber & McClure, 2011).

정신분석 치료자는 환자와 치료자, 치료 환경에서 다른 사람들, 그리고 그의 삶의 주변 사람들과의 관계를 이해하는 것 이외에도, 환자가 중독에 빠진 물질이나 행위와 정신 내적 관계를 맺고 있다는 것을 이해한다(Read, 2002). 이 관계가 어떻게 발전했는지, 이것이 환자에게 무엇을 의미하

> **글상자 4-4 편견, 역전이 그리고 임상 지도 감독**
>
> 소집단: 이전의 소집단 토론([글상자 4-3])에서 중독 환자와 작업할 때 가졌던 잠재적인 편견을 확인하라. 당신의 역전이가 임상 훈련과 지도 감독에 어떤 영향을 줄 수 있을지 분석하라. 그 영향이 환자와 치료자 간의 관계에서처럼 어떻게 나타날 것인지 논의하라. 환자를 효과적으로 다루기 위해 당신이 갖는 무의식적 편견(역전이)을 훈습하도록 지도 감독자가 어떻게 도울 수 있는지 논의하라.

는지, 관계를 잃는다는 것은 그의 기능에 어떤 영향을 미치는지 이해하는 것은 매우 중요하다. 실제로 치료자는 중독 물질이나 행위를 상실한 것에 대해 애도 과정을 촉진해야 할 수도 있다. 치료자가 중독 행동의 대체물이 될 수 있음을 이해하는 것도 중요하다. 이때는 치료자의 휴가나 주말이 환자에게 촉발 요인이 될 수도 있다. 이런 상황이 발생하면 중독 물질과 관련된 환자의 충분한 애도가 아직 이루어지지 않았다는 것을 의미하므로 치료에서 다루어져야 한다.

마찬가지로, 환자는 자신을 오로지 중독자로만 인식할 수도 있다(Read, 2002; Yalisove, 1997). 중요한 것은 치료자가 자기에 대한 환자의 정신 내적 또는 상호주관적 경험을 탐색하는 것이다. 환자가 중독과 별개로 자신의 성격이나 좋아하는 것과 싫어하는 것의 다른 측면을 확인할 수 없는 경우, 치료자는 환자와 협력하여 자기개념을 탐색하고 자기에 대한 보다 건강하고 포괄적인 이해를 하도록 촉진하는 것이 중요하다. 반대로, 환자가 중독 행동과 관련된 모든 문제를 부인하면서 중독자로서의 자기를 완전히 부정할 수도 있다. 이때 환자 존재의 해리된 부분이 치료의 초점이 되므로 문제가 될 수 있다(Petrucelli & Stuart, 2001; Weegmann, 2002a). 이때 치료자는 환자가 타인에게 하는 투사를 촉진하여 그 대상이 누구인지, 특성은 무엇인지, 왜 중독을 그 대상의 탓으로 돌리는지에 대한 환자의 경험을 탐색함으로써 환자의 자기를 탐색한다. 결과적으로 치료자는 환자가 중독 행동에 도전하는 자기뿐만 아니라 포괄적인 자기에 대한 의식적인 관점을 통합할 수 있도록 돕는다.

4. 평가 및 예방의 함의

관계 형성은 정신분석 치료의 중요한 기초 요소이다. 따라서 평가는 치료적 관계 형성을 돕는 방식으로 이루어져야 한다(Weegmann, 2002b). 정보 수집이 임상적으로 중요하지만 관계보다도 우선시되어서는 안 된다. 투사는 정신분석에서 치료 과정의 핵심적인 부분이므로 처음에는 치료자가 전이 반응을 불러일으키기 위해 가능한 한 중립적인 자세를 유지하되 환자에게 따뜻하고 관여적인 태도가 필요하다. 평가 자료는 환자, 가족, 의뢰인 같은 다른 정보제공자들과의 한 번 또는 그 이상의 임상 면접을 통해 수집된다. 환자에 대한 행동 관찰도 문서화되며, 표준화된 검사를 통해서도 평가한다. 자료 수집은 치료 초기에 많이 이루어지나 평가는 지속적인 과정이다.

치료자가 중립적일 때 환자는 치료 시간에 논의되는 내용에 집중하므로 자유 연상이 일어날 수 있는 환경이 조성된다. 이를 통해 치료자는 자연스럽게 환자가 중요한 정보를 어떻게 연결하는지에 대한 정보를 모을 수 있다. 치료자의 주도성(directedness)이 부족하면 불안을 조장하는 분위기가 조성될 수도 있다. 환자가 불안을 다루는 방식은 그의 독특한 방어기제 유형과 처리방식을 보여 준다. 중독 행동을 촉발하는 환자의 고유한 정서적 논리, 그리고 불안을 다루기 위해 사용하는 방어기제의 유형을 이해하는 것이 중요하다. 따라서 환자의 방어 과정에 대해 나누고 행동 관찰을 통해 자료를 모으는 것이 정신분석적 평가에 매우 중요하다(Weegmann, 2002b). 실제로, 가장 일반적으로 사용되는 평가 방법은 치료자가 치료자와 환자 사이에서 발생하는 대인관계 역동을 관찰하고 분석하는 것이다.

같은 이유로 일부 치료자는 잉크반점검사, 주제통각검사 또는 집-나무-사람 검사와 같은 투사 기법을 사용하여 정보를 모은다. 이러한 공식적인 평가 척도를 사용하려면 전문가 수련을 받아야 하며, 일부 주(states)에서는 이러한 평가 방법을 사용할 수 있는 전문가를 엄격하게 규제하고 있다. 그러나 환자로부터 투사적 자료를 모으는 다른 방법도 있다. 지속적인 교육을 적절히 받은 치료자는 미술, 사이코드라마, 음악, 밧줄 놀이, 모래상자 또는 모래놀이를 통해 투사 과정을 촉진할 수 있다. 이러한 창의적인 방법은 자신의 문제를 주지화하거나 관계 외상의 영향을 축소하려는 환자에게 특히 유용하다. 또한 정서 상태를 식별하지 못하고 정서에 이름을 붙이지 못하는 무감각증과 같은 복잡한 외상 경험을 가진 환자를 참여시키는 데에도 도움이 된다(Krystal, 1977, 1982).

글상자 4-5 정신분석적 평가

중독 과정의 이해에 필요한 정보를 모으기 위해 첫 회 혹은 2~3회 안에 중독 환자들과의 면접에서 필요한 10가지 질문을 찾아보라[목록은 완벽하지 않아도 된다]. 3인 1조로 환자, 치료자 그리고 관찰자가 되어 환자와 관계를 형성하면서 정보를 얻도록 연습하라. 역할 바꾸기를 한 이후에 가장 도전적이었던 혹은 가장 잘했던 질문을 확인하라. 환자의 이해와 관련해서 대인관계 상호작용을 관찰하고 패턴을 확인하라.

정신분석 치료자는 치료의 기초작업으로 초기에 심리사회적 발달사를 꼼꼼히 작성해야 하며 이는 포괄적인 평가를 위한 것이다. 치료자는 환자의 초기 관계 경험, 특히 원가족과의 경험을 이해해야 한다. 치료자는 환자의 가족 및 문화적 경험, 성별, 사회경제적 지위, 성적 지향(해당하는 경우)에 대한 정보를 이해하는 것이 필요하다(Wachtel, 2008). 현재 중요한 관계에 대한 환자의 경험도 탐색해야 한다. 치료자는 환자의 경험을 더 잘 이해하기 위해 환자의 삶에서 중요한 타인과의 임상 면접을 진행할 수 있다. 면접은 환자의 중독 행동과 회복 과정을 안내하는 대인관계 역동에 대한 가설을 수립하는 데 특히 유용하다. 또한 치료자는 환자와 중독과의 관계 및 정체성을 이해해야 한다. 왜냐하면 환자의 정체성은 중독과 연관되어 있기 때문이다(Read, 2002).

평가의 목표는 중독 행동의 발달 궤적을 이해하고 초기 관계 틀이 현재 타인 및 세상과의 관계 경험에 어떤 영향을 미쳤는지를 파악하는 것이다(Horney & Bernard, 1999; Teyber & McClure, 2011; Wachtel, 2008). 이를 통해 치료자는 중독 행동을 일으키는 수치심과 죄책감의 근원 및 이를 처리하는 방어기제의 방식을 이해할 수 있다(Weegmann, 2002a, 2002b). 따라서 치료자는 환자의 경험과 치료자-환자 역동에 대한 관찰을 바탕으로 가설을 세울 수 있다. 동기가 되는 촉발 요인을 평가함으로써 치료자는 치료 관계 내에서 해로운 관계 주제를 재연하지 않을 수 있다. 관계 균열이 일어날 때 환자는 치료자에게 부정적으로 반응하는데, 치료자는 환자와의 관계 균열을 처리함으로써 교정적 정서 경험을 만들려고 하므로 치료 초기에 모인 평가 자료는 치료자의 개입에 매우 중요하다.

5. 이론의 강점과 약점

중독치료를 정신분석적으로 접근할 때 몇 가지 어려움은 치료 자체의 복잡한 특성에 기반한다. 환자와 치료자의 개인적 다양성과 대인관계 역동의 복잡성 때문에 이 평가 및 개입 방법은 일반적으로 치료에 참여하는 치료자를 훈련하는 데 더 많은 시간과 개별화된 지도 감독이 필요하다. 또한 환자의 변화에 동기를 부여하는 가장 중요한 수단은 치료 관계이기 때문에, 시간이 지나도 환자가 같은 치료자 및 치료팀을 이용할 수 있을 때 최상의 결과를 얻는다는 것이 이론의 기본 신념이다. 따라서 치료비 지급이 허용된 기간보다 더 장기간의 치료가 필요하다. 같은 이유에서 중독 전문가들 사이에서 직무 스트레스와 소진율이 높다는 점을 고려할 때, 그 정도로 환자와 치료 관계를 형성하고 유지한다는 것이 치료자들에게는 부담이다. 마지막으로, 치료 기간이 길고 연구 방법을 적용하기 위해 고려해야 할 개별 변수도 많아서 근거 기반 실제를 위한 연구를 하려면 더욱 복잡해진다.

정신분석적 접근의 강점은 역시 치료 관계를 둘러싼 기본 신념에 바탕을 두고 있다. 치료 프로그램에서 치료 관계와 치료 환경에 많은 시간과 에너지가 들기 때문에, 개입은 개인에게 매우 초점화되는 경향이 있다. 정신분석 치료자는 겉으로 드러나는 중독 물질이나 행위가 아니라 중독 행동의 이면에 있는 더 깊은 개인적 동기에 초점을 맞춘다. 그 결과 더 의미 있고 정서적으로 영향력 있는 개입이 이루어진다. 환자는 중독 행동을 촉발하는 근본적인 외상 및 관련 문제를 다루면서 재발 방지에 책임을 느끼고 중독을 삶의 여정의 일부로 이해하게 된다. 이 접근법에는 매뉴얼화된 치료기법이 없으므로, 창조적이고 문화적으로 일관되며 기법적 절충주의를 허용하는 다양한 기법을 사용할 수 있다. 정신분석은 개입에 사용되는 일련의 기법보다는 훨씬 더 환자에 대해 생각하고 함께하는 방식(개념화)을 따른다. 왜 중독 행동을 하는가가 언제 그리고 어떻게 개입할 것인지를 개념적으로 안내는 하지만, 실제 개입은 이론 자체가 아니라 환자의 고유한 역동에 따라 이루어진다.

한 가지 기법적 예외는 치료 관계 내 대인관계 과정을 일관되게 다룸으로써 관계 전반에 걸친 평가와 개입을 하는 것이다. 이 기법의 강점은 환자가 치료자와 진정한 관계를 발전시켜, 치료 밖의 관계에서도 더 진정성 있는 방식으로 대처할 수 있는 기초로 활용할 수 있다는 것이다. 도전적인 대인관계 상황에 효과적으로 대처하는 환자의 능력은 주로 중독 행동을 부추기는 관계에 놓여 있는지 또는 회복 과정을 촉진하는 관계에 놓여 있는지의 차이로 드러난다.

6. 사례 연구 반응

최신 정신분석 치료자들은 가브리엘 사례에 대해 초기 관계 틀과 다세대 외상으로 가브리엘의 중독 문제를 이해하여 사례 개념화한다. 우선, 가브리엘은 아버지를 적극적인 약물사용자이자 가브리엘을 약물사용의 세계로 이끈 사람으로만 경험했다. 아버지와 사이가 좋았던 유일한 때는 아버지와 함께 약물을 사용한 때였다. 그는 아버지를 사랑했지만 수용되는 경험이 아니었다. 가브리엘의 약물사용은 아버지로부터 수용과 조건 없는 사랑을 경험하기 위한 무의식적인 시도일 수 있다. 아버지의 인정을 받기 위해서는 중독 물질을 사용해야 한다는 무의식적인 신념이 그의 행동을 만들어 낼 수 있으므로 이것이 치료에서 도전이 되는 부분이다.

아버지와 마찬가지로 가브리엘의 후원자도 연로했고 중독자의 삶을 살았다. 가브리엘은 후원자를 '강인하지만 자상한 사람'으로 묘사한다. 그는 아버지와 아들의 관계를 후원자에게 투사하고 무의식적으로 아버지와의 정서적 단절을 해결하려고 시도했을 수 있다. 이는 그가 맨정신을 유지할 수 있었던 가장 긴 시간을 통해 알 수 있다. 설명에 따르면, 그의 재발 시점이 후원자와의 관계가 단절된 때였음을 알 수 있다. 그가 가짜 아버지-아들 관계와 재발을 어떻게 연결해서 이해했는지 아는 것은 매우 중요하다. 그는 자신의 아버지로부터 경험한 수용받지 못한 느낌과 수치심을 후원자에게 투사했을 수 있고, 그 수치심은 과거의 관계 틀대로 자신을 거부하리라고 예상되는 후원자와의 재연결을 시도하기보다는 무의식적으로 약물사용을 지속하게 했을 것이다.

나이가 많은 남성 치료자나 후원자는 가브리엘의 이러한 무의식적 사고와 느낌을 치료자에게 투사하도록 격려하여 교정적 정서 경험을 통해 훈습하도록 도울 수 있다. 가브리엘이 아버지와의 관계에서 경험한 사고와 느낌을 의식적으로 자각한다면 일부 주제가 해결될 수 있고, 남아 있는 주제가 회복 과정에 어떤 영향을 미칠지도 개방적으로 다룰 수 있다.

가브리엘은 어머니가 자신과 누나를 돌보기는 했으나 아버지의 신체적 학대에 자녀를 노출할 정도로 아버지의 행동을 허용하는 것을 경험했다. 그의 무의식적인 기대는 어머니를 포함한 주변 여성들이 자신을 돌본다면 자신의 중독을 조력해야 한다는 것이다. 가브리엘은 어머니와 누나를 남성의 희생자로 간주한다. 그가 자신의 분노를 어떻게 다루는지, 신체적으로 공격적인 행동을 해야 남성이라고 여기는지, 또는 폭력을 피하면 '남자답지 못하다'라고 여기는지 확인하려면, 남성으로서 그의 자기개념을 탐색해야 한다. 이를 통해 그가 경험했던 불안의 형태와 불안을 다루는 방식을 알 수 있다.

가브리엘은 또한 피해자였고 조력자였던 여성에게 끌리면서 자신을 보호자라고 여길 수 있다. 그러나 그는 헌신적인 연애 관계에 대해 양가적인 모습을 보이는데, 이는 어머니가 아버지의 행동을 조력했던 것에 대해 그가 무의식적으로 가졌던 양가적인 감정을 반영한다. 어머니 또는 가브리엘과 관계를 맺고 있는 다른 여성들이 그와의 관계에서 경계를 지을 때, 그는 이것이 여성과의 초기 관계 틀에서 벗어나므로 혼란스러운 것으로 경험한다. 이로 인해 가브리엘은 불안해지고 불안을 중재하기 위해 재발하여 행동화한다. 가브리엘이 통제된 입원 치료 환경에 있을 때처럼 알코올이나 약물을 사용할 수 없는 경우, 그는 약물중독을 과잉 성적 행위로 대체하여 공존하는 성

중독을 보이게 된다.

가브리엘은 학대하고 중독적인 남성을 견뎌 낸 취약한 자신의 어린 시절 경험을 조카에게 투사할 수 있다. 어머니와 누나에 대한 보호자 역할과 마찬가지로 자신을 조카의 보호자 위치에 둔다. 그는 아버지와 딸의 관계를 조카에게 투사할 수 있다. 그는 자신의 문화적 가치관에 부합하는 이상적인 아버지상을 충족시키지 못하기 때문에 중독에 대한 수치심을 경험하고 이러한 맥락에서 중독이 재발할 수 있다. 그는 조카에게 이상적인 아버지가 되고자 하는 무의식적인 욕구 때문에 중독 행동을 바꾸고자 하는 동기를 갖게 된다. 조카와의 관계를 통해 어린 시절 경험한 학대 경험을 다시 다루고 자신의 아버지와의 경험이 어떻게 영향을 주는지를 훈습할 수 있다. 조카와의 관계는 그가 자란 학대적인 상황을 극복하고 자신의 아버지와의 경험으로 인한 정서적 영향을 극복하려는 무의식적인 시도일 가능성이 크다. 조카에게 좋은 부모가 됨으로써 자신을 더 건강한 방식으로 재양육할 수 있다.

가브리엘은 부모의 인종을 밝히는 것 말고는 자신의 인종 문화적 배경을 언급하지 않는다. 그는 어머니가 아프리카계 미국인이고 아버지가 체로키족이므로 다문화를 가진 개인으로 살아왔다. 양쪽 모두 역사적으로 백인 남성 다수에 의한 권한 박탈을 경험했다. 이 밖에도 심각한 빈곤이 일상적인 애팔래치아에서 성장했다는 독특한 문화적 배경도 있다. '백인의 침략' 이후 체로키 문화가 그렇듯이, 알코올 및 기타 약물은 자신의 상황에 대한 의식적 자각을 마비시키고 도피하기 위해 쉽게 사용할 수 있는 방법이었다. 가브리엘은 자신의 다세대에 걸친 권한 박탈의 인종 문화적 배경이 스스로 자신의 상황을 바꿀 힘이 없다는 믿음에 영향을 미쳤다는 사실을 자각하지 못할 수 있다.

가브리엘은 타인과의 관계 또는 중독과의 관계에서만 자신에 대해 이야기하는데 이 점은 주목할 만하다. 이것은 그가 타인과 분리된 자신에 대한 감각이 없거나 중독과 분리되어 있지 않다는 것을 나타낸다. 이것은 치료에서 중요한 장애물일 수 있다. 그는 불안이 담길 용기(container)로 중독을 사용하지 않으면서 자신의 내적 자기를 탐색하도록 도전받을 때, 심각하고 압도적인 불안을 경험할 수 있다(Williams, 2002). 중독자로서의 자기, 회복 중인 자기, 보호자로서의 자기, 성적 존재로서의 자기(성적 지향 문제와의 씨름 포함), 다문화를 가진 자기, 부모/삼촌으로서의 자기, 운동선수/코치로서의 자기 등 가브리엘의 자기 정체성에 대한 탐색이 모두 치료에서 초점이 되는 부분이다. 왜냐하면 이들이 중독 행동으로 인한 불안을 잠재적으로 촉발하기도 하고, 회복을 지속하도록 돕는 긍정적인 자기개념을 뒷받침할 힘의 원천이 되기 때문이다.

치료자의 성별, 성적 지향, 인종, 인식된 사회경제적 지위, 교육 수준은 가브리엘이 치료 중에 보이는 전이 반응의 유형과 질에 영향을 미친다(Wachtel, 2008). 가장 좋은 시나리오는 가브리엘이 치료 과정에서 다양한 사람에 노출되는 것이다. 이렇게 되면 대인관계 과정 개입의 치료적 잠재력을 극대화하는 방식으로 전이 반응이 전개될 가능성이 커진다. 독자들은 개념화의 많은 부분이 잠정적인 가설로 제시되는 점에 주목할 것이다. 사례 개념화는 개인과 마찬가지로 역동적이다. 따라서 전이 반응이 일어나고, 새로운 무의식적 자료가 명확해지고, 잠정적 가설이 검증됨에 따라 개념화는 필연적으로 변화할 것으로 예상된다.

요약

중독의 최신 정신분석 치료는 초기 관계 틀과 미해결된 외상이 환자에게 동기를 부여하는 무의식적 추동에 영향을 준다는 신념을 바탕으로 한다. 무의식적인 환경적 · 정서적 · 감각적 촉발 요인은 그 상황에서 경험되는 불안을 중재할 방법으로 중독을 행동화하고 싶은 환자의 욕구를 만들어 낸다. 정신분석 치료자는 환자의 투사를 촉진하는 개입을 통해 대인관계 상호작용을 치료적으로 사용한다. 이는 환자에게 새로운 교정적 정서 경험이 되어, 과거 환경에서의 무의식과 전의식의 촉발 요인에 대해 의식적으로 자각하게 돕는다. 또한 환자의 재발 방지 계획을 세우는 기초가 된다. 그러나 변화 과정의 일부로 재발이 일어날 수도 있다. 왜냐하면 중독 행동을 유지하고 초기 관계 틀을 강화하는 신경회로, 그리고 미해결된 외상으로 인한 무의식적 인지와 정서는 치료가 진행되면서 일관된 치료적 대인관계 상호작용을 함으로써 재구조화되고 강화될 것이기 때문이다.

지속적인 학습을 위한 자료

▸ Websites

International Association for Relational Psychoanalysis and Psychotherapy: http://iarpp.net.

New York University Postdoctoral Program in Psychotherapy and Psychoanalysis: http://postdocpsychoanalytic.as.nyu.edu/object/faculty.paul.wachtel.

Psychoanalysis—Techniques and Practice: www.freudfile.org/psychoanalysis/index.html.

Psychoanalysis Today: www.ncbi.nlm.nih.gov/pmc/articles/PMC1525087.

Relational Psychoanalysis: https://en.wikipedia.org/wiki/Relational_psychoanalysis.

Washington Center for Psychoanalysis: www.wcpweb.org.

참고문헌

Braun, B. (1988). The BASK model of dissociation. *Dissociation, 1*, 4 - 23.

Bromberg, P. M. (2001). Out of body, out of mind, out of danger: Some reflections on shame, dissociation, and eating disorders. In J. Petrucelli & C. Stuart (Eds.), *Hungers and compulsions: The psychodynamic treatment of eating disorders and addictions* (pp. 65–80). New York: Jason Aronson.

Fonagy, P. (1999). Memory and therapeutic

action. *International Journal of Psychoanalysis, 80*, 215–223.

Fosshage, J. L. (2005). The explicit and implicit domains in psychoanalytic change. *Psychoanalytic Inquiry, 25*, 516–539.

Freud, E. (Ed.). (1960). *The letters of Sigmund Freud*. New York: Basic Books.

Grawe, K. (2007). *Neuropsychotherapy: How the neurosciences inform effective psychotherapy*. New York: Taylor & Francis.

Hassin, R., Ulemann, J., & Bargh, J. (2006). *The new unconscious: Social cognition and social neuroscience*. New York: Oxford University Press.

Horney, K. (1945). *Our inner conflicts*. New York: Norton.

Horney, K. (1950). *Neurosis and human growth: The struggle toward self-realization*. New York: Norton.

Horney, K., & Bernard, J. P. (1999). *The therapeutic process: Essays & lectures*. New Haven, CT: Yale University Press.

Keller, D. S. (1996). Exploration in the service of relapse prevention. In F. Rogers, D. Keller, & J. Morgenstern (Eds.), *Treating substance abuse: Theory and technique* (pp. 174–201). New York: Guilford Press.

Khantzian, E. J., Halliday, K. S., & McAuliffe, W. E. (1990). *Addiction and the vulnerable self: Modified dynamic group psychotherapy for substance abusers*. New York: Guilford Press.

Krystal, H. (1977). Aspects of affect theory. *Bulletin of the Menninger Clinic, 41*, 1–26.

Krystal, H. (1982). Character disorders: Characterological specificity and the alcoholic. In E. M. Pattison & E. Kaufman (Eds.), *Encyclopedic handbook of alcoholism* (pp. 607–627). New York: Gardner Press.

Kuriloff, E. (2001). The destabilizing dyad: Psychoanalytic affective engagement and growth. In J. Petrucelli & C. Stuart (Eds.), *Hungers and compulsions: The psychodynamic treatment of eating disorders and addictions* (pp. 125–134). New York: Jason Aronson.

LeDoux, J. (2002). *Synaptic self*. New York: Viking.

Meissener, W. W. (1998). Neutrality, abstinence, and the therapeutic alliance. *Journal of the American Psychoanalytic Association, 46*, 406–410.

Mitchell, S. A., & Aron, L. (1999). *Relational psychoanalysis: The emergence of a tradition*. Hillsdale, NJ: Analytic Press.

Peled, A. (2008). *Neuroanalysis: Bridging the gap between neuroscience, psychoanalysis and psychiatry*. London: Routledge.

Petrucelli, J., & Stuart, C. (Eds.). (2001). *Hungers and compulsions: The psychodynamic treatment of eating disorders and addictions*. New York: Jason Aronson.

Read, A. (2002). Psychotherapy with addicted people. In M. Weegmann & R. Cohen (Eds.), *The psychodynamics of addiction* (pp. 84–97). London: Whurr.

Rodriguez de la Sierra, L. (2002). Countertransference: Our difficulties in the treatment of substance abuse. In M. Weegmann & R. Cohen (Eds.), *The psychodynamics of addiction* (pp. 141–152). London: Whurr.

Safran, J. D., & Muran, J. C. (2000). *Negotiating the therapeutic alliance: A relational treatment guide*. New York: Guilford Press.

Siegel, D. (2012). *The developing mind: How relationships and the brain interact to shape who we are* (2nd ed.). New York: Guilford Press.

Teyber, E., & McClure, F. H. (2011). *Interpersonal process in therapy: An integrative approach* (6th ed.). Belmont, CA: Brooks/Cole, Cengage Learning.

Van der Kolk, B., McFarlane, A., & Weisaeth, L. (Eds.). (1996). *Traumatic stress: The effects of overwhelming experience on mind, body, and society*. New York: Guilford Press.

Wachtel, P. L. (2008). *Relational theory and the practice of psychotherapy*. New York: Guilford Press.

Wanigaratne, S., & Keaney, F. (2002). Psychodynamic aspects of relapse prevention in the treatment of addictive behaviors. In M. Weegmann & R. Cohen (Eds.), *The psychodynamics of addiction* (pp. 117–132). London: Whurr.

Weegmann, M. (2002a). The vulnerable self: Heinz Kohut and the addictions. In M. Weegmann & R. Cohen (Eds.), *The psychodynamics of addiction* (pp. 13–20). London: Whurr.

Weegmann, M. (2002b). The psychodynamic assessment of drug addicts. In M. Weegmann & R. Cohen (Eds.), *The psychodynamics of addiction* (pp. 71–83). London: Whurr.

Williams, A. H. (2002). Container and contained: The school of Bion. In M. Weegmann & R. Cohen (Eds.), *The psychodynamics of addiction* (pp. 3–12). London: Whurr.

Yalisove, D. L. (Ed.). (1997). *Essential papers on addiction*. New York: New York University Press.

5장

자기심리학 이론

-중독과 상처받은 자기-

Joseph B. Cooper

1977년, 국립약물남용연구소(National Institute on Drug Abuse)는 약물 의존의 정신역동에 관해 잘 알려지지 않은 연구 논문을 발표했다. 자기심리학의 창시자인 Heinz Kohut이 쓴 서문은 자기심리학의 관점에서 중독에 대한 그의 이해를 보여 준다.

> 중독자는 결국 약물을 갈망하게 된다. 왜냐하면 약물이 자기 안의 핵심적인 결손을 치유할 수 있을 것처럼 보이기 때문이다. 약물은 마치 자신의 일부인 것처럼 욕구에 대한 반응을 전능하게 통제할 수 있다고 느꼈어야 했던 시기에, 외상적으로 좌절된 자기대상의 대체물이 된다. 약물을 복용함으로써 그는 상징적으로 거울 자기대상이 자신을 진정시키고 수용하게 만든다. 또는 상징적으로 이상화된 자기대상이 그것으로 자신을 통합시켜서 마법의 힘을 발휘하게 만든다. 어느 경우든 약물의 복용은 그에게 자신이 가지고 있지 않은 자존감을 제공한다(Blaine & Julius, 1977, p. vii).

여기에서 Kohut은 이 장에서 주로 다룰 내용인 물질 의존과 자기심리학에 관한 주요 개념을 설명하고 있다. 간단히 말해서 자기심리학 모델은 중독 행위의 원동력을 자기구조 결손의 결과로 보며, 중독 행위는 결손을 가진 자기 자신에게 상실된 것을 채우기 위한 자가-복구(self-repair)의 시도로 보는 관점이다. 안타깝게도 이러한 자가-복구를 위한 중독적 시도는 일시적일 뿐 성공하지 못하는데 그 이유는 그런 시도가 자신을 치유하는 데 필요한 상실된 심리구조를 제공하지 못하기 때문이다. 자기심리학 관점에서 회복 과정이란 단지 중독 행위를 멈추거나 줄이는 것 이상의 것이다. 즉, 중독된 개인이 자기구조의 주된 결손을 개선하고 안정적이고 응집력 있는 내적 심리구조를 발전시키도록 돕는 개입을 포함하는 것이다. 이 장의 목표는 첫째, 자기심리학 관점에서의 이해를 바탕으로 중독의 발달과 유지에 대한 개념적 개요를 제공하는 것이고, 둘째, 자기심리학 관점에서 중독의 치료에 대한 몇 가지 예비 지침을 제시하는 것이다.

1. 이론의 철학적 기초와 핵심 개념

자기심리학은 Heinz Kohut 등의 연구 논문을 통해 지난 15년에 걸쳐 발전했다(Kohut, 1971, 1977; Kohut, Goldberg, & Stepansky, 1984). 정신역동 이론의 범주로 간주하지만, 심리적 장애의 병인론에 대한 구조와 이해는 Freud 이론에서 설명하는 정신 및 정서 장애에 대한 전통적인 이해와는 근본적으로 다르다(Cratsley, 2016; Fenichel, 1945). Kohut에 따르면, 미해결된 정신 내적 갈등과 정서장애는 발달 정지의 결과이며, 초기 애착 관계에서 반복되는 공감적 조율의 실패로 인해 정상적이고 응집력 있는 내적 심리구조 혹은 '자기'를 발달시키지 못했기 때문이다(Levin, 1991). 내적 심리구조는 감정 상태를 조절하고, 높은 자기존중감을 가지며, 고통에서 스스로 위로하고 진정시키는 능력에 중요하다. 우리가 중독장애를 지닌 사람들에게서 매우 자주 보듯이, 그들은 응집력 있는 내적 심리구조와 연관된 이러한 기초 능력들이 결핍되어 있다. 자기결손이 어떻게 일어나는지 충분히 이해하기 위해 우선 자기심리학의 관점에서 심리구조의 건강한 발달과 관련된 주요 개념을 살펴본다.

1) 자기의 발달

심리구조란 무엇이며 어떻게 발달하는가? 심리구조의 발달에 있어서 Kohut 모델의 중심에는 자기에 대한 이해가 있는데, Kohut은 자기를 개인 성격의 핵심이라고 이해했다. Kohut(1971)은 자기를 "응집된 공간과 지속되는 시간 속에 존재하는 하나의 단위로서, 주도성의 중심이자 모든 심리적 인상(impressions)의 수령자(recipient)"(p. 99)라고 정의했다. 자기는 경험하지 않고도 알 수 있는 무언가가 아니라, 주로 주 양육자와의 관계 경험을 통해 생애에 걸쳐 만들어지는 것이다. 이런 관점에서 Kohut은 부모의 적절한 반응이 자기의 발달에 중추적 역할을 한다고 강조했다. 이러한 반응성은 성장하는 아이의 정서적 욕구에 공감적으로 반응하는 부모의 능력으로 드러난다. 공감적 조율이 부족하거나 일관되지 않으면 심리구조 발달에 결손이 생기므로 정서 조절과 자기존중감을 방해하게 된다.

2) 자기대상 욕구

아이의 핵심자기는 유아기에 형성되고 원시적이고 파편화된 자기를 시작으로 응집력 있고 성숙한 자기를 통해 절정에 이르기까지 여러 단계를 거쳐서 발달한다. Kohut은 핵심자기를 근본적으로 양극성으로, 즉 과대자기 극과 이상화 부모 이마고 극이라는 두 개의 긴장 호를 갖고 발달하는 것으로 이해했다(Kohut, 1977). Kohut의 가설에 따르면, 이러한 양극성 자기 발달에 있어 핵심자기의 발달에는 심리 내적구조의 최적의 발달과 내재화를 위해 필요한 기본욕구가 있는데 Kohut은 그것을 자기대상 욕구(selfobject needs)라고 명명하였다(Giugliano, 2011). 자기대상은 물건도 사람도 아닌, 관계가 수행하는 기능의 주관적 측면을 말한다. 타인이 자기대상의 역할을 할 수 있지만, 우리가 이후에 보듯이 알코올과 약물도 자기대상의 역할을 할 수 있다(Flores, 2001). 자기대상은 발달하는 자기의 중심이며 주로 공감적 양육자에 의해 수행된다(Mann, 2015).

Kohut은 두 개의 자기대상 욕구, 즉 거울 욕구와 이상화 욕구를 설명했다(Kohut et al., 1984). 거울 욕구는 아이의 타고난 위대함, 역량, 독특성을 반영해 주는 양육자의 능력을 통해 충족된다. 반면, 이상화 욕구는 아이가 차분함과 강인함의 표상으로 우러러보고 모델링할 수 있는 강인하고, 진정시켜 주고, 이상화된 타인을 경험함으로써 충족된다. Kohut은 나중에 쌍둥이 욕구라고 하는 세 번째 자기대상 욕구를 추가했는데, 이것은 타인에게 친밀하고 소속감을 경험하고 싶은 욕구를 말한다(Banai, Mikulincer, & Shaver, 2005). 엄마와 아이가 마당에서 노는 장면을 상상해 보자. 아이가 웃을 때 엄마도 웃고, 아이가 웃으며 자신이 발견한 나뭇잎을 보여 주면 엄마는 따뜻하게 웃으며 아이와 눈을 맞추고 "엄마를 위해 이렇게 아름다운 잎을 찾았구나!"라고 말한다. 여기서 엄마는 아이의 거울 자기대상 욕구를 채워 주는 것이다. 거울 자기대상 욕구가 충족되면 아이는 건강한 자존감, 적절한 야망, 자기주장, 일체감을 내면화하게 된다. 같은 장면을 다시 상상해 보자. 엄마와 아이가 놀고 있을 때 아이가 넘어져서 무릎이 까졌고 울기 시작한다. 엄마는 달려가서 아이를 달래기 시작한다. 넘어져서 굉장히 무서웠을 테고 상처가 아프겠지만 곧 나을 거라고 말해 주고, 무릎에 입맞춤하며 모두 괜찮아질 거라고 말한다. 여기서 엄마는 아이의 이상화 자기대상 욕구를 채워 주는 것이다. 이상화 욕구가 충족될 때 아이는 스스로 진정시키고, 느낌을 알아차리고, 자신의 이상을 자각하는 능력을 발달시킨다. 마지막으로, 쌍둥이 욕구는 소속감이라고 하는 공동체 의식과 타인과의 연대를 갖도록 한다(Alaggia & Mishna, 2014). 결론적으로, 심리 내적구조가 발달하고 내재화되는 것은 아이의 거울, 이상화, 쌍둥이 자기대상 욕구가 충족되는 정서적으로 조율된 환경 맥락 안에서 비로소 가능하다.

3) 변형 내재화

자기대상 욕구가 내재화되어 영구적인 자기구조의 일부가 되는 과정을 변형 내재화(transmuting internalization)라고 한다(Kohut, 1971). 이는 부모가 자녀의 거울 욕구와 이상화 욕구를 항상 적절하게 충족시켜 줄 수는 없으며, 그것이 가능하지도 않음을 의미한다. 그러한 완전한 충족은 대부분 인간이 갖고 있지 않은 완벽한 수준을 요구하기 때문이다. 그러나 공감적 실패가 미미하고 상처를 주지 않는 좌절인 경우는 아이에게 자기대상 기능을 제공하는 양육자를 통해 회복될 수 있으며, 심리구조는 내재화될 수 있다. 따라서 변형 내재화가 일어나게 하는 것은 완벽이 아니라, '충분히 좋은' 양육과 최적의 좌절을 제공하는 것이다. 최적의 좌절은 아이가 균열과 회복 과정을 경험하게 되는 건강한 환경을 뜻한다. 최적의 좌절 맥락에서, 공감적 실패는 외부의 자기대상 기능을 포기하고 스스로 진정시키고 달래는 자신의 능력을 내재화하도록 이끈다(Flores, 2004). 이제 자원이 자기의 내적인 부분이 되었으므로 개인은 자존감, 자기 진정과 만족감을 위해 외부 자원에 덜 의존하게 되는 것이다. 반대로 화학적 의존으로 고통받는 사람들은 부적절감과 낮은 자존감을 가지며, 자기 진정과 좌절을 견뎌 내는 데 어려움을 겪는 것을 우리는 자주 목격하게 된다.

글상자 5-1 '충분히 좋은' 양육

무엇을 '충분히 좋은' 양육이라고 생각하는지 서로 토론하라. 충분히 좋은 양육이란 어떤 모습일까? 충분히 좋은 양육이 아닌 경우를 어떻게 알 수 있는가? 충분히 좋은 양육에 대한 이해는 다양한 문화집단에서 다른가?

4) 중독 행위의 발달

앞서 자기심리학의 기본 개념과 자기 및 심리구조의 최적 발달 과정을 개괄하였다. 안타깝게도 이 과정은 종종 최적이 아니다. 반복적인 자기대상 욕구의 총체적인 공감적 실패는 자기 및 자기구조 발달에 심각한 결손을 초래한다. 이는 수치심, 우울증, 불안, 파편화, 공허함 등 심오한 느낌을 일으키는데, Kohut(1971)은 이를 병리적 자기애의 원인이라고 이해했다(〈표 5-1〉). 병리적 자기애의 기저의 느낌은 이상화된 타인("나의 자존감과 가치는 당신의 위대함으로 인해 올라가요") 또는 거울 자기대상("나의 자존감과 가치는 당신의 위대함으로 인해 타당해져요")을 추구하기 위한 보상적 행동들을 만들어 낸다.

건강한 자기애와 반대로 병리적 자기애는 수치심, 부적절감과 낮은 자기가치감이라는 고통스러운 느낌에 방어적으로 된다(Levin, 1994). 달리 말하면, Kohut은 이러한 심리적 문제가 아이의 초기 애착 표상이 자기대상 욕구를 채워 주는 데에 실패해서 심리적 자기구조가 결손된 것과 연관된다고 밝혔다. 애착의 관점에서 이러한 실패는 양육자가 아이의 정서 상태에 공감적으로 조율할 수 없는 것과 관련이 있다(Flores, 2004). 〈표 5-2〉는 거울 자기대상과 이상화 자기대상 욕구를 내재화하는 데 실패한 정서적 및 심리적 결과를 보여 준다(Georgi, 1998).

중독 행위는 어떻게 일어나는가? 아이의 자기대상 욕구 충족이 실패하면, 즉 양육자의 공감적 조율이 반복적으로 실패해서 적절한 거울반영과 이상화가 부족하게 되면 자기가 결손되고 응집력 있는 자기구조가 부족해진다. 이러한 구조 부족은 상실된 것을 채우려는 보상적 동력을 만들어 낸다. 한마디로, 내재화와 정서 조절의 실패를 보상하고 상실된 자기구조를 채우려는 시도가 실패한 것이 중독이다.

〈표 5-1〉 병리적 자기애의 표현

• 응집력 있지만 불안정한 자기	• 대인관계의 고립감
• 파편화의 위협	• 특권이 있는 존재라는 느낌
• 과대성	• 빈약한 정서 내성
• 비현실적인 목표	

〈표 5-2〉 충족되지 않는 욕구의 결과

충족되지 않는 거울 욕구(과대감 극)	충족되지 않는 이상화 욕구(이상화된 극)
• 부적절감	• 심각한 불안감
• 공허감	• 자기에 대한 불분명한 느낌
• 낮은 자존감	• 개인 간 명확하지 않은 경계
• 무가치감	• 흑백논리에 대한 요구
• 자신과 타인에 대한 과도한 비판	• 모호한 느낌
• 통제 욕구	• 자기 진정의 어려움

정서 상태를 조절하는 능력의 결손 역시 불충분한 심리구조의 결과이다(Khantzian, Halliday, & McAuliffe, 1990). 확실하게 내재화된 심리구조가 없으면 자기조절 능력은 제한된다. Khantzian (2001)은 중독을 자기조절 장애로 간주했다. 또한 그는 임상적 관찰을 통해 중독자들이 그들의 정서뿐 아니라 자존감, 관계성, 행동을 조절하는 능력에도 결손이 있음을 발견했다. 따라서 그의 임상 경험은 중독에 대한 Kohut의 이론적 이해와 개념화에 기초하고 입증한 것이다. Khantzian의 관찰에 따르면, 중독은 단순히 즐거운 상태를 얻기 위한 시도일 뿐만 아니라, 수치심, 공허감, 박탈감 등 내적 느낌을 진정시킴으로써 그들의 정서 상태의 조절을 돕는 기능을 한다. 따라서 중독(예: 약물, 알코올, 섹스)은 새로운 자기대상이 된다.

거울 자기대상 욕구와 이상화 자기대상 욕구가 적절히 내재화되지 않았기 때문에, 중독 행동은 긴장을 줄이고 자존감을 조절할 수 있는 자기대상 기능을 제공하려고 시도하면서 대리적인 자기대상이 된다. Kohut은 다음과 같이 쓰고 있다.

> 그들이 제공하는 해결책들이 영원하지 않고 본질적으로 성공할 수 없다는 것은 이 모든 자기 치유 시도의 비극이다. 마치 위가 구멍 난 사람이 먹어서 배고픔을 달래는 것처럼 그들은 기본적인 심리적 질병을 치료하지 않으며 계속해서 반복한다. 그는 미친 듯이 음식을 섭취함으로써 기분 좋은 맛의 감각을 얻을 수 있지만, 음식이 소화기관으로 흡수되지 못하기 때문에 계속해서 굶주린다(Blaine & Julius, 1977, p. viii).

이렇게 중독자들은 항상 충동적이고 강박적인 행동에 취약하며, 그들이 자기구조의 취약성을 회복할 수 있을 때까지 하나의 중독 행동은 다른 것으로 대체된다(Flores, 2004). 이는 중독이 왜 자신의 심리적·행동적 기능체계의 일부로 고착되는지를 설명해 주며, 치료에서 중요하게 고려해야 할 사항이 무엇인지도 암시한다. 만약 우리가 중독 행동을 상실된 심리구조의 결과라고 개념화하고 자신을 치유하고 부족한 것을 채우기 위한 실제적인 시도로 중독 행동을 이해한다면, 우리의 개입은 우리의 환자가 그토록 갈구하는 충족되지 않은 자기대상을 건강하고 적응적인 방식으로 채우는 데 도움을 줄 수 있는 일련의 경험을 제공하는 것에 맞추어져야 한다. 만약 중독이 관계에서 일어났으면 치유 과정도 관계를 통해서 이루어져야 한다.

2. 치료자가 이론적 접근을 활용하는 방법

Kohut의 중독 이해의 핵심은 자기의 건강한 발달의 붕괴에 있다. 상처받은 자기는 치유 경험을 원하는데, 중독 행동은 그것을 제공하려는 시도가 실패한 것이다. 앞서 보았듯이, 건강한 자기 발달의 핵심은 양육자가 아이의 과대적 자기대상 욕구(거울반응)와 이상화된 자기대상 욕구에 얼마나 공감적으로 반응할 수 있는가에 달려 있다. 이렇게 환자의 자기 경험과 정서 상태에 대한 관계적 공감과 거울반응이 이 치료 접근에서 중심적인 역할을 한다.

그러나 이 장의 목적을 위해, 우리는 자기심리학과 관련된 치료 개입에 대한 초점이 주로 관계적 개입과 심리적 개입에 기초한다는 점을 명심해야 한다. 중독은 생물학적 · 대인관계적 · 심리학적 · 영적 요소들의 복잡한 상호작용이므로 치료는 각 영역의 결함을 포괄적으로 다루는 것이어야 한다(G. Miller, 2010). 만약 현재 우선 해독이 필요한 상태라면 심리구조를 치유하는 것은 어렵다! 분명히 위기 개입과 관리, 생리적 안정, 해독, 자살관리 등의 문제는 자기심리학 모델을 기반으로 한 개입이 시작되기 전에 우선 해결되어야 한다.

자기구조에서 결손은 치료자를 강하게 이상화(또는 평가절하)하거나 거울반응과 이해받는 반응을 강렬하게 요구하는 식으로 환자를 자기애적으로 취약하게 만든다. 일반적으로 치료는 환자의 이미 형성된 낮은 자존감의 손상, 어린 시절 양육자로부터 단계에 맞는 거울반응과 이상화 경험을 적절히 하지 못한 것에 대한 탐색, 그리고 환자의 분노와 불안 관리에 초점을 맞추어야 한다(Levin, 1994).

1) 초기 치료 단계의 고려사항

물질 의존을 치료하기 위한 자기심리학적 접근은 개인치료 또는 집단치료를 통해 이루어지지만 최적의 방법은 두 가지를 병용하는 것이다. 초기 치료에서 치료자의 자세는 간단하고 명확한 구조, 교육, 개입을 제공함으로써 적극적이고 지지적인 태도여야 한다. 중독의 주된 기능은 환자의 상실된 것을 채우고 거울 자기대상 욕구와 이상화 자기대상 욕구를 충족시키는 것이었기 때문에, 환자를 중독의 대상으로부터 분리되도록 돕고 금욕을 달성하며 생리적 혹은 의학적 문제를 다루는 것이 첫 번째 임무이다. 그렇지 않으면 더 심층적인 심리 개입이 실패하거나 증상이 악화될 것이다.

환자는 건강한 애착과 관계 능력이 손상되어 있으므로, 초기 치료 단계에서 치료자가 우선으로 할 일 중 하나는 치료적 관계를 구축하는 것이다. 실제로 이 접근의 주요 목표 중 하나는 치료자 및 다른 집단원과 관계 맺는 환자의 능력을 확장하는 것이다. 관계는 환자에게 적극적인 경청, 지지적 진술, 비판단적 긍정적 태도를 제공함으로써 구축된다. 또한 동맹을 구축하고 건강한 애착을 강화하려면 만족, 지지 그리고 담아 주는 것이 필요하다(Flores, 2004). 결론적으로 환자 욕구와 취약성에 공감하고 거울반응을 하는 것은 관계 형성 과정의 핵심이며, 환자의 자기대상 욕구를 건강하게 변형 내재화하고 심리구조를 재건하는 기초가 된다.

2) 개인치료

앞서 논의했듯이, 개인치료가 집단치료와 병행될 수 있다. 일단 중독 대상으로부터 분리되고 금욕이 되면, 개인치료의 목표는 자기 자각의 증가와 자기의 구조적 결손의 회복에 두게 된다. 이는 동맹을 형성하고 신뢰를 쌓으며 공간을 허용하여 전이 반응을 분석하고 방어를 환자의 자기애적 취약성에 대한 상처로 해석할 수 있음으로써 달성된다(Davis, 2015). 자기심리학의 관점에서 보면, 중독자들은 자기상과 자존감에 엄청난 상처를 입은 것이다. 따라서 개인치료에서 그들은 종종 치료자로부터의 거울(인정) 반응 혹은 치료자를 이상화하고자 하는 강렬한 욕구를 일으킨다. 치료 관계를 통해 환자의 과대자기가 드러나고 이상화 전이로 발전하는 기회가 된다는 점에서, 거울 전이 또는 이상화 전이는 치료 과정의 정상적인 부분으로 기꺼이 받아들여진다. 다음으로 분석과 해석과정을 거치면서 치료자와 환자는 욕구의 근원이 발달 단계적으로 적절한 거울반응과 이상화 경험이 좌절되었던 환자의 어린 시절 환경과 연관되어 있음을 이해하게 된다(Levin, 1991).

3) 새로운 심리구조의 발달

논의했듯이, 건강한 심리구조의 발달은 최적의 좌절 환경에서 이루어진다. 즉, 아이의 자기대상 욕구를 충족시키는 데 있어서 양육자의 상처가 되지 않는 좌절은 회복될 수 있다. 치료자가 환자의 거울 욕구와 이상화 욕구를 순간순간 정확하게 충족시키기란 불가능하다는 점에서 치료 관계 역시 가족 환경과 마찬가지이다. 따라서 치료자가 환자를 공감하거나 보호/진정시키는 데 실패한 비외상적 상황은 각각 탐색되고 처리되고 회복될 수 있다. 이는 단순한 지적 과정이 아니며, 공감적 조율의 실패와 연관된 감정들(예: 분노, 격노, 고통, 슬픔)을 환자가 느끼고 표현하고 훈습하도록 치료자가 직접 촉진한다는 점이 중요하다. 미세한 반복이 무수하게 일어나면서, 치료자에 의해 수행되던 기능들(자기조절, 자기 자각, 회복, 지지, 느낌 확인)이 서서히 환자에게 흡수되어 환자 자신의 자기구조와 내적 기능으로 내재화된다. 이렇게 반복적인 변형 내재화를 통해 심리구조가 형성된다.

치료자는 필요한 기능을 제공하는 일시적 자기대상 역할을 한다. 이러한 방식으로 치료 관계는 환자에게 교정적 정서 경험이 된다(Alexander, 1946). 거울 자기대상 욕구와 이상화 자기대상 욕구를 내재화함으로써 환자는 스스로 건강한 자존감, 정서 조절, 자기를 진정시키는 기능을 발달시키게 된다. 이러한 기능들은 자기대상 욕구 충족을 위해 약물과 알코올에 의존하던 환자의 필요를 대체할 수 있다.

4) 집단치료

수치심, 고통, 그리고 잦은 관계의 철회는 자기결손을 가져오므로 환자들은 정서적 욕구를 충족하기 위해 타인에게 의지하는 것을 어려워한다. 그러나 자기의 상처가 치유되고 심리구조가 회복되는 것은 명백히 관계적 맥락에서 가능하다. 따라서 집단치료는 중독으로 고통받는 이들의 치료에 자기심리학 개념이 적용될 수 있는 최적의 장소이다. 집단치료는 환자가 건강한 내적 자아와 자기구조를 통합하는 기회가 되는 한편, 환자에게 강한 정동을 담아내도록 돕는 일관된 양육, 거울반응, 안아 주기 환경을 제공하는 독보적인 기회가 된다(Flores, 2001). 개인치료 이상으로 집단치료는 거울 자기대상 욕구와 이상화 자기대상 욕구를 자신의 자기감으로 변형시키는 완벽한 기회가 된다.

5) 집단을 위한 지침

자기심리학 집단은 지지적이면서 과정-경험적인 집단 경험이어야 한다. 그래야 구성원들이 네 가지 주요 영역에서 자신의 취약성을 검토하고, 도전하고, 변화시킬 수 있다(Georgi, 1998).

1. 관계의 문제
2. 정서에 접근하기, 견뎌 내기, 조절하기

3. 자기관리 실패
4. 자존감 결핍

집단은 심리교육과 달리 과정-경험적이므로, 지도자가 안전한 분위기를 조성하고 유지하는 것이 매우 중요하다. 이는 환자가 충분한 안전감을 느낄 때 변화의 가능성이 더 크다는 이해에 바탕을 두고 있다. 집단의 초점은 지금-여기에 있으므로, 집단원 대 집단원, 집단원 대 지도자, 그리고 집단원 대 집단에서 드러나는 환자의 문제와 현재의 관계역동이 검토 및 탐색된다. '그때 거기서'의 문제는 현재 일어나는 문제와 연관이 없는 한 초점화되지 않는다.

안전한 공간을 만드는 것 외에도 집단 지도자가 심리구조의 통합을 촉진하기 위해 할 수 있는 노력은 많다. 이들은 다음과 같다(Georgi, 1998).

1. 집단원의 현재 경험에 초점을 유지한다. 이는 집단 응집력을 촉진하고 집단원 간에 자기대상 욕구와 경험을 펼쳐 놓게끔 한다.
2. 자기심리학 집단이 지향하는 가장 기본 개념은 자기대상 경험이다. 개입은 그들이 타인에게 요구하는 것이 무엇인지, 어떻게 요청할 것인지, 지도자나 집단원으로부터 적절한 반응을 얻거나 얻지 못했을 때 무엇을 경험했는지를 분명하게 말할 수 있도록 촉진하는 것이라면 어떤 것도 선택될 수 있다.
3. 집단원이 집단에 어떻게 참여하고 있는지, 타인과는 스스로 어떤 경험을 하고 있는지 탐색하도록 직접적으로 촉진한다.
4. 집단원이 그들의 대인관계 행동을 해석하고 내적 경험과 취약성을 표현하도록 촉진한다.
5. 집단원을 보호하고, 필요할 때는 집단의 정서를 조절한다. 정서에 너무 압도되어 손을 쓸 수 없게 되지 않도록 한다. 예로, 지나친 불안은 그들을 드러내기에 필요한 신뢰와 안전감을 방해할 수 있다.
6. 집단에서 느낌이 일어나는 경우 이를 명명하고 거울반응으로 정서를 조절한다.
7. 집단원이 반영되고, 인정받고, 훌륭하게 여겨지려는 욕구를 충족시키는 환경을 조성한다. 천천히 다가가고, 각 집단원과 눈을 맞추며, 집단원이 회복에 필요한 힘든 작업을 해낼 능력을 지녔다고 믿음으로써 그렇게 한다.
8. 자기애적인 상처 뒤에는 수치심이 있음을 자각한다. 수치스러워하는 집단원(혹은 당신도!)

의 잠재적인 언급에 민감하게 반응하고 다른 소통 방식을 촉진한다.

자기심리학 관점에서 보면 궁극적인 치유는 내용이 아니라 연결감, 거울반응, 지금-여기에서의 경험, 그리고 느낌의 안전한 표현이다. 지금-여기에서의 경험이 치유적인 까닭은 중독자들이 자기애적인 상처와 내적 구조의 결핍으로 인해 지금-여기에 존재하는 것을 회피하려 하기 때문이다. 집단은 그들이 안전한 장소에서 그것을 경험할 수 있도록 해 준다.

3. 평가 및 예방의 함의

평가에 대한 함의는 환자가 자기의 취약성을 표현하고 있는지, 자기심리학에 기반한 치료가 합당한지를 확인하는 것과 관련이 있다. 면밀한 생물심리사회적 평가(G. Miller, 2010) 이외에 환자의 자기애적 상처가 구체적으로 드러나는 것에도 초점을 맞추어 평가해야 한다. 여기에는 깊은 고통, 강렬한 수치심과 빈약한 자아개념, 그리고 과대자기, 권리의식, 타인으로부터의 고립과 같은 보상적 행동들이 포함된다. 응집력 있는 자기구조가 부족하므로 임상가는 네 가지 주요 영역, 즉 ⓐ 관계의 어려움 패턴, ⓑ 정서 상태에 다가가고 견뎌 내는 것, ⓒ 자기관리 실패, 그리고 ⓓ 자존감 결손을 평가해야 한다. 마지막으로, 정서 조절의 어려움, 충동성, 만족지연 능력 결여, 명확한 경계 빈약, 불안의 고조된 수준도 흔히 자기구조의 결핍을 드러내는 것이며, 이는 건강한 자기대상 기능의 거울반영과 이상화를 건강하게 내재화하는 데 실패했기 때문이다.

4. 이론의 강점과 약점

이 모델의 강점은 중독 행위의 형성과 원인을 이해하기 위해서뿐만 아니라, 자기를 회복하고 자기대상 욕구의 건강한 내재화를 촉진하는 구체적인 치료 개입을 개발하고 사용하기 위한 개념적 도구가 된다는 것이다. 자기심리학의 관점에서 중독을 이해하는 것은 치료자와 환자 모두에게 종종 중독자의 혼란스러운 자기 파괴적 행동과 재발을 이해할 수 있는 길이 된다. 중독 행위를 개인의 자가-치유(self-cure)를 위한 시도로 재구성하는 것은 중독 관련 수치심과 편견을 줄이고, 약물사용을 내적 공허함을 채우고 정서와 자존감을 조절하기 위한 시도로 설명하는 이론을 제공한다.

이 모델이 중독 행위의 심리적 · 정서적 원인을 이해하는 응집력 있는 개념적 도구는 되지만, 이 모델에 기반한 특정 개념들(예: 변형 내재화)과 치료 개입의 효과성에 대한 충분한 경험적 근거가 부족한 것은 약점이 된다. 또한 이 모델은 결핍 모델, 상실된 것을 채우려는 시도로 중독을 이해하는 모델이기 때문에, 이 '상실된 구조'가 중독의 원인인지 아니면 중독의 결과인지는 여전히 불확실하다. 이 모델은 중독의 사회적 · 문화적 영향에 대해서는 거의 언급하지 않는다. 이는 가난, 차별, 억압의 심각한 영향을 고려하지 않는다는 뜻이다. 이러한 접근이 다른 문화집단에 수정/변형되어 적용될 수 있는 방법에 대해서도 별로 언급하지 않는다. 또한 접근 방식이 일방적일 수 있는 위험이 있다. 왜냐하면 내적 심리구조 결손에 주요 초점을 두게 되면 치료자는 중독과 관련된 문화, 동료집단, 빈곤, 차별, 생물학적 및 유전적 요인이 미치는 중대한 영향을 과소평가할 수 있기 때문이다.

5. 사례 연구 반응

가브리엘의 사례는 자기결손으로 고통받으면서 알코올과 다른 약물의 보상적 사용을 통해 자신의 상실을 채우고 자기애적인 상처를 회복하려는 시도를 보여 주는 예시이다. 가브리엘은 26세의 혼혈 남성이고, 자신의 성적 지향에 의문을 가지고 있다. 그는 충돌이 많은 대인관계, 성적 행동화, 강렬한 수치심, 자신과 타인 사이의 명확한 경계가 부족한 발달사를 가지고 있다. 따라서 자기심리학의 관점에서 보면, 가브리엘은 자기대상 기능의 건강한 내재화 실패로 인해 모호하고 파편화된 자기감으로 고통받고 있다. 사례에서 보듯이 내재화의 실패는 그의 나이에 적절한 자기대상의 욕구를 충족시키지 못한 양육자의 무능력과 관련이 있다. 그 결과 가브리엘은 병리적으로 자기애적 상태가 된 것이다.

병리적 자기애는 고태적 자기(archaic self)의 단계로 회귀한 것이다. 가브리엘의 고태적 자기는 수치심으로 무력해지고 자기와 타인 사이의 분화가 어려우며 극도로 자기조절이 부족한 상태이다. 가브리엘의 자기는 퇴행적 파편화와 엄청나게 낮은 자존감의 위협이 지속되는 상태이며 이는 불안과 수치심으로 드러난다. 이러한 증상들은 강박장애와 그의 성적 정복을 통해 특권의식과 전능한 통제 욕구로 보상된다. 가브리엘의 자기는 극도로 취약하므로 자기 파편화와 멸절에 대한 두려움이 있고 그 결과 불안 수준은 꾸준히 높아지기 쉽다. 예로, 파편화는 그의 성적 지향에 대한 불확실성에서 그리고 끊임없이 연애 관계를 넘나들며 한 여성에게 충실할 수 없음에서 드러난다. 일련의 성적 도피를 통해 자신의 손상된 자존감을 끌어올리려 하는데, 이는 타인을 통해 거울 자기대상과 이상화 자기대상 경험을 추구하는 것이다.

사례 연구를 보면 가브리엘의 양육자가 거울 자기대상과 이상화 자기대상 욕구를 적절히 충족시켜 주지 못했음은 분명하다. 예로, 거울 욕구는 양육자가 자기과대감, 유능함, 독특함에 거울반응을 해 줌으로써 충족되었을 수 있고, 이상화 욕구는 강하고 진정시켜 주고 이상화된 타인—그가 침착하고 강하고 자기진정 능력을 지닌 모델로서 존경할 수 있는—을 경험함으로써 충족되었을 수 있다. 불행히도, 이 사례에서는 이것이 일관성 있게 '충분히 좋은' 기반에서 일어났다는 증거가 거의 없다. 그는 대인 간 경계가 매우 빈약하고 불안정한 관계의 발달사를 가진 환경에서 양육되었다. 친부는 그와 함께 약물을 했을 뿐만 아니라 코카인을 처음 소개한 사람이었다. 가브리엘의 기억에 따르면, 친부는 장기간 술과 약물을 남용했을 뿐만 아니라 가족에게 정서적으로나 신체적으로 학대를 가해서, 친부가 술주정으로 폭행할 때 그는 누나와 어머니를 보호했어야 했다. 중독자 아버지와 겁에 질린 어머니에게서 자기대상 욕구가 지속해서 충족되고 정서적 공감이 조율되기란 엄청나게 어려운 일이었을 것이다. 이런 이유로, 가브리엘이 변형 내재화 과정을 거치면서 그의 자기대상 욕구를 자신의 내재화된 심리구조와 자기감으로 통합하기란 절대 불가능했을 것이다.

이 사례는 정서적 · 심리적 실패의 결과를 명확히 보여 주는 예이다. 우선, 가브리엘은 건강한 방식으로 정서를 조절하는 것이 어려워서 정서와 자존감을 조절하기 위해 알코올, 약물, 성적 행동화로 옮겨 간 것이다. 정서 상태를 스스로 진정시키는 데 극도로 어려움을 갖는 것도 관련이 있다. 내재화된 자기대상 기능이 없으므로 그는 외부 수단에 도움을 구해야 한다. 그는 자신의 상실된 부분을 공허함으로 경험하고 이를 알코올, 약물, 그리고 강박적 성관계로 채우려고 애쓴다. 이번 장에서 언급했듯이, 자가 치유 시도들은 영구적이지 않다. Kohut은 자가-치유 행동으로 해결하려는 것은 일시적이고 실패하기 쉬우며, 따라서 바람직한 치유를 하지 못하고 계속해서 반복된다고 주장한다. 이는 가브리엘의 재발 이력과 지속적인 약물사용을 설명해 준다. 예로, 가브리엘은 단주 단약 시도에 실패한 전력이 있고 두 번의 입원도 했지만 성공적이지 못했다. 그의 관계, 가족, 그리고 건강에 미치는 영향에도 불구하고 그는 계속해서 약물을 사용한다. 그는 필사적이지만 자신의 내적 공허함을 메울 심리구조를 찾는 데 실패하고 있다.

1) 회복의 내면화

가브리엘이 계속 약물을 사용하는 한 자기의 치료와 치유는 일어날 수 없다. 여전히 약물과 알코올을 사용해서 생리학적 영향을 받는 한 '실제로 그 안에 누가 있는지' 알아보는 것은 불가능하다. 치료의 첫 번째 순서는 적절한 돌봄 서비스를 통해 구조와 안전을 제공함으로써 맨정신 상태를 유지하도록 하는 것이다. 사례에서 더 많은 정보가 필요하지만, 치료자는 최소한의 집중적인 외래 혹은 가능하다면 단기 입원을 시키고 경과를 관찰하면서 치료 수준을 조정할 필요가 있다고 생각한다(Cavacuiti, 2011).

자기심리학 관점에서 중독을 치료하는 것은 일방적인 것이 아니다. 다른 모델과 접근 방식을 통합하되 치료의 구성 요소는 논의의 여지가 있다. 따라서 치료자는 변화에 대한 가브리엘의 동기를 강화하고자 동기면담의 원리와 기법을 통합할 것이다(W. R. Miller, 2012). 목표는 변화에 대한 동기를 강화하고 내재화하는 것이다. 즉, 사례는 어머니와 누나의 요구로 치료에 왔다고 서술하고 있는데 이는 변화의 동기가 그의 밖에 있음을 의미하기 때문이다. 치료자가 더 충분히 탐색하고 싶은 것은 약물사용에 대한 그의 염려, 그의 삶과 관계에 미치는 영향, 변화가 그에게 얼마나 중요한지, 스스로 할 수 있다는 자신감이 어느 정도인지이다.

가브리엘은 많은 강점을 지니고 있는데 나는 이것을 그에게 강조하고 격려하고 싶다. 예로, 그는 치료를 받으려는 의지가 있고, 과거에 치료와 AA 모임에도 기꺼이 참여한 적이 있다. 그는 과거에 맨정신을 유지할 수 있었기에 법원 명령 치료를 잘 완수할 수 있었다. 가족 구성원(어머니와 조카)은 그에게 중요한 관계이므로 치료자는 이러한 지지를 활용한다.

지면이 제한되어 있어서, 개인치료 치유작업에만 초점을 두고 이야기하려고 한다. 개인치료는 집단치료, 가족치료 그리고 자조 모임과 연계될 수 있음을 염두에 두라.

자기의 상처가 관계 속에서 생겨났기 때문에 치유는 오직 관계—교정적 정서 경험과 심리구조의 내재화를 촉진할 수 있는 건강한 관계—에서만 일어날 수 있다. 따라서 작업에서 첫 번째 과제는 관계의 발전 및 안전과 신뢰 쌓기이다. 이는 비직면적 접근과 거울반영 개입을 통해 이루어지는데, 이는 치료자가 가브리엘의 내적 상태에 공감적으로 조율할 수 있음을 그에게 반영해 주는 것이다. 이때 적극적 경청, 공감적 반영, 느낌 이끌어 내기, 무조건적 수용의 자세가 필요하다. 이는 (이후에 나타날) 저항이 무시된다는 것을 의미하지는 않는다. 오히려 저항은 그의 취약한 자기의 표현이며 스스로 진정하려는 욕구로 해석된다. 예로, "지금 당신의 일부는 다시 술을 마시는 것이 괜찮다고 생각하는데, 그 이유는 자신의 삶을 통제하고 자주 경험하는 내적 혼란을 진정시키기를 너무나 간절히 원하기 때문이군요".

가브리엘과의 초기 치료 단계에서는 구조를 제공하고 개입을 명확하고 단순하게 유지하며 교육과 지원을 제공하고, 부인하는 것에 맞서지 않는다. 대신, 가브리엘이 그의 내적 역량을 최대한 사용하도록 최선을 다해 돕는다. 가브리엘과의 치료 목표는 현실적이면서도 공동으로 결정되어야 한다. 목표는 그의 강점, 자원, 상황을 고려하여 현실적으로 결정하면서도 잠정적이어야 한다. 왜냐하면 치료 과정에서 변화될 수도 있기 때문이다. 자기심리학 관점에서, 가장 중요한 목표는 가브리엘이 자기 자각을 확장하고 자기의 구조적 결손을 회복하는 것이다. 특히 다음을 하고자 한다. ⓐ 자기애적 상처의 구체적인 예를 찾아서 그가 약물과 알코올을 사용함으로써 어떻게 고통을 완화하려고 했는지 탐색하기, ⓑ 그가 양육자로부터 거울 욕구와 이상화 욕구를 적절히 충족하기 위해 경험했던 좌절을 탐색하기, ⓒ 자기애적 분노를 어떻게 재발의 형태로 행동화하거나 우울의 형태로 외면했는지 스스로 보도록 돕기, ⓓ 극도로 낮은 자존감이 고통을 달래기 위해 약물사용과 성적 행동화를 초래했음을 그에게 보여 주기, ⓔ 수치심 경험의 핵심을 설명하기(Flores, 2013).

2) 수치심

가브리엘이 성적 행동화뿐만 아니라 알코올과 약물을 사용하는 이유 중 하나는 자기의 과대성을 확인하고, 수치심, 자기혐오감, 낮은 자기존중감의 강렬한 느낌을 보상받기 때문이다. 내면에는 공허감을 느끼는데, 사랑하는 이의 상실, 굴욕감, 취업의 실패, 회복의 실패, 그리고 법적 문제와 같은 오래된 자기애적 상처들이 그 공허감을 확인시킨다. 밖에서 겪는 부정적인 경험은 가브리엘에게 또 다른 자기애적 상처이다. 효과적으로 개입하려면, 그가 행동화하도록 두는 것 대신 그의 고통에 공감함으로써 건강한 방식으로 고통을 경험하도록 촉진하는 것이 중요하다. 예로, 이렇게 말할 것이다. "당신은 살면서 많은 관계를 잃었고, 당신이 항상 두려워했던 건 사랑받지 못할 것이라는 느낌이었군요" 또는 "당신에게는 수많은 사건이 있었는데, 그것들은 당신 자신과 타인에 대한 존중을 상실했다는 사실을 더 확인시켜 줄 뿐이군요". 또한 그가 알코올과 약물에 어떻게 거울 전이와 이상화 전이를 일으켰는지를 해석하는 것은 중요하므로, 그는 중독 행위 이면의 동기를 이해하게 되고 중독 행위가 방어했던 고통과 수치심을 느끼기 시작할 수 있다. "음주를 통해 그토록 절실히 원했던 사랑과 힘을 얻게 되는군요" 또는 "술독은 당신을 진정시키고 모든 것이 다시 괜찮아 보이게끔 도왔던 좋은 부모처럼 느껴지는군요. 이제 깨어나고 있으니 수치심, 분노, 환멸과 같은 느낌에 관해 이야기해 봅시다".

3) 정서 조절

불안은 그의 삶에 큰 역할을 한다. 따라서 불안은 파편화에 대한 두려움과 내적 공허감에서 비롯되며, 그 두려움과 공허감은 분노, 죄책감 그리고 수치심이라는 강렬한 무의식적 느낌과 밀접하게 연관되어 있음을 알도록 도울 수 있다. 이 작업으로 그를 돕기 위해, 함께하는 치료 시간에서 불안감의 기저에 있는 느낌을 탐색하고, 그가 고통스러운 느낌들에 점점 더 가깝게 다가가고 견딜 수 있도록 도우려고 한다. 예로, "아버지에 대해 이야기할 때, 당신이 불안해하는 것을 알았어요. 그 불안의 밑에는 무엇이 있을까요? 조금 더 볼 수 있을까요? 그에 대해 이야기하면서 어떤 느낌이 들끓고 있나요?" 가브리엘이 안전하고 건설적인 방식으로 그의 강렬한 정서를 경험하는 것이 중요하다. 왜냐하면 이것은 그의 가정환경에서는 허용되지 않았던 일이기 때문이다. 치료자는 그가 행동화할 필요 없이 치료 시간에서 강렬한 느낌을 견딜 수 있도록 돕고 싶고, 치료자 앞에서 이런 정서를 느끼는 것이 그에게는 어떤 것인지 격려할 수 있다. "당신이 지금, 당신 안의 분노를 어떻게 느끼는지 궁금해요. 지금, 당신이 화가 났다는 것을 말하는 속마음은 어떤가요? 이런 분노와 고통은 어디서 오는 것일까요? 이런 느낌을 저와 함께 느끼는 건 어땠나요?" 이는 소외된 느낌의 경험뿐만 아니라 인지적 성찰과 이해도 촉진한다. 치료자와 강렬한 정서를 경험하고 견뎌 내면 낼수록, 건강하지 않은 방식으로 덜 행동화하게 된다. 또한 이러한 경험과 성찰의 이중 과정은 그의 내적 역량을 구축하고 심리구조를 형성하도록 촉진한다(Goldin, 2014).

4) 공감적 조율 및 변형 내재화

회기에서 가브리엘의 내적 상태를 탐색하고 경험하면서, 공감적으로 조율하고 거울반영을 하기 위해 애쓰는 것이 매우 중요하다. "질병이 당신을 너무 지치게 만들었고, 이것이 당신의 삶에 어떤 영향을 미쳤는지 직면하는 것은 고통스럽군요", "당신의 자기상은 사라졌네요. 그런데 여전히 당신은 많은 것을 보여 주고 싶고, 멋진 사람으로 보이기를 원하는군요", "당신의 아버지는 자주 당신 곁에 있지 않았고, 당신은 그의 삶의 일부가 되기를 원했네요" 그리고 "당신은 내면이 너무나 텅 비었다고 느끼는데, 공허감을 채우기 위해 다른 여성들을 찾았던 거군요" 이러한 개입은 가브리엘이 삶에서 부정당했던, 상실된 거울 자기대상의 욕구를 제공한다. 하지만 치료자는 항상 정확하게 가브리엘을 공감할 수 있는가? 당연히 아니다. 그의 내적 정서 상태에 정확하게 맞추지 못할 때가 수백 번 있다. 그러나 이번 장 서두를 돌이켜 보면, 심리적 구조가 구축될 수 있는 것은 바로 가브리엘에게 공감적으로 조율하는 데 실패하는 것과 그 실패를 탐색하고 해결하는 것이다 (Ulman & Paul, 2013). 가브리엘과의 관계는 '충분히 좋은' 것이면 되고 완벽할 필요는 없다. 따라서 상처를 주지 않는 공감(거울 욕구)의 좌절 또는 보호(이상화 욕구)의 실패 그리고 이어지는 훈습 과정을 통해 새로운 심리구조가 조금씩 조금씩 내재화된다. 치료 시간 내 수많은 상처에 대한 훈습과 그의 정서적 반응을 통해, 치료자가 적절히 제공할 수 없었던 기능의 내재화가 점진적으로 이루어진다. 따라서 가브리엘의 심리구조—이전에는 약물이나 타인들에 의해 행해진 것을 이제는 스스로 할 수 있는 능력—는 이제 발달하는 자기 기능과 자기 가치의 일부가 된다. 이 과정이 어떻게 보이는가? 실패를 솔직하게 인정함으로써 과정은 시작한다. "내가 지금 당신의 아버지가 최선을 다했다고 말했을 때 빗나갔군요" 다음으로는 이것의 정서적 영향을 탐색하고 거울반영을 한다. "지금 이 일이 당신에게 정말 상처를 주었고 오해를 받았던 오래전의 고통을 불러일으킨 것 같군요" 그리고 마지막으로 치료자의 복구 시도에 대한 그의 반응을 탐색한다. "지금 제 얘기를 듣고 어떻게 느껴지시나요?"

5) 결과

가브리엘과의 성공적인 치료의 결과는 무엇일까? 이상적으로 그는 '충만한' 혹은 더 완전한 내면의 느낌을 보고할 것이다. 약물사용이나 성적 행동화의 충동이 현저히 줄어들 것이다. 공허감과 막연한 불안감은 점차 사라질 것이고, 현실검증력이 향상되며, 안정된 수준의 자존감을 지속해서 유지할 수 있을 것이다. 또한 자신의 정서를 적응적인 방식으로 느끼고 관리하는 능력을 보일 것이다. 치료자는 불안을 다루고 긴장을 조절하며 필요할 때 스스로 진정시키는 그의 구체적인 역량의 예들을 물어보고 그러한 성공에 대해 그와 함께 축하한다.

요약

약물사용과 다른 중독 행동을 자기심리학 관점에서 개념화하는 것은 중독 행동의 기원을 이해하는 설명적 도구가 되며 회복 과정을 촉진하는 개입 방법을 제공한다. 중독은 양육자가 자녀의 거울 자기대상 욕구와 이상화 자기대상 욕구를 충족시키지 못해서 자기구조가 결손된 결과로 보인다. 그 결과 개인은 명확한 자기감과 응집력 있는 자기감에 따라오는 기능들—자기진정, 건강한 자기존중감의 경험, 정서 조절, 건강한 자기보호 행동—이 결여된다. 중독 행동은 상실된 것을 채우고 자신의 상처를 치유하고자 하는 시도의 실패이다. 치료의 목표는 환자의 이러한 요소를 새롭고 안전한 자기감으로 내재화하는 과정을 시작하는 것이다.

지속적인 학습을 위한 자료

▸ **Books**

Blaine, J. D., & Julius, D. A. (1977). *Psychodynamics of drug dependence* (Vol. 12). U.S. Department of Health, Education, and Welfare, Public Health Service, Alcohol, Drug Abuse, and Mental Health Administration. Retrieved from http://digisrv-2.biblio.etc.tu-bs.de:8081/docportal/servlets/MCRFileNodeServlet/DocPortal_derivate_00003766/012.pdf.

Flores, P. J. (2004). *Addiction as an attachment disorder*. Lanham, MD: Jason Aronson.

Khantzian, E. J., Halliday, K. S., & McAuliffe, W. E. (1990). *Addiction and the vulnerable self: Modified dynamic group therapy for substance abusers*. New York: Guilford Press.

Kohut, H. (1971). *The analysis of the self*. New York: International Universities Press.

Levin, J. D. (1991). *Treatment of alcoholism and other addictions: A self-psychology approach*. Lanham, MD: Jason Aronson.

Schore, A. N. (2003). *Affect regulation & the repair of the self*. New York: W. W. Norton.

▸ **Websites**

Dr. Allen N. Schore: www.allanschore.com.

Self-Psychology Page: www.selfpsychology.com.

Self-Psychology Psychoanalysis: www.selfpsychologypsychoanalysis.org/index.shtml.

참고문헌

Alaggia, R., & Mishna, F. (2014). Self psychology and male child sexual abuse: Healing relational betrayal. *Clinical Social Work Journal, 42*(1), 41-48. doi:10.1007/s10615-013-0453-2

Alexander, F. (1946). *Psychoanalytic therapy: Principles and application*. Oxford, UK: Ronald Press.

Banai, E., Mikulincer, M., & Shaver, P. R. (2005). "Selfobject" needs in Kohut's self psychology: Links with attachment, self-cohesion, affect regulation, and adjustment. *Psychoanalytic Psychology, 22*(2), 224-260. doi:10.1037/0736-9735.22.2.224

Blaine, J. D., & Julius, D. A. (1977). *Psychodynamics of drug dependence* (Vol. 12). U.S. Department of Health, Education, and Welfare, Public Health Service, Alcohol, Drug Abuse, and Mental Health Administration. Retrieved from http://digisrv-2.biblio.etc.tu-bs.de:8081/docportal/servlets/MCRFileNodeServlet/DocPortal_derivate_00003766/012.pdf.

Cavacuiti, C. (2011). *Principles of addiction medicine: The essentials*. Philadelphia: Lippincott, Williams, & Wilkins.

Cratsley, K. (2016). Revisiting Freud and Kohut on narcissism. *Theory & Psychology, 26*(3), 333-359.

Davis, D. R. (2015). Moments of meeting: A self psychological approach. *International Journal of Psychoanalytic Self Psychology, 10*(1), 69-79.

Fenichel, O. (1945). *The psychoanalytic theory of neurosis*. New York: Norton.

Flores, P. J. (2001). *Addiction as an attachment disorder:* Implications for group therapy. International Journal of Group Psychotherapy, 51(1), 63-81.

Flores, P. J. (2004). *Addiction as an attachment disorder*. Lanham, MD: Jason Aronson.

Flores, P. J. (2013). *Group psychotherapy with addicted populations: An integration of twelve- step and psychodynamic theory* (3rd ed.). New York: Routledge.

Georgi, J. M. (1998, October). *Modified interactive group psychotherapy and rational behavior training: A blend of group interventions and substance abusing patients*. Presented at the Mountain Area AHEC, Asheville, NC.

Giugliano, J. R. (2011). Self-psychological treatment of a sex addict with sadomasochistic behaviours: A case report. *British Journal of Psychotherapy, 27*(4), 352-367. doi:10.1111/j.1752-0118.2011.01247.x

Goldin, D. (2014). Addiction and temporal bandwidth. *International Journal of Psychoanalytic Self Psychology, 9*(3), 246-262.

Khantzian, E. J. (2001). Reflections on group treatments as corrective experiences for addictive vulnerability. *International Journal of Group Psychotherapy, 51*(1), 11-20.

Khantzian, E. J., Halliday, K. S., & McAuliffe,

W. E. (1990). *Addiction and the vulnerable self: Modified dynamic group therapy for substance abusers*. New York: Guilford Press.

Kohut, H. (1971). *The analysis of the self*. New York: International Universities Press.

Kohut, H. (1977). *The restoration of the self*. New York: International Universities Press.

Kohut, H., Goldberg, A., & Stepansky, P. E. (1984). *How does analysis cure?* Chicago: University of Chicago Press.

Levin, J. D. (1991). *Treatment of alcoholism and other addictions: A self-psychology approach*. Lanham, MD: Jason Aronson.

Levin, J. D. (1994). Alcoholism and regression/fixation to pathological narcissism. In J. D. Levin & R. H. Weiss (Eds.), *The dynamics and treatment of alcoholism: Essential papers* (pp. 370 - 385). Lanham, MD: Jason Aronson.

Mann, G. (2015). The selfobject function revisited: Reaching out beyond the individual. *International Journal of Psychoanalytic Self Psychology, 10*(3), 212–223.

Miller, G. (2010). *Learning the language of addiction counseling* (3rd ed.). Hoboken, NJ: Wiley.

Miller, W. R. (2012). *Motivational interviewing: Helping people change* (3rd ed.). New York: Guilford Press.

Ulman, R. B., & Paul, H. (2013). *The self psychology of addiction and its treatment: Narcissus in wonderland*. New York: Routledge.

6장 발달적 접근

Amy E. Williams
Charles F. Gressard

중독에 대한 발달이론은 사람들이 성장하거나 발달해 가면서 중독 과정에 대처하고, 재발 경향에 대처하는 방법을 찾는 능력도 함께 성숙해진다고 가정한다. 이 장에서는 중독의 원인과 유지에 대한 발달적 관점을 설명한다. 또한 더 높은 의식 수준으로의 발달적 변화가 생애 전반에 걸쳐 중독에 미치는 영향을 탐구하고, 그 변화들이 중독의 회복과 어떻게 관련될 수 있는지를 논의한다.

1. 발달이론의 공통 요소

다양한 발달이론들은 넓은 범위의 발달 과정과 과업에 따른 진행 과정을 탐구한다. 이러한 이론들은 중독치료자들과 특히 중요한 관련이 있는 심리사회적 발달, 도덕성 발달, 자아발달, 영성 발달을 개념화하는 모델을 포함하고 있다. 이러한 이론들은 각각 전체적인 발달 중 특정 측면에만 초점을 맞추고 있지만 많은 공통 요소를 가지고 있다. 이러한 요소들은 각 이론이 초점을 맞추고 있는 기본 원칙들, 철학적 기반, 그리고 실무자들이 사용하는 방식을 포함하는 특정한 발달 영역을 넘어서는 공통된 특징을 지닌다.

1) 기본 원칙

발달이론은 덜 복잡한 것에서부터 더 복잡한 것으로 이어지는 스펙트럼에서 인간의 생물학적 · 심리적 · 사회적 · 영적 기능을 개념화하기 위한 다양한 모델들을 포함한다. 많은 발달 과정은 이러한 각 요소들이 중첩되어 진행된다. 예를 들어, 한 아이가 언어를 이해하고 사용하는 인지 능력을 발달하기 시작하면서 그 아이는 상호작용하는 환경과 타인에 대한 인식도 발달하기 시작한다. 일반적으로 발달이론의 단계에 따른 개인의 발달 과정은 개인과 개인이 속한 환경 간의 상호작용에 따라 달라진다(Blocher, 2000). 이러한 과정이 늘 보장되는 것은 아니지만 발달이론은 적절한 조건에서 개인의 발달이 진행되면 점점 더 복잡하게 사고하고 이해하며 기능하는 방법을 발달시킬 것이라고 본다(Blocher, 2000).

2) 철학적 기초와 핵심 개념

앞부분에서 설명한 바와 같이 발달 과정은 시간이 지남에 따라 단순한 것에서 복잡한 것으로 자연스럽게 진행된다고 가정한다. 이 과정은 해당 과정이 진행되기에 적합한 환경에서 개인이 발달한다는 것을 전제로 한다. 발달 과정을 촉진하는 특정 환경 요인에는 지지, 도전, 성찰의 기회 사이의 적절한 균형이 포함된다(Brendel, Kolbert, & Foster, 2002). Stephanie Brown이 개괄한 회복 발달모델(the developmental model of recovery)은 발달의 원칙을 회복 과정에 적용시킬 수 있는 틀을 제공한다(S. Brown, 1996). 예를 들어, 90일간의 입원치료를 성공적으로 마친 알코올 의존증 환자는 초기 회복에 필요한 발달 과정을 겪고 있을 가능성이 높다. 여기에는 지지적 관계를 유지하고 개인적 가치, 신념, 목표를 인식하고 준수함으로써 금주 상태를 지속하는 것이 포함된다. 이런 영역의 발달을 지원하기 위해 명확한 조직과 구조를 갖춘 환경은 잘 조직되지 않았거나 일관성이 결여된 환경보다 더 바람직하다. 개인이 이러한 영역에서 새로운 신념, 사고 및 능력을 발달시키기 시작하면서 점점 더 복잡한 작업, 상호작용 혹은 딜레마를 통해 개인의 발달에 계속 도전하는 환경은 이미 시작된 발달 과정을 한층 더 강화시킬 것이다. 피드백을 제공하고 개인이 이러한 경험에 대한 자신의 생각, 감정, 신념을 성찰할 수 있도록 하는 환경은 개인이 발달 단계에 도달하고 점점 더 복잡해지는 발달 과업을 계속해서 이룰 수 있도록 도움을 줄 것이다.

지지, 도전, 성찰을 위한 기회 간의 균형은 발달을 촉진시킨다. 이러한 요소가 제공되지 않는 환경에서는 발달의 진행을 촉진하는 데 실패하거나 최악의 경우 발달 자체가 방해받을 수 있다(Blocher, 2000). 예를 들어, 앞서 설명한 개인을 생각해 보자. 만약 이 개인이 비일관적이거나 구조가 없는 가정 환경에서 성장했거나, 새로운 행동, 능력, 신념을 시도할 기회가 거의 없었거나, 이러한 영역의 발달을 위한 자원이 부족했거나, 피드백과 성찰을 통해 개인이 이러한 능력을 개발하도록 돕는 데 관심이 부족했다면 최적의 환경 속에 있는 사람과 동일한 수준의 회복적 발달 목표를 달성하기 위해 훨씬 더 많은 노력을 기울여야 할 것이다. 비록 이러한 발달이 저해된다 하더라도 발달 과정을 지원하는 12단계에 참여하거나 외래환자 집단치료와 같은 다른 환경을 통해 발달 과정이 보완될 수 있는 가능성은 여전히 있다. 이와 같은 지원은 개인이 이러한 환경과 얼마나 지속적으로 상호작용하느냐에 따라, 초기 회복 과정에서 발달을 지원하기에 적합하지 않았던 주요 환경을 보완할 수 있다.

발달이 지연될 수 있는 가능성에 덧붙여 스트레스를 관리하는 개인의 스트레스 대처 능력을 초과하는 스트레스 상황에서는 발달적 퇴행이 일어날 수 있다(Aldwin, 2007). 이러한 현상은 초기 회복 중인 개인이 이전의 스트레스 관리 방식으로 돌아갈 때 빈번하게 발생한다. 종종 이러한 퇴행은 다시 기분 전환 물질을 사용하는 것으로 돌아가는 데 관여한다. 스트레스는 심리사회적 발달, 자아, 도덕성, 영성 발달을 포함하는 하나 또는 그 이상의 발달 과정 영역에 영향을 미친다. 이러한 퇴행은 자기중심적인 태도, 즉각적인 결과 혹은 발각을 피하려는 의사결정, 또는 영적 단절을 포함하여 적극적인 물질사용 중에 관찰되는 행동으로 보일 수 있다. 실제로, 이렇게 관찰된 행동은 발달적 퇴행을 유발하는 스트레스 요인에 대처하지 못한 결과일 수 있다. 이 과정은 종종 개인을 재발 위험에 빠뜨리고 스트레스로 인해 더 큰 어려움이 발생할 수 있기 때문에 이를 상쇄하기 위해 추가적인 지원과 성찰 및 피드백 기회가 필요할 수 있다.

발달의 진행은 이전 발달 목표가 성공적으로 해결되는 것을 전제로 한다. 즉, 개인이 보다 복잡한 단계로의 초기 발달적 전환이 성취되지 못한다면 이전 단계가 성공적으로 달성될 때까지 이후의 발달 진행이 불가능하다. 물질사용장애 치료에서 이렇게 실패한 발달 과정은 적극적 물질사용에서 초기 금욕으로 전환하는 개인들에게 종종 관찰된다. '모 아니면 도' 식의 생각, 들키지 않으면서 치료 규칙을 어기려는 시도, 자기 자신과 즉각적 욕구에 집중, 치료의 영적 요소에 대한 거부와 같이 제대로 성취되지 않은 발달 이정표의 남은 요소들은 모두 이전 발달 이정표를 성공적으로 해결하지 못했다는 증거가 될 수 있다. 결과적으로 치료 환경은 일반적으로 높은 수준의 구조와 지원 그리고 자기성찰과 타인으로부터 피드백을 받을 수 있는 충분한 기회를 제공하는 방식으로 반응한다. 이는 초기 금욕의 어려움과 발달적으로 방해된 방식으로 환경과 상호작용하려는 경향이 증가하는 것을 보완하기 위함이다.

발달 과정, 도전 과제 및 욕구가 광범위하기 때문에 발달의 진행은 연령이 증가하는 것만으로는 보장되지 않는다. 연령과 발달 수준 사이의 불일치는 특히 청소년기나 초기 성인기부터 알코올이나 기타 약물을 사용해 온 개인에게서 관찰될 수 있다(S. A. Brown et al., 2008). 개인이 물질사용 패턴을 변화시키기 시작할 때 관찰되는, 겉보기에 미성숙해 보이는 행동의 대부분은 발달 성숙도와 생활 연령 간의 불일치에서 비롯된다. 앞서 논의된 바와 같이, 이러한 차이는 개인이 물질사용장애 치료를 시작할 때 특히 눈에 띄는 문제가 될 수 있다.

물질사용 외에도 외상, 학대 또는 방치의 역사, 혼란스럽거나 불안정한 환경, 혹은 주 양육자의 만성적인 신체적 또는 정신적 병력과 같은 다양한 환경적 영향이 아동, 청소년 및 젊은 성인의 발달에 영향을 미칠 수 있다(Jonsson, 2009). 가족체계 내 이러한 영역들에 걸쳐 영향을 미칠 수 있는 중독은 물질사용장애의 영향을 받은 가정에서 자란 아동, 청소년 및 젊은 성인의 발달에 깊은 영향을 미칠 가능성이 있다. 또한 가족 내 물질사용의 역사는 치료 및 회복 단계 전반에 걸쳐 치료를 받으려는 개인에게도 영향을 미칠 수 있다. 이러한 문제에 대한 구체적인 정보는 이 장의 후반에 제시하겠다.

글상자 6-1 발달이론의 철학적 토대

- 발달은 덜 복잡한 것에서 더 복잡한 것으로 자연스럽게 진행된다.
- 지지, 도전, 성찰은 발달을 촉진하는 데 도움이 된다.
- 대처기제를 넘어서는 스트레스 요인은 이전 발달 단계로의 퇴행을 촉진할 수 있다.
- 일부 발달 단계는 대부분의 성인이 거의 달성하지 못하며 일반 인구에서도 거의 관찰되지 않는다.
- 적절한 발달 지원이 제공되지 않는 환경에서 발달이 저해될 수 있다.
- 발달 진행은 연령 증가만으로 보장되지 않는다.
- 발달이 다음 단계로 진행하기 위해서는 적절하게 달성된 이전 단계가 필요하다.
- 제대로 이루어지지 않은 발달 변화는 발달 영역 내, 영역 전반에 걸쳐 이후 발달에 영향을 미칠 수 있다.

2. 선정한 발달이론의 개요

지금까지 발달이론 전반에 적용되는 정보를 제공했다. 이러한 발달이론은 많은 공통점을 가지고 있지만 각각의 이론은 발달 과정에 대해 독특한 관점을 제시한다. 발달 과정은 생물학적 · 심리적 · 사회적 · 영적 영역을 포함하는 상호작용적이고 반복적 과정이라는 점을 기억하는 것이 중요하다. 이 장에서는 물질사용장애를 가진 환자와의 작업에서 특정 발달 요소를 이해하는 데 더 큰 맥락을 제공하기 위해 선정한 다섯 가지 발달이론에 대한 정보를 제공하려고 한다.

1) Erikson의 심리사회적 발달이론

Erik Erikson(1980)의 심리사회적 발달이론은 개인 내적 및 개인 간 과정에 초점을 맞춘다. 구체적으로 이 이론은 개인의 효능감, 자율성 그리고 주체성의 발달에 중점을 두면서, 출생부터 성인 후기까지 발달 이정표를 성공적으로 달성하기 위한 주요 과업을 제시한다. 이 이정표들은 개인과 그 개인이 상호작용하는 환경, 즉 개인과 다른 사람들 간의 상호작용을 필요로 한다. Erikson은 심리사회적 발달 이정표가 성공적으로 해결되지 않으면 이후의 발달 이정표를 달성할 가능성에 부정적인 영향을 미치며, 새로운 상황에서 자기효능감을 얻고 개인적 주체성을 발휘하는 방식에도 부정적인 영향을 미친다고 언급했다. 어린 시절이나 청소년기에 이러한 이정표 중 하나 이상이 제대로 해결되지 않으면 미래의 발달 경로에 부정적인 영향을 미칠 수 있으며, 특히 이러한 초기 발달 이정표들 중 많은 것이 물질사용이나 다른 환경적 스트레스 요인들에 의해 부정적인 영향을 받을 수 있다. 따라서 Erikson 이론은 사람들이 기분 전환 물질의 적극적인 사용에서 금욕 상태로 전환할 때 자주 나타나는 행동을 이해하는 데 매우 유용하다. Erikson 이론의 구체적 단계와 성공적 또는 비성공적으로 해결된 단계의 결과에 대한 설명은 〈표 6-1〉에 자세히 나와 있다.

〈표 6-1〉 Erikson의 심리사회적 발달이론

심리사회적 발달	단계 설명	성공적 극복	비성공적 극복
신뢰-불신 (Trust-mistrust)	양육자와 신뢰 관계 발달	개인이 양육자와의 관계에서 신뢰를 경험하고, 환경의 안전을 신뢰하기 시작	양육자와의 신뢰 관계 부족 및 이와 유사한 환경에 대한 신뢰 부족
자율성-수치심 (Autonomy-shame)	자신과 환경에 대한 통제감 발달	개인이 자율성을 경험하고 자신과 환경에 대한 통제감을 느끼기 시작	자신과 환경을 통제할 수 있는 능력에 대한 수치심과 의심 발달
주도성-죄책감 (Initiative-guilt)	필요를 충족하고 만족스러운 활동을 시작하고 주도	개인이 독립성과 자기주장을 발달시키고, 의미 있고 필요한 즐거운 활동을 추구하기 위한 의지를 느끼기 시작	자기주장을 하지 못하거나 독립성을 추구하지 못하는 죄책감이 형성되며 자기 옹호를 통해 욕구를 독립적으로 충족시키지 못함

심리사회적 발달	단계 설명	성공적 극복	비성공적 극복
근면성–열등감 (Industry–inferiority)	다양한 맥락에서 새로운 기술과 능력 습득	개인이 여러 환경에 적응하고 새로운 지식과 기술을 적용하며 능숙함을 느끼기 시작	열등감과 실패감이 생기면서 개인이 변화에 적응하지 못하고, 도전적인 상황을 피하며 여러 영역에서 새로운 기술을 습득하지 못하게 됨
정체성–혼란 (Identity–confusion)	다양한 맥락에서 개인의 정체성 발달	개인의 생각, 감정, 가치관, 신념과 경험 및 기대를 바탕으로 정체성이 형성되기 시작	혼란감과 정체성 발달의 부족이 나타나 자신에 대한 인식, 가치관, 신념, 목표에 결핍이 생길 수 있음
친밀감–고립 (Intimacy–isolation)	타인과의 친밀한 관계 형성	개인이 친밀한 관계를 발전시키고, 이러한 관계를 유지하고 돌보는 능력을 배움	친밀한 관계를 피하거나 유지하지 못하게 되는 고립감을 경험
생산성–침체 (Generativity–stagnation)	다음 세대에 기여할 방법을 발전	개인이 자신의 에너지를 가족, 사회적 목적, 또는 다음 세대를 지원하는 활동(가치관, 신념, 지혜 전달 포함)에 집중	개인이 침체감과 무목적감을 느끼거나, 다음 세대의 발전을 도모하거나 돌보는 데 실패
통합성–절망 (Integrity–despair)	인생의 목적과 성취에 대한 인식을 발달	개인이 인생, 가치관, 목적에 대한 자기성찰을 통해 자신의 삶의 성취와 성과를 받아들이고 감사함을 느낌	인생을 무의미하게 여기거나, 자신의 성취가 가치관, 신념, 인생 목표와 일치하지 않는다는 절망감을 경험

출처: Erikson (1980).

2) Loevinger의 자아발달이론

Erikson의 심리사회적 이론과 유사하게 Jane Loevinger(1976)의 자아발달이론은 내부 의미 체계와 외부 환경 간의 상호작용 과정에 주목한다. 그러나 Loevinger의 자아발달이론은 발달의 지표로 외부에서 관찰 가능한 행동보다는 내적 의미의 형성 과정에 더 중점을 둔다. Loevinger에 따르면, 점점 더 복잡해지는 발달 단계는 자아에 대한 인식, 타인에 대한 인식, 그리고 자아와 타인 간 상호작용 과정에 대한 인식의 증가로 드러난다. 이러한 의미 형성 과정은 즉각적으로 관찰하기 어렵지만 이는 자아 개념, 자아 정체성, 옳고 그름에 대한 감각, 타인과의 소속감 및 연결성, 그리고 개인적 및 보편적 목적 등 환경의 모든 측면에 대한 해석에 영향을 미친다. 개인의 의미 형성 과정이 발전함에 따라 이러한 모든 요소의 분리된 속성과 상호연결된 본질에 대한 정교한 이해도 함께 발전한다.

Loevinger의 이론에는 환경적 지원, 도전, 성찰의 기회가 발달을 촉진하기에 충분할 때조차도 일반 성인이 거의 도달하지 못하는 발달 영역이 포함되어 있다. 일부 기능 수준은 특별한 환경에서 최적화되기 때문에, 최적의 환경에서 지원을 받는 개인은 그 환경의 범위와 자신의 기능 수준을 넘어서 자아와 세상을 이해하거나 의미를 부여할 필요가 없을 수도 있다. 반면, 엄청난 고난을 겪거나 개인적인 깨달음을 추구하는 사람들, 또는 현재의 기능 수준을 넘어서기 위해 환경적 도전과 성찰의 기회를 마주한 사람들은 지원, 도전, 그리고 자신에게 부과된 요구가 충분하지 않은 환경에서도 이러한 발달 이정표를 달성할 수 있다. 이런 경향은 특히 물질사용장애에서 회복 중인 개인들과 관련이 깊다. 회복 과정에서 자주 직면하는 도전 및 다양한 치료 방법을 통해 제공되는 지원과 성찰을 결합하여 일부 개인들은 이러한 더 복잡한 발달 이정표를 달성하는 데 특히 도움을 받을 수 있다. Loevinger 이론의 구체적 단계와 성공적 또는 비성공적으로 해결된 단계의 결과에 대한 설명은 〈표 6–2〉에 자세히 나와 있다.

〈표 6–2〉 Loevinger의 자아발달이론

자아발달	단계 설명	성공적 극복	비성공적 극복
친사회적/공생적(Prosocial/symbiotic)	욕구의 즉각적인 만족과 환경 요소로부터 분화	개인의 욕구가 충족되고, 환경으로부터 자기의 분화가 이루어짐	일관성 없는 욕구 충족, 환경으로부터 빈약한 분화
충동적(Impulsive)	감각적 활동과 과정. 충동적 행동, 의존적 행동에 초점, 자기에게 미치는 영향으로 좋고 나쁨을 봄. 이분법적 사고(좋음/나쁨, 행복/슬픔)가 지배적	감각적 자기에 대한 인식 증가, 자기 통제 기제에 대한 인식 시작, 관찰 및 환경의 피드백을 바탕으로 적절한 행동에 대한 인식 증가	감각적 충동에 대한 통제 부족, 일관되지 않은 자기 통제, 관찰이나 환경의 피드백을 기반으로 하는 행동에 대한 규범 부족
자기보호적(Self-protective)	문제 회피, 결과 회피, 이를 피하기 위한 조종의 발달, 규칙에 대한 감각 증가와 자기 통제 발달, 결과를 피하기 위해 비난을 사용	개인의 행동과 결과 간의 관계에 대한 인식이 증가하고, 행동과 결과에 대한 책임감과 통제력이 증가하며 행동과 그 결과에 대한 책임을 질 수 있음	행동과 결과 간의 일관된 인식 부족, 조종과 비난을 통한 결과 회피, 행동 및 결과에 대한 책임 회피
동조자(Conformist)	도덕, 규칙 준수, 타인에게 받아들여지는 느낌, 타인과 환경에 대한 흑백 사고, 감정에 대한 표면적 인식	자기, 타인, 개인의 가치관과 도덕에 대한 인식 증가, 감정 인식 증가, 주어진 상황에서 여러 관점을 보고 다양한 결과나 선택을 고려할 수 있음	자기 인식 부족, 감정 인식 및 개인적 가치관과 도덕에 대한 인식 부족, 관점을 취하기 어렵고 흑백 사고 지속

자아발달	단계 설명	성공적 극복	비성공적 극복
자기 인식 (Self-aware)	정서 인식을 포함한 자기와 타인에 대한 인식에 중점, 다양한 가능성과 관점을 고려하는 능력 발달. 삶의 목적, 영성, 안녕감 등에 대한 성찰이 시작	높아진 정서적 자각을 포함하여 자기와 타인의 인식 증가, 여러 관점과 결과를 고려하는 유연성 증가. 자기성찰 및 가치관, 목표, 열망의 확인 증가	정서 인식 부족을 포함하는 자기와 타인에 대한 인식 부족, 문제 해결과 관점 취하기에서 경직성 지속. 자기성찰 및 가치관, 목표, 열망의 인식 부족
양심적 (Conscientious)	자기에 대한 개인적 기준을 확인, 행동, 생각, 느낌에 대해 공감하고 책임지는 능력. 패턴 인식, 상호 유익한 관계 참여, 깊이 있는 자기성찰, 성취에 대한 가치 부여	개인적 기준 설정, 목표 확인 및 달성, 행동 및 의사결정 과정에서 타인을 고려하는 능력 증가. 개인 행동에 대한 책임감 증가, 타인에 대한 공감 증가, 가치관, 도덕, 이상, 목표에 대한 지속적인 자기성찰	행동에 대한 개인적 기준을 일관되게 확인하고 설정하는 것의 어려움, 의사결정 시 타인에 대한 공감과 관점 취하기의 일관성 부족, 개인적 책임감의 일관된 수용의 어려움, 의미 있는 자기성찰 또는 성취 기회 추구의 어려움
개별적 (Individualistic)	자기의 개별성과 감정적 독립성 증진, 타인과 상황에 대한 모호성을 수용하는 능력, 자기표현 방법 증가, 성취보다는 관계에 대한 가치 증가	자기의 개별화와 정서적 독립성 증가, 타인과의 관계 유지, 사고의 유연성 증가 및 모순적 또는 모호한 상황이나 사람에 대한 수용 증가, 자기표현을 위한 수단 추구 증가, 관계에 대한 평가 증가	개별화와 정서적 독립성 발전의 어려움, 모호성에 대한 지속적인 어려움, 활용된 자기표현 방식의 일관성 부족
자율적 (Autonomous)	내적 갈등의 처리에 초점, 모호성에 대한 인내심의 지속적 발전, 갈등의 개념을 존재의 한 요소로 통합, 자율성이 존중되며 관계는 상호의존적인 경험으로 이해. 자기 실현, 개별성, 정서 표현에 초점	모호성을 수용하고 내적 갈등을 처리하는 능력 증가, 독립적이면서도 동시에 타인과 연결될 수 있는 능력 증가, 상호의존성에 대한 인식 및 이해 증가, 내적 동기에서 비롯된 목표와 활동, 자기 표현의 출구를 지속적으로 추구	모호성 수용과 내적 갈등 처리의 일관성 부족, 관계의 상호의존성에 대한 인식 부족, 내적 동기에 의해 동기 부여된 목표, 활동, 자기표현 수단의 비일관적 추구
통합적 (Integrated)	지혜를 개발하고 연마하는 데 중점, 정체성 발달이 다면적이고 완전함, 내적 갈등과 모호성을 처리하는 능력 개발. 성장, 잠재력의 실현, 통합에 대한 동기 부여	증가된 지혜, 자기, 타인, 삶 전체에 대한 수용. 모호성 및 도전을 존재의 본질로서 보는 관점, 지속적이고 꾸준한 성장 및 통합에 대한 집중	자기, 타인, 삶 전체에 대한 일관된 수용 부족. 경험의 본질로서의 모호성에 대한 수용 부족, 성장과 통합에 대한 일관된 관심 부족

참고: 회색 음영은 평균적 성인이 일반적으로 달성하기 어려운 단계
출처: Loevinger (1976).

3) Kohlberg의 도덕성 발달이론

Lawrence Kohlberg(1981)의 도덕성 발달이론은 특히 개인의 도덕적 의사결정 과정의 발달에 중점을 두었다. Erikson과 Loevinger의 이론 모두 도덕성의 역할에 대해 언급하고 있지만, Kohlberg의 이론은 이러한 이해를 확장하며 개인의 도덕성 발달 과정을 중점적으로 다룬다. Kohlberg 이론의 구체적인 단계와 성공적으로 또는 비성공적으로 이루어진 단계의 결과에 대한 설명은 〈표 6-3〉에 자세히 나와 있다.

물질사용장애와 관련된 도덕성 발달에 대한 관심은 여러 가지 이유로 중요하다. 첫째, 도덕성 발달이 저해된 개인은 복잡한 도덕적 의사결정 과정을 보일 가능성이 낮으며, 도덕적으로 의미가 있는 선택을 할 때 즉각적인 만족이나 자기 보호에 집중할 가능성이 더 높다. 중독은 다양한 영역

〈표 6-3〉 Kohlberg의 도덕성 발달이론

도덕성 발달	단계 설명	성공적 극복	비성공적 극복
복종/처벌 (Obedience/punishment)	처벌을 피하기 위해 행동	처벌을 피하려는 선택에서 개인적 이득을 고려하는 방향으로 전환	선택할 때 처벌을 피하는 데 지속적이고 고집스러운 집중
자기 이익 (Self-interest)	개인적 이득/혜택에 중점	개인적 이득을 고려하는 것에서 사회적 규범 준수로의 전환	선택할 때 개인적 이득에 지속적이고 고집스러운 집중
대인관계 조화/순응 (Interpersonal accord/conformity)	사회적 규범을 준수	사회적 규범 준수에서 사회 질서를 위한 규칙 준수로의 전환	선택할 때 사회적 규범 준수에 대해 지속적이고 고집스러운 집중
권위와 사회 질서 (Authority and social order)	사회 질서를 유지하기 위해 규칙을 따름	사회 질서를 유지하기 위한 규칙 준수에서 타인의 이익을 고려하는 것으로의 전환	선택할 때 사회 질서를 유지하기 위한 규칙 준수에 대해 지속적이고 고집스러운 집중
사회 계약 (Social contract)	다양한 관점을 고려하고 '최대 다수의 최대 행복'을 기반으로 선택	여러 관점을 고려하고 더 큰 선을 위한 원칙 적용에서 보편적 윤리 원칙 적용으로의 전환	선택할 때 더 큰 선에 대한 지속적이고 고집스러운 집중
보편적 윤리 원칙 (Universal ethical principles)	보편적 윤리 원칙을 적용	보편적 윤리 원칙을 지속적으로 적용	보편적 윤리 원칙의 일관적이지 않은 적용

참고: 회색 음영은 평균적 성인이 일반적으로 달성하기 어려운 단계
출처: Kohlberg (1981).

에서 손상된 의사결정 과정과 동시에 발생하기 때문에, 이러한 맥락에서 자기중심적인 도덕적 추론이 평가와 치료에 미칠 수 있는 잠재적 영향을 주의 깊게 고려하는 것이 특히 중요하다.

게다가 중독의 영향을 받는 개인들은 자신의 가치관, 도덕성 또는 신념을 훼손하는 활동이나 행동에 관여했다고 보고할 수 있다. 그들은 자신의 도덕적 철학이 더 복잡한 도덕적 추론을 나타내지만 기분 전환 약물을 적극적으로 사용하면서는 그에 반하는 행동을 했다고 설명할 수도 있다. 이러한 불일치는 개인에게 죄책감이나 수치심을 일으킬 수 있으며 이는 낮은 대처능력을 가진 개인에게는 스트레스 요인으로 작용할 수 있다.

이러한 도덕성 발달의 퇴행은 물질을 적극적으로 사용하는 동안 다른 발달 영역에서도 유사하게 나타나는 발달적 퇴행의 지표일 수 있다. 도덕성 발달 단계에 대한 정보는 개인이 물질사용장애로 인해 어느 정도 영향을 받았는지와 이 영역의 이전 발달 성과를 파악하는 데 도움이 될 수 있다.

자아발달과 마찬가지로 도덕성 발달의 가장 복잡한 단계는 환경적 상황이 발달에 최적인 경우에도 보통 사람들에게서 드물게 관찰된다. 대부분의 사람은 자신의 욕구가 가장 적절히 충족되는 곳에서 기능하려는 경향이 있다. 일상생활에서 점점 더 복잡한 도덕적 추론 과정을 요구하는 상황이 일반적인 경우 발생하지 않기 때문에 가장 복잡한 도덕적 발달 성취를 보이는 사람들은 보통 특별한 경험 속에서 이 능력을 갖추게 된다.

4) Fowler의 영성발달이론

James Fowler(1981)는 이 장에서 논의된 다른 발달이론가들처럼 복잡성을 촉진하는 환경적 지원의 결과로서 의미 형성과 사고방식이 단순한 것에서 더 복잡한 것으로 발전하는 과정을 관찰했다. Fowler의 이론은 영성발달의 영역에만 집중한다. Loevinger와 Kohlberg는 영성에 기반한 신념 체계와 발달 단계(특히 상위 단계) 간의 상호작용을 언급하지만, Fowler의 이론은 오로지 이 영역만을 다룬다. Fowler 이론의 구체적인 단계와 성공적 혹은 비성공적 해결의 결과에 대한 설명은 〈표 6-4〉에서 자세히 다룬다.

〈표 6-4〉 Fowler의 영성발달이론

영성발달	단계 설명	성공적 극복	비성공적 극복
직관적/투사적 (Intuitive/ projective)	환상과 현실이 종종 구별되지 않으며, 가족과 사회의 메시지가 신념을 형성	환상과 현실을 구별하는 능력이 향상, 영적인 이야기와 영성에 대한 정보 출처에 대한 인식 증가	자신과 개인적인 관심사에만 집중, 의사결정 과정을 안내하는 원칙 부족
신화적/문자적 (Mythic/literal)	환상과 현실의 구별에 대한 인식 증가, 가족과 공동체에서 경험한 영성 이야기의 문자적 이해	영성 이야기의 인식 증가, 의사결정과 자기성찰에서 영성에 기반한 경험에 대한 성찰이 증가, 안내하는 원칙의 발견	자신과 개인적인 관심사에만 집중, 의사결정 과정을 안내하는 원칙 부족
종합적/인습적 (Synthetic/ conventional)	포괄적인 믿음 체계의 발달을 통해 다양한 관점을 통합하려는 노력, 삶의 영역에서 영성 체계가 갖는 역할에 대한 통찰 부족	지침이 되는 원칙을 제공하는 통합된 믿음 체계의 발달, 영성을 공유하는 타인과 연결	안정성을 증진시키기 위해 공식화된 환경(예: 교회)에 과도한 의존, 믿음에 대한 강한 집착과 믿음 체계가 개인적 관점과 신념에서 차지하는 역할에 대한 통찰 부족, 믿음 체계의 위협에 대한 강한 반응
개별적-성찰적 (Individual-reflexive)	믿음에 대한 질문 증가, 이전의 믿음 체계와 관련된 실망감, 다양한 믿음 체계에 대한 인식	자기성찰과 향상된 인식에 부합하는 통합된 개인적 영성의 출현	환멸감, 영성의 포기, 영적 문제 해결을 방해하는 압도적인 내부 갈등
결합적 (Conjunctive)	모호성과 역설에 대한 인식과 수용 증가, 삶의 신비를 수용하고 영성 이야기를 통해 경험의 의미를 찾음	개인적 영성과 존재의 모호성 및 역설적 특성에 대한 편안함 증가, 공동체 및 보편적 관심사에 대한 연결성 증가, 영성과 관련된 지속적인 자기성찰	개인적 영성과 역설적 상황에 대한 일관적이지 않은 편안함, 명확한 해결이나 수용 없이 존재의 문제에 지속적 관심
보편적 (Universalizing)	삶의 모든 측면에서 영성 수용, 타인을 위한 봉사에 헌신, 개인적 영성에 대한 의심이나 걱정 없음	인류와 연결하고 의미와 평화를 찾기 위해 개인적 영성을 수용	삶의 모든 측면에 영성의 일관성 없는 통합, 의미와 평화를 찾는 능력의 불안정

참고: 회색 음영은 평균적 성인이 일반적으로 달성하기 어려운 단계
출처: Fowler (1981).

영성의 발달은 물질사용장애 치료에서 특히 중요하다. 12단계 상호지지 집단 모델은 회복 과정에서 영성의 필요성을 직접적으로 강조한다. 심지어 이러한 집단에 참여하지 않는 개인에 대해서도 영성은 회복의 많은 어려움을 상쇄할 수 있는 희망, 지지 및 목적의식을 제공할 수 있다.

5) Brown의 회복발달모델

앞에서 설명한 발달모델들은 일반적으로 인생 전반에 걸쳐 대부분의 사람에게 적용되지만, Stephanie Brown의 회복발달모델은 기분 전환 물질을 문제적으로 사용하는 개인에게 특별히 적용된다(S. Brown, 1996). 이 모델의 진행 과정은 개인이 기분 전환 물질을 적극적으로 사용하는 것으로부터 지속적인 회복으로 이동하는 것으로, 아동기, 청소년기 및 성인기의 발달 과정과 유사하다. 이러한 발달 과정이 전개됨에 따라 개인은 자기 자신, 기분 전환 물질과의 관계, 환경, 그리고 주변 인물들에 대한 이해가 점점 더 복잡해진다. Brown의 회복발달모델의 구체적인 단계와 성공적으로 또는 비성공적으로 해결된 단계의 결과는 〈표 6-5〉에 제시되어 있다.

Brown의 모델은 네 개의 구분되는 발달 단계로 구성되어 있으며, 이 단계는 기분 전환 물질, 환경과의 상호작용, 그리고 자신과 타인에 대한 의미형성 과정을 동시에 주목하면서 전개된다. Brown이 '음주'라고 명명한 첫 번째 단계는 적극적으로 기분 전환 물질을 사용하는 시기를 말한다. 이 기간 동안, 일차적인 관심은 물질에 집중되며, 물질사용이 진행됨에 따라 환경과의 상호작용이나 자신과 타인에 대한 성찰에 쏟는 관심이나 에너지는 점차 감소한다. 기분 전환 물질을 적극적으로 사용하는 사람은 물질과의 관계를 유지하기 위해 타인 및 환경과의 연결을 단절할 수 있다. Brown에 따르면, 음주 단계에서 전환 단계로의 발달은 종종 개인의 굴복에 의해 촉진되며 이는 기분 전환 물질사용을 스스로 통제할 수 없다는 사실을 인정하고 수용하는 것을 의미한다.

Brown 모델의 두 번째 단계인 전환 단계는 기분 전환 물질의 사용을 중단하는 것이 특징이다. 이 단계에서 금욕이 진행됨에 따라, 실제로는 개인이 물질사용에 대한 자신의 무력함을 인정하면서 물질에 대한 집중은 증가한다. 또한 물질사용 중단의 신체적 · 심리적 파장은 일상적 기능에 영향을 미치기 때문에 금욕으로의 전환은 타인에 대한 의존을 증가시킬 수 있다. Brown에 따르면, 12단계 지지 집단에 참여하는 것은 이 전환을 도울 수 있다. 그 이유는 이 집단이 동료들의 지지, 집중할 수 있는 구조화된 단계, 그리고 일관성을 제공함으로써 Brown이 유아기와 같은 상태로 간주하는 과정을 반복적으로 경험하도록 지원하기 때문이다. 개인이 기분 전환 물질을 사용하지 않고 금욕을 유지하면 그의 일상 기능을 관리하는 능력이 점점 더 일관되고 개인은 회복 초기 단계로 전환하게 된다.

〈표 6-5〉 Brown의 회복발달모델

단계	단계 설명	성공적 극복	비성공적 극복
음주 (Drinking)	개인이 물질사용을 통제할 수 있다는 믿음, 부정적인 결과에도 불구하고 기분 전환 물질을 계속 사용	계속되는 물질사용을 지지하는 믿음이 약화, 물질사용을 통제할 수 있다는 것에 대한 항복과 물질사용 중단 시작	물질사용을 통제할 수 없다는 부정이 지속, 경험한 결과에도 불구하고 계속 사용
전환 (Transition)	물질사용을 통제할 수 없다는 책임을 개인적으로 수용, 물질에 대한 의존을 인정하기 시작	물질이 없는 생활을 지원하는 새로운 행동과 조치 시작, 지원 체계에 참여 시작(예: 12단계 프로그램), 지속적인 금욕을 지원하는 구조, 틀 및 일관성을 준수	물질사용 재개, 외부 지원을 구하거나 받아들이지 않음, 일상생활이 혼란스럽거나 일관성 없는 틀과 구조로 인해 일상 기능이 어려움
회복 초기 (Early recovery)	물질사용에 대한 무력함을 수용하는 과정에서 지속적인 의미 형성, 회복을 지원하는 사회적 · 환경적 상황에 참여 증가. 자기, 물질사용, 회복에 대한 관점의 복잡성 증가	물질사용을 하지 않는 생활 방식을 유지하며 회복을 촉진하는 사회적 · 환경적 관계망에 더 많이 참여, 정서적 경험과 자기탐색 강화, 자기, 타인, 환경에 대한 의미 형성	물질사용 재개 가능. 회복의 생활 양식에 맞지 않는 제한된 지지체계와 환경. 다양한 정서에 대처하지 못할 수 있으며, 자살 충동이나 심각한 우울을 경험할 수 있음, 제한된 자기 탐색
회복 유지 (Ongoing recovery)	회복 정체성, 자기, 삶에 대한 지속적인 의미 형성, 회복을 지원하는 타인 및 환경 요소들과의 연결이 점점 더 강화. 물질사용에 대한 초점이 영성, 자기 변화, 개인적 기여와 같은 문제로 이동	물질사용이 지속적으로 중단. 정체성 발달, 영성, 타인과의 연결. 자기와 행동 간의 일치성에 초점, 감정 경험 및 조절, 통찰력 증가, 핵심 가치와 이에 따른 행동이 나타남	물질사용 재개 가능, 회복 과정에 형식적인 참여. 제한된 자기 성찰, 타인과의 연결, 가치 탐구, 정서적 범위가 고통이나 불편함을 초래할 수 있음, 다차원적 정체성 발달을 가로막는 물질사용 혹은 금욕에 대한 지속적 집중

출처: Brown (1996).

Brown은 회복 초기 단계에서 개인은 자신과 타인, 그리고 자신의 환경에 대한 인식이 증가한다고 설명한다. 회복 초기 단계는 자기 인식이 증가하고 더불어 의존에서 독립으로의 변화가 실현되는 청소년기의 발달 진행과 매우 유사하다. 전환 단계에서 일상의 생존에 초점을 맞췄다면, 회복 초기 단계에서는 맨정신으로 단기 및 장기 목표, 포부, 계획 등을 고려하며 성찰적 참여를 하게 된다. 이 단계에서 개인은 금욕 유지에 도움이 되지 않는 환경적 요소나 관계를 인정하고 대응할 수 있다. 또한 정서적 인식과 자기에 대한 관심이 커지면서 우울과 불안 증상을 보고할 수 있다. 이 단계 동안, 개인이 기분 전환 물질과 맺었던 관계 및 회복과의 지속적 관계에 대한 성찰이 점점 더 복잡하고 미묘해진다. 이러한 성찰은 자신, 타인 그리고 환경에 대한 복잡한 사고와 맞물리면서 개인은 회복 초기 단계에서 회복 유지 단계로 이동하게 된다.

회복 유지 단계는 개인의 회복 정체성과 일관적인 복잡한 사고, 감정, 행동으로 특징지어진다. 기분 전환 물질 혹은 물질사용으로부터의 회복에 대한 일상적인 관심은 더 이상 개인의 주요 관심사가 아닐 수 있다. 대신, 초점은 영성, 성취, 개인적 일치감, 그리고 타인과의 의미 있는 관계 등으로 옮겨 갈 수 있다. 회복 유지 단계는 성인기의 발달 과정과 유사하며, 그 과정의 초점은 생존에서 성숙으로 옮겨 간다. 회복 유지 단계로 전환하는 개인의 삶은 일상적인 기본 기능을 넘어서는 의미와 목적을 가지게 된다.

이러한 각각의 발달 모델은 보편적인 발달 원리와 과정 간의 균형을 이루며, 전 생애 동안 기능에 영향을 미칠 수 있는 구체적이고 독특한 발달 요소들에 관심을 갖고 있다. 중독과 회복에서 발달 과정의 역할을 고려할 때, 이러한 이론들은 특히 물질사용 치료 환경에서 일하는 전문가들에게 관련이 있는 발달 모델을 제시한다. 앞의 네 가지 이론 사이의 유사성은 일반적인 지침에 기반하며, 연령과 인지적 복잡성에 따른 분류가 〈표 6-6〉에 제시되어 있다. 이것은 단지 일반적인 지침이며 모든 개인에게 반드시 적용되는 것은 아님을 주의하라.

〈표 6-6〉 연령에 따른 발달이론의 공통점

<table>
<tr><th></th><th>대략적 연령</th><th>심리사회적 발달</th><th>자아발달</th><th>도덕성 발달</th><th>영성발달</th></tr>
<tr><td>덜 복잡함</td><td>0~1</td><td>신뢰-불신</td><td>친사회적/공생적</td><td></td><td rowspan="2">미분화된</td></tr>
<tr><td></td><td>1~3</td><td>자율성-수치심</td><td>충동적</td><td>복종/처벌</td></tr>
<tr><td></td><td>3~6</td><td>주도성-죄책감</td><td>자기보호적</td><td>자기 이익</td><td>직관적/투사적</td></tr>
<tr><td></td><td>6~12</td><td>근면성-열등감</td><td>동조자</td><td>대인관계 조화/순응</td><td>신화적/문자적</td></tr>
<tr><td></td><td>12~19</td><td>정체성-혼란</td><td>자기 인식</td><td rowspan="2">권위와 사회 질서</td><td>종합적/인습적</td></tr>
<tr><td></td><td>20~25</td><td>친밀감-고립</td><td>양심적</td><td>개별적-성찰적</td></tr>
<tr><td></td><td>26~64</td><td>생산성-침체</td><td>개별적</td><td rowspan="2">사회 계약</td><td>결합적</td></tr>
<tr><td></td><td>65+</td><td>통합성-절망</td><td>자율적</td><td rowspan="2">보편적</td></tr>
<tr><td>더 복잡함</td><td></td><td></td><td>통합적</td><td>보편적 윤리 원칙</td></tr>
</table>

참고: 회색 음영은 평균적 성인이 일반적으로 달성하기 어려운 단계

3. 중독치료에서 치료자의 활용과 적용

발달 과정은 물질사용에 의해 영향을 받으며, 일부 개인의 경우 물질사용의 시작이나 재발에도 영향을 미칠 수 있다. 이 과정들은 상호작용하며 반복적이기 때문에 이러한 요소들을 독립적으로 구분하는 것은 종종 어렵거나 불가능하다. 발달과 물질사용장애는 생물학, 심리적 기능, 사회적 행동, 영적 연결 사이의 복잡한 상호작용을 수반하기 때문에 이러한 영역 내 그리고 영역 간에 발생하는 발달 과정들은 물질사용 평가 및 치료에서 주목할 가치가 있다.

1) 발달과 물질사용의 관계

연구는 발달적 전환이 물질사용의 시작에 있어 위험 요소라는 사실을 지지한다. 특히 아동기에서 청소년기 그리고 청소년기에서 성인 초기로 넘어가는 전환과 더욱 관련이 있다. 일부 개인들의 경우, 청소년기에 일반적으로 경험하는 여러 발달 과정이 물질사용에 대해 취약성을 증가시킨다. Schulenberg와 Maggs(2002)는 이러한 발달적 요인들을 확인하였다. 여기에는 여러 발달적 전환점이 동시에 교차하는 것, 개인과 환경 사이의 불일치가 증가하는 것, 발달의 전환 과정에서 강점과 약점이 확대되는 것, 그리고 청소년기 발달 과정의 한 요소로 위험 감수가 존재하는 것, 그리고 물질사용에 관여하는 것을 포함하여 우발적 사건에 대한 취약성이 증가하는 것이 포함된다. 예를 들어, 새로운 도시로 이사를 온 후 중학교에서 고등학교로 진학하는 10대 청소년을 생각해 볼 수 있다. 새로운 도시, 학교, 친구들에 대한 낯설음으로 인해 학교와 지역사회 환경 사이에 겪을 수 있는 부적응은 더 커질 수 있다. 친구를 사귀는 데 어려움을 겪을 수 있는 이 청소년은 학업에서는 뛰어날 수 있지만 이러한 요인들이 아이의 발달 과정에서 모두 증가할 수 있다. 이 10대 청소년은 처음으로 알코올이나 약물을 시도하는 등 더 높은 위험 행동에 참여할 가능성이 있다. 이사라는 우연한 사건, 친구 사귀기의 어려움, 학업 성취로 얻을 수 있는 사회적 인정 부족, 방과 후 활동이 거의 없는 환경을 가진 이 청소년은 규칙적으로 물질사용을 할 위험이 크다. 나타난 바와 같이, 이러한 요인들은 단일하게든 동시다발적이든 어떤 개인에게는 특히 위험한 발달적 과도기를 만들 수 있다.

노년기와 맞물린 발달적 전환은 이 연령대에서 물질사용장애에 대한 위험 요소로 작용할 수 있다. 은퇴, 배우자나 파트너의 사망, 이혼, 건강 악화와 같은 요인들은 이 연령층에서 문제가 되는 물질사용의 위험을 증가시킬 수 있는 노년기의 발달 이정표를 나타낸다(Substance Abuse and Mental Health Services Administration, 1998). 따라서 문제적 물질사용에 대한 취약성은 생애 전반에 걸쳐 치료를 진행할 때 특히 한 개인이 삶의 한 단계에서 다음 단계로 발달적 전환을 겪을 때 반드시 고려되어야 한다.

발달적 전환에 내재된 위험 외에도 아동기에 발달적 전환을 제대로 이루지 못한 경우 일부 개인은 물질사용 위험이 증가할 수 있다. 이는 중독이 세대를 거쳐 지속되는 가족에게 특히 두드러진다. 만약 아이들이 물질사용이 허용되는 환경에서 발달 이정표를 성공적으로 해결하는 데 실패하고 생물학적으로 물질사용이 대처기제로 작용할 가능성이 높은 경우, 그 개인은 문제적 물질사용 패턴을 발전시킬 위험이 특히 크다. 이러한 패턴은 중독이 세대 간에 공통적 경험이었던 가족들에서 관찰될 수 있다.

제대로 극복되지 못한 발달 이정표가 일부 개인에게 문제적 물질사용 위험을 증가시킬 수 있지만, 다른 경우에 성공적으로 극복한 발달 이정표는 문제적 물질사용 패턴으로부터 보호 역할을 할 수 있다(Schulenberg & Maggs, 2002). 중독으로 인해 발달이 지연되거나 퇴보하더라도 이전에 달성한 발달 이정표는 회복 초기 단계에서 특히 중요한 강점으로 작용할 수 있다. 또한 이러한 발달적 성취는 개인이 보다 복잡한 방법으로 문제적 물질사용에 대해 성찰하게 하고 적극적 물질사용에서 금욕으로 전환하는 과정에서 특히 중요하게 나타나는 물질사용에 대한 양가감정을 형성하게 한다.

2) 물질사용과 발달의 관계

치료 현장에서 일하는 전문가들이 종종 관찰할 수 있듯이, 물질사용은 개인 및 체계적 영역 모두에서 발달 과정을 지연시킬 수 있는 가능성이 있다. 발달 과정과 물질사용의 상호작용적 특성은 물질사용을 시작한 개인에게 발달적 구속(developmental arrest)을 초래한다. 특히 물질사용이 청소년기에 시작될 때 더 그러하다(S. A. Brown et al., 2008). 게다가 이전 발달 과정이 성공적으로 이루어졌더라도 이전 발달 단계로의 퇴행은 물질사용이 활성화된 상태에서는 종종 관찰된다. 개인은 자신의 가치관을 타협하거나, 거짓말을 하고, 물건을 훔치거나, 혹은 자신의 비사용(nonuse) 행동, 신념, 태도와 명백히 모순되는 행동에 가담할 수 있다. 이러한 발달적 퇴행은 생물학적 · 심리적 · 사회적 · 영적 영역을 포함한 기능의 모든 측면에 미치는 물질사용의 영향을 보여 준다(S.

A. Brown et al., 2008).

Brown(1996)의 모델은 특히 물질사용이 존재하는 상황에서의 발달 정체에 초점을 맞추고 있다. 그녀의 회복 모델은 유아기에서 성인기에 이르는 과업과 유사하다. 물질사용에서 금욕으로 전환되는 동안, 개인은 기분을 변화시키는 물질 없이 대처하는 법을 배우는 과정에서 높은 수준의 구조, 틀, 그리고 타인의 지원에 의존하는 모습을 보인다. 초기 회복 단계로 이동함에 따라 청소년기의 특징적인 징후들이 나타날 수 있는데, 이는 독립성과 자율성이 점점 더 강조되는 형태로 나타난다. 지속적인 회복 단계로 나아가면서 이러한 독립성은 상호의존성으로 전환되고, 환경, 타인 그리고 자기성찰에 대한 더 큰 중요성이 부여된다. 회복 과정은 개인이 회복의 관점에서 발달 이정표를 다시 경험할 수 있게 한다. 물질사용이 시작되었을 때 이러한 발달 단계를 성공적으로 통과하지 못한 개인들에게 회복은 이전에 실현되지 못했던 발달적 진전을 이루도록 지원할 수 있다.

3) 발달과 회복 과정

회복은 생물학적 · 심리적 · 사회적 · 영적 재연결에 초점을 맞추며, 이는 의미를 형성하고 개인적 책임을 받아들이며 도덕성을 성찰하고 개인적 가치관과 연결되며 개인에게 의미 있는 더 높은 차원적 존재와의 관계를 발전시키는 발달 과정과 맥락을 같이한다. 회복 과정은 또한 가치관을 점검하고, 점점 복잡해지는 도전 과제를 경험하며, 경험으로부터 의미를 찾고, 회복과 함께 나타나는 점점 더 복잡한 개인적 도덕성 원칙에 부합하는 가치 체계를 실천하려는 노력을 포함한다. 발달 과정과 물질사용은 사용의 위험 요소이자 결과로 서로 얽혀 있기 때문에 회복 과정 전반에 걸쳐 발달에 주의를 기울이는 것은 장기적인 회복을 지원하기 위해 타당하고 필수적이다. 발달을 촉진하면 회복률이 향상될 수 있는데, 이는 개인의 의미 형성 체계와 환경적 스트레스 요인 간의 더 나은 조화를 통해 스트레스를 물질사용 없이 대처할 수 있도록 돕기 때문이다. Brown의 회복 모델은 회복 과정에 내재된 발달 과정을 특히 강조하며, 회복 과정의 복잡한 발달 과제를 개념화하는 데 유용한 도구로 활용될 수 있다.

점점 더 복잡한 발달적 성취는 일반적으로 자기 자신에 대한 더 복잡한 이해와 특히 중독과 관련된 자기 자신에 대한 이해를 촉진할 수 있다. 이러한 자기성찰은 12단계 모델과 많은 치료 개입에 의해 지원되며, 시간이 지남에 따라 지속적인 발달 성취를 촉진할 수도 있다. 예를 들어, 12단계 지지 집단 안에서 동료와 연결되고, 물질사용에 기반한 경험의 의미를 찾는 것은 시간이 지나면서 발달적 요구, 성취, 스트레스 요인 간의 점점 더 복잡하고 다면적인 관계를 이해하는 데 도움을 줄 수 있다.

4. 물질사용장애의 예방, 평가 및 치료에 대한 적용 및 시사점

발달이론은 위험에 처한 개인들이 물질사용장애를 예방하는 데 중요한 정보를 제공한다. 이러한 맥락에서, 발달 이정표를 성공적으로 달성하지 못한 것은 그 자체로 물질사용의 위험 요인이 될 수 있다. 마찬가지로 발달을 위한 최적의 환경적 지원이 부족하거나 일관적이지 않은 환경도 물질사용에 대한 위험 요인이 될 수 있다. 특히 가족체계 내 문제적 물질사용이 존재하여 최적의 성장환경을 제공받지 못한 어린이와 청소년들에게는 각별한 주의가 필요하다. 이 정보는 학교 기반, 지역사회 기반, 혹은 종교 기반 환경에서 1차 또는 2차 예방을 위해 개인을 선별하는 데 사용할 수 있다. 이러한 예방 프로그램이 개인의 주요 환경에서 나타나는 도전 과제를 상쇄할 수 있는 최적의 지원과 성찰을 제공하는 환경에 지속적으로 접근할 수 있게 해 준다면, 개인은 스트레스에 대해 물질사용 대신 적극적으로 대처하는 기제를 개발할 수 있다(S. A. Brown et al., 2008; Schulenberg & Maggs, 2002).

지역사회 강화 및 가족훈련(Community Reinforcement and Family Training: CRAFT)(White, 2014)과 같은 많은 지역사회 기반 강화 및 치료 프로그램은 3차 예방 및 개입 서비스를 제공하는 데 유사한 틀을 사용한다. 이러한 모델은 지역사회 기반의 수반성 관리 같은 행동 기법을 사용하기도 하지만, 높은 수준의 구조적 지원과 성찰 기회를 제공하여 발달 지원을 위한 최적의 환경과 매우 일치한다. 이 모델들은 특히 Brown의 회복 모델과 유사하게 고려될 수 있는데 회복 과정이 진행됨에 따라 자기성찰과 상호의존으로 전환되는 방식으로 여러 회복을 지원하면서도 발달 과정을 촉진할 수 있다.

발달적 관점에서 평가 방식을 고려할 때, 실무자는 발달과 물질사용이 연결될 수 있는 복잡한 상호작용적 기제를 이해하는 것이 중요하다. 따라서 평가 절차에서는 물질사용 패턴과 진행, 아동기와 청소년기의 경험과 발달 이정표, 가족의 물질사용 역사, 스트레스 요인에 대한 대처 기제, 그리고 물질사용에 기여하거나 영향을 받을 수 있는 다른 발달적 요인들과 관련된 양적 · 질적 자료 모두를 수집하는 것이 중요하다. 미국 중독 의학회(ASAM, 2013) 기준은 이러한 많은 정보를 수집하는 데 강력한 틀을 제공한다. 철저한 심리사회적 평가, 신뢰할 수 있는 양적 평가 도구의 사용, 그리고 환자가 동의할 경우 부수적인 출처로부터 자료를 수집하는 것 같은 추가적인 평가 도구 또한 물질사용장애와 관련된 발달적 측면을 아는 데 도움이 될 수 있다.

이 외에도 도덕적 추론 수준을 질적으로 평가하기 위해 실무자가 활용할 수 있는 유용한 도구로 딜레마 토론이 있다. 이 토론은 환자와 직접 관련되지 않은 시나리오를 중심으로 이루어지며 환자가 자신의 타고난 도덕적 추론 과정을 적용해 딜레마를 설명하고, 가능한 해결책과 그 이유, 그리고 본인이 그 상황에서 선택할 행동의 이유를 설명하는 방식이다(Peace, Claypoole, & Moody, 2000). 이 비공식적인 평가를 통해 환자의 현재 도덕적 추론 수준을 파악할 수 있으며 이는 종종 환자가 물질사용의 결과로 보인 행동과 도덕적 추론 수준 간의 불일치를 드러낼 수 있다.

치료는 물질사용과 마찬가지로 치료 과정 내내 발달에 영향을 미치고 발달에 의해 영향을 받을 가능성이 있다. 개인의 발달적 성취와 요구에 따라 치료 과정에서 개인의 구조, 의무, 책임을 조정하여 지지, 도전, 자기성찰 간의 균형을 최적화할 수 있다. ASAM 기준은 적절한 치료 수준을 결정하는 데 사용되며, 이 기준은 일반적으로 발달적 욕구와 부합하기 때문에 더 많은 욕구가 있는 사람들은 더 높은 수준의 구조와 지원을 제공하는 치료 환경에 배치될 가능성이 높다. 그러나 항상 그렇지 않을 수 있다.

모든 경우에 있어 치료는 교육, 환경적 지원, 자기성찰 및 타인과의 연결 기회를 통해 발달적 욕구를 충족시켜야 한다. 발달 과정, 욕구, 그리고 물질사용과 발달 간의 상호작용에 대한 정보를 통합함으로써 회복 초기 단계에 있는 개인의 지식과 인식을 증진시킬 수 있다. 소규모 그룹 환경을 통해 개인이 생각, 감정, 신념을 성찰하고 탐구하며 다른 사람들과 연결하도록 돕는 것은 더 복잡한 의미 형성 과정을 촉진한다. 회복 초기의 본질적인 어려움은 상당한 지원이 필요하다는 것이며, 이는 치료, 12단계 지지 집단, 종교 기반 단체, 또는 환자가 참여하는 다른 지원 체계에서 제공될 수 있다.

이와 같은 요소들 외에도, 실무자들은 이러한 영역에서의 발달을 돕기 위해 도덕성과 영성 발달 과정을 치료에 통합하여야 한다. 도덕성 및 영성 발달은 물질사용에 의해 영향을 받을 수 있으며, 이러한 영역은 특히 일부 환자에게 죄책감이나 수치심과 관련될 수 있다. 따라서 도덕적 딜레마 토론을 통해 도덕성 문제를 다루고, 도덕적 딜레마를 관리하는 새로운 방법을 지원하는 것이 매우 유용할 수 있다. 또한 환자의 영성을 탐구하고 개인적인 영적 정체성 발달을 돕는 데 지속적인 관심은 치료 환경, 특히 더 위대한 힘(higher power)과의 관계를 강조하는 환경에서 유익할 수 있다. 모든 경우에 이러한 접근 방식은 개인의 욕구, 목표 및 상황에 맞게 조정되어야 한다.

Brown이 설명한 회복의 발달 과정을 주목하는 것은 실무자가 환자의 회복 과정에서의 발달 수준과 욕구에 따라 개입을 적절하게 맞추는 데 도움이 될 수 있다. 이제 막 금욕을 시작하는 사람은 높은 수준의 통찰력을 발달시키는 것이 어려울 수 있지만, 회복이 진행 중인 사람은 돕는 관계 속에서 이러한 성찰의 기회를 강하게 필요로 할 수 있다. 회복과 관련된 발달적 욕구를 충족하고 이 모델을 환자와 공유함으로써 전문가가 환자 욕구에 효과적으로 일치하는 개입을 할 수 있도록 하고, 환자의 회복 진행에 내재된 도전 과제를 분명히 설명해 줄 수 있도록 도울 수 있다.

5. 발달이론의 강점과 약점

발달이론은 물질사용에 대한 치료 영역에서 특히 두드러지는 몇 가지 강점을 가지고 있다. 첫째, 생물심리사회적-영적 모델의 모든 요소에 대한 다차원적인 관심은 대부분의 다른 이론적 접근에서는 찾아보기 힘든 방식으로 발달이론에 잘 포괄되어 있다. 둘째, 발달이론은 변화의 가능성을 열어 두고 있다. 비록 어떤 개인이 최적의 발달을 이루지 못한 상태로 치료에 왔더라도 발달이론은 발달이 인생의 어느 시점에서든 영향을 받고 개입할 수 있다는 것을 강조한다. 이 접근은 특히 물질남용 치료에 종사하는 개인들에게 중요한데, 물질사용을 초래하거나 물질사용으로 인해 발생하는 발달적 결과가 매우 흔하기 때문이다. 또한 발달이론은 12단계 회복 모델과도 잘 맞아떨어진다. 실제로 Stephanie Brown의 연구는 다른 회복 모델에서는 찾아볼 수 없는 방식으로 발달 과정을 회복 과정에 적용하였다. 마지막으로, 발달이론은 질적 및 양적 연구를 통해 경험적으로 지지되고 있다. 자아발달을 평가하는 도구(문장완성검사)와 도덕성 발달을 평가하는 도구(문제정의검사)가 있으며, 영성발달과 같은 다른 발달이론은 그 이론의 발달 이정표에 대략적으로 연결된 측정 도구가 있다.

발달이론의 강점과 유용성이 물질사용 치료와 분명히 관련이 있지만, 발달 영역 내, 영역 간, 그리고 발달 과정 전체에서의 상호작용의 복잡성은 발달 과정을 선형적이고 인과관계로 개념화하는 데 어려움이 있다. 물질사용, 발달, 환경 요소 간의 반복적이고 상호작용적인 특성과 함께 발달 과정에 직접적으로 개입하는 복잡성은 단기 치료 프로그램으로 성공적으로 해결하기 어려운 과제일 수 있다. 그럼에도 발달이론이 물질사용장애를 평가하고 치료하는 데 미치는 장기적인 함의와 적용은 장기 치료와 회복에서 중요한 요소로 남아 있다.

6. 사례 연구 반응

물질사용과 신체적 공격에 대한 가브리엘의 가족력은 가족체계 안에서 중독을 동반하는 혼란스러운 환경과 결합하여 아동기, 청소년기, 초기 성인기의 발달을 위한 최적의 환경을 제공하지 못했다. 이러한 환경과 가브리엘의 발달적 욕구 사이의 불일치는 청소년기 동안 더 많은 위험을 수반했는데, 가브리엘의 경우에는 알코올과 다른 약물 실험으로 이어졌다. 가브리엘의 성인 초기 발달은 이전 단계에서 최적의 발달 기회를 놓친 결과로 부정적인 영향을 받았다. 이는 그가 여전히 어머니의 집에 거주하고 지속적인 관계를 유지하지 못하는 실패로 입증된다. 환경이 가브리엘의 발달적 욕구에 적합하지 않았던 점, 청소년기에 내재된 위험의 증가, 그리고 아버지와 함께 코카인을 사용한 우발적인 사건, 부모의 이혼, 그리고 물질사용과 관련된 법적 문제는 발달 과정과 물질사용장애 간의 상호작용 과정을 잘 보여 준다.

그의 후원자와의 지지적인 관계는 가브리엘의 물질사용 중단을 지원하는 기제였으며 전환기와 회복 초기 단계 동안 회복발달모델에서 권장하는 높은 수준의 구조를 제공했다. 이 관계는 그의 회복 초기에 마주할 수 있는 도전을 지원하고, 물질사용 및 관련 경험에 대한 성찰의 기회를 제공했다. 가브리엘이 그의 발달 과정을 지원하는 개인, 집단 및 경험과 다시 연결되도록 격려함으로써, 그와 함께 작업하는 치료자는 지속적인 발달을 위한 생태적 지원을 제공할 수 있다. 이 접근은 전환 단계에서 12단계 프로그램 참여를 포함하여 다른 사람들과의 연결이 증가하고, 금욕의 유지 및 회복 과정에 참여하도록 촉진하며, 물질사용 중단 시 필요한 구조를 제공하는 Brown의 회복발달모델과 일치한다. 회기에서 가브리엘은 딜레마 토론, 성찰의 기회, 그의 행동과 가치 간의 불일치 발견, 그리고 가브리엘의 문제적 물질사용 패턴의 시작과 유지와 관련된 발달 요인 탐색을 통해 더 많은 도움을 받을 수 있다. 가브리엘이 자신과 가족의 삶, 그리고 물질사용에서 중요한 발달 이정표를 정리하는 타임라인 기법은 특히 주목해야 할 발달적 스트레스 지점을 확인하는 데 도움이 될 수 있다.

현재 맥락에서 발달 과정은 주로 개인의 발달에 관여하기 때문에, 가족 생애 주기(Carter &

McGoldrick, 2004)와 같은 가족 발달을 개념화하기 위한 발달 구조의 추가는 그의 원가족 내 경험을 더욱 맥락화하는 데 도움이 될 수 있다. 문제적 물질사용은 여러 세대에 걸쳐 있을 가능성이 있는 체계적 경험이므로, 가브리엘의 경험을 개별적이면서 체계적 관점에서 보는 것이 그의 전체 가족체계의 발달 스트레스 지점을 더욱 맥락화할 수 있다. 이 접근은 가족체계를 치료 과정에 초대할 수 있는데, 이는 가브리엘이 가족을 지지 자원으로 계속 의지하고 있다는 점을 고려할 때 특히 효과적일 수 있다.

발달적 접근의 강점은 가브리엘의 물질사용에만 초점을 맞추기보다는 가브리엘을 전체로 바라보는 것이다. 또한 발달적 관점은 생물학적 · 심리적 · 사회적 · 영적 경험에서 비롯된 정보를 전 생애에 걸쳐 종합할 수 있게 하며, 가브리엘이 치료 과정에서 나타나는 강점들을 반영할 수 있게 한다. 회복 기반 발달 과제에 대한 발달 모델의 명확한 초점은 가브리엘이 물질사용에서 금욕과 회복으로 전환하는 과정에서 직면하는 현재와 미래의 필요에 잘 맞는다. 마지막으로, 발달적 관점은 생물심리사회적-영적 모델 및 물질사용장애의 심각성을 평가하는 ASAM 기준과 일치한다. 따라서 이는 여러 영역 내에서 그리고 여러 영역에 걸쳐 기능을 지원하는 근거 기반 평가 및 개입 모델과도 조화를 이룬다.

요약

발달이론은 개인과 환경 사이의 복잡한 상호작용을 시간에 따라 개념화하는 기제를 제공한다. 발달 과정은 생물학적 · 심리적 · 사회적 · 영적 영역을 포함한 모든 기능 영역에 영향을 미치고, 또한 이들로부터 영향을 받는다. 발달과 물질사용 간의 복잡한 상호작용 때문에 이러한 상호작용에 주의를 기울이는 것은 치료 전문가들에게 단기적 금욕과 장기적 회복을 촉진하는 데 유용하고 중요하다. 발달과 물질사용 사이의 관계에 대한 인식을 높임으로써, 치료 전문가는 스트레스 요인을 관리하는 대처 기술을 강화하고, 일반적인 발달과 회복 발달을 촉진하는 자원과 연결되도록 환자를 지원할 수 있다.

지속적인 학습을 위한 자료

▸ **Books**

Brown, S. (1985). *Treating the alcoholic: A developmental model of recovery*. New York: Wiley.

Brown, S. (1988). *Treating adult children of alcoholics: A developmental perspective*. New York: Wiley.

Brown, S., & Lewis, V. (1999). *The alcoholic family in recovery: A developmental model*. New York: Guilford Press.

▸ **Scholarly Journals**

Manners, J., & Durkin, K. (2001). A critical review of the validity of ego development theory and its measurement. *Journal of Personality Assessment, 77*, 541-567.

Narvaez, D., & Bock, T. (2002). Moral schemas and tacit judgement or how the Defining Issues Test is supported by cognitive science. *Journal of Moral Education, 31*, 297-314.

▸ **Websites**

Bio-Psycho Social-Spiritual Model: http://med.unr.edu/psychiatry/education/psychiatry-educational-resources/bio-psycho-social-spiritual-model.

Stephanie Brown on Treating Addictions in Psychotherapy: www.psychotherapy.net/interview/stephanie-brown.

Unraveling the Mystery of Personal and Family Recovery: An Interview with Stephanie Brown, PhD: www.williamwhitepapers.com/pr/2011%20Dr.%20Stephanie%20Brown%20Interview.pdf.

참고문헌

Aldwin, C. M. (2007). *Stress, coping, and development: An integrative perspective*. New York: Guilford Press.

American Society of Addiction Medicine. (2013). *The ASAM criteria: Treatment criteria for addictive, substance-related, and co-occurring conditions*. Carson City, NV: The Change Companies.

Blocher, D. H. (2000). *Counseling: A developmental approach* (4th ed.). New York: Wiley.

Brendel, J. M., Kolbert, J. B., & Foster, V. A. (2002). Promoting student cognitive development. *Journal of Adult Development, 9*, 217-227. doi:10.1023/A:1016056227344

Brown, S. (1996). *Treating the alcoholic: A developmental model of recovery*. New York: Wiley.

Brown, S. A., McGue, M., Maggs, J., Schulenberg, J., Hingson, R., Swartzwelder, S., . . . Murphy, S. (2008). A developmental perspective on alcohol and youths 16 to 20 years of age. *Pediatrics, 121*(Suppl. 4), S290-S310. doi:10.1542/peds.2007-2243D

Carter, B., & McGoldrick, M. (2004). *The expanded family life cycle: Individual, family, and social perspectives* (3rd ed.). Boston: Allyn and Bacon.

Erikson, E. H. (1980). *Identity and the life cycle*. New York: W. W. Norton.

Fowler, J. W. (1981). *Stages of faith: The psychology of human development*. New York: HarperCollins.

Jonsson, P. V. (2009). Complex trauma, impact on development and possible solutions on an adolescent intensive care unit. *Clinical Child Psychology and Psychiatry, 14*, 437-454. doi:10.1177/1359104509104051

Kohlberg, L. (1981). *The philosophy of moral development: Moral stages and the idea of justice (essays on moral development, volume 1)*. San Francisco: Harper and Row.

Loevinger, J. (1976). *Ego development*. San Francisco: Jossey-Bass. Peace, S., Claypoole, S., & Moody, E. (2000).

Moral dilemma discussions: An effective group intervention for juvenile offenders. *Journal for Specialists in Group Work, 25*, 394-411. doi:10.1080/01933920008411682

Schulenberg, J. E., & Maggs, J. L. (2002). A developmental perspective on alcohol use and heavy drinking during adolescence and the transition to young adulthood. *Journal of Studies on Alcohol*, (Suppl. 14), 54-70.

Substance Abuse and Mental Health Services Administration. (1998). Substance abuse among older adults: Treatment improvement protocol (TIP) series, No. 26. Rockville, MD: Center for Substance Abuse Treatment.

White, W. L. (2014). *Slaying the dragon: The history of addiction treatment and recovery in America* (2nd ed.). Normal, IL: Chestnut Health Systems.

7장 애착 이론

Leigh F. Holman
Rebecca G. Scherer

애착 이론은 인간의 대인관계를 설명하는 발달 모델이다. 애착 관계는 유아가 경험하는 초기 양육 경험을 바탕으로 형성된다. 영유아는 이러한 관계를 통해 감정 상태를 조절하는 능력을 발달시킨다. 애착의 관점에서 볼 때 정신 병리는 감정 상태를 건강한 방식으로 효과적으로 조절하지 못하는 데서 비롯된다. 예를 들어, 최근의 청소년 국가 데이터 조사에서 Barfield-Cottledge(2015)는 청소년의 약물 및 알코올 사용의 중요한 예측 인자로 낮은 가족 애착을 보고했다. 특히 낮은 가족 애착을 보고한 청소년은 높은 가족 애착을 보고하는 청소년에 비해 마리화나 사용이나 음주 가능성이 더 높았다. 또한 성인 표본에서는 불안정 애착 유형으로 분류된 개인이 물질 의존 또는 남용 진단을 받을 확률이 가장 높았다(Caspers, Yucuis, Troutman, & Spinks, 2006). 애착 기반 치료자는 환자가 탐색하는 문제로부터 안전기지가 되고, 환자의 감정을 담아 주는 용기(container) 역할을 하기 위해 환자와 공감적으로 조율된 애착 관계를 형성하려고 노력한다. 애착 이론에 대한 논의는 정신분석가와 발달심리학자의 연구에서 발전하였으며 다른 이론적 관점의 몇몇 개념에 기반을 두고 있다.

1. 이론의 기본 개념

애착 이론은 인간 본성에 대한 몇 가지 기본 가정을 내포하고 있다. 첫째, 애착 이론에서는 양육자와의 초기 애착 관계가 뇌 구조 및 정서 조절과 관련된 뇌의 진동 기능(oscillatory functioning)에 직접적으로 영향을 미친다고 가정한다. 처음에 유아는 외부적으로 또는 대인관계적으로 유아의 감정 상태를 조절하는 양육자에게 의존한다(Bowlby, 1988). 따라서 잘 조율된 양육자는 유아가 불안해할 때 음식을 주거나 기저귀를 갈아 주고, 이불을 덮어 주거나 벗겨 주기도 하며 흔들어 주고, 콧노래를 불러 주며 아기에게 말을 거는 등의 방법으로 아이를 달래 줄 수 있다. 이러한 예는 모두 감정적 반응을 유도하는 감각적 환경 자극(맛, 온도, 움직임, 압력, 소리)과 관련이 있다. 감정과 기타 신체적 감각은 태어날 때부터 변연계에서 느끼는데, 미숙하기는 하지만 유아가 외부 세계와 소통하는 데 중요한 역할을 한다. 이러한 의사소통을 통해 자신의 신체적·정서적 욕구를 충족하는 방법을 배운다.

최적의 발달을 위해서는 아기가 필요로 할 때마다 적어도 2/3 이상 정확한 공감적 조율을 보여 주는 양육자가 필요하다. Winnicott(1953)의 말에 따르면, 양육자는 유아에게 '충분히 좋은' 개입을 통해 아기의 필요나 요구에 반응해야 한다. 이것은 양육자가 처음부터 항상 적절한 개입을 선택할 수 있다는 것을 뜻하는 것이 아니라 아기의 고통에 반응하고 아기를 진정시킬 수 있는 개입 방법을 찾아내려고 노력해야 한다는 것을 의미한다. 완벽한 조율은 불가능하며, 또한 최적의 상태도 아니다. 왜냐하면 사람들은 양육 관계 내에서 좌절을 견딜 수 있는 능력을 발달시키기 위해 조율되지 않은 상호작용을 경험할 필요가 있기 때문이다. 따라서 관계는 시간이 지남에 따라 일관되게 공감적으로 조율된 경험을 아이에게 제공해야 한다. 이것이 신경망이 구축되고 강화되는 방식이며, 그 결과 유아는 정서 조절을 위한 내부 시스템을 개발하게 된다(Cozolino, 2010). 유아가 공감적으로 조율된 양육 관계를 충분히 경험했다면, 그들은 감정적 각성에 대한 내적작동모델을 개발할 수 있으며, 이는 스트레스를 받을 때 스스로 달랠 수 있는 능력으로 이어진다. 예를 들어, 유아가 상처를 입었을 때의 자기 위로 행동은 흥얼거리거나 "괜찮을 거야"라고 말하는 것이다. 아이는 양육자로부터 정서 조절 경험을 내면화하여 스트레스가 많은 상황에서도 스스로 진정할 수 있게 된다.

애착 이론가들은 감정이 대인관계(양육자)적 조절에서 개인 내(자기)적 조절로 이동하려면 아이가 생후 24~36개월 이내에 충분히 공감적으로 조율된 관계를 경험해야 한다고 믿는다(Bowlby, 1969/1982, 1988; Simpson, 1999). 이 시기는 매우 중요한 시기인데, 아이가 적어도 한 명의 양육자와 이런 경험을 하지 못한다면 조절이 어려운 감정 상태에 대처하는 능력을 개발하지 못하고, 심지어 다른 사람들과 공감하는 능력도 부족할 수 있기 때문이다. 개인이 인생 초기에 건강한 애착을 갖지 못하면 나이가 들어도 건강한 애착을 형성하기 어렵다.

그러나 애착 이론가들은 인간은 적응력이 있으며 감정을 조절하는 능력을 포함한 그들의 행동 역시 적응적이라고 믿는다. 개인은 각기 다른 양육자(예: 어머니, 아버지, 조부모)와 다양한 경험을 할 수 있으며, 이는 그들이 상황에 맞는 관계의 내적작동모델을 개발하는 데 도움이 되고, 궁극적으로 이후 다른 사람과의 관계에 영향을 미친다(Simpson, 1999). 예를 들어, 유아가 자신의 환경에서 어떤 위협을 느낄 때, 그는 근접성 추구(proximity-seeking) 행동을 사용하여 양육자가 여전히 이용 가능한지 확인한다. 양육자가 일관된 방식으로 이용 가능한 경우, 유아는 친밀한 관계에 대한 이해를 위해 사회적 상황에서 의지할 수 있는 긍정적이고 안전한 내적작동모델을 만든다. 양육자가 이용할 수 없거나 일관되지 않으면 유아의 내적작동모델은 왜곡된다. 이러한 왜곡은 유아의 향후 관계에서 부적응 행동을 초래할 수 있다. 마찬가지로 치료 환경에서 개인은 치료자나 그룹 구성원들과 애착 관계를 발전시킬 수 있으며, 이러한 관계는 그들에게 새로운 내적작동모델을 나타내는 새로운 신경망의 개발 및 강화를 위한 기반을 제공할 수 있다.

우리는 모든 사람이 심각한 상실과 같은 스트레스 상황을 경험하게 되는데 이때 개인의 대처 능력은 도전받게 된다고 가정한다. 이런 상황에서 정서 조절 능력은 저하되고 감정에 압도될 수 있다. 이런 상황에서 사람들은 종종 다른 사람, 보통 애착 관계에 의지하여 위기를 극복한다. 그러나 충분히 안정적인 애착 관계가 없는 사람들은 감정적으로 조절이 어렵거나, 상당한 스트레스를 받을 때 자기 조절에 어려움을 겪고, 종종 그런 상황에서 다른 사람에게 도움을 요청하는 것이 감정적으로 안전하지 않다고 느낀다(Mikulincer & Shaver, 2007). 그래서 그들은 정서 조절능력이 약해지면 자기 자신을 달래는 데 건강하지 않은 방식으로 관여하게 된다. 자기 위로의 파괴적인 방법에는 과도한 알코올이나 약물사용, 도박, 섹스, 쇼핑과 같은 다른 중독성 행동이 포함된다.

최적의 발달 환경에서 아이는 적어도 하나의 안전한 애착 관계를 갖는다(Bowlby, 1988). 이것은 아이가 새로운 친구를 사귀고 새로운 중요한 애착 관계를 발전시키는 것을 포함하여 세상을 탐색할 수 있는 안전한 기반을 제공한다. 최적의 발달이 아닌 경우, 아이는 양육자가 지속적으로 이용 가능하지 않다고 느끼고 이 경험을 불안정한 애착 관계로 내면화할 수 있다. 이런 경우 양육자는 자녀의 요구에 대개 일관성 없는 조율을 한다. 이는 부모나 양육자의 양육에 대한 자기효능감, 정신적·육체적 질병에서 비롯되었을 수 있다. 그리고 그것은 유아의 고통에 최적의 방식으로 대응할 수 있는 능력에 영향을 미친다. 예로, 부모가 양육관계와 관련해서 불안이나 우울증을 경험하는 경우를 들 수 있다. 불안정 애착 패턴은 불안정 애착의 내적작동모델에 기반하여 불안애착 또는 회피애착 유형으로 이어질 수 있다.

어린 시절 지속적인 방임이나 학대를 경험한 사람은 대부분의 시간 동안 정서적 또는 신체적 요구가 충족되지 않았거나, 피해를 입었거나, 그들의 양육자를 두려워했을 수 있다. 이것은 아이들의 부모가 심각하게 우울하거나 정신병적이거나, 중독 문제가 있는 경우 관찰된다(Brisch, 2012; Flores, 2004). 이러한 아이들은 방임이나 학대의 특성, 조율된 대체 양육자가 있었는지 여부, 그리고 방임이나 학대의 경험 시기와 심각성에 따라 회피적이거나 혼란스러운 애착 유형을 형성할 수 있다(Lyons-Ruth & Jacobvitz, 1999). 이러한 애착 유형에 대해서는 곧 더 깊이 논의할 것이다.

한 사람의 애착 관계의 질은 그 사람의 욕구, 타인에 대한 의존도에 영향을 미친다. 안정 애착을 가진 사람은 애착 관계에 효과적으로 의존한다. 즉, 스트레스를 받을 때 도움을 요청하고 사회적 지원을 위해 타인에게 의지할 수 있다는 것을 의미한다(Mikulincer & Shaver, 2007). 애착 이론가들은 안정 애착과 자율성이 상호보완적인 경험이라고 믿는다. 건강하고 안전하게 애착된 사람들은 괴로운 시기에 자기 자신과 타인에게 의지할 수 있는 능력을 보여 준다. 상호의존성은 안전하게 애착을 형성한 사람이 다른 사람과 물리적으로 또는 정서적으로 분리되어 있으면서도 안정적이고 일관된 자기감을 계속 느낄 때 반영된다.

글상자 7-1 애착 이론의 기본 원칙

- 애착 욕구는 모든 문화권에 걸쳐 생득적이다.
- 초기 애착 관계는 신경 발달에 영향을 미친다.
- 공감적으로 조율된 돌봄 관계는 대인 간(양육자) 정서 조절에서 개인 내(자기) 정서 조절로 이동하기 위한 토대를 마련한다.
- 애착에는 결정적 시기가 있다. 공감적으로 조율된 애착 관계는 사람이 세상을 탐색하고, 새로운 것을 경험하고, 성장하고, 발전할 수 있는 안전한 기반을 제공한다.
- 애착 인물과 분리된 후에는 저항, 절망, 분리 순서로 행동이 예상된다.
- 애착 관계는 새로운 관계를 위한 내적작동모델로 작용한다.
- 애착은 양육자-자녀 관계에 따라 달라질 수 있다.
- 행동은 상황에 적응하며 이전 애착 관계에서의 경험을 기반으로 한다.
- 스트레스가 많은 시기에 충분한 안정 애착을 발달시키지 못한 사람들은 다른 수단(예: 중독성 물질이나 행동)에 의존하지 않고서는 정서 조절의 어려움에 대처하는 방법을 습득하지 못했을 가능성이 있다.

안정 애착을 가진 사람들은 관계가 사라지지 않을 것이라고 믿거나 애착 대상(예: 배우자, 친구)이 신체적 · 심리적으로 해로운 일을 하지 않을 것이라고 계속 믿으면서 안정 애착을 가진 사람과 심리적 갈등을 겪을 수 있다. 또한 그들은 애착 관계가 사라지거나 애착 대상이 떠날 것이라는 느낌 없이, 또는 신체적 · 심리적 해를 입게 된다는 느낌 없이 학교를 가면서 신체적으로 분리될 수 있다. 애착 욕구는 불확실한 상황에서 활성화되며, 애착 대상과 신체적 또는 심리적으로 거리가 멀어지면(즉, 갈등이 생기면) 두려움과 불안을 경험할 수 있다.

애착 이론가들은 개인에게 이런 일이 일어날 때 항의로 시작하여 우울과 절망, 마침내 분리로 이어지는 예상 가능한 고통의 패턴을 보인다고 주장한다(Ainsworth, Blehar, Waters, & Wall, 1978; Bowlby, 1969/1982). 심각한 관계 외상은 이런 식으로 개인의 기능에 장기적으로 심각한 영향을 미칠 수 있다. 이러한 이유로 애착 인물이나 이행기 대상(애착 인물을 상기시키는 것)과의 가까움은 취약함을 느낄 때 위안을 제공한다. 예를 들어, 부모가 출장을 갈 때 아이가 부모의 상징적인 물건이나 좋아하는 모자 등을 꼭 쥐고 있는 상황을 들 수 있다. 이는 부모가 물리적으로 존재하지 않을 때도 아이에게 심리적인 연결감을 제공한다.

2. 이론의 철학적 기초 및 핵심 개념

이 이론의 기초는 정신분석학자 John Bowlby가 런던 아동 지도 센터에서 청소년 비행에 대해 진행한 임상 연구에서 발전되었다. 그는 어머니와의 관계에서 방임, 분리 또는 상실이 아이들의 대인관계 발달에 부정적인 영향을 미친다는 점을 관찰했다. 이후 그는 유아들의 장기 입원으로 인한 부모와의 애착 단절이 미치는 영향을 연구했다. 이러한 관찰 연구에서 그는 부모와 분리에 대한 예측 가능한 반응 순서를 확인했는데, 이는 항의 행동으로 시작해서 절망을 나타내는 단계로 이어지고 마지막으로 분리로 이어졌다(Bowlby, 1969/1982; Bretherton, 1991). 그는 이러한 초기 애착 관계가 아이들이 세상과 다른 사람과의 관계를 이해하는 방식과 세상에서 자신의 위치를 이해하는 방법에 대한 내적작동모델의 기초가 된다고 이론화했다.

발달 심리학자 Mary Ainsworth는 Bowlby가 관찰한 항의, 절망, 분리의 단계를 경험적으로 검증하기 위해 낯선 상황 실험을 고안했다(Ainsworth, 1967; Ainsworth et al., 1978). 이 연구는 실험실 환경에서 어머니와 영아 쌍을 대상으로 진행되었다. 실험 초기에는 아이들에게 장난감이 가득한 방을 소개하고, 어머니가 함께 있는 동안 자유롭게 탐색하도록 유도했다. 방에 있는 아이에게는 사전에 안면이 없는, 훈련된 '보모'가 있었다. 두 차례에 걸쳐 어머니는 아이를 이 낯선 사람과 함께 3분간 남겨 두고 떠났다. 각 분리 후에 아이와 부모의 재회를 했고, 연구팀은 아이들의 반응을 관찰하고 기록하고 이를 분석했다.

Ainsworth의 연구는 우간다와 볼티모어에서 거의 동일한 결과가 나왔으며, 애착에 대한 욕구는 타고난 본능이며 문화와는 상관없다는 것을 시사했다. 추가로 그녀는 돌봄의 양보다는 돌봄의 질이 더 중요하다는 결론을 내렸다. 즉, 어머니가 꾸준히 아이 곁에 있었더라도 아이의 욕구에 공감하지 못하면 아이들은 불안정 애착을 형성할 가능성이 높다는 것이다. 반면, 어머니가 항상 물리적으로 아이 곁에 있지 않더라도 아이의 요구에 더 주의를 기울일 경우 아이는 더 안정적으로 애착을 형성할 수 있었다. 또한 Ainsworth는 사람의 타고난 애착 체계가 다양한 양육자의 반응에 따라 변화할 수 있음을 밝혀냈다(Grossmann, Grossmann, Spangler, Suess, & Unzer, 1985). Ainsworth는 실험들을 통해 안정형, 양가형, 회피형을 확인하였다.

Mary Main은 중산층 가정을 대상으로 유아기부터 청소년기까지 애착에 대한 종단 연구를 진행했다(Main, Kaplan, & Cassidy, 1985). 처음에 유아와 부모는 함께 '낯선 상황 실험'을 수행했다. 이 연구에서는 짧은 분리 이후 양육자와 재회했을 때 유아의 반응을 포착했다. 유아의 반응은 애착 성향과 연관된 네 가지 반응 패턴으로 분류되었다. Main은 아이가 여섯 살이 되었을 때 아이들이 발달시킨 관계에 대한 내적작동모델을 확인하기 위해 가족 상호작용을 비디오로 촬영했다. 이러한 연구를 통해 Main은 낯선 상황에서 부모에 대한 유아의 반응이 여섯 살 때의 부모에 대한 정신적 표상과 일치한다는 것을 확인했다. 즉, 낯선 상황에서의 유아의 반응과 애착 유형이 아이의 6세 때의 애착 지향과 관계가 있었다. 이 과정을 통해 Main은 아이에 대한 부모의 대인 간 정서 조절이 내면화된 대상 또는 애착 관계의 정신적 표상을 이용하여 개인 내 정서 조절로 전환되는 과정을 제시하였다.

그러나 낯선 상황 실험에 참여한 모든 아이가 이전에 확인된 애착 유형 중 하나에 속하지는 않았다. 이로 인해 Main의 연구팀은 이전에 확인된 애착 유형에 맞지 않는 200개의 낯선 상황 비디오를 검토했고, 이를 통해 네 번째 애착 유형인 '혼란 애착'을 확인했다(Main & Solomon, 1990). 이는 이후에 더 자세히 논의된다.

연구를 용이하게 하기 위해 Main은 후기 청소년과 성인기의 애착 연구를 목표로 하는 반구조화된 질문지인 성인 애착 면담(Adult Attachment Interview: AAI)을 개발했다(George, Kaplan, & Main, 1985). 이 평가는 부모가 자신들의 부모와의 관계에 대해, 특히 상실, 거절, 분리에 대해 회상하게 하는 비교적 간단한 질문을 통해 이루어졌다(George et al., 1985; Slade, 2000). Main은 표면적으로는 명확해 보이는 질문을 통해 무의식적인 내용을 탐구하고자 했다. 예를 들어, AAI는 면담 대상자에게 부모와의 어린 시절에 대한 기억을 묘사하도록 요구하는데, 그 답변은 애착 성향에 따라 깊이와 언어에서 다양할 수 있다. 그녀는 질문에 대한 답변뿐만 아니라 면담 대상자가 평가 중 부모 관계를 설명하는 과정도 관찰했다. 또한 아이의 '낯선 상황'에서의 행동과 부모의 애착에 대한 정신적 표상 사이의 유사성을 발견했다. 즉, 부모가 자신의 부모에 대한 기억과 아이가 '낯선 상황'에서 보이는 반응 사이에 유사한 반응 패턴이 나타났다. 이러한 자료를 종합한 결과, 애착 성향이 세대를 거쳐 이어질 수 있음을 확인했다. 이 관찰을 바탕으로, Main은 유아기의 비언어적 행동이 애착에 대한 내적 표상 패턴을 예측할 수 있다는 결론을 내렸다.

1) 애착 유형

네 가지의 애착 유형은 Bowlby, Ainsworth, 그리고 Main의 연구를 기반으로 하며, 각각은 낯선 상황에서의 유아의 행동, 부모의 양육 행동, 그리고 성인기 애착 유형과 연관된다. 이 애착 유형의 간략한 설명은 다음과 같다.

(1) 안정 애착

낯선 상황 실험에서 안정적으로 애착을 형성한 아이들은 어머니와 떨어졌을 때보다 재회했을 때 더 많은 정보를 제공하는 행동을 보였다. 이 아이들은 예상대로 어머니와의 분리로 인해 스트레스를 받았지만, 어머니가 아이들이 필요할 때 안아 주고 진정시켰기 때문에 다시 돌아왔을 때 쉽게 안정을 찾았다. 이러한 초기 애착 분류를 바탕으로 성인이 되었을 때 대인관계와 친밀한 관계에서 예측 가능한 애착 유형으로 발전한다. 안정 애착(secure attachment)을 형성한 성인은 자신과 타인에 대해 긍정적인 시각을 가지고 있으며, 친구들로부터 따뜻하고 친밀하며, 자신감 있고, 관계에 적극적으로 참여하는 사람으로 평가를 받는다(Bartholomew & Horowitz, 1991).

(2) 불안정 애착: 불안-양가 애착

첫 번째 불안정 애착(insecure attachment) 유형은 문헌에서 불안, 불안-양가, 구별하기 어려운 또는 양가적 애착으로 언급될 수 있다. 낯선 상황 실험에서 이러한 유아들은 어머니가 방을 떠날 때 극도의 괴로움을 보였다. 이 유아들은 어머니에게 너무 집착하여 탐색하거나 놀지 못했다. 어머니가 돌아왔을 때, 유아들 중 일부는 분노를 보였고, 다른 일부는 소극적인 태도를 보였다. 분노한 아이들은 어머니와의 연결을 적극적으로 찾으면서도 어머니가 그들을 위로하려 할 때 거부했다. 소극적인 유아들은 너무 압도되어 그들이 필요로 하는 안정감을 위해 어머니에게 다가가지 못했다. 불안-양가 애착은 아이의 필요에 일관성 있게 반응하지 않아 결과적으로 아이의 자율성을 저해하는 양육 방식에서 비롯되었다(Ainsworth et al., 1978). 불안-양가 애착 패턴을 가진 아이들은 성인이 되어 관계에 몰두하는 애착 유형을 보이는 경향이 있다. 이 성인들은 관계에서 스트레스를 받을 때 감정 중심의 대처 전략에 의존하며(Mikulincer & Shaver, 2007), 낮은 자존감을 보고하고(Park, Crocker, & Vohs, 2006), 친밀한 관계에서 자신을 더 부정적으로 인식한다(Bartholomew & Horowitz, 1991).

(3) 불안정 애착: 회피 애착

회피 애착(avoidant attachment) 유형을 가진 유아들은 어머니가 떠날 때나 낯선 사람과 있을 때 고통을 나타내지 않았으며, 어머니가 돌아왔을 때도 무관심한 모습을 보였다. 하지만 이 유아들은 어머니가 방에 없을 때 안정 애착 유형 아이들과 마찬가지로 높은 심박수를 보였다. 또한 이 아이들 사이에서 스트레스 호르몬인 코르티솔 수치가 실험 전후 모두 상승한 상태였다(Spangler & Grossmann, 1993). Ainsworth 등(1978)은 이러한 어머니들이 아이들에게 무관심했고, 아이에게 애착 행동을 보이지 않는다는 것을 관찰했다. 이 이론에 따르면, 이러한 유아들은 위로를 찾으려는 이전의 시도가 거절로 이어진다는 것을 학습한 것으로 보인다. 결국 유아들은 위로를 구하는 시도를 포기한다. 어머니의 정신적 상태가 아이와의 유대 형성에 영향을 미쳤다. 이러한 유아들은 부모의 예측 불가능한 행동에 대처하기 위해 회피적 애착 유형을 발달시켰다. 이와 유사하게, 회피적 성인은 관계에서 스트레스나 압박을 느낄 때 거리를 두는 대처 전략을 사용하는 경향이 있다(Mikulincer & Shaver, 2007). 이러한 성인들은 실제로 높은 자존감을 보고하지만(Park et al., 2006), 관계에서 타인에 대해 부정적인 견해를 가지고 있다(Bartholomew & Horowitz, 1991).

(4) 혼란 애착

혼란 애착(disorganized attachment) 유형을 보이는 아이들은 처음에 낯선 상황인 방으로 엄마가 돌아왔을 때 약 10~30초 동안 기이한 행동을 보이다가 앞서 확인된 다른 애착 유형과 일치하는 행동을 보였다. 이러한 기이한 행동은 Darwin이 영장류 연구에서 관찰했던 것과 유사하게 입을 막고, 그 자리에 얼어붙어 있다가 땅에 쓰러지는 '얼어붙은 비명'을 포함한다. 또한 아이가 해리상태와 유사한 최면상태 등의 상태에 빠지는 행동도 관찰되었다(Hesse & Main, 2000). 이러한 행동 표현은 모두 신체 공포 반응의 활성화를 나타낸다.

처음의 공포 반응과 이어지는 양가적 또는 회피적 애착 행동 유형은 아이들이 어머니를 안전한 피난처인 동시에 잠재적으로 위험한 존재로 인식한다는 것을 나타낸다. 이 현상은 혼란 애착 유형을 보이는 유아의 82%가 학대나 폭력을 경험한 것으로 확인된 문헌에 의해 뒷받침된다(Carlson, Cicchetti, Barnett, & Braunwald, 1989). 그러나 Main은 일부 아이들의 반응이 부모가 아이에게 겁을 먹고 물러서거나 몽롱한 상태에 빠지는 경험에서 비롯된 것임을 확인했다. 두려움에 의해 애착된 성인들은 친밀한 관계에서 집착적이고 회피적인 애착 형태를 모두 보인다. 일반적으로 그들은 자신과 타인에 대한 부정적인 내적작동모델을 가지고 있다(Bartholomew & Horowitz, 1991). 이러한 개인들은 친밀감을 두려워하고 사회적으로 회피하는 경향이 있다.

2) 성찰 기능과 정서 조절

Bowlby가 Freud 기념 정신분석 교수로 재직했을 때, 그는 Peter Fonagy가 애착의 정신 표상과 개인의 상호주관적 경험, 즉 우리가 자신을 이해하는 방식이 애착에 미치는 영향을 더 깊이 연구하도록 영감을 주었다. Fonagy는 Bowlby가 취약 계층에 긍정적인 영향을 미치려는 관심에 깊은 인상을 받았다. 그는 자신을 심리적 존재로 인식하는 개념, 즉 정신화(mentalization)를 개발한 것으로 알려져 있다(Fonagy & Target, 1997). 그는 이 개념을 바탕으로, 심리적 깊이, 통찰력, 공감을 가지고 자신을 바라보는 데 사용하는 성찰기능을 연구하기 위해 성찰기능척도(Reflective-Functioning Scale: RFS)를 개발했다. RFS는 관계에서 자신과 타인에 대한 인식에 미치는 애착 성향의 영향을 평가하기 위해 만들어졌다. 1987년, Fonagy 연구팀은 100명의 임신한 커플과 만나 아이가 태어나기 전에 RFS를 사용하여 각 부모의 애착과 관련된 마음상태를 평가했다. 이후 그들은 1세 아기와 함께 낯선 상황 실험을 진행했다. 이 연구는 부모의 애착 성향 표현이 자녀가 1세 때 아이의 낯선 상황 행동을 정확하게 예측했다는 문서화된 증거를 제공했다. Fonagy는 애착 체계가 사람들이 관계에서 자신과 타인을 이해하기 위한 내적작동모델이나 도식을 발전시킬 수 있도록 작용한다고 결론지었다. 이러한 모델은 그들의 발달에 건강하게 또는 부적응적으로 영향을 미칠 수 있다.

Fonagy의 연구는 자기에 대한 세 가지 유형의 상호주관적 경험을 발전시켰다. 즉, 정신적 등가성(psychic equivalence), 가장하기(pretense), 그리고 정신화(mentalizing)이다. 이러한 각각의 상호주관적 기능 방식은 고유한 정서 조절 방식을 나타낸다. 정신적 경험(psychic experience) 모드에서 기능하는 개인은 자신의 내면 세계와 외부 세계 간의 차이를 이해하지 못한다. 이 사람은 자신을 타인과 분리된 존재로 생각할 능력이 없으며, 이는 마치 유아가 세계를 경험하는 방식과 유사하

글상자 7-2 제시카 매클루어

텍사스에서 제시카 매클루어(Jessica McClure)라는 아이가 집 근처에서 놀다가 우물에 빠졌다. 처음에 구조대는 마이크를 우물 속에 내려서 그녀가 살아 있는지 확인하려 했다. 그들은 제시카가 혼자 조용히 노래하는 소리를 들었다. 인간 중심 치료자들은 이것을 자기 자신을 진정시킬 수 있는 능력이 내면에 있다는 증거로 해석할 수 있다고 말할 것이다. 그러나 애착 이론가들은 이 행동을 다르게 개념화할 것이다. 이 장에서 설명된 정보를 바탕으로 애착 이론가는 삶에서 가장 무서운 상황에 직면한 제시카의 자기조절 능력을 어떻게 이해할 수 있는가? 이 기술은 어디에서, 어떻게 발달되었는가? 이 이야기는 자기조절에 어려움을 겪고 있는 정서 조절 장애 상태의 환자와 중독치료자의 작업에 어떤 도움을 줄 수 있는가?

다. 이 상태에 있는 사람은 타인의 행동에 즉각적으로 영향을 받고, 타인이 자신을 대하는 방식에 따라 자신을 정의한다. 중독치료 문화에서 이 개념은 친밀한 관계에서 사람들 간의 경계가 없는 융합 관계로 알려져 있다.

반대로, 가장 모드에서 살아가는 사람들은 자신의 내면 세계가 외부 현실에 영향을 받지 않도록 한다. 해리나 자기애는 이러한 존재 모드의 예이다. 이 개인은 외부 현실이 자신이 상상하는 세계를 위협할 수 있다고 느끼며, 두려운 생각, 사건 또는 감정을 의식적으로 차단한다. 이 개념은 중독치료에서 관여되지 않는 또는 경직된 경계로 널리 알려져 있다.

마지막으로 정신화/성찰 모드는 사람들이 자신과 타인을 분리되어 있지만 상호연관된 존재로 인식할 수 있게 한다. 이 개인은 자기성찰을 하거나 자신의 생각과 감정에 대해 고민하고 경험을 해석하며, 경험하는 사건이 그 사건에 대한 반응과 별개임을 이해할 수 있다. 이러한 개인들은 일반적으로 정서적 불안정을 건강하게 관리할 수 있는 능력이 뛰어나다. 그 예는 개인이 불안한 사건을 경험할 때 건강한 대처 기제를 사용하는 것이다. 이 개념은 일반적으로 투명한 경계 또는 건강한 경계라고 불린다.

Fonagy는 양육자가 공감적으로 조율하고 유아에게 신체적 돌봄을 효과적으로 전달할 수 있음을 반영하기 위해 유아의 고통을 어머니가 담아낸다는 Bion의 개념(1962/1977)을 사용하였다. 그는 부모가 자녀의 고통을 이해하고 스트레스 자극을 없애 주거나(예: 음식 제공, 기저귀를 갈아 주기), 스트레스를 극복하도록 도와줌으로써(예: 흔들어 주기, 허밍) 아기의 정서적 고통을 조절할 수 있다고 제안한다. 무엇보다 Bion은 양육자가 유아가 자신과는 별개로 고유한 마음을 가지고 있음을 인식하고, 부모의 행동 뒤에 있는 의도를 추론할 수 있다고 믿었다(Dennett, 1987). 공감적 이해를 전달하고 유아가 어려움을 극복하도록 도우며 아이가 양육자와는 별개의 세상을 경험하고 있음을 이해하는 양육자는 안정적인 애착 관계를 강화한다.

정서적으로 조율된 대인 간 정서 조절 경험을 통해 유아는 공감적으로 조율을 받을 가치가 있는 자신에 대한 내적 표상을 형성하고, 애착 관계가 지지, 위로, 심지어 즐거움의 원천이 될 수 있다는 믿음을 갖게 된다. 정서적으로 불안정할 때 안정 애착 유형의 개인은 대인관계 애착을 통해서나 애착 관계의 내부 도식 또는 분류를 통해 감정을 이해할 수 있는 방법을 찾는다. 그러나 아이가 불안정한 애착 패턴을 발전시키는 경우, 이는 공감적으로 잘 조율되지 않은 애착 관계의 내적 경험에 대한 반응으로 나타나며, 이로 인해 아이의 정서적 불안정을 유발하거나 악화시킬 수 있다. 불안정 애착 유형의 개인은 친밀한 관계를 지지, 위안 또는 즐거움을 얻는 안전한 장소로 경험하지 못한다. 이러한 개인은 건강한 방식으로 정서 상태를 조절하는 법을 배우지 못하고, 해리, 자기애, 중독 및 불건강한 인간관계와 같은 다른 방법에서 그들의 불안정한 감정을 담아내기 위한 용기를 찾게 된다.

3. 치료자가 이론적 접근을 활용하는 방법

애착 이론의 원칙에 따라 중독치료를 전문으로 하는 정신건강 종사자들은 기본적으로 치료 관계가 치료에서 환자의 작업을 위한 안전한 기반으로 발전될 수 있다고 믿는다. 치료자가 환자의 호소 문제에 대해 일관되고 정확하게 공감적으로 조율된 반응을 제공할 수 있다면 환자는 치료 관계를 통해 다루기 힘든 정서 상태를 조절하는 방법을 배울 수 있게 된다. 애착 이론의 기본 가정은 개인의 대인 간 상호작용이 자신의 애착 유형에 기반한다는 것이며, 이는 그들의 자기감을 반영한다는 것이다. 불안정 애착 유형은 분열된 자기감을 초래한다. 개인이 분열된 자기감을 가지고 있을 때 그들은 강렬한 감정을 동반하는 도전적인 대인관계 상황에서 스스로 대처할 수 있다는 자신감을 갖지 못한다. 이러한 방식으로 애착 유형은 개인이 감정을 조절하는 방식을 좌우한다 (Mikulincer & Shaver, 2007). 조절되지 않은 정서 상태를 관리하는 데 어려움을 겪으면 이는 근본적인 두려움, 분노 또는 슬픔을 반영하는 부적응적 상호작용 형태로 이어진다.

중독 문제를 겪는 환자는 알코올, 음식, 도박, 성과 같은 중독 대상을 조절되지 않은 감정을 담기 위한 용기로 사용하고 있을 가능성이 크다. 치료자들은 이러한 환자들이 어렸을 때 건강하고 공감적으로 조율된 돌봄 관계를 통해 건강한 자기감이나 조절되지 않은 정서에 효과적으로 대처하는 능력을 발전시키지 못했을 것으로 이해한다. 따라서 이들은 복잡한 감정을 경험할 때 그 감정을 처리할 수 있는 건강한 대처 기제를 갖추지 못했다. 건강하고 안정된 애착을 가진 사람은 애착 관계 또는 그 관계에 대한 내적작동모델을 통해 이러한 감정을 처리하지만, 불안정 애착을 가진 사람들은 알코올, 약물, 도박 또는 음식과 같은 외부에서 감정을 담는 용기를 찾는다.

이에 따라 환자는 중독 물질이나 중독 행위와 애착 관계를 형성하게 된다. 중독이 진행됨에 따라 중독과의 애착 관계는 환자의 자기감과 정서 상태를 조절하는 능력에 있어 점점 더 중요해지기 때문에 치료에서 복잡한 문제가 된다. 환자가 건강한 대인관계와 정서 상태를 조절할 수 있는 자기효능감을 촉진하는 안정 애착 유형으로 기능할 수 있을 때까지 재발에 대한 취약성은 증가할 것이다. 따라서 치료의 주요 목표는 환자가 건강하고 안정된 애착을 형성할 수 있는 능력을 개발하도록 돕는 것이다.

일반적으로 애착을 기반으로 하는 치료자들은 환자가 중독 행동을 하게 되는 원인이 대인관계에서 겪는 어려운 감정을 다루기 위한 시도와 관련이 있음을 인식하고 있다. 반대로 중독 행동은 기존의 관계에 부정적인 영향을 미치며, 이는 환자가 건강한 대인관계를 경험하는 능력을 더욱 손상시킨다. 예를 들어, 알코올을 사회적 윤활유로 사용하는 사람은 건강한 관계를 발전시키기보다 그 물질을 선택할 것이다. 중독을 겪는 사람들은 불안정 애착 유형과 일치하는 행동을 보이는 경향이 있다. 이러한 불안정 애착 유형은 다양한 형태의 초기 양육 경험으로 인해 형성될 수 있으며, 이 경험들은 심각성의 연속체상에 존재하며 여러 가지 문제적 양육 방식(예: 부모의 정신장애, 부모의 중독, 신체적/성적 학대, 거절, 유기)을 포함한다. 따라서 치료자는 환자의 중요한 초기 대인관계 경험을 면밀히 살펴보고, 이를 통해 환자의 애착 경험을 이해할 필요가 있다. 초기 관계 외상은 특히 환자의 자기감에 심각한 손상을 주기 때문에, 중독치료의 일환으로 반드시 다루어져야만 환자가 장기적으로 성공적인 결과를 얻을 가능성이 높아진다.

외상 작업은 종종 강렬한 감정을 처리하는 과정을 포함하기 때문에, 치료자는 환자의 강렬하고 때로는 부정적인 감정을 안전하게 붙잡아 줄 수 있는 환경을 제공할 준비가 되어 있어야 한다. 여기에는 환자가 과거의 관계 균열로 인해 치료자에게 분노나 적대감을 표현하는 전이 반응을 보일 때 이를 견디는 능력이 포함된다. 치료자는 이러한 감정들을 치료 회기에서 다룰 수 있도록 도와야 한다. 즉, 환자가 감정을 다루기 위해 물질을 사용하는 대신, 건강한 정서적 표현을 관리할 수 있도록 돕는 것이다. 중독자가 감정을 관리하기 위해 물질을 사용하는 경향이 있기 때문에 중독은 '감정의 질병'이라고 불리는데, 치료자는 회기가 끝나기 전에 환자가 경험한 감정을 충분히 처리할 수 있도록 해야 한다. 만약 환자의 외상이 너무 복잡하여 회기 내에 완전히 처리하지 못할 경우, 환자가 회기와 회기 사이에도 심각하게 정서 조절의 어려움을 겪지 않고 세상 속에서 기능할 수 있도록 감정을 담아내는 방법을 안내할 수 있어야 한다. 이는 은유, 유도된 상상, 의식, 또는 감정을 증폭시켜 환자가 그 감정을 직접 경험하게 도와주는 방법을 통해 이루어질 수 있다. 예를 들어, 환자의 현재 애착 유형을 나타내는 노래의 비유를 찾고, 그에 따라 기존의 부적응적 대처 방식과 관련된 이전의 노래를 대체할 새로운 노래를 선택하게 하는 것이 있다. 만약 치료자가 감정을 성공적으로 담아낼 수 있는 환경을 제공하지 못한다면, 환자가 중독을 탐색할 수 있는 안전 기반으로서 치료를 경험하지 못하기 때문에 치료의 성공을 위태롭게 할 수 있는 관계 균열이 발생할 것이다.

환자의 감정적 역기능이 치료자에게 향할 경우 치료자는 대인관계 과정을 통해 환자와 치료자 간의 관계 역동을 논의하고 이를 통해 중독 문제 및 과거 관계 균열과 관련된 환자의 감정을 담아낼 수 있다. 이런 상황에서 치료자는 환자가 치료 관계에서 부적절한 방식으로 경계를 넘는 경우(예: 치료자에게 성적 접근, 치료자를 언어적으로 위협하거나 집단 회기에서 치료자를 비난), 일관성 있게 경계와 한계를 설정해야 한다는 점을 항상 인식해야 한다. 그 후에는 이러한 상호작용이 내담자의 치료 초점과 어떻게 연관되는지에 대해 함께 탐색해야 한다.

추가적으로, 환자가 현재 치료 환경(예: 교정 시설, 입원 병원, 거주 치료 센터)에 있을 경우, 환자가 해당 시스템 내에서 어떻게 상호작용을 하고, 왜 그렇게 행동하는지를 파악하기 위해 치료자는 환자의 대인관계 방식을 관찰할 필요가 있을 수 있다. 이와 유사하게, 치료자는 환자가 치료자로부터 대인관계 반응을 유도하려는 시도와 회기 내에서 치료자에게 행동화하는 전이 반응에 유의해야 한다. 이러한 모든 방법은 치료자가 환자의 독특한 세계에 대한 경험, 자기감, 그리고 자신의 신체적 · 심리적 욕구를 충족시키기 위해 세상과 다른 사람들을 조종하는 방식을 이해하는 데 도움을 준다. 치료 과정의 일부는 치료자가 이러한 정서적 촉발 형태와 애착/분리 행동을 관찰하고, 환자가 이러한 상황에서 자신을 심리적 존재로 인식하기 시작하도록 돕는 것이다. 즉, 환자가 더 적응적인 방식으로 상황을 관리할 수 있도록 돕는 것을 의미한다. 이를 위해서 치료자는 환자가 생각, 감정 그리고 관계를 성찰할 수 있는 능력을 개발하도록 도와야 한다. 관찰된 대인관계 과정을 성찰하는 것은 환자가 자신의 세계에 대한 감정적 경험과 그 경험이 자신의 주변 세계에 어떤 영향을 미치는지에 대해 스스로 성찰하도록 유도하는 한 가지 방법이다.

통제된 치료 환경(예: 교도소, 입원 병원, 거주 치료 센터)에서 환자들은 중독 행동을 금지당하게 된다. 이는 치료 중에 떠오르는 강렬한 감정에 대처하는 데 중독을 사용할 수 없다는 것을 뜻하며 필연적으로 불안이 증가하게 될 것이다. 만약 그들이 일차적인 중독(예: 알코올)을 사용할 수 없는 상황이라면 환자들은 자신의 정서 상태를 조절하기 위해 부차적인 중독(예: 성)을 선택할 수 있다. 이러한 교차중독 현상은 환자의 불안정 애착 유형의 심각성을 보여 주는 또 다른 증거이기에 치료자는 반드시 이를 인식하고 치료 관계를 통해 다루어야 한다.

정서중심치료는 애착치료의 확장이다. 치료 회기에서 정서에 초점을 맞춤으로써, 치료자는 양육자가 유아와 상호작용하는 것과 마찬가지로, 환자의 정서 상태를 대인관계적으로 조절하는 데 도움을 줄 수 있다. 일부 치료자들은 이 과정을 '재양육(reparenting)'이라고 부른다. 치료자가 교정적 정서 경험을 통해 충분히 좋은 애착 기반을 제공할 수 있다면 환자와 치료자는 안전하게 부적응적 애착 전략을 탐색하면서 동시에 치료에서 그들의 관계를 강화할 수 있다.

그러나 일부 환자들은 초기 경험으로 인해 감정 상태를 감정 단어로 전혀 식별할 수 없을 정도로 어려움을 겪고 있다. 이러한 현상은 중독치료에서 흔히 발생하며, 이를 '감정 표현 불능증(alexithymia)'이라고 한다(Sifneos, 1973, 1996; Taylor, Bagby, & Parker, 1999; Vanheule, Sesmet, Meganck, & Bogaets, 2007). 감정 표현 불능증을 가진 환자들은 감정과 애착이 서로 얽혀 있기에 안전한 애착 관계를 형성하지 못한다. 그들은 감정과 완전히 분리되어 있어서 감정이 발생하는 그 순간 이를 인식하거나 이에 대해 이름을 붙일 수조차 없다. 이러한 경우, 가장 기본적인 치료 개입은 이런 환자가 감정 반응을 판단 없이 인식하고, 그 감정을 감정 단어로 표현하는 방법을 배우도록 돕는 것이다. 다른 환자들은 감정을 인식할 수 있을지라도 감정에 압도되어 역기능적인 행동을 보이거나 두려움을 느끼게 되어 모든 정서 표현을 억제하려는 시도를 할 수 있다. 이러한 기술은 어린 아이들이 감정을 식별하고 이름 붙이는 법을 배운 다음 자기 통제나 정서 조절을 배우는 과정과 발달적으로 유사하다.

이러한 유형의 정서 조절 문제를 보이는 환자는 상당한 관계 외상의 이력을 가지고 있을 가능성이 크다. 이때 치료자는 **외상 결속**(trauma bonding)의 가능성을 인지해야 한다(Carnes, 1997). 심각한 대인관계 외상을 겪은 환자는 외상 요소가 없는 관계를 경험한 적이 없을 수 있다. 이는 심리적 외상, 신체적 외상, 성적 외상을 포함할 수 있다. 이러한 유형의 외상을 경험한 개인들은 치료 과정에서 (집단, AA, 또는 치료자와 함께) 새로운 애착 관계를 형성할 때, 외상에 대한 공통된 경험이나 대인관계 외상에서의 공통적인 기대를 바탕으로 애착 관계를 형성할 가능성이 더 높다. 이러한 환자들은 종종 자신의 외상 경험이 중독 행동을 정당화하는 구실(설명이 아닌)이라고 믿는다. 따라서 치료자는 환자가 중독 행동을 강화하는 방법으로 외상을 사용하는 상황을 확인하고 재구성하기 위해 주의를 기울여야 한다.

환자가 치료자로부터 거절당하거나 버림받았다고 느끼는 것도 그들의 관계 외상의 이력에서 비롯될 수 있다. 이러한 전이 반응은 환자가 치료 관계에 안전하게 애착을 느끼기 시작하면서 그 관계로부터 해를 입을 것을 두려워할 때 발생할 수 있다. 또는 치료자가 환자의 요구에 대해 공감적으로 잘 조율하지 못해 치료 관계에 균열이 생길 때 발생할 수 있다. 이러한 상황에서 가장 중요한 목표는 치료자가 관계의 균열을 처리하고 환자에게 교정적 정서 경험을 제공하여 관계를 회복하도록 촉진하는 것이다. 예를 들어, 환자가 회기에 결석한 경우 치료자는 치료 관계에 대한 환자의 감정을 이해하는 데 집중해야 하며, 이 관계는 부적응적 애착 유형을 교정할 기회를 제공한다. 치료자는 환자가 관계에 대해 느끼는 상충된 감정을 정확하게 반영하면서 환자가 이러한 감정을 표현하고 경험하며 명명할 수 있는 안전한 환경을 제공해야 한다. 이러한 회복 시도는 환자가 부적응적 대처 전략을 적응적 전략으로 교체하는 데 도움이 될 것이다.

마찬가지로, 치료자의 부재(예: 질병, 휴가)나 치료 종결(계획된 또는 예상치 못한 종결)은 환자의 애착 관련 문제를 촉발할 수 있다. 치료는 상호작용 패턴을 변화시키는 데 중점을 두고, 환자가 자신의 요구가 충족되지 않는다고 느끼는 영역을 파악하며, 이러한 스트레스 신호를 인식하고 친밀한 관계에서 자신의 요구를 충족시킬 수 있는 방식으로 소통하는 방법으로 문제를 해결해야 한다. 환자가 치료자(새로운 애착 인물)를 더 이상 이용할 수 없다고 느낄 때 중독 행동을 하는 것과 같은 부적응적 대처 전략이 환자에게 촉발될 수 있다. 이것은 중독의 애착 모델에서의 가정으로 많은 환자가 치료 종료 직전에 실수나 재발을 경험하는 이유를 설명하는 데 도움이 된다. 이는 관계가 끝나는 것에 대한 불안을 반영한다. 치료자는 환자에게 치료에서의 작업을 상기시켜 줄 수 있는 이행기 대상(transitional object)을 제공하는 것이 도움이 될 수 있다. 예를 들어, '강함'이라는 단어가 적힌 돌을 주어 환자가 이를 가지고 다닐 수 있도록 하는 것이다. 치료자는 환자가 자신의 치료 과정에 대한 일기나 예술 작업을 보관하거나, 치료 중의 사진으로 기록된 모래상자나 콜라주를 만들게 하여 환자의 종결 과정과 관계의 내재화를 촉진할 수 있다. 이를 통해 환자가 치료에서의 진행 상황을 소유하고, 치료자와의 애착 관계를 존중하며, 치료를 떠나 있지만 감정적으로 어려움을 겪을 때 도움이 될 수 있는 이행기 대상을 가질 수 있도록 한다.

환자가 12단계 프로그램 또는 기타 지지 집단에 참여하는 것은 건강한 애착을 형성하고 지속적인 대인관계 지원을 제공하는 데 유용한 도구가 될 수 있다. 애착 중심의 치료자들은 환자가 집단의 장소나 시간보다는, 편안함을 느끼고 그 집단의 사람들과 공감할 수 있는 관계를 형성할 수 있는 집단을 찾는 것이 중요하다고 강조한다. 12단계 집단에서 애착 과정을 촉진할 수 있는 중요한 요소 중 하나는 후원자를 찾아 연결하는 것으로 치료자가 부재할 때 환자에게 지속적인 지원을 제공할 수 있다. 그러나 궁극적으로 지속적인 변화를 가져오는 것은 치료 관계와 그 관계에 대한 환자의 경험이다. 다시 말해서 애착 관점에서 볼 때 안전한 애착 관계에서의 정서 경험은 강력하다.

4. 평가 및 예방의 함의

애착 이론은 아동이 부모와 분리될 때 보이는 저항, 절망 그리고 분리 감정의 예측 가능한 일련의 반응에 대한 Bowlby의 초기 관찰에 기반하여 민족지학적 행동 관찰을 통해 형성되었다. 자연스러운 환경에서의 행동 관찰은 애착 유형을 평가하는 데 여전히 유용하다. 이는 중독치료를 받는 환자가 자신의 자연적인 생활 환경 또는 거주시설 치료 프로그램이나 정신과 입원 프로그램과 같은 치료 환경에서 이루어질 수 있다. Bowlby의 이론은 낯선 상황 프로토콜(Strange Situation Protocol: SSP; Ainsworth, 1978)을 사용하여 연구되었는데, 안정, 불안정-양가, 또는 불안정-회피 애착 유형을 공식적으로 평가하였다. 이후 SSP에 대한 비전통적인 반응을 추가 검토하여 혼란스러운 애착과 일치하는 행동을 확인하였다.

이러한 애착 양식은 중독치료의 주요 대상이 될 가능성이 더 높은 후기 청소년이나 성인을 위한 여러 애착 측정 도구를 공식화하는 데 사용되었다. 1987년, Hazan과 Shaver는 청소년과 성인을 위한 연인관계 애착에 대한 자기 보고 측정 도구를 개발했다. 이 평가는 Ainsworth가 확인한 애착 유형(안정, 회피, 불안-양가) 각각에 대한 하나의 진술로 구성된다. 초기 버전은 참가자에게 어떤 진술이 자신의 감정을 가장 잘 표현하는지 선택하도록 요청했고, 후속 버전은 각 진술에 대한 동의 정도를 평가하도록 했다. 이 측정 도구는 안정 애착을 가진 개인은 애착 관계와 관련된 불안과 회피가 낮다고 가정했다. 반면, 집착적인 혹은 불안-양가적 애착 유형은 애착 관계에 대한 높은 불안과 낮은 회피를

글상자 7-3 애착 유형 평가

다음 웹사이트로 이동하여 'Experiences in Close Relationships Revised' 평가를 진행하라: www.web-research-design.net/cgi-bin/crq/crq.pl. 자신의 애착 스타일을 평가해 보라. 그 평가가 얼마나 정확하다고 생각하는지, 그리고 그 이유는 무엇인지 분석해 보라. 자신의 애착 유형을 심리사회적 역사와 비교해 분석하고, 이 애착 스타일의 강점과 도전 과제는 무엇인지 탐구해 보라.

보였다. 회피 또는 거부적 애착 유형은 낮은 불안과 높은 회피를 반영한다. 두려움이 있는 회피(혼란스러운) 애착 유형은 높은 불안과 높은 회피를 나타낸다.

앞서 논의된 성인애착 면담(AAI)은 20개의 질문으로 구성된 반구조화된 임상 면담으로, 성인에게 어린 시절 정보를 회상하도록 요구함으로써 애착 관계에 대한 내적 표상을 평가하고자 한다(George et al., 1985). 면담의 질과 내용은 다음과 같은 애착 유형 중 하나로 산출되기 위해 코딩된다: 자율적(예: 안정), 거부적(예: 회피), 집착적(예: 불안-양가), 혼란스러운. 성인애착 투사 그림 시스템(Adult Attachment Projective Picture System: AAP)도 동일한 애착 유형 코딩이 사용되는데 이 검사는 8장의 다양한 장면이 담긴 카드를 활용하여 환자가 이야기를 만드는 방식으로 구성되어 있다(George & West, 1999, 2012). AAP의 장점 중 하나는 방어 처리 패턴, 애착 조율, 그리고 개인적 주도성에 대한 정보를 제공한다는 점이며, 이는 청소년 및 성인 치료에서 유용하게 활용될 수 있다.

Bartholomew와 Horowitz(1991)는 Hazan과 Shaver의 설문지와 유사하게 성인 애착의 네 가지 유형(안전한, 회피적, 집착적, 두려운)을 나타내는 네 세트의 진술로 구성된 관계 질문지(RQ-CV)를 개발했다. 이 질문지의 차이점은 개인이 다른 사람들이 지지하고 도와주고 싶어 하는 유형인지에 대한 생각과, 애착 관계의 상대방이 접근 가능하고 정서적으로 반응적이라고 판단하는지에 대한 생각을 모두 평가했다는 것이다. 이 평가는 62개 문화권에서 유효성이 검증되었지만, 다양한 문화는 애착의 서로 다른 범주가 원래 가정했던 것과는 다른 의미를 가질 수 있음을 나타낸다(Schmitt et al., 2004). 이 평가에 따르면, 안정 애착을 형성한 개인은 자신과 애착 관계에 대해 긍정적인 생각을 보였다. 집착적(불안-양가) 애착 유형은 자신에 대해 부정적인 생각을 하면서도 그들의 파트너에 대해서는 긍정적인 생각을 하는 경향이 있음을 보여 주었다. 반대로, 회피적(거부적) 애착 유형은 자신에 대해서는 긍정적인 생각을 하지만 그들의 파트너에 대해서는 부정적인 생각을 보여 주었다. 마지막으로, 두려운(혼란) 애착 유형을 가진 개인은 자신과 파트너 모두에 대해 부정적인 생각을 보였다.

친밀한 관계 경험(Experiences in Close Relationships: ECR) 설문지와 개정된 ECR-R 설문지는 회피와 불안

글상자 7-4 치료자의 애착 유형이 치료에 미치는 영향 분석

두 번째 평가로 가브리엘이 평가에 임했을 때 어떤 결과가 나올지 생각해 보라. 가브리엘의 배경에 대해 알고 있는 내용 중 일부 공백을 채워야 할 수도 있다. 가브리엘의 애착 유형의 강점과 도전 과제는 무엇인가? 자신의 애착 유형과 비교했을 때 어떤 도전 과제가 발생할 수 있는가? 이 도전 과제를 해결하기 위해 어떻게 치료 계획을 세울 수 있는가? 이 도전 과제를 해결하기 위해 사용할 수 있는 자원은 무엇인가?

의 두 차원의 애착을 측정한다(Brennan, Clark, & Shaver, 1998; Fraley, Waller, & Brennan, 2000). 응답자들은 관계에 관한 다양한 진술에 대해 자신의 동의 정도를 평가하도록 요청받는다. 타인에게 거절당할 가능성과 자기 가치와 관련된 믿음에 대한 질문은 불안 척도로 측정되며, 타인에게 다가가는 데 있어 위험을 감수하려는 믿음은 회피 척도로 측정된다. 이는 임상 상황에서 치료자를 돕기 위해 사용되는 대표적인 애착 평가 도구 중 하나이다.

이러한 공식적인 평가가 치료자에게 유용한 정보를 제공하기는 하지만 치료자가 초기 애착 관계에 대한 환자의 경험과 현재 애착 관계의 경험을 탐색하는 질문이 포함된 철저한 임상 인터뷰를 수행할 필요성을 대체할 수는 없다. 또한 애착에 기반한 치료자들은 애착 유형의 증거와 애착 신념, 태도 및 행동의 변화 증거를 찾기 위해 치료 관계에서 치료자와 환자의 역동 및 치료 프로그램의 치료 환경에서 일어나는 역동을 지속적으로 평가한다.

5. 이론의 강점과 약점

애착 이론 접근은 근거 기반의 실천으로 간주될 수 있다. 이 이론은 심층적인 행동 관찰을 시작으로 여러 문화권에 걸쳐 단기 및 종단 실험 설계 연구로 이어지는 탄탄한 연구 기반을 바탕으로 하고 있다. 최근에는 애착 관계를 기반으로 하며 정서 조절에 영향을 미치는 대인 신경생물학 개념을 뒷받침하는 기능적 자기공명 영상(fMRI) 연구가 증가하고 있다(Ainsworth, 1967; Ainsworth et al., 1978; Bowlby, 1984, 1988; Main et al., 1985; Main & Solomon, 1990; Perry, 2009; Siegel, 2012). 이 접근은 증상(중독)뿐만 아니라 근본적인 경험과 촉발 요인에 영향을 미치는 동기적 문제와 결과적인 신경생물학적 구조를 치료함으로써 지속적인 변화를 가져올 수 있는 가능성이 있다. 그러나 부모 이외의 이차적 관계와 맺는 애착 관계의 잠재적 중재 효과는 충분히 연구되지 않았다. 또한 중독에 구체화된 애착 중심의 치료에 관한 연구가 부족하다.

애착 이론은 초보 치료자들이 쉽게 실행할 수 있는 특정 기법을 사용하지 않는다. 이러한 관점을 실천하기 위해서는 초보 치료자가 기초 이론 개념에 대한 상당한 이해와 환자 치료 및 환자 역동을 개념화하는 데 있어 지도 감독하에 진행되는 실습이 필요하다. 따라서 이 접근은 더 단순한 치료 접근에 비해 배우고 수행하는 데 더 많은 시간, 노력 및 자원이 필요하다. 또한 공감적으로 조율된 치료 관계를 통해 안전한 기반을 구축하는 것이 이 접근의 목표이므로 치료는 엄격하게 제한된 회기 수 내에서 완료될 수 없다. 또 다른 복잡한 문제는 중독 환자를 치료하는 많은 치료 시설에서 직원 이직률이 높다는 것이다. 이는 안전한 애착 형태를 구축하기보다는 불안정한 애착 형태를 강화하게 된다.

6. 사례 연구 반응

가브리엘의 초기 양육자들은 스트레스를 받는 정서 상태에서 안전한 보호 환경을 일관되게 제공할 수 없는 사람들이었다. 실제로 그의 아버지의 중독과 폭력적인 행동은 가브리엘이 아버지에 대해 두려움과 사랑을 동시에 경험했을 가능성이 높다는 것을 보여 준다. 아버지와의 연결을 시도하기 위해 그리고 조절하기 힘든 감정을 억누르기 위해 물질을 사용하기 시작했다. 그는 어머니와의 관계를 사랑스럽지만 일관성이 없다고 느꼈고, 어머니는 가브리엘이나 그의 누나에게 아버지의 폭력적인 행동으로부터 보호할 안전한 환경을 제공하지 않았다. 그가 언급한 후원자와의 가까운 관계가 갑작스럽게 끝난 점과 짧은 친밀한 연애 관계에 대한 설명에 따르면, 그는 주로 부차적으로 혼란스러운 애착 유형과 함께 회피 애착 유형을 보일 가능성이 높다. 이를 명확히 판단하기 위해 추가 평가가 필요하다.

가브리엘의 치료자에게 가장 중요한 것은 치료 과정에서 그를 위한 안전하게 붙잡아 주는 환경을 만드는 것이다. 이것은 치료자가 치료의 모든 측면에 대해 가브리엘과 일관되고 솔직하게 소통해야 함을 의미한다. 또한 치료자는 가브리엘의 초기 애착 관계, 애착 태도 그리고 대인관계에서 자신이 다른 사람들에게 어떻게 대우받을 것이라고 기대하는지에 대한 이해를 얻기 위해 철저한 심리사회적 평가를 수행하는 것이 중요하다. 사례 연구에서 제공되는 제한된 정보는 이러한 내용을 충분히 제공하지 못한다.

가브리엘은 자신의 부모를 불안, 우울증, 중독, 학대와 같은 개인적인 문제에 몰두한 사람들로만 경험했기 때문에 감정 표현 불능적 행동을 보일 가능성이 있다. 정서 상태의 신체적 감각을 감정 단어로 식별하는 방법을 배우지 못했을 가능성이 있다. 따라서 치료자는 초기 치료 과정에서 감정을 느낌으로 이해하는 데 시간을 할애해야 할 필요가 있다. 치료자는 모래상자, 예술, 음악 또는 기타 체험적 방법을 사용하여 치료에서 정서 상태에 접근하고, 환자가 상징적 표현으로부터 발생한 신체 감각을 설명하도록 도와주며, 마지막으로 이러한 감정적 감각을 감정 단어로 명명하도록 도와줄 수 있다. 이는 대인관계에서 감정에 대해 소통할 수 있는 기초를 제공할 것이다. 이러한 작업을 바탕으로 정서중심치료 기법은 가브리엘이 감정을 경험하고 표현하며 정서 조절 장애를 유발하는 요인을 처리하는 데 도움을 줄 수 있다. 안전하고 공감적으로 조율된 치료 관계에서 일관된 경험을 함으로써 가브리엘은 더 건강한 애착 유형을 지원하는 새로운 신경망을 구축하고 강화하기 시작할 것이다.

가브리엘은 자신을 다른 사람과 분리된 존재로 생각하지 않는 정서 조절 모드의 심리적 경험을 나타낼 가능성이 있다. 이는 가브리엘이 중요한 타인과 밀착된 관계를 맺고, 어머니, 누나, 조카와 심리적으로나 물리적으로 분리하는 데 어려움을 겪게 할 것이다. 마찬가지로, 그는 또한 자신을 중독자로 정의할 수 있으며 비중독적인 삶을 위한 기초가 거의 없는 상태일 수 있다. 즉, 그는 중독자이지만, 삼촌, 아들 또는 음악 애호가는 아니다. 따라서 치료자는 가브리엘이 개인적인 특성을 인식하고 중독과 분리된 자기 개념을 개발하도록 도움을 줄 필요가 있다.

융합은 중요한 개념으로 그는 중요한 가족 구성원이나 다른 집단 구성원과 자신의 경험을 분리하고 자기성찰을 하는 데 어려움을 겪을 가능성이 높다. 이로 인해 그가 건강한 비중독적 삶으로 나아가는 데 어려움을 겪을 수 있다. 이를 해결하기 위해, 치료자는 가브리엘이 중요한 타인(예: 어머니, 조카, 아버지, 여자 친구, 후원자, 집단 구성원)과 구분된 자신을 인식하도록 도와야 할 필요가 있다. 이는 치료 중 구체적인 언어를 사용하여 관계 개념화를 명확하게 하고 개인의 경험과 가족이나 집단 내 역할을 구별하는 방식으로 이루어질 수 있다. 또한 치료자는 가브리엘이 어머니, 누나, 집단이나 12단계 모임의 다른 환자와 같은 중요한 타인과 경계를 설정하는 데 필요한 지원을 제공해야 한다. 치료자는 가브리엘이 이러한 경계를 설정할 때 불안이 증가할 것을 예상해야 하며, 이때 추가적인 지원과 치료에서의 처리 시간이 필요할 수 있다.

치료자는 또한 가브리엘이 치료자와의 경계를 설정할 필요가 있을 때나 그렇게 시도할 때, 또는 치료에서 자신의 요구를 주장할 때(또는 그렇게 하는 것을 피할 때)를 인식해야 한다. 이러한 순간들은 가브리엘의 애착 유형이 그의 심리적 및 정서적 욕구를 인식하고 충족하는 능력에 어떻게 영향을 미치는지에 대해 치료자와 함께 지금-여기 관계에서 탐구할 수 있는 중요한 교육적 순간이 될 수 있다. 이 문제와 관련된 또 다른 중요한 치료 개입은 환자가 치료에서 작업을 했고 진전을 이루었을 때 치료자가 이를 반복해서 강조하는 것이다. 종종 가브리엘과 같은 환자는 자신의 치료 성공을 치료자에게 돌리고, 이를 자신의 성과로 인정하지 않는 경향이 있다. 치료자는 치료자의 역할이 가브리엘의 여정을 함께 안내하는 것이지만 일어난 일은 가브리엘의 것이며, 그 일의 결과 또한 가브리엘의 것임을 지속적으로 인식해야 한다.

마지막으로, 주말이나 휴가로 인한 종결이나 분리는 가브리엘에게 특히 어려울 수 있다. 왜냐하면 그는 자신의 삶에서 다른 중요한 개인들과 분리된 존재로 자신을 보지 않기 때문이다. 가브리엘이 치료 관계를 안전하다고 느끼기 시작하면, 이 사례의 경우 치료자인 양육자로부터 상처받을 것(정서적으로나 육체적으로)이라는 두려움을 내려놓는 과정에서 생기는 불안 때문에 오히려 초기에는 정서 조절의 어려움이 증가할 수 있다. 치료에서 이러한 점들은 중독 행동을 보이는 촉발요인이 될 수 있다. 이것은 치료에서 잠재적으로 어려운 촉발 시점으로 예상되어야 한다. 이러한 유형의 촉발 요인이 나타날 때, 인진한 관계의 정신적 표상과 물리적 연결을 제공하는 이행기 대상과 같은 다른 방법이 제공되어 재발 행동을 방지하거나 완화하는 방법으로 활용될 수 있다.

요약

애착 이론은 초기 양육 관계를 바탕으로 한 발달 모델로, 이러한 초기 관계 경험은 정서 조절의 발달을 돕거나 방해한다. 애착 이론의 원리는 중독치료에서 환자의 애착 유형을 평가하고, 회복 공동체에 참여하며 더 안전한 애착을 형성하도록 돕고, 정서 조절을 개선하여 재발을 방지하는 데 활용될 수 있다. 공감적으로 조율된 안전한 치료 관계에서 일관된 경험을 함으로써, 회복 중인 환자는 건강한 애착 유형을 지원하는 새로운 신경망을 구축하고 강화하기 시작할 수 있다.

지속적인 학습을 위한 자료

▸ Scholarly Journal

Bohani, Y. (2013). Substance abuse and insecure attachment styles: A relational study. *LUX: A Journal of Transdisciplinary Writing and Research From Claremont Graduate University, 2*, 1.

▸ Websites

Experiences in Close Relationships—Revised Assessment: www.web-research-design.net/cgi-bin/crq/crq.pl.

Psychology Today Relationship Attachment Style Test: http://psychologytoday.tests.psychtests.com/take_test.php?idRegTest=3265.

Science Bulletins: Attachment Theory—Understanding the Essential Bond, uploaded by the American Museum of Natural History: www.youtube.com/watch?v=kwxjfuPlArY.

참고문헌

Ainsworth, M. D. S. (1967). *Infancy in Uganda: Infant care and the growth of love*. Baltimore: Johns Hopkins University Press.

Ainsworth, M. D. S., Blehar, M. C., Waters, E., & Wall, S. (1978). *Patterns of attachment: A psychological study of the strange situation*. Hillsdale, NJ: Erlbaum.

Barfield-Cottledge, T. (2015). The triangulation effects of family structure and attachment on adolescent substance use. *Crime and Delinquency, 61*(2), 297-320.

Bartholomew, K., & Horowitz, L. M. (1991). Attachment styles among young adults: A test of a four-category model. *Journal of Personality and Social Psychology, 61*(2), 226-244.

Bion, W. R. (1977). *Learning from experience*. London: Seven Servants. (Original work published 1962)

Bowlby, J. (1982). *Attachment and loss: Vol. 1. Attachment*. New York: Basic Books. (Original work published 1969)

Bowlby, J. (1984). The determinants of parenting: A process model. *Child Development, 55*, 83–96.

Bowlby, J. (1988). *A secure base: Parent-child attachment and healthy human development*. New York: Basic Books.

Brennan, K. A., Clark, C. L., & Shaver, P. R. (1998). Self-report measurement of adult romantic attachment: An integrative overview. In J. A. Simpson & W. S. Rholes (Eds.), *Attachment and close relationships* (pp. 46–76). New York: Guilford Press.

Bretherton, I. (1991). The roots and growing points of attachment theory. In C. M. Parkes, J. Stevenson-Hinde, & P. Harris (Eds.), *Attachment across the life cycle* (pp. 9–32). London: Routledge.

Brisch, K. H. (2012). *Treating attachment disorders: From theory to therapy* (2nd ed.). New York: Guilford Press.

Carlson, V., Cicchetti, D., Barnett, D., & Braunwald, K. (1989). Disorganized/disoriented attachment relationships in maltreated infants. *Developmental Psychology, 25*(4), 525–531.

Carnes, P. J. (1997). *The betrayal bond: Breaking free of exploitive relationships*. Deerfield Beach, FL: Health Communications.

Caspers, K. M., Yucuis, R., Troutman, B., & Spinks, R. (2006). Attachment as an organizer of behavior: Implications for substance abuse problems and willingness to seek treatment. *Substance Abuse Treatment, Prevention, and Policy, 1*(23). doi:10.1186/1747-597x-1-32

Cozolino, L. (2010). *The neuroscience of psychotherapy: Healing the social brain* (2nd ed.). New York: Norton.

Dennett, D. (1987). *The intentional stance*. Cambridge, MA: MIT Press.

Flores, P. J. (2004). *Addiction as an attachment disorder*. Lanham, MD: Jason Aronson.

Fonagy, P., & Target, M. (1997). Attachment and reflective function: Their role in self-organization. *Development and Psychopathology, 9*, 679–700.

Fraley, R. C., Waller, N. G., & Brennan, K. A. (2000). An item response theory analysis of self-report measures of adult attachment. *Journal of Personality and Social Psychology, 78*(2), 350–365.

George, C., Kaplan, N., & Main, M. (1985). *The adult attachment interview*. Unpublished manuscript, University of California at Berkeley. Retrieved from www.psychology.sunysb.edu/attachment/measures/content/aai_interview.pdf.

George, C., & West, M. (1999). Developmental vs. social personality models of adult attachment and mental ill health. *British Journal of Psychology, 72*, 285–303.

George, C., & West, M. (2012). *The Adult Attachment Projective Picture System: Attachment theory and assessment in adults*. New York: Guilford Press.

Grossmann, K., Grossmann, K. E., Spangler,

G., Suess, G., & Unzer, L. (1985). Maternal sensitivity and newborn orienting responses as related to quality of attachment in northern Germany. In I. Bretherton & E. Waters (Eds.), Growing points of attachment theory and research. *Monographs of the Society for Research in Child Development, 50*(1-2, Serial No. 209), 233-256.

Hazan, C., & Shaver, P. (1987). Romantic love conceptualized as an attachment process. *Journal of Personality and Social Psychology, 52*(3), 511-524.

Hesse, E., & Main, M. (2000). Disorganized infant, child, and adult attachment: Collapse in behavioral and attentional strategies. *Journal of the American Psychoanalytic Association, 48*, 1097-1127.

Lyons-Ruth, K., & Jacobvitz, D. (1999). Attachment disorganization: Unresolved loss, relational violence, and lapses in behavioral and attentional strategies. In J. Cassidy & P. R. Shaver (Eds.), *Handbook of attachment: Theory, research, and clinical applications* (pp. 520-554). New York: Guilford Press.

Main, M., Kaplan, N., & Cassidy, J. (1985). Security in infancy, childhood, and adulthood: A move to the level of representation. In I. Bretherton & E. Waters (Eds.), Growing points of attachment theory and research. *Monographs of the Society for Research in Child Development, 50*(1-2, Serial No. 209), 66-104.

Main, M., & Solomon, J. (1990). Procedures for identifying infants as disorganized/disoriented during the Ainsworth Strange Situation. In M. T. Greenberg, D. Cicchetti, & E. M. Cummings (Eds.), *Attachment in the preschool years: Theory, research and intervention* (pp. 121-160). Chicago: University of Chicago Press.

Mikulincer, M., & Shaver, P. R. (2007). *Attachment in adulthood: Structure, dynamics, and change*. New York: Guilford Press.

Park, L. E., Crocker, J., & Vohs, K. D. (2006). Contingencies of self-worth and self-validation goals: Implications for close relationships. In K. D. Vohs & E. J. Finkel (Eds.), *Self and relationships: Connecting intrapersonal and interpersonal processes* (pp. 84-103). New York: Guilford Press.

Perry, B. D. (2009). Examining child maltreatment through a neurodevelopmental lens: Clinical applications of the neurosequential model of therapeutics. *Journal of Loss and Trauma, 14*, 240-255.

Schmitt, D. P., Alcalay, L., Allensworth, M., Allik, J., Ault, L., Austers, I., . . . Agata, Z. (2004). Patterns and universals of adult romantic attachment across 62 cultural regions: Are models of self and of other pancultural constructs? *Journal of Cross- Cultural Psychology, 35*(4), 367-402. doi:10.1177/0022022104266105

Siegel, D. (2012). *The developing mind*. New York: Guilford Press.

Sifneos, P. E. (1973). The prevalence of "alexithymic" characteristics in psychosomatic patients. Psychotherapy and Psychosomatics, 22(2), 255-262.

Sifneos, P. E. (1996). Alexithymia: Past and present. *American Journal of Psychiatry, 153*(7), 137–142.

Simpson, J. A. (1999). Attachment theory in modern evolutionary perspective. In J. Cassidy & P. R. Shaver (Eds.), *Handbook of attachment: Theory, research, and clinical applications* (pp. 115–140). New York: Guilford Press.

Slade, A. (2000). The development and organization of attachment: Implications for psychoanalysis. *Journal of the American Psychoanalytic Association, 48*, 1147–1174.

Spangler, G., & Grossmann, K. E. (1993). Bio-behavioral organization in securely and insecurely attached infants. *Child Development, 64*(5), 1439–1450.

Sroufe, L. A., & Waters, E. (1977). Attachment as an organizational construct. *Child Development, 48*, 1184–1199.

Taylor, G. J., Bagby, M. R., & Parker, J. D. A. (1999). *Disorders of affect regulation: Alexithymia in medical and psychiatric illness*. Cambridge, UK: Cambridge University Press.

Vanheule, S., Sesmet, M., Meganck, R., & Bogaets, S. (2007). Alexithymia and interpersonal problems. *Journal of Clinical Psychology, 63*(1), 109–117.

Winnicott, D. W. (1953). Transitional objects and transitional phenomena: A study of the first not-me possession. *International Journal of Psychoanalysis, 34*, 89–97.

8장 사회학 이론

Katie A. Lamberson

중독치료자들이 중독 장애로 어려움을 겪고 있는 개인에게 서비스를 제공할 때, 생물학적 소인이나 심리적 문제와 같은 개인의 내적 요인은 개인의 치료에 도움을 주는 통찰력을 제공한다. 개인적 요인은 중독 과정에 대한 필수적인 지식을 제공하지만, 인간은 사회적 환경 내에 존재한다는 사실을 고려하는 것이 중요하다. 인간으로서 우리는 각각 특정 문화적 · 사회적 · 가족적 집단과 동일시하며, 이 집단들은 우리의 가치, 신념, 행동에 강한 영향을 미친다. 따라서 환자와 일대일로 작업하더라도 환자의 사회적 환경이 그들의 현재 경험과 기능에 미치는 영향을 고려하지 않는다면 전인적 서비스를 제공할 수 없다.

생물학적 관점, 즉 질병 모델은 중독 전문가들이 중독의 발달 과정에서 뇌의 역할을 이해하는 데 도움이 된다는 이점에도 불구하고, 왜 중독될 수 있는 물질을 우선적으로 처방받지 않은 개인이 알코올이나 마약을 선택하게 되는지, 왜 중독이라는 질병이 모든 사람에게서 동일한 진행 과정으로 나타나지 않는지를 설명하지 못한다(Lewis, 2013). 또한 생물학적 관점은 일부 개인이 어떻게 치료나 처방약 복용의 도움 없이 중독을 관리할 수 있는지 설명하지 못한다(Peele, 1985). 사회학 이론은 사회적 · 문화적 차이가 어떻게 개인 간의 차이를 설명하는지 이해하는 경로를 제공한다. 중독치료와 관련이 있는 사회학 이론은 개인의 사회적 환경이 중독장애의 발달에 어떻게 영향을 미치는가에 대한 질문에 답하려고 시도한다. 더 구체적으로, 중독의 발달에 영향을 미칠 수 있는 문화적 차이는 무엇인가? 중독 행동은 어떻게 우리의 사회적 경험을 촉진하는가? 우리가 동일시하는 다양한 사회 집단으로부터 받는 메시지가 우리의 행동에 어떻게 영향을 미치는가? 시간이 지남에 따라 이러한 메시지들의 변화가 사회 전체의 중독 문제의 발전에 어떻게 영향을 미치는가? 이 장에서는 사회학 이론의 역사와 기본 철학을 통해 이러한 중요한 질문들에 답하고자 한다.

1. 중독에 대한 사회적/문화적 영향의 간략한 역사, 미국과 세계 다른 지역 간의 차이점

중독은 수 세기 동안 다양한 형태로 논의되고 글로 기록되어 온 현상이다. 실제로, 약물에 의존한 기억에 대한 가장 초기 기록 혹은 특정 물질을 복용한 상태에서 형성된 기억이 그 물질의 영향 아래 있을 때 더 쉽게 회상된다는 기억에 대한 기록은 성경에서 찾을 수 있다(Schnall, Saperstein, & Saperstein, 2013). 이 이야기에서 Lot과 그의 딸들은 Sodom과 Gomorrah의 멸망 후 피난처를 찾는다. Lot의 딸들은 아버지가 세상을 다시 번성하게 할 수 있는 유일한 남성이라고 믿으며 아버지를 술에 취하게 해서 임신을 하려 한다. Lot은 첫날 밤 큰딸과 관계를 가졌지만 술에 너무 취해 다음 날 아침 그 사건을 기억하지 못한다. 그러나 둘째 딸과의 두 번째 밤, 다시 취한 상태에서 Lot은 전날 밤의 사건을 떠올릴 수 있었다(Genesis 19:30-36).

이 기록은 중독이 시간과 문화를 초월하여 흔하게 나타나는 현상임을 보여 준다. 하지만 시간과 문화를 초월하여 중독을 바라보는 방식은 동일하지 않다. 중독에서 집단, 시간, 개인 간의 차이를 이해하기 위해서는 이러한 변수들이 시간과 문화에 걸쳐 어떻게 변화했는지에 대한 역사를 탐구하는 것이 중요하다. 개인적 경험의 렌즈를 넘어서는 것은 사회가 어떻게, 왜 그렇게 작동하는지 개인이 더 잘 이해할 수 있도록 하며 이것은 중독과 같은 문제를 장기적으로 해결하는 데 통찰력을 제공할 수 있다(J. Wachtel, personal communication, July 26, 2015).

시간과 문화에 따라 물질사용 추세가 어떻게 다른지 고려하는 것이 중요하다(2장 참조). 약물과 알코올 사용에 대한 기록은 역사적으로 오래전부터 존재했으나, 19세기에 이르러 법적 정책과 사회적 관점이 변화함에 따라 비로소 사회학적 연구가 시작되었다. 당시 물질사용에 대한 철학적 신념은 이를 엄격히 통제하는 법적 변화를 가져왔다(Goode, 2006). 19세기 금주 운동은 알코올 절제에 대한 사회적 관점의 변화를 상징한다. 이와 유사하게, 20세기 초 미국의 금주법은 주류 판매 및 소비를 금지했다. 이 시기 이전에는 대부분의 약물과 알코올 소비가 규제되지 않았으며, 이러한 행위는 사회적으로 용인되었고 반드시 일탈 행위로 간주 되지 않았다(Goode, 2006). 이러한 새로운 의견과 정책은 사회적 힘이 개인의 물질사용에 어떻게 영향을 미치는지를 탐구하는 사회학적 연구로 이어졌다. 음주와 약물사용이 갑자기 법적으로 금지되면서 그 행위는 본질적으로 일탈적인 것으로 여겨졌다.

물질사용에 대한 법적 정책과 사회적 시각이 변화하기 시작하면서 문화마다 각기 다른 반응을 보였다. 20세기 후반, 미국은 법을 어기고 물질을 사용하는 사람들에 대해 처벌적인 입장을 취했다. 반면, 미국 자본주의의 마케팅 전략은 특정 인구층을 대상으로 약물사용을 긍정적으로 묘사하며 홍보했다. 예를 들어, Joe Camel을 활용해 어린이를 대상으로 담배를 홍보한 Camel 담배는 Virginia Slims가 여성을 대상으로 한 마케팅과 유사하다. 또한 Newport 담배와 저가의 알코올은 주로 흑인과 저소득층 인구를 대상으로 했다. 사유 및 기업의 생산과 유통을 중시하는 자본주의 철학은 개인의 권리에 대한 신념과 결합되어 미국의 물질사용에 대한 입장에 갈등을 일으켰다. 이러한 문화 집단 내의 개인들은 물질을 사용하여 일탈적 문화에 빠질 것인지, 아니면 사용을 거부함으로써 집단 내에서 중시하는 가치를 거스를 것인지 사이에서 갈등을 겪었을 수 있다. 이와 같은 미국의 신념 체계의 이분법은 '중독과 같은 일탈 행동이 자본주의 문화를 유지하는 데 필수적인가?'라는 질문을 제기한다.

반면, 영국은 약물사용을 의학적 문제로 간주하여 약물사용자에게 개입의 필요성을 인정하는 치료적 관점으로 접근했다(Goode, 2006). 연구자들은 이러한 접근 방식의 큰 차이를 사회적 요인이 문제적 물질사용 및 기타 일탈 행동의 발달과 진행에 어떻게 영향을 미치는지 설명하는 방법으로 활용했다. 미국에서는 물질사용자들을 일탈자로 낙인을 찍은 반면, 영국에서는 그렇지 않았다. 일탈이라는 낙인은 사회적으로 구성되지만 개인이 자신을 어떻게 바라보고 사회가 그들을 어떻게 인식하는지에 크게 영향을 줄 수 있다. 미국은 물질사용자를 일탈자로 분류하여 물질사용을 낙인화하였으며 새로운 사회 집단을 만들었다. 일탈자라는 낙인이 존재함으로써 이들이 약물 문화에 더 쉽게 동화되도록 했다. 반면, 영국은 그러한 낙인 없이 치료를 제공하였고 개인이 다른 방식으로 자신을 정의하도록 했다(Goode, 2006).

역사는 물질사용 행위에 영향을 주고 지속적으로 영향을 미치는 역동적인 사회문화적 가치의 증거로 가득 차 있다. 미국은 개인이 담배와 주류를 구매할 수 있는 연령에 대해 법적 제한을 계속 두고 있으며 적어도 이 나라에서는 법적 연령 이전에 이러한 물질을 사용하는 것이 법적으로 일탈적인 것으로 간주된다고 강조한다. 다른 국가들은 서로 다른 가치를 가지고 있고 이것은 다양한 제한으로 이어진다. 이러한 역사적 경향을 이해하는 것은 사회학적 틀을 통해 환자를 개념화하는 기초를 제공한다.

2. 이론의 기본 원칙

중독에 대한 사회학적 이론의 시작은 문화, 사회 집단, 개인 및 약물 분류에 따른 중독 행동의 차이를 이해할 필요성에서 비롯된다. 개인이 약물 또는 알코올 사용에 대한 성향을 가질 수 있지만, 이를 사용할 기회, 사용을 위한 노출, 이용 가능성이 없다면 이러한 성향만으로는 중독으로 발전되기에 충분하지 않다(Goode, 2006). 사회학 이론은 거시 환경, 즉 중독의 '더 큰 그림'을 고려한다. 중독 분야에서 흔히 들을 수 있는 표현 중 하나는 오락적 사용이다. 이 표현은 본질적으로 물질 사용에 있어서 강력한 사회적 연결을 암시한다. 거시 환경에 대한 조사는 약물, 시간, 사회 및 문화 집단 전반에 걸쳐 존재하는 경향이 개인의 사용 형태에 어떻게 영향을 미치는지 구별할 수 있다(Thombs, 1999). 치료자의 개인적 가치관과 신념은 치료 과정에서 중요한 역할을 하지만, 그 형성 배경을 이해하는 것 역시 그 못지않게 중요하다. 이러한 배경은 일반적으로 사회문화적 규범과 가치의 맥락 안에서 가장 잘 파악할 수 있다.

Thombs(1999)에 따르면, 물질남용에는 네 가지 사회학적 기능이 존재한다. 이러한 기능에 대한 이해는 중독치료자들이 개인의 물질사용을 그의 사회적 환경의 기능으로 이해하는 데 도움이 될 수 있다. 치료자가 환자와 개별적으로 작업할 때 종종 치료자는 환자가 제공한 정보에만 의존하게 된다. 이것은 치료자가 문제를 개인에게만 한정하여 이해하게 만드는 가림막이 될 수 있다. 그러나 개인은 사회적 집단 안에 존재한다. 치료자가 개인이 속한 다양한 사회 집단을 이해하지 않고 어떻게 그를 완전히 이해할 수 있는가? 치료자는 다음의 네 가지 기능을 특정 개인의 물질사용 행동의 목적을 이해하는 지침으로 사용할 수 있다.

1) 사회적 상호작용의 촉진

첫째, 물질사용은 사회적 상호작용을 촉진하는 역할을 한다(Thombs, 1999). 많은 사람이 억제를 약화시키기 위해 약물이나 알코올을 사용한다고 보고한다. 즉, 특정한 사회적 상황에서 어떤 형태로든 불안이나 긴장을 느끼는 개인은 물질 섭취 후에 이러한 감각이 감소하거나 사라지는 경험을 하게 된다. 이는 알코올을 포함한 많은 약물이 뇌에 있는 억제적 시냅스에 생리학적 영향을 미치기 때문이다(Doweiko, 2011). 결과적으로 인간의 행동을 제한하는 뇌의 과정(예: 낯선 사람이 차로 집에 데려다주겠다는 것을 수용하지 않는 것)은 약물 섭취의 결과로 약화된다. 겉으로 보기에는 물질사용의 부정적인 결과처럼 보일 수 있지만 파티에서 호감을 가진 남학생과 대화하는 것을 너무 불안해하는 10대 여학생을 생각해 보자. 이 여학생의 경우 억제를 낮추면 불안감을 덜 느끼게 되고 남학생과 더 편안하게 대화할 수 있게 된다. 일반적으로 알코올과 약물은 뇌의 쾌락 중추를 활성화시킨다. 즐거움은 또한 개인이 다른 사람과 상호작용하는 것을 방해할 수 있는 장벽을 극복하는 데 도움이 된다. 한 커플이 처음 데이트를 한다고 상상해 보자. 데이트는 개인에게 강한 취약성을 느끼도록 하는 상황이 될 수 있다. 따라서 데이트 중에 술을 마시는 것은 취약한 상태에 있는 커플이 서로 더 편안하게 의사소통을 할 수 있도록 도와준다. 또한 데이트 중에 술을 마시는 것은 경험을 공유하게 만들어 커플에게 공동의 유대를 제공하고 관계를 깊이 있게 만드는 시작점이 될 수 있다(Thombs, 1999).

2) 사회적 의무로부터 해방 제공

Thombs(1999)에 따르면, 중독의 두 번째 기능은 일반적인 사회적 의무에서 해방되는 것이다. 개인은 사회적 · 직업적 · 가족적 · 개인적 의무를 포함하여 많은 일상적 책임에 직면해 있다. 이러한 의무는 압도적일 수 있으며, 사람들은 일상생활의 요구로부터 잠시 벗어나고자 할 수 있다. 물질사용은 정신적으로나 행동적으로 휴식을 제공하는 것으로 생각된다. 혼자든 모임에서든 음주나 마약을 취하는 것은 개인에게 요구되는 책임에서 일시적인 해방을 허용할 뿐만 아니라 어떤 일을 완수해야 한다는 필요성을 인식하는 마음을 분산시킴으로써 정신적인 휴식도 제공한다.

이와 같은 관점에서 볼 때, 개인이 직면하는 역할에 대한 의무감이 클수록 이러한 사회적 기능이 더 많이 작용하는 것으로 보인다. 실제로, 여러 가지 책임을 동시에 처리하는 것은 어려울 수 있다. 그러나 치료자는 환자와 작업할 때 환자가 이러한 책임을 어떻게 인식하는지 고려하는 것이 중요하다. 예를 들어, 환자 A는 적은 양의 일상의 과업과 책임을 가지고 있다고 설명하면서도 이 소수의 과업에 대해 매우 스트레스 받으며 불안을 크게 느끼는 반면, 환자 B는 관리하기 어려워 보이는 다수의 일상적 의무를 가지고 있지만 이 의무들에 대해 거의 스트레스를 느끼지 않는다고 표현한다. 환자의 일상적 의무와 관련된 스트레스에 대한 인식과 경험을 이해하는 것은 치료자가 환자의 물질사용에서 이러한 사회적 기능의 역할을 인식하는 데 도움이 된다. 환자 A와 B는 사회학 이론에서 가치와 신념의 역할에 대해 보여 준다.

때때로 문화적 가치는 사회적 의무에서 벗어나기 위한 일시적인 수단으로서의 물질사용을

글상자 8-1 빌과 샘의 사례

빌과 샘은 음주운전으로 체포된 후 치료를 받기 위해 출석했다. 빌은 중산층 백인 남성이며, CEO로 일하고 있고 아내와 세 자녀가 있다. 샘은 저소득층 흑인 남성으로 실직 상태이며 아내와 세 자녀가 있다. 초기 면담 중 빌은 자신에게 알코올 문제는 없고 단지 힘든 하루를 끝내고 '좀 쉬려고' 알코올을 마신다고 주장한다. 샘도 자신의 음주를 조절하고 있다고 보고하며, 가끔 긴 하루 일과를 마친 후 한 잔 하는 것이라고 말한다. 그는 자신이 2년째 일자리를 찾고 있지만 아직 성공하지 못했다고 말한다.

이 두 남성이 인식되는 방식에 영향을 미칠 수 있는 고정관념이나 신념은 무엇인가? 이러한 인식이 그들이 받는 치료에 어떤 영향을 미칠 것인가?

용인하는 기준을 정한다. 성취 불안 이론(achievement anxiety theory)에 따르면, 실패에 대한 개인의 두려움이 중독을 부추긴다고 한다(Misra, 1980). 다시 말해서 개인들은 성공과 성과에 대한 압박을 더 크게 인식할 때 더 높은 수준의 불안을 경험한다(Thombs, 1999). 이 경우 중독 행동은 높은 성취를 해야 한다는 신념과 가치에서 비롯된 불안감을 해소하는 일시적인 탈출구를 제공한다. 이 이론은 치료자들이 인터넷 게임을 잠재적인 중독으로 이해하는 데 도움이 될 수 있다. Kardefelt-Winther(2014)는 높은 수준의 스트레스, 스트레스에서 벗어나려는 욕구, 그리고 과도한 인터넷 게임 참여 간에는 중요한 관련성이 있다고 주장했다.

문화적 규범은 중독 행동들이 사회적 의무로부터 일시적으로 벗어나기 위한 수단으로서 유용성에 영향을 미친다. 미국과 캐나다와 같은 개인주의 문화에서는 개인을 자율적이고 자립적인 입장에서 판단하며 그들의 가치는 주로 개인의 성취에 기반한다(Williams, 1965). 이것은 개인에게 성공해야 한다는 엄청난 압박을 가한다. 이와는 반대로 아프리카와 라틴 아메리카 등의 집단주의 문화에서는 개인이 더 큰 네트워크의 일부로 간주되며, 성공을 이루기 위해 다른 사람에게 의존할 수 있다(Triandis, 1995). 미국이라는 나라는 개인주의 국가로 여겨지지만 자율성에 대한 요구와 사회적 관계에 대한 필요성에 있어서는 개인차가 존재한다. 미국 내 대규모 이민자 인구 중 집단주의 문화에 뿌리를 둔 사람들은 개인주의 문화 속에 살고 있음을 의미한다. 개인의 신념과 사회적 가치가 충돌하면 개인들이 사회적 의무를 어떻게 이행해야 할지 조율하는 데 어려움을 겪을 수 있다. 사회적 의무에서 벗어나 휴식을 하려는 욕구는, 역할에 대한 모든 의무를 스스로 해결하려고 하는 개인주의 문화에서 더 두드러질 수 있다. 이러한 문화에서 사회는 개인에게 성취해야 한다는 압박을 가하기 때문에 중독률에 대한 책임은 사회에 있을 수 있다(Thombs, 1999). 반면, 집단주의 문화에서의 음주는 집단 간의 공동 경험을 촉진하고 사회적 유대감을 형성하는 것과 더 많이 연관될 수 있다.

3) 집단 결속 촉진

중독의 세 번째 사회학적 기능은 사회적 또는 인종 집단 간의 결속과 연대감을 촉진하는 것이다(Thombs, 1999). 중독 행동과 관련된 가치와 규범은 사회적 및 문화적 집단에 따라 다르다. 이러한 행동에 참여할지 말지를 결정하는 것은 개인의 가치관에 기반한 선택일 수 있으며 이 가치관은 집단 규범에 기인한다. 실제로 사회적 및 문화적 집단은 구성원들의 물질사용 행동에 큰 영향을 미치는 것으로 여겨진다. 예를 들어, 미국 원주민들은 특정 환각제 사용을 심오한 영적 경험을 위한 방법으로 인정한다. 다양한 종교 단체들은 알코올 소비와 관련하여 각기 다른 문화적 규범을 제공한다. 이슬람 신앙에 따르면 술은 엄격히 금지된다. 반면, 유대교는 과하지 않으며 책임감 있는 적당한 음주는 허용한다(2장 참조). 이와 달리 가톨릭 신앙은 음주 행위에 대해 거의 제한을 두지 않는다.

약물 및 알코올 사용률이 특히 높아지고 있는 집단 중 하나는 청소년과 초기 성인기 청년(16~25세)이다. 국가 약물사용 및 건강 조사(National Survey of Drug Use and Health: NSDUH)에 따르면, 18세에서 25세 사이의 개인 중 21%가 지난 한 달 동안 불법 약물을 사용했고, 40%가 폭음을 했다고 보고했다(Substance Abuse and Mental Health Services Administration, 2013). 이는 다른 연령대보다 지속적으로 높은 비율이다(National Institute on Drug Abuse, 2014). 또한 이 연령대에서 물질사용장애는 가장 흔하게 진단되는 정신건강 진단 중 하나이다(Davis, 2003). 청소년과 초기 성인들의 물질사용을 연구하는 학자들은 현실에 대한 주관적 인식이 객관적 현실보다 증상에 더 큰 영향을 미친다고 보고한다(Yahav, 2006). 이 발견은 부분적으로 사회적 규범 이론(social norm theory)으로 설명될 수 있다. 사회적 규범 이론에 따르면, 학생들은 종종 또래들의 음주량을 과대평가하고 또래들이 알코올 사용 행동에 대해 더 관대하고 수용적인 견해를 가지고 있다고 생각한다(Berkowitz, 2004). 사회적 규범 이론의 지지자들은 학생들이 또래 행동에 대한 인식을 바탕으로 또래들과 유대감을 형성하기 위한 노력으로 음주를 증가시킬 것이라고 가정한다.

청소년기와 초기 성인기의 물질사용 비율이 이후 연령대로 이어지지 않는다는 사실은 집단과 시간에 따라 일어나는 사회적 변화를 강조한다. 한 사회 집단에서 허용되는 것이 다른 집단에서는 부정적으로 여겨질 수 있다. 예를 들어, 대학 파티에서의 폭음은 정상적인 것으로 여겨질 수 있지만, 회사 크리스마스 파티에서의 폭음은 그렇지 않을 수 있다. 이러한 집단 규범의 차이는 개인이 나이를 먹거나 한 사회 집단에서 다른 사회 집단으로 이동함에 따라 행동 변화를 촉구한다. 따라서 우리가 청소년기 물질사용을 이해하고 치료하는 방식은 성인의 물질사용을 이해하고 치료하는 방식과는 달라야 한다.

우리가 속한 사회 집단이 역동적이라는 점, 즉 끊임없이 변화하고 있다는 것을 기억하는 것이 중요하다. 이로 인해 한 집단의 규범이 다른 집단의 규범과 충돌하는 경우가 발생할 수 있다. 만약 특정 대학 캠퍼스에서 음주가 일반적인 관행으로 간주되는 반면, 이슬람 신앙에서는 금지되어 있다면 해당 대학에 다니는 무슬림 학생이 두 집단 모두와 결속감을 느끼기는 어려울 수 있다. 따라서 중독에 영향을 미치는 사회적 및 문화적 집단을 이해하기 위해서는 자신이 속한 다양한 집단 간 상호작용의 영향을 이해하는 것도 중요하다.

4) 중산층 가치의 거부

중독 행동의 마지막 사회학적 기능은 중산층 가치의 거부이다(Thombs, 1999). Thombs에 따르면, 약물 하위문화는 기존 가치에 등을 돌리려는 방식으로 확립되고 유지되었다. 약물을 사용하는 개인은 전통적인 가치에서 벗어나 다른 삶의 방식을 소중히 여기는 자신만의 문화를 만들고 싶어 한다.

역사를 통해 우리는 일부 문화권에서 알코올과 약물남용에 대해 처벌적인 태도를 취해 왔다는 것을 보았다. 이러한 처벌적인 태도에 반발하는 사람들이 등장하며, 이들은 일반적인 입장과 사회 규범에 반하는 행동을 하기도 한다. 역사가 진행됨에 따라 약물사용이 가장 두드러진 집단과 지역의 추세를 볼 수 있게 되었다. 과거에는 소수 민족 빈민가에서 약물사용이 가장 흔했지만 약물의 접근성과 노출이 확대됨에 따라 약물 하위문화도 진화해 왔다(Thombs, 1999).

5) 청소년 약물 하위문화

앞서 언급했듯이, 오늘날 사회에서 가장 두드러진 하위문화 중 하나는 청소년 약물 하위문화이다. 아동이 청소년기로 접어들면서 그들이 속한 다양한 사회 집단의 영향력은 강한 가족 중심에서 강한 또래 중심으로 이동하기 시작한다(Borsari & Carey, 2001). 청소년들이 자율성을 기르려 할 때, 또래는 그들의 사고와 행동에 있어 주요한 영향력으로 작용한다. 주변 친구들이 약물사용을 승인하는 환경에 둘러싸인 청소년들은 비록 가족들이 약물사용을 강하게 반대하더라도 약물을 실험할 가능성이 더 커진다. 이러한 맥락에서 청소년들은 부모 문화와 청소년 문화 사이에서 갈등을 겪게 된다.

청소년 문화는 또래들이 서로의 행동에 대해 갖는 기대에 의해 특징지어진다(Thombs, 1999). 미국에서 부모 문화는 자녀가 약물과 술을 피하기를 기대하며, 이는 합법적 음주 및 담배 사용 연령에서 강조된다. 이에 따라 부모로부터 독립성을 키우고 또래 집단 내에서 결속력을 다지기 위해 청소년들은 부모의 기대에서 벗어나려는 시도를 할 수 있다. 약물사용에 대한 부모의 기대가 다른 나라들, 예를 들어 법적 음주 연령이 더 낮은 유럽 국가들에서는 청소년 약물 하위문화가 그다지 두드러지지 않을 수 있다.

네 가지 사회학적 기능은 거시 환경이 개인의 중독에 미치는 영향을 이해하는 데 도움을 준다. 그러나 이 관계가 양방향적이라는 점 역시 마찬가지로 중요한데, 이는 중독의 존재와 유지가 거시 환경에도 영향을 미친다는 것을 의미한다. 중독에 대한 공중보건모델(public health model)은 치료자들이 개인의 중독이 사회 전체의 건강에 어떤 영향을 미치는지 이해하는 데 도움을 주며, 이 모델을 사용할 때 발생할 수 있는 잠재적인 대규모 사회적 타당성을 강조한다.

6) 중독에 대한 공중보건모델

중독에 대한 공중보건모델은 중독이 개인에게 미치는 영향보다는 일반 대중에게 미치는 전반적인 영향을 강조한다. 이 모델에 따르면, 개인 요인만으로는 중독이 발생하는 방식과 이유를 이해하기에 충분하지 않으며 여러 요인 간의 상호작용을 고려해야 한다(Thombs & Osborn, 2013). 중독을 공중보건 문제로서 전체론적으로 설명하기 위해 이 모델은 병원체(agent, 물질), 숙주(host, 개인), 환경(environment, 문화, 가치, 규범) 간의 상호작용을 포함하는 3원 접근법을 사용한다. 이러한 관점에서 볼 때, 중독의 발달에는 각 요소가 필요하지만 그 자체만으로는 충분하지 않다(Thombs & Osborn, 2013). 예를 들어, 물질을 사용할 수 있어야 하지만 단순히 사용할 수 있다고 해서 중독이 발생하지 않는다. 오히려 중독은 물질 이용이 가능하고 사용자의 특정 개인 요인(예: 유전적 소인, 심리적 특성, 태도)과 환경적 고려(예: 문화 집단, 규범 및 가치)가 중독을 지원하는 방식으로 상호작용할 때 발생한다.

공중보건모델은 물질 그리고 사용하는 개인 및 환경 간의 상호작용을 강조하므로 예방과 개입은 이러한 모든 수준에서 발생할 수 있다. 치료자로서 우리는 환자들과 작업하며 환경에서 체계적인 변화를 일으키기를 희망할 수 있다. 우리는 또한 개인의 변화를 이루기 위해 공공 정책의 영향을 중점적으로 살펴볼 수 있다. 공중보건모델의 목표는 중독을 제거하는 것이 아니라 중독이 사회에 미치는 전반적인 영향을 제한하는 폐해 감소 접근에 초점을 맞추는 것이다.

물질남용의 네 가지 사회학적 기능과 공중보건모델은, 문화적 규범이 어떤 행동이 수용 가능한 행동이고 어떤 행동이 병리적 행동인지를 결정한다는 것을 인식하고 있다. 이러한 기능은 여러 사회학 이론의 기초 개념에서 파생된다. 다음 부분에서는 중독에 대한 사회학적 관점에 영향을 미치는 여러 이론을 간략하게 논의하고자 한다.

3. 이론의 철학적 기초와 핵심 개념

역사는 중독과 관련된 현재 가치, 규범 및 행동에 영향을 미치는 과거의 경향을 엿볼 수 있는 기회를 제공한다. 사회적 · 문화적 요소가 중독에 미치는 영향을 이해하는 데 있어 이론의 검토 또한 중요하다. 이론은 치료자들이 중독을 이해하고 개념화하는 데 도움을 주며 인간 경험의 다양한 측면을 통합하여 치료자가 중독을 이해하고 해석하며 치료하는 데 필요한 지침을 제공한다. 다양한 사회학적 이론의 측면은 중독에 대한 사회학 이론을 이해하는 기초를 제공한다. 중독은 사회적 일탈로 간주되며 이는 중독 행동이 수용 가능한 사회적 규범에서 벗어나는 행동임을 의미한다. 결과적으로 중독을 설명하는 데 도움이 되는 사회학 이론은 사회적 일탈의 개념에 뿌리를 두고 있다.

1) 사회적 통제이론

사회적 통제이론(social control theroy)은 개인이 사회 규범에서 벗어나는 이유를 설명하는 것이 아니라 개인이 사회 규범에 순응하려는 이유를 설명하려고 한다(Goode, 2006). 본질적으로, 사회적 · 문화적 규범에서 벗어나는 것은 자연스럽고 합리적인 것으로 여겨진다. 개인이 집단 규범을 위반하는 결정을 내릴 때 내적 통제와 외적 통제가 모두 작용하게 된다(Henslin, 2004). 내적 통제는 개인의 도덕성과 양심에 대한 내부적 감각을 의미하고 외적 통제는 우리가 속한 집단의 영향을 의미한다(Henslin, 2004). 사회적 통제이론에 따르면, 규범의 위반은 개인이 사회 집단에 소속된다고 느끼지 않을 때 발생한다(Goode, 2006). 특정 사회 집단에서 강한 연결감을 느끼는 개인들은 집단 규범에서 벗어남으로써 집단 응집력을 위태롭게 하고 싶어 하지 않는다. 반면에 사회적 · 문화적 집단에서 고립되거나 단절감을 느끼는 개인은 집단 규범 준수에 대한 충성심이 약해져 중독 행동에 참여할 가능성이 높아진다.

물질사용의 사회적 기능 중 하나는 사회적 유대감을 촉진하는 것임을 기억하자. 사회적 집단에서 단절된 느낌을 가진 개인이 물질을 사용하고 나서 새로운 집단과 연결감이 발전하는 과정을 상상하는 것은 어렵지 않다. 물질사용은 그 개인의 삶에서 이전에 놓쳤던 공유 경험과 연결감을 제공한다. 더 나아가 이 경향이 지속됨에 따라 새로운 약물 하위문화가 형성될 가능성이 높아진다. 이제 개인은 사회적 유대감을 강화하는 것뿐만 아니라 아무런 연결감을 느끼지 못했던 기존 사회 집단의 규범에도 반하게 된다.

2) 사회학습이론

사회학습이론(social learning theory)은 사회적 통제이론과 다르게 일탈 행동을 자연적인 것이나 이해할 수 있는 것으로 보지 않았다. 오히려 사회학습이론에 따르면 규범을 위반하는 행동은 반드시 학습되어야 한다(Goode, 2006). 앞서 언급한 바와 같이, 중독에 관한 사회학적 이론은 물질의 이용 가능성과 노출의 중요성을 인식함으로써 다른 이론들을 확장한다. 약물에 더 쉽게 접근이 가능할수록 그리고 개인이 음주나 약물사용에 더 많이 노출될수록(예: 미디어, 친구 집단, 문화적 관행), 그 개인은 물질사용에 대한 긍정적 가치를 배울 기회가 많아진다. 결과적으로, 약물 및 알코올 사용에 노출된다고 해서 중독이 생기는 것은 아니다. 행동 학습에 있어 더 중요한 것은 그 행동이 개인의 삶에서 긍정적인 목적을 제공한다고 인식하는 것이다.

라이언이라는 젊은 남성을 예로 들어 보자. 그는 아버지가 술을 많이 마시는 것을 보며 자랐다. 라이

글상자 8-2 물질남용과 성별

연구자들은 물질남용이 성별에 따라 다르게 나타난다는 것을 발견했다. 남성들은 주로 알코올 남용자들이며 사회적 상황에서 술을 마실 가능성이 더 높다. 또한 남성은 여성에 비해 외재화 행동과 남의 탓을 하는 비율이 높으며, 종종 그들의 물질사용으로 인해 더 많은 법적 문제를 겪는 경향이 있다(Briggs, 2012).

언은 어린 나이에 알코올 사용에 노출되었고 동시에 부모님의 잦은 다툼, 아버지의 짜증스러운 태도, 아침마다 일어나기 힘들어하는 아버지, 그리고 아버지와 좋은 시간을 보내지 못했다. 라이언은 어린 시절부터 알코올에 쉽게 접근할 수 있었음에도 불구하고 물질과 관련된 부정적인 연상 때문에 알코올 사용을 절제할 수 있다.

3) 사회갈등이론

사회갈등이론(social conflict theory)에 따르면, 중독은 다양한 사회 집단 사이에 존재하는 불평등과 관련이 있다(Goode, 2006). 갈등이론의 관점에서 볼 때, 현존하는 여러 사회 집단은 서로 끊임없이 경쟁하고 있으며(Henslin, 2004), 취약 계층, 저소득층, 권력이 없는 집단에서 약물과 알코올 사용이 더 지속될 가능성이 높다(Goode, 2006). 이 이론의 지지자들은 소수자들의 지역에서 약물 하위문화가 존재하고 유지된다는 이전의 믿음에 동의한다. 하지만 이러한 주장은 현재의 문화적 · 지역적 차이가 역사적 경향에서 벗어나 있다는 점을 고려하지 못하고 있다. 실제로, 최근 연구자들은 SES(사회경제적 지위)가 낮거나 높은 개인들이 특정 물질에 대해 문제적 물질사용 형태를 발전시킬 위험이 높다고 주장한다. 구체적으로 말하면, 낮은 SES의 개인은 더 높은 비율로 마리화나를 사용하는 반면, 높은 SES의 개인에게서는 코카인 사용이 더 많이 발생한다(Stone, Becker, Huber, & Catalano, 2012). 또한 백인 남성은 물질사용장애를 발전시키는 위험 집단인데, 이는 물질사용이 소수자 지역에서 더 흔하다는 개념을 반박한다(Stone et al., 2012).

방금 논의한 각 이론은 중독이 사회적 일탈로 여겨지는 이유에 대한 이론적 가정을 제공한다. 또한 중독과 관련된 사회적 요인에 대한 현재의 관점을 뒷받침하는 철학도 제공한다. 마지막으로, 중독으로 어려움을 겪고 있는 개인에게 치료를 제공할 때 고려해야 할 필수적인 생각을 제시한다. 각 이론이 중독에 대해 생각하는 방식을 약간 다르게 접근하더라도 모든 이론의 공통점은 중독 행동이 규범에서 벗어난 일탈로 특징지어진다는 것이다. 그러나 규범은 집단과 시대에 따라 다르다. 따라서 규범은 사회적으로 구성되고 고정적이지 않으며, 그것의 역동적인 특성 때문에 개인적인 경험에 따라 규범에 대한 인식이 달라질 수 있다. 이러한 현실은 사회학적 틀에서 일하는 치료자의 주요 목표 중 하나가 환자가 속한 사회적 · 문화적 집단 경험을 이해하는 것이라면, 또 다른 중요한 목표는 치료자 자신이 속한 사회적 · 문화적 집단을 통해 형성된 규범에 대한 자신의 경험을 이해하는 것임을 보여 준다.

4. 치료자가 이론적 접근을 사용하는 방법

사회학 이론에서 강조되는 주요 개념 중 하나는 가치이다. 개인적 · 사회적 · 문화적 가치는 개인의 행동에 영향을 미치며, 환자와 함께 작업할 때 고려해야 할 중요한 요소이다. 또한 치료자로서 우리 자신의 행동도 우리가 가진 가치에 의해 영향을 받는다. 따라서 환자와 함께 작업할 때 사회학 이론을 사용하는 첫 번째 단계는 우리 자신의 개인적 가치를 '점검'하는 것이다. 우리의 가치 판단과 편견에 대한 자기 인식은 효과적인 치료에 필수적이다. 중독 행동에 대해 우리는 어떤 가치를 가지고 있는가? 그 가치는 어디에서 비롯된 것인가? 환자가 술을 마시거나 약물을 사용하거나 도박을 하는 경우 그 가치가 달라지는가? 우리의 가치가 환자를 보는 방식에 어떻게 영향을 미치고 있는가? 우리는 중독 행동에 대한 환자의 가치를 이끌어 내고 있는가? 아니면 우리 자신의 신념에 기반해 가정하고 있는가? 환자와 치료자의 관계는 상호작용적이다. 이 관계는 환자와 치료자 사이의 상호작용을 기반으로 하며, 치료자가 서비스를 제공하는 모든 환자에 대해 각기 다른 상호작용이 나타날 것이다. 이러한 차이에 대한 인식은 치료자가 치료자의 가정이 아닌 환자의 욕구에 기반한 치료 서비스를 제공할 수 있게 해 준다.

중독 분야에서 일하는 치료자는 종종 환자의 저항이라고 불리는 것을 경험한다. 이는 환자가 치료에 도전하거나 반대하는 것으로 치료자가 인식하는 것을 의미한다. 사회학적 관점에서 저항은 치료자 또는 의뢰 기관 그리고 환자 간의 가치 충돌로 인한 결과일 수 있다(Thombs, 1999). 변화에 대한 동기가 치료자보다 환자 자신의 내부에서 나온다면 변화에 더 개방적일 것이다(Miller & Rollnick, 2013). 동기면담(motivational interviewing)은 치료자가 환자에게 변화에 대한 이유를 강요하지 않고 변화를 이끌어 내도록 돕는 기술이다(Miller & Rollnick, 2013).

중독 분야에서 두드러지게 논의되는 또 다른 방어기제는 부인이다. 부인은 개인이 무의식적으로 무언가를 인정하지 않는 방어기제를 말한다(Kosslyn & Rosenberg, 2004). 중독치료에서 이것은 종종 개인이 중독 행동에 문제가 있다는 것을 인정하지 않는 형태로 나타난다. 사회학 관점에서 치료자들은 부인(부정)을 방어기제로 보기보다는 환자가 치료자나 의뢰 기관의 가치를 수용하지 않는 것으로 본다(Thombs, 1999).

사회학적 관점에서 일하는 중독치료자는 개인치료가 다차원적이어야 한다는 것을 인식한다(Thombs, 1999). 다시 말해서 치료자는 중독 행동에 대한 전체적인 이해를 위해 개인에게 영향을 미치는 다양한 요인을 검토해야 한다. 개인의 외부 요인, 즉 사회적 · 문화적 요인들을 고려해야

> **글상자 8-3 가치 관리: 나탈리의 사례**
>
> 많은 경우, 환자는 가족 구성원이나 법원, 아동 서비스국(Department of Children's Services: DCS)과 같은 제3자에 의해 치료를 의뢰받는다. 이런 경우 치료 관계는 제3자의 가치가 개입되므로 관리하기 어려울 수 있다. 예를 들어, 다음 상황을 생각해 보자. 나탈리는 DCS의 의뢰로 아편 중독에 대한 치료를 받는다. DCS 의뢰에 따르면 나탈리는 자녀 양육권을 되찾으려면 모든 약물을 중단해야 한다. 나탈리는 자신이 선택한 약물사용을 중단하는 것에는 양가적이지만 아이들을 되찾기 위해서는 무엇이든 하고 싶다고 적극적으로 말한다.
>
> 이 상황에서 어떤 가치 충돌이 존재하는가? 치료자로서 당신은 나탈리의 가치를 따라 어떻게 협력할 수 있는가?

만 중독 행동을 효과적으로 치료할 수 있다. 이러한 요소들을 고려함으로써 치료자는 행동의 원인을 이해할 수 있다. 만약 어떤 행동이 개인에게 특정한 목적을 제공한다면, 치료자의 역할은 그 중독 행동이 개인에게 어떤 긍정적인 목적을 제공하는지 이해하는 것이다. 예를 들어, 아일랜드 가톨릭 신자들은 역사적으로 더 높은 알코올 남용률을 보이는 것으로 알려져 있다(2장 참조). 표면적으로는 사회적 규범이 이것을 '좋은' 또는 '나쁜' 행동으로 판단하지만 문화를 고려해 보면, 이러한 행동의 이유가 규범을 덜 이분법적으로 보이게 한다. 아일랜드 가톨릭 신자들에게 술을 마시는 것은 억압에 대처하는 방법이었다(Thombs, 1999). 이와 마찬가지로, 범죄 집단에 가입하고 마약을 거래하는 것은 사회의 대다수에게 가치 있는 행위로 여겨지지 않는다. 치료자가 다수의 가치를 채택하면서 행동의 이유를 고려하지 않으면, 그 환자가 범죄 집단에 가입하고 마약을 거래함으로써 공동체 의식, 권력, 그리고 경제적 안정감을 얻었다는 사실을 놓칠 수 있다. 이러한 행동의 긍정적인 결과를 무시할 경우, 치료자는 환자의 가치가 치료자의 가치와 일치하지 않을 때 저항에 직면할 수 있다.

5. 평가 및 예방의 시사점

사회학 이론은 치료자들이 사용하는 평가와 예방 전략에 대한 통찰을 제공한다. 사회학 이론은 사회적으로 구성된 개념과 관련이 있기 때문에 진단 체계의 사회적 구성에 대해 고려하는 것이 중요하다. 치료자가 환자를 진단할 때 진단 기준에 따라 환자에게 진단적 꼬리표를 붙이게 된다. 이 진단 기준은 사회적 규범에 기반하여 구성된다(Thombs, 1999). 이러한 규범은 환자의 가치와 일치할 수도 있고 그렇지 않을 수도 있다. 또한 진단 기준에 대한 치료자의 해석은 개인적 가치에 뿌리를 두고 있다. 약간 과장된 주장일 수 있지만, 사회학적 관점에서 진단은 사실보다는 의견에 더 의존하는 것으로 생각될 수 있다. 환자에게 진단을 내리는 것은 그들의 사회적 집단의 가치와 충돌하는 방식으로 환자의 자아 개념에 영향을 미칠 수 있다. 개인적인 가치에 대한 우리의 자각과 환자의 가치를 배우려는 열린 태도는 중독장애를 평가하고 진단하는 방식에 영향을 미칠 것이다.

약물의 하위문화에 대한 지식은 예방 전략에 중요한 단서를 제공한다. 특히 청소년은 예방에 있어서 중요한 대상이다. 또래 집단과의 결속을 강화하는 방법으로 약물과 알코올을 사용하는 것은 청소년들에게 특히 위험하다. 그들의 뇌는 아직 완전히 발달하지 않았기 때문에 이른 시기의 물질사용은 뇌 발달에 영향을 미쳐 미래에 생물학적 중독에 걸리기 쉽게 만들 수 있기 때문이다(Wilens & Rosenbau, 2013). 이러한 더 취약한 인구에 대한 조기 개입은 성인기에 문제가 되는 물질사용률을 감소시키는 데 도움이 될 수 있다. 청소년의 물질사용과 관련된 사회적 요인을 이해하는 것은 집단이 인식하는 긍정적인 결과를 이해하고, 집단의 가치를 증진시키기 위한 더 건강한 행동을 목표로 하여 특정 집단을 대상으로 하는 예방 노력에 도움을 줄 수 있다.

6. 이론의 강점과 약점

사회학 이론은 중독이 개인마다 다르게 나타나는 차이를 생물학적 관점이 충분히 설명하지 못한다는 점을 연구자들이 인식하기 시작하면서 중독을 이해하는 방법으로 받아들여졌다(Goode, 2006). 중독의 과정과 진행에서 나타나는 차이점들은 환자의 물질사용을 개념화하는 데 보다 다차원적인 접근의 필요성을 자극했다. 내적 경험과 행동에 영향을 미치는 개인 외부에 존재하는 다양한 요소를 탐구하는 데 중점을 두는 것이 사회학 이론의 주요 강점이다. 물질사용에 대한 사회학적 개념화는 치료의 범위를 확장하고 환자의 외부 경험을 고려하여 환자 삶의 내적 측면과 외적 측면 모두에 영향을 줄 수 있는 치료를 가능하게 한다(Thombs, 1999).

사회학 이론의 지지자들이 강조하는 또 다른 주요 강점은 다양한 문화에 걸쳐 적용할 수 있다는 점이다. 사회학 이론은 환자의 거시적 환경을 탐구함으로써 다문화적인 고려를 가능하게 한다. 이 이론은 개인, 집단, 사회, 그리고 문화적 규범과 가치가 개인의 행동에 영향을 미친다는 개념에서 시작되었다(Thombs, 1999). 따라서 이론의 본질은 문화적 차이의 중요성을 강조한다. 이 이론의 핵심은 치료자들이 개인이 속한 다문화 사회 내에서 그 개인을 탐구하고 중독 행동을 이러한 사회 집단의 기능으로 개념화할 것을 권한다. 또한 사회학 이론은 치료자가 자신의 문화와 그것이 치료 과정에 미치는 영향을 검토할 것을 요구한다.

시간이 지남에 따라 사회는 중요한 변화와 전환을 겪는다. 이러한 변화가 일어날 때 이론적 기반은 종종 무의미해질 수 있다. 그러나 사회학 이론은 사회의 역동적인 본질을 강조하며 문화적 변화를 지속적으로 탐구하고 그것이 환자 행동에 미치는 영향을 고찰함으로써 이 역동적인 특성을 유지한다. 예를 들어, 연구자들이 물질남용에 대한 생물학적 소인이 중독을 설명하기에 충분하지 않다고 판단했을 때 사회학 이론가들은 가용성, 노출 및 가치의 역할을 탐구함으로써 이 공백을 메웠다(Goode, 2006). 사회적 신념, 규범, 가치가 끊임없이 변화한다는 특성을 인식하여 사회학 이론은 시간, 문화 그리고 개인을 넘어서는 적절한 관점을 제공한다.

사회학 이론이 물질사용장애 치료에 제공하는 강점에도 불구하고 몇 가지 한계로 인해 제한을 받는다. 첫째, 사회학 이론은 환자를 개념화할 수 있는 잠재적인 다문화적 관점을 제공하지만 치료를 위한 직접적인 개입 전략은 제공하지 않는다(Thombs, 1999). 일단 치료자가 사회학적 관점에서 물질사용 문제를 이해하기 시작하면 환자를 변화로 이끌기 위해서는 대안적인 기법과 개입이 필요하다.

둘째, 물질사용 치료를 받으려는 사람들의 공통된 목표 중 하나가 변화이기에 사회학 이론으로는 체계적인 변화를 주도하기 어렵다(Thombs, 1999). 사회 집단과 문화는 역동적이지만 한 사람이 전체 문화 집단의 가치와 규범을 바꾸는 것은 불가능하지는 않더라도 어려울 수 있다. 따라서 변화를 촉진하는 것이 집단 가치의 변화를 의미한다면 변화는 실현 불가능한 것일 수 있다.

마지막으로, 사회학 이론은 오직 행동에 대한 외적 동기만을 다룬다. 비록 내적 동기가 외부 요인에 의해 영향을 받을 수 있지만 치료자는 개인 요인과 내적 경험도 고려해야 한다. 중독에 대한 생물학적 및 심리학적 모델을 배제해서는 안 되며 오히려 사회학적 모델과 함께 고려하여 환자의 문제에 대한 종합적인 이해를 형성해야 한다.

7. 사례 연구 반응

사회학적 관점에서 치료자는 가브리엘의 물질사용 행동에 영향을 미칠 수 있는 다양한 집단과 문화를 탐구할 것이다. 또한 치료자는 가브리엘이 특정 집단에 속함으로써 형성된 그의 가치관과 집단 간의 상호작용을 검토할 필요가 있다. 가브리엘과 함께 작업하는 치료자는 그가 각 집단과의 연관성이 어떻게 알코올과 마리화나 사용을 발전시키고 유지하는 데 영향을 미쳤는지에 대해 탐구하는 데 관심을 가질 것이다.

혼혈인이라는 가브리엘의 정체성은 치료자가 아프리카계 미국인과 미국 원주민 문화 모두에서 나타나는 물질사용 형태에 대한 정보를 고려하도록 한다. 그러나 더 중요한 것은 치료자가 두 집단의 가치에 대한 가브리엘의 견해를 이끌어 내고 그가 집단 간에 잠재적으로 상충될 수 있는 가치를 어떻게 해결하는지를 탐구하는 것이다. 또한 이 두 집단에 대한 사회의 인식이 가브리엘의 행동에 어떤 영향을 미칠 수 있는지도 고려해야 한다.

가브리엘은 작은 시골 마을에서 자랐다고 보고한다. 마약사용 경험은 지역마다 다르며, 마리화나와 알코올은 시골 지역에서 흔하게 사용된다. 치료자는 가브리엘이 지역사회 내 다른 사람들로부터 알코올과 마리화나 사용에 대해 어떤 메시지를 받았는지 고려해야 한다. 만약 지역사회 내에서 알코올과 마리화나 사용률이 높다면 가브리엘은 지역사회에 속하기 위한 수단으로 이러한 물질을 사용할 수 있다. 그가 평생 동안 다른 사람들이 알코올과 마리화나를 사용하는 것을 보아 왔다면 그의 사용은 학습된 행동일 수 있다. 가브리엘은 두 번의 치료 시도가 성공적이지 못했다고 보고했으므로 치료자는 그가 퇴원 후 지역사회에서 사용할 수 있는 자원이 있는지 여부를 고려해야 한다. 만약 가브리엘이 필요한 자원이나 지원을 제공받지 못한 환경에 있다면 그의 금욕 유지는 더욱 어려워질 것이다. 그러나 가브리엘이 AA에 참여하면서 7주 동안 금욕에 성공했다고 보고한 것은 지역사회에 그에게 중요한 자원이 있었음을 나타낸다. AA에서의 성공은 치료자에게 가브리엘이 집단의 연대와 유대 관계를 중요하게 여긴다는 것을 시사할 수 있다. 새로운 집단을 찾거나 현재의 사회 집단 내에서 새로운 유대 관계를 찾는 것은 가브리엘이 맨정신을 유지하는 데 도움이 될 수 있다.

가브리엘은 그의 가족과 관련하여 중요한 세부 사항과 정보를 제공하며 자신의 삶에서 사회 집단의 중요성을 보여 준다. 가브리엘은 아버지가 물질을 사용하는 것을 보며 자랐으므로 물질사용은 아버지와 유대감을 형성하기 위한 노력이거나 단순히 그에게서 배운 행동일 수 있다. 가브리엘은 아버지로부터 받아들여지지 않는다는 느낌을 받았다고 보고한다. 따라서 물질을 함께 사용하면 아버지와의 상호작용을 더 편안하게 느낄 수 있었고 아버지와 함께 있을 때 유대감과 수용받는 느낌을 높일 수 있었다. 반면에 알코올과 마리화나를 사용하는 것은 그의 조카와 유대감을 형성하는 방법이 아니므로 이는 가브리엘에게 가치 충돌이 발생할 수 있다. 사회학적 관점에서 치료자는 가브리엘의 가치와 그의 행동 이면의 목적을 더 잘 이해하기 위해 음주와 약물사용의 긍정적인 결과를 이해하려고 노력해야 한다.

가브리엘의 법적 이력은 그의 물질사용에 있어서 법의 역할을 강조한다. 법적 관점에서 그의 행동은 일탈로 간주된다. 자신을 일탈자로 인식하거나 다른 사람에 의해 일탈자로 낙인찍히는 것은 가브리엘이 같은 '일탈자'로 분류된 다른 사람들의 문화에 동화될 가능성을 높인다. 이러한 집단에 동화되는 것은 그가 삶의 다양한 측면에서 얻기 위해 노력했던 집단 연결감을 제공할 수 있다.

마지막으로 가브리엘은 자신의 성정체성과 관련된 혼란을 겪고 있다고 설명한다. 그는 과거 여성과의 관계에서 어려움이 있었기에 자신의 성적 지향을 의심하고 있다. 가브리엘에게는 다른 사람들과의 연결감이 중요한 요소로 보인다. 성성(sexuality)과 관련해, 가브리엘은 스스로와 단절을 느끼고 있어 특정 집단에 속하는 것이 어렵다. 그의 성성에 대한 의문 중 일부는 그의 삶에서 발생하는 사회적 요인에 기반하여 그의 상충되는 가치와 관련이 있을 수 있다. 가브리엘의 물질사용은 이러한 의문을 처리하는 방법일 수 있으며 치료자는 그의 가치를 탐구하여 감정을 명확히 하는 데 중점을 두어야 할 것이다.

사회학 이론이 가브리엘의 물질사용 문제를 개념화하는 데 치료자에게 깊이 있고 폭넓은 통찰을 제공하더라도 이 이론은 직접적인 개입 방법을 제시하는 데 한계가 있다. 치료자가 사회학적 관점에서 가브리엘의 물질사용을 완전히 이해한 후에는 적절한 개입을 제공하기 위해 다른 이론적 기법을 사용해야 한다. 개입을 선택할 때 치료자는 사회학 이론이 제공하는 다문화적 감수성을 유지할 수 있는 전략을 결정하길 원할 것이다. 한편, 가브리엘은 공존하는 정신건강 문제도 겪고 있는데 사회학 이론은 물질사용과 관련된 심리적 측면에 대한 통찰을 거의 제공하지 않는다.

요약

중독에 대한 사회학 이론은 행동에 영향을 미치는 외부 요인을 조사하여 환자의 중독을 개념화하는 관점이다. 이 이론의 지지자들은 중독이 우리의 사회적·문화적 환경의 기능이라고 주장한다. 이러한 관점에서 중독은 네 가지 기능을 수행한다. 사회적 상호작용을 촉진하고, 사회적 의무에서 벗어나는 방법을 제공하며, 집단 응집력을 촉진하고, 중산층의 가치를 거부하는 것이다(Thombs, 2006).

지속적인 학습을 위한 자료

Books

Capuzzi, D., & Stauffer, M. D. (Eds.). (2012). *Foundations of addictions counseling* (2nd ed.). Boston: Pearson.

Lewis, T. F. (2013). *Substance abuse and addiction treatment: Practical application of counseling theory*. Boston: Pearson.

Thombs, D. L. (1999). *Introduction to addictive behaviors* (2nd ed.). New York: Guilford Press.

Websites

National Institute on Drug Abuse: Trends & Statistics: www.drugabuse.gov/related-topics/ trends-statistics.

Substance Abuse and Mental Health Services Administration: www.samhsa.gov/topics.

참고문헌

Berkowitz, A. D. (2004). *The social norms approach: Theory, research, and annotated bibliography*. Independent consultant. Trumansburg, NY.

Borsari, B., & Carey, K. B. (2001). Peer influences on college drinking: A review of the research. *Journal of Substance Abuse, 13*, 391-424. doi:10.1016/S0899-3289(01)00098-0

Briggs, C. A. (2012). Gender and addictions. In D. Capuzzi & M. D. Stauffer (Eds.), *Foundations of addictions counseling* (2nd ed., pp. 361-379). Boston: Pearson.

Davis, M. (2003). Addressing the needs of youth in transition to adulthood. *Administration and Policy in Mental Health, 30*(6), 495-509. doi:10.1023/A:1025027117827

Doweiko, H. E. (2011). *Concepts of chemical dependency* (8th ed.). Belmont, CA: Brooks/Cole.

Goode, E. (2006). The sociology of drug use. In C. D. Bryant & D. L. Peck (Eds.), *21st century sociology: A reference handbook* (pp. 415-424). Thousand Oaks, CA: Sage.

Henslin, J. M. (2004). *Essentials of sociology: A down

to earth approach (5th ed.). Boston: Pearson.

Kardefelt-Winther, D. (2014). The moderating role of psychosocial well-being on the relationship between escapism and excessive online gaming. *Computers in Human Behavior, 38*, 68-74.

Kosslyn, S. M., & Rosenberg, R. S. (2004). *Psychology: The brain, the person, the world*. Boston: Pearson.

Lewis, T. F. (2013). *Substance abuse and addiction treatment: Practical application of counseling theory*. Boston: Pearson.

Miller, W. R., & Rollnick, S. (2013). *Motivational interviewing: Helping people change*. New York: Guilford Press.

Misra, R. K. (1980). Achievement, anxiety, and addiction. In D. J. Lettieri, M. Sayers, & H. W. Pearson (Eds.), *Theories on drug abuse: Selected contemporary perspectives*. Washington, DC: U.S. Government Printing Office.

National Institute on Drug Abuse (NIDA). (2014). *Drugfacts: Nationwide trends*. Retrieved from www.drugabuse.gov/ publications/drugfacts/nationwide-trends.

Peele, S. (1985). *The meaning of addictions: Compulsive experience and its interpretation*. Lexington, MA: D. C. Health.

Schnall, E., Saperstein, Y., & Saperstein, Y. (2013). The first case of drug-dependent memory: The biblical Lot in Talmudic and Midrashic exegesis. *Journal of the History of the Neurosciences, 22*(2), 155-159. doi:10.1080/0 964704X.2012.686432

Stone, A. L., Becker, L. G., Huber, A. M., & Catalano, R. F. (2012). Review of risk and protective factors of substance use and problem use in emerging adulthood. *Addictive Behaviors, 37*(7), 747-775. doi:10.1016/j.addbeh.2012.02.014

Substance Abuse and Mental Health Services Administration (SAMHSA). (2013). *Results from the 2012 National Survey on Drug Use and Health: Summary of national findings and detailed tables*. Retrieved from www.samhsa.gov/data/NSDUH/2012SummNatFindDetTables/index.aspx.

Thombs, D. L. (1999). *Introduction to addictive behaviors* (2nd ed.). New York: Guilford Press.

Thombs, D. L., & Osborn, C. J. (2013). *Introduction to addictive behaviors* (4th ed.). New York: Guilford Press.

Triandis, H. C. (1995). *Individualism & collectivism: New directions in social psychology*. Boulder, CO: Westview Press.

Wilens, T. E., & Rosenbaum, J. F. (2013). Transitional aged youth: A new frontier in child and adolescent psychiatry. *Journal of the American Academy of Child & Adolescent Psychiatry, 52*(9), 887 - 890. doi:10.1016/j.jaac.2013.04.020

Williams, R. M. (1965). *American society: A sociological interpretation* (2nd ed.). New York: Knopf.

Yahav, R. R. (2006). The relationship between children's and adolescents' perceptions of parenting style and internal and external symptoms. *Child: Care, Health & Development, 33*(4), 460-471. doi:10.1111/j.1365-2214.2006.00708.x

9장 가족체계 이론

Simone F. Lambert
Heidi Unterberg
Marsha Riggio

알코올 중독 및 약물의존 국가위원회(National Council on Alcoholism and Drug Dependence: NCADD, 2015)에 따르면 중독은 어린 자녀, 청소년, 초기 성인기(emerging adults), 성인 자녀, 배우자, 부모, 형제자매, 대가족, 친구 등 모든 연령대의 사람들에게 영향을 미치는 가족 질병이다. 근본적으로, 물질사용장애(SUD)는 가족 전체에 영향을 미친다(Lander, Howsare, & Byrne, 2013). 미국 전체 세대의 약 1/3이 중독의 영향을 받고 있다(Facing Addiction, 2015). 예로, 약물 및 알코올을 남용하거나 의존하는 한 명 이상의 성인과 거주하는 18세 미만 아동은 매년 830만 명으로 추산된다(Substance Abuse and Mental Health Services Administration, 2009). 중독 가정에서 자란 아동은 생애 후반에 개인 내적인 어려움이나 대인관계의 문제를 겪을 수 있다(Hook, 2012; Lander et al., 2013). 배우자 및 다른 가족 구성원들도 그들의 배우자나 사랑하는 사람의 약물남용(O'Farrell & Clements, 2012), 또는 행위 중독[예: 성중독(Ford, Durtshi, & Franklin, 2012; Hentsch-Cowles & Brock, 2013) 및 도박중독(Polychronopoulos, Carlisle, Carlisle, & Kirk-Jenkins, 2014)]으로 인해 스트레스를 겪을 수 있다.

치료적 지원이 없다면, 물질사용장애가 있는 사람과 그 가족에게 미치는 중독의 재정적 · 신체적 · 정서적 영향은 수십 년간 지속될 수 있다(NCADD, 2015). 중독을 유지하는 데 드는 비용 외에도, 가족들은 치료를 위해 의료비를 부담해야 하며 중독 물질을 적극 사용 중이거나 치료를 받고 있는 가족 구성원으로 인해 소득 손실을 경험할 수 있어 중독은 가족에게 경제적 부담을 준다(Juhnke & Hagedorn, 2006). 잠재적인 재정적 불안정 외에도, 가족 구성원이 물질 또는 행위 중독을 갖고 있으면 가족의 역동과 기능이 손상될 수 있다(Hook, 2012). 중독은 관계에 대한 정서적 · 신체적 긴장을 유발하여 가족의 소외나 관계 단절로 이어지기도 한다(Hook, 2012; Rowe, 2012).

반대로, 가족 역동을 다루고 가족 상호작용을 개선하면 회복 과정에 도움을 줄 수 있다. 중독에는 가족 환경과 유전적 요소가 모두 존재하고 이것이 종종 세대 간에 영향을 주게 되므로, 치료 과정에 가족을 포함하는 것은 매우 중요하다(Cook, 2007; Lander et al., 2013; NCADD, 2015; Rowe, 2012; Yohn, Bartolomei, & Blendy, 2015). 중독가족치료는 일반적으로 재발 예방, 가족 의사소통 개선, 신뢰 회복과 같은 치료 목표를 포함한다(Lambert, Carmichael, & Williams, 2016). 물질사용장애를 가진 환자와 그 가족들에게 사례 개념화와 치료 개입을 위한 다양한 이론적 접근이 활용될 수 있는데, 이 장에서는 중독치료에 적용 가능한 이론으로 가족체계 이론의 개관에 초점을 맞추고 있다. 체계 이론적 관점에서 사례 연구에 대한 반응 및 환자와 전문가 모두를 위한 자원뿐만 아니라 물질사용과 행위 중독이 가족에 미치는 장기적인 유해 효과를 완화하기 위한 치료적 접근이 제공된다.

1. 이론의 기본 개념

가족체계 이론(family systems theory: FST)에서 체계는 하나의 전체이고, 가족의 대상, 속성, 환경은 전체 체계의 기능으로서만 이해될 수 있다. 더 나아가 체계의 특성은 그 부분들로 이루어진 전체의 구성 요소들의 합이라고 제안한다(Gladding, 2014). FST는 체계의 변화가 개인이나 가족의 행동 변화를 긍정적으로 촉진한다는 의도를 갖고, 개인이 피드백 고리를 통해 어떻게 서로 관계를 맺고 영향을 주고받는지에 초점을 맞춘다(Lambert et al., 2016). FST는 가족 내 상호작용에 초점을 두는데, 현재 물질사용장애의 문제를 가지고 있는 커플과 가족에게 매우 유용하다(O'Farrell & Clements, 2012). "가족체계 이론에 따르면, 가족은 생존하고 기능을 수행하기 위해서 안정성, 질서, 일관성이 필요하다"(Senreich, 2010, p. 428). FST는 가족 규칙, 역할, 경계, 문제 해결, 의사소통을 포함한 가족역동뿐만 아니라, 가족 내 중독의 기능을 파악한다(Hook, 2012; Miller, 2015). FST는 조절 과정으로서 의사소통을 강조하기 때문에, 가족 구성원 간의 언어적 및 비언어적 의사소통은 지속적인 피드백 고리에서 체계에 양방향으로 영향을 준다(Lambert et al., 2016). 결론적으로, 가족 구성원 간의 행동, 의사소통, 상호작용 및 역동은 좋든 나쁘든 가족 기능에 영향을 끼친다.

중독가족에 대한 체계적 접근에서 물질남용은 가족을 조직화하는 핵심 기제로 작용할 수 있다. 이에 따라 가족체계는 물질사용장애를 가진 구성원에게 적응하고, 그 상태를 수용하는 형태로 재편될 수 있다(Zimic & Jukic, 2012). 물질사용장애의 원인이 되거나 이를 지속시키는 가족 간의 상호작용을 파악하고 변화시키는 것이 이 이론적 접근의 핵심이다(O'Farrell & Clements, 2012). 따라서 물질사용장애에 대한 체계적 치료 개입은 "가족 구성원의 기능을 개선하고 개인의 약물 없는 생활 방식을 지원하는 가족의 새로운 상호작용 방법을 개발하도록 돕는 것"에 중점을 둔다(Rowe, 2012, p. 61). 치료적 모델과 무관하게 FST는 개인이 가족체계 내에서 기능하는 방식과 연관하여 개념화되고 치료되어야 한다고 제안한다(Lander et al., 2013).

해결중심치료, 인지행동 가족치료, 구조적 가족치료, 확대가족 체계치료, 변형된 다세대 원가족 치료를 포함하여, FST에서 생겨난 다양한 체계적 접근이 중독치료에서 사용될 수 있다(Juhnke & Hagedorn, 2006). Gladding(2014)은 또 다른 가족치료 접근인 구조적-전략적 가족치료, Bowen 가족치료, 행동주의 가족치료, Adler식 치료, 다가족치료를 추가로 포함했다. 기타 가족 접근에는 전략적 · 경험적 · 다체계적 가족체계 치료 모델이 포함된다(Lander et al., 2013). 또한 Cook(2007)은 Bowen의 가족체계 이론을 사용하여 원가족 내에서 개인의 기능과 역할을 파악하고 물질사용장애를 평가 및 치료할 것을 제안했다.

이러한 이론적 접근은 다가족 집단치료나 지역사회 지지집단과 같은 치료 형태와 결합해서 사용될 수 있다(Lambert et al., 2016). 일반적인 가족체계 이론에 대한 자세한 내용은 〈표 9-1〉을 참조하라.

〈표 9-1〉 가족치료: 6개의 가족치료 모델

이론적 지향	Adler식의 가족치료	다세대 가족치료	인간 타당화 과정모델	경험적/상징적 가족치료	구조적 가족치료	전략적 가족치료
핵심 인물	Alfred Adler	Murray Bowen	Virginia Satir	Carl Whitaker	Salvador Minuchin	Jay Haley
초점	과거를 참조한 현재	3대를 포함한 과거와 현재	지금-여기	현재	과거와 현재	현재와 미래
치료자의 역할	교육자, 협력자	안내자, 교사	조력자, 일치성의 모델	지도자, 도전자	역할 실행을 통한 변화 촉진자	변화의 책임자, 문제 해결자
가족의 역할	부모가 가족의 리더가 됨, 부정적인 패턴을 변화시킴	체계를 참조하여 개인을 변화시킴	성장과 연결을 촉진, 의사소통의 일치성 획득	창의성 촉진	가족 구조의 변화를 촉진	중단을 통해 패턴 변경
기법	가족 세우기, 목표 개발, 자연적 결과	인지 과정을 통한 분화와 이해	혼돈을 통한 현상 유지에서 새로운 통합으로	치료적 직면을 통해 변화가 일어남	핵심적인 부정적 상호작용 패턴 파악, 경계 설정	행동지향적 지시와 역설

출처: Lewis, Dana, & Blevins (2007).

체계 이론 이외에도 중독가족을 치료할 때 치료 목표를 달성하기 위한 다양한 접근이 있다. 예를 들어, 질병모델에서는 가족 구성원이 각자 자신의 문제를 성찰하도록 한다(NCADD, 2015). 반면, 행동모델은 중독 행동의 전조증상 혹은 사용/행위를 강화하는 면에서 가족이 관여하는 특정 행동에 초점을 맞춘다(Miller, 2015). 이 접근에서 다룰 수 있는 대인관계 행동에는 가족 구성원과의 의사소통이 포함된다(Miller, 2015). 사례개념화와 치료 계획에는 통합적인 이론적 접근도 포함될 수 있다. 예로, 행동주의 치료와 체계 이론이 모두 사용될 수 있다.

2. 이론의 철학적 기초와 핵심 개념

체계 이론의 장점 중 하나는 체계와 그것이 나타내는 행동 간의 관계에 대해 개인화된 그리고 규범적 설명을 위해 다학제 틀 안에서 개념화할 수 있도록 도움을 준다는 것이다(Berger, 2011). 체계 이론은 자연과 인간이 만든 환경에서 인간의 생물심리사회문화적 현상의 복잡한 역동을 보여준다(Berger, 2011; Gladding, 2014). FST는 이러한 접근을 제공하며 결과적으로 치료자가 가족체계의 모든 개인과 협력하여 부정적인 행동 패턴을 재구성하기 위해 개념화될 수 있는 하나의 시작점으로 여겨질 수 있다.

1) 체계적 및 행동적 이론 접근

가족은 복잡하게 얽힌 일련의 행동이 체계적으로 작동하는 하나의 체계이다(Zimic & Jukic, 2012). 행동은 관계의 안정성을 촉진하며, 물질사용 행동은 가족 내 항상성을 유지하는 데도 도움이 될 수 있다(Miller, 2015). 따라서 행동주의 치료 접근은 가족 또는 부부를 위한 중독치료를 제공하는 데 도움이 될 수 있으며, 재발 예방은 관계 및 의사소통의 개선을 통해 이루어진다(O'Farrell & Clements, 2012). 실제로 부부 및 가족과 함께 작업할 때 행동적 접근과 체계적 접근의 조합은 물질사용장애 환자를 효과적으로 치료에 참여시키고, 성인 환자의 임상적인 결과를 개선하는 데 도움이 되어 왔다(Rowe, 2012).

물질남용 치료센터(The Center for Substance Abuse Treatment, 2004)는 순환적 인과관계에 대해 설명하였는데, 가족 구성원 중 한 명이 행동을 바꾸면 같은 체계 내의 다른 구성원도 동일한 영향을 받는다는 것이다. 다른 구성원이 그 패턴에서 이차적 변화를 만들어 낼 때, 이로 인해 부정적인 일련의 사건이 지속될 수 있다(CSAT, 2004). 이는 어떤 행동이 먼저 일어났는지 알아내는 것이 불가능함을 시사한다.

2) 주요 개념

Gladding(2014)은 가족이 체계적인 조절을 함으로써 균형 또는 항상성을 유지한다고 하였다. 항상성은 의사소통의 균형을 의미하며, 이것으로 가족 내 물질사용장애가 존재할 때 가족 역할의 예측 가능성이 따라온다(CSAT, 2004). "건강하지 않더라도 특정 개인에게 가족 구성원 각자는 전체 체계의 균형을 유지하는 방식으로 기능하는 경향이 있다는 점에서, 항상성 개념은 물질사용장애가 가족에 미치는 영향을 이해하는 데 핵심이다"(Lander et al., 2013, p. 196).

가족은 체계 안에 현재 행동에 부합하는 하위 체계로 구성된 경계로 이루어진 체계이다(Zimic & Jukic, 2012). 경계는 가족 구성원의 역할과 기능을 구별하는 데 도움을 주며 가족이 더 효과적으로 기능할 수 있도록 해 준다(Goldenberg & Goldenberg, 2013). 경계가 너무 가까우면 밀착될 수 있고 너무 멀면 해체될 수 있다(Lambert et al., 2016). 경계는 가족 안에 하위 체계를 구별하게 해 준다.

> 건강한 가족에는 부모 하위 체계와 자녀 하위 체계를 구분하는 경계가 존재한다. 물질사용장애 부모를 가진 가족은 부모 하위 체계가 응집된 단위로 잘 기능하지 못하기 때문에 대체로 부모와 자녀 하위 체계의 경계는 침범될 수 있다. 물질남용에 대한 가족의 비밀을 유지하기 위해 가족 주변의 경계는 엄격하게 유지된다. 건강한 경계는 가족과 자녀의 정상적인 발달에서 중요하다(Lander et al., 2013, p. 196).

경계가 건강하지 않으면 가족 구성원에게 부적응적인 가족 역할이 나타난다. Sharon Wegscheider-Cruse(1976)의 주요 연구는 오늘날 행동 패턴을 예측하는 데 널리 사용되는 여섯 가지 생존 역할을 제시했다(Gladding, 2014; 〈표 9-2〉). 예로, 건강한 가족은 효과적인 경계와 행동에 대한 긍정적인 피드백, 상호작용, 의사소통으로 항상성을 유지할 수 있다. 반면, 물질사용장애가 있는 가족은 회복 과정에서 가족 역할과 역동에 큰 변화가 일어나기 때문에 물질의 사용이 중단된 후 다시 항상성을 회복해야만 할 수도 있다(Lander et al., 2013).

〈표 9-2〉 중독에서의 가족 역할

중독자 – 중독을 가진 당사자가 중심이다. 회복은 이 사람에게 초점을 맞추지만, 가족체계에서 더 중요한 사람이 치료에 포함되어야 할 수도 있다.
영웅 – 마치 문제가 없는 것처럼 가족을 좋게 보이게 해야 하는 구성원이며 주로 맏이가 그 역할을 한다.
마스코트 – '광대'의 역할이다. 회복 과정을 방해하는 부정적인 유머를 사용한다.
잃어버린 아이– 문제를 일으키지 않으며 회복에 관한 대화를 피한다. 대신 자기 욕구를 희생한다. 주로 가운데 자녀이다.
희생양 – 종종 반항적이며 중독 회복에서 다른 곳으로 주의를 돌린다.
돌봄제공자 – 다른 모든 역할을 가능하게 한다. 가족의 항상성을 유지하고 행동에 관한 이유를 댄다.

출처: Gladding (2014); Murphy (1984); Satir (1972); Wegscheider-Cruse (1976).

중독자와 관계를 맺는 과정에서 발생하는 부작용에는 조장(enabling)이나 공동의존(codependence)이 있을 수 있다(Hook, 2012). 개인의 물질사용장애로 인해 항상성이 생겨나면서, 조장하는 행동이 가족 기능의 중심이 될 수 있다(Zimic & Jukic, 2012). "조장은 물질사용으로 인한 결과를 완전히 경험하지 않도록 물질사용장애를 가진 개인을 보호하는 형태이다"(Lander et al., 2013, p. 202). Doweiko(2009)가 정의한 바와 같이, 공동의존은 물질사용장애를 가진 사람과의 관계에서 파트너가 지나치게 관여하거나 과잉 기능하는 것을 말하며, 물질사용장애를 가진 사람을 과도하게 돌보는 등의 행동은 종종 자신의 자기가치감과 관련이 있다. 공동의존 개념은 중독치료 과정에 가족 및 중요한 타인을 포함하는 핵심적인 이유가 된다(Senreich, 2010). 조장 및 공동의존적 행동은 물질사용장애 치료를 방해할 수 있으므로, 가족체계적 접근을 통해 이러한 행동을 다루고 가족 구성원을 건강한 회복 과정에 참여시킬 수 있다.

중독된 가족을 치료하는 데는 여러 접근이 있지만, 접근을 적용하기 전에 먼저 가족의 정의가 확립되어야 한다. 가족이란 무엇인가? 오늘날 가족에 대한 정의는 10년 전과도 다르다. 오늘날, 우리는 전통적 가족과 비전통적 가족의 다양한 가족 역동을 모두 고려해야 한다(〈표 9-3〉). 가족의 정의에 덧붙여, 어떤 가족 구성원도 다른 가족 구성원들과 동시에 변화할 준비가 되어 있지는 않을 것이다(Carlson, Sperry, & Lewis, 2005). 따라서 가족 회복의 단계는 고정된 것이 아니며, 선형적이기보다는 순환적인 것으로 간주해야 한다.

〈표 9-3〉 원가족의 역동

핵가족 – 결혼한 아버지와 어머니, 그리고 자녀로 이루어져 있다.
한부모 가족 – 부모 중 한 명이 자녀 양육을 단독으로 책임지는 가정. 생물학적 부모, 입양 또는 친족 관계일 수 있다.
혼합 가족 – 재혼한 부부 중 적어도 한 명에게 이전 관계에서의 자녀가 있는 경우
맞벌이 가족 – 부부가 모두 관여가 높은 방식으로 직장에 다니며 출퇴근하는 경우. 맞벌이를 하며 자녀가 없는(Dual Income, No Kids: DINK) 인구가 상당히 많다. 자녀가 있는 맞벌이 가족도 또한 이러한 가족 형태에 많다.
자녀가 없는 가족 – 자녀를 갖지 않기로 결정한 부부
게이/레즈비언 가족 – 이전 결혼에서 자녀가 있든 없든, 동성 커플을 말한다. 입양, 인공 수정 또는 계획 임신을 통해 자녀를 가졌을 수 있다.
특별한 도움이 필요한 자녀/아동 가족 – 신체적 또는 지적 장애가 있는 특별한 도움이 필요한 자녀를 둔 가족이다. 장애가 있는 자녀를 둔 부모는 슬픔과 상실감을 겪는다.
노인 부양 가족 – 65세 이상의 부모가 적어도 한 명 이상 있는 가족이다. 이 가족은 그들의 노인 문제를 다루고 있으며 다시 부모와 살기 위해 돌아온 자녀 또는 손자를 계속 돌보고 있다.
다세대 가족 – 이 가족에는 자녀, 부모, 조부모가 포함된다.
조손 가족 – 이러한 가족의 대부분은 자녀의 이혼, 물질남용, 정신건강, 수감 또는 기타 문제로 인해 조부모가 손주를 돌보고 있다.
군인 가족 – 군인 가족은 이사, 가족 구성원의 이탈, 새로운 지지체계 찾기, 공동체 의식 재구축과 같은 스트레스 요인에 직면한다. 이는 가족 내 자녀발달에 심각한 영향을 미칠 수 있다. 이러한 문제는 어머니 또는 아버지의 복무가 위험한 경우 더욱 심각해질 수 있다.

출처: Gladding (2014).

3) 가족 회복의 단계

Gladding(2014)은 물질사용장애가 개인의 문제가 아니라 가족 질병이라고 주장했다. 이는 중독이 단지 물질사용장애를 가진 한 개인뿐만이 아니라 그 이상에 영향을 미친다는 것을 보여 준다. 즉, 개인의 생태계에 속한 가족이나 친구들이 중독으로 인한 행동 때문에 고통을 받을 가능성이 크며 그중 중독자의 자녀가 가장 크게 고통을 받는다는 것을 뜻한다. 이러한 상황은 가족에게 매우 파괴적일 수 있으며 환경 단위의 구성원들이 가족체계 내에서 자신들의 역기능적인 것을 해결하려고 하면서 많은 기능장애가 발생할 수 있다(Gladding, 2014). 물질사용장애를 가진 가족 구성원이 회복의 길로 들어서게 되면, 가족은 삶을 재건하는 법을 배워야 한다. 즉, 혼돈으로 가득했던 이전의 삶에서 오는 상당한 두려움을 안고 새로운 삶을 받아들여야 한다. 가족 회복의 단계에는 초기 체계적 변화 만들기(예: 직면 및/또는 해체), 조기 회복에 적응, 가족 변화의 유지가 포함된다.

(1) 초기 체계적 변화 만들기

치료자는 가족 기능의 표준이 되어 버린 부정적인 패턴을 중단시키는 데에 가족을 참여시킬 것이다. 치료자의 역할은 가족 구성원이 부정적인 상호작용 행동 패턴에 대한 긍정적인 대안을 모색하도록 돕는 것이다(Carlson et al., 2005).

가족치료의 목표는 치료 중에 가족의 요구에 따라 달라질 수 있다. Prochaska, DiClemente 그리고 Norcross(1992)는 전숙고, 숙고, 준비, 실행 및 유지라는 변화 단계 모델을 확립했다. 이는 가족체계에도 적용이 되는데, 사랑하는 구성원이 자신만의 변화 단계에 어떻게 들어서는지 이해하기 위해서이다. 반대로, 중독을 가진 가족 구성원이 변화를 겪을 때, 가족 역시 다양한 단계와 변화에 진입하게 된다. 가능한 가족의 단계에는 직면, 해체, 조기 회복에 적응, 가족 변화 유지가 포함된다.

(2) 직면

Johnson(1973)이 특별히 알코올 중독을 위해 만든 직면 단계는 오늘날에도 여전히 널리 사용되고 있다. 친구, 가족 및 동료들이 모여 환자를 직면시키고 치료를 독려한다. 이 단계에서 집단은 환자의 물질남용이 그들의 삶에 미친 영향과 무게를 입증하는 자세한 문서를 제시한다(Carlson et al., 2005). 이 단계의 목적은 환자가 자신의 음주 또는 불법 약물사용이 가족 내 불만에서 비롯되었음을 인식하도록 돕는 것이다.

(3) 해체

직면 단계가 적절하지 않거나 실패한 경우, 초기 체계의 변화는 해체로부터 시작될 수 있다. 이 단계에서는 물질사용장애와 사용자 주변의 부정적인 상호작용 패턴을 제거하면서 가족 구성원이 자신의 삶에서 자기 돌봄을 증진하도록 촉진한다. 이러한 변화를 통해 가족은 치유되고, 긍정적으로 가족이 기능하는 기술을 배우며 현재 상황에 대처할 수 있게 된다. 이 단계는 또한 공동의존의 지원도 사라지므로 물질사용장애를 가진 환자의 변화를 강제할 수 있다(Carlson et al., 2005).

(4) 지역사회 강화 및 가족 훈련

이 접근은 직면과 해체에 대한 대안이다(Carlson et al., 2005). Smith와 Meyers(2009) 설명에 따르면, 지역사회 강화 및 가족 훈련(Community Reinforcement and Family Training: CRAFT)의 핵심 요소는 관련된 중요한 타인(concerned significant others: CSOs)과의 구체적인 협력을 통해 물질사용장애를 가진 가족 구성원과의 긍정적인 상호작용을 이끌어 내는 것이다. 목표는 궁극적으로 물질사용장애가 있는 환자가 치료에 참여하도록 하는 것이지만, 초기에는 당사자 없이 가족 구성원과 함께 치료 작업을 수행한다(Smith & Meyers, 2009). CRAFT 접근법에는 CSO 자신과 물질사용장애 환자의 긍정적 행동을 어떻게 강화할지에 대해 CSO를 교육하는 것이 포함된다. 예컨대, CSO는 공동의존이나 부정적인 상호작용 대신 생산적인 의사소통과 행동을 촉진하려면, 물질사용장애가 있는 가족과 언제 어떻게 의사소통해야 하는지를 교육받는다.

예를 들어, CRAFT는 가족 구성원들이 사랑하는 사람의 물질사용장애의 촉발 요인을 이해하고, 긍정적인 상호작용으로 의사소통하는 동기적 접근을 배우도록 가르칠 수 있다. 또한 이 접근은 가족에게 어떻게 문제 해결 기술을 사용하여 자기 돌봄 및 긍정적 강화 기술을 키우고 안전 문제를 알아차리는지를 알려 준다. 문제 해결 기술은 사랑하는 사람이 회복 과정을 기꺼이 받아들이도록 만드는 영향력을 증가시킨다. CRAFT 접근의 한 가지 장점은 물질사용장애를 가진 가족 구성원과 가족 전체 모두를 위한 기법 개발이 가능하다는 것이다. 이렇게 두 방향으로 접근하는 방식은 강점에 기반하고 희망적인 회복 과정에 중점을 둔 체계적인 접근이라는 점에서 가족에게 긍정적인 치료 결과를 가져올 가능성을 높인다.

(5) 초기 회복에 적응하기

치료자는 가족이 무방비로 이루어지는 금주 상태의 위기에 대처하는 데 도움을 줄 수 있다. 가족은 물질사용장애를 가진 가족 구성원 주위로 복잡하게 얽힌 의사소통 체계를 발전시켜 왔으므로, 맨정신이 이루어지면 새로운 문제 해결 기술과 합의가 필요하다. 이 단계에서는 물질사용장애를 둘러싼 문제와 부정적인 감정이 여전히 만연해 있으며, 새로운 항상성을 달성하는 것이 도전일 수 있다. 진전을 이루기 위해 가족은 가족 구성원이 자신의 문제와 우려 사항을 해결할 수 있도록 허용하고, 작고 달성 가능한 가족 구조의 변화를 만듦으로써 단기적이고 구체적인 목표에 집중해야 한다(Carlson et al., 2005).

(6) 가족 변화의 유지

장기적 가족치료 역시 가족이 체계적 변화를 심층적으로 이루어 긍정성을 높이고 건강한 환경을 조성하는 데 도움이 될 수 있다. 폭넓은 체계 변화를 위해서 다양한 접근이 유용할 수 있다. 가장 자주 사용되는 물질남용 가족치료의 이론적 지향은 Adler 가족치료, 다세대 가족치료, 인간 타당화 모델, 경험적/상징적 가족치료, 구조적 가족치료 및 전략적 가족치료이다(Carlson et al., 2005).

3. 치료자가 이론적 접근을 활용하는 방법

치료자는 중독으로 고통받는 가족을 치료할 때 미국 심리치료협회(American Counseling Association: ACA)의 윤리강령을 준수해야 한다. 치료자는 가족의 맥락에서 물질사용장애에 대한 지식을 습득하고 다각적으로 치료 개입을 통합하는 등 역량을 갖추어야 한다. 물질남용 및 정신건강 서비스국의 물질남용치료센터(The Substance Abuse and Mental Health Services Administration's Center for Substance Abuse Treatment: CSAT; 2006a)는 중독이라는 질병으로 고통받는 가족과 함께 일하는 치료자의 업무에 수반되어야 하는 일련의 지식, 기법 및 태도를 개발하였다. 이는 4개의 초학문적 기반과 8개의 훈련 차원을 바탕으로 한다. 또한 각 역량에는 효과적인 치료를 위해 이해해야 하는 일련의 지식, 기법 및 태도가 있으며 이러한 역량은 초학문적 기반 및 훈련 차원에 포함되어 있다(CSAT, 2006a).

초학문적 기반 모든 치료자는 전공 분야와 무관하게 중독에 대한 기본적인 이해가 있어야 하며, 여기에는 최신 근거 기반 모델과 이론 및 물질남용장애가 가족체계에 미치는 광범위한 영향에 대한 이해가 포함된다. 전문가는 개인과 가족 전체의 치료 및 회복 과정에 영향을 미치는 사회적 분위기에 대한 직접적인 지식이 있어야 한다(Perkinson, Jongsma, & Bruce, 2014). 또한 환자와 가족에 필요에 맞춘 개별화된 계획을 세우고 부정적인 행동 변화를 다루기 위한 다양한 전략을 사용할 수 있어야 한다(CSAT, 2006a; Perkinson et al., 2014). CSAT(2006a)는 모든 중독치료 개입의 기초가 되는 네 가지 초학문적 기반, 즉 중독 이해, 치료 지식, 실무 적용, 전문가적 준비를 제안했다.

중독 이해 미국 물질남용 및 정신건강 서비스국은 치료자가 중독가족 치료에 적용할 수 있는 두 가지 이론 모델의 지식과 적용을 포함하여 중독을 이해할 것을 권고하였다. 치료자는 자신의 관점과 다른 이론에 개방적이어야 하며, 중독이 가족체계에 미치는 복합적인 면을 이해해야 한다. 추가적인 역량에는 물질남용이 존재하는 복합적인 맥락을 문화적 · 경제적 · 사회적 · 정치적으로 인식하는 것이 포함된다(CSAT, 2006a).

치료 지식 치료자는 물질사용장애를 가진 환자의 위험 요인뿐만 아니라 회복 요인도 탐색할 필요가 있다. 치료자는 회복 과정에서 향정신성 약물이 정서적 · 생리적 반응에 미치는 영향을 반드시 이해해야 한다(Perkinson et al., 2014). 마찬가지로, 치료자는 물질사용장애가 다른 의학적인 또는 정신건강 문제와 함께 발생할 때 공존장애를 다루고 치료하는 방법에 대해서도 알고 있어야 한다. 개별화된 서비스를 가장 잘 제공하기 위해서는 임상 평가에서 나온 판단을 제안하기 전에 전체 평가가 먼저 이루어져야 한다. 평가 과정에는 물질사용장애를 다른 정신건강 또는 의학적 상태와 구별하기 위해 다학제 팀이 포함되어야 한다(CSAT, 2006a). 또한 건강 검진을 하는 것이 바람직한데, 그 이유는 물질사용장애로 인해 가능한 부작용(예: 간 질환, 영양실조)을 평가하거나 물질사용장애 환자가 의식적으로든 무의식적으로든 정신적/신체적 장애에 대해 자가 처방을 해 오고 있는지 파악하기 위해서이다. 가족의 참여가 가능하다면 평가 과정과 관련된 정보를 제공하여 도움이 될 수 있다. 물질사용장애를 가진 환자가 증상에 대한 정확한 기억이나 타임라인을 갖고 있지 않을 수 있기 때문이다(Perkinson et al., 2014).

실무 적용 치료자는 물질사용장애에 대한 현재 진단 기준을 이해해야 한다(American Psychiatric Association: APA, 2013). 또한 심각도 수준에 따른 적절한 치료 서비스를 위한 배치 기준을 사용해야 한다(CSAT, 2006a). 나아가 치료 접근은 환자의 현재 변화 단계와 일치해야 한다(CSAT, 2006a; Prochaska et al., 1992). 이처럼 가족치료자는 전체적으로 체계의 현재 변화 단계를 지속해서 평가할 수 있다.

치료자 준비 치료자는 환자와 그 가족의 문화적 배경에 따라 치료 개입을 맞출 수 있어야 한다. 가족치료자는 다양한 문화, 인종, 종교, 사회경제적 지위(SES) 및 민족을 포함하는 가족체계를 만날 수 있다. 전문가는 지도 감독에 기꺼이 참석하고, 위기 상황에서 환자와 함께 작업하기 위한 정책과 절차를 이해하며 개입 접근에 개방적이어야 한다. 또한 전문가는 자신의 분야에 적용되는 모든 윤리적 및 전문적 기준을 반드시 준수해야 함을 이해한다(CSAT, 2006a).

치료자는 건강보험 사용에 수반되는 요구 사항/제한 사항 및 근거 기반 실제에 대해 알고 있어야 한다. 물론 치료자가 물질사용장애를 가진 환자의 옹호자가 되어 치료를 받게 할 수 있지만, 가족치료자는 치료가 필요할 때 가족 구성원 전체가 옹호자가 되도록 가르칠 수도 있다. 또한 가족치료자는 비용이 낮은 치료 대안을 제공하고 회복 과정 동안 환자와 가족을 돕기 위해 집단 커뮤니티 자원을 지원할 수도 있다(CSAT, 2006a).

실무 차원 앞서 언급했듯이, CSAT에서 개발한 실무 차원 여덟 가지는 다음과 같다. ⓐ 임상 평가, ⓑ 치료 계획, ⓒ 의뢰 서비스 조정, ⓓ 서비스 조정, ⓔ 치료, ⓕ 환자, 가족, 지역사회 교육, ⓖ 문서화, ⓗ 전문적이고 윤리적인 의무. 실무 차원은 치료자가 해당 차원의 기초가 되는 역량을 습득하는 데 성공했는지에 따라 달라진다(CSAT, 2006a). 또한 CSAT(2006a)는 중독 환자 또는 그 가족에게 치료가 효과적으로 되려면 모든 차원이 필요하다고 명시하고 있다. 이 장에서는 체계적 접근을 사용하여 중독가족 치료를 제공하는 치료자의 관점에 대해 다음의 여덟 가지 실무 차원을 논의한다.

ⓐ 임상 평가 선별은 치료자, 환자, 기타 관련 가족 또는 개인이 당면한 문제, 증상 또는 기타 관련 정보를 검토하여 가장 효과적인 조치를 결정하기 위한 과정이다(CSAT, 2006a). "물질사용장애가 진행될 때 더 빨리 개입할수록 모든 가족 구성원에게 더 나은 결과를 가져올 수 있다"(Lander et al., 2013, p. 204). 평가는 치료자가 환자의 진행 상황을 확인하고 치료 계획을 세우기 위해 환자, 기관, 또는 기타 관련 가족 및 개인과 소통하는 지속적인 과정이다(CSAT, 2006a).

ⓑ 치료 계획 개별적인 치료 계획은 측정과 달성이 가능하며, 시간에 민감한 단계(time-sensitive steps)로 치료 목표를 확인할 수 있고 예상 결과가 기록된 포괄적인 문서이다. 개인의 물질사용장애 및 관련 문제 이외에 가족관계 문제, 가족 구조 및 환경도 명시될 수 있다(CSAT, 2006a). Miller(2015)는 치료자가 적절한 개입을 선택하기 전에 가족체계에서 물질이 어떻게 사용되는지 확인할 것을 제안한다. 치료자는 환자와 가족의 변화 단계와 치료적 함의를 치료 계획의 일부로 통합할 수 있다(CSAT, 2006a).

ⓒ 의뢰 서비스 조정 치료자는 치료 계획에서 설정된 목표를 달성하기 위해 자연적 지원체계(natural support system)와 지역사회 자원을 활용한다. 또한 치료자는 모든 가족 구성원을 위한 지역사회 자원을 알고 있어야 한다. 통합적인 과정 및 다른 기관과의 협력 관계는 환자와 그 가족이 종합적인 치료 서비스와 지원을 받을 수 있도록 도와준다. 치료자는 환자와 가족이 체계적인 개입을 위해 이러한 외부 자원을 탐색할 수 있도록 옹호자의 역할을 할 필요가 있다(CSAT, 2006a).

ⓓ 서비스 조정 치료자가 일반적으로 사례 관리 업무를 맡지는 않지만 물질사용장애의 영향을 받은 환자와 가족에게 제공되는 서비스만큼은 조정할 수 있다. 다른 제공자나 기관과의 협력은 환자와 가족에 대한 임상 평가, 치료 서비스, 그리고 회복 노력을 유지하기 위한 부수적 지원 및 퇴원 후 자원 전반에 걸친 조율적 노력을 촉진할 수 있다(CSAT, 2006a). 치료자는 서비스 조정의 일부를 환자와 가족에게 넘겨, 관해 중인 물질사용장애의 장기적 관리와 그에 따른 지속적인 결과를 위해 치료팀 및 지역사회 자원과 협력하도록 교육하고 권한을 부여할 수 있다.

ⓔ 치료 근거 기반의 이론 중심 치료는 환자가 개인치료와 가족치료의 목표를 향해 나아갈 수 있게 하는 협력적 과정이어야 한다. 단기 목표를 수립할 때는 환자와 가족의 당면한 요구를 반영해야 한다. 중독가족치료자는 ⓐ 전이, 역전이, 대리 외상, ⓑ 변화 단계 모델, ⓒ 물질남용에 대한 가족 상호작용 패턴, ⓓ 물질남용이 가족 패턴에 미치는 영향, ⓔ 환자의 부정적인 행동을 그만두게 하고 긍정적인 행동과 변화를 촉진하는 데에 실무적인 지식이 필요하다. 치료자는 체계 이론 모델, 기본적인 심리치료 기술, 동기면담, 위기관리 및 행동 원칙을 사용할 수 있다(CSAT, 2006a). 마지막으로, 치료자는 어떤 이론적 접근이 물질사용장애를 가진 환자와 그 가족의 회복과 그 이후까지 가장 잘 지원할 수 있는지 계속 평가해야 한다(Lawson, Lambert, & Gressard, 2011).

ⓕ 환자, 가족, 지역사회 교육 환자, 가족 및 지역사회 교육은 가족과 중요한 타인에게 그들의 회복 과정에 도움을 줄 수 있는 자원뿐만 아니라, 그들이 사랑하는 물질남용자와 관련된 위험 요소에 대한 정보를 제공한다. 대부분의 경우 가족은 적극적인 물질사용장애의 징후를 인식하고 치료를 받고 회복 과정을 촉진하는 데 있어 그들이 맡아야 할 전반적인 역할을 이해할 필요가 있다. 치료자는 물질사용장애를 가진 개인과 가족 모두를 지원하는 연속선상의 유지 돌봄과 함께 문화적으로 민감한 환경 전략 및 재발 방지 계획을 세우는 데에 가족을 포함할 수 있다(CSAT, 2006a).

ⓖ 문서화 치료자는 접수부터 퇴원까지 치료를 문서화해야 한다. 치료 목표와 진행 상황을 기록하는 것은 치료 협력을 촉진할 수 있지만, 비밀보장을 위해 모든 규정과 윤리적 지침이 유지되어야 한다(CSAT, 2006a). 물질사용장애가 있는 환자가 미성년자인 경우, 치료자는 부모가 청소년 치료 파일에 접근할 수 있는 권리와 관련된 주(state) 및 국가 규정에 특별한 주의를 기울여야 한다(Lambert, 2011).

ⓗ 전문적이고 윤리적인 의무 치료자는 관리 기관에서 정한 윤리 및 행동 기준을 준수하고 받아들여야 할 의무를 이해하고, 가족치료 및 물질남용 치료와 관련된 지속적인 전문성 개발에 참여하여 자신의 능력 범위 내에서 활동할 수 있도록 해야 한다(ACA, 2014; CSAT, 2006a). 다시 말해 중독의 영향을 받는 가족에게 가족치료를 제공하는 치료자는 물질남용과 가족치료의 치료 전략에 대한 훈련을 모두 받아야 한다(Miller, 2015). 또한 전문적인 치료자는 환자의 자율성이라는 개념을 수용한다(ACA, 2014). 체계적 관점에서 볼 때 환자는 가족 전체이다(Corey & Corey, 2011). 중독가족 치료자는 중독 당사자인 환자와 환자의 가족이 서로 다른 치료 목표를 가지고 있을 때 자율성을 존중하는 데 갈피를 잡기 어려울 수 있다. 따라서 치료자는 치료에 관한 환자의 권리와 책임을 인식하고 있어야 한다(CSAT, 2006a). 중독가족치료자에게 윤리적 딜레마가 발생할 때 지도 감독, 자문 및 지속적인 교육은 소중한 자원이 된다(ACA, 2014; CSAT, 2006a).

1) 아동과 청소년

가족과 함께 일할 때 치료자는 어떤 가족 구성원이 물질사용장애를 가졌는지에 따라 치료 접근을 변경해야 할 수도 있다. 예로, 부모가 물질사용장애를 가진 경우와 아동 또는 청소년이 물질사용장애로 확인된 경우, 가족의 행동은 크게 다르다(Lander et al., 2013). 부모가 물질사용장애를 가지고 있는 경우, 자녀는 종종 부모화되어 그들 자신과 손아래 형제자매, 심지어 물질사용장애를 가진 부모를 돌보는 성인 역할을 떠맡게 된다(Gladding, 2014; Lander et al., 2013; Sang, Cederbaum, & Hurlburt, 2014). 단기적으로 부모와 자녀의 역할 역전은 가족체계 내에서 불균형을 초래할 수 있으며, 자녀가 자신의 나이를 넘어서는 삶의 과제를 떠안게 된다(Lambert et al., 2016). 장기적으로 발달적으로 준비가 되기 전에 성인 역할을 시작한 자녀의 경우, 타인의 욕구를 돌보느라 자신을 잃고 건강한 경계를 설정하는 데에 평생 어려움을 겪을 수 있다. 또한 치료자는 부모가 물질사용장애를 가진 가정에서 자란 자녀가 세대 간 전수의 영향 때문에 자녀 또한 물질사용장애를 갖게 될 가능성이 더 크다는 점을 꼭 기억해야 한다(Cook, 2007; Lander et al., 2013; NCADD, 2015; Rowe, 2012; Yohn et al., 2015).

청소년이 물질사용장애를 가진 환자로 확인되면 초점은 옮겨 간다. 성인과 마찬가지로, 개인치료와 체계적인 가족치료 접근을 병행하면 청소년에게 긍정적인 치료 효과를 가져올 수 있다(Rowe, 2012). 인지행동접근의 개인치료와 다차원 가족치료의 효과를 조사한 한 연구에서, 두 가지 접근을 병행한 청소년은 인지행동접근의 개인치료만 받은 청소년보다 물질사용이 장기적으로 지속해서 감소하고 장애도 덜 발생한 것으로 나타났다(Liddle, Dakof, Turner, Henderson, & Greenbaum, 2008). 행동과 가족 기능 외에도 수많은 스트레스 요인(예: 재정적 어려움, 부부 갈등/이혼, 이사, 만성질환)이 청소년 약물사용의 위험 요인이 될 수 있으므로, 물질사용장애 청소년의 사례 개념화 및 치료 계획에서 가족 스트레스를 유발하는 환경적 요인도 고려되어야 한다(Sang et al., 2014). 종종 청소년이 통제할 수 없는 가족 상황도 많으므로, 미성년자에게 서비스를 제공

글상자 9-1 **수업 활동: 가족중독 가계도**

가족 가계도는 가족 구조를 그림으로 표현한 것으로, 가족 상호작용, 정신건강 문제, 신체 건강 문제와 같은 추가 정보를 포함할 수 있다. 이 작업을 수행한 후 환자와 학생들은 대가족의 중독 유병률에 놀라는 경우가 많다. 일반적인 가계도 자료(예: 출생, 결혼, 이혼, 사망)를 넣는 것 외에, 자신의 가족에 대한 가족 가계도를 만들고 불화, 갈등 및 기타 가족 상호작용에 대해서도 함께 표시한다. 중독을 나타내려면 정사각형 또는 원의 아래쪽 절반을 검게 표시한다(Cook, 2007). 중독에서 회복 중이라면 정사각형 또는 원의 아래쪽 ¼만 검게 표시한다. 중독이 확인되지 않은 경우는 대각선을 사용하여 하단의 아래쪽 절반 또는 아래쪽의 ¼을 음영 처리한다. 물질사용 또는 행위 중독과 관련된 사망이 있는 경우 반드시 명시한다. 구성원을 면접하고 가능한 한 많은 정보를 기재한다. 다음의 서식 지침과 일반적으로 사용되는 기호 및 가상 가족을 사용하여 완성한 가계도 예시를 참조하라.

▸ 가계도의 형식 및 기호

가계도는 중요한 가족관계에 관한 토론에 환자와 중요한 가족 구성원을 참여시키는 데 유용하다. 사각형과 원은 부모, 형제자매 및 기타 가족 구성원을 나타내고, 이중으로 둘러싸인 사각형이나 원은 환자를 나타낸다. 결혼 상태는 별거 및 이혼을 나타내는 대각선과 같은 고유한 기호로 표시된다. 다양한 유형의 연결선은 가구 구성원 간 관계의 특성을 반영한다. 예를 들어, 실선 1개는 두 사람 사이의 먼 관계를 나타내고, 실선 3개는 매우 가까운 관계를 나타낸다. 체포 정보와 같은 기타 중요한 자료도 가계도에 적절히 기록된다.

가계도 형식

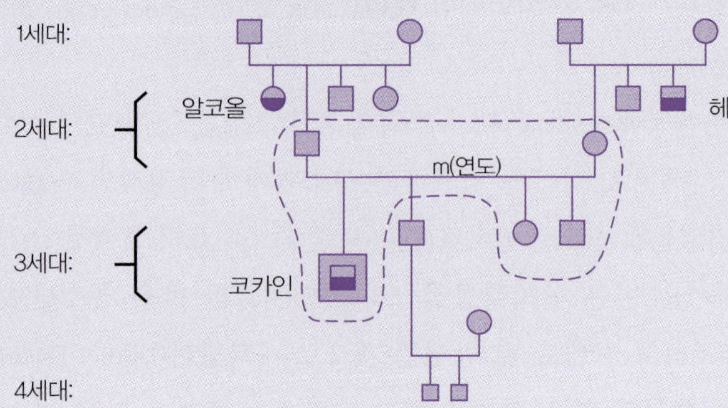

가계도에 유용한 기호

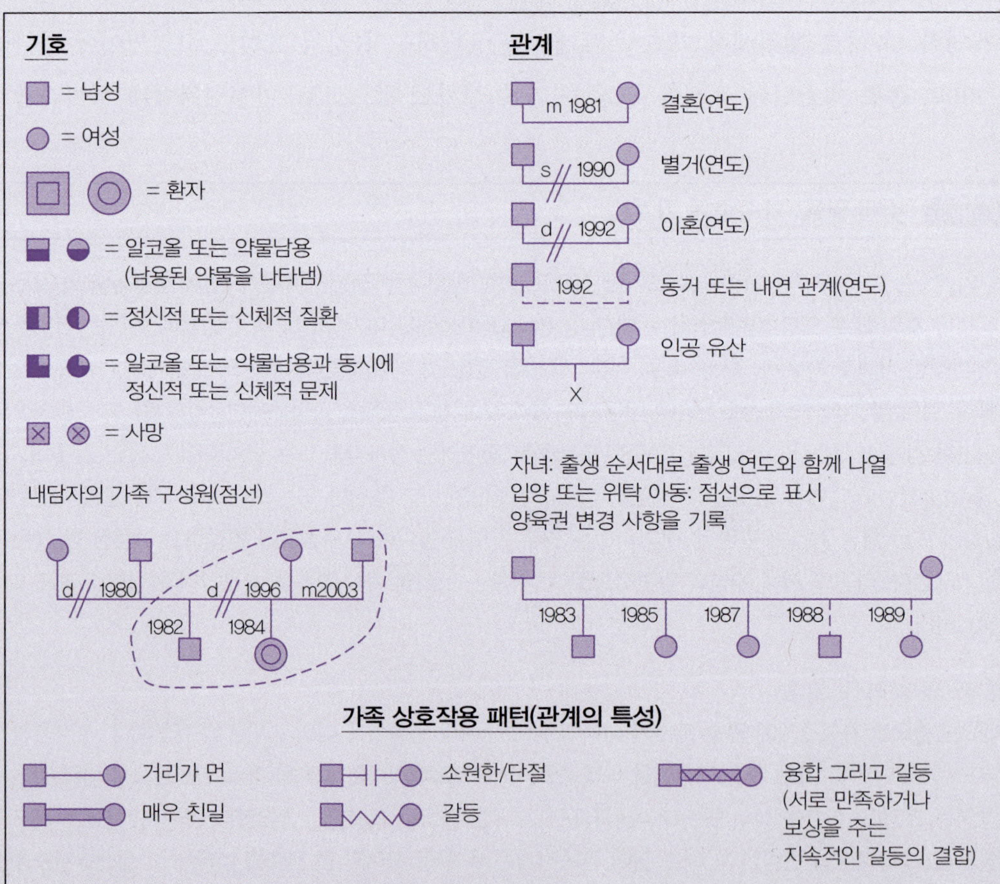

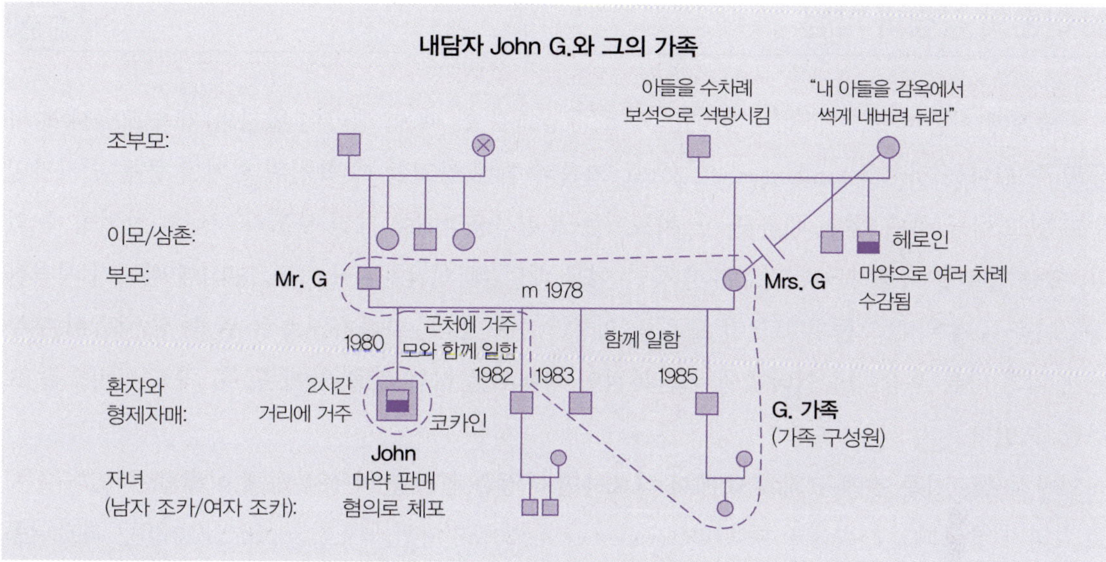

출처: CSAT (2006b).

할 때 더욱 복잡한 문제가 발생한다. 또한 청소년 또는 초기성인기의 자녀가 물질사용장애를 갖는 경우 부모는 어떻게 도와야 할지 무력감을 느끼거나 길을 잃을 수 있으며, 결국 물질사용장애의 자연스러운 결과를 제거해 버림으로써 오히려 그 행동을 조장할 수도 있다. 부모는 청소년 중심의 가족치료에 참여하는 것뿐만 아니라, 개인치료 시간이나 가족 12단계 프로그램(예: Al-Anon, Nar-Anon)을 통해 "부모가 물질사용장애를 유발한 것이 아니며, 통제하거나 낫게 할 수 있는 것도 아니다"(Lander et al., 2013, p. 202)라는 사실을 배울 필요가 있다.

2) 외상

외상은 종종 중독을 동반한다. 따라서 치료자는 외상치료를 가족치료의 목표에 포함해야 할 수도 있다(Hook, 2012). 그렇게 함으로써 치료자는 중독과 관련된 외상에 초점을 맞춘 가족 인지행동치료를 하여 대처 및 완화 기술을 진전시키고, 외상에 관한 내러티브를 재구성하여 가족을 도울 수 있다(Lambert et al., 2016). 더욱이 가족은 세대 간 물질사용으로 인해 다세대에 걸쳐 외상이 누적되었을 수 있다(Lander et al., 2013).

4. 이론의 강점과 약점

가족체계 이론의 주요 강점 중 하나는 사례 개념화를 할 때 이 접근이 환자와 가족 모두에게 사용될 수 있다는 것이다(Lambert et al., 2016). 가족과 함께 작업할 때 확인된 환자가 중독 당사자일 수도 있고 아닐 수도 있다. 예를 들어, 치료자는 물질사용장애를 가진 부모의 자녀와 작업할 수 있다. 또는 물질을 사용하거나 건강하지 못한 행동 패턴(예: 인터넷 과다 사용, 도박)에 빠지기 시작한 청소년을 돕기 위해 그들의 부모가 도움을 요청할 수도 있다. 마찬가지로 부부 중 한 사람이 부부관계 외의 다른 사람이나 인터넷에서 반복적인 성행위를 하는 것을 알게 된 후 치료 서비스를 요청할 수 있다.

일반적으로 가족 전체를 회기 내에서 치료하면 다양한 관점을 더 풍부하게 이해할 수 있어서 치료 효과가 향상되고 신속해질 수 있다(Lambert et al., 2016). 마찬가지로 Senreich(2010)는 파트너를 치료에 초대하는 LGBTQ(레즈비언, 게이, 양성애자, 성전환자, 퀴어 또는 자신의 성 정체성을 명확히 할 수 없는 자) 환자가 중요한 누군가를 초대하지 않는 LGBTQ 환자보다 치료 프로그램을 완료하는 경향이 높았고 치료 종결 시 단주 비율이 높으며 치료를 더 긍정적으로 여기는 경향이 있다는 사실을 발견했다. 가족 구성원은 핵심 동기유발자로서 기능하며, 환자가 치료에 참여하고 회복 과정을 지속하도록 지지한다(Hook, 2012).

그러나 강점 기반 치료 접근에서 보면, 중독 환자와 치료자는 치료에 적극적으로 참여하고 회복 과정을 지원할 수 있는 가족 구성원을 회기에 포함하도록 선택하는 데에 서로 협력할 수 있다(Miller, 2015). 예를 들어, 물질을 과도하게 사용하는 가족 구성원은 환자에게 재발을 유발할 수 있다(Lander et al., 2013). 가족 구성원은 스스로 촉발 요인이 될 수 있다. 그들은 치료 과정에 기여하는 것을 꺼리거나 능력이 없을 수도 있다. 또한 "가족 구성원은 물질을 사용하는 개인의 변화에 반응하는 자신의 행동으로 인해 치료를 의도치 않게 방해할 수 있다. 한 사람이 변하면 확대가족 관계를 포함한 전체 가족체계의 균형이 깨지기 때문에 이러한 행동은 체계의 편안한 균형 상태를 유지하려는 시도로 볼 수 있다"(Lander et al., 2013, p. 197). 따라서 FST의 과제는 회복 노력을 저해하지 않으면서 참여할 준비가 된 가족 구성원을 치료에 통합하는 것이다.

5. 사례 연구 반응

가브리엘과 그의 가족은 체계적인 접근을 사용하여 중독가족 치료를 제공하는 치료자로부터 크게 도움을 얻게 된다. 가브리엘의 물질남용은 개인의 문제가 아니라 다세대에 걸쳐 영향을 준 가족 질병이기 때문이다. 이를 고려할 때, 가족체계 이론은 가브리엘의 가족 구성원과 그의 다양한 체계(대인관계, 일, 학교, 지역사회) 간의 역동을 개념화하여 가브리엘의 물질남용과 관련된 전체 체계를 이해하는 데 활용될 수 있다. 가브리엘은 문제를 다루는 방법으로 물질사용을 선택한 가정에서 자랐기 때문에 가족의 부적응적 항상성은 수년간 가족을 괴롭혔다. 이로 인해 의사소통, 의사결정 및 문제 해결에 대한 건강한 모델이 제한되었고, 가브리엘은 개인 내적 및 대인관계에 어려움을 겪게 되었다.

가브리엘의 가족 구성원 또한 그의 물질남용으로 인해 스트레스를 겪고 있으며, 특히 그의 어머니, 누나, 조카가 그렇다. 따라서 그의 물질중독으로 인해 직계 가족 내의 가족 기능과 개인적 관계가 손상되었다. 결과적으로, 가브리엘의 중독은 그의 가족과 친구들에게 정서적 · 신체적인 부담을 주고 있으며, 이는 두 집단 모두로부터 소외되는 결과를 초래했다. 가브리엘은 자신의 중독 문제를 해결해야 할 필요성을 인식하는 데는 강점을 보이지만, 그의 체계는 그동안 그의 행동을 조장하고 그의 재발에 기여했을 가능성이 있다.

가족체계 이론을 사용하여 가브리엘과 함께 작업할 때, 치료자는 그의 가족 역동을 다루고 부모, 누나, 조카와의 가족 상호작용을 개선하기 위해 노력해야 한다. 가브리엘의 가족 역동 관계와 상호작용을 개선하는 것 이상으로 중요한 일은 가족의 항상성을 확립하는 것이다. 여기에는 직계 가족 구성원 간의 신뢰 수준을 조사하여 서로에 대한 불안정, 불안, 신뢰 부족의 원인을 파악해야 한다. 또한 의사소통 패턴을 평가하고 의사소통 방식을 개선하며, 과도한 밀착과 해체를 조장하는 부적응적인 경계를 이해하고, 가족 구성원들이 재발 예방에서 자신의 역할에 대한 통찰을 갖도록 힘을 실어 주는 것이 포함된다. 건강한 항상성을 위해 노력함으로써 가브리엘의 가족 구성원은 각자가 전체 체계에서 어떻게 기능하는지를 이해하고, 공동의존적인 행동에 저항하며, 균형 잡힌 가족체계에 도움이 되는 자신의 역할을 파악할 수 있게 된다.

가브리엘과 작업할 때 몇몇 가족체계 이론적 접근을 고려할 수 있는데, 다음은 CSAT에서 개발한 실천 차원을 적용한 것이다. 이들 차원을 사용할 때, 가족체계치료가 가브리엘의 중독을 다루는 데 있어서 가장 효과적일 수 있다. 가브리엘의 임상 평가 검사에서 가족의 역기능적 상태와 다세대에 걸쳐 나타난 우울 증상을 다룰 수 없었다는 사실이 당면한 문제인 것으로 보인다. 그 결과, 가족은 생존 및/또는 대처를 위해 건강하지 않은 방법을 찾아냈다. 즉, ⓐ 어머니는 결혼생활 동안 가브리엘 아버지의 조력자 역할을 했고, ⓑ 아버지는 알코올과 약물을 사용하며, ⓒ 누나는 정서적 문제가 있는 남성을 찾고, ⓓ 몇몇 가족 구성원이 물질사용자이며, ⓔ 가브리엘은 여러 여성과 건강하지 않은 관계를 맺고, ⓕ 수년간 마리화나와 알코올로—둘 다 억제제—자가 처방을 해 왔다. 가브리엘과 그의 누나는 물질사용장애가 있는 아버지의 자녀였기 때문에 취약했으며, 이로 인해 가족체계 내에서 자신들의 역기능인 측면을 제대로 관리하지 못했다. 여기에 인종, 민족성, 문화적 가치, 지리적 위치, 성별, 영성이 가족의 역기능과 우울 증상에 미치는 영향도 추가로 고려해야 하는 가족중독 역동이다.

가브리엘과 그의 가족을 위한 치료 계획을 수립할 때, 가브리엘, 아버지, 어머니, 누나와 가족체계의 다른 사람들이 언제, 어떻게 물질을 사용했는지, 그리고 다른 건강하지 않은 행동을 언제, 어떻게 하였는지 파악해야 한다. 그래야 전체 체계를 고려한 적절한 개입을 할 수 있다. 이를 바탕으로, 가브리엘과 그의 가족을 위해 ⓐ 측정 가능하고 ⓑ 달성 가능하며 ⓒ 시간에 민감한 단기 및 장기 치료 목표를 세우고, 주기적이고 지속적인 치료를 통해 이를 구현한다. 치료자는 가족 회복을 위해 가브리엘 및 각 가족 구성원과 관계를 구축하는 동시에, 치료 단계 전반에 걸쳐 심리교육을 통해 중독가족에 대한 임상 지식을 공유해야 한다. 환경적 · 유전적 소인 모두 가브리엘의 건강하지 못한 대처기제에 영향을 미친다는 점에서 중요하다. 가족치료 초기에는 가브리엘, 어머니, 누나만 포함될 수 있지만, 회복 노력에 방해가 되지 않는다면 이후에 아버지도 포함될 수 있다. 적절하다면 그의 조카를 치료 시간에 포함할 수 있다. 조카는 가브리엘이 지속해서 중독 물질을 자제한 것을 시도하는 유일한 인물이기 때문에, 동기를 줄 수 있는 주요한 인물이 될 수 있다. 초기 입원치료를 넘어서서, 단기 가족 목표에는 신뢰 구축, 의사소통 개선, 적응적인 가족 역할 수립, 일상(집에서 또는 자원봉사나 학교, 직장을 통해) 확보, 다른 건강한 개인과의 관계 형성, 생물심리사회문화적 인간 본성의 생물학적 요인을 자극하는 신체 활동 참여가 포함된다.

장기적인 가족 목표에는 외래 약물사용 치료(개인 회기, 가족 회기 포함), 물질로부터 금욕, 건강한 항상성 유지, 지역사회 자원(지지 그룹, 멘토, 후원자)의 활용이 포함된다. 가브리엘의 성적 지향, 인종적 배경, 문화적 신념과 관련된 자신의 정체성 발달을 다루고 자신의 성 정체성을 강화하거나 방해했던 가족의 역할도 생각해 봄으로써, 맨정신을 유지하는 데 도움을 받을 수 있다. 한 개인, 가족 구성원, 그리고 지역사회의 일원으로서 자신이 누구인지 이해함으로써 물질사용을 촉발하는 어려움을 더 잘 다룰 수 있게 된다. 이러한 개인적 통찰을 통해 가족은 하나의 체계로서 작동하는 데 필요한 공동체적인 문화적 역동에 대한 통찰력을 갖게 된다.

가브리엘의 자연 지원체계와 지역사회 자원을 평가할 때, 가브리엘의 어머니는 Al-Anon 모임에 참석하고 그의 물질사용 행동에 더 건강한 경계를 만들기 위해 노력함으로써 가족의 회복을 위해 헌신하고 있음을 알 수 있다. 가브리엘의 조카 역시 가브리엘이 무조건적인 사랑을 받고 있다고 느끼도록 하는 동시에, 그가 물질을 멀리하고 신체 활동을 늘리는 특별활동을 하도록 영향을 줄 수 있다. 입원 및 외래 약물 치료 외에도, 애팔래치아 주변의 지지 그룹을 파악하여 가브리엘이 보편성을 경험하고 다른 사람들로부터 지지를 받을 수 있도록 해야 한다. 가브리엘은 알코올 중독자 성인 자녀 지지 그룹(Adult Children of Alcoholics)뿐만 아니라, 자신의 중독과 관련된 지지 그룹[예: AA(Alcoholics Anonymous), MA(Marijuana Anonymous), SAA(Sex Addicts Anonymous)]에 참여할 수 있다. 지역사회에 환원할 수 있는 방법을 찾고 과거의 법적 문제를 고려한 건강한 환경에서 일할 수 있는 직업을 갖는 것도 가브리엘에게 더 많은 일상을 제공하며 물질을 사용하는 시간을 줄여 줄 수 있다. 맨정신의 기간 후에도 불안 및 강박 증상이 남아 있는 경우 공존장애에 대한 추가 치료가 필요할 수 있으며, 가족은 물질사용의 추가적인 촉발 요인이 될 수 있는 이러한 장애에 대한 치료를 지원할 수도 있다. 가브리엘과 그의 가족의 회복 노력을 유지하려면, 치료자는 처음부터 끝까지 치료 과정의 일부인 사람들과 협력하여 투명성과 조정을 촉진해야 한다. 우리는 또한 그의 어머니와 누나가 이러한 조정 노력을 지원하도록 권한을 부여하고 가브리엘의 치료 과정에 동의하고 힘을 느낄 수 있도록 할 것이다. 가브리엘의 재발을 장기적으로 관리하는 데에는 가족이 중요한 역할을 할 것이므로 후자는 가족체계접근에서 특히 중요하다.

그러나 가브리엘의 중독에서 가족체계치료가 효과적으로 되려면, 가족이 일상에서 안정성을 확보하고, 가정에서의 역할과 책임에 대한 질서를 갖추며, 촉발 요인을 방지하기 위한 대처기제가 일관성 있게 유지되도록 힘써야 한다. 이러한 접근이 가브리엘에게 가장 효과적으로 되려면, 전체 체계의 자원과 헌신이 필요하며, 이상적으로는 모든 가족 구성원이 변화할 준비가 되어 있어야 한다. 가브리엘의 아버지는 가족체계에서 예외적인 존재이므로 아버지가 회복 과정에 헌신할 때까지 가족 회복은 선형적이기보다 순환적인 것으로 볼 수 있다. 또한 가브리엘의 헌신으로 인해 그의 가족은 다른 생활 방식에 적응해야 할 가능성이 크며, 이는 변화와 관련된 두려움을 유발할 수 있다. 유감스럽게도, 만약 가족이 가브리엘의 물질사용을 계속 수용한다면 부정적인 가족 상호작용은 더욱 강화되고 가족체계는 성장하지 못할 것이다.

체계적 접근을 통한 중독가족 치료의 강점은 통합적 치료 틀을 사용하여 가브리엘과 가족의 역기능을 개념화할 수 있다는 것이다. 중독의 기능을 맥락적으로 이해하기 위해 가브리엘 환경의 모든 측면이 평가와 치료에서 고려된다. 가브리엘의 중독을 가족 전체의 중독 관점에서 바라본다면, 그의 회복에 전념했던 가족 구성원의 다양한 관점이 반영되어 후속 실행 과정의 진척이 빨라지고 가브리엘의 회복과 재발 방지에 도움이 된다.

요약

중독은 전체 가족체계에 영향을 미친다. 물질사용장애 환자에게 서비스를 제공하는 치료자는 개인의 가족이 잠재적으로 치료에 긍정적 또는 부정적으로 어떠한 영향을 미칠 수 있는지뿐만 아니라, 가족 유전과 환경 간의 상호관계도 고려해야 한다(Lander et al., 2013). 가족체계 이론은 물질사용장애를 가진 개인과 가족 모두의 치료에 영향을 미치는 가족의 역할, 규칙 및 상호작용을 개념화하기 위한 모델을 제공한다. 물질사용장애가 있는 환자에게 유익하고 건강한 행동, 반응 및 상호작용의 유지를 촉진하는 경우, 가족은 치료 및 회복 과정에 적극적으로 참여하도록 권고되어야 한다(CSAT, 2006a). 가족 회복의 단계, 치료 개입 및 윤리적 문제가 체계적 관점에서 논의되었다.

지속적인 학습을 위한 자료

▸ For Families

Adult Children of Alcoholics: www.adultchildren.org.

Al-Anon & Alateen: www.al-anon.alateen.org. Co-Anon (cocaine): www.co-anon.org.

Codependents Anonymous: http://coda.org. Families Anonymous: www.familiesanonymous.org.

Gam-Anon (gambling): www.gamblersanonymous.org/ga/content/gam-anon-help-family-friends.

Nar-Anon Family Groups (narcotics): www.naranon.org.

National Council on Alcoholism and Drug Dependence: www.ncadd.org.

Substance Abuse and Mental Health Services Administration. (2008). *What is substance abuse treatment? A booklet for families*. http://store.samhsa.gov/product/What-Is-Substance-Abuse-Treatment-A-Booklet-for-Families/SMA14-4126.

Substance Abuse and Mental Health Services Administration. (2013). *Family therapy can help: For people in recovery from mental illness or addiction*. http://store.samhsa.gov/product/Family-Therapy-Can-Help-For-People-in- Recovery-From-Mental-Illness-or-Addiction/ SMA15-4784.

S-Anon (sex addiction): www.sanon.org.

Substance Abuse and Mental Health Services Administration: http://recoverymonth.gov.

▸ For Counselors

American Association for Marriage and Family Therapy: www.aamft.org.

Center for Substance Abuse Treatment: www.samhsa.gov/about-us/who-we-are/offices-centers/csat.

International Association of Addiction and Offender Counselors (IAAOC): www.iaaoc.org.

International Association of Marriage and Family Counselors: www.iamfconline.org.

National Association for Alcoholism and Drug Abuse Counselors: http://naadac.org.

National Center on Substance Abuse and Child Welfare (NCSACS): http://ncsacw.samhsa.gov.

National Institute on Drug Abuse: www.nida.nih.gov.

National Registry of Evidence-Based Programs and Practices: www.nrepp.samhsa.gov.

Substance Abuse and Mental Health Services Administration: www.samhsa.gov.

Substance Abuse and Mental Health Services Administration. (2008). *Substance abuse treatment and family therapy*. Treatment Improvement Protocol (TIP) Series 39. DHHS Publication No. (SMA) 15-4219. Rockville, MD: Author. Retrieved from http://store.samhsa.gov/product/TIP-39-Substance-Abuse-Treatment-and-Family-Therapy/SMA15-4219.

Substance Abuse and Mental Health Services Administration. (2014). *Results from the 2013 National Survey on Drug Use and Health: Summary of national findings*. NSDUH Publication No. 14-4863. Rockville, MD: Author. Retrieved from www.samhsa.gov/data/sites/default/files/NSDUHresultsPDFWHTML2013/Web/NSDUHresults2013.pdf.

Here are a few genogram software programs:

www.genogramanalytics.com

www.genopro.com/genogram

www.smartdraw.com

참고문헌

American Counseling Association. (2014). *2014 ACA Code of Ethics*. Alexandria, VA: Author.

American Psychiatric Association. (2013). *Diagnostic and statistical manual of mental disorders* (5th ed.). Arlington, VA: American Psychiatric Publishing.

Berger, K. S. (2011). *The developing person through the life span* (8th ed.). New York: Worth.

Carlson, J., Sperry, L., & Lewis, J. A. (2005). *Family therapy techniques: Integrating and tailoring treatment*. New York: Routledge.

Center for Substance Abuse Treatment, Department of Health and Human Services, Substance Abuse and Mental Health Services Administration. (2004). *Substance abuse treatment and family therapy*. Treatment Improvement Protocol (TIP) Series 39. HHS Publication No. 05-4006. Retrieved from www.ncbi.nlm.nih.gov/books/NBK64265.

Center for Substance Abuse Treatment, Department of Health and Human Services, Substance

Abuse and Mental Health Services Administration. (2006a). *Addiction counseling competencies: The knowledge, skills, and attitudes of professional practice*. Technical Assistance Publication (TAP) Series 21. HHS Publication No. (SMA) 08-4171. Rockville, MD: Substance Abuse and Mental Health Services Administration.

Center for Substance Abuse Treatment, Department of Health and Human Services, Substance Abuse and Mental Health Services Administration. (2006b). *Substance abuse: Clinical issues in intensive outpatient treatment*. Treatment Improvement Protocol (TIP) Series 47. HHS Publication No. (SMA) 06-4182. Retrieved from www.ncbi.nlm.nih.gov/books/NBK64085.

Cook, L. (2007). Perceived conflict, sibling position, cut-off, and multigenerational transmission in the family of origin of chemically dependent persons: An application of Bowen family systems theory. *Journal of Addictions Nursing, 18*, 131-140. doi:10.1080/10884600701500495

Corey, M. S., & Corey, G. (2011). *Becoming a helper*. Belmont, CA: Brooks/Cole.

Doweiko, H. E. (2009). Concepts of chemical dependency (7th ed.). Belmont, CA: Brooks/Cole.

Facing Addiction. (2015). *Facing addiction*. www.facingaddiction.org/home/fa-addiction-impacts.

Ford, J. J., Durtshi, J. A., & Franklin, D. L. (2012). Structural therapy with a couple battling pornography addiction. *American Journal of Family Therapy, 40*, 336-348. doi:10.1080/01926187.2012.685003

Gladding, S. T. (2014). *Family therapy: History, theory, and practice* (6th ed.). Upper Saddle River, NJ: Pearson Education.

Goldenberg, H., & Goldenberg, I. (2013). *Family therapy: An overview* (8th ed.). Belmont, CA: Brooks/Cole.

Hentsch-Cowles, G., & Brock, L. J. (2013). A systemic review of the literature on the role of the partner of the sex addict, treatment models, and a call for research for systems theory model in treating the partner. *Sexual Addiction & Compulsivity, 20*, 323-335. doi:10.1080/10720162.2013.845864

Hook, M. K. (2012). Alcohol addiction and families. In D. Capuzzi & M. D. Stauffer (Eds.), *Foundations of addictions counseling* (2nd ed., pp. 278-300). Upper Saddle River, NJ: Pearson.

Johnson, V. (1973). *I'll quit tomorrow*. New York: Harper & Row.

Juhnke, G. A., & Hagedorn, W. B. (2006). *Counseling addicted families: An integrated assessment and treatment model*. New York: Routledge.

Lambert, S. F. (2011). Ethical and legal issues in addictions outcome research. *Counseling Outcome Research and Evaluation, 2*(1), 25-36.

Lambert, S. F., Carmichael, A. R., & Williams, L. (2016). Guidelines in counseling families. In I. Marini & M. A. Stebnicki (Eds.), *The professional counselor's desk reference* (2nd ed., pp. 351-356). New York: Springer.

Lander, L., Howsare, J., & Byrne, M. (2013). The impact of substance use disorders on families and children: From theory to practice. *Social Work Public Health, 28*, 195-205. doi:10.1080.19371918.2013.759005

Lawson, G., Lambert, S. F., & Gressard, R. (2011). Reframing recovery: Developmental considerations for maintaining change. *Journal of Addictions & Offender Counseling, 32*, 72-83.

Lewis, J. A., Dana, R. Q., & Blevins, G. A. (2007). *Substance abuse counseling*. Belmont, CA: Brooks/Cole.

Liddle, H. A., Dakof, G. A., Turner, R. M., Henderson, C. E., & Greenbaum, P. E. (2008). Treating adolescent drug abuse: A randomized trial comparing multidimensional family therapy and cognitive behavior therapy. *Addiction, 103*, 1660-1670. doi:10.1111/j.1360-0443.2008.02274.x

Miller, G. (2015). *Learning the language of addiction counseling* (4th ed.). Hoboken, NJ: Wiley.

Murphy, J. P. (1984). Substance abuse and the family. *Journal for Specialists in Group Work, 9*, 106-112.

National Council on Alcoholism and Drug Dependence. (2015). *Family disease*. Retrieved from https://ncadd.org/for-friends-and-family/family-disease-and-recovery.

O'Farrell, T. J., & Clements, K. (2012). Review of outcome research on marital and family therapy in treatment for alcoholism. *Journal of Marital and Family Therapy, 38*(1), 122-144. doi:10.1111/j.1752-0606.2011.00242.x

Perkinson, R. R., Jongsma, A. E., & Bruce, T. J. (2014). *The addiction treatment planner* (5th ed.). Hoboken, NJ: Wiley.

Polychronopoulos, G. G., Carlisle, K. L., Carlisle, R. M., & Kirk-Jenkins, A. J. (2014). The emergence of behavioral addiction in DSM-5. *Journal of Human Services, 34*(1), 158-162.

Prochaska, J. O., DiClemente, C. C., & Norcross, J. C. (1992). In search of how people change: Applications to addictive behaviors. *American Psychologist, 47*, 1102-1114.

Rowe, C. L. (2012). Family therapy for drug abuse: Review and updates 2003-2010. *Journal of Marital and Family Therapy, 38*(1), 59-81. doi:10.1111/j.1752-0606.2011.00280.x

Sang, J., Cederbaum, J. A., & Hurlburt, M. S. (2014). Parentification, substance use, and sex among adolescent daughters from ethnic minority families: The moderating role of monitoring. *Family Process, 53*(2), 252-266. doi:10.1111/famp.12038

Satir, V. M. (1972). *Peoplemaking*. Palo Alto, CA: Science and Behavior.

Senreich, E. (2010). Inviting the significant other of LGBT clients into substance abuse treatment programs: Frequency and impact. *Contemporary Family Therapy, 32*, 427-443. doi:10.1007/s10591-010-9133-3

Smith, J. E., & Meyers, R. J. (2009). Community reinforcement and family training. In G. L. Fisher & N. A. Roget (Eds.), *Encyclopeia of substance abuse prevention, treatment, and recovery*. Thousand Oaks, CA: Sage

Substance Abuse and Mental Health Services Administration. (2009). *The NSDUH Report: Children living with substance-dependent or substance-abusing parents: 2002 to 2007*. Rockville, MD: Author.

Wegscheider-Cruse, S. (1976). *The family trap: No one escapes from a chemically dependent family*. Rapid City, SD: Onsite Training & Consulting.

Yohn, N. L., Bartolomei, M. S., & Blendy, J. A. (2015). Multigenerational and transgenerational inheritance of drug exposure: The effects of alcohol, opiates, cocaine, marijuana, and nicotine. *Progress in Biophysics and Molecular Biology, 118*(1-2), 21-33. doi:10.1016/j.pbiomolbio.2015.03.002

Zimic, J. I., & Jukic, V. (2012). Familial risk factors favoring drug addiction onset. *Journal of Psychoactive Drugs, 44*(2), 173-185.

10장 초이론 모델

Daniel Gutierrez
Astra B. Czerny

어떤 형태의 중독치료도 환자가 변혁적인 변화를 경험하지 않고 성공할 수 있다는 것을 상상하기는 어렵다. 변화는 회복 과정에 필수적인데, 그렇다면 환자가 변화할 수 있는 것은 과연 무엇 때문일까? 원하든 원치 않든 삶은 어느 정도의 변화를 수반하지만 환자의 삶에는 그들이 변화하거나 통제할 수 있는 범위를 넘어서는 일도 많다. 환자의 변화를 일으키는 능력을 활용하는 것이 치료의 궁극적인 핵심이다.

무엇이 정확히 의도적인 변화 과정에 기여하는가에 관한 질문은 Prochaska, Norcross와 DiClemente(1994)라는 연구자들이 평생에 걸쳐 연구해 온 주제이다. 흔히 변화 단계 모델이라고 불리는 이들의 6단계 변화 이론은 초이론 모델(transtheoretical model: TTM)로 더 널리 알려져 있는데, 이는 이 모델이 하나의 이론에 의존적이지 않기 때문에 붙여진 이름이다. 오히려 중독치료자는 광범위한 이론적 지향을 넘어서 이 모델을 사용할 수 있다. 이 모델의 전제는 개인이 사회적 · 심리적 · 행동적으로 변화할 준비가 되었을 때 적절한 변화가 일어날 수 있다는 것이다. 따라서 초이론 모델에서는 특정 환자에서 보이는 변화의 준비 수준을 적절하게 평가하는 치료자의 능력이 중요하다.

1. 이론의 기본 개념

중독치료자들은 환자가 자신의 문제를 극복하고 행동을 변화시킬 수 있도록 돕기 위해 TTM을 사용해 왔다(DiClemente & Prochaska, 1998; Prochaska, DiClemente, & Norcross, 1992). TTM은 변화 과정에 핵심적인 6단계의 변화 준비 단계로 구성되어 있다. 각 단계에는 변화를 진전시키는 과정도 포함된다. 변화 과정에 대해서는 이 장의 뒷부분에서 더 자세히 다룰 것이다. 그러나 간단히 설명하자면, 변화 과정은 치료자가 변화를 이끌어 내기 위해 사용하는 개입이다. 이 과정은 환자가 변화의 한 단계에서 다음 단계로 나아갈 때 마주하는 과제들을 잘 해결할 수 있도록 돕는다. 따라서 환자가 단계를 통과할수록 치료적 관계도 깊어진다(Prochaska & Norcross, 2001). 환자는 치료자가 적용하는 과정을 통해 자신의 행동을 점검하도록 고무된다. 치료자의 태도는 비판단적이고 지지적이며 배려적이다. 즉, TTM은 치료자가 사용하는 이론적 지향과 관계없이 환자가 자신의 문제를 다루고 치료 관계를 강화하는 데 도움을 준다.

단계는 전숙고, 숙고, 준비, 실행, 유지, 종결로 구성된다. 각 단계는 과정의 중요한 부분이며 건너뛸 수 없다. 어떤 개인은 단계를 선형적(한 단계에서 다음 단계로 순차적으로 이동)으로 경험할 수 있지만 본래는 단계를 반복 순환하며 경험할 가능성이 더 크고, 다음 단계로 영구적으로 이동할 수 있는 능력이 달성되기 전에 이전 단계를 다시 반복해야 할 수도 있다. 또한 한 개인이 각기 다른 문제에 대해 동시에 여러 변화 단계에 있을 수도 있다. 결론적으로, 이 모델을 이해하면 개인(그리고 치료자)이 그들의 단계와 관계없이 변화의 과정을 탐색하는 데 도움이 될 수 있다.

1) 전숙고

첫 번째 단계인 전숙고(precontemplation) 단계는 근본적으로 문제가 존재한다는 인식이 부족한 상태이다. 전숙고자는 해결해야 할 문제가 없다고 생각하기 때문에 변화할 생각이 없다. 변화에 대한 저항이 이 단계의 핵심이다. 전숙고자는 문제가 있다는 사실을 부인한다. 이 단계에 있는 사람이 치료에 오는 경우, 친구나 가족이 강요하거나 잔소리를 해서 오는 경우가 많다. 종종, 그들은 단지 손가락질이나 비난이 멈춰지길 원할 뿐이다. 전숙고자는 변화에 저항하고 무지한 상태에 있으려고 매우 애를 쓸 것이다(Prochaska et al., 1994). 그들은 문제에 관한 대화를 피하고, 문제에 대해 제공된 정보를 무시하며, 대개는 문제가 있음을 부인하는 행복한 상태에 머물기 위해 최대한 노력할 것이다. 실제로 많은 전숙고자는 타인이 문제라고 생각하며 스스로 변화의 필요성을 직시하기보다는 타인의 변화를 이끌어 내기 위해 애쓴다.

반면, 변화할 의지도 없고 관여도 하지 않으면서 변화할 수 있었으면 좋겠다고 기꺼이 인정하는 전숙고 단계 사람들도 만날 수 있다. 일반적으로 환자가 결점이 있다고 인정하면서도 스스로 할 수 있는 일이 없다고 표현한다면 전숙고 단계에 있는 것이다. 전숙고자가 자신의 행동을 조금이라도 변화시킨다고 하더라도, 그것은 내개 다른 사람들의 비난을 진정시키려는 것이다(Prochaska et al., 1992). 일단 비난이 사라지면 전숙고자의 행동은 이전으로 빠르게 되돌아간다.

2) 숙고

숙고(contemplation)는 문제에 대한 인식이 바뀐 단계이다. 숙고자는 문제가 있다는 것을 안다. 또한 문제가 변화되기를 원한다는 것을 인정할 수 있다. 하지만 대체적으로는 그러한 단계를 밟으려는 준비가 되어 있지 않다. 당신은 숙고 단계에 있는 사람이 "나는 이것에 너무 지쳤어요" 또는 "나는 그것을 더는 참을 수 없어요"라고 말하는 것을 들을 수 있다. 숙고자들은 가까운 미래에 그들이 자신의 문제를 해결해야 한다는 것을 알고 있다. 그래서 그들은 정보를 수집하고, 문제 해결 방법의 장단점을 비교하며, 변화를 위해 필요한 에너지를 평가하고, 변화에 대해 전반적인 이야기를 하는 등 자신의 문제를 이해하면서 시간을 보내는 경우가 많다. 그러나 그들은 아직 노력할 준비가 안 되어 있다. 숙고자들은 무엇을 해야 하는지 알고 있지만 단지 할 준비가 되어 있지 않다.

실제로 어떤 숙고자들은 몇 년을 숙고 단계에 머물기도 한다. 대체로 그렇다. 때로는 변화를 위해 필요한 단계를 밟기 시작했을 때 성공하지 못할까 봐 두려워할 수도 있다. 어떤 사람들은 변화의 선택지를 조사하는 데 너무 많은 시간을 허비해서 의도치 않게 해결에 집중하지 못하고 문제에 머물러 있기도 한다. 숙고 단계에서 성공적으로 벗어난 사람들은 두 가지 일을 다르게 하기 시작한다. 첫째, 문제보다는 해결책에 대해 생각하기 시작하고, 둘째, 과거보다는 미래에 더 집중하기 시작한다(Prochaska et al., 1994).

3) 준비

준비(preparation) 단계에 있는 사람은 다음 달 어느 시점에 실행(행동 기준)을 취하겠다는 약속(의도)을 한 사람이다. 또한 작년 어느 시점에는 실행에 옮기지 못했지만 이제 다시 실행할 준비가 된 개인일 수도 있다. 그렇다고 해서 이들 개인이 여전히 변화에 대한 약속과 관련하여 해결해야 할 양가적인 면을 가지고 있지 않다는 의미는 아니다. 예를 들어, 월요일부터 금연을 결심한 남성은 월요일이 오기 전까지 자신의 결정이 올바르다는 확신을 얻기 위해 많은 시간과 에너지를 들일 수 있다.

준비 단계에 있는 어떤 이들은 이미 비디오 게임 횟수를 줄이거나 온라인 사용 시간을 제한하는 등 약간의 행동 수정을 시작했을 수 있다. 준비 단계에 있는 많은 사람들은 문제에 대한 인식이 높으며 기대에 부풀어 있다. 그러나 충분한 준비의 가치를 과소평가하지 않는 것이 중요하다. 원하는 변화를 준비하고 계획하는 데 충분한 시간을 들인 사람은 유혹이 왔을 때 더 잘 대처한다.

4) 실행

실행(action) 단계는 매우 바쁜 시기이다. 이 단계에서 개인은 원하는 변화를 이루기 위해 자신의 행동과 환경을 수정한다. 실행 단계에서는 표면적인 행동, 시간 그리고 노력에 많은 에너지가 필요하다. 이 시기에는 다른 사람들로부터 가장 많은 주목과 칭찬을 받게 된다. 그러나 당장 눈에 보이지 않더라도 개인이 변화의 실행 단계에 도달하기 위해 상당한 시간과 에너지를 쏟았다는 사실을 기억하는 것이 중요하다. 또한 실행 단계에 이르기 위한 필요한 과정을 고려하지 않은 치료 프로그램(즉, 이미 실행 단계에 도달한 사람을 대상으로 하는 프로그램)은 개인의 준비 단계를 충족시키지 못하기 때문에 변화나 행동 수정을 유지하지 못할 때 실망스러울 수 있다. 실행 단계에서는 다른 사람의 칭찬이 중요하지만 개인이 전숙고에서 숙고로, 또는 숙고에서 준비 단계로 넘어갈수록 격려가 더욱 필요하다는 점을 기억해야 한다.

정의에 따르면, 개인이 1일에서 6개월 사이 어디에선가 행동을 수정한 경우라면 실행 단계에 있는 것으로 간주한다. 외형적인 변화가 이 단계의 특징이지만 중요하게 언급해야 할 다른 변화도 함께 일어나고 있다. 이 단계의 개인은 자신의 문제에 대한 인식이 계속 증가하고 변화하며, 자기상, 정서, 사고, 자존감 또한 변화한다. 이 단계가 표면적인 행동과 변혁의 측면에서는 중요하지만 변화 과정의 끝은 결코 아니다.

5) 유지

유지(maintenance) 단계는 매우 중요하다. 어떤 사람들에게는 이 단계가 6개월 동안 지속될 수 있지만 다른 사람들에게는 평생 지속될 수도 있다. 유지 단계는 개인이 실수(slips)와 재발(relapse)을 방지하기 위해 노력해야 하므로 도전이 된다. 이 단계는 변화 과정의 연속이다. 유지 단계에서 변화는 멈추지 않는다. 오히려 재발의 기회를 최소화하기 위해 새로운 행동이 지속해서 조정된다. 이 단계는 이전 단계에서 학습되고 인식된 것이 통합되고 내재화되어야 하므로 어떤 의미에서는 가장 어려운 단계이다.

재발은 유지 단계에서 다소 불가피할 수 있다. 여기서 실수와 재발의 차이점을 고려하는 것이 중요하다. 실수는 개인에게 미치는 부정적인 영향이 파괴적이지 않다는 점에서 덜 심각하다. 개인은 신속하게 회복하여 실행 또는 유지 단계로 돌아갈 수 있다. 그러나 재발은 중독으로 돌아가는 것이다. Prochaska 등(1994)은 재발(relapse) 대신 재순환(recycle)이라는 용어를 선호한다. 재순환은 학습과 새로운 기회를 가능하게 하며 실행으로 이어질 수 있음을 의미한다. 이는 변화 과정의 반복적인 특성을 고려할 때 중요한 차이점이다.

6) 종결

종결(termination)은 변화를 추구하는 사람들의 최종 목표이다. 종결에서 이전 행동이나 중독은 더 이상 도전, 유혹 또는 위협으로 나타나지 않는다. 많은 사람들이 종결이라는 목표가 불가능하다고 생각하기 때문에 종결의 개념은 상당한 논쟁을 불러일으켰다. 그런 경우에는 시간이 지나면서 초심을 잃더라도 평생 유지하는 것이 대안이 될 수 있다. 어떤 개인들은 어떤 상황에서도 흡연에 대한 갈망이나 촉발 요인이 없는 것처럼 종결에 성공할 수 있는가 하면, 적절한 환경이 조성되면 여전히 유혹을 느끼는 사람들이 있다. 따라서 일부 연구자들은 종결 단계를 포함하지 않는 5단계 모델을 주장해 왔다. 이 장의 뒷부분에서는 이 주제를 다시 살펴보고 종결보다도 장기적인 유지에 더 적합할 수 있는 문제들에 대해 논의한다.

단계는 TTM의 기초이다. 그러나 단계를 이해하고 개인이나 환자가 어느 단계에 있는지 파악하는 것은 시작에 불과하다. 일단 단계가 파악되고 나면 해당 단계를 적절한 변화 과정들과 연계하는 것이 중요하다. 한 단계에서 가장 효과적인 방법이 다른 단계에서는 해로울 수 있기 때문이다. 개인의 성공 기회를 높이려면 각 단계에 맞는 적절한 치료 과정을 적용해야 한다.

2. 이론의 철학적 기초와 핵심 개념

James Prochaska는 의도적인 변화의 본질에 대한 파악에 착수했을 때, 먼저 모든 주요 치료에서 공통적인 변화 원리와 과정을 파악하려고 했다(Prochaska et al., 1994). 그는 주요 심리학 이론들을 하나의 응집된 이론으로 통합하려는 의도로 주요 심리학 학파들을 교차 검토하였다. 자료를 분석한 결과, Prochaska는 공통으로 사용되는 9가지 주요 변화 과정을 확인하였다. 그는 변화 과정을 "사고, 감정, 또는 행동을 수정하기 위해 시작하는 모든 활동"(Prochaska et al., 1994, p. 25)으로 정의했다. 처음 발견(Norcross, Krebs, & Prochaska, 2011a)된 이래 가장 많은 이론적·경험적 지지를 받아 온 변화 과정은 의식 고양, 정서적 각성, 자기 재평가, 자기 해방, 자극 통제, 역조건화 및 강화이다(〈표 10-1〉). 이들은 특정한 기법이라기보다는 다양한 기법으로 구성된 광범위한 전략이다. 예를 들어, 개인이 목표 달성을 위해 작은 보상을 받는 토큰 경제의 사용은 변화 과정 중 강화에 속하는 기법의 예이다.

〈표 10-1〉 변화 과정 정의

변화 과정	설명
의식 고양 (Consciousness raising)	개인이 자신의 문제를 더 잘 이해하는 데 도움이 되는 정보를 제공한다. 자각의 중심으로 떠오르는 의식적 또는 무의식적 정보일 수 있다.
정서적 각성 (Emotional arousal)	흔히 극적인 안도감 또는 카타르시스라고 불린다. 의식의 고양과 유사하나 더 정서적이고 본능적인 수준에서 일어난다.
자기 재평가 (Self-reevaluation)	변화의 과정을 거치면서 정체성, 자존감, 자신감을 재평가하는 것이다.
자기 해방 (Self-liberation)	개인이 변화할 수 있다는 믿음. 수행 및 필요한 경우 반복 수행하려는 의지. 의지력이라고 알려져 있다.
자극 통제 (Stimulus control)	개인의 물질사용 욕구를 증가시킬 수 있는 특정 사람, 장소 또는 사물에 대한 노출을 제한하는 것이다.
역조건화 (Counterconditioning)	오래되고 건강하지 않은 행동을 새롭고 건강한 행동으로 대체하는 것이다.
강화 (Reinforcement)	새로운 행동을 강화하기 위해 보상을 사용하는 것. 시간이 지남에 따라 천천히 새로운 행동을 형성하는 데 사용될 수 있다.

앞서 언급했듯이, 일부 변화 과정은 다른 단계보다 특정한 단계에 더 적절하다. 반대로 잘못된 시기에 부적절한 과정을 진행하면 개인의 성공 가능성은 줄어든다. 그러므로 그 과정이 어떤 단계에서 가장 도움이 되는지 아는 것뿐만 아니라 다양한 과정을 이해하는 것은 환자가 중독을 극복하고 성공적으로 전환할 수 있도록 돕는 데 필수적이다.

첫 번째 변화 과정인 의식 고양은 가장 일반적으로 사용되는 변화 과정 중 하나이다. 의식 고양은 근본적으로 자각을 높이는 것, 즉 무의식을 의식화하는 것이다. 이것은 Freud 정신분석학에 뿌리를 두고 있다(Prochaska et al., 1994). 하지만 이 과정이 정신분석에만 국한된 것은 아니다. 주요한 모든 이론은 어떠한 방식으로든 환자의 자각을 높이려고 한다. 환자가 자신의 문제를 더 잘 이해하는 데 도움이 되는 모든 정보는 유용하며 성공 가능성을 높인다. 따라서 의식 고양은 무의식적인 자각을 드러내는 것만이 아니라, 환자가 자신의 행동을 조정하고 목표를 달성하는 데 도움이 되는 모든 정보를 포함하는 것이다.

정서적 각성은 극적인 안도감이라고도 하며, 의식 고양과 비슷하나 더 정서적이거나 본능적인 수준에서 일어난다. 정서적 각성의 또 다른 단어는 카타르시스로, 억압된 감정이 예상치 못하게 갑작스럽게 표출되는 것을 뜻한다. 정서적 각성은 친구나 지인이 환자와 같은 문제로 부정적인 영향을 받을 때 '아하' 순간을 경험하면서 일어날 수도 있다. 예를 들어, 사례 연구에서 가브리엘의 조카가 가브리엘에게 여러 차례 금단을 요청했음에도 불구하고 성과는 없었다. 그러나 조카가 학교에서 친구에게 마리화나 흡연을 권유받았다는 사실을 알게 되면 가브리엘의 금단 의지가 달라질 수 있다. 친구가 음주운전 사고에 휘말린 후 그 비극이 음주를 중단하는 계기가 되는 것과 같이, 충격적인 사건이 발생한 후에 이러한 변화가 일어날 수 있다. 자각이 증가하고 감정의 깊이가 활성화되면 환자는 변화할 수 있고 기꺼이 변화하려고 한다.

다음 변화 과정인 자기 재평가는 전체 변화 과정에서 중요한 부분이며 여러 단계에서 일어날 수 있다. 변화의 실행은 심오하다. 개인은 변화의 단계를 거치면서 자신의 정체성, 자존감 그리고 자신감의 수준을 재평가하거나 재조정해야 할 필요성을 깨닫게 된다. 또한 자신의 가치관과 세상과 관계 맺는 방식을 재평가해야 할 수도 있다. 자기 재평가 과정은 변화의 전 과정에서 계속될 가능성이 크지만 초기 단계에 더 중요할 수 있다.

자기 해방 과정은 기본적으로 자신의 행동을 변화시킬 수 있다는 믿음이다. 그리고 그러한 관여가—필요한 경우, 재관여—가능하다는 믿음이다. Norcross 등(2011a)은 이러한 믿음을 의지력이라고 설명한다. 그러나 일부 사람들은 이 과정에 지나치게 의존하는 경향이 있다. 연구자들에 따르면 한 가지 과정에 지나치게 의존하면 재발(또는 재순환)로 이어질 수 있다고 한다. 따라서 알코올 중독자 익명 모임(AA)과 같은 활동에 참여하고, 환자의 성공 가능성을 극대화할 수 있는 선택의 폭을 늘려 자기 해방을 강화하는 것이 중요하다.

자극 통제는 문제행동과 관련된 단서와 촉발 요인을 수정하는 것이다. 강화 또는 보상은 개인

글상자 10-1 변화의 통념

'변화는 단순하다', '의지력만 있으면 된다' 혹은 '사람은 정말 변하지 않는다'와 같은 격언은 변화에 대한 일반적인 통념이다. 변화는 쉽지 않지만, 그래도 사람은 변화할 수 있고 또 변화한다. 그리고 의지력은 변화의 성공에 중요한 역할을 하지만, 이는 변화를 가능하게 하는 여러 변화 과정 중 하나일 뿐이다. 또한 특히 변화와 중독에 관한 사회적 통념은 중독과 회복을 반드시 선형적이지 않은 복합적인 과정으로 보는 것이 아니라 '켜짐' 또는 '꺼짐'으로 보는 경향이 있다(DiClemente, 2003). 치료자는 이러한 통념을 고려하는 것이 중요하며 의도치 않게 환자의 성공을 저해할 수 있는 변화에 관한 추론을 할 때 유의해야 한다.

이 새로운 행동 패턴을 실행하고 강화하도록 도와줌으로써 그에 따른 결과를 수정하는 것이다. 보상 체계는 종종 처벌 체계와 혼용되는데, 처벌 체계는 일시적인 변화를 만드는 경향이 있다. 행동을 영구적으로 변화시키려면 보상과 강화가 반드시 있어야 한다(Prochaska et al., 1994). 긍정적이고 힘을 실어 주는 자기 대화, 새로운 행동을 촉진하는 계약의 사용, 단계별 접근 방식의 사용(한 번에 그만두는 것과 대조적으로)은 변화 과정에 긍정적인 영향을 미치는 유용한 보상 기법이다.

역조건화는 해로운 행동을 줄이거나 멈추고 더 건강한 행동을 찾는 과정이다. 바람직하지 않은 행동을 멈추려는 사람들은 그것을 바람직하고 사회적으로 수용되는 행동으로 대체하여 보상하려는 것이 일반적이다. 게다가 많은 중독 행동은 스트레스 해소나 대처에 도움이 되는 등 유익한 결과를 가져온다. 해로운 행동을 포기하는 사람은 이를 대체할 다른 행동을 찾아야 할 것이다. 건강한 역조건화 행동에는 적극적인 기분 전환(바쁜 활동이나 에너지 재집중), 운동, 이완 기법(호흡이나 명상), 재구성(부정적인 자기 대화를 자각하고 힘을 돋우는 긍정적인 메시지로 변환하는 과정), 그리고 자기주장 훈련이 포함된다.

변화를 추구하는 사람들은 주변 환경에 대해 매우 예민할 수 있다. 예를 들어, 담배를 끊으려는 남성은 휴식 시간에 동료들과 함께 밖에 나가지 않을 가능성이 크다. 심지어 다른 사람이 담배에 불을 붙이는 것을 멀리서조차 보지 않을 수 있다. 흡연 습관이 사회적 음주나 아침 첫 커피 한 잔과 같은 특정 활동과 관련이 있는 경우, 흡연 욕구를 유발할 수 있는 잠재적 상황이 되기 때문에 이러한 활동에도 참여하지 않을 수 있다. 어떤 개인들에게는 원치 않는 행동과 연관된 친구들과 사회적 관계를 맺는 것은 권장되지 않는다. 이러한 개인은 특정 장소, 사람 또는 상황을 피하려고 노력할 수 있으며 이것이 자극 통제의 핵심이다. 그들은 성공 가능성을 극대화하기 위해 관계를 변화시킬 수도 있다.

3. 치료자가 이론적 접근을 활용하는 방법

변화의 단계는 사람들이 언제 변화하는가를 의미하며, 변화 과정은 어떻게 변화를 이루었는지를 보여 준다. 변화 과정은 적절한 시기에 올바른 방법이 사용될 때 가장 효과적이다. Norcross 등(2011b)에 따르면, 전통적으로 경험적 · 인지적 · 정신분석적 이론과 관련되는 과정은 주로 초기 단계(전숙고 및 숙고)에서 사용되는 반면, 실존적 · 행동적 전통과 관련되는 과정은 이후 단계(실행 및 유지)에서 더 잘 사용된다. 자기-변화자들(치료받지 않고도 성공적으로 변화한 개인)을 살펴본 연구 결과, TTM 개발자들은 변화에 실패한 사람들이 대체로 자신의 단계에 맞지 않는 부적절한 과정을 사용한다는 것을 발견했다. 예를 들어, 실행 단계에 있는 사람이 의식 고양과 자기 재평가를 사용하는 것은 행동을 더 잘 자각함으로써 행동을 수정하려는 것과 같다. 단순히 무언가를 더 잘 자각한다고 해서 반드시 행동이 바뀌는 것은 아니다. 마찬가지로, 숙고나 준비 단계에 있는 사람이 후기 단계에서 효과적인 과정(예: 강화 및 역조건화)을 적응하는 것도 효과가 없다. 이는 마치 안장의 필요성을 이해하지 못한 채 말을 타는 것과 유사하다.

〈표 10–2〉는 다양한 과정과 그것의 가장 효과적인 단계를 보여 준다. 변화의 초기 단계(전숙고 및 숙고)에서 의식 고양은 환자가 자신의 행동이 자신과 타인에게 미치는 영향에 대한 자각을 높이는 데 도움이 된다. 전숙고 단계는 저항과 부인의 의미를 내포하고 있지만, 항상 그런 것은 아니다. 전숙고자들은 종종 자신의 문제를 진지하게 고민하며 해결하기 위해 분투한다. 그러나 이들은 흔히 극도로 사기가 저하되어 있으며, 특히 다른 사람들이 자신을 변화할 수 없는 사람으로 여

〈표 10–2〉 변화 과정과 유용한 단계들

단계/해당 과정					
전숙고	숙고	준비	실행	유지	종결
의식 고양 →	→	→			
정서적 각성 →	→	→			
자기 재평가 →	→	→	→	→	
	자기 해방 →	→	→	→	
			자극 통제 →	→	
			강화 →	→	→
			역조건화 →	→	→

길 때 더욱 그렇다. 결국 많은 전숙고자가 포기하게 된다. 그렇다면 전숙고자를 어떻게 도울 수 있을까?

전숙고자는 주로 자신을 보호하고 항상성을 유지해 주는 방어에 의존한다. 일반적으로 방어는 개인이 외부 자극에 압도되거나 범람되지 않도록 보호해 준다는 점에서 긍정적일 수 있다. 방어는 불쾌한 정서나 사고를 비록 일시적이지만 피하도록 도와준다. 한편으로는 개인을 가두게 된다. 전숙고자들은 여러 가지 방어에 능숙한 것으로 보인다. 첫째, 이들은 자신의 문제를 부인하거나 최소화하는 경향이 있다. 그들은 실제로 무슨 일이 일어나고 있는지 보고 싶어 하지 않으며 자신이 경험한 느낌과 연결하지 못한다. 오히려 자신의 현실에 대해 행복하게 무지한 채로 단절의 벽 뒤에 숨어 살아간다. 둘째, 전숙고자는 자신의 문제를 합리화하고 심지어 주지화하는 경향이 있다. 그들은 자신의 행동을 설명하는 어른스러운 방법을 찾는다. 예로, 아동 학대를 겪은 성인 생존자는 자녀에게 맹목적인 사랑을 주는 행동을 정당화하는 데 자신의 경험을 사용할 수 있다. 반대가 심해질 때 전숙고자들은 자신의 문제를 주지화함으로써 자신의 행동이 미치는 영향으로부터 거리를 둔다.

전숙고자들은 자신의 문제를 다른 사물이나 사람에게 투사하고 전치하는 데 특히 능숙하다. 그들은 기본적으로 공격에 강하다. 예를 들어, 최근 Al-Anon 모임에 참석하기 시작한 가브리엘의 어머니는 가정에서 가브리엘의 물질사용에 대한 경계를 세우기 시작했다. 그러나 가브리엘은 어머니의 요구를 따르기보다는 아버지로부터 느꼈던 외로움과 수용받지 못함을 이해하지 못하는 어머니에게 오히려 공격을 가한다. 그는 마리화나를 피우는 것이 자신의 기분을 나아지도록 돕는 유일한 것이므로 그녀가 자신의 상황을 더 나쁘게 만든다고 비난한다. 시간이 지나

글상자 10-2 변화에 대한 강요?

치료자가 전숙고 단계에 있는 환자와 작업할 때 윤리적 치료에 대한 문제가 종종 제기된다. 환자가 변화를 원하지 않는데 변화를 권유하고 강요하는 것이 얼마나 윤리적인 것인가? 혹은 환자가 변화를 원한다고 말하지만, 진짜 문제는 자신의 행동 외부에 있다고 느낀다면 어떻게 해야 하는가? 전숙고 단계에서 변화의 필요성에 대해 저항하고 부인하면, 어떤 이들(가족 구성원과 친구, 정책 입안자, 심지어 치료자)은 점점 더 공격적이고 도움이 되지 않는 방식으로 환자를 직면시킨다. DiClemente(2003)는 문제의 인식을 높이기 위해 직면적인 태도보다는 자연스러운 결과를 허용하는 '강경한 사랑의 자세'를 주장한다. 치료자와 가족 구성원은 문제가 있는 개인을 변화시키지 못할 수는 있지만, 치료자는 환자가 부정적인 결과를 자각하게 하고 스스로 행동의 결과를 다루도록 함으로써 많은 변화를 이끌어 낼 수 있다. 이러한 접근을 염두에 두는 것은 전숙고자의 행동으로 좌절하는 가족 구성원 및 사랑하는 사람들과 함께 협력할 때 도움이 될 수 있다.

면서 가브리엘의 접근은 최선의 방어가 된다. 이해하지 못하거나 무관심하거나 무신경하다고 엄마를 비난할수록 그는 변화의 필요성에 직면하지 않으면서 자신의 행동을 계속할 수 있는 자유를 얻게 된다.

투사 및 치환의 반대 개념은 내면화인데 이는 전숙고자들이 사용하는 마지막 방어이다. 부정적인 경험과 감정을 건강한 방식으로 처리하기보다는 자신의 고통에 대한 책임이 누구에게도 없다고 믿으며 자신의 행동을 내면화하기 시작한다. 시간이 지남에 따라 그것은 자기비난, 낮은 자존감, 우울로 이어진다. 내면화하는 전숙고자들은 자신이 성공적으로 변화할 수 있다고 믿지 않는다.

의식 고양은 전숙고자가 숙고로 옮겨 가도록 돕는 첫 번째 단계이다. 개인이 자신의 방어기제를 알도록 돕고 문제에 관련된 정보를 제공하는 것이 자각을 높이는 데 가장 중요하다. 치료자는 변화의 이점을 강조하고 논의해야 한다. 개인이 자신이 느끼는 경험과 그들의 현실로서 지금-여기를 연결하도록 돕는 것, 그리고 치료의 이점을 제공하는 것은 환자가 자각을 높이는 데 좋은 방법이다.

정서적 각성(또는 극적인 안도감)은 이 과정에서 환자가 자신의 정서와 경험에 더 많이 연결되도록 하는 데 특히 도움이 된다. 여기에는 예상되는 슬픔, 즉 수년간 위안이 되었던 대처 기술이나 습관을 내려놓는 것에 대한 두려움이 포함될 수 있다. 또한 변화가 없을 경우 그 결과에 대한 논의도 포함될 수 있다. 정서적 각성은 비디오 자료나 기록물들을 통해 촉진될 수 있으며, 이를 통해 그들의 문제행동에 대한 중요한 추가 정보를 제공할 수 있다. 하루 동안 피운 담배꽁초와 재를 병에 모으는 체험적 기법도 유용할 수 있다. 여기에서 목표는 환자를 수치스럽게 만드는 것이 아니라, 안전한 치료 장면에서 정서를 자각하고 연결하며 방어를 줄이는 것이다.

일단 숙고 단계로 넘어가면, 변화 과정은 자기 재평가로 더 많이 이동하게 된다. 변화가 필요하다는 자각의 증가는 자신과 타인에 대한 신념에 영향을 미친다. 환자는 미래를 어떻게 그리는가? 숙고 단계에서 환자는 자신의 문제에 대해 더 편안하게 이야기하게 된다. 하지만 아직 그들은 실행으로 옮길 준비가 안 되어 있다. 따라서 숙고 단계에서는 의식 고양이 이전의 전숙고 단계만큼이나 중요하다.

여기서 주의할 점이 있다. 어떤 숙고자들은 이 단계의 편안함과 변화에 대한 양가성으로 인해 어려움을 겪기도 한다. 누군가 어떤 단계에 갇히게 된다면 그것은 대부분 숙고 단계에서 일어날 가능성이 크다. 만성적 숙고자들은 치료 관계의 따뜻함에 지나친 편안함을 느낄 수 있다. 그들은 또한 변화에 대해서 매우 실제적인 불안을 경험할 수 있다. 숙고자는 변화를 원하지만, 반드시 실행할 준비가 되어 있는 것은 아니라는 점을 기억하라. 치료자가 할 수 있는 가장 큰 실수는 환자가 만성적인 숙고자가 되도록 허용하는 것이다. 만약 당신의 환자가 변화할 완벽한 순간을 기다리는 것처럼 보이거나, 변화가 옳은 일이라는 절대적인 확신을 찾고 있거나, 희망 사항(예: '마음껏 먹고 싶지만 살찌지 않았으면 좋겠다')을 갖기 시작한다면 당신은 만성적인 숙고자를 다루고 있는 것이다. 해결방안은 실행에 나서기 전에 문제와 해결책에 대한 자각을 높이는 것이다. 두 가지 모두에 대한 자각이 없다면 어떠한 실행도 일시적이며 실패할 가능성이 크다.

준비 단계로 넘어가면서 개인은 변화에 대한 자신의 결정이 옳다는 확신을 점점 더 갖게 될 것이다. 그러나 숙고와 준비의 차이는 미묘하다. 준비 단계에서는 자신과 자신의 문제에 대한 재평가는 계속되지만 초점이 미래로 이동하기 시작하면서 문제가 되었던 과거에는 관심을 덜 두게 된다. 이때 미래가 불확실해 보일 수 있으므로 어떤 사람들에게는 이 단계가 어려울 수 있다. 그러나 이 단계에서는 변화가 우선순위가 되고, 변화가 성공했을 때 일어날 수 있는 상황에 대한 상상이 희망과 새로운 에너지를 준다. 준비 단계에서 개인은 문제가 있었던 과거에 집중하기보다는 미래에 문제를 극복하는 데 도움이 될 적절한 실행을 찾는 데 초점을 맞춘다. 섣불리 실행에 뛰어들기보다는 적절히 시간을 갖고 계획을 세우는 일이 중요하다. 준비 단계에 있는 개인은 실행에 옮기려고 지나치게 조급해질 수 있지만 준비 단계로 너무 빨리 이동하면 실패로 이어질 수 있다. 성공적인 실행을 위해 필요한 것들에 초점을 맞추는 것이 중요하다. 예로, 칼로리를 계산하려고 음식 저울을 구매할 수 있고, 본인에게 적합한 모임을 찾기 위해 여러 알코올 중독자 익명 모임(AA)에 참여해 볼 수 있다.

적절한 계획이 수립되면 개인은 실행 단계로 넘어갈 준비가 된 것이다. 물론 충분한 준비가 이루어졌더라도 개인이 성공할 것이라는 보장은 없다. 그러나 변화 과정에 충분히 전념한다면 좌절도 새로운 정보와 배움의 원천이 될 것이며, 이러한 경험은 가능한 한 빨리 실행 단계로 되돌아가는 데 도움을 줄 것이다.

앞서 언급했듯이, 이 단계에서는 개인이 충분히 준비하지 않으면 실패할 수 있다. 준비 단계에서 실행을 위한 충분한 토대를 마련하게 되면 변화는 성공적일 수 있다. 마찬가지로, 변화를 원하면서도 변화를 위해서 불가피한, 어렵고 힘든 희생을 기꺼이 감수하지 않으려는 개인은 실행 단계에서 새로운 행동을 유지하는 데 어려움을 겪을 것이다. 복합적인 행동 변화에 마법이나 지름길은 존재하지 않는다. 실행 단계에는 헌신과 에너지가 필요하다. 따라서 실행 단계에서는 강화 또는 보상 그리고 역조건화의 변화 과정을 사용하는 것이 매우 중요하다.

심호흡하고 긴장을 풀고 유혹에 굴복하지 않은 자신을 축하하는 긍정적인 자기 대화를 사용하면 새로운 행동이 강화되고 성공 가능성이 커진다. 우리는 모두 자신의 결함과 실패를 빠르게 지적하는, 내면의 비판적인 부모의 목소리를 가지고 있다. 그렇지만 처벌은 문제행동의 좋은 중재자가 아니다(DiClemente, 2003). 오히려 긍정적인 자기 대화는 새로운 행동 패턴을 강화하며, 자존감을 북돋는 추가적인 이점이 있다. 계약(공식적이든 비공식적이든)을 사용하거나, 시간이 지나면서 점진적으로 행동을 바꾸도록 허용하거나[즉, 행동 조형(behavior shaping)이라고도 하는 단계별 접근의 사용], 문제행동에 굴복하지 않은 대가로 자신에게 좋은 것을 주는 것도 모두 강화와 보상의 예이다.

건강하지 않은 행동을 건강한 행동으로 대체하는 능력인 역조건화는 우리가 사용할 수 있는 가장 강력한 변화 과정 중 하나이다(DiClemente, 2003; Prochaska et al., 1992). 때때로 우리는 문제행동을 바꿔야 하는 상황에 직면했을 때 무의식적으로 다른 문제행동으로 그것을 대체하게 된다. 예를 들어, 메리는 체중 감량을 시도하고 있다. 그녀는 음식의 유혹을 받으며 집에서 너무 많은 시간을 보내는 것을 걱정한다. 그래서 매일 쇼핑을 나가기 시작하고 결국 쓸 필요가 없는 돈을 지출하고 있다는 것을 알게 된다. 이로 인해 스트레스가 급격히 증가하여 과식의 유혹에 저항하기가 더 어려워질 수 있다. 변화는 스트레스를 유발하기 때문에, 새롭고 건강한 행동을 할 수 있는 방법을 찾는 것이 바로 역조건화이다. 성공적인 역조건화 기법에는 적극적인 기분 전환(바쁘게 활동하며 주의 분산시키기, 에너지 재집중하기), 운동, 이완 기법(호흡법, 점진적 근육 이완 요법, 마음챙김), 그리고 역사고나 재구성(부정적인 생각을 힘을 주는 긍정적인 진술로 바꾸기)이 포함된다.

실행 단계는 짧게는 몇 달에서 길게는 6개월까지 지속될 수 있다. 새로운 행동이 익숙해지고 일상화되면 유지 단계에 접어들게 된다. 그러나 유지 단계는 단순히 새로운 행동을 유지하는 것 이상의 의미를 지닌다. 오히려 이 단계에서 개인은 재발을 피하려고 노력한다. 이것이 의미하는 바는 그들이 특정 상황에서 이전의 중독 행동에 취약하다는 사실을 자각하고 있다는 것이다. 유지에 있어서 주요한 도전 과제는 사회적 압력, 내적 변화(과신 또는 자기 비난), 그리고 특별한 상황들이다. 유지가 실행보다 덜 어렵다고 생각할 수 있지만 사실 유지는 변화를 유지하는 것뿐만 아니라 변화 과정 자체를 지속적으로 실천하는 것이다. 유혹을 촉발할 수 있는 사람, 장소 또는 사물을 자각하고 피하는 것은 실행 단계만큼이나 유지 단계에서도 중요하다. 이 단계에서는 개인이 원하는 행동 변화를 뒷받침하는 새로운 생활양식을 만들어 나가기 때문에 역조건화는 계속 중요하다.

초기 유지 단계에서는 재순환(또는 재발)이 더 위험하다. 어떤 사람들은 항상 자신의 이전 행동에 취약할 것이다. 재발이 발생하면 자기 재평가의 시간을 갖는 것이 도움이 된다. 엄청난 자기 비난에 빠지는 것이 자연스럽다고 여길 수도 있지만 때로는 준비 단계로 되돌아가서 자신에 대한 새로운 이해를 바탕으로 하여 더 성공할 수 있다는 희망으로 계획을 평가, 수정, 조정하는 데에 시간을 투자하는 것이 더 효과적이다. 이 장의 앞부분에서 언급했듯이, 변화는 속성상 두 걸음 앞으로 나아가기 위해 한 걸음 뒤로 물러나야 할 수도 있다는 점에서 반복적인 과정이다.

4. 종결

종결의 적절한 시기를 어떻게 알 수 있는가? 어떤 사람들은 유지를 종결하는 것에 대해 편안함을 느끼지 못할 수 있지만, 다른 사람들에게 그것은 긴 변화의 여정에서 마지막 단계이다. 개인이 더는 문제행동을 포함하는 자기상과 더 이상 동일시하지 않고 문제를 포함하지 않는 새로운 자기상과 더 건강한 생활양식을 갖게 되었을 때 종결이 일어난다. 또한 어떤 환경이나 상황에서도 이전 행동에 빠지려는 유혹이 없어야 한다. 마지막으로, 오래된 문제는 정말 낡은 것이라는 새로운 자신감과 자기효능감이 있어야 한다. 이 정도의 자신감이라야 진정한 것이다. 당신은 그저 문제가 지나갔다는 것을 알게 된다. 그러나 10년 또는 20년 동안이나 문제행동을 하지 않았음에도 자신이 위험이나 유혹으로부터 자유롭고 결백하다고 확고하게 믿지 못할 수도 있다. 이러한 개인에게는 종결을 권장하지 않으며 필요하다고 느끼는 만큼 유지 단계에 오래 머물러도 괜찮다.

5. 치료자의 태도

환자는 변화의 단계를 왔다 갔다 한다. 한 회기에서는 환자가 변화를 위해 전념하고 행동할 준비가 되었음을 분명히 보여 줄 수 있지만, 다음 회기에서는 환자가 이전 행동으로 되돌아가고 심지어 변화가 정말 필요한지 의문을 품기 시작할 수 있다. 치료자의 관계적 태도는 환자가 변화의 단계를 거침에 따라 바뀌어야 한다. 초기 단계에서 치료자의 역할은 청소년 자녀를 대할 때와 크게 다르지 않으며 거의 부모와 같은 역할을 한다. 이러한 태도는 양육적이고 확실한 이해를 기반으로 하지만, 일부 행동에 내재된 위험에 대해 충분히 알아야 한다. 환자가 숙고 단계로 넘어가면 치료자는 소크라테스적인 역할을 더 수행하여 환자가 자신의 행동과 목표를 검토하고 스스로 성찰하도록 격려한다. 환자가 준비 단계로 넘어가면, 치료자는 계획 수립을 안내하고 격려하며 환자가 위험 요인과 촉발 요인에 대비할 수 있도록 돕는다. 마지막으로, 환자가 실행 및 유지 단계로 넘어가면 치료자는 자문가처럼 필요에 따라 전문지식과 조언을 주지만 시간이 지나고 환자가 종결에 가까워질수록 점점 더 많은 자율성을 개발할 수 있도록 한다(Norcross et al., 2011b).

6. 평가 및 예방의 함의

치료자는 환자가 어떤 변화 단계에 있는지 어떻게 알 수 있는가? 독자들은 아마도 환자의 이야기를 경청하고, 환자가 변화에 대해 얼마나 자주 언급하는지(즉, 변화에 관한 이야기)에 집중하는 것이 가장 논리적인 접근이라고 생각할 것이다. 그러나 변화에 관한 이야기는 치료 결과를 충분히 예측할 수 있는 지표이기는 하지만(Gaume, Bertholet, Faouzi, Gmel, & Daeppen, 2013; Glynn & Moyers, 2010; Miller & Rollnick, 2004), 변화의 특정 단계를 예측하는 지표는 아니라는 연구들이 있다(Hallgren & Moyers, 2011; Miller & Rollnick, 2004; Rollnick, 1998). 다시 말해, 변화에 대한 이야기의 빈도는 환자가 변화 단계를 거치고 있음을 보여 주는 좀 더 좋은 지표일 뿐 특정 단계에 있음을 보여 주는 지표는 아니라는 것이다(Rollnick, 1998).

물론, 환자의 변화 단계를 평가하는 더 좋은 방법은 공식적인 문서나 전산화된 도구를 사용하는 것이다(Hallgren & Moyers, 2011). 치료자는 치료 과정의 어느 시점에서든 이러한 도구를 사용하여 환자가 TTM과 관련하여 현재 어느 단계에 있는지 파악할 수 있다. 그런 다음 치료자는 환자가 보고한 변화 단계에 가장 적합한 개입과 전략을 사용할 수 있다. 이러한 접근은 치료자가 환자에게 가장 적합한 치료 과정을 결정하는 첫 회기에서 특히 유용할 수 있다.

몇몇 연구자가 TTM에서 환자의 단계를 확인하는 과정에 도움이 되는 평가 도구를 개발했다. DiClemente와 Hughes(1990)는 최초의 TTM 평가를 개발하고 이것을 Rhode Island 대학교 변화 평가(University of Rhode Island Change Assessment: URICA)라고 명명하였다. URICA는 모든 행동과 관련하여 환자의 변화 준비도를 평가하기 위해 만들어진 광범위한 자기 보고식 평가이다(DiClemente & Hughes, 1990). Pantalon, Nich, Franckforter와 Carroll(2002)은 URICA의 심리계량적 속성이 통계적으로 수용할 만한 양호한 범위 내에 있다고 보고하여 URICA가 일관성 있고 타당한 척도임을 보여 주었다. URICA는 전숙고, 숙고, 실행, 유지의 네 가지 하위 척도 점수를 제공하는데, DiClemente, Schlundt와 Gemmell(2004)은 URICA의 총점이 다른 세 하위 척도의 평균에서 전숙고 점수를 빼서 구해진다고 설명한다. URICA의 총점 범위는 -2~14점 사이이다. URICA에서 8점 미만을 받은 개인은 전숙고 단계, 8~11점은 숙고 단계, 11점 이상은 준비 단계로 분류된다.

또 다른 TTM 평가 도구로 동일하게 바람직한 심리측정학적 특성을 가진 것은 변화 준비 단계와 치료 열망 척도(Stages of Change Readiness and Treatment Eagerness Scale: SOCRATES)가 있다(Miller & Tonigan, 1996). URICA와 달리 SOCRATES는 물질남용에만 초점을 맞춘다. SOCRATES는 두 가지 버전이 있다. ⓐ 약물사용에 초점을 맞춘 SOCRATES 8D ⓑ 알코올 중독에 초점을 맞춘 SOCRATES 8A이다. 또한 중독자의 중요한 타자에게 사용할 수 있도록 설계된 버전(7A-SO-M, 7A-SO-F)과 더 긴 버전인 이전 버전(7A, 7D)도 있다. SOCRATES는 스페인어로도 제공된다.

URICA와 마찬가지로 SOCRATES는 **인식**, **양가성**, **단계수행** 세 가지 하위 척도 점수를 합산하여 점수를 매긴다. 인식 척도에서 높은 점수를 받은 사람은 자신의 물질 오사용 문제를 인식하고 있음을 나타낸다. 양가성 척도에서 높은 점수를 받은 환자는 자신이 문제를 가지고 있는지 궁금해하고 있음을 나타낸다(숙고 단계). 그리고 단계수행 척도에서 높은 점수를 받으면 환자가 이미 긍정적인 변화를 위해 노력하고 있음을 나타낸다. SOCRATES의 저자들은 이러한 하위 척도가 긍정적인 변화를 예측하는 경향이 있다고 언급하지만 환자의 변화에 대한 준비도를 깊이 이해하려면 치료자는 환자가 개별 항목에 어떻게 점수를 부여하는지를 조사하고 검토해야 한다고 권장한다(Miller & Tonigan, 1996).

Rollnick, Heather, Gold와 Hall(1992)은 SOCRATES와 URICA에서 제공하는 포괄적인 개요 외에도 의료 현장에서 전문가가 관리할 수 있는 간단하고 간략한 평가 도구가 필요하다고 생각했다. 그래서 그들은 변화 준비도 검사(Readiness to Change Questionnaire: RTCQ)를 만들었다(Rollnick et al., 1992). RTCQ는 12개의 문항으로 구성되어 있으며 충분한 심리측정적 속성을 입증했다(Rollnick et al., 1992). 각 문항에는 매우 동의하지 않음부터 매우 동의함까지 5개의 응답이 가능하다. 수검자가 매우 동의하지 않음을 선택하면 -2점, 동의하지 않음은 -1점, 잘 모르겠음은 0점, 동의함은 +1점, 매우 동의함은 +2점으로 채점된다. RTCQ는 **전숙고**, **숙고**, **실행**의 세 가지 하위 척도로 구성되어 있다. 가장 높은 점수를 얻은 하위 척도는 수검자의 변화 단계를 나타내는 것이다.

환자는 변화의 여러 단계를 왔다 갔다 하는 경향이 있으므로 치료자가 환자의 변화 준비도를 정확하게 평가하기 어려울 수 있다. 지금껏 언급된 평가는 환자가 변화의 어느 단계에 있는지를 파악하는 데 매우 유용하다. 이러한 평가는 환자가 치료를 시작하기 직전(치료 시작 지점을 결정하기 위해) 또는 치료가 종결될 무렵(종결 준비를 파악하기 위해)에 가장 유용하게 사용할 수 있다. 어떤 경우든 환자의 변화 단계에 대한 적절한 평가는 환자의 어려움에 대해 더 깊은 통찰력을 얻는 데 도움이 될 수 있으며 그 자체로 매우 유용하다.

7. 이론의 강점과 약점

TTM이 빠르게 인기를 얻은 이유 중 하나는 어떤 환자들이 다른 환자들보다 변화에 대한 준비가 더 잘되어 있다는 사실을 확인했기 때문이다(Herzog, 2005). 치료자들은 이것을 근본적으로 옳다고 믿었지만, TTM은 개인이 어떻게 변화하는지에 대해 최초의 측정 가능하고, 선형적이며, 기능적인 설명을 하였다. 다른 변화 모델도 문헌에 등장했지만 TTM의 인기로 인해 경시되거나 폐기되었다(Herzog, 2005). 따라서 TTM이 문헌에 등장했을 때 임상가들은 이를 혁신적이고 역동적인 접근이라는 강점을 내세웠다.

연구자들도 TTM에 관심을 가지게 되었고, 환자를 단계와 연결, 치료 중도 탈락률, 치료 효과, 단계와 변화 과정 간의 관계에 대한 조사 등 많은 주제의 연구가 이루어졌다(Norcross et al., 2011a). TTM에 대한 1,500개 이상의 연구가 있으며 연구 결과에 따르면 일반적으로 TTM은 치료 결과, 맞춤형 치료, 중도 탈락률을 안정적으로 예측한다(Noar, Benac, & Harris, 2007; Norcross et al., 2011a). TTM의 또 다른 강점은 어떤 이론에도 쉽게 통합될 수 있다는 점이다. TTM의 초이론적 특성으로 인해 어떤 학파의 치료자라도 다른 치료 접근과 충돌하지 않고 환자의 변화 준비도를 평가할 수 있으며, 이는 TTM을 이론적 통합에 아주 적합하게 만들었다(Petrocelli, 2002). 또한 TTM의 발달적인 설계는 모든 환자들이 이미 변화의 실행 단계에 있는 것처럼 치부하지 않는 것이 중요하다고 강조한다(Norcross et al., 2011a). Norcross 등에 따르면 환자의 단지 20%만이 실행 단계에서 치료를 시작하는데, 이는 모든 환자에게 실행 지향의 프로그램으로 접근하는 경우 80%는 효과가 없다는 것을 뜻한다. 접근과 단계가 맞지 않으면 치료적 관계도 손상될 위험이 있다.

한편, TTM의 제한점 중 하나는 단계를 경험적으로 구별하기 어렵다는 점이다(Lambert, 2013). URICA와 SOCRATES 같은 공식적인 평가를 사용하더라도 치료자와 연구자들은 어떤 환자가 어느 단계에 해당하는지 판단하기 어려울 수 있으며, 어떤 이들은 평가에서 나온 절단 점수에 결함이 있다고 주장하기도 한다(Callaghan & Taylor, 2006). 또한 TTM은 보다 실험적인 연구가 필요하다. 대부분의 TTM 연구는 예측 가설(즉, 변화의 단계가 결과를 예측할 수 있다는 가설)을 기반으로 한다. 치료에 적합하게 연결된 환자와 그렇지 못한 환자를 비교한 실험 연구는 거의 없으며, 적합하게 연결된 개입과 그렇지 않은 개입 간에 거의 차이가 없는 것으로 나타났다(Norcross et al., 2011a). 문헌 간의 차이점 때문에 일부에서는 이 모델이 더 과학적으로 엄격하게 검증될 때까지는 무시되어야 한다고 주장하기도 한다(Herzog, 2005; West, 2005). 또한 다양한 문화와 저소득층의 변화 단계에 관한 연구도 부족하다. 개인을 단계에 따라 분류하는 데 사용되는 도구와 질문은 타당화되지 않은 경우가 종종 있으며, 변화의 단계에서 남성보다 소수자와 여성을 잘못 분류하는 경향이 유의미하게 많았다(Suminski & Petosa, 2002). 연구자들은 변화의 단계 평가를 다문화적으로 검증하기 위해 노력하는 한편, 치료자들은 환자의 변화 단계를 파악하고 분류할 때 문화적 배경과 사회경제적 지위를 고려해야 한다. 문화는 환자의 삶에서 중요한 요소이며 동기와 변화 준비도에 분명히 영향을 미친다.

8. 사례 연구 반응

TTM 관점에서 중독치료자는 가브리엘이 변화에 대한 준비가 되었는지에 가장 관심을 가질 것이다. 다른 이론적 접근과 달리 TTM 치료자는 가브리엘이 중독에 이르게 된 요인(예: 불안, 관계의 어려움, 원가족)에 집중하기보다는 행동 변화에 더 초점을 맞출 것이다. 가브리엘은 맨정신에 대한 자각이나 노력 없이 지속해서 약물을 사용해 왔다. 그는 과거에 치료를 받아 본 경험이 있고, 알코올 중독자 익명 모임에 참석했다. 또한 치료 후 7주간 금욕을 유지했다는 사실은 자신의 문제를 자각하고 있음을 보여 주지만, 현재 3일 이상 약물과 술을 중단하지 못하는 것은 준비가 부족함을 보여 준다. 따라서 가브리엘은 변화의 숙고 단계에 있는 것으로 보인다.

공식적인 평가가 없이 확실히 알기는 어렵지만 가브리엘이 변화의 숙고 단계에 있다면 변화의 실천에 대한 자신의 능력에 의문을 품고 있을 가능성이 크다. 과거에는 전숙고 단계에서 실행 단계로 옮길 수 있었지만, 특정 생활 사건(예: 여자 친구와의 이별)으로 인해 결심이 약해져 다시 이전 단계로 돌아간 것으로 보인다. 이는 행동 변화를 추구하는 대부분의 개인에게서 나타나는 정상적인 패턴이며, 실행에 가장 좋은 방법은 과거에 머무르지 않고 미래에 초점을 맞추는 것이다.

가브리엘이 변화의 숙고 단계에 있다는 것을 아는 것은 치료자가 최선의 실행 방법을 파악하는 데 도움이 된다. 치료자는 느낌과 의미를 반영하고 자기평가를 통해 그를 안내함으로써 가브리엘의 자기 자각을 높이는 데 초점을 맞출 것이다(Norcross et al., 2011a). 이 접근의 목표는 가브리엘이 자신의 문제를 살펴보고 그 문제가 미래에 대한 희망, 꿈, 욕구에 어떤 영향을 미치는지 생각하도록 돕는 것이다. 치료자는 숙고 단계가 얼마나 어려운지, 그리고 앞으로의 작업을 위해 강력한 치료적 유대를 형성하는 것이 얼마나 중요한지를 자각하는 것이 중요하다. 치료자는 먼저 가브리엘과 동맹을 구축하고 그의 미래에 대한 개인적인 신념과 가치를 탐색해야 한다. 환자의 느낌을 반영하고 소크라테스식 질문을 사용함으로써 가브리엘과 깊은 치료적 관계를 맺을 수 있다. 치료자는 가브리엘이 과거에 맨정신을 유지함으로써 경험한 이득, 그리고 맨정신을 유지하는 것이 어떻게 이득을 증가시키고 그의 목표와 연결될 수 있는지 논의하는 데 시간을 할애할 수 있다. 치료자는 가브리엘에게 교정적 정서 경험을 제공할 수 있는 돈독한 관계를 구축하는 동시에, 가브리엘이 현재 상황이 원하는 미래에 도달하는 데 방해가 되는지 또는 도움이 되는지에 중점을 두고 자신의 상황을 평가할 수 있도록 도와야 한다. 이 시점에서 치료적 만남의 궁극적인 목표는 가브리엘이 자신의 삶을 재평가하고 준비를 향해 나아갈 수 있도록 돕는 것이어야 한다.

준비 단계에서 치료자의 자세는 조금 바뀔 수 있다. 가브리엘의 치료자는 계속해서 치료 동맹과 자기평가를 촉진하면서 가브리엘의 의사결정능력에도 초점을 맞춘다. 이 단계에서 가브리엘은 변화하려는 의지와 소망을 보이기 시작한다. 가브리엘의 치료자는 지지적인 피드백을 제공함으로써 가브리엘이 좋은 결정을 하도록 돕는 코치 역할을 할 수 있다. 가브리엘이 단계를 반복해 온 경험을 고려할 때 치료자는 어떤 요인(예: 여자 친구와 이별)이 가브리엘의 노력을 방해했는지, 그리고 앞으로 어떻게 그러한 요인을 완화할 수 있는지 가브리엘과 논의하는 것이 좋다. 또한 가브리엘과 치료자는 과거에 무엇이 효과가 있었는지, 그리고 현재에도 그와 같은 성공적인 전략을 어떻게 다시 구현할 수 있는지 논의할 수 있다.

숙고 단계에서 준비 단계로의 전환은 많은 감정과 슬픔을 처리하는 과정을 포함한다. 가브리엘이 변화하기 위해 그는 약물이나 알코올과의 관계를 평생 끊어야 한다. 또한 그는 알코올과 약물이 숨겨 왔던, 잠재적으로 외상이 될 수 있는 많은 기억을 다시 돌아보고 약물과 알코올로 인해 피해 왔던 주제들에 직면해야 할 것이다. 가브리엘이 변화를 두려워하는 것은 당연한 일이다. 가브리엘의 치료자는 이러한 반응을 예상하고 심리극 및 역할극과 같은 기법을 사용하여 변화에 대한 자신의 감정을 표현하고 경험할 수 있도록 도와야 한다. 이는 가브리엘에게 매우 감정적이면서도 어려운 과정이 될 수 있지만, 치료자는 가브리엘이 실행 단계에 잘 대비할 수 있도록 함으로써 성공적인 결과를 얻을 가능성을 높일 수 있다.

과거에 가브리엘은 금주를 시도했다가 유지할 준비가 되어 있지 않아 재발을 경험한 적이 있다. TTM은 가브리엘이 변화에 어느 정도 준비되었는지에 주의하면서 실행으로 옮기기 전에 충분히 준비시킴으로써 그에게 도움이 될 것이다. 아쉽게도 TTM은 가브리엘의 강박장애나 불안장애는 다루지 않고 사회적 스트레스 요인에도 초점을 맞추지는 않지만, 중독 행동을 변화시키는 능력에는 초점을 맞출 것이다. 다른 접근과 마찬가지로 TTM도 결점이 없는 것은 아니지만, 가브리엘의 경우에는 매우 유익할 수 있다고 생각한다.

요약

사람들이 어떻게 변화하는가에 관한 질문은 중독치료에서 중요한 부분이다. 초이론 모델을 통해 치료자는 변화의 발달적 특성을 명확하게 이해하고, 환자에게 초점화된 근거 기반 개입을 할 수 있다. 이로써 환자는 변화를 향해 나아가며 준비되지 않은 환자를 좌절시키는 함정을 피할 수 있게 된다. 따라서 초이론 모델에서 설명하는 변화의 5단계와 변화 과정은 환자의 회복을 돕고자 하는 치료자들에게 필수적인 도구가 된다.

지속적인 학습을 위한 자료

▸ Books

Castonguay, L. G., & Beutler, L. E. (2005). *Principles of therapeutic change that work*. Oxford, UK: Oxford University Press.

Connors, G. J., DiClemente, C. C., Velasquez, M. M., & Donovan, D. M. (2013). *Substance abuse treatment and the stages of change*. New York: Guilford Press.

Phelan, J. E. (2014). *Stages of change workbook: Practical exercises for personal awareness and change*. Columbus, OH: Phelan Consultants.

참고문헌

Callaghan, R. C., & Taylor, L. (2006). Mismatch in the transtheoretical model? *American Journal on Addictions, 15*(5), 403.

DiClemente, C. C. (2003). *Addiction and change: How addictions develop and addicted people recover*. New York: Guilford Press.

DiClemente, C. C., & Hughes, S. O. (1990). Stages of change profiles in outpatient alcoholism treatment. *Journal of Substance Abuse, 2*(2), 217–235.

DiClemente, C. C., & Prochaska, J. O. (1998). *Toward a comprehensive, transtheoretical model of change: Stages of change and addictive behaviors*. New York: Plenum Press.

DiClemente, C. C., Schlundt, D., & Gemmell, L. (2004). Readiness and stages of change in addiction treatment. *American Journal on Addiction, 13*, 103–119. doi:10.1080/10550490490435777

Gaume, J., Bertholet, N., Faouzi, M., Gmel, G., & Daeppen, J. B. (2013). Does change talk during brief motivational interventions with young men predict change in alcohol use? *Journal of Substance Abuse Treatment, 44*(2), 177–185.

Glynn, L. H., & Moyers, T. B. (2010). Chasing

change talk: The clinician's role in evoking client language about change. *Journal of Substance Abuse Treatment, 39*(1), 65–70.

Hallgren, K. A., & Moyers, T. B. (2011). Does readiness to change predict in-session motivational language? Correspondence between two conceptualizations of client motivation. *Addiction, 106*(7), 1261–1269.

Herzog, T. A. (2005). When popularity outstrips the evidence: Comment on West. *Addiction, 100*(8), 1040–1041.

Lambert, M. J. (2013). *Bergin and Garfield's handbook of psychotherapy and behavior change*. Hoboken, NJ: Wiley.

Miller, W. R., & Rollnick, S. (2004). Talking oneself into change: Motivational interviewing, stages of change, and therapeutic process. *Journal of Cognitive Psychotherapy, 18*(4), 299–308.

Miller, W. R., & Tonigan, J. S. (1996). Assessing drinkers' motivation for change: The Stages of Change Readiness and Treatment Eagerness Scale (SOCRATES). *Psychology of Addictive Behaviors, 10*(2), 81–89.

Noar, S. M., Benac, C. N., & Harris, M. S. (2007). Does tailoring matter? Meta-analytic review of tailored print health behavior change interventions. *Psychological Bulletin, 133*(4), 673–693.

Norcross, J. C., Krebs, P. M., & Prochaska, J. O. (2011a). Stages of change. In J. C. Norcross (Ed.), *Psychotherapy relationships that work* (pp. 279–300). New York: Oxford University Press.

Norcross, J. C., Krebs, P. M., & Prochaska, J. O. (2011b). Stages of change. *Journal of Clinical Psychology: In Session, 67*, 143–154. doi:10.1002/jclp.20758

Pantalon, M. V., Nich, C., Franckforter, T., & Carroll, K. M. (2002). The URICA as a measure of motivation to change among treatment-seeking individuals with concurrent alcohol and cocaine problems. *Psychology of Addictive Behaviors, 16*(4), 299–307.

Petrocelli, J. V. (2002). Processes and stages of change: Counseling with the transtheoretical model of change. *Journal of Counseling & Development, 80*(1), 22–30.

Prochaska, J. O., DiClemente, C. C., & Norcross, J. C. (1992). In search of how people change. *American Psychologist, 47*, 1102–1114. doi:10.1037/0003-066X.47.9.1102

Prochaska, J. O., & Norcross, J. C. (2001). Stages of change. *Psychotherapy, 38*, 443–448. doi:10.1037/0033-3204.38.4.443

Prochaska, J. O., Norcross, J. C., & DiClemente, C. C. (1994). *Changing for good*. New York: Avon Books.

Rollnick, S. (1998). Readiness, importance, and confidence: Critical conditions of change in treatment. In W. R. Miller & N. Heather (Eds.), *Treating addictive behaviors: Processes of change* (2nd ed., pp. 49–60). New York: Plenum Press.

Rollnick, S., Heather, N., Gold, R., & Hall, W. (1992). Development of a short "readiness to change" questionnaire for use in brief, opportunistic interventions among excessive drinkers. *British Journal of Addiction, 87*(5),

743-754.

Suminski, R. R., & Petosa, R. (2002). Stages of change among ethnically diverse college students. *Journal of American College Health, 51*(1), 26-31.

West, R. (2005). Time for a change: Putting the transtheoretical (stages of change) model to rest. *Addiction, 100*, 1036-1039.

11장 동기면담

Todd F. Lewis

동기면담(motivational interviewing: MI)은 물질사용 및 중독 문제 치료 분야에서 널리 활용되는 근거 기반 접근으로 발전해 왔다. MI는 내적 동기를 강화하고 저항을 감소시켜, 물질남용 행동(substance abuse behavior)을 변화시키기 위해 고안된 접근이다. 개발 이후, MI 접근에 대해 200건 이상의 임상 연구가 수행되었으며(Rollnick, 2010), 임상적 문제상황에서 그 효과성이 입증되었다(Miller & Rollnick, 2002; Miller & Rose, 2009; Rosengren, 2009). MI의 정의는 여러 차례 수정과 변화를 거쳐 왔으며(Miller & Rollnick, 1991; Miller & Rollnick, 2002; Miller & Rollnick, 2013), 현재는 다음과 같이 정의된다.

> MI는 특히 변화의 언어에 주의를 기울이는 협력적이고 목표지향적인 의사소통 방식이다. MI는 수용과 연민의 분위기에서 개인의 자발적인 변화의 필요성을 유도하고 탐색함으로써 특정 목표에 대한 개인적 동기와 헌신을 강화하도록 설계되었다(Miller & Rollnick, 2013, p. 29).

MI의 기본 구조는 1980년대 초, William R. Miller의 연구를 기반으로 처음 등장하였는데, 이는 기존 물질남용 치료에 존재하던 지나치게 직면적인 접근에 대한 반발에서 비롯된 것이다. 당시 직면적인 접근은 다음과 같은 가정에 기반하고 있었다. ⓐ 환자는 결함이 있으며, 치료자는 그 해결 방법을 알고 있다, ⓑ 환자는 자신의 치료에 이바지할 부분이 거의 없다, ⓒ 부인(denial)을 다루기 위해서는 엄격한 대응 전략이 필요하다, ⓓ 행동 변화가 일어나려면 스스로 중독자로 인정하는 것이 선행되어야 한다(Lewis, 2014). 그러나 이러한 가혹한 직면, 부인 허물기, 그리고 환자에게 스스로 중독자라고 인정하도록 강요하는 접근은 오히려 저항을 유발하였고 긍정적 효과보다는 부작용이 더 많았다. Miller는 다른 전문가 훈련과 자신의 임상 경험을 바탕으로, 물질남용 문제로 고통받는 사람들에게 적용할 수 있는 공감과 협력을 기반으로 한 독자적인 접근을 개발하게 된다. Miller는 개방형 질문을 활용하고, 인정하고, 반영하면서 '교정 반사(righting reflex)'를 피하면, 환자들이 저항을 줄이고, 변화에 더 개방적이며, 스스로 동기를 강화하는 경향이 있음을 발견했다. 이러한 Miller(1983)의 연구는 MI에 관한 첫 번째 논문으로 발전하였고, 『행동 심리치료(Behavioural Psychotherapy)』라는 학술지에 게재되었다.

이 장에서 필자는 MI 이론의 기본 개념과 그 철학적 기초, 핵심 개념에 대해 다룰 것이다. 이후 MI에 기반한 평가, 개입 그리고 예방의 함의에 대해 논의하고, MI 접근의 강점과 약점을 설명한 후, 서두에서 소개한 사례 연구 반응을 제시할 것이다. 마지막에는 MI 관련 추가 교육이나 학습에 관심 있는 독자들을 위한 학습자료를 소개한다.

1. 이론의 기본 개념

이 절에서는 양가감정의 중요성, MI의 목표, 실행 방법, 그리고 기본 개념에 관해 설명한다. 이러한 논의를 통해 독자들은 전문가들이 MI 접근을 활용할 때 무엇에 중점을 두는지, 그리고 구체적으로 어떻게 실행하는지에 대한 기본적인 개요를 이해하게 될 것이다.

1) 양가감정의 중요성

물질남용 치료에 있어 MI의 주요한 기여는 행동 변화에 대한 양가감정의 중요성을 인식한 것이다. 누군가 변화를 고려할 때, 특히 감정적 반응이 수반되는 변화의 경우 당연히 양가감정을 느끼기 마련이다. 오래된 행동이나 습관을 중단하는 것에 양가감정을 느끼는 것은 지극히 자연스러운 일이다. 관습적으로, 대개 변화에 대해 양가감정을 보이는 환자에게 저항적이라는 꼬리표가 붙여져서 처벌이나 가혹한 직면을 통한 교정이 필요한 대상으로 여겨졌다. 그러나 MI의 관점에서 양가감정이란 변화 과정에서 나타나는 필연적인 반응이다. 예를 들어, 알코올이나 약물에 중독된 사람들이 오랜 약물남용 습관을 망설임 없이 바꿀 수 있다고 생각하는 것은 어리석은 일일지 모른다. 따라서 MI 치료자들은 환자를 수치심에 빠뜨리기보다는 그들의 양가감정을 인식하고 탐색하여 이를 해결하도록 도와줌으로써 환자가 변화에 에너지를 사용할 수 있게 해 준다.

2) MI의 목표

MI 치료자에게는 세 가지의 주요 목표가 있다. 이후에 논의될 다양한 기법은 다음 세 가지 MI의 목표 중 하나 또는 그 이상과 일치한다. 첫 번째 목표는 환자가 물질남용 행동을 변화시키려는 내적 동기를 강화하도록 돕는 것이다. 환자 스스로 변화를 주장하는, 즉 내부로부터 유발된 동기는 외부에서 형성된 동기보다 행동에 더욱 강력한 영향을 미칠 수 있다(Plotnik, 1993). MI 치료자들은 이러한 차이를 강조하며, 환자에게 목표 달성을 위한 에너지와 동기를 자신의 내부에서 찾도록 돕는 전략을 활용한다.

Sheldon과 Elliot(1998)에 따르면, 외적 동기는 행동을 자극하는 외부 통제감과 관련이 있다. 반면, 내적 동기는 MI 정신의 핵심인 환자의 자율성 감각과 연관된다(추후 상세히 논의). 환자의 자율성(즉, 내적 동기)을 통해 동기가 부여된 개인의 행동 변화는 더 강력한 형태의 동기강화이며, 이는 대부분 목표 달성으로 이어진다. MI 치료자들은 환자의 행동에 대한 선택과 통제(즉, 자율성)를 지지한다. 동시에 양가감정을 해결하고 변화의 욕구, 필요와 이유에 대한 그들의 노력에 재집중함으로써 환자가 내적 동기를 형성하도록 돕는 것에 주안점을 둔다.

MI의 두 번째 목표는 저항이나 불일치를 감소시키는 것이다. Miller와 Rollnick(2013)은 치료자들이 전통적으로 환자의 '저항(resistance)'이라고 사용하던 용어를, 대인관계적 특성을 반영하는 '불일치감'이라는 용어로 대체하였다. 그러나 이 장에서 필자는 두 용어를 상호교환하여 사용한다. 저항이 감소할수록 환자가 삶에서 새로운 생각, 행동, 가능성을 수용할 여지는 확보될 수 있다.

MI의 세 번째 목표는 환자의 양가감정 해결을 돕는 것이다. 앞서 언급한 바와 같이, 양가감정이란 어떤 습관이나 행동을 변화시키는 것에 대해 상반된 감정을 동시에 느끼는 것을 의미한다. 예를 들어, 환자는 음주를 지속하면 심각한 결과를 초래할 수 있다는 사실을 안다. 하지만 동시에, 그는 알코올이 자신의 문제를 해소해 주고 진정시키며 수치심을 덜 느끼게 한다는 점을 좋아한다. 환자는 마치 상반된 두 방향으로 동시에 이끌려 가는 듯한 느낌을 받는다. 이러한 양극성은 사람들이 문제행동에 왜 쉽게 고착되는지를 설명하는 데 중요한 역할을 한다(Miller & Rollnick, 2002). MI 치료자는 환자들이 이런 양가감정을 탐색하고 해결하도록 돕는 전략을 통해 그들이 변화의 방향으로 더 자유롭게 나아갈 수 있도록 한다.

3) MI의 실행 방법

MI는 독립적인 전략으로 환자의 동기를 강화하고 저항을 낮추기 위한 초기 전략으로 사용되며, 필요한 경우 다시 돌아오는 전략으로도 사용할 수 있다(Lewis, 2014). 독립적인 접근으로서 순수한 MI는 장기 치료에도 적용될 수 있지만, 일반적으로 단기 치료(예: 3~5회기)에 사용된다. 초기 전략으로 MI는 환자의 동기를 강화하고 저항을 낮추는 데 도움을 줄 수 있다. 환자의 동기라는 중요한 문제를 충분히 다루지 않으면, 환자가 행동할 준비가 되지 않은 상태에서 치료자가 전략을 적용할 위험이 있다. 일단 환자의 동기가 증가하고 저항이 줄어들면 치료자는 변화를 촉진하기 위한 다른 접근으로 옮겨 갈 수 있다.

치료 과정 전반에서 MI는 언제든 필요에 따라서 활용될 수 있다. 동기는 고정된 것이 아니므로 변동될 수 있다. 심지어 한 회기 내에서도 환자는 높은 동기와 낮은 동기 수준 사이를 오가며 갈팡질팡하게 된다(Lewis, 2014). 예를 들어, 필자가 물질중독 문제로 어려움을 겪는 환자들과 작업할 때, 한 회기에서는 변화에 대한 높은 동기를 보였으나 일주일 후에는 그 의지가 상실된 사례를 종종 접하였다. 필자는 환자의 동기 문제로 인해 치료의 진전이 방해받는 상황에서는 필요에 따라 다시 MI 접근으로 되돌아가는 전략을 사용하곤 했다.

2. 이론의 철학적 기초와 핵심 개념

인간 중심 치료의 요소들이 MI에 영향을 미친 것은 사실이지만, MI가 인간 중심 치료와 동일한 것은 아니다. MI의 형식은 부드럽지만, 그 적용 방식은 지시적이며 설득적이다(Miller & Rollnick, 1991). 이런 지시적 측면을 통해 치료자는 단순한 인간 중심 접근을 넘어서 환자의 동기를 끌어내고 강화할 수 있는 것이다. 그래도 인간 중심 치료의 영향, 특히 공감적 경청은 초기부터 MI 접근에 통합된 기법이었다. 동기 심리학 그리고 변화에 대한 초이론 모델(transtheoretical model: TTM) 또한 MI 접근에 초기부터 영향을 미쳤다(Miller & Rollnick, 2013; Prochaska, DiClemente, & Norcross, 1992). 최근 MI는 변화 대화와 변화 언어에 관한 연구에 중점을 둔다. Miller, Moyers와

Rollnick(2013)은 MI를 인간 중심 치료와 변화에 관한 대화라는 두 가지 구성 요소의 결합에 영향을 받은 접근으로 설명한다.

1) MI의 정신

Miller와 Rollnick(2013)이 MI 제공자들의 훈련을 시작했을 때, 그들은 주로 접근의 기법적 측면에 초점을 맞추었다. 이에 많은 수련생이 기법 사용에는 상당히 능숙해졌으면서도, 실제 실행에서는 무언가가 빠져 있다는 것을 발견했다. 이는 수련생들이 MI를 '잘못' 실행한 것이라기보다 기법적인 측면에 치중한 나머지 MI의 핵심 정신을 간과했기 때문으로 보인다. 이러한 수련 경험을 바탕으로 MI 정신[또는 마음가짐(Miller & Rollnick, 2013)]의 발전이 촉진되었고, 이는 실행 전반에 반영되었다. MI는 협력적이고, 유발적이며, 수용적이고, 연민 어린 치료 태도를 기반으로 한다. 이 '방식'이 결합하여 MI 정신 또는 MI의 마음가짐을 형성한다. 실제 MI의 원칙, 과정과 기법은 모두 MI의 정신과 일치한다. 이러한 이유로 MI를 활용하는 치료자들은 기법적 측면보다 MI 정신을 먼저 다루는 경우가 많다.

MI 정신은 협력, 유발, 수용, 연민의 네 가지 구성 요소로 이루어져 있다(Miller & Rollnick, 2013). MI 회기에서 치료자는 호기심을 바탕으로 협력적인(collaborative) 방식으로 치료 주제, 목표, 논의를 환자와 함께 구성한다. 또한 환자가 제시하는, 특히 행동 변화와 관련된 생각, 태도, 걸림돌에 중점을 둔다[유발(evocation)]. MI 치료자는 정확한 공감을 표현하고, 환자의 절대적 가치를 존중하며, 강점을 인정하고, 자율성을 강조하기 위해 노력한다. 이러한 네 가지 행동이 합쳐져 수용(acceptance)이라는 요소를 구성하게 된다. 마지막으로, 치료자는 연민 어린 태도를 가지며 환자의 복지를 적극적으로 증진한다. 여기서 연민이란 환자에 대해 개인적인 감정을 갖거나 강렬한 감정을 느끼는 것과는 구별되는 것이다. 오히려 연민(compassion)은 환자의 이익을 위해 봉사하고 환자의 욕구에 중요성을 부여하는 것이다(Miller & Rollnick, 2013). MI는 다양한 기법을 사용하는 접근이 아니다. 즉, MI 정신은 치료자가 기법적인 측면에 지나치게 의존하게 되면 MI의 더 큰 철학과 관점을 놓칠 수 있음을 상기시킨다.

Rollnick(2010)은 MI 정신을 훌륭한 요리법의 재료에 비유했는데, 이는 매우 적절한 비유이다. 수프에 향신료를 지나치게 많이 넣으면 요리 전체를 망치고, 너무 적게 넣으면 색상, 식감 또는 맛이 떨어질 수 있다. MI에서도 마찬가지로 환자와의 협업이 너무 부족하거나 환자의 변화에 관한 생각에 충분히 주목하지 않으면 치료 회기의 효과가 저해될 수 있다. 만약 치료 회기에서 무엇인가가 빠진 것처럼 느껴진다면, MI 정신을 다시 점검해 보는 것이 도움이 될 수 있다. 협력을 강화하고, 환자로부터 생각을 유발하고, 수용과 인정을 제공하고, 연민을 보여 주는 것은 환자와의 동맹을 강화하여 향후 치료 과정의 기반을 형성할 수 있다. MI 정신은 효과적인 임상 실제의 기초가 된다(Rollnick, 2010).

2) 동기면담의 원칙

Miller와 Rollnick(1991, 2002)은 동기면담의 다섯 가지 원칙을 최초로 제시하였다. 이 원칙들은 치료자들이 환자의 저항을 줄이고 변화에 대한 내적 동기를 강화하기 위한 도움을 줄 때 우선해야 하는 조치들에 더 가깝다. 다음은 MI의 다섯 가지 원칙과 각 원칙에 대한 간략한 설명이다.

1. **논쟁 피하기** 환자와 논쟁하는 것은 결코 좋은 방식이 아니다. 심각한 직면이나 비난은 분란을 일으킬 뿐이며, (치료자가 변화를 위해 논쟁한다면) 오히려 양가감정을 가진 환자가 변화하지 않으려는 이유를 강화할 위험이 있다. 논쟁 피하기는 당연한 것처럼 보일 수 있지만 논쟁은 미묘하게 발생할 수 있다. 설득하기, 설교하기, 경청하지 않기, 원치 않는 조언 제공하기 등은 의도치 않게 논쟁적인 분위기를 만들 수 있다(Lewis, 2014).

2. **저항과 함께 구르기** 환자의 강한 저항은 변화를 향해 나아가는 데 부정적인 영향을 미친다. MI 치료자들은 환자가 변화에 대해 꺼리거나 양가감정을 느끼는 것을 존중한다. 그들은 이런 감정들을 적대시하지 않고, 사회적 · 생물학적 · 환경적 요인에 따른 정상적 반응으로 여긴다. MI 치료자들은 희망을 제시하고 감정을 반영하며 MI 정신과 일관되게 행동함으로써 저항과 함께 '구른다'(Lewis, 2014).

3. **공감 표현하기** 공감은 MI의 중요한 요소 중 하나로 여겨진다. 충분한 공감 없이 MI를 실행하기는 어려울 것이다. 공감적 경청의 중요성은 MI의 발전과 성장 과정에서 일관되게 유지되어 온 핵심과도 같은 것이다. 치료자는 수용적인 분위기를 제공함으로써 환자가 변화에 대한 욕구, 변화를 위한 능력, 변화의 이유를 탐색하도록 돕는다. 치료자들은 다양한 방법

으로 공감을 전달할 수 있지만 반영적 진술을 주된 전략으로 활용한다(Lewis, 2014).

4. **불일치감 만들기** 환자들이 자신의 목표 또는 가치와 현재 행동 사이의 불일치를 경험할 때, 일반적으로 이를 줄이려는 동기가 생긴다. 불일치를 줄이는 것은 주로 나쁜 습관이나 해로운 행동을 변화시켜서 개인의 목표나 가치에 더 부합하도록 하는 것을 수반한다. MI의 목표는 불일치감을 만들거나 강조해서 환자들이 명백한 모순을 더 잘 인식할 수 있도록 하는 것이다. 예를 들어, 어떤 환자가 가족과 열심히 일하는 것이 소중하다고 말하면서도 매일 밤 맥주 12캔을 마신다고 가정해 보자. MI 치료자는 "당신은 열심히 일하는 것과 가족을 소중히 여기면서도, 매일 밤 12캔의 맥주를 마시는군요. 그것이 당신에게 어떤 의미인지 궁금하네요"라고 반영할 수 있다. 대개 환자는 이러한 불일치감과 변화에 대한 내적 갈등을 자각하게 될 것이다. 따라서 작은 불일치감이 큰 변화를 일으킬 수 있다. MI 치료자는 ⓐ 가치와 목표, ⓑ 현재 행동이 이러한 목표와 가치에 얼마나 부합하는지 혹은 부합하지 않는지를 탐색함으로써, 환자의 내적 불일치감을 만드는 데 도움을 준다(Lewis, 2014).

5. **자기효능감 지지하기** 다섯 번째 원칙은 환자 자신의 변화 능력에 대한 자신감을 지지하는 것이다. MI 치료자는 치료적 변화의 중요한 공통 요인을 활용하여 환자에게 희망과 낙관주의를 전달한다(Hubble, Duncan, Miller, & Wampold, 2010). 자기효능감은 환자가 변화의 중요성을 인식하고 있지만, 이를 실천하기 위한 내적 자신감이 부족할 때 초점이 된다. 브레인스토밍, 동맹 형성, 그리고 과거 성공 사례 탐색 등은 치료자들이 자기효능감을 높이는 데에 사용할 수 있는 기법들이다.

Miller와 Rollnick은 특정 원칙을 나열하는 방식에서 벗어나 최근에는 저술 전반에 걸쳐 원칙들을 전체적으로 반영하는 쪽으로 전환했다(Miller & Rollnick, 2013 참조). MI는 지난 15~20년 동안의 광범위한 임상 연구를 바탕으로 상당히 정교해졌다. 그러나 초기 원칙들은 여전히 MI 실행에 중요한 토대가 되고 있다. 최신 버전의 동기강화 원칙은 RULE이라는 약어로 강조된다(Rollnick, 2010). 간단히 말해, RULE은 다음과 같은 의미를 담고 있다.

1. **R(Resisting the righting reflex) 교정 반사에 저항하기** 더 나아지거나 고치거나 바로잡으려는 욕구는 인간의 본성이다. 이는 고귀한 추구로 실제로 많은 사람이 타인을 돕는 직업을 선택하는 이유이기도 하다. 하지만 치료자들이 도움을 주기 위해 때때로 사용하는 방법들은 오히려 환자에게 최악의 해를 끼칠 수도 있다. 이를 방지하기 위해 MI 치료자들은 환자가 원치 않는 조언 제공, 지시적인 방식, 설득 혹은 '해야만 한다'라는 용어를 사용하는 '교정 반사'를 자제한다.

2. **U(Understanding the client's own motivation) 환자의 동기 이해하기** 환자는 풍부한 지식과 경험을 치료 회기에서 내놓는다. 치료자가 환자로부터 변화에 관한 생각, 아이디어, 동기를 끌어낸다면 시간을 효율적으로 활용할 수 있으며 치료 과정에도 유용한 관점을 더해 준다.

3. **L(Listen with empathy) 공감적 경청하기** 앞서 논의한 '공감 표현하기' 참조

4. **E(Empower the client) 환자에게 힘 실어 주기** 앞서 언급한 '자기효능감 지지하기' 참조

3. 평가 및 예방의 함의

MI 치료자들은 그들이 적절하다고 판단하는 다양한 물질남용 평가 전략을 자유롭게 활용할 수 있다. 평가에 대한 피드백은 MI 평가 과정에서 중요한 핵심 요소가 된다. Miller와 Rollnick(1991)은 물질사용이 초래하는 해로운 영향을 환자가 인식하도록 돕는 데에 있어 비판단적인 피드백의 중요성을 강조한다. MI 치료자들은 또한 변화에 대한 준비도와 동기 수준을 평가한다. 이 절에서는 환자의 동기를 평가하는 과정, 환자에게 피드백을 제공하는 방법, 그리고 MI의 네 가지 과정을 논의할 것이다. 이를 통해 평가, 예방, 개입의 함의가 강조된다.

1) 중요성과 자신감

동기강화의 개념을 잘 이해하는 방법 중 하나는 행동 변화를 중요성(환자에게 물질남용을 변화시

키는 것이 얼마나 중요한가?)과 자신감(원하면 물질남용과 관련하여 변화할 수 있다는 자신감이 환자는 얼마나 있는가?)의 관점에서 이해하는 것이다(Miller & Rollnick, 2002). 두 개념을 평가함으로써 치료자는 에너지를 집중해야 할 영역과 잠재적인 걸림돌에 대해 더 잘 이해할 수 있다. 예를 들어, 환자가 변화의 중요성을 믿지 않으나 자신이 원하면 변화할 수 있다는 자신감이 있다면 치료자는 변화의 중요성을 키우는 것에 집중해야 할 것이다. 반대로, 환자가 변화의 중요성은 충분히 인식하고 있지만 이에 대한 자신감이 부족하다면 자신감을 높이는 것이 치료의 초점이 되어야 한다. 이러한 요소들을 고려하지 않는다면, 치료자의 치료 전략과 환자 동기 수준 사이에 불일치가 발생할 위험이 있다.

(1) 중요성 증가시키기

변화의 중요성이 낮은 환자는 아직 전숙고 단계에 있는 것으로 본다. 이들은 자신의 물질남용 문제를 인정하지 않으며, 위험에 처해 있다는 사실을 부인하고, 치료의 필요성을 거의 느끼지 못한다. 실제로 MI는 치료 회기에서 높은 저항이나 불일치를 부분적으로 해결하는 방법으로 개발되었다. MI 관점에서 환자에게 변화가 얼마나 중요한지 평가하는 것은 필수적이다. 변화할 준비가 된 환자를 위해 고안된 기법과 전략을 준비되지 않은 환자에게 시기상조로 적용할 경우, 상당한 저항에 직면할 가능성이 크다. 다음은 환자가 변화의 중요성을 탐색, 처리, 증진하는 데에 치료자가 도움을 줄 수 있는 몇 가지 전략이다.

1. **저항과 함께 구르기** 일반적으로 저항을 직면하는 방식으로 다루면 더 많은 저항을 일으킨다. 환자는 자신이 해결책의 일부라고 느끼고 폄하되거나 무시되지 않는다고 느낄 때 변화를 고려하고 중요성을 증진할 가능성이 더 크다.

2. **극단적인 상황에 대해 질문하기: 최악/최상 상황의 결과**(Cole, 2008) 이러한 질문들은 환자가 현재 상태를 유지할 경우(변화하지 않을 경우)와 물질사용에 중요한 변화를 줄 경우에 따른 미래 삶을 상상하도록 유도한다. 예를 들어, 환자에게 다음과 같이 질문할 수 있다. "알코올 사용을 변화시키지 않았을 경우 최상의 미래 시나리오는 무엇입니까?, 알코올 사용을 변화시켰을 경우 최상의 미래 시나리오는 무엇입니까?, 알코올 사용을 변화시키지 않았을 경우 최악의 미래 시나리오는 무엇입니까?, 알코올 사용을 변화시켰을 경우 최악의 미래 시나

리오는 무엇입니까?" 환자들은 종종 지속해서 약물을 사용했을 경우 최상의 미래 시나리오를 생각하는 데 어려움을 겪는다. 반대로, 환자들은 지속해서 약물을 사용했을 경우 상상되는 최악의 시나리오에 관해 이야기할 때는 예상되는 여러 가지 결과를 언급한다. 이러한 질문을 성찰하고 나면 환자들은 변화를 선택하는 방향으로 기울어질 가능성이 커진다(Lewis, 2014).

3. **불일치감 만들기** 불일치는 환자의 목표 또는 가치와 물질사용 행동 간의 불일치를 의미한다. MI 치료자들은 항상 이러한 불일치를 탐색한다. 불일치가 적절히 강조되면, 동기를 강화하는 강력한 도구로 활용될 수 있다(Miller & Rollnick, 2013). 예를 들어, 더 나은 부모가 되려는 목표에 코카인 사용이 어떻게 방해가 되는지를 환자가 더 명확히 인식한다면 사용 중단에 더 큰 중요성을 부여할 것이다.

4. **중요성 척도 연습 활용하기**(Miller & Rollnick, 2002) 이 연습은 다음의 간단한 평가 질문에 기반한다. "1점부터 10점까지의 척도에서, 1점은 중요하지 않음, 10점은 매우 중요함을 나타낸다고 할 때, 코카인 사용을 변화시키는 것이 당신에게 얼마나 중요합니까?" 환자가 어떤 숫자로 대답하든 치료자는 항상 왜 그 숫자가 더 낮지 않은지 묻는 후속 질문을 해야 한다. 예를 들어, 환자가 "4점"이라고 대답하면, 치료자는 "왜 2점이 아니라 4점인가요?"라고 후속 질문을 해야 한다. 이러한 후속 질문 방법은 환자에게 이미 인식하고 있는 변화의 중요성을 느끼게 하고 변화를 촉진한다. 두 번째 후속 질문은 "4점에서 5점으로 높이려면 무엇이 필요할까요?"이다. 치료자는 이 질문을 통해 환자가 중요성을 높일 수 있는 결과를 생각해 보도록 유도한다. 종종 심각한 결과가 이미 발생했거나 환자가 그런 방향으로 나아가고 있는 경우가 많다. 이러한 가능성을 단순히 생각하게 하는 것만으로도 환자에게 물질사용에 대한 깊은 성찰을 촉진할 수 있다. 환자가 5점 이하의 낮은 숫자를 보고하는 경우, 중요성 문제에 시간을 더 안배해야 한다. 하지만 환자가 더 높은 점수를 줄 경우, 다른 전략으로 전환하는 것이 더 효과적이다(Lewis, 2014).

5. **환자에게 중요한 주제 다루기 및 협상하기** 치료 과정에서 환자가 물질사용에 관한 그 어떤 논의에도 강하게 저항하는 순간이 올 수 있다. 이러한 상황에서는 환자에게 그 순간 본인

이 이야기하고 싶은 중요한 주제가 무엇인지 질문하는 것이 도움이 된다. 예를 들어, 환자는 마리화나 사용에 관해 이야기할 의도가 전혀 없고 남편과 나빠진 관계에 관해 이야기하고 싶어 할 수 있다. 환자는 자신의 마리화나 사용과 관계 문제 사이의 연관성을 인식하지 못할 수도 있다. 하지만 마리화나 사용에 대한 주제만을 억지로 다루려 한다면 저항을 일으킬 뿐이다. 환자에게 중요한 주제에 초점을 맞추는 것은 환자의 관심사를 존중하고 치료 관계를 형성하는 데 도움이 된다. 호기심을 유지하면서 개방형 질문, 인정, 반영, 요약(OARS, 곧 논의됨)을 능숙하게 활용한다면 마리화나 사용이라는 주제가 결국 드러날 가능성이 매우 크다. 특히 환자 삶의 다른 문제들과 연관이 있으면 더욱 그렇다. 또 다른 전략은 환자와 논의할 주제를 협상하는 것이다. 만약 치료자가 환자의 관계 문제를 논의하는 데 동의한다면, 환자도 자신의 마리화나 사용에 대해 논의하는 데 동의할 수 있다[치료 회기 내 초점에 대한 상세한 논의는 Miller와 Rollnick(2013) 연구를 참조].

일부 독자들은 물질사용에 초점을 맞추지 않으면 '실제' 문제가 전혀 논의되지 않는 것이라고 염려할 수 있다. 필자의 경험에 따르면, 물질남용은 개인의 삶에 너무도 깊이 얽혀 있어서 치료에서 그 주제를 피하는 것이 거의 불가능하다. MI 활용에 숙달되면, 환자가 초기에는 이러한 문제를 논의하기를 꺼리더라도 결국에는 물질남용에 대해 심층적으로 탐색할 수 있게 된다.

6. **환자의 관점에서 치료받게 된 이유 탐색해 보기** 물질을 남용하는 환자는 종종 법 집행기관, 법원, 가족, 동료나 사회로부터 외면받는다. 이는 그들이 자신의 견해를 이야기할 기회를 거의 얻지 못한다는 것을 의미한다. 게다가 다른 사람들은 그들을 신뢰할 수 없는 사람으로 취급하며 그들의 이야기를 들으려고 하지 않는 경우가 많다. 안타깝게도 타인들의 이러한 반응이 아무리 정당해도 이와 같은 태도는 환자의 저항을 더욱 거세지게 할 따름이다. MI 관점에서 치료자는 환자의 이야기를 존중하고 격려하며 환자가 치료에 오게 된 이유를 주의 깊게 경청한다. MI 치료자는 호기심과 존중의 자세로 환자가 어려움에 빠진 사건의 의미를 탐색한다. 핵심은 환자에게 수용적인 분위기를 제공하면 저항이 줄어들고, 환자는 변화를 더 기꺼이 고려하게 된다는 것이다(Lewis, 2014).

(2) 자신감 강화하기

많은 환자가 물질사용 변화에 대한 중요성을 인식하고 있음에도 불구하고, 실제 변화를 이루지 못하는 것이 역설적으로 보일 수 있다. 이런 경우, 문제는 중요성이나 양가감정이 아니라 대개 자신감의 부족에서 기인한다. 환자는 물질 없는 삶으로 변화하는 방법을 단순히 알지 못할 수 있다. 다시 말해, 그들이 물질 없이 살아간다면 회복, 거절 기술 또는 대처 능력에 있어 자기효능감이 낮을 수 있다. 필자는 다양한 물질중독 환자들이 중요성 척도에서 상대적으로 높은 점수를 부여받고 물질사용으로 인한 부정적인 결과를 인지하면서도, 여전히 파괴적인 방식으로 물질사용을 지속하는 사례를 보아 왔다. 이들은 "어떻게 사용을 멈추나요?"와 같은 질문에 직면하며 어려움을 겪는다.

중요성이 높아진다고 하여 동기가 증가하고 저항이 줄어들며 양가감정이 덜 문제가 되어 MI가 수월해질 것이라고 가정해서는 안 된다. 실제로 자신감 증진은 치료자들에게 지속적인 MI의 전략으로 노력해야만 달성할 수 있는 도전 과제이다. 또한 치료자는 환자의 동기가 치료 과정에서 변동할 수 있음을 인식해야 한다. 환자는 자기 행동이 해롭다는 것을 직감적으로 알 수 있지만 이것이 곧 변화하는 방법을 자동으로 알게 된다는 것을 의미하지는 않는다. 따라서 자신감 문제에 임상적 관심을 집중하는 것은 충분히 가치 있는 접근이다.

다음은 치료자들이 자신감을 구축하는 데 사용할 수 있는 몇 가지 전략으로, Miller와 Rollnick (2002) 그리고 Cole(2006)의 연구에서 채택된 방법들이다.

1. **개인적 지원 체계** 누군가가 자신의 편에 있다는 사실은 환자에게 큰 안도감을 줄 수 있다. 이는 어떤 상황에서도 동료가 함께할 것이라는 확신을 통해 자신감을 형성한다. 필자는 환자에게 "누가 당신을 지지하고 있나요?" 또는 "누가 당신에게 든든한 지원을 제공해 줄 수 있나요?"라는 질문을 한다. 환자는 필요한 경우 그 사람에게 지원을 요청하도록 권장된다.

2. **과거의 성공적인 변화 시도** 변화에 성공한 경험은 자신감을 증진한다. 환자는 일반적으로 물질사용을 중단했거나 다른 중요한 삶의 변화를 이루었던 과거 성공 사례를 떠올릴 수 있다. 필자는 7년 동안 단주했다가 다시 음주를 시작한 환자를 기억하는데, 치료 과정에서 필자는 환자의 과거 단주 성공 사례 탐색에 중점을 두었다. 당시 환자가 사용했던 많은 전략은 잊혔지만 치료자와 환자가 함께 탐색을 통해 이들을 재발견할 수 있었다.

3. **자원과 강점에 집중하기** 환자의 자원과 강점을 탐색하는 과정은 물질사용을 중단하기 위해 이미 가지고 있는 내적 자원을 상기시키는 데 도움이 될 수 있다. 끈기, 절제력, 신념, 긍정적인 습관, 그리고 좋은 사람(어머니, 아버지, 아들, 딸, 직원 혹은 인간)이 되고자 하는 열망이 그 예이다. 개방형 질문을 통해 이러한 자원과 강점을 탐색함으로써 환자가 응답 범위를 점점 넓히도록 격려할 수 있다.

4. **자신감 척도 사용하기** 환자의 변화에 대한 중요성을 높이기 위해 환자에게 1점(낮은 자신감)부터 10점(높은 자신감)까지의 척도로 자신의 자신감 수준을 평가하도록 할 수 있다. 환자의 자신감이 낮은 경우 치료자는 더 높은 점수를 얻는 방법을 함께 모색할 수 있다.

5. **장애물 탐색하기** 변화에 대한 장애물에는 동료의 부정적인 압력, 다양한 원인으로 인한 스트레스, 생리적 반응(예: 갈망), 부정적인 감정과 사고, 그리고 열악한 대인관계 등이 포함될 수 있다(Lewis, 2014). 치료자들은 환자가 이러한 장애물을 탐색하고, 가능하다면 이를 극복할 방법을 브레인스토밍하도록 도와야 한다. 환자가 회복 과정에서 예상되는 장애물을 예상하고 대비할 수 있을 때 그들의 자신감은 더욱 증가한다.

6. **MI와 일관된 방식으로 정보와 조언 제공하기** 정보와 조언 제공은 종종 부정적인 방식으로 여겨진다. 치료자들은 환자에게 제공할 수 있는 실제적인 전문 지식을 가지고 있음에도 불구하고, 왜 그것을 제공할 수 없는 것일까? 문제는 정보가 아니라 정보를 제공하는 방식에 있다. 예를 들어, 환자가 요청하지 않은 조언을 제공하거나 치료자가 환자에 대해 전문가적인 태도를 보인다면 대개 저항을 증가시키고 역효과를 초래할 가능성이 크다. 요청받지 않은 조언은 환자의 지식, 기술, 긍정적 특성을 존중하지 않는 것이므로 MI 정신에 부합하지 않는다. 그러나 MI와 일관된 방식으로 정보와 조언을 제공한다면 환자의 자신감을 높이는 아이디어를 제시할 수 있다. 또한 자신감이 낮은 환자는 회복 목표 달성에 도움이 되는 아이디어를 원할 때가 많다. 결국, 환자들은 궁극적으로 조언을 사용할지 말지를 결정하며 이렇게 그들의 자율성은 치료의 전 과정에 걸쳐 존중받는다.

다양한 주제와 자원에 대한 정보를 제공하고 조언함으로써 부정확한 정보를 수정하고 환자의

글상자 11-1 OARS 연습

MI 관점에서 중요한 것은 기본 기법인 OARS(Open questions, Affirmations, Reflective listening, Summarize)를 충분히 연습하는 것이다. MI에서 OARS는 네 가지 과정 전반에 걸쳐 전략적으로 사용된다. Cole(2008)의 작업을 변형한 5~6명으로 구성된 소규모 그룹에 가장 적합한 이 연습을 라운드 로빈(round robin)이라고 부른다. 교육자로서 필자 또한 라운드 로빈 연습에 참여를 즐긴다.

연습에 앞서 우선 집단 구성원들에게 원형으로 앉도록 지시한다. 한 명이 환자 역할을 맡아 자신이 이루고자 하는 변화에 대한 양가감정을 이야기한다. 시나리오가 실제 상황이라면 가장 좋지만 환자가 원한다면 가상의 역할을 만들어서 연기하도록 선택권을 준다. 환자가 이야기를 시작하고 멈추면 오른쪽에 앉은 사람이 단순한 반영 혹은 복잡한 반영으로 응답한다. 환자는 이에 자연스럽게 떠오르는 응답을 한 후 다시 멈추면 오른쪽 다음 칸에 앉은 사람이 또 다른 반영으로 응답한다. 이 과정은 환자가 다시 이야기하고 멈출 때마다 원에 앉은 다음 사람이 OARS 기법 중 한 가지로 응답하는 방식이다. 이 과정을 모든 '치료자'가 두 번씩 응답할 때까지 반복한다.

라운드 로빈은 기법을 연습하는 데 매우 효과적인 방법이며 필자는 이 간단한 연습을 통해 시도를 두려워했던 많은 학생이 상당한 자신감이 향상되는 과정을 목격하였다. 라운드 로빈의 변형된 방식으로는 모든 MI 기법을 통합하는 방식, 구성원들에게 반영과 질문을 2:1로 유지하도록 권장하는 방식, 그리고 오로지 반영만을 요구하는 방식 등이 있다. 모든 과정에서는 코칭과 피드백이 제공된다.

자신감을 강화할 수 있다. MI와 일관된 방식으로 정보와 조언을 제공하기의 핵심은 먼저 환자에게 동의를 구하는 것이다. 이끌어 내기-제공하기-이끌어 내기 모델(elicit-provide-elicit model; Rollnick, Mason, & Butler, 1999)은 이러한 방식을 잘 보여 주는 예이다. 첫 번째 단계는 환자가 이미 알고 있는 것을 질문하고(이끌어 내기), 정보를 제공하고(동의를 구해 제공하기), 방금 제공된 정보에 대해 환자가 어떻게 생각하는지 질문하는 것이다(이끌어 내기). 이 패턴은 필요에 따라 반복될 수 있다(Lewis, 2014).

Rosengren(2009)은 FOCUS라는 약어를 사용하여 정보와 조언을 제공할 때 다음과 같은 권장 사항을 제시했다. ⓐ 먼저 동의를 구하라(First, ask permission), ⓑ 생각을 강요하지 말고 제공하라(Offer ideas rather than forcing ideas), ⓒ 간결하게 제공하라(be Concise), ⓓ 선택지를 사용하라(Use a 'menu of options'), ⓔ 환자가 정보를 통해 형성하는 생각과 의미를 탐색한다(Solicit the client's ideas and meaning he or she makes of the information).

선택지를 제공한다는 것은 마치 레스토랑에서 메뉴를 선택하듯 환자에게 몇 가지 선택 메뉴를 제안하는 것을 의미한다(Miller & Rollnick, 1991). 이는 환자의 선택이 불필요하게 하나로만 제한되는 문제를 방지한다. 다양한 선택지를 통해 환자는 자신에게 가장 적합한 치료나 전략을 선택할 수 있으며 환자는 이를 통해 자유로움을 느끼게 된다. 예를 들어, 환자는 물질남용 치료시설에서 개인치료, 집단치료, 가족치료 또는 이들 접근의 조합 중에서 선택할 수 있다. 또 다른 선택지로 완전한 금욕, 점진적 사용 감소 또는 폐해 감소 중 어떤 목표를 설정할지도 선택할 수 있다. 하지만 상황에 따라 선택지가 제공되지 않을 수도 있다. 예를 들어, 수년간의 알코올 남용으로 생리적 손상을 입은 환자가 중증 알코올 사용장애로 진단된 경우, 치료의 선택지는 당연히 제한될 수밖에 없다. 이런 경우에는 환자에게 솔직하게 설명하고 개인의 선택을 강조하는 것이 최선이다(Cole, 2008).

7. **변화를 상상하고 장애물 예상하기** 자신감은 환자가 중독에서 성공적으로 회복하는 데 필요한 단계를 시각화할 수 있을 때 증가한다. "1년 후에 성공적으로 헤로인을 끊은 자신을 상상해 보세요. 이 목표를 달성하기 위해 어떤 단계를 거쳤나요? 어떤 어려움을 극복해야 했으며 그것을 어떻게 해냈나요?"와 같은 가설적인 질문을 통해 환자에게 단약 후 자신의 삶이 어떻게 긍정적으로 변화할지 미래를 상상하도록 격려할 수 있다. 이를 통해 환자는 회복에 필요한 행동과 태도를 구체화할 수 있다. 성공적인 회복을 위해 필요한 사고와 행동은 무엇인가? 환자의 예상되는 장애물도 탐색해야 한다. 즉, 정확한 경로와 도전에 대처하기 위한 전략을 설명할 수 있는 환자는 추진력을 구축하고 자신감을 강화한다.

2) 동기면담의 네 가지 과정

MI의 네 가지 과정은 이 접근 방식이 임상적으로 어떻게 적용되는지에 대한 이해를 돕는다. 이 과정에는 관여하기(engaging), 초점 맞추기(focusing), 유발하기(evoking), 그리고 계획하기(planning)가 포함된다. 이상적으로는 치료자가 먼저 환자와 관계를 형성하고, 치료 회기에서 초점을 맞추고, 환자로부터 변화 대화를 유발한 다음 변화를 위한 계획을 수립하는 단계로 순차적으로 진행된다. 하지만 실제 임상에서는 치료자가 상황에 따라 이 과정들 사이를 유연하게 오갈 수 있다. 각 과정에 대한 간략한 설명은 다음과 같다.

(1) 관여하기

MI의 첫 번째 단계는 환자의 욕구와 필요를 이해하고 MI의 정신을 전달하여 환자와 협력적인 관계를 형성하고 치료 과정에 적극적으로 참여시키는 것이다(Miller & Rollnick, 2013). 이 단계에서 치료자는 개방형 질문을 사용하고 환자의 강점을 인정하고, 반영하고, 요약하는(OARS) 핵심 기법을 활용하여 환자가 치료에 온 목적에 대화의 초점이 맞춰지도록 유도한다. 관여하기 과정에서 환자에게 정보와 조언을 제공할 수도 있지만 앞서 언급했듯이 환자의 동의를 구하지 않고는 어떠한 것도 제공되어서는 안 된다.

(2) 초점 맞추기

MI의 전반적인 목적은 내면화된 행동 변화의 촉진이다. 여기에서 주요 관심 대상은 물질남용과 중독이지만 치료자들은 종종 MI를 부분적으로 활용하여 환자가 정신건강과 관련된 다른 중요한 행동 변화를 확인하도록 돕는다. 초점이 맞추어지면 이제 치료 회기는 동기를 부여하고 특정 변화를 이루어 내기 위해 중요성, 자신감, 준비도를 강화하는 작업으로 전환된다.

(3) 유발하기

유발하기 과정은 환자를 변화에 준비시키는 필수단계이자 MI의 고유한 특징이다. 이 과정은 환자가 변화에 대한 준비나 전념을 드러내는 언어인 변화 대화(change talk) 개념에 중점을 둔다(Miller & Rollnick, 2013). 예를 들어, 환자가 "나는 진통제 중독을 정말로 멈추고 싶어요"라고 말할 수 있다. 이러한 진술은 환자에게 중단에 대한 욕구가 있음을 의미한다. MI 치료자들은 환자에게 이러한 변화 대화에 호기심을 가지고, 더욱 자세한 설명을 요청하여, 환자의 언어를 다시 반영함으로써 이 변화 대화를 깊이 탐색한다. 변화 대화의 반대 개념은 '유지 대화(sustain talk)'로 환자가 변화를 원하지 않음을 표현하는 것이다. 유지 대화는 환자의 양가감정 중 변화에 반대하는 측면을 나타내기 때문에 치료자들은 유지 대화도 탐색하지만 대개는 변화 대화에 중점을 둔다. 시간이 지나면서 MI 치료자는 환자의 모든 변화 대화를 요약하여 통합한다. 변화 대화가 강조되기는 하지만 행동 변화에 대한 자율성은 언제나 환자 쪽에 있다.

MI 수련생들은 환자가 변화 대화를 전혀 하지 않을 때 어떻게 해야 하는지에 대해 종종 질문한다. 그러나 환자가 변화 대화를 전혀 하지 않거나 변화에 100% 반대하는 경우는 거의 없다. 대부분의 환자는 적어도 어느 정도의 양가감정을 가지고 있다. 치료자들은 이러한 환자의 언어를 주의 깊게 듣고 가능한 변화의 단서를 포착해야 한다. 변화 대화가 시작되면 MI 치료자들은 초점을 맞추어 더 자세히 탐색한다. 그러나 변화 대화가 보이지 않는다면 치료자가 환자로부터 이를 끌어내는 것이 일반적인 원칙이다(MI의 유발하기 과정). Amrhein, Miller, Yahne, Knupsky와

Hochstein(2004)은 변화 대화에 대해 여섯 가지 주요 유형이 있음을 밝혀냈다. 첫 번째는 변화에 대한 욕구(Desire to change: "나는 단주를 원한다"), 두 번째는 변화를 이룰 수 있는 능력(Ability to change: "나는 중단할 수 있다"), 세 번째는 변화의 이유(Reasons to change: "내가 단주하면 아이들을 다시 만날 수 있다"), 그리고 네 번째는 변화의 필요성(Need for change: "단주는 나와 내 가족에게 중요하다. 그렇지 않으면 그들을 잃게 될 것이다")이다. 이렇게 처음 4유형의 첫 글자를 따서 DARN이라는 약어로 나타낸다(Miller & Rollnick, 2013). DARN을 기반으로 한 질문은 변화 대화를 유발하기 위한 기억 보조 방법으로 사용된다.

D – "왜 코카인 사용을 변화시키고 싶나요?"

A – "어떤 능력이 당신의 코카인 사용을 줄이는 데 도움이 될까요?"

R – "코카인 사용을 중단하려는 이유는 무엇인가요?"

N – "코카인 사용에 변화를 줄 필요는 무엇인가요?"

이 외에도 변화 대화의 추가적인 두 형태로 결단 언어(commitment language)와 변화를 향한 단계 취하기(taking steps toward change)가 있다. 이들은 변화 대화의 강화된 형태로서, 변화 대화 동원하기(mobilizing change talk)라고도 불린다(Miller & Rollnick, 2013). 다음은 변화 대화 동원하기를 이끌어 내기 위해 고안된 질문들이다.

글상자 11-2 반영적 경청을 위한 간단한 연습

MI 치료자들은 MI의 네 가지 과정에서 반영적 경청을 특히 중시한다. 이는 반영적 경청이 공감과 함께 MI 정신을 전달하는 핵심 전략이기 때문이다. 일반적으로, 치료자는 모든 질문에 두 번의 반영을 목표로 하며, 3:1의 반영과 질문 비율을 이상적인 기준으로 설정하도록 권장된다(Cole, 2008). 반영적 경청이 흥미로운 점은 일관성을 유지하기가 보기보다 쉽지 않다는 것이다. 필자의 경험에 따르면, 모든 치료자는 숙련된 반영적 경청 연습을 활용할 수 있다. 반영적 경청을 강화하는 방편으로, 필자는 학생들에게 Rosengren(2009)이 제안한 다음을 일상 대화에서 연습하라고 독려한다. TV를 켜고 Dr.Phil이나 Oprah와 같은 토크쇼 혹은 뉴스 인터뷰를 시청해 보라. 인터뷰 대상자가 이야기할 때, TV를 잠시 일시 정지하거나 음소거한 후 반영적으로 응답해 보라. 이후 프로그램을 재개하거나 음소거를 해제하고 계속 시청하라. 인터뷰 대상자가 또 다른 진술을 할 때마다 이 과정을 반복하면서 점점 반영을 심화시키려고 노력해 보라(예: 숨겨진 감정, 뉘앙스, 신체 언어를 반영해 보라). 이제 저널에 메모를 작성해 보라. 반영이 쉬웠는가, 또는 어려웠는가? 당신의 반영은 단순했는가, 또는 복잡했는가? 인터뷰 대상자는 당신의 반영에 어떻게 반응할 것 같은가? 대안 과제로, 학교나 직장을 오갈 때 라디오를 활용해 이 활동을 수행하는 것을 고려해 보라. 재미있게 시간을 보내는 연습이 될 것이다!

C – "마리화나 사용을 변화시키려는 당신의 결단은 얼마나 강한가요?"

T & S – "음주를 줄이기 위해 당신은 어떤 단계를 밟았나요?"

환자는 이러한 질문들에 대해 자신의 판단에 따라 자유롭게 응답할 수 있지만, 이에 대한 응답은 변화 대화를 끌어낼 것이다. 변화 대화가 제시되면 치료자는 이에 초점을 맞추고 더욱 깊이 탐색해야 한다.

유발하기 과정에서 치료자의 목표 중 하나는 환자가 상충되거나 때로는 모순되는 두 가지 행동 유형 사이의 양가감정을 해결하도록 돕는 것이다. 일반적으로 변화 대화가 변화의 중요성에 대한 포괄적 진술(예: '단약하면 더 건강해질 것이다')에서 변화 실행에 대한 구체적 진술(예: '오늘 밤 AA 모임에 갈 예정이다')로 바뀔 때, 환자는 변화를 상상하기 시작하며 변화를 실현할 수 있는 정보와 권장 사항을 탐색하게 된다.

(4) 계획하기

Miller와 Rollnick(2013)은 일단 변화를 위한 동기가 강화되었다면 치료자는 변화를 위한 계획 협상 단계로 나아가야 함을 강조하였다. 치료자가 계획하기로 나아가지 못한다면, 환자는 이전의 문제 행동 패턴으로 되돌아가 재발할 위험성이 높아진다. 이처럼 계획하기는 MI의 네 번째 과정이다.

MI의 첫 세 단계인 관여하기, 초점 맞추기, 그리고 유발하기는 중요성과 자신감을 증가시키고 행동 변화 준비를 촉진하는 등의 동기 문제를 다루기 위해 고안되었다. 이러한 과정들은 환자가 행동 변화에 대한 자신의 이유와 동기 그리고 저항을 탐색할 수 있도록 돕는다. 또한 환자가 물질을 남용하지 않는 삶을 어떻게 만들어 갈 수 있을지, 그들의 욕구, 능력, 이유, 필요성(DARN)을 숙고하고 말로 표현하도록 한다. 계획하기 과정은 환자의 자신감, 결단, 준비 상태를 지속적으로 모니터링하는 동시에 목표와 실행 계획을 수립하고, 이를 근거로 지침에 따라 협상하는 과정을 포함한다.

일단 변화 계획이 수립되면 치료자는 환자의 결단과 동기를 지속해서 강화하는 데 도움을 준다. 변화 계획에 대한 지속적인 지원, 강화, 조정을 제공하는 데 초점을 맞추는 이 시점에서 치료 회기의 빈도는 줄어들 수 있다. 계획하기 과정에서 환자의 동기가 낮아지면 치료자는 동기 증진에 다시 초점을 맞추고 치료 회기의 빈도를 늘릴 수도 있다. 하지만 동기 부여 문제를 해결한다고 해서 환자가 도움이 덜 필요하다는 뜻은 아니다. 이는 단지 환자가 어느 단계에 있든지 간에 치료의 다음 단계로 넘어갈 준비가 되었음을 뜻한다. 계획하기 과정에서 치료자는 필요에 따라 다른 기술, 기법, 이론을 사용할 수 있다. 어떤 접근 방식을 사용하든 실제로 MI 치료자들은 MI 정신을 생생하게 잘 유지하는 것이 중요하다는 사실을 안다.

계획하기 과정은 공식적일 수도 있고 비공식적일 수도 있다. 공식적으로 계획하기에서 치료자는 환자가 변화 과정을 생각하고 더 체계적인 방식으로 장애물이나 도전을 예상하도록 '변화 계획 활동지'(Center for Substance Abuse Treatment, 1999)와 같은 도구를 사용할 수 있다. 변화 계획 활동지에는 다음과 같은 질문들이 포함될 수 있다.

> 내가 만들고 싶은 변화는…….
>
> 내가 이러한 변화를 만들고 싶은 가장 중요한 이유는…….
>
> 나는 목표를 달성하기 위해 다음과 같은 일들을 할 계획이다…….
>
> 내 계획에 방해가 될 수 있는 몇 가지 사항은 다음과 같다…….
>
> 다른 사람들은 내가 이러한 방식으로 변화하도록 도울 수 있다…….

글상자 11-3 자신의 변화 동기 평가하기

변화를 원하지만 양가감정을 느끼는 음식, 물질, 행동, 활동 또는 나쁜 습관을 떠올려 보라. 예를 들어, 건강한 식습관을 갖고 싶지만 스트레스를 받을 때 설탕이 많이 든 간식이 주는 정서적 위안을 즐기게 되어 과도하게 섭취할 수 있다. 이 장에서 제시된 전략을 활용하여 중요성과 자신감에 대해 자가 평가를 해 보라. 예를 들어, 행동이나 습관과 관련된 변화의 중요성과 자신감에 있어서 당신은 어느 위치에 있는가(예: 척도 연습)? 당신이 변화를 상상한다면 변화했을 경우와 변화하지 않았을 경우 각각의 최상과 최악의 시나리오는 무엇인가? 변화할 준비가 되었다고 생각한다면[즉, 중요성과 자신감이 상대적으로 높음(각각 6 이상)], 다음 문항에 따라 변화 계획 활동지를 작성해 보라.

내가 만들고 싶은 변화는…….
내가 이러한 변화를 만들고 싶은 가장 중요한 이유는…….
나는 목표를 달성하기 위해 다음과 같은 일들을 할 계획이다…….
내 계획에 방해가 될 수 있는 몇 가지 사항은 다음과 같다…….
다른 사람들은 내가 이러한 방식으로 변화하도록 도울 수 있다…….

이 계획을 일주일 동안 실천해 보고 결과가 어떻게 되었는지 살펴보라. 어떠한 장애물이 있었는가? 계획을 어떻게 수정할 것인가? 세웠던 계획을 계속 진행할 것인가? 필요한 경우, 당신의 중요성과 자신감도 재평가해 보라.

치료자는 앞의 문항을 바탕으로 다른 다양한 질문과 문구를 자유롭게 활용하여 환자가 어떠한 변화가 일어날지 계획하고 자신의 행동 변화를 실현하기 위해 어떻게 할 것인지에 도움을 줄 수 있다. 비공식적일 때 치료자는 활동지 작성 없이 환자와 간단하게 변화 계획을 논의할 수 있다. 어떤 방법을 사용하든 치료자와 환자는 환자의 상황에 가장 적합한 변화 계획하기를 위해 협력한다.

4. 이론의 강점과 약점

MI의 중요한 강점 중 하나는 전 세계 다양한 지역에서 영향력과 존재감을 발휘하고 있다는 것이다. 미래의 MI 교육자를 양성하는 조직인 동기면담 교육자 협회(Motivational Interviewing Network of Trainers: MINT)는 아시아, 유럽, 영국, 중동, 아메리카 전역에 걸쳐 회원을 보유하고 있다(Lewis, 2014). MI는 유연성이 뛰어나 다른 접근 방식과의 통합에 적합하다. 동기면담 치료자들은 환자들과 더 좋은 관계 구축을 위해 MI 정신을 쉽게 치료 관계에 통합할 수 있다(Lewis, 2014). MI는 환자의 강점을 강조하고, 물질남용 변화에 대한 환자의 생각, 감정, 태도, 동기를 존중한다. MI는 명확한 목표 행동(물질사용을 줄이거나 중단하는 것) 설정이 비교적으로 용이하므로 특히 물질사용 문제에 효과적으로 적용할 수 있다(Lewis, 2014). MI는 특히 전숙고 단계 환자에게 효과적인 전략이다. 환자에 대한 존중의 태도는 저항을 완화하고 변화의 기회를 열어 준다. 이렇게 MI 접근은 막대한 경험적 지지를 축적하였으며, 이를 통해 국가 근거 기반 임상 등록부에 등재된 물질남용 문제에 대한 근거 기반 실무로 자리 잡게 되었다.

그러나 다른 접근과 마찬가지로 MI에도 한계는 있다. 임상 연구를 통해 MI가 다양한 문제에 대해 효능이 있다는 것이 입증되었지만 언제, 누구에게 MI 접근이 사용되어야 하는지 또는 사용되지 말아야 하는지에 대해서는 아직 명확히 알려진 바가 없다(Miller & Rollnick, 2002). 때로 환자는 치료자의 교육, 조언 제공, 치료 과정 지시와 같이 더욱 지시적인 접근이 필요할 수 있다(Miller & Rollnick, 2002). MI는 위기 상황처럼 숙련된 치료자의 전문 지식과 지도가 필요한 경우에는 효과적이지 않을 수 있다. 마찬가지로, 최근에 큰 상실을 경험한 환자는 행동 변화에 관한 관심보다는 누군가의 이해와 경청을 원할 것이다. 따라서 다양한 환자와 집단을 대상으로 MI를 탐구하기 위해서는 더 많은 경험적 연구가 필요하다. 일부 평론가들은 MI 접근을 사용할 때 치료자와 환자의 목표가 서로 상충하거나 치료자가 환자의 결과에 이해관계가 있을 때 발생할 수 있는 윤리적 문제에 대해서도 지적하였다(Lewis, 2014). 윤리와 MI에 대한 훌륭한 논평은 Miller와 Rollnick의 2002년 연구를 참조하라.

5. 사례 연구 반응

가브리엘 사례에 대한 연구 반응은 다음과 같다. 먼저 MI 관점에서 가브리엘의 동기 수준을 평가하는 것이 필요하다. 치료자는 OARS 기법을 활용하여 가브리엘이 치료를 시작하게 된 의미를 탐색하며 그와 MI의 관여하기 과정을 시작한다.

가브리엘이 과거에 물질사용을 중단하려고 시도했으며, 현재 치료를 받고 있다는 사실은 그가 물질사용에 대해 건강한 양가감정을 가지고 있음을 암시한다. 이는 그가 물질사용 중에 매우 가까운 관계였던 조카를 피하려 했다는 사실로 더욱 입증된다. 가브리엘은 변화를 원하고 변화의 중요성을 인식하고 있지만 이를 실행할 자신감이 부족할 가능성이 있다. 그의 변화 대화는 아마 준비 단계에 있을 것이다. 즉, 변화의 필요성에 대해 인식은 하고 있으나 아직 결단에 이르지는 않았음을 나타낸다. 또한 그가 타인의 권유로 치료를 시작하게 되었다는 사실은 그의 내적 변화 동기가 낮을 수 있음을 나타낸다. 가브리엘은 조카와의 관계를 소중히 여기므로 그의 물질사용과 상반되는 다른 가치와 목표를 탐색할 필요가 있다.

가브리엘은 물질사용 문제 외에도 성 정체성에 대한 혼란을 포함하여 화학적 의존성이 강한 가족력, 아버지와의 불안정한 관계, 심각한 불안 관련 문제 등 여러 가지 다양한 문제와도 씨름 중이다. 따라서 물질남용이 치료의 주요 주제가 될 수 있지만, 가브리엘은 다른 주제들도 다루고 싶어 할 가능성이 크다. 이에 MI의 두 번째 과정인 초점 맞추기는 MI 치료자에게 도전 과제가 될 수 있다. 치료자는 회기에서 의도적인 MI 전략을 활용하여 가브리엘과 가장 적합한 주제에 초점을 맞출 수 있다.

치료자는 우선 가브리엘이 치료에 온 이유로 보이는 물질사용 문제를 탐색할 것이다. MI 기법을 활용하여 과거 사용 이력, 가족력, 현재 사용 패턴, 그리고 접수 면접에서 일반적으로 수집되는 다양한 정보를 탐색할 것이다. 물질사용 변화에 대한 중요성과 자신감을 평가함으로써 동기 수준과 관련하여 노력해야 할 부분도 탐색할 것이다. 치료자는 언제나 관계 형성을 위해 치료의 시작부터 개방형 질문, 인정, 반영, 요약의 MI 기법을 활용한다.

초기 만남과 논의 중에 물질사용 외의 다른 문제들이 등장할 가능성이 크다. 따라서 치료 회기(후속 회기)에서 초점을 맞추기 위해, 치료자는 가브리엘에게 가장 이야기하고 싶은 상위 5~6가지 문제(물질사용을 포함)를 언급하도록 격려할 것이다. 이후 치료자는 이번 회기에서 가브리엘에게 논의할 가장 적절한 주제가 무엇인지 질문할 것이다. 예를 들어, 가브리엘은 불안 감소, 아버지와의 관계 개선, 혹은 첫 성경험에 대한 수치심 등에 대해 탐색하기를 원할 수 있다. 치료자는 가브리엘의 동의하에 물질사용과 관련된 정보를 제공할 것이며, 그의 삶에서 두드러진 물질남용의 영향력을 고려했을 때 치료자의 염려를 전달하고 치료의 초점을 물질남용 문제에 맞추기로 제안할 것이다.

물질남용을 치료의 초점으로 설정한 후 치료자는 가브리엘의 특정 주제에 대한 견해, 이미 시도해 본 방법, 변화를 방해한 장애물, 변화에 대한 그의 생각 등을 최대한 많이 끌어낼 것이다. 이 과정의 핵심은 가브리엘로부터 변화 대화를 유발하는 것이다. 가브리엘이 변화 대화를 시작하면 치료자는 의도적으로 그의 말을 반영하고 요약하여 다시 전달할 것이다. 가브리엘의 변화 대화가 준비단계의 언어에서 결단 언어로 발전하면 이제 계획하기 과정으로 넘어갈 것이다.

계획하기 과정에서 변화 계획 활동지를 사용할 수 있다. 이 활동지를 활용하여 변화를 원하는 이유, 변화 과정에 예상되는 장애물, 그리고 변화 과정에서 활용할 수 있는 지지 체계를 탐색할 것이다. 계획이 수립되면 행동 계획이 효과적으로 실행되도록 다른 이론적 모델과 접근 방식으로 전환하는 방안도 고려할 것이다. 그러나 과정 중 언제라도 환자의 동기가 낮아진다면 치료자는 언제든지 MI로 돌아갈 준비를 한다.

MI가 가족치료 접근으로 개발되지는 않았지만 가브리엘의 동의하에 그의 누나와 어머니를 치료 회기에 초대하는 것을 적극적으로 고려할 것이다. 예를 들어, 가브리엘과 세 번의 개인치료 회기를 진행한 후, 가족치료 회기를 한 번 갖는 패턴을 치료 전반에 걸쳐 주기적인 형태로 유지할 수 있다. 치료자는 MI 철학을 기반으로 가족과 함께 MI 기법을 활용하여, 가족 구성원 모두를 의도적으로 참여시킴으로써 각자의 관점을 이해하고, 피드백을 제공하며, 양가감정을 탐색하고, 변화 대화를 유발하고 강화할 것이다. 또한 가족 구성원이 서로와 가브리엘을 지원할 수 있는 아이디어를 끌어낼 것이다.

치료자는 MI 정신의 모든 측면—협력, 유발, 수용, 연민—을 통합하여 가브리엘과의 작업의 기초로 삼을 것이다. 이러한 기초를 바탕으로 치료자는 이 장에서 설명한 중요성 척도 연습을 통해 그의 물질사용 변화와 관련한 중요성과 자신감을 탐색할 것이다. 치료자는 개방형 질문, 인정, 반영, 요약하기 기법(OARS)을 활용하여 가브리엘과 관계를 형성할 것이다. 치료 회기에서 치료 주제 정리를 통해 초점 맞추기를 할 예정이다. 치료자는 특히 DARN C+TS(Desire, Ability, Reason, Need, Commitment, Taking Steps) 약어를 활용하여 가브리엘로부터 변화 대화를 유발하고, 반대로 유지 대화를 최소화하려고 노력할 것이다. 변화 대화가 나타나면 치료자는 호기심을 가지고 이를 탐색하고 반영하고 요약할 것이다. 계획 과정으로 넘어가서는 변화 계획 활동지를 활용하여 계획 과정을 구조화할 것이다.

가브리엘에게 MI 접근을 활용하는 데 있어 도전은 그의 문제들이 매우 복잡하게 얽혀 있다는 점이다. 예로, 가브리엘은 물질남용 문제뿐만 아니라, 그 외에도 많은 문제로 어려움을 겪고 있다. MI 치료자는 숙련된 초점 맞추기를 사용하여 치료에 구조와 방향을 제시해야 한다. 우려되는 많은 문제 중 특정 문제를 구체화하는 것은 상당히 어려울 수 있다. 유의할 점은 특정 초점에 합의가 이루어지지 않으면 치료의 초점이 흐려지고 환자와 치료자 모두 압도되어 아무런 성과도 얻지 못할 수 있다는 것이다.

또 다른 잠재적 도전 과제는 가브리엘의 가족 배경과 현재 가족 관계를 둘러싼 문제들이다. 비록 치료 과정의 어느 시점에서 그에게 필요할 수도 있겠지만 MI는 환자의 과거를 탐색하기 위해 설계된 접근은 아니다. 가족 역동이 가브리엘의 물질사용에 중요한 역할을 하는 것으로 보이므로, MI는 이러한 문제를 탐색하는 데 최선의 접근이 아닐 수 있다. 그러나 관여하기, 초점 맞추기, 관심사 유발과 같은 기법뿐만 아니라 MI 정신은 다른 임상적 접근 및 가족치료 접근과 잘 통합되어 활용될 수 있다.

치료자는 MI 정신이 가브리엘에게 잘 맞고 수용되는 느낌이 들어 그의 생각을 기꺼이 나누려는 분위기를 만들어 낼 것으로 믿는다. 치료자는 관계 형성 과정이 치료의 분위기를 결정하기에 매우 중요하다고 여긴다. 이 과정에서의 핵심 메시지는 다음과 같다.

1. 함께 문제 해결을 위해 노력하자.
2. 앞으로 나아가기 위해 당신에게서 아이디어를 끌어낼 것이다.
3. 나는 당신의 강점을 인정하고 자율성을 존중할 것이다.
4. 당신의 복지를 증진할 것이다.

MI의 초점 맞추기와 유발 과정 역시 중요하다. MI를 활용함으로써 치료자들은 치료 회기에 더 초점을 맞출 수 있다. 어떤 문제도 1번의 회기, 심지어 50번의 회기를 통해서도 모두 해결될 수는 없다. 초점 맞추기 과정을 통해 치료자와 환자는 회기마다 두세 가지 주제에 초점을 맞추며, 모든 주제의 상호 관계를 강조할 수 있다(Miller & Forcehimes, 2015). 작은 성공을 바탕으로 환자는 자신의 삶을 지속해서 개선하고, 점점 자신감을 축적하는 것이다.

특히 가브리엘의 과거 치료 경험을 고려하면 그는 유발 과정에서 도움을 받을 것으로 보인다. 치료자는 가브리엘에게 물질사용에 대한 견해, 물질사용에 대한 태도, 변화에 대한 관점, 과거 7주 동안 단주를 유지할 수 있었던 방법에 대해 질문하지 않았을 수 있다. 유발하기는 환자가 치료에 주도권을 갖게 하며, 이는 협력적인 관계 형성에도 이바지한다.

요약

동기면담은 물질남용 문제로 고통받는 환자들에게 그 효과가 입증된 경험적 근거 기반 치료법이다. MI는 협력, 환자로부터 유발된 생각, 수용 그리고 공감을 기반으로 한다. MI는 환자의 회복에 있어서 자율성을 강조하는 접근이다. 중요성을 고취하고 자신감을 강화하는 전략을 활용하여 MI 치료자는 물질남용 행동 변화를 위한 내적 동기 촉진을 돕는다. 특히 MI는 환자가 스스로를 파괴적인 패턴에 갇히게 하는 주요 내적 경험인 변화에 대한 양가감정을 다루는 데 효과적이다. MI의 네 가지 과정은 관여하기, 초점 맞추기, 환자로부터 변화 대화 유발하기, 변화를 위한 계획하기이다.

지속적인 학습을 위한 자료

▸ Books

Hester, R. K., & Miller, W. R. (Eds.). (1995). *Handbook of alcoholism treatment approaches: Effective alternatives* (2nd ed.). Boston: Allyn & Bacon.

Miller, W. R., & Rollnick, S. (2013). *Motivational interviewing: Preparing people to change addictive behavior* (3rd ed.). New York: Guildford Press.

Prochaska, J. O., Norcross, J. C., & DiClemente, C. C. (1994). *Changing for good: A revolutionary six-stage program for overcoming bad habits and moving your life positively forward*. New York: Avon Books.

Rollnick, S. (2010). *Motivational interviewing for mental health disorders*. Eau Claire, WI: PESI Continuing Education Seminars.

▸ Websites

The Change Companies: www.changecompanies.net (includes many MI resources, including the training video based on the 2013 third edition of the classic MI text by Miller and Rollnick).

Motivational Interviewing: www.motivationalinterviewing.org.

National Association of Alcoholism and Drug Abuse Counselors (NAADAC): www.naadac.org.

National Institute on Drug Abuse: www.drugabuse.gov.

Psychotherapy.net: www.psychotherapy.net (training videos in MI).

▸ Video

Hettema, J. (Producer), & Langdon, L. (Director). (2009). *Motivational interviewing training video: Instructional information and demonstrative clinical vignettes, a tool for learners*. United States: Langdon Productions.

참고문헌

Amrhein, P., Miller, W. R., Yahne, C. E., Knupsky, A., & Hochstein, D. (2004). Strength of client commitment language improves with training in motivational interviewing. *Alcoholism: Clinical and Experimental Research, 28*, 74A.

Center for Substance Abuse Treatment. (1999). *Enhancing motivation for change in substance abuse treatment*. Treatment Improvement Protocol (TIP) Series 35 (DHHS Publication No. SMA 99-3354). Rockville, MD: U.S. Department of Health and Human Services.

Cole, C. (2006). *Motivational interviewing: An approach for addressing ambivalence for change developed by William R. Miller, PhD and Stephen Rollnick, PhD*. Greensboro, NC: Cathy Cole Training.

Cole, C. (2008). *Advanced training motivational interviewing*. Carrboro, NC: Cathy Cole Training.

Hubble, M. A., Duncan, B. L., Miller, S. D., & Wampold, B. E. (2010). Introduction. In B. Duncan, S. Miller, B. Wampold, & M. Hubble, *The heart and soul of change: Delivering what works in therapy* (2nd ed., pp. 23–46). Washington, DC: American Psychological Association.

Lewis, T. F. (2014). *Substance abuse and addictions treatment: Practical application of counseling theory*. Columbus, OH: Pearson.

Miller, W. R. (1983). Motivational interviewing with problem drinkers. *Behavioural Psychotherapy, 11*, 147–172.

Miller, W. R., & Forcehimes, A. A. (2015). *Integrating motivational interviewing in addiction treatment*. Scottsdale, AZ: The Change Companies and Train for Change.

Miller, W. R., Moyers, T. B., & Rollnick, S. (2013). *Motivational interviewing: Helping people change*. Scottsdale, AZ: The Change Companies.

Miller, W. R., & Rollnick, S. (1991). *Motivational interviewing: Preparing people to change addictive behavior*. New York: Guildford Press.

Miller, W. R., & Rollnick, S. (2002). *Motivational interviewing: Preparing people for change*. New York: Guildford Press.

Miller, W. R., & Rollnick, S. (2013). *Motivational interviewing: Preparing people for change* (3rd ed.). New York: Guilford Press.

Miller, W. R., & Rose, G. S. (2009). Toward a theory of motivational interviewing. *American Psychologist, 64*, 527–537.

Plotnik, R. (1993). *Introduction to psychology*. Florence, KY: Cengage Learning.

Prochaska, J. O., DiClemente, C. C., & Norcross, J. C. (1992). In search of how people change: Applications to addictive behaviors. *American Psychologist, 47*, 1102–1114.

Rollnick, S. (2010). *Motivational interviewing for mental health disorders*. Eau Claire, WI: PESI Continuing Education Seminars.

Rollnick, S., Mason, P., & Butler, C. (1999). *Motivational interviewing in health care: Helping patients change behavior*. New York:

Guilford Press.

Rosengren, D. B. (2009). *Building motivational interviewing skills: A practitioner's workbook*. New York: Guilford Press.

Sheldon, K. M., & Elliot, A. J. (1998). Not all personal goals are personal: Comparing autonomous and controlled reasons for goals as predictors of effort and attainment. *Personality and Social Psychology Bulletin, 24*(5), 546–557.

12장 폐해 감소

-환자들이 있는 곳에서 그들과 만나기-

Regina R. Moro
Jana Burson

폐해 감소(harm reduction: HR) 이론은 그 명칭이 의미하듯 중독과 관련된 해로움을 줄이는 것이 기본 개념이다. HR 이론에 대해 하나의 구체적인 정의를 내리기는 어렵지만, 폐해 감소 연합(Harm Reduction Coalition: HRC)과 국제 폐해 감소 협회(International Harm Reduction Association: IHRA)에서 내린 두 가지 정의가 가장 널리 받아들여지고 있다. 폐해 감소 연합(HRC, 연도 미상)에 따르면 HR이란 "약물사용과 관련된 부정적 결과를 줄이기 위한 실제적인 전략과 방안이다. HR은 또한 약물을 사용하는 사람들의 권리에 대한 믿음과 존중을 기반으로 한 사회정의 운동"이기도 하다(para. 1). 국제 폐해 감소 협회(IHRA, 2015)는 HR을 "약물사용을 중단할 수 없거나 중단할 의사가 없는 사람들의 향정신성 약물사용과 관련된 해로움을 줄이기 위한 정책, 프로그램 및 실천들"이라고 정의한다. 이러한 정의의 특징들을 살펴보면, HR은 약물사용 자체를 예방한다기보다 약물을 계속 사용하는 사람들에게 집중하며 폐해 예방에 더 중점을 두고 있다는 사실을 알 수 있다(para. 6).

앞서 언급한 두 가지의 정의는 HR 이론에 대한 간략한 개요를 제공하는데, 이 장에서 각 특정 요소에 대해 상세히 다룰 것이다.

1. 이론의 기본 개념

일부 사람들에게 HR이란 주사기 교환, 안전한 주사법 시연, 오피오이드 중독자의 오피오이드 과다복용을 역전시키기 위한 날록손(naloxone) 키트 배포, 그리고 오피오이드 중독치료를 위한 메타돈(methadone)과 부프레놀핀(buprenorphine)의 처방과 같이 논란의 여지가 있는 정책들을 포괄하는 것이다. HR 접근의 반대론자들은 이러한 HR 정책들을 모든 약물에 대한 금욕이라는 전통적인 회복의 정의와 모순된다고 주장한다(White, 1998). 반대론자들은 HR 치료가 중독된 사람들을 완전한 금욕에 성공하는 것보다 더 낮은 삶의 질에 머물도록 한다고 비판한다.

그러나 Denning(2001)은 HR을 "포용, 존중, 협력, 그리고 선택의 철학"이라고 주장한다(p. 24). 모든 중독자나 물질사용자가 물질사용을 완전히 중단할 수 있거나 중단할 의사가 있는 것은 아니다. 어떤 사람들에게는 영원한 금욕은 물론, 단 하루의 물질사용 중단도 상상조차 불가능한 일이다. 도움을 원하는 일부 사람들은 물질사용과 관련된 폐해를 줄이고는 싶지만 물질사용을 완전히 배제하기를 원하지는 않으므로, 모든 물질에 대한 완전한 단약이 중독치료에 오는 사람들의 궁극적 목표가 아닐 수 있다. 따라서 환자에 따라 치료 시작 전부터 치료 목표에 차이가 발생하는 것이다.

완전한 금욕을 원하지는 않지만 중독으로 인한 부정적 결과는 줄이고 싶은 환자를 금욕 기반 치료에 참여시킨다면 환자는 이를 강압적이거나 불쾌하게 느낄 수 있다. 환자는 극도의 불편감을 느낄 가능성이 있고, 치료 과정에서 치료자와 충분한 관계를 형성하지 못할 수도 있으며, 심지어 치료를 그만둘 수도 있다. 이는 마치 우유를 3리터만 구매하고 싶어 하는 고객에게 영업사원이 접근하여, 더 신선하고 건강한 우유를 얻기 위해서는 한 무리의 소를 사야 한다고 말하는 것과 비슷하다. 비록 영업사원의 말에 일리가 있을 수는 있어도, 한 무리의 소를 소유한다는 것은 너무 부담이 크고 어려우며 불편한 일일 것이다. 고객은 영업사원이 자신이 원하지도, 필요하지도 않은 것을 판매하려는 것처럼 느낄 수 있다.

1997년, 샌프란시스코시는 전통적인 금욕 기반 중독치료와 증가하는 HR 실천에 대한 지지 사이의 격차를 해소하기 위해 세 번의 BG(Bridging the Gap, 간극 메우기) 모임(Gleghorn, Rosenbaum, & Garicia, 2001)을 개최하였다. 이 중 첫 번째 모임의 기획 단계에서 HR을 실천에 통합하기 위한 여덟 가지 핵심 원칙이 개발되었으며 이후 모임의 참석자들에게 배포되었다. Gleghorn 등(2001)이 설명한 여덟 가지 핵심 원칙은 다음과 같다.

1. 알코올 또는 기타 약물을 남용하거나 오용하는 사람들을 위해 협력하는 서비스 제공자는 문화적 역량과 비판단적인 자세를 바탕으로 개인의 존엄성, 강점, 자기 결정권을 존중해야 한다.
2. 서비스 제공자는 물질남용과 오용으로 인한 경제적 · 사회적 · 신체적 결과를 줄이기 위한

개입을 광범위한 지역사회에 제공할 책임이 있다.

3. 적극적 물질사용자들은 전통적 서비스의 제공 방식으로 접근이 어렵다. 따라서 위험을 줄이기 위해서 서비스 연속체는 창의적인 기회를 모색하고 새로운 전략을 개발하여 잠재적인 환자를 참여시키고 동기를 부여하며 개입해야 한다.
4. 물질남용 치료 서비스의 목표는 지속적인 사용자들을 포함한 사용자들의 물질남용으로 인한 단기적·장기적 부정적 결과를 감소시키는 것이다.
5. 알코올 또는 기타 약물을 남용하거나 오용하는 사람들을 위한 포괄적인 치료에는 사용을 중단할 수 없거나 중단할 의사가 없는 환자와 그들을 사랑하는 사람들을 위한 폐해 감소 전략이 포함되어야 한다.
6. 재발 또는 다시 물질을 사용하게 되는 기간을 '치료의 실패'로 개념화하거나 동일시해서는 안 된다.
7. 의료 서비스는 포괄적인 물질남용 치료의 중요한 구성 요소이다. 중독을 포함한 의학적·정신적 치료를 위해 약물을 처방받은 환자들에게 물질남용 치료에 대한 완전한 접근성이 보장되어야 한다.
8. 포괄적인 서비스 체계 내 각 프로그램은 시스템 내의 다른 프로그램과 협력하여 작업함으로써 더욱 강해질 수 있다(p. 2).

글상자 12-1 반영 연습

본문에 제시된 상황을 상상해 보라. 우유를 3리터만 구매하고 싶어 하는 잠재적인 고객에게 영업사원이 접근하여 더 신선하고 건강한 우유를 얻기 위해서는 한 무리의 소를 사야 한다고 말하는 상황이다. 이제 자신을 우유를 구매하려는 그 상황 속의 사람이라고 생각해 보라.

- 영업사원과의 대화에서 당신은 어떤 감정을 경험할 수 있는가?
- 당신은 이 경험 중에 어떤 생각을 할 수 있는가?
- 당신은 이 상황에서 영업사원에게 어떤 행동을 취할 것 같은가?

중독치료자의 역할에서 중요한 것은 공감에 대한 학습이다. 나의 경험(즉, 감정, 생각, 행동)이 어떠한지를 성찰할 수 있는 능력은 다른 사람의 경험은 어떠하며, 상대방이 당신으로부터 필요로 하는 도움은 무엇인지에 대한 통찰을 준다.

Marlatt, Blume과 Parks(2001)는 이러한 핵심 원칙이 연민 어린 현실적인 접근을 수용하는 것이고, 서비스 접근을 낮은 문턱으로 제공하는 것이며, 서비스를 사용할 환자들과 함께 협력하여 프로그램을 만드는 것이라고 요약하였다. 이 핵심 원칙에는 Denning(2001)이 설명한 협력, 존중, 포용의 요소가 잘 녹아들어 있다.

2. 이론의 철학적 기초와 핵심 개념

이론적 틀로서 HR은 주로 20세기 중후반에 시작되었으며, 그 시대에 유행한 후천성 면역 결핍 증후군(AIDS) 치료의 대안적인 방법으로 인기를 얻게 되었다(Cook, Bridge, & Stimson, 2010). 인체의 면역 결핍 바이러스(HIV) 항체를 검출하기 위한 검사가 1980년대 중반에 개발되었고, 정맥 주사(IV) 약물사용자들 사이에서 HIV와 AIDS 감염률이 높게 나타났다(Cook et al., 2010). 오늘날 우리가 알고 있는 초기 폐해 감소 전략은 오염된 주사기 바늘을 매개로 하여 HIV/AIDS 확산과 관련된 폐해를 줄이기 위해 개발된 것이다.

네덜란드의 수도인 암스테르담은 정맥 주사 약물사용자와 접촉하는 동시에 지역사회의 HIV/AIDS 확산을 늦추는 것을 목표로 포괄적 프로그램을 도입하였다(Buning, van Brussel, & van Santen, 1988). 이 프로그램에는 공공교육과 고유한 오피오이드 대체 프로그램을 포함하지만 이에 국한되지 않는 다각적인 접근 방식이 포함되었다. Buning 등(1988)의 연구에 따르면, 네덜란드 정부는 시내버스를 개조하여 도시 곳곳을 이동하면서, 받을 수 있는 자격이 있는 환자에게 오피오이드 대체 약물을 제공하였다. 환자의 적격성은 의사 의뢰, 치료 준비도, 소변 검사 등 다양한 요건을 바탕으로 결정되었다. HR 접근에 대해 비평하는 사람들은 이런 프로그램이 입원 치료를 감소시킬 것이라고 믿었지만 Buning 등의 연구 결과, 지원 프로그램의 가용성 증가는 실제 입원 치료율을 200% 높였다고 제시하였다. 이러한 입원 치료의 증가는 시에서 제공하는 포괄적인 접근 방식(환자가 있는 곳에서 그들을 만나는 방식)의 효과로 볼 수 있으며, 중독에 대한 낙인을 감소시킨 태도의 변화 때문일 수 있다.

암스테르담의 폐해 감소 노력과 같은 풀뿌리 프로그램은 전 세계적으로 확산하였다. HR 접근은 일반적으로 물질남용과 관련이 있지만, 다른 분야에서도 폐해를 감소시키기 위해 유사한 접근 방식을 활용하게 된다. 예를 들어, 10대의 원치 않는 임신과 성병 전염을 줄이기 위한 학교 차원의 HR 콘돔 프로그램은 이전의 금욕만을 강조했던 프로그램보다 더 효과적이었다(MacCoun, 1998). 비록 폐해 감소 운동에 대한 많은 비판도 존재하지만, 전 세계적으로 폐해 감소 접근은 점점 더 많이 시행되는 추세이다.

1) 주요 개념

아름답게 세공된 보석처럼 HR 접근에도 다양한 측면이 존재한다. HR의 주요 개념 중 하나는 환자 돌봄에서 환자가 중심이고, 환자가 주도적이어야 한다는 것이다. 개인 스스로 선택할 수 있는 자율성을 존중하는 것이 HR 접근의 핵심이다. 서비스 제공자는 치료 목표를 설정하지 않는다. 대신, 환자와 협력하며 환자를 그들의 필요와 자신의 목표에 대해 가장 잘 알고 있는 전문가로 인식한다. 결국, 삶의 변화를 만들어 내는 사람은 오직 환자 자신뿐이다. 환자에게 변화를 강요하면 환자는 치료를 중단하거나 단기적으로 혹은 표면적으로만 순응을 보일 가능성이 크다.

중독 환자를 치료할 때 부딪히는 큰 장벽 중 하나는 부인(denial)의 개념이다. 많은 물질사용자가 부정적으로 판단되고 낙인찍힐 것을 두려워하여 사용 형태에 대한 논의를 꺼린다. 따라서 HR은 부인이라는 개념을 수용하지 않으며, 대신 개인이 물질사용에 대해 양가적인 상태에 있다고 믿는다(Denning, 2001). HR 접근에서는 개인의 삶의 질을 향상하는 데 초점을 맞춘 선택지가 제공된다. HR 접근은 "우리는 당신을 염려합니다. 설령 당신이 약물사용을 완전히 중단하고 싶지 않더라도 지금 더 안전할 수 있는 길은 있습니다"라는 메시지를 전달하고자 한다. 이러한 무조건적 지지는 변화의 강력한 도구가 될 수 있다. 변화는 종종 치료 관계의 결과로 일어나며(Assay & Lambert, 1999), HR의 메시지는 약물사용자와 치료 공동체 간에 신뢰와 라포를 형성할 수 있게 한다. Denning(2001)은 HR 지향을 수용하는 데 있어 가장 핵심은 존중을 기반으로 환자와 협력적으로 지속적인 관계를 발전시키는 것이라고 제안한다.

존중을 바탕으로 한 관계 형성에서 HR 치료자는 교육자의 역할을 담당한다. 구체적으로, 환자는 심리교육을 통해 약물이 신체에 미치는 영향에 대한 정보를 습득한다. HR 치료자는 환자가 최선의 결정을 하도록 관련 정보를 최대한 많이 제공한다. 치료자가 교육자 역할을 하는 것과 마찬가지로 환자도 치료자를 교육하도록 권장된다. 치료자가 환자를 더 명확하게 이해하면, 환자 삶의 모든 측면을 포괄하는 통합적 치료가 가능해진다. 이는 환자의 욕구를 돕기 위해 다양한 형태의 치료가 통합될 수 있음을 의미하지만 모든 환자에게 일률적인 것은 아니다. 각 개인에 대한 맞춤형 치료를 계획할 때 창의적이고 열린 마음을 갖는 것이 중요하다. 나아가, 가족과 친구들도 치료 과정에 일부로 참여시키는 것이 권장된다(Denning, 2001). 다른 모델에서는 가족 구성원이나 친구들이 물질사용을 조장하는 것으로 간주하고 이들과 분리를 권장하기도 한다. 그러나 공동체 참여를 중요시하는 HR 모델에서는 그렇지 않다.

HR 모델은 변화의 복잡성을 수용한다. 하루 만에 파괴적인 습관을 바꿀 수 있는 사람은 거의 없다. 환자들의 변화가 흔히 며칠에서 몇 달, 심지어 몇 년에 걸쳐 일어나는 과정임을 상기하며 진전과 후퇴를 반복해도 지속해서 지원한다. 장기적인 변화에 대한 관여보다는 단기적 관점에 초점을 맞추어 보다 쉽게 달성될 수 있는 목표를 추구한다. 이 접근은 변화가 흔히 작은 진전에서 일어난다는 것을 인정한다.

폐해 감소는 물질사용, 오사용, 중독을 하나의 연속체로 본다. 중독된 사람들만 물질사용으로 인한 폐해를 입는 것은 아니다. 때로는 호기심에 물질을 사용한 사람도 심각한 결과를 경험할 수 있다. 예를 들어, 헤로인을 실험 삼아 해 본 청년은 오피오이드 과다복용이 될 수 있다. 이때 주변에 날록손 키트를 가진 사람이 있다면 최악의 폐해(즉, 사망)를 막을 수 있다. 만약 사용자가 아직 중독으로 발전되지 않았다면, 이 사건은 그에게 헤로인이 죽음의 위험을 감수할 가치는 없다는 사실을 이해시키는 계기가 될 것이다. 날록손 키트가 없었다면 그는 살아서 그러한 선택을 할 기회를 얻지 못했을 것이다. HR은 일상적인 사용자와 간헐적인 사용자 모두를 돕기 위한 접근이다. 이 예시에서 강조하듯이, HR 치료의 혜택을 받기 위해서 반드시 중독이라는 질환을 가질 필요는 없다.

2) 철학적 기초

모든 이론은 철학적 기반을 갖추고 있으며 HR도 마찬가지이다. HR과 가장 밀접하게 연관된 철학은 공리주의 사상(utilitarian thought)이다. 공리주의는 도덕적으로 옳은 행동이 가장 이로운 행위라고 본다(Driver, 2014). HR과 관련하여 공리주의를 이해하려면 도덕의 개념을 검토해야 한다.

도덕(morals)은 존재(being), 행동(acting) 또는 사고(thinking)에 관한 이분법적인 판단(예: 옳고 그름, 또는 좋고 나쁨)을 가리킨다. 일상생활에서 도덕적 판단은 이분법적인 방식으로 행동하는 무의식적 특성이다(Richardson, 2013). 많은 사람은 자신이 도덕적 판단을 하고 있다는 것조차 인식하지 못한다. 이러한 예는 형사재판 과정에서 볼 수 있다. 형사재판 중 판사나 배심원은 조사 중인 개인의 행동이 옳은지 그른지에 따라 유죄 결정을 내리는 역할을 맡는다(예: 어떤 행동에 대해 도덕적 판단을 내리는 것). 이런 의사결정 과정에서 선택권은 제한적이어서 대개는 유죄 또는 무죄에 대한 판결이 요구된다([그림 12-1] 참조).

[그림 12-1] 이분법적인 도덕적 판단 신념

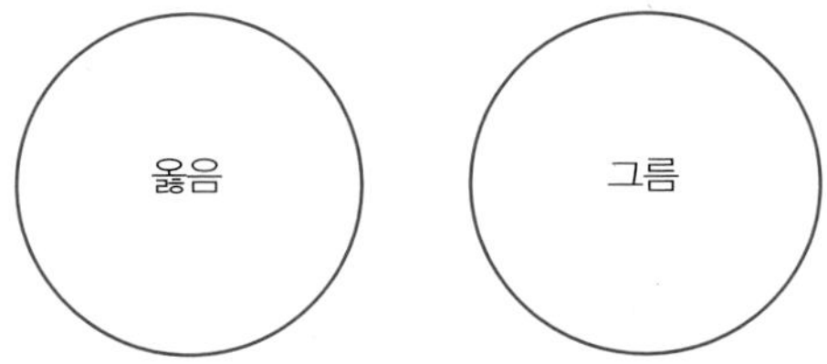

[그림 12-2] 도덕적 판단 신념의 스펙트럼

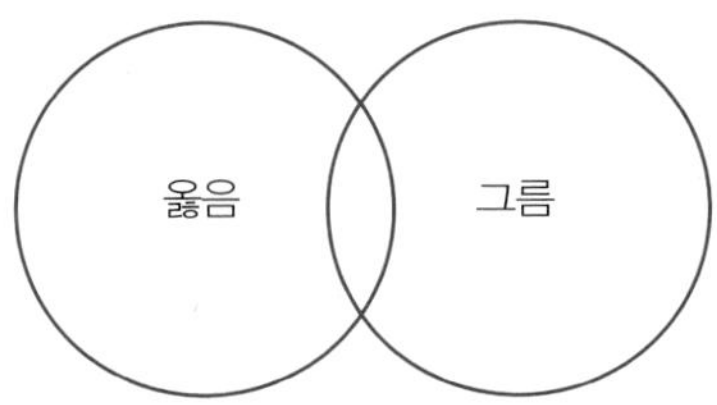

전통적으로 물질사용은 이분법적인 관점에서 옳거나 그른 것으로 분류되었다. 사용자는 사용할 때의 이점 때문에 옳은 것으로 분류하는 반면에, 비사용자들은 사용을 그른 것으로 분류한다. 하지만 HR 접근은 [그림 12-2]에서 보듯이, 도덕적 판단을 이분법에서 스펙트럼으로 확장한다. 이분법 사이의 중첩을 보여 주는 중간 영역을 옳고 그름이 모두 존재할 수 있는 영역으로 만들어, 근본적으로 분류되는 것의 옳고 그름을 제거한 것이다. 이 스펙트럼을 중독치료에 적용하여 일부 행동이 옳을 수도 있고 그를 수도 있다는 개념을 받아들이면, 어떤 행동은 판단 없이 그냥 행동일 뿐이다. 이러한 사고의 확장은 우리에게 다양한 관점을 고려하도록 도움을 주며 치료자와 환자의 관계 형성을 돕는다. 환자는 물질사용과 관련하여 이점이 있는 동시에 폐해도 있다는 사실을 인식하는 것이 중요하며 이는 치료자도 마찬가지이다. 스펙트럼에 더 많은 관점이 있다는 것을 인정하면 치료자와 환자 모두 자신의 논의에 대해 덜 방어하게 된다.

공리주의에 의하면 도덕적으로 옳은 행동은 개인이나 더 큰 규모인 사회의 폐해를 감소시킨다. 따라서 모든 폐해 감소 전략은 폐해를 줄이기 때문에 도덕적으로 옳은 행동이다.

3) 다른 접근과의 비교

중독치료 외에 의학 분야에서도 HR 개념은 치료의 핵심이 된다. 의사들은 다른 만성질환을 관리할 때 종종 폐해 감소 접근을 활용한다. 예를 들어, 의사가 제2형 당뇨병 환자들을 치료할 때 정밀 검사 후 개별 환자 상황에 따라 치료 권고안을 제시한다. 제2형 당뇨병 환자에게 탄수화물 섭취 제한이 중요하다는 것은 잘 알려진 사실이지만, 의사들은 종종 무설탕 식단을 권장하는 대신 환자가 설탕 섭취를 제한하는 것에 만족하기도 한다. 중독과 같은 대부분의 만성질환에는 행동적인 요소가 있으므로 환자들이 의사의 조언을 정확히 따르지 않는 경우가 많다. 의사들은 환자들이 행동을 변화시키는 데 시간이 걸린다는 것을 알면서도 환자들의 치료를 지속한다. 의사들은 작은 변화로도 질병으로 인한 폐해의 양을 감소시킬 수 있다는 것을 인식하고 있으며 이러한 변화를 전혀 변화하지 않는 것보다 낫다고 받아들이는 것이다. 의사들은 행동 변화에 시간이 걸리는 환자들을 포기하지 않고 이들에게 계속 약물을 처방하고 행동 변화에 동기를 부여하려고 시도한다. 환자가 비협조적인 경우에도 이러한 지속적인 치료는 환자에게 가해지는 폐해의 양을 감소시킬 수 있다.

앞서 논의하였듯이, 대부분의 사람에게는 옳고 그름에 대한 이분법적 사고가 더 쉽다. 치료자들 입장에서는 모든 행복감을 유발하는 약물사용을 비난하고, 회복을 모든 약물로부터의 완전한 단약으로 정의하는 것이 더 쉬울 수 있다. 하지만 현실에서는 이 양극단 사이에 다양한 회색 영역이 존재한다. 그러나 변화 과정의 중간 단계는 종종 무시되며 양극단 사이에 잘못된 이분법이 자리 잡기도 한다. 이러한 개념 확장의 필요성을 인식한 Prochaska와 DiClemente(1983)는 변화 단계 모델이라고도 알려진 초이론 모델(transtheoretical model: TTM)을 개발했다. 이 모델은 10장에서 자세히 설명하였으며, 이 시점에서 다시 한번 검토해 보기를 권한다.

동기면담(MI; Miller & Rollnick, 2013)은 변화 단계 모델을 수용하는 가장 잘 알려진 접근이다. 11장에서 논의한 바와 같이, MI는 인간 중심 접근 방식을 기반으로, 환자가 변화에 대해 부정하는 것이 아니라 양가감정을 가지고 있는 것으로 인식한다. 이런 점에서 MI는 HR과 매우 유사하다. MI와 HR은 인간 중심 치료 철학을 공유하는데, 이는 Rogers(1957) 치료의 핵심 조건에 뿌리를 두고 있다. Rogers는 변화를 촉진하기 위한 여섯 가지 핵심 조건을 제시했으며, 그중 세 가지 조건은 치료자와 관련이 있다. 치료자는 무조건적인 긍정적 존중의 태도를 지녀야 하고, 공감적 이해를 통해 환자와 연결되려고 애쓰며, 진실성을 바탕으로 환자와 상호작용해야 한다. 이러한 요소들은

HR을 실행하는 데 핵심이다.

4) 사회 정책에 미치는 영향

폐해 감소는 다른 어떤 중독 이론보다도 사회 정책과 밀접하게 연관되어 있다. HR 접근의 성공을 위해서는 사회 정책의 확대와 재개념화가 핵심적이다. HR이 효과적으로 실행되기 위해 과감하게 재검토되어야 하는 지난 세기의 사회 정책 중 하나는 '마약과의 전쟁'이다. 1971년 Richard M. Nixon 대통령은 수많은 정책의 근간이 되어 온 '마약과의 전쟁'이라는 문구를 만들었다(Drug Policy Alliance, 2015). 하지만 HR 접근을 성공적으로 실행하기 위해서는 이 '전쟁'의 개념이 축소되거나 최소한으로 재정의되어야 한다. 마약 소지 및 유통에 대한 최소 형량을 포함하여 물질에 대한 법적 규제는 범죄자의 삶과 사회 전반에 상당한 영향을 미쳐 왔다. 지난 십 년간 가장 많이 진화한 사회 정책은 마리화나 입법안이다. 역사적으로, 마리화나의 소지, 사용, 유통은 징역형의 대상이 되어 왔지만, 주로 의료용 마리화나 입법 정책 면에서는 상당한 변화가 있었다. 현재까지 23개 주와 워싱턴 DC가 의료용 마리화나를 합법화하였다(ProCon.org, 2015). 또한 2012년에는 워싱턴과 콜로라도의 유권자들이 기호용 마리화나 사용을 승인한 바 있다(Smith, 2012). 이후 다른 많은 주에서도 유사한 법안을 검토 중이다. 하지만 연방법은 여전히 마리화나를 가장 위험하고 중독성이 높은 물질에 해당하는 '스케줄 I' 불법 약물로 분류하고 있다.

법을 포함한 사회 정책은 폐해 감소 목적을 위해 법률적 예외를 허용해야 한다. 매사추세츠주 글로스터시의 시장은 최근 기존의 사회 정책에 도전하는 HR 접근을 전국적으로 대서특필했다. 글로스터시 시장은 약물을 소지한 채로 경찰에 자수하는 개인에게 즉시 치료를 시작할 수 있도록 하는 사면 프로그램을 발표했다(Becker, 2015). 범죄화에서 벗어난 이러한 정책 변화는 형사 사법 제도를 완전히 탈피한 HR 접근으로 기존의 마약 재판 절차의 진화로 여겨진다. HR 접근은 개인의 이익, 궁극적으로는 사회의 이익을 증진하기 위해 개별적인 상황이 유연하게 고려되도록 한다.

5) 폐해 감소 접근과 관련된 효과

수많은 연구가 폐해 감소의 실행 효과를 조사해 왔다. 이러한 연구들은 종종 환자의 신체적 · 심리적 효과 및 사회적 효과를 분석한다. Phillips, Stein, Anderson과 Corsi(2012)는 주사기 교환 프로그램과 연관된 HR 접근으로 환자 교육의 효과를 연구하였다. 연구자들은 정맥 주사를 통한 헤로인 사용자를 모집하여 표본을 개입 집단과 평가만 시행한 비개입 집단으로 무작위 배정하였다. 각 집단 참가자에게는 헤로인 주사 전에 해야 하는 피부 소독 절차를 시연해 보도록 요청하였다. 또한 평소 사용하던 주사기 소독 절차도 시연해 보도록 요청하였다. 연구원들은 승인된 프로토콜을 기반으로 각 참가자의 시연을 평가했다. 기본 평가를 마친 후, 처치 집단의 참가자들에게 피부 및 주사기 소독 절차에 대한 승인된 프로토콜을 가르치는 간단한 교육 회기를 제공하였다.

Phillips 등(2012)의 연구 결과, 6개월 추적조사에서 1개월의 추가 회기를 포함한 교육을 받은 처치 집단은 평가만 이루어진 집단보다 피부 및 주사기 소독 습관이 크게 개선된 것으로 나타났다. 또한 집단 간 유의미한 차이는 없었지만, 중재 집단 참가자들의 정맥 주사를 통한 헤로인 사용이 크게 줄어들고 사용 일수 또한 감소하였다. 이러한 결과는 고무적인데 그 이유는 HR 교육이 해당 실천의 주된 초점이 아니었음에도 불구하고 환자의 변화 촉진에 중요한 역할을 할 수 있음을 보여주기 때문이다. 비록 연구의 작은 표본 크기(N=48) 때문에 해석의 한계가 있을 수 있지만, 이러한 발견은 안전한 사용 습관과 물질의 소비율에 미치는 영향에 대한 환자 교육의 중요성을 시사하므로 향후 연구를 장려한다.

메타돈(Methadone) 유지 치료에 대한 대규모 학술적 문헌 연구가 진행되었다. Fullerton 등(2014)은 메타돈 유지 프로그램에 대한 기존 문헌 자료를 검토했고, HR 실행의 효과를 입증하는 많은 연구를 발견했다. 검토된 많은 연구는 메타분석, 즉 여러 연구를 수집하여 결과를 대규모로 분석하는 연구의 형태였다. 저자들은 메타돈 유지 프로그램이 환자들의 치료 참여를 증가시킬 뿐만 아니라 환자의 불법 오피오이드 사용을 감소시킨다고 보고하였다. 또한 메타돈 유지 프로그램은 사망률, 불법 행동 및 비오피오이드 불법 약물사용(예: 코카인, 메스암페타민)을 감소시키고, 나아가 HIV 감염과 관련된 행동도 감소시키는 것으로 보고되었다. 이러한 긍정적인 결과들로 인해 메타돈 유지 프로그램은 HR 실무로 널리 지원되고 있다.

Grazioli, Hicks, Kaese, Lenert와 Collins(2015)는 알코올 사용 장애 진단 기준을 충족하는 만성적인 노숙자 성인들을 대상으로 연구를 수행했다. 연구 참여자들은 HR 실무에 기반한 치료를 받았다. 그들은 알코올 사용에 대한 맞춤형 피드백을 받았고, 치료 목표(꼭 알코올 사용과 관련된 것은 아님)를 논의하도록 격려되었으며, 안전한 음주 습관에 대해 교육받았고, 약물(날트렉손)치료를 받았다. 연구 참여자들은 이후 3개월 동안 안전한 음주 습관을 받아들였는지, 또한 시간 경과에 따라 변화가 있었는지 추적 관찰되었다. 그 결과 참여자들이 음주 습관을 수용하는 데 시간에 따른 큰 변화는 없었지만 평균적으로 세 가지의 안전한 음주 습관을 지지하였다. 가장 흔한 습관은 알코올이 신체에 미치는 영향을 제한하는 것(예: 음주 시 음식 섭취하기)이었고 다음으로는 음주 방식 변경(예: 낮은 도수 알코올 마시기)이었다. Grazioli 등(2015)은 참여자들은 알코올 사용과 단주에 대해 "단주를 장기적인 생활 방식의 변화보다는 주로 지속적인 알코올 사용에서 일시적으로 벗어나는 것이라고 인식하는 경향이 있다"고 언급하였다(p. 67). 이러한 맥락에서 안전 음주 실천을 받아들이는 것은 보고된 참가자들의 금주에 대한 태도를 고려할 때 이해가 된다. 이 연구는 물질사용자에게 적절한 정보가 제공될 때 HR 실행을 수용하고 활용한다는 것을 잘 보여 준다.

앞서 언급한 연구들은 HR 실행에 관해 가용한 연구의 1%에도 채 미치지 못한다. 하지만 이러한 연구 결과는 HR 전략을 실행할 때 기대할 수 있는 결과를 제시해 준다. 구체적인 지침과 개입 수준을 탐색하는 더 많은 후속 연구는 환자뿐만 아니라 실무 치료자에게도 도움이 될 것이다.

3. 치료자가 이론적 접근을 활용하는 방법

HR의 이론적 접근은 개별 치료자뿐만 아니라 치료 프로그램을 통해 더 넓은 범위에서 활용된다. 이 절에서는 안전한 주사기 교환, 환자 교육 및 메타돈 유지 관리 프로그램을 포함한 HR의 최근 실행을 살펴본다. 또한 기관들이 폐해 감소의 실행을 어떻게 구현하는지에 대한 개요를 설명한다.

1) 주사기 교환과 주사 교육

폐해 감소와 가장 많이 연관된 실행은 주사기 교환 프로그램(needle exchange program: NEPs)일 것이다. 이 프로그램은 정맥 주사 약물사용자에게 새로운 주사기 바늘을 무료 또는 저렴하게 배포하는 것이다. NEPs는 간염, HIV와 같은 전염성 질병의 전파를 예방하고, 봉와직염과 피부 종기 같은 국소적인 연조직감염의 위험을 줄이는 데도 효과가 있는 것으로 나타났다. 또한 약물사용자들이 새 주사기와 바늘을 사용할 때, 심장내막염(심장 판막의 세균 감염)과 같은 다른 심각한 건강 문제의 위험도 감소하는 것으로 나타났다.

NEPs는 새로운 주사기 제공과 함께 사용자에게 안전한 주사 방법을 교육하는 것을 포함한다. 예를 들어, 헤로인의 순도는 매우 다양할 수 있으므로 약물사용자들은 전체 용량을 주사하기 전,

소량의 헤로인 용량을 검사하여 약물의 강도를 평가하도록 교육받는다. 또한 주사기에 솜 필터를 사용하도록 교육하여 약물과 함께 입자와 잔해물이 주입되는 것을 방지한다. 나아가 '면열(cotton fever)'의 위험을 줄이기 위해서 솜 필터를 재사용하지 않도록 교육한다. 정맥 주사 약물사용자들 사이에서 흔히 발생하는 질병으로, 발열, 복통, 메스꺼움, 구토 등을 포함한 다양한 의학적 증상이 특징적이다(Xie, Pope, & Hunter, 2016). 어떤 사용자들은 담배 필터가 안전하다고 오해하여 잘못 사용하기도 한다. 하지만 담배 필터에는 약물과 함께 주입되어 문제를 일으킬 수 있는 유리 입자가 포함되어 있어 사용되지 않도록 권장된다. 또한 어떤 사용자들은 약물을 용해하기 위해 레몬주스를 사용하는데 레몬주스에는 해로운 종류의 곰팡이가 있을 수 있으므로 이 또한 사용하지 않도록 권장된다.

교육은 혼자 있을 때 약물을 사용하지 않을 것에 대한 중요성도 다룬다. 집단에서 약물을 사용할 경우 과다복용이 발생하면 다른 사람의 도움을 요청할 수 있다. 또한 약물사용 시 주사 시간에 시차를 두는 것이 권장된다. 그래야 위급 시 도움을 요청할 수 있고 날록손 키트로 과다복용 상황을 역전시켜 위험한 상황을 모면할 수 있기 때문이다.

2) 날록손 키트

HR 실행이 증가하면서 날록손 키트의 가용성 또한 확대되고 있다. 날록손은 오피오이드 과다복용의 징후를 역전시키는 처방 약물로, 정맥 주사(정맥 내), 피하주사(피부 아래), 근육 주사(근육), 그리고 비강 스프레이(비강 내 분사) 등과 같은 다양한 방식으로 투여될 수 있다. 날록손은 일종의 항-오피오이드로 간주할 수 있으며, 과다복용 시 오피오이드 효과를 역전시키는 작용을 한다. 날록손은 수년간 응급실에서 활용되어 왔다. 하지만 최근 오피오이드 과다복용으로 인한 사망이 증가하면서 다양한 기관에서 오피오이드 사용자와 중독자, 그리고 경찰 및 응급 구조대원 같은 현장 응급 처치자에게 날록손 키트가 더 많이 활용하도록 추진 중이다. 최신 일부 날록손 키트에는 사용 방법을 알려 주는 자동 메시지가 포함되어 있으며, 점점 사용자 친화적으로 개선되고 있다.

오피오이드 과다복용이 신속하게 역전될수록 산소 결핍으로 인한 사망이나 장애 가능성이 낮아지므로 날록손 투여에 있어 시간은 매우 중요한 문제이다. 이에 현재 많은 주에서 날록손의 제삼자 처방을 허용하고 있다. 이는 의사가 오피오이드 사용자와 오피오이드 중독자뿐만 아니라 그 가족에게도 날록손 키트를 처방할 수 있음을 의미한다. 현재, 날록손 키트 처방에 관한 법적 기준은 주마다 다르다.

날록손 키트 보급 외에도 오피오이드 중독자, 친구, 가족 구성원에게 약물 과다복용 관리 기술에 대한 교육이 제공되고 있다. 교육에는 구조대가 도착할 때까지 기다리는 동안 반응이 없는 중독자의 몸을 어떻게 위치시켜야 하는지가 포함된다. 또한 하지 말아야 할 다음과 같은 사항—사용자 정맥에 얼음물을 주입하지 말기, 찬물로 샤워시키지 말기—등도 함께 교육받는다.

3) 약물 보조 치료

HR 접근은 중독과 관련된 일부 폐해를 돕기 위해 약물을 사용하기도 한다. 중독치료에 사용되는 가장 일반적인 약물 중에는 메타돈과 부프레놀핀이 있는데, 이들은 오피오이드 사용 중단, 그리고 중단 시 발생하는 금단 증상을 완화하기 위해 처방되는 약물이다. 오피오이드 중독에서 심각한 금단 증상은 흔히 볼 수 있는 현상인데, 이는 사용자들이 부정적인 결과에도 불구하고 약물을 계속 사용하게 되는 주요 원인 중 하나이다. 메타돈과 부프레놀핀은 오피오이드 사용 시 활성화되는 것과 똑같은 신경전달물질을 활성화하는 효과가 있지만 행복감을 주지는 않는다. 이 약물들은 신경전달물질 수용체 부위를 차단하므로 사용자는 신체적 금단 증상을 경험하지 않으면서도 사용을 줄일 수 있다.

메타돈을 이용한 약물 보조 치료(medication-assisted treatment: MAT)는 1964년부터 가능해졌다(Fullerton et al., 2014). 메타돈과 부프레놀핀을 이용한 오피오이드 중독의 관리는 전통적으로 HR로 간주했지만, 현재 많은 전문가는 MAT 자체를 독립적인 치료로 보고 있다. 이는 중독이 만성질환이며, 다른 많은 만성질환과 마찬가지로 환자가 무기한으로 약물을 복용해야 할 수도 있다는 특성에서 비롯한다.

4) 사례 개념화

치료자가 HR 접근을 활용하는 또 다른 주요 방법은 사례 개념화의 틀로 통합하는 것으로, 이는 Gleghorn 등(2001)이 제시한 핵심 원칙을 수용하는 것이다. HR의 관점을 수용한다는 것은 폐해를 줄이는 것이 환자와 사회 전체에 긍정적인 효과를 가져온다는 점을 인식하면서 환자에 대한 헌신을 갖는 것이다. 하지만 우리는 중독에 대한 특정한 부정적인 신념(예: 중독은 개인의 약점이고, 약물사용자는 나쁘다)으로 사회화되었기 때문에 이러한 변화는 쉬운 일이 아니다. 따라서 치료자는 자신의 편견을 검토하고, 자신의 신념이 환자에게 어떤 영향을 미칠지 성찰하는 것이 중요하다.

앞서 논의한 내용이 모든 HR 기법을 포괄하는 것은 아니지만, 이러한 개입과 전략들은 약물사용자의 안전을 유지한다는 공통된 목표를 가지고 있다. 이와 같은 목표를 공통으로 가지고 있는 모든 정책과 기법은 HR이라고 불릴 수 있고, 이상적으로는 서비스 제공자에 의해 돌봄, 연민, 비판단적인 방식으로 실행된다. 실제로 모든 형태의 중독치료는 환자에게 미치는 폐해를 줄이는 것이어야 한다. 서비스 제공자의 목표가 금욕이고 비록 환자가 그 금욕을 달성하지 못했다 하더라도 사용량을 줄였거나 조금 더 안전하게 사용하게 되었다면 폐해 감소는 달성된 것이다. HR 접근을 지지하는 사람들은 환자가 치료받기 전보다 상태가 더 나아졌다면 결코 그 치료는 실패한 것이 아니라고 말할 것이다.

4. 평가 및 예방의 함의

폐해 감소는 개인이 치료를 얼마나 받고 싶은지 그리고 어떤 접근을 받고 싶은지를 스스로 결정할 권리를 존중하므로 서비스 제공자들은 물질사용 맥락에서 환자의 변화 의지를 평가할 필요가 있다. 이상적으로, 치료자는 환자가 치료를 원하는 이유와 원하는 결과를 존중하며 평가해야 한다. 이는 대개 Prochaska와 DiClemente(1983)의 모델을 사용한 환자의 변화 단계에 대한 평가를 포함한다.

환자의 변화 준비도를 평가하기 위해 중독치료자는 표준화된 평가 도구를 사용한다. 변화 준비도 검사[Readiness to Change Questionnaire(RCQ); Rollnick, Heather, Gold, & Hall, 1992]는 전숙고 단계, 숙고 단계, 그리고 실행 단계의 세 가지 단계를 평가하는 12항목으로 구성된 도구이다. 12개의 항목은 각각 세 단계 중 하나에 해당하고, 합산된 점수는 −8에서 +8 사이의 점수로 나타나며 가장 높은 점수의 척도가 현재 변화 단계를 나타낸다. 초기 버전이 알코올 섭취 감소에만 초점을 맞추었다면(Heather & Hönekopp, 연도 미상), 현재 설문은 치료 환경에서 활용되는 금욕 관련 항목을 포함한 15가지의 항목[변화 준비도 검사(치료 버전); RCQ-Treatment Version]으로 확장되었다.

환자의 변화 준비도를 평가하기 위한 다른 평가 도구로 변화 준비도 및 치료 열의 척도(Stages of

Change Readiness and Treatment Eagerness Scale: SOCRATES; Miller & Tonigan, 1996)가 있다. 이 질문지는 19개의 항목으로 구성되어 있으며 환자의 변화 준비도를 세 가지 척도인 인식, 양가성, 실행으로 구분한다. 변화 준비도 및 치료 열의 척도(SOCRATES)에는 두 가지 양식이 있는데, SOCRATES 8A(Personal Drinking Questionnaire)는 개인의 음주에 대한 평가이고, SOCRATES 8D(Personal Drug Use Questionnaire)는 개인의 약물사용에 대한 평가이다. 이 두 가지 양식을 활용하면 음주 및 약물사용과 관련된 변화를 구분해서 평가할 수 있으므로, 앞서 언급했던 변화 준비도 설문지보다 더 많은 정보를 얻을 수 있다.

> **글상자 12-2 SAMHSA의 TIP 시리즈 탐색**
>
> 이 장에 언급된 평가는 물질남용 및 정신건강 서비스국(SAMHSA)에서 발행한 치료 개선 프로토콜(Treatment Improvement Protocol: TIP) 시리즈 35호, 「물질남용 치료의 변화 동기강화(Enhancing Motivation for Change in Substance Abuse Treatment)」라는 연구물에서 찾아볼 수 있으며, SAMHSA 웹사이트에서 무료로 다운로드가 가능하다. 웹사이트와 인쇄자료 주문에 대한 추가 정보는 이 장 마지막 부분의 지속적인 학습을 위한 자료 부분에서 찾아볼 수 있다.

앞서 검토한 표준화된 평가 도구 외에도 중독치료자들은 환자의 변화 준비도를 주관적인 방법으로 평가할 수 있다. 그중 하나는 해결 중심 단기 치료에서 널리 쓰이는 치료 기법인 척도 질문을 활용하는 것이다(De Jong & Berg, 2013). 환자에게 자신의 변화에 대한 준비도를 0점에서 10점까지의 척도로 평가하도록 한다. 0은 전혀 준비되지 않음, 10은 완전히 준비됨을 의미한다. 환자가 자신의 점수를 말하면, 치료자는 어떻게 변화가 점진적으로 일어날지 생각해 볼 수 있도록 질문한다. 예를 들어, 치료자는 "당신은 변화 준비도에 대해 6점이라고 이야기하였는데, 7점은 어떤 모습일까요?"와 같은 질문을 제시할 수 있다. 이러한 질문은 환자가 변화의 작은 진전에 압도되지 않도록 돕는다. 치료자는 유사한 척도로 동기 부여에 관해서도 질문할 수 있다.

만약 치료 전문가들이 변화 의지를 평가하지 않으면 치료자는 환자가 모든 약물에 대해 완전한 금욕을 원한다고 가정할 위험이 있다. 앞서 동기면담이 약물 중독치료에서 유용한 기법임을 확인한 바와 같이, MI와 HR 접근은 같은 기본 원칙을 가지고 있다. 즉, 모두 환자에 대한 존중, 그리고 지속적인 변화는 개인이 스스로 변화를 결심했을 때만 일어날 수 있다는 인식이 바로 그것이다. 외적 압력이 환자에게 변화를 강요할 수는 있지만, 환자에게 변화를 지속하려는 욕구가 없다면 그 변화는 영구적일 수 없다. 어떤 치료 프로그램은 환자가 시작한 치료 프로그램을 끝까지 인수하게 하려고 피상적인 순응을 강요하기도 한다.

예를 들어, 입원 시설에 있는 환자가 코카인 사용 중단을 원할 수 있지만 마리화나 사용 중단에는 관심이 없을 수 있다. 이 환자는 마리화나에 대한 자신의 지속적인 사용 욕구와 의도를 표현하는 것이 치료자로부터 원치 않는 관심을 받게 될 것이라고 생각할 수 있다. 치료자들은 집단 환경에서 이 환자를 지목하여 다른 집단 구성원에게 그의 마리화나 사용에 대해 직면하도록 압력을 가할 수도 있다. 이런 상황에서 환자는 자신이 표적이 되고 소외당하고 있다고 느끼게 되어 마리화나를 계속 사용하려는 자신의 실제 계획을 숨기고, 다른 환자들이 말하는 것을 앵무새처럼 따라 할지도 모른다. 치료자들은 이를 보고 그 환자를 변화시키는 데 성공했다고 잘못 생각할 수도 있다. 하지만 실제로 그 환자는 충돌을 피하려고 결정했을 뿐이다.

평가 단계 전반에 걸쳐 치료자는 환자에게 초점을 맞추고 HR 접근에 따라 환자의 치료 목표를 수용하는 것이 중요하다. HR 접근은 치료자가 충분히 수용적일 때 환자의 방어를 줄일 수 있다. 치료자는 환자에게 치료 목표가 무엇인지 지시하는 대신 실현 가능하고 창의적인 목표에 집중하도록 권장해야 한다. 환자가 변화를 희망한다면 치료자는 그 변화가 환자에게 주는 이점에 대해 탐색하며, 변화 지속을 위한 동기 부여에 도움을 준다. 이러한 평가는 주로 환자와의 상호작용 초기에 이루어지므로 치료에서 매우 중요하다.

5. 이론의 강점과 약점

폐해 감소 접근의 지지자들은 이 모델의 다양한 장점에 주목한다. 첫 번째는 치료의 확장이다. 즉, 더 많은 환자에게 접근하면서 치료로 간주되는 서비스의 정의 또한 광범위해진다. 순수한 금욕만을 목표로 하지 않을 때 더 많은 사람에게 치료 시작을 권장할 수 있다. 앞서 논의된 약물 보조치료와 같은 치료 서비스도 HR의 전략에 속하므로 이 역시 치료에 대한 정의를 확대하는 데 이바지한다.

HR 모델의 또 다른 강점은 약물사용과 중독으로 인한 사회적 비용을 크게 줄인다는 것이다. 메타돈 유지 치료의 처방은 불법으로 오피오이드를 손에 넣는 범죄 행위에 가담할 위험성을 줄인다. 범죄 행위의 감소는 약물사용 및 밀매로 인한 체포 건수의 감소에 직접적인 영향을 준다. 또한 교도소 내 전체적인 수감자 수를 감소시킬 뿐만 아니라 중독치료와 금단 증상에 막대한 의료 비용이 발생되는 교도소 내 수용자 숫자도 감소시킬 수 있다.

마지막으로, HR 접근의 가장 큰 강점 중 하나는 도덕적 판단의 감소일 것이다. Denning(2001)이 언급한 바와 같이 HR 모델은 엄격한 규칙을 따를 수 없거나 따를 의사가 없는 개인들을 배제하지 않고 포용한다. 아무리 작은 변화라도 포용하고 긍정적으로 여기는 태도를 바탕으로 한다. 환자들은 자기 삶에 대한 최고의 전문가로 여겨지며, 자신에게 가장 최선이 무엇인지 치료자에게 교육하도록 권장된다.

HR 접근에 반대하는 사람들은 대개 약물사용자들에게 가장 도움이 되는 일을 염두에 두기 때문에 반대한다. HR의 많은 반대론자는 HR 전략이 환자들에게 약물사용을 지속하도록 하며 결국 적극적인 약물사용에 따른 결과보다 더 큰 폐해를 끼친다고 우려한다. 일부 12단계 프로그램은 사용자가 진정한 회복을 이루기 전에 '바닥을 쳐야 한다'고 주장한다. 그런데 HR 접근은 사용자들에게 생활 방식의 완전한 변화를 위해 필요한 바닥을 치는 경험의 기회를 차단해 버린다고 생각한다.

또한 HR 접근의 반대자들은 진정한 회복은 모든 행복감을 유발하는 약물로부터의 완전한 금욕을 통해서만 얻어진다고 주장한다. 예를 들어, 금욕만이 진정한 회복이라고 믿는 회복 옹호자들은 메타돈이나 부프레놀핀을 처방받은 환자들을 여전히 중독 상태에 있다고 간주할 수 있다. 이러한 관점은 모든 사람이 약물 없는 삶을 살기를 바라는 마음에서 비롯되지만, 환자에게는 보조 약물을 사용한다면 결코 회복될 수 없다는 메시지로 인식되어 모든 희망을 잃게 할 수 있다.

1) 대토론

HR 모델이 최초로 개념화된 이후 그 장단점에 대한 논쟁은 지속되어 왔다. 다음은 두 명의 중독치료 전문가 사이의 가상 토론을 보여 준다. 한 전문가는 옹호자로 HR 접근을 지지하며 가치 있는 방법으로 인정하고 비록 약물사용자가 완전히 사용을 멈추지 않더라도 생명과 건강을 유지할 수 있다고 주장한다. 다른 전문가는 모든 약물로부터 완전한 금욕을 통해서만 이룰 수 있는 완전하고 행복한 회복의 기회를 HR 접근은 제공하지 않는다고 주장한다. 이 사람은 반대자이다. 그들은 주사기 교환 프로그램에 대한 견해를 나누면서 토론을 시작한다.

옹호자: 저는 주사기 교환 프로그램을 전적으로 지지합니다. 이 프로그램은 HIV와 간염을 포함한 전염성 질환의 전파를 효과적으로 줄이는 것으로 입증되었습니다. 잠재적으로 치명적인 질병에 걸릴 위험을 줄일 수 있다면 돕지 않을 이유가 있을까요?

반대자: 주사기 배포가 잘못된 메시지를 줄 수 있기 때문입니다. 이는 사람들에게 약물 주사가 괜찮은 행위이며 우리가 그들의 주사 행위를 더 가능하도록 도와줄 것이라고 말하는 것과 같습니다. 어떤 방식으로든 약물사용을 용인하는 것처럼 보이는 것은 청소년들에게 잘못된 메시지를 줘서 약물사용을 시도하게 할 수도 있습니다. 약물사용자에 대한 사회적 낙인은 해로울 수 있지만 주사 약물사용과 같은 위험한 행동에 대해 낙인을 찍는 것은 이로운 일일 수 있습니다.

옹호자: 연구에 따르면, 주사기 교환 프로그램이 사람들의 정맥 내 약물사용을 더 촉진할 것이라는 근거는 없습니다. 쉽게 이용할 수 있는 깨끗한 바늘과 주사기가 있다고 해서 정말로 누군가가 약물사용을 시작하리라 생각하십니까? 설령 약물사용자에 대한 동정심을 빼고 얘기하더라도 주사기 교환을 통해 예방하는 모든 HIV 사례는 사회의 막대한 의료 비용을 절감합니다. 주사기 교환은 도덕적으로 옳을 뿐 아니라 경제적으로도 효율적입니다.

반대자: 그렇지 않습니다. 주사기 교환 프로그램은 약물사용자에게 우리가 그들을 포기했다는 메시지를 줄 수 있습니다. 이는 그들이 약물 주사 없이는 살 수 없으리라 생각한다고 말하는 셈입니다. 어떤 면에서 그들을 어린아이처럼 대하는 것입니다. 약물사용을 쉽게 여기게 함으로써 우리가 약물 없이 살려는 그들의 노력을 방해하는 겁니다.

옹호자: 동의하지 않습니다. 주사기 교환은 약물사용자의 물질사용 여부와 무관하게 우리가 그들의 복지에 관심이 있다는 메시지를 전달합니다. 그들은 우리의 연민을 느끼고 그들이 중단할 준비가 되었을 때 우리에게 도움을 요청하려고 할 것입니다. 왜냐하면 그들이 우리를 신뢰하기 때문입니다.

옹호자와 반대자의 토론 주제는 이제 메타돈과 부프레놀핀을 사용한 오피오이드 중독 약물 보조 치료에 대한 주제로 넘어간다.

옹호자: 저는 약물 보조 치료를 전적으로 지지합니다. 50년 동안 축적된 연구 결과에 따르면 메타돈 유지 치료나 부프레놀핀 유지 치료에 참여한 오피오이드 중독자들의 사망률이 낮은 것으로 보고되었습니다. 이는 모든 의학 전반에 걸쳐 가장 강력한 근거 기반 치료 중 하나이며, 이 치료는 의학연구소(Institute for Medicine), 물질남용 및 정신건강 서비스국(Substance Abuse and Mental Health Services Administration), 세계 보건 기구(World Health Organization), 미국 중독 의학회(American Society of Addiction Medicine) 등 많은 전문 기관에서도 지지

를 받고 있습니다. 오피오이드 중독자들이 메타돈 약물 보조 치료를 받을 경우 삶의 질이 개선된다는 연구 결과들이 꾸준히 나오고 있습니다. 2002년에 미국 식품의약청(FDA)의 승인을 받은 부프레놀핀보다 메타돈은 2000년 약물 중독치료 법안이 통과된 후 미국에서 훨씬 더 오래 사용되어 왔기 때문에 메타돈에 대한 보다 상세한 정보가 존재합니다. 메타돈 치료를 받은 오피오이드 중독자들은 직장에 고용될 가능성이 높고 범죄에 가담할 가능성이 현저히 낮으며, 정신적 · 육체적 건강이 개선될 가능성이 더욱 큽니다. 그들은 치료 과정의 일부로 중독치료를 병행하기도 합니다. 부프레놀핀은 메타돈보다 연구 결과가 적지만 동일한 이점을 가지고 있다고 생각합니나. 우리는 오피오이드 중독사들이 부프레놀핀 치료를 받으면 오피오이드 과다복용으로 사망할 위험이 훨씬 낮다는 것을 알고 있습니다. 약물 보조 치료는 매우 효과적이기 때문에 단순히 HR 전략을 넘어서 오피오이드 중독의 일차 치료로 고려되어야 합니다.

반대자: 모든 근거 기반 치료는 환자를 치료하기 때문에 폐해를 줄여야 할 것입니다. 그러나 특히 메타돈의 경우 오피오이드 중독자들에게 중독 상태를 계속 유지하는 것보다 더 큰 폐해를 끼칠 수 있습니다. 이는 알코올 중독자에게 위스키를 제공하는 것과 다를 바가 없습니다. 메타돈은 사용 중단이 매우 어려운 강력한 오피오이드입니다. 메타돈을 투여하는 중독치료 프로그램은 치료를 유지하면 더 많은 수익을 낼 수 있으므로 환자들이 메타돈에서 벗어나도록 도우려고 하지 않습니다. 이 환자들은 액체 수갑(liquid handcuffs)으로 영원히 메타돈에 묶여 있는 것입니다.

옹호자: 메타돈과 부프레놀핀 치료는 약물의 고유한 약리학적 특성 때문에 알코올 중독자에게 위스키를 제공하는 것과 똑같지 않습니다. 오피오이드 중독자가 오피오이드 사용을 중단하면 급성 금단 증상을 겪게 되며, 이후에는 일반적으로 후기 금단 증후군을 경험하게 됩니다. 종종 후기-급성 금단 증후군(post-acute withdrawal syndrome: PAW)은 극심한 피로, 몸살, 우울, 불안 그리고 불면증을 동반할 수 있습니다. 이런 상황에 직면한 많은 사람은 오피오이드를 강하게 갈망하게 됩니다. 우리는 인체가 더는 엔도르핀이라고 불리는 신체 자체의 오피오이드를 만들지 않기 때문에 이런 현상이 발생한다고 생각합니다. 엔도르핀은 행복감을 유발하는 물질로 엔도르핀 없이 우리는 기분이 좋을 수 없습니다. 인간이 어떤 형태든 오피오이드를 사용하면 신체는 엔도르핀 생성을 중단합니다. 어떤 사람들은 해당 기능을 회복하는 데 매우 오랜 시간이 걸립니다. 누구에게는 이 기능이 다시는 회복되지 않을 수도 있습니다. 아직 인간의 엔도르

핀 수치 측정이 불가능하므로 이는 이론에 불과하지만, 수년간의 관찰과 경험을 통해 입증된 바 있습니다. 메타돈과 부프레놀핀은 둘 다 매우 오래 지속되는 오피오이드입니다. 단발성 오피오이드에서 볼 수 있는 행복감과 금단의 주기 대신, 이 약물들은 24시간 이상 오피오이드 수용체에 작용합니다. 따라서 하루에 한 번, 적절한 용량으로 투여한다면 오피오이드에 대한 갈망을 없애고 견디기 어려운 후기-급성 금단 증후군을 완화합니다. 우리는 종종 오피오이드 중독을 당뇨병과 비교합니다. 왜냐하면 두 질환 모두 신체가 생성해야 할 것을 대체하기 위해 약물을 처방해 사용할 수 있기 때문입니다. 메타돈 사용을 중단하기 어려운 것은 사실이지만 많은 경우 지속된 오피오이드 중독으로 치명적인 재발 위험을 감수하는 것보다는 약물을 계속 사용하는 것이 환자에게는 최선입니다. 일부 환자들은 약물을 복용하여 점진적으로 감소시키다가 중단할 수도 있습니다. 인슐린이 필요한 당뇨병 환자를 '수갑에 묶인' 것으로 간주하십니까? 계속해서 인슐린을 처방하는 의사가 단순히 그 환자로부터 돈을 벌기 위해서라고 여기십니까? 중독치료에서 돈을 벌면 잘못된 것이고 다른 만성질환에서는 돈을 버는 것은 괜찮은 것인가요?

반대자: 그렇다면 과거 오피오이드에 중독되었었지만 현재 12단계 회복 단계에 있는, 완전히 단약하여 건강하고 행복한 사람들에 대해서는 어떻게 생각하십니까? 이들 모두 약물 보조 치료 프로그램에 참여하는 환자들과 마찬가지로 심각한 오피오이드 중독을 경험하였음에도 불구하고 왜 그렇게 잘 지내고 있을까요?

옹호자: 명확한 답은 없습니다. 한 가지의 치료 방법, 심지어 약물 보조 치료도 모든 환자에게 다 적합한 것은 아닙니다. 어쩌면 12단계 그룹에서 제공하는 지원이 후기 금단 증후군을 극복하도록 도움을 주었을 수도 있습니다. 그러나 해당 프로그램의 익명성으로 인해 회복 중인 사람에 대해 구체적인 정보는 많지 않습니다. 그렇다고 모든 오피오이드 중독자가 12단계 모임에 참여하기를 원하는 것은 아닙니다. 그들이 모든 오피오이드를 없앤 상태에서 기분이 좋아졌다면 그것은 긍정적인 결과입니다. 그들에게는 약물이 필요하지 않은 것입니다. 그러나 약물 보조 치료로 혜택을 받는 다른 사람들까지 메타돈과 부프레놀핀의 도움을 받는 것을 막지 마십시오.

반대자: 이러한 약물 보조 치료법들은 환자들의 완전한 단약을 방해합니다. 메타돈과 부프레놀핀은 인간의 감정을 무디게 하고 진정한 회복에 필요한 영적 변화를 불가능하게 합니다. 메타돈과 부프레놀핀은 중독 물질로 사람들이 완전한 회복에 필요한 영적 성장을 달성하는 것을 방해합니다. 당신은 이 사람들이 진정한 회복을 발견하지 못하도록 하면서 그들의 약물로 인한 삶

에 대한 흐릿한 생각에 대해 비난하고 있습니다.

옹호자: 많은 사람이 메타돈과 부프레놀핀 보조 치료를 받는 환자들의 감정과 영성이 무뎌졌다고 주장하지만 이를 뒷받침할 증거는 거의 없습니다. 영적 성장을 어떻게 측정할 수 있나요? 만약 영적 성장이 친구 혹은 사랑하는 사람들과 다시 연결되고, 활동성 있고, 생산적인 사회의 일원이 되는 것을 의미한다면, 연구는 메타돈과 부프레놀핀이 환자의 그러한 긍정적 변화에 도움을 주는 것을 보여 줍니다. 메타돈과 부프레놀핀 보조 치료를 받는 환자는 실제로 정상적인 반사신경과 판단력을 가지고 있는 것으로 나타났습니다. 그들은 오피오이드의 내성으로 인한 영향 없이 정상적으로 사고할 수 있습니다. 그들은 활동에 제한 없이 운전 및 기계를 안전하게 작동할 수 있습니다. 일반적인 편견과 달리, 안정적인 메타돈 투여량으로 치료받는 환자들은 손상 없이 운전할 수 있습니다. 그러나 만약 환자들이 메타돈을 진정제나 알코올과 혼용한다면 장애를 겪을 수 있습니다. 따라서 환자들에게는 약물 보조 치료 중에 다른 진정제를 복용하지 말라고 경고합니다. 저의 논점은 죽은 중독자는 회복할 수 없다는 것입니다. 너무나 많은 오피오이드 중독자가 단약만을 강요받는 중독치료를 받고 있습니다. 이들 대부분은 사용자의 생명 유지에 큰 도움이 되는 가능성이 큰 약물 보조 치료라는 선택지에 대해 들어 보지도 못했습니다. 해독시설에서 몇 주 후에 90% 이상의 재발률을 보인다는 증거가 지난 40년 동안 축적됐음에도 불구하고, 너무나 많은 오피오이드 중독자가 반복적으로 해독시설을 드나들고 있습니다. 우리는 1950년대부터 이러한 사실을 인지하고 있으면서도 여전히 이렇게 비효율적인 치료법을 계속 권장합니다. 중독자가 재발했을 때 실제로 그는 효과적인 치료를 받은 적도 없는데 우리는 그 중독자를 비난합니다. 의료 전문가들, 부유층, 유명인들은 3개월에서 6개월간의 입원 치료를 받으며 더 높은 치료 성공률을 보입니다. 하지만 일반적인 오피오이드 사용자가 이러한 치료를 받을 비용은 누가 지급해 줄 수 있나요? 많은 사람은 보험이 없거나 단지 몇 주간의 치료비용만을 지원받을 수 있는 보험이 있을 뿐입

글상자 12-3 성찰 연습

본문에서 두 명의 중독치료 전문가 사이의 논쟁이 있었다. 한 명은 옹호자이고 한 명은 반대자이다. 대화 내용을 바탕으로 다음 주제에 대해 성찰해 보라.

1. 옹호자의 세 가지 요점은 무엇이라고 생각하는가?
2. 반대자의 세 가지 요점은 무엇이라고 생각하는가?
3. 만약 당신이 같은 반 친구나 장래의 동료와 이처럼 토론하게 된다면, 당신은 어느 쪽을 지지하겠는가?

니다. 이들에게는 약물 보조 치료가 생명을 구할 수 있는 귀중한 선택지가 될 수 있습니다. 약물 보조 치료가 모든 오피오이드 중독자에게 적절한 것은 아니지만, 약물 보조 치료를 시작하면 이런 사람들의 사망 가능성이 줄어듭니다. 이들이 치료에서 진전을 보이고 나면 메타돈이나 부프레놀핀을 점진적으로 감소시키는 것이 합리적일 때가 올 수 있습니다, 하지만 우리는 먼저 그들을 죽음으로부터 보호하는 것에 집중해야 합니다.

반대자: 메타돈과 부프레놀핀 사용에 동반되는 시간, 돈, 비용, 낙인을 고려하면 이를 최후의 수단으로 남겨 두어야 합니다. 만약 오피오이드 중독자가 입원 치료 후에도 호전되지 않는다면, 그때 약물 보조 치료를 2차 치료로 고려할 수 있습니다. 이러한 부담스러운 치료법은 재발 위험이 큰 오피오이드 중독자들을 위해 아껴 둡시다.

옹호자: 만약 그들이 충분히 오래 산다는 가정하에는 그렇죠. 당신은 약물 보조 치료에 낙인을 찍고 있는데, 약물 보조 치료를 피하는 이유로 낙인을 주장하는 것은 솔직하지 못한 것 같습니다.

6. 사례 연구 반응

가브리엘의 사례는 자기 자신뿐만 아니라 가족 그리고 사회에 미치는 다양한 폐해에 관해 말해준다. 가장 먼저 확인된 즉각적 폐해는 알코올 사용이다. 그는 위험한 음주 패턴을 보이는데 이는 즉각적이고 돌이킬 수 없는 폐해를 끼칠 가능성이 가장 크다. HR 접근은 환자가 동의한다면 가장 심각한 위험 요소에 먼저 초점을 맞추려고 한다. 만약 가브리엘이 자신의 알코올 사용을 문제로 인식하지 않는다면 HR 접근은 그의 결정을 존중하고, 그에게 가장 중요한 문제가 무엇이라고 생각하는지 논의하여 일부 폐해를 줄이는 방법을 모색하도록 장려한다. HR 접근의 목표는 현재 가브리엘을 있는 그대로 이해하고, 변화나 치료가 없는 것과는 달리 그가 수용할 수 있는 모든 변화를 격려하는 것이다. 다음은 생물심리사회학적 틀로 조직화한 폐해들이다.

1) 생물학적/의학적 문제

가브리엘의 물질남용은 심각한 의학적 우려를 낳는다. 가브리엘은 꾸준히 마리화나를 사용하면서, 블랙아웃을 보이는 알코올 섭취 패턴을 보고하였다. 블랙아웃은 뇌 구조와 기능, 특히 전두엽 피질에 유의한 변화를 일으킬 수 있으므로 이러한 시기는 주요한 관심사가 된다. 의사결정과 판단을 담당하는 전두엽은 평균 24세에 발달이 완료된다. 가브리엘은 26세이므로 여전히 뇌 발달이 민감한 시기에 화학 물질을 섭취하는 것이다. 약물사용을 하지 않는다고 해도, 가브리엘의 의사결정을 담당하는 뇌 영역은 미완성 상태일 수 있다.

또 다른 잠재적인 의학적 위험 요소는 가브리엘이 보고한 성 행동이다. 그는 현재 진지하게 교제하는 사람이 있는데, 최근의 입원 중 다른 두 명의 여성 환자와 성관계를 가졌다고 보고하였다. 이 여성들이 얼마나 많은 다른 파트너와 성관계를 했는지, 그리고 이들이 가브리엘뿐 아니라 다른 파트너와 성관계를 가질 때 보호장비를 사용했는지에 대한 정보는 알 수 없다. 따라서 가브리엘은 매독, 임질, 헤르페스 바이러스, HIV와 같은 성매개 감염병의 위험에 노출되어 있다.

현재, 가브리엘이 자신의 성 행동을 변화시킬 만한 문제행동으로 인식하는지 알 수는 없다. 성 행동이 항상 위험을 수반하지는 않지만, 피임법이 적절히 사용되었는지에 대한 정보가 결여되어 있다. 치료 센터에서의 성 행동은 일반적으로 규칙 위반에 해당하므로, 콘돔 사용이 가능하지는 못했을 것으로 추측할 수 있다.

2) 심리적 문제

이 사례 연구는 가브리엘이 현재 강박장애와 불안장애라는 두 가지, 치료 가능한 정신건강 공존 질환이 있다고 하지만, 그가 어떤 치료를 받고 있는지에 대한 설명은 없다. HR 접근을 사용하는 치료자는 물질사용과 그것이 정신건강 증상에 미치는 영향을 우려할 것이다. 또한 가브리엘이 강박장애와 불안장애와 관련되었다고 생각하는 증상들이 물질사용과 직접적으로 연관될 수도 있다. 철저한 평가는 증상의 원인 파악에는 도움이 되지만, 약물사용이 가브리엘의 부정적인 기분 상태에 대처하는 능력을 개선하지는 못한 것으로 보인다.

진단된 공존 정신건강 장애 외에도 가브리엘은 자신의 성적 지향에 대해서도 고민하고 있으므로, 추가적인 스트레스로 인해 혼란스러운 시기를 겪을 수 있다. 그는 초기 성적 경험에 대해 상당한 수치심을 느끼고 있다고 보고했는데, 이는 그의 약물사용을 촉발하고 정신건강과 불안 문제를 악화시킬 가능성이 있다. 가브리엘과 함께 협력하는 치료자는 비판단적인 태도로, 성적 지향과 관련된 문제를 탐색하는 데 개방적인 자세를 취하는 것이 중요하다.

3) 사회적 문제

가브리엘은 약물사용으로 인해 법률 체계와 상호작용 경험을 한 바 있다. 우리는 가브리엘이 자신의 법적 문제를 어떻게 인식하고 있는지, 또한 향후 발생할 수 있는 위험에 대해서는 어떻게 생각하고 있는지 파악해야 한다. 가브리엘이 법률 체계와 다시 연루될 위험을 줄이기 위한 동기가 될 수 있다. 따라서 중독치료는 약물사용으로 인한 개인적 자유에 끼칠 폐해를 줄이기 위한 전략으로 제안될 수 있다.

가브리엘의 가족 역학 또한 그의 물질사용으로 인해 폐해를 입을 수 있다. 그는 아버지와의 소원한 관계를 유지해 왔다고 보고한다. 현재 어머니와 누나는 지지의 원천이지만, 어머니는 Al-Anon에 참석하고 있으며 더 확고한 경계를 설정하기 시작했다. 따라서 가브리엘의 약물사용이 계속된다면, 자신의 관계에 폐해가 생길 가능성이 크다는 것을 깨달아야 할 것이다.

가브리엘에게 약물사용 평가를 위해 의사와 만날 선택권이 주어질 수 있다. 예를 들어, 매일 알약으로 복용하거나, 매월 주사하는 날트렉손은 알코올 중독 환자들에게 도움이 되는 것으로 나타났다. 알코올의 행복감 효과 중 일부가 뇌의 오피오이드 수용체를 통해 매개되는데, 날트렉손은 이 수용체를 차단하여 행복감을 줄이고 과도한 음주를 방지함으로써 특히 효과를 발휘한다. 아캄프로세이트(acamprosate)는 알코올 중독치료 사용에 승인된 또 다른 약물이다. 이 약물의 작용 기전은 완전히 밝혀지지 않았지만, 뇌 신경전달물질의 균형을 조절하는 것으로 보인다. 뇌에서의 상호작용이 초기 금단 상태에서의 불안과 갈망을 완화하므로 재발 위험을 감소시킨다.

4) 가브리엘과 함께 작업하기

치료자가 가브리엘과 효과적으로 작업하기 위해서는 HR 접근을 진정으로 신뢰하고, 물질사용을 줄이지 않으면서도 폐해를 줄이는 것이 유용하고 가치 있는 목표라는 것을 받아들여야 한다. 이러한 철학적 접근을 수용할 때, 치료자는 환자 중심의 폐해 감소 개입을 할 준비가 충분해진다. 우선 가브리엘에게 폐해에 대한 그의 인식을 질문하는 것이 중요하다. 또한 가브리엘의 변화에 대한 준비도를 평가하는 것도 중요하다. 이를 위해 다양한 방법이 수행될 수 있지만, 가장 일반적으로 SOCRATES 선별 도구(Miller & Tonigan, 1996)의 A 혹은 D 양식을 활용하여 음주와 물질사용에 대한 변화 준비도를 평가할 수 있다. 평가 후, 가브리엘에게 알코올과 같은 약물의 해로운 영향에 대한 정보, 외래 환자 치료, 집중 외래 환자 프로그램, 그리고 재입원 치료를 포함하여 문제 해결을 위한 다양한 선택지를 줄 수 있다. 또한 동기면담은 폐해 감소 접근과 함께 통합되어 가브리엘이 보고한 변화 준비도와 동기를 향상하는 데 유용하게 활용될 수 있다.

가브리엘의 가족과 협력하는 경우, 각 가족 구성원이 가브리엘의 약물사용으로 인해 겪고 있는 폐해를 주제로 토론하고 우선순위를 정하는 것이 중요하다. 가족 구성원 자신들이 폐해에 어떤 방식으로 기여하고 있는지, 가브리엘, 자신, 그리고 가족 전체의 폐해를 줄이기 위해 무엇을 기꺼이 할 의향이 있는지를 고려해야 한다. 환자 중심 접근에 근거하면, 가브리엘 가족과의 협력도 중요하지만 가족 구성원들의 개입 정도에 대한 가브리엘의 의사를 물어보는 것이 매우 중요하다.

5) 주요 기술 및 전략

HR 원칙에 따라 의료 검진, 성교육, 중독치료 그리고 가브리엘의 다른 견해도 포함하여 가능한 치료 선택지를 제시하고, 그중 어느 것이 가장 적합하다고 여기는지 확인하는 것이 중요하다. HR 접근은 단기적이고 즉각적인 목표에 초점을 맞추므로, 가브리엘에게 현재 자신에게 가장 시급한 문제가 무엇이라고 인식하는지 질문하는 것은 중요하다. HR 접근의 철학은 비판단적인 태도를 바탕으로 하므로, 치료자 역시 이러한 태도로 치료하는 것이 중요하다. 또한 개방형 질문의 사용, 가브리엘의 성공에 대한 인정, 반영적 경청 기법의 사용은 가브리엘과의 관계 형성에 큰 도움을 줄 동기면담의 기본적인 기법들이다(Miller & Rollnick, 2013).

(1) 의학적 검사

앞서 생물학적 폐해에 대한 평가의 중요성을 논의했는데 여기에는 철저한 의료적 평가, 그중 특히 처방 약물에 대한 검사도 포함된다. 만약 가브리엘이 강박장애 또는 불안장애를 관리하기 위한 약물을 처방받지 않은 경우라면, 심리교육은 매우 중요하다. 왜냐하면 치료가 병행된다면 두 장애 모두에게 엄청난 효과가 있을 수 있기 때문이다. 가브리엘이 약물치료나 심리치료 중 하나 또는 모두를 받을 용의가 있다면 심리적 고통이나 폐해가 줄어들고 일상에서 편안함을 느낄 수 있다. 치료자는 두 가지 치료와 관련하여 가브리엘을 서비스 제공자와 연결해 줄 수 있다.

(2) 성교육

콘돔 사용, 인유두종바이러스(HPV) 백신 접종, 성관계 파트너 수의 감소 등과 같은 HR 전략을 통해 가브리엘을 성병의 위험으로부터 보호할 수 있고, 이는 그에게도 관심 영역일 수 있다. 흥미롭게도, 강박장애와 불안장애 치료에 가장 효과적인 일부 약물은 성욕을 감소시킨다. 대개 이러한 성욕 감소는 불쾌한 부작용으로 여겨지지만, 가브리엘의 경우 성적 충동 요소를 조절하는 데 도움이 될 수 있다. 하지만 치료자는 이러한 약물과 그 부작용에 대해 알릴 때 매우 신중해야 할 것이다. 왜냐하면 정작 가브리엘은 자기 성적 취향을 다룰 가치가 있는 문제로 여기지 않을 수도 있으며, HR 접근에서는 그의 선택을 존중해야 하기 때문이다. 또한 가브리엘은 자신의 성적 지향에 대해 수치심을 갖고 있으므로, 성급하게 성욕 감소가 바람직하다고 제안하면서 그에게 수치심을 더하지 않도록 세심한 주의가 필요하다. 성욕 감소는 다른 문제를 해결하는 데 도움을 줄 수 있지만, 이는 반드시 가브리엘의 결정에 의한 것이어야 한다.

(3) 중독치료

가브리엘에게 다양한 치료 선택지를 제시할 수 있다. 이미 두 번의 입원 치료 경험이 있는 가브리엘의 강점은 치료에 익숙하다는 것이다. 일부 치료자는 이를 치료 실패로 간주할 수도 있지만, 장기적이고 긍정적인 관점에서 본다면 가브리엘은 각각의 중독치료 전문가들과의 만남에서 무언가를 배웠을 가능성이 크다. 또한 치료 경험을 통해 가브리엘은 치료를 위해서 어떤 것을 구축해야 할지에 대해 더 다양한 지식 기반을 갖게 되었을 수 있다. 따라서 치료자가 과거 치료 중 무엇이 그에게 효과적이었는지, 혹은 비효과적이었는지, 다시 그 치료를 선택한다면 어떻게 다르게 할 수 있을지를 가브리엘과 검토하는 것은 중요할 것이다. 가브리엘에게 다양한 치료 옵션, 특히 집중 외래 프로그램 및 덜 집중적인 형태의 외래 치료에 대해 상세한 정보를 제공하는 것도 중요하다. 가브리엘은 이러한 선택사항에 대해 알지 못할 수도 있고, 기관마다 중독치료에 대한 철학적 접근 방식이 다를 수 있음을 인식하지 못할 수도 있다. 가브리엘에게 다양한 선택권에 대해 알려주는 것은 매우 중요하다.

(4) 이론적 접근의 약점과 도전 과제

HR 접근은 환자의 선택을 존중한다. 하지만 환자는 때로 치료자가 우선순위로 생각하는 문제를 같이 논의하려고 하지 않을 수 있다. 예를 들어, 가브리엘이 술을 많이 마시고 음주운전을 하는 위험한 일을 자주 하지만, 불안 문제만 다루고 싶어 한다면 치료자는 생명을 위협할 수도 있는 행동에 대해 논의하지 않는다는 사실을 두려워할 수도 있다. 또한 치료자는 위험한 음주 문제를 논의하지 않는 것이 비윤리적이라고도 생각할 수 있다. 이런 상황은 치료자가 가브리엘의 복지에 가장 중요하다고 생각하는 것과 가브리엘이 스스로의 복지를 위해 우선순위로 두는 것 사이에 갈등을 초래한다. HR 접근의 또 다른 도전 과제는 폐해의 정의가 다양할 수 있다는 것이다. 우리는 생물심리사회적 틀을 선택하여 폐해를 개념화했지만 여기에는 제한점이 있을 수 있다. 이런 관점에서 환자가 폐해를 개념화하고 심지어 스스로 정의하도록 돕는 것은 중요하다.

(5) 이론적 접근의 강점

영구적인 변화는 환자의 자발적인 협력을 통해서만 일어나며 HR 접근은 환자의 선택을 진정으로 존중한다. 따라서 치료자는 환자가 다루고자 하는 문제 영역에 초점을 맞추어, 환자의 동기를 바탕으로 치료를 진행한다. 각 환자는 자신의 복지에 가장 중요하다고 여겨지는 변화를 실현할 때 더욱 열성적일 수 있기 때문이다. 비판단적이고 공감적인 방식으로 치료가 제공되고 환자의 목소리가 중요시되고 존중될 때, 치료 관계는 더욱 공고해지고 효과적인 변화의 도구가 될 가능성이 크다.

요약

이 장에서는 중독치료에서의 HR 접근을 검토하였다. 인간 중심적이고, 연민적이며, 긍정적인 태도를 기반으로 한 HR 접근은 오랜 기간 개인과 사회 중독 관련 폐해를 감소시켜 왔다. HR 실행의 기반은 환자의 변화에 대한 준비도와 동기 수준에 대한 평가로서 이는 동기면담 접근의 전략들을 통합할 수 있도록 한다. 일반적인 HR의 실행에는 환자 교육, 날록손 키트 배포, 메타돈 유지 프로그램 등이 있다. 이 접근의 강점과 약점 그리고 논의를 통해 독자들의 사고를 심화하고자 하였다.

지속적인 학습을 위한 자료

▸ Books

Anderson, K. (2010). *How to change your drinking: A harm reduction guide to alcohol*. Scotts Valley, CA: CreateSpace.

Denning, P., & Little, J. (2012). *Practicing harm reduction psychotherapy: An alternative approach to addictions* (2nd ed.). New York: Guilford Press.

Marlatt, G. A. (2012). *Harm reduction: Pragmatic strategies for managing high-risk behaviors* (2nd ed.). New York: Guilford Press.

Stout, D. (2009). *Coming to harm reduction kicking and screaming: Looking for harm reduction in a 12-step world*. Bloomington, IN: AuthorHouse.

▸ Scholarly Journals

Harm Reduction Journal: www.harmreduction journal.com.

International Journal of Drug Policy: www.ijdp.org.

▸ Websites

Harm Reduction Coalition: http://harmreduction.org.

Harm Reduction International: www.ihra.net.

Screening and Assessment Tools for Enhancing Motivation to Change in Substance Abuse Treatment, SAMHSA TIP Series #35: www.ncbi.nlm.nih.gov/books/NBK64976/#A62297.

Substance Abuse and Mental Health Services Administration, *Enhancing Motivation for Change in Substance Abuse Treatment*: http://store.samhsa.gov/shin/content/SMA13-4212/SMA13-4212.pdf.

참고문헌

Assay, T. P., & Lambert, M. J. (1999). The empirical case for the common factors in therapy: Quantitative findings. In M. A. Hubble, B. L. Duncan, & S. D. Miller (Eds.), *The heart and soul of change: What works in therapy* (pp. 33-56). Washington, DC: American Psychological Association.

Becker, D. (2015). *Gloucester, Mass., police program provides treatment for drug users*. Retrieved from www.npr.org/2015/06/04/412046914/gloucester-mass-police-program-provides-treatment-for-drug-users.

Buning, E. C., van Brussel, G. H. A., & van Santen, G. (1988). Amsterdam's drug policy and its implications for controlling needle sharing. In R. J. Battjes & R. W. Pickens (Eds.), *Needle sharing among intravenous drug abusers: National and international perspectives* (pp. 59-74). Rockville, MD: National Institute on Drug Abuse.

Cook, C., Bridge, J., & Stimson, G. V. (2010). The diffusion of harm reduction in Europe and beyond. In T. Rhodes & D. Hedrich (Eds.), *Harm reduction: Evidence, impacts, and challenges* (pp. 37-56). Lisbon, Portugal: European Monitoring Centre for Drugs and Drug Addiction.

De Jong, P., & Berg, I. K. (2013). *Interviewing for solutions* (4th ed.). Belmont, CA: Brooks/Cole.

Denning, P. (2001). Strategies for implementation of harm reduction in treatment settings. Journal of Psychoactive Drugs, 33(1), 23-26.

Driver, J. (2014). *The history of utilitarianism*. Retrieved from http://plato.stanford.edu/entries/utilitarianism-history.

Drug Policy Alliance. (2015). *A brief history of the drug war*. Retrieved from www.drugpolicy.org/new-solutions-drug-policy/brief-history-drug-war.

Fullerton, C. A., Kim, M., Thomas, C. P., Lyman, D. R., Montejano, L. B., Dougherty, R. H., . . . Delphin-Rittmon, M. E. (2014). Medication-assisted treatment with methadone: Assessing the evidence. *Psychiatric Services, 65*(2), 146-157.

Gleghorn, A., Rosenbaum, M., & Garcia, B. A. (2001). Editor's introduction: Bridging the gap in San Francisco: The process of integrating harm reduction and traditional substance abuse services. *Journal of Psychoactive Drugs, 33*(1), 1-7. doi:10.1080/02791072.2001.10400461

Grazioli, V. S., Hicks, J., Kaese, G., Lenert, J., & Collins, S. E. (2015). Safer-drinking strategies used by chronically homeless individuals with alcohol dependence. *Journal of Substance Abuse Treatment, 54*, 63-68.

Harm Reduction Coalition. (n.d.). *Principles of harm reduction*. Retrieved from http://harmreduction.org/about-us/principles-of-harm-reduction/2015.

Heather, N., & Hönekopp, J. (n.d.). *A revised edition of the Readiness to Change Question-*

naire (Treatment Version). Retrieved from http://nrl.northumbria.ac.uk/149/1/A%20revised%20edition%20of%20the%20readiness%20to%20change%20 questionnaire.pdf.

International Harm Reduction Association. (2015). *What is harm reduction?* Retrieved from www.ihra.net/what-is-harm-reduction.

MacCoun, R. J. (1998). Toward a psychology of harm reduction. *American Psychologist, 53*(11), 1199-1208.

Marlatt, G. A., Blume, A. W., & Parks, G. A. (2001). Integrating harm reduction therapy and traditional substance abuse treatment. *Journal of Psychoactive Drugs, 33*(1), 13-21. doi:10.1080/02791072.2001.10400463

Miller, W. R., & Rollnick, S. (2013). *Motivational interviewing: Helping people change* (3rd ed.). New York: Guilford Press.

Miller, W. R., & Tonigan, J. S. (1996). Assessing drinkers' motivation for change: The Stages of Change Readiness and Treatment Eagerness Scale (SOCRATES). *Psychology of Addictive Behaviors, 10*, 81-89.

Phillips, K. T., Stein, M. D., Anderson, B. J., & Corsi, K. F. (2012). Skin and needle hygiene intervention for injection drug users: Results from a randomized, controlled Stage I pilot trial. *Journal of Substance Abuse Treatment, 43*, 313-321.

Prochaska, J. O., & DiClemente, C. C. (1983). Stages and processes of self-change of smoking: Toward an integrative model of change. *Journal of Consulting and Clinical Psychology, 51*, 390-395.

ProCon.org. (2015). *23 legal medical marijuana states and DC*. Retrieved from http://medicalmarijuana.procon.org/view.resource.php?resourceID=000881.

Richardson, H. S. (2013). *Moral reasoning*. Retrieved from http://plato.stanford.edu/archives/win2014/entries/reasoning-moral.

Rogers, C. R. (1957). The necessary and sufficient conditions of therapeutic personality changes. *Journal of Consulting Psychology, 21*(2), 95-103.

Rollnick, S., Heather, N., Gold, R., & Hall, W. (1992). Development of a short "readiness to change" questionnaire for use in brief, opportunistic interventions among excessive drinkers. *British Journal of Addiction, 87*(5), 743-754.

Smith, A. (2012). *Marijuana legalization passes in Colorado, Washington*. Retrieved from http://money.cnn.com/2012/11/07/news/economy/marijuana-legalization-washington-colorado.

White, W. L. (1998). *Slaying the dragon: The history of addiction treatment and recovery in America*. Bloomington, IL: Chestnut Health Systems.

Xie, Y., Pope, B. A., & Hunter, A. J. (2016). Cotton fever: Does the patient know best? *Journal of General Internal Medicine, 31*(4), 442 - 444. doi:10.1007/s11606-015-3424-1

13장 인지행동적 접근

Edward Wahesh

인지행동치료(cognitive behavioral therapy: CBT)는 중독 장애를 치료하기 위해 가장 널리 사용되는 접근 방식 중 하나이다(Substance Abuse and Mental Health Services Administration: SAMHSA, 2014). 이 심리사회적 치료의 인기는 근거가 있다. 알코올, 대마초, 오피오이드 및 각성제 남용을 포함한 다양한 물질사용장애를 치료하는 데 CBT가 효과적이라는 상당한 지지가 문헌에 존재한다(Magill & Ray, 2009; McHugh, Hearon, & Otto, 2010). 또한 CBT가 도박장애(Gooding & Tarrier, 2009)와 인터넷 중독(Young, 2007)과 같은 행위 중독에 효과적이라는 증거도 있다. CBT는 치료의 단일한 접근이 아니라 여러 이론적 모델을 포함하는 포괄적인 용어이다. 문헌에서 CBT의 다양한 변형이 논의되지만 각 인지행동적 접근은 치료의 몇 가지 핵심 가정과 원칙을 공유한다. 이 장에서는 중독 행동에 대한 CBT의 이론적 원칙과 기법을 소개한다.

1. 이론의 기본 원칙

Dobson과 Dozois(2010)는 모든 주요 CBT 접근의 세 가지 원칙을 구별했다. ⓐ 행동은 인지 활동의 영향을 받는다, ⓑ 인지 활동은 관찰되고 수정될 수 있다, ⓒ 행동 변화는 인지 변화를 통해 영향을 받을 수 있다. 첫 번째 명제는 중재 가설(mediation hypothesis)이라고도 알려져 있으며(A. T. Beck & Dozois, 2011; Ellis, 1984), 사건 자체보다는 개인이 사건을 해석하는 방식이 그들의 행동 및 정서적 반응에 영향을 미친다는 가정을 나타낸다. 사건에 대한 인지적 평가가 편향될 때 문제가 발생한다(A. T. Beck & Haigh, 2014). 잘못된 정보 처리 방식이 사건에 대한 행동 및 정서적 반응에 영향을 미친다는 증거가 있으며(Dobson & Dozois, 2010), 특정 유형의 정신병리가 특정한 역기능적 신념과 연관되어 있다는 증거도 있다(Clark, Beck, & Brown, 1989). 이 원칙에 기반하여 중독은 특정 인지 과정 및 구조를 통해 시작되고 유지되는 행동으로 이해된다.

중재 가설과 관련된 가정은 감정과 행동이 인지와 서로 영향을 주고받는다는 것이다(A. T. Beck & Haigh, 2014; Dobson & Dozois, 2010; Meichenbaum, 1992). Padesky와 Mooney(1990)는 인지, 감정, 행동 및 생리를 포함한 여러 시스템이 환경 내에서 상호작용하는 방식을 설명하는 모델을 제시했으며([그림 13-1] 참조), 이러한 복잡한 피드백 시스템을 이해하는 것이 인지 활동을 수정하는 데 필수적이라고 언급했다. 이 모델에서 생리적 측면은 생물학적 반응을 나타내며, 환경은 물리적 환경뿐만 아니라 개인이 상호작용하고 영향을 받는 다양한 미시 체계를 의미한다. 이러한 체계의 양방향적 특성 때문에 환경뿐만 아니라 정서적 및 신체적 반응도 중독 행동의 시작과 유지에서 중요한 역할을 하는 것으로 개념화된다.

[그림 13-1] 인지, 정서, 행동, 생리 및 환경의 상호영향력

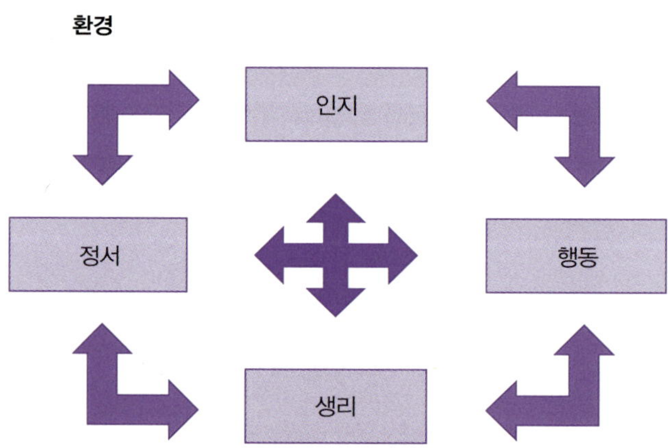

출처: Padesky, C. A., & Mooney, K. A. (1990). Clinical tip: Presenting the cognitive model to clients. *International Cognitive Therapy Newsletter, 6*(1), 13-14.

Dobson과 Dozois(2010)가 제시한 두 번째와 세 번째 핵심 원리인 인지는 수정될 수 있고 인지 변화가 행동에 영향을 미칠 수 있다는 점은 치료에 중요한 함의를 갖는다. 인지는 접근 가능하기 때문에, CBT의 주요 목표 중 하나는 환자가 자신의 중독 행동을 강화하는 신념과 사고방식을 확인하는 방법을 배우는 것이다. 이러한 인식을 통해 환자들은 인지적 과정을 변화시키는 전략을

사용할 수 있으며, 결과적으로 그들의 행동 및 감정적 반응에 영향을 미친다. 다른 체계들이 인지와 행동에 상호 영향을 미친다는 점을 고려할 때, 중독 행동을 유지하게 되는 내적·환경적 과정을 수정하도록 환자를 돕는 것이 필수적이다(J. S. Beck, Liese, & Najavits, 2005). 그 결과 CBT는 종종 인지 및 행동 기술 훈련의 조합을 포함한다. 환자는 자신의 중독 행동에 기여하는 인지적·행동적·정서적·생리적·환경적 변인을 인식하고 이러한 위험 요소를 모니터링하고 피하며 수정하거나 효과적으로 대처하는 기술을 배우게 된다.

2. 이론의 철학적 기초와 핵심 개념

앞서 언급한 바와 같이 CBT는 행동모델과 인지모델의 혼합체이다. 따라서 이 접근이 중독 행동의 치료에 어떻게 사용되는지 이해하려면 각 기본 이론의 핵심 원리를 검토할 필요가 있다. 이어서 고전적 조건형성(classical conditioning)과 조작적 강화(operant reinforcement)를 포함한 행동치료의 원칙과 그것들이 중독 행동과 어떻게 관련되는지 설명한다. 그다음에는 인지치료와 합리적 정서행동치료(rational emotive behavior therapy: REBT)에서 도출된 관련 개념들에 대한 논의가 이어진다.

1) 행동치료

행동치료(behavior therapy)는 고전적 조건형성과 조작적 조건형성이라는 두 가지 학습이론을 바탕으로 한다. 각각의 모델은 중독 행동의 발달, 유지 및 소거와 관련된 학습 과정을 명확히 하는 데 사용되어 왔다(Kouimtsidis, Reynolds, Drummond, Davis, & Tarrier, 2007). 또한 이 두 학습 모델은 중독치료를 위한 인지행동치료 접근에 큰 영향을 미쳤다.

(1) 고전적 조건형성

고전적 조건형성(classical conditioning)은 Ivan Pavlov(1927)가 처음 연구한 학습 과정이다. 이 모델에 따르면 학습은 중립 자극이 두드러진 자극과 반복적으로 짝지어질 때 발생한다. 예를 들어, 코카인을 사용하는 사람을 생각해 보자. 코카인의 사용(무조건 자극)은 그 사람이 계속해서 코카인을 사용하고자 하는 강한 생리적 갈망(무조건 반응)을 일으킨다. 시간이 지남에 따라 코카인의 사용은 특정한 사람들, 감정 상태, 특정 도구와 연합된다. 결국 처음에는 중립적이었던 자극들이 조건 자극이 되어 이러한 단서들에 노출되는 것만으로도 코카인에 대한 갈망(조건 반응)을 일으키게 된다. 조건 반응의 강도와 무조건 자극과 조건 자극이 연합되는 빈도는 조건 자극이 조건 반응을 일으키는지 여부에 영향을 미친다(Rotgers, 2012). 조건 자극이 무조건 자극과 반복적으로 연합되지 않으면 그 연합은 소거(extinction)라는 과정을 통해 점진적으로 사라진다.

여러 연구자는 중독 행동의 발달과 유지를 이해하는 데 있어 고전적 조건형성의 증거를 발견했다(Carter & Tiffany, 1999). Stormark, Laberg, Bjerland, Nordby와 Hugdahl(1995)은 실험실 환경에서 알코올 의존 장애가 있는 개인과 사회적 음주자 간의 알코올 냄새에 대한 자율 신경 반응의 차이를 조사했다. 그 결과, 알코올 의존 참가자들이 사회적 음주자들에 비해 심박수와 피부 전도가 더 크게 증가했으며, 알코올 냄새에 노출된 후 알코올 소비 제안을 거부하는 데 어려움을 겪을 가능성이 더 높다는 것을 발견했다. 또한 알코올 의존을 보이는 참가자들은 알코올 냄새에 노출된 후 알코올 섭취 제안을 거절하는 데 더 큰 어려움을 보고할 가능성이 높다는 것도 발견하였다. 고전적 조건형성의 시사점은 개인이 중독 행동을 할 때 다양한 자극이 갈망을 유발하여 행동을 강화하게 되므로 이러한 단서에 노출되었을 때 효과적으로 대응하는 기술을 배우는 것이 중요하다는 것이다.

(2) 조작적 조건형성

B. F. Skinner(1938)가 처음 연구한 조작적 조건형성(operant conditioning)의 핵심 원칙은 행동은 환경 내에서 결과의 영향을 받는다는 것이다. 즉, 개인은 그 행동과 연관된 긍정적 또는 부정적 결과를 기반으로 행동에 참여하는 법을 배운다. 의미 있는 보상이 제공될 때(정적 강화) 또는 부정적 결과가 제거될 때(부적 강화) 행동은 증가할 수 있다. 반면, 연관된 보상의 제거(소거)나 처벌과 같은 부정적 결과를 사용하여 행동을 감소시킬 수 있다. 조작적 조건형성은 중독 행동의 시작과 유지를 이해하는 데 유용하다. 예를 들어, 물질사용은 물질의 긍정적 효과(정적 강화)에 의해 시작되고, 시간이 지나면서 금단 증상으로 인한 불편함을 회피하거나 완화하기 위해 유지된다(부적 강화). 조작적 원리는 중독을 개념화하고 치료하는 데 중요한 시사점을 가진다. 실제로 연구자들은 각성제, 알코올, 바비튜레이트와 같은 물질이 강력한 보상적 특성을 지니고 있어 인간 행동에 큰 영향을 미친다는 사실을 발견했다(Hughes, Higgins, & Bickel, 1990).

2) 인지치료

Aaron T. Beck이 처음 개발한 인지치료(cognitive therapy)의 중심 개념은 심리적 건강에 중요한 것은 경험 그 자체가 아니라 그 경험에 부여된 의미라는 것이다. 이 모델이 앞서 설명한 행동이론과 구별되는 점은 인간이 자극에 반사적으로 반응하는 것이 아니라 자신에 대한 믿음, 세상에 대한 믿음, 그리고 미래에 대한 믿음을 바탕으로 이러한 사건들을 해석하고 반응한다는 점이다(Newman, 2013). 사건을 해석하는 과정에서 발생하는 오류는 심리적 장애를 초래하는 신념을 형성하고 강화하는 데 기여한다(A. T. Beck & Haigh, 2014). 이렇게 편향되거나 부정적으로 왜곡된 사건 해석은 정서 반응, 행동 및 신념에 영향을 미친다. 편향된 정보 처리 과정은 중독 행동과 관련이 있으며(Rohsenow et al., 1989), 치료 개입에서 중요한 영역으로 간주된다(Center for Substance Abuse Treatment, 1999). 〈표 13-1〉은 인지 처리 오류의 일반적인 예시이다.

〈표 13-1〉 일반적인 인지 처리 오류

인지 왜곡	설명
이분법적 사고 (Dichotomous thinking)	정보를 극단적이거나 전부 아니면 전무의 관점에서 해석하는 것 (예: "한 번만 실수해도 나는 실패자야")
과잉 일반화 (Overgeneralization)	단 한 번의 사건을 바탕으로 지나치게 일반화된 결론을 내리는 것 (예: "파티에서 맨정신으로 있을 때 이상했으니, 나는 술 없이는 사회생활을 제대로 할 수 없을 거야")
임의적 추론 (Arbitrary inference)	불완전한 증거에 기반하여 결론을 내리는 것 (예: 실제 금연을 시도하기도 전에 "내가 담배를 끊으려고 노력한다 해도 어차피 실패할 거야"라고 말하는 것)
파국화 (Catastrophizing)	자동적으로 최악의 시나리오를 예상하는 것 (예: "이런 갈망은 절대 사라지지 않을 거야")
독심술 (Mindreading)	실제 근거 없이 다른 사람의 생각이나 감정을 알 수 있다고 믿는 것 (예: 상대방에게 물어보지 않은 채로 '이 사람은 내가 술을 마시지 않으면 패배자라고 생각할 거야'라고 추정하는 것)
긍정성의 축소 (Disqualifying the positive)	긍정적인 경험을 부정적인 경험보다 덜 중요하게 여기는 것 (예: "나는 물질사용 없이 하루를 버텨 냈지만, 그건 그냥 운이 좋았을 뿐이야")

(1) 중독 장애의 인지치료

A. T. Beck, Wright, Newman과 Liese(1993)에 따르면, 중독 행동은 상황-구체적 인지와 깊이 뿌리박힌 신념의 조합에 의해 주도된다. Wenzel, Liese, Beck과 Friedman-Wheeler(2012)는 이러한 인지 과정을 생물학적 및 환경적 요소와 함께 두 가지 층위, 즉 원거리 배경 요인과 근접 상황 요인으로 구분하였다. 이러한 역동적 과정들이 중독 행동에 어떻게 영향을 미치는지 다음과 같이 설명한다.

1단계: 원거리 배경 요인 중독 행동에 영향을 미치는 두 가지 유형의 오래된 신념은 자기 자신, 세상, 미래에 대한 기본 신념과 중독 관련 신념이다. 기본 신념은 종종 핵심 신념 또는 도식과 혼용되는 용어로 근본적이고 포괄적인 신념을 의미하며 진리로 받아들여진다(Newman, 2013). J. S. Beck(2011)은 심리적 문제에 대한 취약성을 증가시키는 부적응적 핵심 신념이 무력감(예: '나는 무력하다'), 사랑받을 가치(예: '나는 매력적이지 않다'), 그리고 무가치함(예: '나는 나쁜 사람이다')과 관련된 세 가지 광범위한 범주로 나뉜다고 가정하였다. 기본 신념은 초기 생애 경험을 포함한 여러 배경 요인에 의해 형성되며, 개인이 환경에서 상황을 어떻게 해석하고 행동하는지에 영향을 미친다. 이러한 신념은 중간 신념을 통해 상황에 대한 인지적 평가를 안내하는데, 중간 신념은 개인의 기본 신념에 기초한 가정이나 규칙이다. 예를 들어, 자신이 무력하다는 기본 신념을 가진 사람은 '내가 무언가를 시도하면 실패할 것이다'라는 규칙에 따라 환경 안에서 상호작용할 수 있다.

기본 신념 외에도 중독 관련 신념은 중독 행동에 관여하는 사람의 취약성에 영향을 미친다. 이러한 신념은 중독 행동에 참여하는 데 있어 작용하는 긍정적 기대를 반영한다. 중독 관련 신념의 두 가지 주요 유형은 기대 신념(anticipatory beliefs)과 완화-지향적 신념(relief-oriented beliefs)이다. 기대 신념은 중독 행동에 참여함으로써 정적 강화를 받을 것이라는 기대를 반영하는 반면, 완화-지향적 신념은 중독 행동이 부적 강화를 가져올 것으로 믿는다(Wenzel et al., 2012). 중독 관련 신념의 형성은 개인의 기본 신념에 의해 영향을 받으며, 기본 신념은 중독 행동에 대한 초기 노출과 상호작용 유형을 결정하는 데 기여한다. 기본 신념은 또한 중독 관련 신념에 부여되는 가치에도 영향을 미친다. 예를 들어, '물질사용은 내가 인간으로 기능하는 데 필수적이다'라는 신념은 자신이 무력하다는 기본 신념을 가진 사람에게 더 두드러지게 나타날 가능성이 있다. Wenzel 등(2012)은 초기 생애 경험, 중독 행동에 대한 노출 및 실험, 성격 특성, 공존하는 정신장애, 사회적 지원, 그리고 의미 있는 활동 참여 등 여러 배경 요인이 기본 신념과 중독 관련 신념을 형성한다고 설명하였다.

Wenzel 등(2012)에 따르면, 기본 신념과 중독 관련 신념은 중독 행동을 촉발하는 특정 자극에 의해 활성화된다. 이러한 촉발 요인은 개인 고유의 내적 · 대인관계적 · 환경적 자극일 수 있으며 중독 행동에 참여할 가능성을 증가시킨다. Marlatt(1996)는 알코올 사용을 유발할 수 있는 여러 유형의 촉발 요인을 다음과 같이 제시했다. ⓐ 불안, 지루함, 좌절감과 같은 불쾌한 정서 상태, ⓑ 다른 사람들과의 갈등, ⓒ 인지된 집단 규범에 따르도록 하는 압력 또는 물질을 사용하라는 직접적인 설득, ⓓ 알코올을 통해 축하하려는 긍정적인 정서 상태.

이 목록은 원래 알코올 의존의 재발 방지를 위해 개발되었지만, 이러한 고위험 상황은 일반적인 중독 행동에서도 중요한 역할을 한다고 밝혀졌다(Wenzel et al., 2012). 중독을 유발하는 촉발 자극에 노출되면 다양한 인지적 · 행동적 · 생리적 · 정서적 과정이 활성화된다. 이러한 근접 요인들은 중독의 인지 모델(A. T. Beck et al., 1993)이라고 불리며, 원거리 배경 요인과 중독 행동 사이의 관계를 매개한다([그림 13-2] 참조).

2단계: 근접 상황 요인 내적 또는 외적 자극에 노출되면 개인의 중독 관련 신념이 활성화된다. 이러한 기대 신념 또는 완화-지향적 신념이 활성화된 후에는 자동적 사고가 생성되어 개인이 중독 행동에 참여하도록 지시한다(Wenzel et al., 2012). 개인이 중독 관련 신념에 따라 행동하도록 명령하는 자동적 사고의 예로는 "마시자!", "즐기자!", "고통을 피하자!" 등이 있다. 자동적 사고는 짧고 표면적인 인지로 종종 개인이 인식하지 못하는 경우가 많다. 이러한 신념은 짧은 언어적 진술 외에도 정신적 이미지(예: 음주나 물질사용 이미지)로 나타날 수 있다(J. S. Beck, 2011). 비록 자동적 사고는 짧고 즉흥적인 성격을 띠지만, 이는 정서, 행동 및 생리적 반응을 형성하는 데 강력한 역할을 한다.

자동적 사고는 중독 행동에 참여하라는 강렬한 신체적 감각을 뒤따르게 한다(Wenzel et al., 2012). 갈망(craving)은 물질사용을 통해 갈망을 해소하려는 내적 압력을 나타내는 인지적 표상인 충동(urges)과 동시에 발생한다. 갈망은 즉시 행동으로 옮기게 하는 인지로 이어진다. 조장하는 신념(facilitative beliefs)은 '이번 한 번만!', '나는 그럴 자격이 있어'와 같은 인지를 통해 허가하는 역할을 한다.

[그림 13-2] 중독 행동의 인지행동적 형성

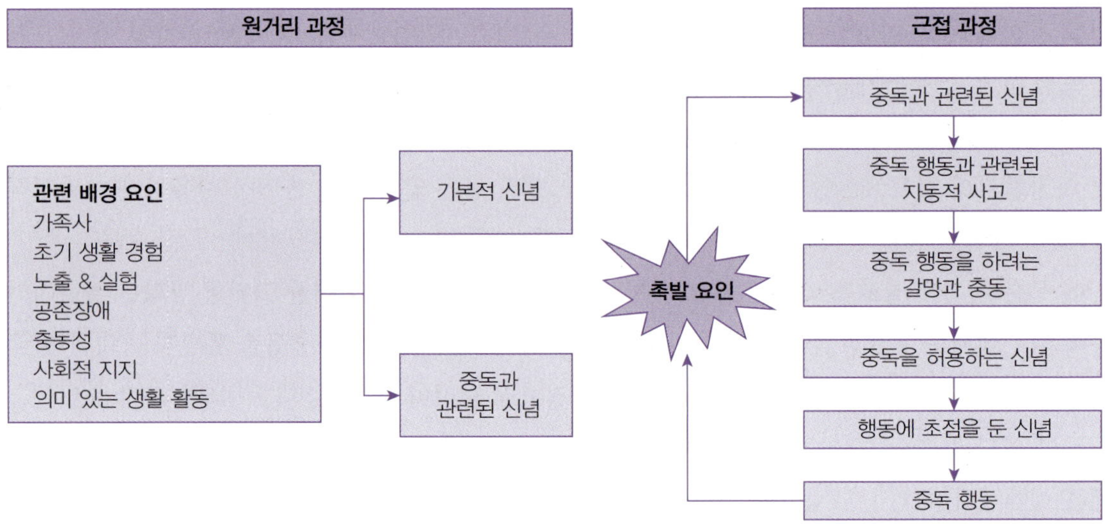

출처: Wenzel, A., Liese, B. S., Beck, A. T., & Friedman-Wheeler, D. G. (2012). *Group cognitive therapy for addictions*. New York, NY: Guilford.

일단 행동이 합리화되면 초점은 행동으로 옮겨진다. 중독 행동을 촉진하는 계획이나 도구적 전략과 관련된 신념이 활성화된다. 행동 중심적 사고의 예로는 'ATM 기기로 가' 또는 '마리화나를 말아' 등이 있다. 이러한 계획이 세워진 후 개인은 실제로 중독 행동을 시작하게 된다. 중독 행동에 참여하는 것은 새로운 자극을 일으켜 인지적 · 생리적 · 행동적 반응을 유발하고 이는 중독을 지속시키는 역할을 한다.

Kouimtsidis 등(2007)에 따르면, CBT의 주요 목표는 환자들이 활성화 자극에서 중독 행동에 이르는 일련의 과정을 이해하고 이 순환을 끊을 수 있도록 돕는 것이다. 따라서 치료의 중요한 과제는 환자가 자신의 인지를 재구조화하고, 중독 관련 자극과 갈망에 더 효과적으로 대응할 수 있는 대처 기술을 가르치는 것이다. 시간이 지남에 따라 중독 행동이 자동적인 인지 과정에 의해 지배되기 때문에 환자에게 이 일련의 연결 고리를 확인하는 방법을 가르치는 것은 어려울 수 있으며, 이로 인해 이러한 개별적인 인지적 · 생리적 · 행동적 과정들을 알아차리기도 어려워진다(Rotgers, 2012).

3) 합리적 정서행동치료

인지치료의 전신인 합리적 정서행동치료(rational emotive behavior therapy: REBT)는 Albert Ellis에 의해 개발되었다. REBT와 인지치료는 많은 유사점을 가지고 있는데, 그중 하나는 중재 가설(mediation hypothesis)이다. 이 가설은 내적 및 환경 자극이 행동적·정서적·생리적 반응에 미치는 영향이 정보 처리 과정을 통해 중재된다는 것을 말한다(Ellis, 1984). 또 다른 유사점은 두 치료 모두 심리적 장애에서 역기능적 신념의 중심적인 역할을 인식한다는 점이다(Padesky & Beck, 2003). Ellis(1984)에 따르면, REBT의 독특한 특징은 모든 역기능적 사고의 중심적인 속성이 요구성(demandingness)이라는 것이다. 구체적으로, 자신의 선호가 반드시 현실이어야 한다는 융통성 없는 주장은 비논리적인 결론과 고통으로 이어진다. 이러한 부적응적인 사고방식은 '~해야 한다', '~함이 마땅하다', '반드시 ~해야 한다' 등의 단어로 종종 반영된다. 자신이나 타인 또는 삶의 조건에 대해 경직된 평가적 신념을 갖는 것은 REBT의 궁극적인 치료 목표인 적응적이거나 유연한 사고 스타일을 갖는 것과 반대되는 것이다(Dryden, David, & Ellis. 2010).

(1) 낮은 좌절 인내력

DiGiuseppe와 McInerney(1990)는 요구성에서 비롯된 낮은 좌절 인내력(low frustration tolerance: LFT)이 중독 행동의 유지에 중요한 역할을 한다고 주장했다. 낮은 좌절 인내력은 삶이 편안해야 하며 이 기대에서 벗어나는 것은 견딜 수 없다는 요구를 나타낸다. 이 신념의 함의는 좌절이나 불편함이 용납될 수 없다고 여겨 이를 즉시 해소해야 한다는 것이다. 이것이 활성화될 때, 좌절 인내력은 불편한 불안감인 강렬한 정서 반응을 일으킨다. DiGiuseppe와 McInerney(1990)에 따르면, 낮은 좌절 인내력 신념은 완화 지향적인 결과 기대와 결합되어 활성화 자극에 노출된 후 개인이 중독 행동에 참여할 가능성을 높인다. 이러한 개인들은 불편함을 해소하기 위해 즉시 자신의 욕구를 충족시켜야 한다고 믿기 때문에 중독 행동을 할 가능성이 더 크다(예: '취하지 않으면 견딜 수 없다').

A. T. Beck 등(1993)은 낮은 좌절 인내력이 중독과 관련이 있다고 동의했으며, 이 역기능적 인지 평가 메커니즘이 무력감과 불충분함이라는 기본 신념에 뿌리를 두고 있다고 주장했다. 또한 A. T. Beck 등(1993)에 따르면, 낮은 좌절 인내력은 불쾌한 정서적 또는 신체적 경험으로부터 즉각적인 안도감을 얻기 위해 중독 행동에 참여하게 된다. 따라서 치료 접근은 환자에게 이 문제적 사고

방식을 식별하고 평가하며 수정하는 방법을 가르치고, 불편함에 대한 불안에 대응하는 능력을 향상시키는 대처 기술을 개발하도록 돕는 데 중점을 둔다.

3. 치료자가 이론적 접근을 활용하는 방법

CBT는 단기적이고 목표 지향적인 접근으로 중독 장애를 치료하는 데 사용된다(Carroll, 2011; Liese, 2014; Wenzel et al., 2012). CBT는 간결하고 집중적인 특성 때문에 교육과 구조화는 이 접근의 주요한 특성으로 강조된다(Ellis, 2003). 치료 과정에서 환자는 부적응적인 인지와 행동을 식별하고 모니터링하며 수정하는 방법을 배우게 된다. 이러한 학습 과정을 촉진하기 위해서는 강력한 치료 동맹이 필요하다. 또한 환자들이 적극적으로 치료에 참여할 수 있도록 CBT의 원칙을 소개해야 한다. 중독 관련 인지와 행동을 변화시키기 위해 치료자는 앞서 설명한 이론적 원칙에서 도출된 여러 행동 및 인지 기법을 사용한다. 이러한 개입은 치료자의 사례 개념화에 기반을 두고 의도적으로 선택된다. CBT 적용의 핵심 요소인 ⓐ 협력적 치료 관계, ⓑ 사례 개념화, ⓒ 인지 및 행동 기술 훈련에 대한 개요는 다음과 같다.

1) 협력적 치료 관계

효과적인 CBT는 견고한 치료적 관계가 필요하다(Newman, 2013). 치료자는 환자에게 공감, 진정성, 존중을 전달해야 한다. 이러한 관계 특성은 Rogers(1957)가 성공적인 치료의 핵심 조건으로 정의한 것이며, CBT에서는 단독으로 변화를 촉진하기에 충분하지 않지만 필수적인 요소로 간주된다(J. S. Beck, 2011). 치료자와 환자 간의 유대가 중요한 이유 중 하나는 CBT의 목표가 환자가 종종 자신의 편안한 영역을 벗어나 새롭고, 보다 적응적인 행동을 배우는 것이기 때문이다. 신뢰와 수용으로 정의되는 치료 환경이 구축되지 않으면, 환자는 새로운 행동을 시도할 가능성이 낮아진다(Liese, 2014).

또한 치료적 관계는 CBT가 협력적인 노력이라는 점에서도 중요하다. 치료자와 환자는 치료 목표와 개입 방법을 함께 선택한다. 치료자는 환자의 참여 수준과 변화에 대한 동기 정도에 따라 치료의 구조와 과제를 유연하게 관리한다(Liese, 2014). 치료 초기에 치료에 대한 사전 동의, 즉 환자의 권리와 책임을 포함한 내용을 논의하여 적절한 경계(예: 비밀 유지)를 설정하고, 치료 중에 치료적 관계를 깰 수 있는 잘못된 의사소통을 사전에 방지한다(A. T. Beck et al, 1993). 또한 치료자와 환자가 함께 환자의 치료 참여에 영향을 미칠 수 있는 문화적 가치와 신념을 탐색하는 것도 중요하다(Pantalone, Iwamasa, & Martell, 2010). 관계 내에서 불협화음이 발생하는 경우, 치료자는 환자로부터 피드백을 구하고 환자의 기본 신념이 치료에 어떻게 영향을 미치는지 탐색해야 한다(A. T. Beck et al., 1993).

이러한 협력 정신은 CBT의 협력적 경험주의(collaborative empiricism) 개념에 반영되어 있다(A. T. Beck & Dozois, 2011). 협력적 경험주의는 치료자와 환자가 함께 협력하여 환자의 인지를 탐구하는 방식이다. 치료자는 환자의 주관적 평가와 이러한 인지가 환자의 기능에 미치는 영향을 평가하고 가설을 검증하는 개방적이고 협력적인 과정에 참여한다. 치료자는 환자의 사고방식과 신념을 검토하는 것 외에도 치료 과정에서 보여 준 환자의 강점과 노력도 인정한다(A. T. Beck et al., 1993). 중독치료에서 높은 중도 탈락률을 고려할 때 환자의 참여를 증가시키는 데 중점을 두는 것이 타당해 보인다(Brorson, Ajo Arnevik, Rand-Hendriksen, & Duckert, 2013).

2) 사례 개념화

J. S. Beck 등(2005)에 따르면, 중독에 대한 CBT의 첫 번째 원칙은 치료가 환자의 고유하고 변화하는 사례 개념화에 기반해야 한다는 것이다. Wenzel 등(2012)은 환자의 포괄적인 사례 개념화에 포함되어야 할 여러 요인을 제시했다. 환경, 발달 역사, 기본 신념, 중독 관련 신념과 같은 배경 요인은 환자의 현재 기능에 적절한 맥락을 제공하기 위해 평가된다. 또한 사례 개념화는 환자의 중독 행동에 기여하는 활성화 자극과 자동적 사고를 포함한 다양한 상황적 요인에 대한 철저한 이해를 바탕으로 해야 한다(J. S. Beck et al., 2005; Carroll, 1998).

치료자와 환자는 원거리 요인과 근접 요인을 확인하면서 이러한 과정이 어떻게 상호작용하고 궁극적으로 중독에 기여하는지 탐색한다. Wenzel 등(2012)은 이 과정이 환자를 치료에 적응시키는 데 도움이 될 뿐만 아니라 중독 행동과 관련된 문제에 대한 인식을 높여 변화에 대한 동기를 강화할 수 있다고 언급했다. 이러한 자료를 체계적으로 수집하고 조직하는 것은 치료자와 환자가 치료를 계획하는 데 도움이 된다. 치료 목표와 기법은 환자의 중독 행동의 가장 두드러진 결정 요인을 다루기 위해 전략적으로 선택된다. J. S. Beck 등(2005)과 Carroll(1998, 2011)은 치료 초기의 초점이 환자의 깊이 내재된 기본 신념보다는 중독 행동과 관련된 상황적 인지와 행동을 변화시키는 데 있어야 한다고 동의했다. 사례 개념화는 치료 과정에 사용되는 다양한 치료적 개입의 결과를 기반으로 시간이 지남에 따라 자연스럽게 진화하고 정교해진다.

3) 인지 및 행동 기술 훈련

글상자 13-1 상황 요인 확인

CBT를 사용하는 치료자가 근접 요인들이 어떻게 상호작용하고 중독 행동에 기여하는지를 이해하는 것이 중요하다. 아래 단계에 따라 CBT 원리를 사용하여 행동을 개념화하는 연습을 해 보라.

1. 건강하지 않거나 비생산적인 개인의 행동이나 습관을 선택한다.
   (예: TV를 너무 많이 보거나 건강에 좋지 않은 음식을 먹는 것)
2. 상황적 과정의 다이어그램을 작성한다. 여기에는 ⓐ 촉발 요인, ⓑ 행동에 대한 기대 신념이나 완화-지향적 신념, ⓒ 자동적 사고, ⓓ 충동과 갈망, ⓔ 촉진적 신념, ⓕ 도구적 행동이 포함되어 있으며, 이러한 요소들이 당신의 습관과 관련된 다양한 인지적 · 행동적 · 생리적 · 환경적 요인을 설명하고 그것들이 서로 어떻게 상호작용하는지 나타낸다.
3. 2단계에서 열거된 근접 과정에 대한 당신의 행동을 변화시키는 데 사용할 수 있는 전략 목록을 개발한다. 당신의 행동 변화를 방해하는 고리를 어떻게 끊을 수 있는가?

CBT의 핵심 원리는 중독의 발생 및 유지와 관련된 학습 과정이 중독 행동을 바꾸는 데도 사용될 수 있다는 것이다(Rotgers, 2012). 따라서 CBT의 변화 과정에는 환자의 인지 및 행동 기술의 목록을 늘리는 것을 포함한다. J. S. Beck(2011)은 환자가 치료에서 새로운 기술을 개발하는 것의 중요성에 대해 "CBT는 환자가 자신의 치료자가 되도록 가르치는 것을 목표로 한다"(p. 9)라고 표현하였다. CBT에서는 기술 개발을 중시하기 때문에 환자는 치료자와 논의한 기술을 연습하기 위해 치료 시간 밖에서 완수해야 할 과제를 부여받는다(J. S. Beck et al., 2005; Liese, 2014). 이러한 과제는 치료에서 배운 기술을 일반화하고 실제 문제에 적용할 수 있게 도와준다(Kouimtsidis et al., 2007). Carroll(1998)과 Liese(2014)에 따르면, 개별 CBT 회기의 구조는 일반적으로 과제 검토와 계획 수립에 중점을 둔다. 각 회기에서는 이전의 과제를 검토하고 치료자가 소개한 새로운 기술을 습득할 수 있도록 새로운 과제가 부여된다. 다음은 CBT에서 사용되는 인지 및 행동 기술 훈련의 예이다.

(1) 인지 기술 훈련

간단히 말해, 인지 기술 훈련은 환자가 유해한 신념과 사고방식을 식별하고, 평가하며, 수정하는 방법을 가르치는 것을 목표로 한다. 이 과정의 초기 단계는 환자에게 CBT의 핵심 원칙을 가르치는 것으로, 여기에는 인지는 접근되고 이를 변경할 수 있으며, 인지 과정을 변화시키는 것이 행동 변화를 촉진할 수 있다는 중재 가설이 포함된다(A. T. Beck & Dozois, 2011). 또한 환자는 중독과 관련된 다양한 원거리 과정 및 근접 과정에 대해 설명을 듣게 된다. 여기에는 편향된 인지 처리 전략이나 인지 왜곡의 예를 제공하는 것을 포함한다. 환자가 이러한 정보를 자신의 중독 행동에 적용하는 법을 배우면, 회기 사이에 이러한 과정을 관찰하고 치료자와 함께 그 의미를 탐색하면서, 훈련의 초점은 도움이 되지 않는 인지를 수정하는 방법을 교육하는 것으로 전환된다(Carroll, 1998). 이 과정에서 사용되는 인지 기법의 예로는 안내된 발견(guided discovery), 사고 관찰(thought monitoring), 주의 전환(distraction), 심상화(imagery), 그리고 하향식 화살표 연습(downward arrow exercise)이 있다.

안내된 발견 안내된 발견을 통해 환자들은 신념이 자신의 행동과 감정에 어떻게 영향을 미치는지에 대해 더 깊이 인식하게 된다. 또한 환자는 자신의 인식의 타당성과 유용성을 평가하는 방법을 배운다. 이 과정에서 치료자는 환기적 질문과 교육적 반영, 환자의 피드백 사이에서 균형을 맞춘다. J. S. Beck(2011)은 치료자가 환자들이 역기능적인 신념에 도전하는 것을 도울 수 있도록 안내하는 6단계 과정을 개발했다. ⓐ 신념의 정확성에 대한 근거를 평가한다. ⓑ 신념의 타당성에 이의를 제기하는 대안적 설명을 검토한다. ⓒ 신념과 관련된 다양한 결과를 확인한다(즉, 최악의 결과, 최상의 결과, 가장 현실적인 결과 등). ⓓ 신념을 유지할 경우, 결과나 유용성을 판단한다. ⓔ 환자에게 자신과 같은 상황의 친구에게 뭐라고 말할지 상상하게 하여 그 신념과 거리를 두도록 가르친다. ⓕ 이러한 질문을 논의한 후 환자가 무엇을 할 것인지 묻는다. 이런 안내된 발견 과정의 결과는 자연스럽게 환자에 대한 치료자의 사례 개념화에 반영되며 회기 사이에 환자에게 내줄 과제를 결정하는 데 도움이 된다.

〈표 13-2〉 사고 관찰 기록지

촉발 사건 날짜/시간	활성화된 신념: 결과 기대/자동적 사고/ 관대한 생각	결과: 신체적 · 정서적 · 행동적	적응적 반응
• 직장에서 상사에게 또 한 번만 지각하면 해고하겠다는 말을 듣고, 스트레스를 받고 집으로 돌아왔다. • 월요일 밤 8시	• 온라인 카드 게임을 하면 업무 스트레스를 해소하는 데 도움이 될 것이다. • 난 위안이 필요하다! • 게임은 잠깐만 할 것이고, 최근에 나는 계속 이기고 있다.	• 불안 증가, 마음을 가라앉히기 어렵다. • 좌절스러움 • 게임 웹사이트에 로그인하고, 내 신용카드의 정보를 확인한다.	• '도박은 나에게 도움이 되지 않을 것이고, 일단 게임을 시작하면 멈추지 못할 것이다'라고 스스로 말한다. • 지금 카드 게임을 시작하면 상황이 악화되는 여러 이유를 생각해 본다.

사고 관찰 사고 관찰은 환자가 자신의 중독 행동과 관련된 인지 과정을 알아차리고 이에 도전하도록 돕는다(A. T. Beck et al., 1993). 또한 특정한 내부 및 환경의 중독 관련 자극에 대한 환자의 자각을 높여 준다. 사고 관찰은 환자가 이런 자극과 관련된 인지적 · 행동적 · 생리적 · 정서적 반응의 순서에 따라 중독과 관련된 촉발 요인을 기록하는 일부터 시작된다. 일단 이렇게 반응을 인식하는 법을 배우고 나면, 환자는 사고에 반박하는 기법의 사용을 관찰하게 된다. 사고관찰 기록지의 예는 〈표 13-2〉에서 확인할 수 있다. 환자가 새로운 기술을 자신의 목록에 추가할수록, 사고 관찰은 중독 관련 단서에 더 적응적으로 반응하려는 노력을 기록할 수 있다. 이 기법은 회기 중, 회기 간에 과제로 사용할 수 있으며 환자의 학습을 강화하고 치료자가 환자의 진행 상황을 인식하는 데 도움이 될 수 있다. 기법을 성공적으로 사용했다는 증거는 자신감을 키울 수 있는 반면, 고위험 상황에서 효과적이지 못한 대응은 치료에서 치료의 목표와 과제를 수정하는 데 활용될 수 있다.

주의 전환 환자들은 중독 행동과 관련된 자극과 인식에서 주의를 다른 곳으로 돌리기 위해 주의 전환 기술을 사용할 수 있다(Carroll, 1998; Ellis, McInerney, DiGiuseppe, & Yeager, 1988). 중독 관련 촉발 요인에 직면했을 때 유용한 주의 전환 기법은 편안한 장면을 상상하거나 중독 행동과 관련된 부정적 결과를 상기하는 방법이 있다(Carroll, 1998). 마음챙김 기반 재발 방지에서 도출된 또 다른 전환 전략은 SOBER 호흡 공간(breathing space)이다. SOBER는 ⓐ 멈추고(Stop), ⓑ 관찰하고(Observe), ⓒ 호흡하고(Breathe), ⓓ 관점을 확장하고(Expand), ⓔ 선택권이 있음을 염두에 두고 의도적으로 반응하기(Respond)를 의미한다(Bowen, Chawla, & Marlatt, 2011). SOBER 호흡 공간에서 환자들은 일련의 인지적 · 행동적 과정의 흐름을 지연시키고 고위험 상황을 비판 없이 관찰하며, 중독 행동에 대한 갈망과 충동에 효과적으로 대처할 수 있는 내적 자원을 모색할 가능성이 높아진다.

심상화 심상화는 환자가 중독 자극과 관련된 최근 경험을 떠올리도록 돕는 과정을 포함한다. 이 과정에서 환자는 머릿속에서 상황을 다시 재현할 때 가능한 한 많은 감각(시각, 청각, 후각, 미각, 촉각)을 사용하도록 지시받는다(J. S. Beck, 2011). 환자는 과거 경험을 정신적으로 다시 경험함으로써 자신의 중독 행동에 영향을 미치는 요인들에 대한 인식을 높일 수 있다. 이 기법은 특히 자동적 사고를 식별하는 데 유용한데, 평소 쉽게 인식되지 않고 지나가기 때문이다(J. S. Beck, 2011). 또한 심상화는 환자가 새로운 기술을 사용하여 고위험 상황에 보다 효과적으로 대응하는 방법을 상상할 수 있도록 한다. 예를 들어, 환자는 주의 전환 기술을 사용하거나 유용하지 않은 인식에 도전하는 연습을 할 수 있다(Ellis et al., 1988). Kouimtsidis 등(2007)은 중독 행동에 대한 CBT 치료에서 심상화의 사용을 지지하지만, 환자가 문제 사건에 대한 정신적 이미지를 생생하게 떠올리게 하는 일은 매우 강렬한 정서 반응을 일으킬 수 있다고 경고했다. 그러므로 치료자는 환자에게 심상화의 잠재적 · 정서적 파급력을 미리 알리고 견고한 치료 관계가 확립될 때까지 이 기법의 사용을 미룰 필요가 있다.

하향식 화살표 연습 하향식 화살표 연습은 환자가 자신의 기본 신념의 의미를 이해하도록 돕는 데 사용된다. Mitcheson 등(2010)은 이 전략을 열린 질문을 반복적으로 사용하여 환자의 부적응적인 인지의 의미를 점진적으로 드러내는 일종의 안내된 발견 과정이라고 설명했다. 예를 들어, 환자의 '파국화' 사고를 줄이도록 돕기 위해 치료자는 "당신에게 일어날 수 있는 최악의 상황은 무엇인가요?"라는 질문으로 시작하여, "그것이 당신에게 왜 그렇게 나쁜가요?", "만약 최악의 일이 일어난다면, 당신, 다른 사람, 당신의 미래는 어떻게 될까요?"와 같은 후속 질문을 사용할 수 있다(Mitcheson et al., 2010). 각 질문은 환자와 치료자가 환자의 기본 신념을 파악하는 데 더 가까이 다가갈 수 있도록 도와준다. 이러한 일련의 열린 질문들은 환자가 자신의 부적응적 인지 과정의 오류와 경직성에 대해 스스로 성찰하도록 촉진하며, 중독 행동과 관련된 근접 요인이 기본 신념과 어떻게 연결되는지 설명하는 데도 도움이 된다. 하향식 화살표 연습의 예는 [그림 13-3]과 같다.

[그림 13-3] 하향식 화살표 연습

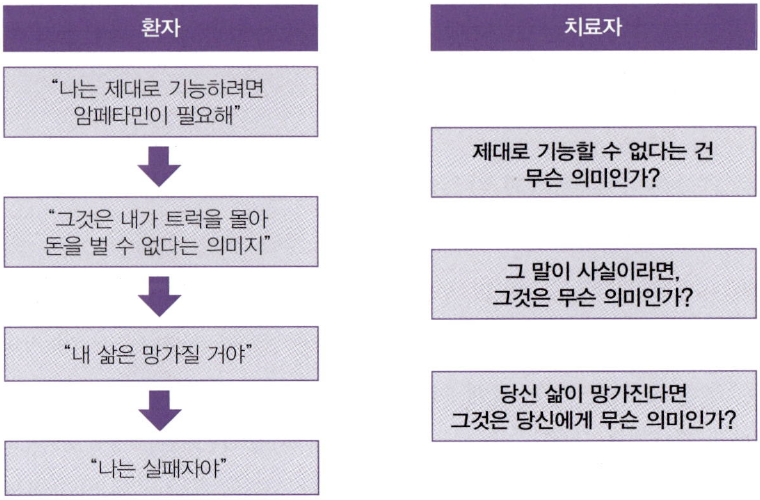

(2) 행동 기술 훈련

CBT에서 행동 기술 훈련의 목표는 환자가 중독 관련 행동에 참여할 가능성을 줄이는 새로운 행동을 배우는 것이다. 여기에는 환자가 중독 행동에 대한 노출을 줄이기 위해 환경을 변화시키는 것도 포함된다(A. T. Beck et al., 1993). 또한 환자에게 긍정적인 행동에 대한 보상을 제공하고 중독 행동의 강화적 특성을 줄이는 방법을 가르치는 것도 중요하다. 행동 기술 훈련의 목표와 기법은 고전적 조건화와 조작적 강화 모델을 기반으로 한다. 행동 기술 훈련의 다섯 가지 예는 ⓐ 고위험 상황 계획(high-risk situation planning), ⓑ 수반성 관리(contingency management), ⓒ 이완 훈련(relaxation training), ⓓ 행동 시연(behavioral rehearsal), ⓔ 지역사회 강화 접근(community reinforcement approach)이다.

고위험 상황 계획 CBT에서 사용되는 기본적 행동 기법인 고위험 상황 계획은 환자에게 중독 행동과 관련된 자극을 확인하여 피하는 방법을 가르치는 것이다(J. S. Beck et al., 2005). 이 과정은 일반적으로 치료자와 환자가 중독 행동을 유발하는 다양한 고위험 상황의 목록을 작성하는 것이 포함된다. 환자는 치료 회기 사이에 자신의 행동을 스스로 모니터링하여 촉발 요인 목록을 추가하도록 권장된다. 고위험 상황을 식별하는 또 다른 전략으로는 타임라인 추적이 있다(Sobell & Sobell, 1992). 이 과정에서 환자는 지난 30일 동안 자신이 했던 모든 중독 행동을 돌아보고 달력과 유사한 양식을 사용하여 기록한다. 구체적 상황뿐 아니라 중독 행동의 양과 빈도도 기록한다. 이런 자료는 각 상황에서 중독 행동을 유발하는 강화 유형을 파악하는 데 도움이 될 수 있다. 이런 정보를 알면 향후 이러한 상황을 피하기 위한 계획을 세울 수 있다. 외부 또는 환경적 자극을 피하는 것은 술집을 피하기 위해 새로운 퇴근길로 운전해 가는 것처럼 간단할 수 있다. 개인 간 및 개인 내 자극에 대응하기 위해서는 추가적인 의사소통 기술 및 이완 기술 훈련이 필요할 수 있다.

수반성 관리 수반성 관리는 치료 활동에 참여하는 환자에게 정적 강화로서 보상을 제공하는 방식이다(Ellis et al., 1988). 보상을 받을 수 있는 행동으로는 소변 검사 음성 판정 제출, 길항제 또는 작용제 약물의 복용 준수가 있다(Dallery, Meredith, & Budney, 2012). 치료 지향적인 행동에 대한 강화는 보통 금전적 가치가 있는 교환권이나 상품의 형태로 제공된다. 강화 일정은 고정적이거나(바람직한 행동을 할 때마다 유사한 가치로 보상), 점증적이거나(원하는 행동을 연속해서 할 때마다 보상의 가치 증가), 예측이 불가능할 수 있다(다양한 금전적 가치의 보상을 무작위로 선택). Dallery 등(2012)은 보상이 지연될수록 행동이 지속될 가능성이 낮아지므로 가급적 바람직한 행동을 한 가까운 시점에 보상을 제공하도록 권장한다. 그들은 또한 원하는 행동과 관련된 도전 과제를 반영하는 보상의 크기가 중요함을 강조하며, 가치가 낮은 보상은 행동을 촉진하기에 충분한 강화를 제공하지 못한다는 점을 지적한다(Dallery et al., 2012). 이런 방법을 사용하면 치료에 대한 참여도가 높아지고 환자가 중독적 습관의 변화를 위한 긍정적 행동을 장려하는 방법도 배우게 된다.

이완 훈련 환자에게 이완 기술을 사용하여 부정적인 정서 상태에 대처하는 방법을 안내하는 이완 훈련은 치료의 중요한 과제이다(Carroll, 1998). 부정적인 정서 상태는 개인 간 또는 개인 내에서 중독 관련 자극에 따른 결과일 수 있다. 환자가 고위험 상황에서 긴장을 풀고 이완하기 위해 사용할 수 있는 기술로는 느린 호흡과 점진적 근육 이완이 있다(Dobson & Dozois, 2010). 환자가 숨을 길게 들이마시고 내쉬면서 중독 관련 자극과 연관된 불쾌한 생리적 · 정서적 반응을 줄일 수 있다. 또한 환자는 촉발 사건과 그에 따른 중독 행동 사이의 순환을 방해할 여유를 만들어 환자가 기존과는 다른 인지적 · 행동적 전략을 사용할 수 있게 한다. 점진적 근육 이완에서는 환자가 몸의 여러 부위에 있는 근육들을 천천히 긴장시키고 이완시키는 연습을 한다. 근육을 의도적으로 긴장시키고 이완하는 방법을 배우면 스트레스를 받는 상황에서 생리적 효과를 무력화하여 당장 중독 행동을 하고 싶은 충동에 저항할 가능성이 커진다.

행동 시연 회기 내에서 환자가 새로운 기술을 연습할 기회를 제공하는 것은 매우 유익하다. 행동 시연(behavioral rehearsal)을 통해 환자는 안전한 환경에서 고위험 상황에 대처하기 위해 사용할 의사소통 기술을 연습할 수 있다. 예를 들어, 환자는 특정 상황에서 술을 거절하는 기술을 연습할 수 있다. 이 과정에는 역할극과 치료자가 환자 역할을 하는 역할 바꾸기가 포함될 수 있다. 역할 바꾸기에서 치료자는 환자에게 새로운 기술을 모델링할 수 있게 하며, 잠재적으로 환자의 자기효능감을 증가시킬 수 있다. 행동 시연의 장점 중 하나는 환자가 이전에 알지 못했던 예상치 못한 어려움을 파악하는 데 도움이 된다는 것이다(Kouimtsidis et al., 2007). 예를 들어, 환자는 파티에서 술을 마시지 않기 위해 '오늘 밤에는 집까지 운전해 가야 한다'는 변명을 할 수 있다. 그런데 역할극을 하는 동안 환자는 치료자(환자의 친구 역할)가 음주 운전을 할 필요가 없도록 택시를 부르겠다고 제안하는 것을 보고 자신의 변명이 효과적이지 않을 수 있다는 것을 깨닫는다. 연습을 한다고 반드시 '완벽해지는' 것은 아니지만, 연습을 통해 중독과 관련된 자극에 대한 환자의 대응 능력을 향상시킬 수 있다.

지역사회 강화 치료 과정에서 중독 행동을 부추기는 환경적 요인을 제거하고 변화에 대한 정적 강화를 늘리기 위해 환경을 조정하는 것이 중요하다. 여기에는 환자의 취업이나 주거 관련 문제 해결을 돕거나(J. S. Beck et al., 2005), 그들의 삶의 의미와 목적을 부여하는 정기적인 활동을 계획하도록 지원하는 것이 포함될 수 있다. 지역사회 강화 및 가족 훈련(community reinforcement and family training: CRAFT)은 중독 행동에 계속 참여할 동기를 줄이고 변화에 대한 동기를 강화하는 여러 체계적인 전략을 사용한다(Miller, Forcehimes, & Zweben, 2011). CRAFT는 환자가 환경 내에서 중독 관련 자극에 대응하는 방법을 배우도록 도울 뿐만 아니라 가족 구성원이 금주와 치료에 참여하는 것에 대한 긍정적인 강화를 환자에게 제공하는 방법을 훈련하는 것도 포함한다. 이와 관련하여 가족 구성원들은 그들이 사랑하는 사람의 중독 행동을 강화하거나 조장하지 않는 방법도 배운다. 가족 구성원들을 훈련시키고 환경을 변화시킴으로써 치료적 변화를 유지하는 데 대한 잠재적 방해요인이 제거된다.

4. 평가 및 예방의 시사점

CBT는 중독 행동의 평가와 예방에 중요한 시사점을 제공한다. CBT의 주요 가정 중 하나는 중독이 환경적인 맥락 안에서 이해되어야 하는 학습된 행동이라는 것이다(Mitcheson et al., 2010). 그러므로 개입을 계획할 때는 중독 행동의 시작 및 유지와 관련된 인지, 행동, 정서, 생리적 및 환경적 조건을 확인하는 것이 필요하다. 또한 기능에 영향을 미치는 인지 과정을 이해하는 데 특별한 주의를 기울여야 한다. 그런 다음 이러한 내부 및 외부 과정이 중독 행동을 촉진하는 방식에 따라 인지 및 행동 기법을 사용할 수 있다.

1) 평가

CBT에서는 환자의 초기 경험, 중독 행동에 대한 최초 노출, 중독의 가족력 등을 평가하여 환자의 신념이 어떻게 형성되었는지를 파악한다(Wenzel et al., 2012). 또한 환자의 문화적 배경도 중요한 고려 사항이다. 문화적 전통은 중독 행동에 대한 허용과 만연함에 대한 메시지를 전달하기 때문이다. 충동성과 같은 성격특성 및 공존장애는 환자의 전반적인 기능 수준을 설명하는 데 도움이 된다. 또한 환자의 사회적 지지와 의미 있는 활동에의 참여도 평가 대상이다. 이와 같은 정보를 수집하면 환자의 기본 신념 및 중독 관련 신념을 파악하는 데 도움이 되며, 이러한 신념이 과거와 현재 환자의 행동에 어떻게 영향을 미치는지에 대한 통찰을 할 수 있다.

평가 과정에서 검토해야 할 상황적 요인에는 ⓐ 대표적인 중독 관련 자극의 특징, ⓑ 결과에 대한 기대, ⓒ 자동적 사고, ⓓ 촉진하는 신념, ⓔ 행동 지향적 신념, ⓕ 변화에 대한 자신감, ⓖ 물질 사용에 대한 충동 및 갈망이 포함된다(Wenzel et al., 2012). 환자의 행동이 얼마나 자동적인지, 무의식적인지도 고려할 필요가 있다. 관련하여 J. S. Beck 등(2005)은 환자의 현재 생활 문제와 그에 대한 정서적 반응도 평가할 것을 제안했다. 이 정보는 환자의 중독 관련 자극 및 강화(정적 또는 부적)를 이해하는 맥락을 제공한다.

CBT의 교육적이고 협력적인 특성이 평가 과정에 반영되는 것이 중요하다. 치료 초기 단계에서 중독 행동에 대한 CBT 사례 개념화에 익숙해져야 하며 이는 환자가 자신의 신념과 사건에 대한 주관적인 평가와 관련된 가설을 적극적으로 검증하는 데 역할을 할 수 있다. 또한 평가는 초기 치료에만 국한되지 않으며 치료 내내 지속되어야 한다. 환자들은 새로운 인지적 기술과 행동을 배우면서 자신의 신념이 행동에 어떻게 영향을 미치는지에 대해 점점 더 많이 인식하게 된다. 이러한 새로운 통찰은 사례 개념화에 반영되어야 한다.

2) 예방

CBT에서 파생된 중독 행동에 대한 여러 개념은 예방 실천에 적용될 수 있다. 환경이 중독 관련 신념에 영향을 미친다는 가설을 고려하면, 중독 행동의 접근성과 노출을 줄이려는 예방적 노력의 설계는 합리적으로 보인다. 예를 들어, 지역사회는 학교와 놀이터 근처에서 벌어지는 술이나 담배의 마케팅을 규제하고자 할 수 있다. 이러한 생태학적 개입은 아이들이 중독 관련 신념을 형성하는 것을 예방할 수 있다. 아이들의 중독 관련 신념의 형성을 다루는 것은 필요하다. Zamboanga, Ham, Van Tyne과 Pole(2011)은 비음주 청소년 157명을 대상으로 설문조사를 실시한 결과, 이들 중 상당수가 알코올 사용에 대해 긍정적인 신념을 갖고 있는 것을 발견했다. 알코올에 대한 긍정적인 신념이 높을수록 미래에 음주 의도가 높다는 사실을 발견했다. 어린 시절의 노출을 줄이면 이런 허용적이고 긍정적인 신념의 형성을 예방할 수 있다.

예방 노력을 통해 개인에게 대처기술을 제공하여 중독 행동에 참여할 필요를 없앨 수 있다. 이는 더 건강하고 적응적인 전략을 사용하여 불쾌한 기분을 효과적으로 대처하는 방법에 대한 훈련을 포함할 수 있다. 기술 훈련 프로그램은 또한 거절, 자기주장 기술을 강화하여 물질사용의 시작을 방지하거나 적당한 사용이 심각한 문제로 발전하지 않도록 하는 데 집중할 수 있다. 대학생을 위한 간단한 알코올 선별 및 개입(BASICS; Dimeff, Baer, Kivlahan, & Marlatt, 1999)은 일부 CBT 원칙을 기반으로 개발된 예방 프로그램의 한 예로, 결과 기대, 인식된 규범 및 기술 부족을 다루어 대학생 음주자들 사이에서 알코올 사용과 알코올 관련 부정적 결과를 줄이는 데 효과성을 입증했다(Borsari & Carey, 2000).

5. 이론의 강점과 약점

CBT는 중독 행동을 치료하는 방법으로서 여러 가지 강점이 있다. 중독에 대한 CBT 사용을 지지하는 상당한 근거가 존재한다(Magill & Ray, 2009). 예를 들면, Gossop, Steward, Browne과

Marsden(2002)은 인지적 대처 기술을 더 많이 사용하는 입원 치료 프로그램 환자들의 헤로인 사용 재발률이 낮다는 것을 발견했다. 지역사회 강화 접근과 같은 행동 치료에 기초한 전략도 물질사용을 줄이는 데 효과적임을 입증하였다(Miller et al., 2011). 이 접근이 유망한 이유 중 하나는 CBT가 우울과 불안 등 중독과 자주 공존하는 상태에도 효과적이라는 사실이 발견되었기 때문이다(Epp & Dobson, 2010). CBT 이론과 기법이 다른 정신건강 문제에도 적용될 수 있기 때문에, 공존장애와 중독 행동에 대한 치료를 동시에 진행할 수 있다. CBT의 또 다른 강점은 동기강화치료(MI; Moyers & Houck, 2011)를 비롯한 다양한 치료 접근과 효과적으로 결합될 수 있다는 점이다. CBT와 MI를 결합하는 것은 CBT가 변화에 양가적인 태도를 가진 환자를 다루는 방법에 대한 안내가 제한적이기 때문에 유리하다. 치료자는 CBT의 전반적인 유연성과 효용성을 이용하여 환자의 특정한 요구에 따라 맞춤 치료를 제공할 수 있다.

비록 다양한 심리장애에 대해 CBT의 사용을 지지하는 근거들이 존재하지만, 다양한 집단을 대상으로 CBT의 원칙과 기법을 실험하는 연구는 제한적이다. Pantalone 등(2010)은 CBT의 주요한 특성(예: 협력과 권한 부여에 대한 초점, 환자의 고유한 요구에 기반한 치료의 개인화 강조) 때문에 이 접근이 다양한 문화 집단에서 효과적일 수 있다고 주장했다. 이들은 또한 문화적 차이가 치료의 참여와 효능에 미치는 영향을 평가하기 위한 CBT 연구의 필요성을 강조했다. CBT의 또 다른 약점은 치료자들 사이에서 치료의 일관성이 전반적으로 부족하다는 것이다. Rotgers(2012)는 많은 CBT 제공자가 환자들에게 CBT 기법을 능숙하게 적용하는 데 필요한 훈련이나 전문 지식이 부족하다고 지적했다. 마지막으로, 새로운 인지 및 행동 기술을 배워야 한다는 인지적 부담 때문에 CBT는 인지장애를 가진 환자에게는 적합하지 않을 수 있다(Carroll, 2011). Carroll(2011)은 주의력이나 기억 문제가 있는 환자와 CBT를 진행할 때, 주요 개념과 기술에 대한 환자의 이해도를 평가하기 위해 더 느린 속도로 진행할 것을 권장했다.

6. 사례 연구 반응

가브리엘은 약물 의존에 시달리며 학대를 일삼는 아버지로부터 어머니와 누나를 보호해야 하는 혼란스러운 가정에서 자랐다. 이러한 경험으로 인해 가브리엘은 아버지와 강한 정서적 유대를 형성하지 못했다. 또한 그는 어린 시절 남성 친구와의 성적 경험에 대해 수치심을 느꼈다. 이 경험들은 가브리엘이 자신은 사랑받을 수 없고 취약하다는 기본적인 신념을 형성하게 만들었다. 가브리엘의 이러한 기본 신념은 현재 그가 겪고 있는 불안정한 연애 관계나 성 정체성 갈등과 일치한다. 좀 더 구체적으로, 가브리엘은 '내 진정한 모습을 드러내면 거부당할 것이다' 또는 '나쁜 기분을 느끼면 무너질 것이다'와 같은 조건부 가정에 근거하여 환경과 상호작용할 가능성이 크다.

물질과 관련된 유년기 실험과 화학 물질 의존에 시달리는 가족을 관찰하면서, 가브리엘은 약물 남용이 안도감을 줄 수 있다는 중독 관련 신념을 발전시켰다. 그의 기본 신념과 관련된 부정적인 정서 상태가 물질사용의 유발 요인으로 작용할 가능성이 크다. [그림 13-4]에 가브리엘의 신념이 그의 최근 재발에 어떻게 영향을 미쳤는지에 대한 가설적인 설명이 제시되어 있다. 가브리엘의 무기력함과 사랑받을 수 없다는 기본적인 믿음은 그의 파트너가 바람을 피웠다는 사실을 알게 된 후 활성화되어 불쾌한 정서 상태를 유발했다. 이 내적 신호는 안도감을 추구하는 중독 신념을 활성화시켰고, 결국 가브리엘이 물질을 사용하게 되는 일련의 과정을 촉발했다. 지속적인 물질사용은 그의 기본 신념을 강화시키고, 새로운 활성화 사건(예: 물질사용에 대한 죄책감, 물질사용과 관련한 부정적 결과로 인한 불안 증가)을 만들어 낸다.

[그림 13-4] 가브리엘 재발의 인지행동적 형성

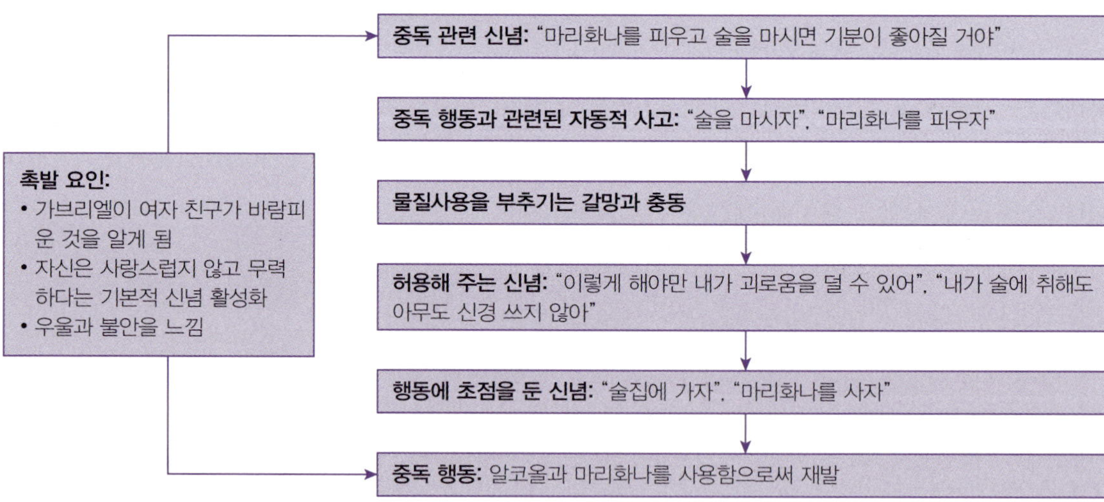

출처: Wenzel, A., Liese, B. S., Beck, A. T., & Friedman-Wheeler, D. G. (2012). *Group cognitive therapy for addictions*. New York, NY: Guilford.

가브리엘의 아메리카 원주민 혈통(Chartier & Caetano, 2010)과 그의 불안 및 강박장애 증상(A. T. Beck et al., 1993)도 물질남용 위험을 높인다. 가브리엘은 자신이 사랑받을 수 없고 취약하다는 기본 신념에 의해 활성화된 두려움과 침습적 사고에 대처하기 위해 물질사용에 의존할 수 있다. 한편, 가브리엘의 치료적 강점은 과거 단약에 성공했던 경험이다. 7주간의 단약 경험은 가브리엘의 무기력함에 대한 신념을 반박하는 증거로 사용할 수 있다. 그리고 가브리엘은 강력한 사회적 지지 네트워크를 가지고 있다. 그의 어머니와 누나는 그의 물질남용과 관련된 환경적 촉발 요인과 강화 요인을 해결하는 데 도움을 줄 수 있다. 그들은 또한 가브리엘이 조카와 함께 스포츠를 하는 등 변화와 회복을 촉진하는 의미 있는 활동에 참여할 수 있는 기회를 제공하여 도울 수 있다.

치료자의 첫 번째 과제는 가브리엘과 강력한 치료 동맹을 형성하는 것이다. 이 과정에서 치료자는 가브리엘이 자신의 문화적 배경과 이전 치료 경험에 기반하여 가질 수 있는 치료에 방해가 되는 신념에 특히 주의를 기울인다. 예를 들어, 가브리엘은 아메리카 원주민 전통과 일치하는 집단주의적 세계관을 가지고 있어서, 치료에서 일으키는 변화가 그의 주변 사람들에게 부정적인 영향을 미친다고 인식하면 자신의 개인적 욕구에 집중하지 못하게 될 수 있다(Pantalone et al., 2010). 치료에 참여하는 것은 가브리엘이 과거 입원했을 때 치료에 대해 갖게 된 부정적인 신념을 활성화시킬 수 있다. 치료 과정을 방해할 수 있는 신념을 탐색하면 관계를 강화하고 적절한 치료 목표를 설정하는 데 도움이 된다.

치료자는 또한 가브리엘에게 CBT의 원칙과 목표를 소개하여 그가 치료에 적극적으로 참여할 수 있도록 할 것이다. 여기에는 그의 불안과 강박 증상이 어떻게 물질남용과 관련되는지에 대한 교육이 포함된다. 치료 초기 단계의 주요 과제는 가브리엘이 자신의 물질남용을 유지하는 다양한 상황적 과정을 이해하도록 돕는 것이며, 이를 통해 이러한 위험 요소에 보다 효과적으로 대처하는 방법을 배울 수 있도록 돕는 것이다. 가브리엘이 새로운 촉발 요인에 대처하는 새로운 전략을 배우면 그의 물질 의존을 줄이는 데 도움이 될 것이다. 기술 훈련 외에도, 치료자는 그의 촉발 요인에 대한 노출을 제한하고 치료 지향적인 행동을 강화하기 위해 환경에서 바꿀 수 있는 요소들에 대해 논의할 것이다. 가브리엘이 자신의 삶을 통제하고 행동이 안정되면, 치료자는 그의 기본 신념과 그것이 그의 인생 경험에 어떤 영향을 미쳤는지 깊이 탐색할 수 있을 것이다. 자신은 사랑받을 수 없고 취약하다는 가브리엘의 신념이 그의 성적 지향과 연애 관계의 역사에 어떤 영향을 미쳤는지 탐색하는 것도 의미가 있을 것이다. 이런 문제에 대한 가브리엘의 인식을 높이는 것이 잠재적으로 그의 불안을 줄이는 데 도움이 될 수 있다.

이 사례에는 여러 인지 및 행동 개입이 적용될 수 있다. 우리는 가브리엘이 식별한 내부·외부 신호에 대처하기 위해 문제 해결 및 대처 기술의 사용을 탐구할 수 있다. 이완 및 주의 전환 기술을 가르치는 것도 가브리엘이 갈망에 더 효과적으로 대처하는 데 도움이 될 수 있다. 가브리엘의 환경을 바꾸는 것은 그의 기술 훈련을 지원하는 것일 수 있으며, 여기에는 가브리엘의 누나와 어머니에게 치료 지향적인 행동을 강화하는 방법을 가르치는 것도 포함된다. 치료자가 가브리엘의 중독 패턴에 기여하는 비효율적인 사고방식을 탐색하면서, 가브리엘이 자신의 인지의 타당성과 유용성을 평가하는 방법을 배울 수 있도록 안내된 발견기법을 사용할 것이다. 치료 외적인 문제에도 이러한 기술을 적용할 수 있도록 가브리엘은 회기 사이에 사고 관찰에 참여해야 한다. 이러한 전략들은 가브리엘이 잘못된 사고방식을 확인하고 도전하는 방법을 배우는 데 도움이 될 것이다. 치료의 후기 단계에서는 하향식 화살표 연습을 사용하여 가브리엘의 기본 신념을 탐색할 수 있다.

이 사례는 가브리엘의 변화 동기를 다루는 데 있어 CBT의 한계를 강조한다. 가브리엘은 어머니와 누나의 요청으로 치료에 참여했기 때문에, 중독 행동을 변화시키는 것에 대해 어느 정도 양가감정을 느낄 가능성이 크다. 가브리엘이 치료 참여에 대해 망설임이 있다면, 과제를 완수하거나 안내된 발견 과정에 적극적으로 참여할 가능성은 낮다. CBT에서 변화 준비도가 중요한 치료 변수로 인정되었음에도(A. T. Beck et al., 1993; Wenzel et al., 2012), 양가적인 환자에게 CBT 기법을 적용하는 방법에 대해서는 제한적인 지침이 있을 뿐이다. Carroll(2011), Liese(2014), 그리고 J. S. Beck 등(2005)은 환자가 지속적인 물질사용과 변화의 장단점을 분석하게 하는 방법을 제안했다. 이 방법은 의도치 않게 환자의 양가감정을 증폭시킬 수 있다. Miller와 Rose(2015)는 환자에 대한 비용-이익 분석의 임상 결과를 조사했는데, CBT가 실제로는 변화에 대한 결심을 감소시킬 수 있음을 발견했다.

CBT의 강점 중 하나는 가브리엘의 물질 의존을 줄이기 위해 사용하는 기법들이 그의 삶의 다른 문제들을 해결하는 데에도 활용될 수 있다는 점이다. 가브리엘이 자신의 물질사용과 관련된 인지 및 활성화 자극을 탐색하는 과정에서, 성 정체성과 같은 다른 문제들이 표면에 드러날 가능성이 높다. 그의 불안과 강박 증상도 마찬가지이다. 이러한 통합적 접근의 장점은 이 문제들이 서로 어떻게 연결되어 있는지에 대한 가브리엘의 인식을 높일 수 있다는 점이다. 또한 CBT 기법이 모든 심리적 고통과 관련된 동일한 과정을 목표로 하기 때문에(A. T. Beck et al., 1993), 가브리엘은 치료 과정에서 삶의 다른 측면의 개선도 경험할 수 있을 것이다. 새로운 기술을 습득하게 되면 치료가 끝난 후에도 가브리엘은 인생 문제에 보다 효과적으로 대처할 수 있게 될 것이다. 이와 관련된 CBT의 또 다른 강점은 포괄성이다. 가브리엘은 단순히 문제를 생각으로 해결하는 법을 배우는 것이 아니다. 더 정확히 말하자면, 치료 과정에서 가브리엘은 자신의 사고, 행동, 환경에 변화를 주어 전반적인 기능을 향상시키고 물질 의존을 줄이는 데 도움을 주는 능력을 갖추게 된다.

요약

CBT 치료 과정 동안, 환자들은 그들의 중독 행동을 변화시킬 수 있는 역량을 개발한다. 또한 변화 과정을 방해할 수 있는 강화 요인과 중독과 관련된 자극을 대처하기 위해 환경을 수정한다. 성공적인 CBT의 요소는 강력한 치료 동맹의 형성, 개별화되고 발전하는 사례 개념화, 그리고 비효과적인 인지와 행동을 식별하고 변화시키기 위한 협력적 학습과정에 환자를 참여시키는 것이 포함된다. 치료자는 이러한 CBT의 특성을 치료 과정 전반에 걸쳐 필수적으로 실행해야 한다.

지속적인 학습을 위한 자료

▸ **Websites**

The Albert Ellis Institute: http://albertellis.org.

Association for Behavioral and Cognitive Therapies: www.abct.org.

Beck Institute for Cognitive Behavior Therapy: www.beckinstitute.org.

National Institute of Mental Health: www.nimh.nih.gov.

National Institute on Drug Abuse: www.drugabuse.gov.

Substance Abuse and Mental Health Services Administration (SAMHSA): www.samhsa.gov.

SAMHSA's National Registry of Evidence-Based Programs and Practices: www.nrepp.samhsa.gov.

참고문헌

Beck, A. T., & Dozois, D. J. (2011). Cognitive therapy: Current status and future directions. *Annual Review of Medicine, 62*, 397-409. doi:10.1146/annurev-med-052209-100032

Beck, A. T., & Haigh, E. A. (2014). Advances in cognitive theory and therapy: The generic cognitive model. *Annual Review of Clinical Psychology, 10*, 1-24. doi:10.1146/annurev-clinpsy-032813-153734

Beck, A. T., Wright, F. D., Newman, C. F., & Liese, B. S. (1993). *Cognitive therapy of substance abuse*. New York: Guilford Press.

Beck, J. S. (2011). *Cognitive behavior therapy: Basics and beyond* (2nd ed.). New York: Guilford Press.

Beck, J. S., Liese, B. S., & Najavits, L. M. (2005). Cognitive therapy. In R. J. Frances, S. I. Miller, & A. H. Mack (Eds.), *Clinical textbook of addictive behaviors* (3rd ed., pp. 474-501). New York: Guilford Press.

Borsari, B., & Carey, K. B. (2000). Effects of a brief motivational intervention with college student drinkers. *Journal of Consulting and Clinical Psychology, 68*, 728–733. doi:10.1037/0022-006X.68.4.728

Bowen, S., Chawla, N., & Marlatt, G. A. (2011). *Mindfulness-based relapse prevention for addictive disorders*. New York: Guilford Press.

Brorson, H. H., Ajo Arnevik, E., Rand-Hendriksen, K., & Duckert, F. (2013). Drop-out from addiction treatment: A systematic review of risk factors. *Clinical Psychology Review, 33*, 1010–1024. doi:10.1016/j.cpr.2013.07.007

Carroll, K. M. (1998). *A cognitive behavioral approach: Treating cocaine addiction* (NIH Publication Number: 98-4308). Rockville, MD: National Institute on Drug Abuse.

Carroll, K. M. (2011). Cognitive behavioral therapy. In P. Ruiz & E. C. Strain (Eds.), *Lowinson and Ruiz's substance abuse: A comprehensive textbook* (5th ed., pp. 593-601). Philadelphia: Lippincott Williams & Wilkins.

Carter, B. L., & Tiffany, S. T. (1999). Meta-analysis of cue-reactivity in addiction research. *Addiction, 94*, 327–340. doi:10.1046/j.1360-0443.1999.9433273.x

Center for Substance Abuse Treatment. (1999). *Brief interventions and brief therapies for substance abuse. Treatment Improvement Protocol (TIP) Series, No. 34*. HHS Publication No. (SMA) 12-3952. Rockville, MD: SAMHSA.

Chartier, K., & Caetano, R. (2010). Ethnicity and health disparities in alcohol research. *Alcohol Research & Health, 33*, 152–160.

Clark, D. A., Beck, A. T., & Brown, G. (1989). Cognitive mediation in general psychiatric outpatients: A test of the content-specificity hypothesis. *Journal of Personality and Social Psychology, 56*, 958–964. doi:10.1037/0022-3514.56.6.958

Dallery, J., Meredith, S. E., & Budney, A. J. (2012). Contingency management in the substance abuse treatment clinic. In S. T. Walters & F. Rotgers (Eds.), *Treating substance abuse: Theory & practice* (3rd ed., pp. 81–112). New York: Guilford Press.

DiGiuseppe, R., & McInerney, J. (1990). Patterns of addiction: A rational-emotive perspective. *Journal of Cognitive Psychotherapy, 4*, 121–134.

Dimeff, L. A., Baer, J. S., Kivlahan, D. R., & Marlatt, G. A. (1999). *Brief alcohol screening and intervention for college students (BASICS): A harm reduction approach*. New York: Guilford Press.

Dobson, K. S., & Dozois, D. J. A. (2010). Historical and philosophical bases of the cognitive-behavioral therapies. In K. S. Dobson (Ed.), *Handbook of cognitive- behavioral therapies* (3rd ed., pp. 3–38). New York: Guilford Press.

Dryden, W., David, D., & Ellis, A. (2010). Rational emotive behavior therapy. In K. S. Dobson (Ed.), *Handbook of cognitive-behavioral therapies* (3rd ed., pp. 226–275). New York: Guilford Press.

Ellis, A. (1984). The essence of RET. *Journal of Rational-Emotive Therapy, 2*, 19–25.

doi:10.1007/BF02283005

Ellis, A. (2003). Similarities and differences between rational emotive behavior therapy and cognitive therapy. *Journal of Cognitive Psychotherapy, 17*, 225-240. doi:10.1891/jcop.17.3.225.52535

Ellis, A., McInerney, J. F., DiGiuseppe, R., & Yeager, R. J. (1988). *Rational-emotive therapy with alcoholics and substance abusers*. Needham Heights, MA: Allyn & Bacon.

Epp, A. M., & Dobson, K. S. (2010). The evidence base for cognitive-behavioral therapy. In K. S. Dobson (Ed.), *Handbook of cognitive- behavioral therapies* (3rd ed., pp. 39-73). New York: Guilford Press.

Gooding, P., & Tarrier, N. (2009). A systematic review and meta-analysis of cognitive-behavioural interventions to reduce problem gambling: Hedging our bets? *Behaviour Research and Therapy, 47*, 592-607. doi:10.1016/j.brat.2009.04.002

Gossop, M., Stewart, D., Browne, N., & Marsden, J. (2002). Factors associated with abstinence, lapse or relapse to heroin use after residential treatment: Protective effect of coping responses. *Addiction, 97*, 1259-1267. doi:10.1046/j.1360-0443.2002.00227.x

Hughes, J. R., Higgins, S. T., & Bickel, W. K. (1990). Human behavioral pharmacology laboratory University of Vermont. *British Journal of Addiction, 85*, 441-445.

Kouimtsidis, C., Reynolds, M., Drummond, C., Davis, P., & Tarrier, N. (2007). *Cognitive-behavioral therapy in the treatment of addiction: A treatment planner for clinicians*. Chichester, UK: Wiley.

Liese, B. S. (2014). Cognitive-behavioral therapy for people with addictions. In S. L. Ashenberg Straussner (Ed.), *Clinical work with substance- abusing clients* (3rd ed., pp. 225-250). New York: Guilford Press.

Magill, M., & Ray, L. A. (2009). Cognitive-behavioral treatment with adult alcohol and illicit drug users: A meta-analysis of randomized controlled trials. *Journal of Studies on Alcohol and Drugs, 70*, 516-527.

Marlatt, G. A. (1996). Taxonomy of high-risk situations for alcohol relapse: Evolution and development of a cognitive-behavioral model. *Addiction, 91*(Suppl. 1), 37-50.

McHugh, R. K., Hearon, B. A., & Otto, M. W. (2010). Cognitive behavioral therapy for substance use disorders. *Psychiatric Clinics of North America, 33*(3), 511-525. doi:10.1016/j.psc.2010.04.012

Meichenbaum, D. (1992). Evolution of cognitive behavior therapy. In J. Zeig (Ed.), *The evolution of psychotherapy, the second conference* (pp. 114-121). New York: Brunner/ Mazel.

Miller, W. R., Forcehimes, A., & Zweben, A. (2011). *Treating addiction: A guide for professionals*. New York: Guilford Press.

Miller, W. R., & Rose, G. S. (2015). Motivational interviewing and decisional balance: Contrasting responses to client ambivalence. *Behavioral and Cognitive Psychotherapy, 43*, 129-141. doi:10.1017/S1352465813000878

Mitcheson, L., Maslin, J., Meynen, T., Morrison, T., Hill, R., & Wanigaratne, S. (2010). *Applied cognitive and behavioral approaches to the treatment of addiction: A practical treatment guide*. Chichester, UK: Wiley.

Moyers, T. B., & Houck, J. (2011). Combining motivational interviewing with cognitive-behavioral treatments for substance abuse: Lessons from the COMBINE Research Project. *Cognitive and Behavioral Practice, 18*, 38-45. doi:10.1016/j.cbpra.2009.09.005

Newman, C. F. (2013). *Core competencies in cognitive-behavioral therapy: Becoming a highly effective and competent cognitive-behavioral therapist*. Hove, UK: Routledge.

Padesky, C. A., & Beck, A. T. (2003). Science and philosophy: Comparison of cognitive therapy and rational emotive behavior therapy. *Journal of Cognitive Psychotherapy, 17*, 211-224. doi:10.1891/jcop.17.3.211.52536

Padesky, C. A., & Mooney, K. A. (1990). Clinical tip: Presenting the cognitive model to clients. *International Cognitive Therapy Newsletter, 6*(1), 13 - 14.

Pantalone, D. W., Iwamasa, G. Y., & Martell, C. R. (2010). Cognitive-behavioral therapy with diverse populations. In K. S. Dobson (Ed.), *Handbook of cognitive-behavioral therapies* (3rd ed., pp. 445-462). New York: Guilford Press.

Pavlov, I. P. (1927). *Conditional reflex: An investigation of the psychological activity of the cerebral cortex*. New York: Oxford University Press.

Rogers, C. R. (1957). The necessary and sufficient conditions of therapeutic personality change. *Journal of Consulting Psychology, 21*(2), 95-103.

Rohsenow, D. J., Monti, P. M., Zwick, W. R., Nirenberg, T. D., Liepman, M. R., Binkoff, J. A., & Abrams, D. B. (1989). Irrational beliefs, urges to drink and drinking among alcoholics. *Journal of Studies on Alcohol, 50*, 461-464.

Rotgers, F. (2012). Cognitive-behavioral theories of substance abuse. In S. T. Walters & F. Rotgers (Eds.), *Treating substance abuse: Theory & practice* (3rd ed., pp. 113-137). New York: Guilford Press.

Skinner, B. F. (1938). *The behavior of organisms: An experimental analysis*. Oxford, UK: Appleton-Century.

Sobell, L. C., & Sobell, M. B. (1992). Timeline followback: A technique for assessing self-reported ethanol consumption. In J. Allen & R. Z. Litten (Eds.), *Measuring alcohol consumption: Psychosocial and biological methods* (pp. 41-72). Totowa, NJ: Humana Press.

Stormark, K. M., Laberg, J. C., Bjerland, T., Nordby, H., & Hugdahl, K. (1995). Autonomic cued reactivity in alcoholics: The effect of olfactory stimuli. *Addictive Behaviors, 20*, 571-584.

Substance Abuse and Mental Health Services Administration. (2014). *National survey of substance abuse treatment services: 2013. Data on substance abuse treatment facilities*. (BHSIS Series S-73, HHS Publication No. 14-4890). Rockville, MD: SAMHSA.

Wenzel, A., Liese, B. S., Beck, A. T., & Friedman-Wheeler, D. G. (2012). *Group cognitive therapy for addictions*. New York: Guilford Press.

Young, K. S. (2007). Cognitive behavior therapy with Internet addicts: Treatment outcomes and implications. *Cyber Psychology & Behavior, 10*, 671-679. doi:10.1089/cpb.2007.9971

Zamboanga, B. L., Ham, L. S., Van Tyne, K., & Pole, N. (2011). Alcohol expectancies among adolescent nondrinkers: They may not be drinking now, but they're "thinkin bout it." *Journal of Adolescent Health, 49*, 105-107. doi:10.1016/j.jadohealth.2010.12.004

14장 12단계 촉진

Jeremy M. Linton

12단계 접근은 중독 개입 및 치료에서 가장 오래되고 널리 사용되는 모델 중 하나이다(Fisher & Harrison, 2013). 오늘날 12단계 접근은 익명의 알코올 중독자 모임(Alcoholics Anonymous), 익명의 마약 중독자 모임(Narcotics Anonymous) 및 기타 12단계 기반의 공동체와 같은 상호 지지 집단의 초기 모델에 뿌리를 두고 있다. 12단계 이론의 몇가지 독특한 측면은 이 책에서 검토된 다른 중독 치료 접근과 차별화된다. 여기에는 치료의 필수 요소로서 영성에 대한 초점, 중독의 질병 모델에 대한 준수, 회복을 위한 전제 조건으로 알코올 중독 및 약물 중독에 대한 필요한 수용과 복종 그리고 치료 과정의 일부로 이타심과 다른 사람들을 돕는 일에 대한 강조가 포함된다.

이 장에서는 중독치료에 대한 12단계 접근을 살펴본다. 우선 12단계 운동의 역사를 검토하고 이것이 12단계 기반의 치료 접근에 미친 영향에 대해 논의한다. 중독의 병인학, 회복 및 12단계 모델을 기반으로 한 실천 방법도 검토한다. 또한 가브리엘의 사례와 그의 현재 상황에 12단계 원칙을 적용하는 것을 논의한다. 최근 몇 년간 여러 가지 연구 중심 접근이 개발되면서, 12단계 기반 치료의 효과를 평가절하하는 경향이 생겼다(Dodes & Dodes, 2014; Fisher & Harrison, 2013; Glaser, 2015; Miller, 2008; Peele & Bufe, 2000; Sack, 2012). 따라서 이 접근에 대해 열린 마음과 객관적인 시각을 가지고 모델의 복잡성을 주의 깊게 살펴보길 권장한다.

1. 이론의 기본 원리

12단계 기반 치료를 효과적으로 실천하기 위해 임상가들은 이 모델의 역사적 뿌리와 기본 원칙을 잘 이해해야 한다. 익명의 알코올 중독자 모임(AA)이 가장 오래되고 널리 알려진 12단계 공동체이기 때문에 여기서는 주로 AA 공동체의 역사와 영향에 주로 초점을 맞춘다. 이 검토를 시작하면서 12단계 운동이 치료 접근이 아니라 상호 지원 집단(mutual-help groups)과 공동체를 위한 이론적 기초로 개발되었다는 점에 주목하는 것이 중요하다(Alcoholics Anonymous, 2001; Borkman, 2008a; Slaymaker & Sheehan, 2008). 그러나 중독치료 분야가 발전함에 따라 12단계 철학은 중독치료 접근에 통합되었다. 이에 따라 12단계 기반 치료와 관련된 AA와 12단계 운동의 역사와 영향을 간략하게 소개하기로 한다.

12단계 운동의 기원은 AA로 알려진 익명의 알코올 중독자 모임의 설립으로 거슬러 올라간다(Alcoholics Anonymous, 2001). AA는 Bill Wilson과 Dr. Robert Smith(Bill. W와 Dr. Bob으로 더 잘 알려져 있다)가 1935년 6월 10일에 처음으로 모임을 개최하면서 만들어졌다. 그들의 문헌에 따르면, AA는 자신의 중독 문제에 직면하기 위해 함께하는 사람들의 전 세계적인 공동체이다(Alcoholics Anonymous, 1981). 유사하게 Nace(2011)는 AA 공동체가 회원들이 단주와 회복을 유지하는 데 도움을 주기 위해 구조화되어 있다고 설명했다. AA 문헌에 따르면, AA 공동체에 참여하기 위한 유일한 조건은 술을 끊고자 하는 욕구뿐이다(Alcoholics Anonymous, 1981). AA와 마찬가지로, 익명의 마약 중독자 모임(NA)에 참여하기 위한 유일한 기준은 기분을 변화시키는 물질의 사용을 중단하고자 하는 열망이다(Narcotics Anonymous, 2008). AA 공동체의 지침은 익명의 알코올 중독자 모임의 12가지 전통(Alcoholics Anonymous, 1981)에 요약되어 있으며, [글상자 14-1]에 제시되어 있다. NA 및 다른 12단계 공동체들도 AA 교리를 기반으로 한 유사한 지침을 가지고 있다.

AA를 통한 회복은 12단계를 실천하는 것으로 촉진되며, 이 단계들은 1939년 AA가 『익명의 알코올 중독자 모임』의 첫 번째 판(빅북)을 출판한 후에 확립되었다. AA의 12단계는 [글상자 14-2]에 나와 있다. AA는 많은 12단계 공동체 중 처음으로 등장했으며, 익명의 마약 중독자 모임, 익명의 과식자 모임, 익명의 도박 중독자 모임 등과 같은 12단계 철학을 바탕으로 운영되는 다른 자조 공동체의 모델로 기능해 왔다(Kingree, 2013; Laudet, 2008). Kingree(2013)가 언급한 것처럼, 12단계는 회복 과정을 반영하는 방식으로 순차적으로 구성되어 있다. 1단계에서 3단계는 준비를 촉구하고, 4단계에서 9단계는 행동을 독려하며, 10단계에서 12단계는 회복 유지에 중점을 둔다.

이 장의 후반부에서는 12단계 이론의 몇 가지 중요한 측면이 치료와 회복에 어떻게 관련되는지 설명한다. 주로 치료와 관련된 12단계 이론에 초점을 맞추고 있지만 여기서 다루는 개념은 12단계 자조 공동체 참여에도 동일하게 적용된다. 이 장의 후반부에서는 알코올 중독 및 중독의 질병 모델, 영성, 수용과 복종, 12단계 실천, 보상, 용서 및 이타주의를 포함하는 개념에 대해 설명한다.

글상자 14-1 알코올 중독자 익명 모임의 12가지 전통(요약본)

1. 우리의 공동 복지는 모든 것에 우선해야 하며, 개인적인 회복은 공동체의 유지에 의존한다.
2. 우리 공동체의 목적을 위한 단 하나의 궁극적 권위는 우리 공동체의 양심 안에서 자신을 드러내시는 자애로운 신(God)이다. 우리의 지도자는 신임받은 봉사자일 뿐이며 통치하지 않는다.
3. AA 회원 자격의 유일한 조건은 술을 끊고자 하는 바람이다.
4. 각 공동체는 다른 공동체나 AA 전체에 영향을 미치는 문제를 제외하고는 자율적이어야 한다.
5. 각 공동체의 유일한 근본 목적은 아직도 고통받고 있는 알코올 중독자들에게 메시지를 전하는 것이다.
6. AA 공동체는 관련 시설이나 외부 기업을 지지하거나 자금을 지원하거나 AA의 이름을 빌려주어서는 안 된다. 돈이나 재산, 명성의 문제가 우리의 주요 목적에서 우리를 벗어나게 하는 것을 방지하기 위함이다.
7. 모든 AA 공동체는 외부의 기부금을 사절하고 전적으로 자립해야 한다.
8. AA는 항상 비직업적이어야 한다. 하지만 우리의 서비스 센터는 전임 직원을 고용할 수 있다.
9. AA는 결코 조직화되어서는 안 된다. 그러나 봉사부나 위원회를 만들 수는 있으며 봉사 대상자들에 대한 직접적인 책임을 갖게 된다.
10. AA는 외부의 문제에 대해서는 어떠한 의견도 갖지 않는다. 그러므로 AA의 이름이 공공 논쟁에 결코 들어가게 해서는 안 된다.
11. AA의 홍보 원칙은 적극적인 선전보다 AA 본래의 매력에 기초를 둔다. 언제나 언론, 라디오 및 영화 등의 수준에서 개인 익명성을 유지해야 한다.
12. 익명성은 모든 우리 전통의 영적 기초이며, 이는 각 개인보다 항상 AA의 원칙을 우선시하도록 상기시켜 준다.

1) 12단계 자조 공동체 참여에 대한 연구

12단계 공동체 참여가 회복에 미치는 영향을 연구하는 것은 어려운 작업이다. 12단계 공동체는 익명성을 유지하기 때문에 연구 참여자를 확인하기 어렵게 만든다(Kaskutas, Ye, Greenfield, Witbrodt, & Bond, 2008). 이러한 어려움에도 불구하고, 몇몇 연구자는 AA나 NA와 같은 12단계 자조 공동체에 참여하는 것이 회복의 성공과 긍정적으로 상관관계가 있다고 밝혔다(Kingree, 2013; Morgenstern, Labouvie, McCrady, Kahler, & Prey, 1997; Worley, Tate, & Brown, 2012). 예를 들어, Moos와 Moos(2004)는 치료에 참여한 후 처음 12개월 동안 최소 4회 이상 AA에 참여한 사람들이 그렇지 않은 사람들보다 더 나은 성공을 거두었다는 사실을 발견했다. McKellar, Stewart와 Humphreys(2003) 또한 12단계 공동체 참여가 알코올 사용 및 관련 문제에 미치는 유사한 긍

글상자 14-2 AA의 12단계

1. 우리는 알코올에 대해 무력하다는 것을 시인했고, 우리의 삶을 통제할 수 없게 되었다는 것을 인정했다.
2. 우리보다 위대한 힘이 우리의 정신을 회복시킬 수 있을 것이라고 믿기 시작했다.
3. 우리는 자신이 이해하는 하나님께 우리의 뜻과 삶을 맡기기로 결심했다.
4. 우리는 우리 자신에 대해 탐색하고 두려움 없이 도덕적 자기 점검을 실시했다.
5. 우리는 우리의 잘못에 대한 정확한 본질을 신과 우리 자신, 그리고 다른 사람에게 시인했다.
6. 우리는 신이 이러한 모든 성격 결함들을 제거해 주시도록 완전히 준비되었다.
7. 우리는 겸손하게 신이 우리의 결점을 없애 주기를 간청했다.
8. 우리는 우리가 해를 끼친 모든 사람들의 명단을 작성하고 그들 모두에게 보상할 준비를 했다.
9. 어느 누구에게도 해가 되지 않는 한, 할 수 있는 데까지 어디서나 그들에게 직접 보상했다.
10. 인격적인 검토를 계속하여 잘못이 있을 때마다 즉시 시인했다.
11. 기도와 명상을 통해서 우리가 이해하고 있는 신과 의식적인 접촉을 증진하려고 노력했다. 그리고 우리에게 그의 뜻을 알리고 그것을 실천할 힘을 주시도록 간청했다.
12. 이러한 단계들의 결과로 영적 각성을 경험하고, 이 메시지를 중독자들에게 전하려고 노력했고, 우리 일상의 모든 면에서도 이러한 원칙을 실천하려 노력했다.

정적인 효과를 발견했다. Morgenstern 등과 McKellar 등의 연구에서 방법론과 관련된 한 가지 문제는 모든 연구 참여자가 어느 시점에는 치료를 받고 있었다는 점이다. 따라서 다른 형태의 치료나 개입 없이 12단계 공동체 참여만으로 얼마나 효과가 있는지는 거의 알려지지 않았다.

2) 다양성 문제

AA와 다른 12단계 공동체는 전 세계에 존재하지만, 12단계 공동체 내에서 다양성이 부족하다는 지적이 있다(Fisher & Harrison, 2013; Laudet, 2008). 12단계 공동체 지지자들은 알코올 또는 약물사용을 중단하고자 하는 의지가 있다면 누구나 12단계 자조 공동체에 참석할 수 있다고 주장한다. 그럼에도 서구 문화권에서의 12단계 공동체는 비슷한 배경을 가진 사람들을 많이 끌어들이는 경향이 있다. Laudet은 AA와 NA 회원들을 대상으로 한 설문 조사에서 AA 회원의 89.1%, NA 회원의 70%가 백인으로 확인되었음을 보고했다. 같은 설문 조사에서 AA 회원의 65%, NA 회원의 55%가 남성으로 확인되었다. 또한 AA 회원의 평균 연령은 48세이며, NA 회원의 평균 연령은 38세로 보고되었다.

이 통계에 따르면, 평균적인 12단계 공동체 회원은 대체로 중년의 백인 남성이다. 이는 결과적으로 다른 인종/민족 집단, 연령대 및 성별을 가진 사람들이 12단계 공동체 모임에서 덜 환영받는다고 느끼게 할 수 있다. Kaskutas 등(2008)은 AA 회원의 인구 통계가 점점 더 다양해지고 있다고 보고했다. 그러나 이들 저자가 보고한 자료는 여전히 압도적으로 AA 회원의 대부분이 중년의 백인 남성들임을 나타냈다. 동시에 일부 12단계 모임이 다른 모임보다 더 다양성이 높을 수 있다는 개인의 경험적 자료도 있으며, 이는 지리적 위치나 다른 요인에 따라 달라질 수 있다는 것을 시사한다. 따라서 12단계 관점을 따르는 치료자들은 환자와 함께 다양성 문제를 논의하여 환자가 12단계 자조 모임에서 편안함과 성공을 경험할 수 있도록 해야 한다.

2. 철학적 기초와 이론의 핵심 개념

모든 12단계 중독치료 모델은 중독을 질병 모델의 관점에서 설명한다(Alcoholics Anonymous, 2001; Narcotics Anonymous, 2008). 중독의 질병 모델은 Jellinek이 1950~1960년대에 처음 제시하였다(Fisher & Harrison, 2013). 질병 모델이 등장하기 이전에 중독은 도덕적 문제로 여겨졌으며 알코올 중독자와 중독은 음주나 약물사용을 통제할 의지력이 부족하다고 여겨졌다. Jellinek의 연구는 이러한 견해에 이의를 제기하고 중독이라는 질병을 이해하기 위한 의학적 틀을 제시했다.

질병 모델의 지지자들은 중독을 유전적으로 취약할 수 있는 일차적·지속적인 진행성 질병으로 본다(Fisher & Harrison, 2013). 일차적 질병으로서의 중독은 다른 상태의 결과가 아닌 그 자체로 하나의 질병으로 이해된다. 질병 모델에서 중독은 심장병이나 당뇨병과 같은 신체적 질병으로 간주되며 이를 방치하면 장애나 사망에 이를 수 있다. 질병 모델과 일관적으로 익명의 마약 중독자 모임(Narcotics Anonymous, 2008)은 중독자를 약물사용으로 인해 삶에서 문제를 겪는 사람으로 정의한다. 이 정의 내에서 NA는 중독자가 중독에 유전적으로 취약할 수 있으며, 그래서 처음 약물사용 이전부터 약물에 무력할 수 있다는 개념을 지지한다.

질병 모델과 12단계 접근의 관점에서 본 중독의 증상은 다양하다(Alcoholics Anonymous, 2001; Narcotics Anonymous, 2008). 이러한 증상에는 알코올과 약물사용으로 인한 생활 문제의 발생, 알코올과 약물사용을 통제할 수 없는 상태, 알코올과 약물사용을 줄이려는 노력의 실패, 지속적인 중독 상태, 알코올과 약물사용의 영향에 대한 통찰력 부족(즉, 부인), 알코올이나 약물이 관련되지 않는 삶의 활동에 대한 무관심과 비참여 등이 포함된다. AA와 NA에서 지지하는 이러한 행동적·

정서적 지표들은 알코올리즘과 중독을 인식하는 주요 기제이다.

질병 모델에 따르면 중독 질병은 치유되지 않는다고 주장한다(Kingree, 2013). 오히려 중독자는 증상의 악화를 방지하기 위해 자신의 질병을 관리하며 살아가는 방법을 배워야 한다. 이 과정은 당뇨병 환자가 생활 방식의 변화와 약물 치료로 질병을 관리하는 방식과 유사하다. 중독이라는 질병이 불치병으로 여겨지기 때문에, 중독자와 알코올 중독자는 중독 문제에서 완치되거나 회복되지 않는다. 대신, 질병 모델과 12단계 구조에서 중독자는 중독이라는 질병으로부터 회복 중인 사람으로 여겨진다. 이런 의미에서 중독이라는 질병은 중독자의 현재 행동에서 외부적으로 나타나는 질병의 증상이 관찰되지 않거나 표현되지 않을 때에도 여전히 존재한다.

12단계 관점에서 중독이라는 질병은 치유라는 것이 없기 때문에 알코올과 약물에 대한 금욕만이 회복을 위한 유일한 실행 가능한 선택으로 여겨진다. 진정한 알코올 중독자나 중독자에게 알코올과 약물을 적당히 사용하는 것이 불가능하다. 알코올 중독과 중독의 삶은 선택 가능한 두 가지 방법이 있다. 즉, ⓐ 알코올과 약물사용을 중단하고 회복 과정에 참여하거나, ⓑ 계속해서 알코올과 약물을 사용해서 사망, 장애 또는 기타 원치 않는 결과의 위험을 감수하는 것이다(Alcoholics Anonymous, 2001; Narcotics Anonymous, 2008).

1) 회복과 12단계

12단계 모델을 통한 맨정신은 여러 기제를 통해 달성된다. 12단계 내에서 변화를 유도하는 기제에 대한 설명은 AA와 NA의 기본서 각 장에 자세히 설명되어 있다(Alcoholics Anonymous, 2001; Narcotics Anonymous, 2008). 12단계 공동체가 회복에 미치는 영향을 검토하면서 Donovan과 Floyd(2008)는 12단계 공동체에 참석하는 것만으로는 성공적인 회복에 충분하지 않다고 제안했다. 대신, 회복에 들어가는 사람은 성공 가능성을 높이기 위해 공동체 프로그램에 전적으로 참여해야 한다. 다음에 설명된 개념, 목표 및 활동은 12단계 모델을 통해 회복을 추구하는 사람들에게 중요한 참여 영역이다.

(1) 영성

12단계 모델의 한 가지 특징은 다른 자조 모임(예: 합리적 회복 모임) 및 치료 접근과 달리 영성(spirituality)에 초점을 맞추고 있다는 점이다(Nowinski, 2013). AA 및 기타 12단계 공동체에 대한 흔한 오해는 이들이 종교적 단체라는 것이다(Alcoholics Anonymous, 2001, 2014). 많은 AA 공동체가 기도로 시작하거나 끝나는 경우가 많고 교회 지하실이나 비슷한 장소에서 모임을 열기 때문에 이러한 오해가 강화될 수 있다(Alcoholics Anonymous, 2014). 또한 12단계 중 몇몇 단계와 다른 AA 문헌에서 흔히 기독교와 연관된 개념으로 여겨지는 '하나님'이라는 용어의 사용은 이러한 오해를 더 부추길 수 있다. 예를 들어, 12단계 모임에서 정기적으로 낭독되는 '평온을 비는 기도'에는 신에 대한 언급이 있다(Narcotics Anonymous, 1986, 2008). 평온을 비는 기도는 [글상자 14-3]에 제시되어 있다.

> **글상자 14-3 평온을 비는 기도**
>
> 주여, 제가 바꿀 수 없는 것을 받아들이는 평온함과
> 제가 바꿀 수 있는 것을 바꿀 용기를 주시며
> 그 차이를 알 수 있는 지혜를 주소서.

12단계 철학 내의 영성은 성공적인 회복의 기초이자 추진력이다. Nowinski(2013)에 따르면, 영성은 회복 중인 사람들에게 지침과 방향을 제공하며, 개인의 목표와 목적에 긍정적인 변화를 가져올 수 있다. 영성에 초점을 맞추는 것은 회복을 위한 12단계 접근의 핵심이며, 공동체의 일원이 되는 목표는 영적 각성이다(Alcoholics Anonymous, 2001). 영적 각성은 알코올과 약물 없이 살아가고 기능하는 새로운 삶의 방식을 배우는 것을 의미한다. 영적 각성 중에는 회복 이전의 생활 방식과 일치하는 신념과 가치는 평가 절하되고 단주와 회복에 더 일치하는 새로운 이념으로 대체된다.

12단계와 12가지 전통은 자주 영성의 측면을 언급하며, 회복에 성공적으로 진입하기 위해서는 더 높은 힘에 의존하는 것이 필수적이라고 여긴다. 예를 들어, 12가지 전통의 두 번째 전통은 '우리 공동체의 목적을 위해 오직 하나의 궁극적인 힘이 있으며, 그것은 공동체의 양심 속에서 자신을 드러내 주시는 사랑이 가득한 신이다. 우리 지도자는 신뢰받는 봉사자일 뿐이며, 지배하지 않는다'고 명시하고 있다([글상자 14-1] 참조). 또한 영성은 12단계의 여러 부분에서 언급된다([글상자 14-2] 참조). 예를 들어, 2단계에서는 회복 단계에 들어선 사람들이 회복으로 이끌어 줄 더 높은 힘(the higher power)을 발견하고 이를 받아들이도록 안내한다. 3단계에서 공동체 회원들은 성공적인 회복을 위해 자신의 삶을 더 높은 힘에 맡기도록 안내받는다. 영성에 대한 의존은 5단계, 6단계, 7단계, 11단계 및 12단계에서도 언급된다(Alcoholics Anonymous, 1981).

영성에 대한 강조와 '신'이라는 용어의 사용은 많은 사람을 AA와 같은 12단계 공동체로부터 멀

어지게 만들었다. 이를 해결하기 위해 AA는 여러 출판물(예: Alcoholics Anonymous, 2014)에서 술을 끊고자 하는 의지만 있다면 누구나 공동체 회원이 될 수 있다는 점을 강조하고 있다. 게다가 12단계 초기에 AA 회원들은 '우리가 이해하는 바에 따른'이라는 문구를 '신'이라는 기술에 추가하기로 결정했다. 이 문구의 추가는 AA를 종교와 관련된 단체나 이미 신에 대한 정형화된 개념을 가진 단체에 소속된 사람뿐만 아니라 모든 배경을 가진 사람들이 참여할 수 있는 개방적인 모습으로 보여 주기 위한 것이었다(Alcoholics Anonymous, 2001). 관용과 수용은 AA에서 매우 중요한 가치로 여겨지며, 모든 종교 및 교파의 사람들이 참여할 것을 권장한다(Alcoholics Anonymous, 2014). 이러한 메시지는 빅북(Alcoholics Anonymous, 2001)의 4장 '우리는 무신론자(We Agnostics)'에서 더 자세히 설명되며, 조직화된 종교와 연관 없는 더 높은 힘 간의 차이점을 명확히 한다(Alcoholics Anonymous, 2001).

(2) 수용과 복종

모든 12단계 공동체에서 회복에 들어가는 첫 단계는 1단계를 완료하는 것이다. 이는 알코올과 약물에 대한 무력함을 인정하는 것을 의미한다(Alcoholics Anonymous, 2001; Narcotics Anonymous, 2008). 1단계를 완료하지 않으면 나머지 단계를 효과적으로 수행할 수 없다. 본질적으로 이것은 개인이 자신의 중독에 대해 부정하고 있는 부분을 직면하고 극복하는 것을 포함한다. 여기에서 핵심은 수용과 복종(acceptance and surrender)의 개념이다(Connors, Walitzer, & Tonigan, 2008; Pearce, Rivinoja, & Koenig, 2008). 1단계에서 회복을 시작하는 개인은 단순한 의지만으로는 지속적인 단주를 유지할 수 없음을 수용해야 한다. 1단계에서 중독의 존재를 인정한 후, 공동체 회원들은 더 높은 힘에 복종하고 행동할 준비를 하며 12단계를 사용하여 회복을 이끌어 나가야 한다(Nowinski, 2006). 2단계와 3단계에서 개인들은 더 높은 힘의 존재를 받아들이고 더 높은 힘에 복종하며, 자신이 선택한 더 높은 힘에게 삶의 통제권을 넘겨야 한다. 전체적으로 1단계에서 3단계까지는 복종 단계로 알려져 있다(Connors et al., 2008).

3단계 이후 수용과 복종을 통한 회복이 이루어지면 공동체 회원들은 나머지 단계를 수행하면서 더욱 적극적으로 회복에 참여할 수 있다. 그러나 수용과 복종 없이는 나머지 단계를 수행하는 것이 무의미할 것이다. 3단계가 끝나면 개인은 자신이 의지할 더 높은 힘과 그 힘에 의지하는 방법에 대해 잘 이해하게 된다. 또한 3단계를 완료한 사람들은 12단계 모임에 참석하고 12단계 문헌을 탐구하며, 12단계 공동체의 안과 밖에서 새로운 관계를 형성하고 중독과 관련된 오래된 습관을 버리는 활동에도 적극적이고 꾸준히 참여해야 한다(Nowinski, 2006).

(3) 공동체 참여

회복에 성공하기 위해서는 12단계 모임에 정기적으로 참석하는 것이 필수적이다(Alcoholics Anonymous, 2001; Narcotics Anonymous, 2008). 이러한 모임에 규칙적으로 참석하는 것은 여러 가지 이유로 중요하다. 우선, 연구 결과를 보면 12단계 자조 모임에 정기적으로 참석하는 것은 중독자나 알코올 중독자의 삶에 보호적이고 긍정적인 영향을 미칠 수 있다는 것이 입증되었다(Kelly, Hoeppner, Stout, & Pagano, 2012). 또한 이러한 모임 참석은 심리적 건강 증진과 충동성 감소, 음주 및 약물사용 감소와도 연관이 있다는 것이 연구에 의해 확인되었다(Kelly, Stout, Magill, Tonigan, & Pagano, 2010).

공동체 구성원으로 경험하는 이러한 긍정적인 효과 외에도 12단계 모임에 참석하는 것은 회복 과정에서 중요한 역할을 한다. 공동체에 참석하면서 구성원들은 중독으로 인한 고난에서 혼자가 아니라는 것을 깨닫게 되며 다른 이들도 중독으로 인해 비슷한 문제를 겪고 있다는 사실을 알게 된다(Alcoholics Anonymous, 2001). 이러한 공동체 참여의 결과는 집단치료 문헌에서 '보편성'(Yalom, 2005)으로 알려져 있는데, 이것은 12단계 모델에서 회복의 주요 촉진 요소 중 하나이다.

마지막으로, 공동체에 참석하는 것은 구성원들에게 중독과 관련된 문제를 논의할 수 있는 개방적이고 수용적인 토론을 제공한다(Alcoholics Anonymous, 2001). 공동체는 중독의 어려움을 공유할 수 있는 회복 지향적인 사람들과 만날 수 있는 수단으로 여겨진다. 또한 다양한 공동체의 형식(예: 단계별 모임, 발표 모임)에 참석함으로써 구성원들은 서로 다른 관점과 다양한 시각에서 자신의 회복을 검토하도록 권장된다. 이 공동체는 필요할 때 요청할 수 있는 지속적인 지원체계를 제공한다. 마지막으로, 공동체 모임 참석은 한때 알코올과 약물사용으로 채워졌던 일상의 일정을 메우는 역할도 할 수 있다.

(4) 단계 작업

12단계에 명시된 활동에 참여하고 이를 이행하는 것은 일반적으로 '단계를 실천하기' 또는 '단계에 따라 작업하기'로 알려져 있으며 회복 과정에 필수적이다. 앞서 언급한 것처럼 12단계를 순차적인 범주로 나누는 것은 회복 중인 사람들에게 도움이 될 수 있다. 1단계에서 3단계는 회복을 위한 준비(수용과 복종 포함)에 초점을 맞추고 4단계에서 9단계는 구체적인 회복 활동을 강조하며

10단계에서 12단계는 회복에서의 성과를 유지하는 데 중점을 둔다(Kingree, 2013). 이러한 12단계의 개념화는 10장에서 살펴본 Prochaska와 DiClemente(1984)가 개발한 변화 단계 모델을 반영하며 이 유사점은 [글상자 14-4]에 설명되어 있다.

단계 작업의 목적은 중독자나 알코올 중독자가 자기중심적인 것에서 벗어나 더 높은 힘에 통제를 의탁하는 데 집중하도록 돕는 것이다(Borkman, 2008b). 일반적으로, 단계는 순차적으로 진행되어야 한다. 예를 들어, 더 높은 힘의 존재를 받아들이기 전(2단계)에 자신의 삶을 더 높은 힘에 맡길 수는 없다(3단계). 마찬가지로, 피해를 입힌 사람들에 대한 목록을 작성하기 전에(8단계) 그들에게 보상(9단계)할 수 없다. 회복 중인 사람들은 단계를 건너뛰거나 빨리 진행하고 싶어 하는 경향이 있다. AA는 이에 대해 경고하며, 이러한 잠재적 함정을 피하는 다양한 관점을 제공한다(Alcoholics Anonymous, 1981, 2001, 2014). 예를 들어, 중독자들은 후원자나 그들이 참석하는 모임에 의지하여 순차적인 단계 작업에 집중할 수 있다.

글상자 14-4 변화 단계와 12단계

변화 단계	12단계 관점
전숙고	1단계 전(부인)
숙고	1~2단계
준비	3단계
실행	4~9단계
유지	10~12단계

(5) 보상과 용서

12단계 회복 프로그램에 참여한 사람들은 1단계에서 7단계를 거친 후, 자신이 중독 기간 동안 부정적인 영향을 준 사람들에게 보상하도록 촉구된다(Alcoholics Anonymous, 1981, 2001, 2014; Narcotics Anonymous, 2008). 8단계에서 회복 중인 사람은 중독 기간 중에 피해를 준 사람들의 목록을 작성하도록 안내받는다. 이어서 9단계에서는 회복 중인 사람들이 8단계에서 확인된 사람들에게 직접적인 보상을 하되 보상이 더 많은 해를 끼칠 수 있는 상황은 제외한다. 마지막으로, 10단계에서는 회복 중인 사람들이 지속적으로 자신의 행동을 돌아보고 필요할 때 즉시 보상할 것이 기대된다(Alcoholics Anonymous, 1981).

보상하기 과정은 대인관계 및 개인 내면의 평화를 이루는 것을 목표로 한다(Alcoholics Anonymous, 1981). 피해를 준 사람들의 목록을 작성하는 것은 회복 중인 사람이 개인적이고 관계적인 성찰을 하는 과정이다. 이 과정의 목적은 회복 중인 사람이 과거 행동에 대해 더 많이 성찰하고 해로운 행동에 대한 책임을 지며, 과거에 피해를 입힌 사람들로부터 용서를 구하는 것이다. 이 과정에서 회복 중인 사람이 자기 자신을 용서하는 것도 포함된다. 보상을 하고 용서를 구하는 실천은 회복 중인 사람들이 약물이나 알코올로부터 자유롭고, 건강하고, 새롭고, 지속적인 관계를 형성하는 데 도움을 줄 수 있다(Connors et al., 2008).

(6) 이타주의

이 장에서 마지막으로 논의할 12단계 참여 영역은 이타주의(altruism)이다. 12단계 공동체에서 이타주의는 보상을 기대하지 않고 다른 이들에게 이익을 주는 의도적인 행동으로 정의된다(Zemore & Pagano, 2008). AA(1981, 2001)는 생활 방식의 변화가 보다 일관되고 확고해진 회복 후반부에 회복 중인 사람들이 이타적인 행동에 참여할 것을 권장한다. 이는 이타주의를 12단계의 마지막에 배치한 것으로 알 수 있다. 12단계 공동체에서 추천하는 주요한 이타적 활동은 봉사와 후원이다.

12단계 공동체에서의 봉사는 주로 회복 여부와 관계 없이 다른 중독자를 돕는 활동을 말한다(Zemore & Pagano, 2008). 여기에는 회복 중인 다른 사람들에게 연락처를 제공하거나 모임의 준비와 정리를 돕는 것, 모임에 오고 가는 교통편을 제공하는 것과 같은 활동을 포함할 수 있다. 이러한 활동들은 다른 모임 구성원이나 아직 회복 단계를 시작하지 않은 사람들에게 혜택을 줄 수 있다. 이타적 봉사에 대한 연구는 중독으로 고통받거나 회복 중인 다른 사람들을 돕는 것이 개인에게 이로운 영향을 미칠 수 있다는 이론을 지지한다(Zemore & Pagano, 2008). 따라서 이타적인 행동을 완수하는 것은 12단계 봉사 활동에 참여하는 중독자에게도 이익이 될 수 있는 부수적인 기능을 할 수 있다.

두 번째로, 더 구체적인 이타주의 형태는 후원이다(Borkman, 2008a; White & Kurtz, 2008). 12단계 공동체에서 후원자는 회복이 잘 이루어진 사람들로 자신이 후원하는 사람들에게 멘토, 모범이 되는 자, 안내자 역할을 할 수 있다(Kelly & McCrady, 2008). 12단계 공동체 신입 회원들은 공동체 활동과 회복 세계의 적응에 도움을 줄 수 있는 기존의 공동체 회원(즉, 후원자)을 찾는 것이 좋다. 기존 회원들의 회복이 정착된 후 새로운 회원에게 후원을 제공하는 것은 후원자 자신의 회복을 더욱 공고히 하고 타인을 돕는 과정에서 개인적인 만족감과 자부심을 느끼게 할 수 있다.

3. 치료자가 이론적 접근을 활용하는 방법

지난 20년 동안, 중독치료 분야는 전문화로 나아가는 추세를 보이고 있다(Fisher & Harrison, 2013). 이 기간 동안 몇몇 주에서는 중독치료자들을 위한 면허 기준을 도입했다. 이러한 전문화와 함께 중독치료는 보다 과학적이고 이론에 기반한 치료(예: 인지행동치료, 동기강화면담)로 발전해 왔다(Borkman, 2008b). 동시에 공식화된 치료 접근은 아니지만 자조 모임을 위해 설계된 AA와 회복으로 가는 12단계 접근도 계속 발전하고 있다(Borkman, 2008b; Fisher & Harrison, 2013). 자조 모임과 치료 간의 차이에도 불구하고, 중독치료자들은 치료 환경에서 12단계 철학을 자주 채택하고 환자와의 작업에 이와 관련된 원칙을 적용한다(Slaymaker & Sheehan, 2008). 그 결과, 12단계 기반 치료 접근에 대한 문헌은 계속 확장되고 있다(Galanter & Kaskutas, 2008). 가장 널리 사용되는 12단계 기반 치료 모델 중 하나는 다음에 살펴볼 12단계 촉진(Twelve Step Facilitation: TSF)이라는 구조화된 접근이다.

1) 12단계 촉진

12단계 촉진은 12단계 공동체 활동을 지원하기 위해 설계된 치료 모델로 Match 프로젝트[1]에서 연구된 치료 방법 중 하나이다(Kingree, 2013; Longabaugh & Wirtz, 2001; Nowinski, 2006, 2013; Nowinski, Baker, & Carroll, 2007). Ries, Galanter, Tonigan과 Zielger(2010)에 따르면 TSF는 12단계 공동체 자체가 아니며, 어떤 12단계 모임에 의해서도 공식적으로 승인된 적이 없다(AA의 12가지 전통 중 전통 6에 따름). 대신 TSF는 중독치료를 위해 전문적으로 개발된 접근으로 치료 개입을 제공하는 데 있어 유능하고 훈련된 임상가의 기술에 의존한다. Nowinski(2006)는 TSF가 12단계 철학과 완전히 호환되며 동일한 가치와 원칙을 기반으로 한다고 언급했다. 따라서 TSF 치료자는 12단계와 관련된 단계 및 개념에 정통해야 하며, 12단계 접근의 기본 원칙에 대해 자신이 가지고 있는 부정적인 반응이나 신념을 해결해야 한다. 다시 말해, 이 접근을 성공적으로 수행하기 위해서는 중독치료자가 12단계 중독 및 회복 모델에 대해 완전히 숙지하고, 여기에서 제안된 모든 철

1) 역자 주: Match(Matching Alcoholism Treatments to Client Heterogeneity, 환자의 이질성에 맞춰 알코올 중독치료 조정)는 미국 국립 알코올 남용 및 알코올 중독 연구소(National Institute on Alcohol Abuse and Alcoholism: NIAAA)에서 진행한 대규모 연구 프로젝트이다.

학, 개념, 개입 및 활동에 대해 열린 마음을 가져야 한다.

TSF 모델은 일반적으로 12단계 자조 공동체 참석을 보완하기 위해 사용하도록 설계된 매뉴얼화 되고 구조화된 접근으로 분류된다. TSF 모델은 일반적으로 집단치료 모델로 생각되지만 개인, 커플 및 가족치료 형식에도 적용될 수 있다. TSF의 전반적인 목표는 ⓐ 알코올 및 다른 약물에 대한 금욕을 증가시키고, ⓑ AA, NA와 같은 12단계 공동체 및 자조 모임에 대한 참여를 증가시키는 것이다(Kingree, 2013). AA 및 기타 12단계 모임과 유사하게 TSF 치료자들은 중독의 질병 모델을 따른다. 따라서 TSF 치료에 참여하는 사람들의 치료 목표는 알코올 및 다른 약물에 대한 금욕이다.

(1) TSF 치료자의 특성

Nowinski 등(2007)은 TSF 접근 방식을 사용하는 치료자는 몇 가지 중요한 전문적 특성을 갖춰야 한다고 제안한다. 무엇보다도 성공적인 TSF 치료자는 중독치료에 대한 정식 교육을 받고 12단계 및 관련된 원칙을 포괄적으로 이해해야 한다. 이는 환자가 12단계 공동체에 의존하고 12단계 구호(예: 하루하루 살아가기, 될 때까지 노력하기)를 사용하는 데에 편안함을 느끼는 것을 포함한다. 또한 TSF 치료자는 치료에 적극적이고 지지적이며 협력적이고 동시에 도전적인 접근 방식을 편안하게 사용할 수 있어야 한다.

Nowinski 등(2007)은 TSF 치료자가 반드시 회복 중이어야 하는 것은 아니라고 언급했다. 12단계 회복 과정에 대한 폭넓은 지식을 갖고 있다면, 회복 중이 아닌 치료자도 회복 중인 치료자와 마찬가지로 이 접근을 효과적으로 활용할 수 있다. TSF를 사용할 때, 비회복 치료자는 자신의 회복 상태에 대한 질문에 답할 준비가 되어 있어야 한다. 또한 비회복 치료자는 중독과 회복에 대한 개인적인 경험이 없더라도 환자가 성공할 수 있도록 어떻게 도울 수 있는지에 대해 논의할 준비가 되어 있어야 한다. Crabb와 Linton(2007)의 질적 연구에서, 비회복 치료자는 회복 중인 동료들과 비교할 때 12단계 관점에서 엄격하게 작업하는 경향이 더 높다는 결과를 발견했다. 저자들은 이 발견을 치료 결과와 연결시키지는 않았지만, 그들의 결과는 비회복 치료자들도 TSF 모델을 편안하게 사용할 수 있다는 것을 시사한다.

(2) TSF 치료자의 역할과 책임

TSF 접근을 성공적으로 구현하고 환자가 전반적인 목표를 달성하는 데에 도움을 주기 위해 Nowinski 등(2007)은 치료자들에게 몇 가지 중요한 역할을 설명한다. 주요 역할은 교육자와 촉진자의 역할이다. TSF 교육자로서 치료자는 12단계 자원과 안내자로서의 역할을 수행한다. 여기에는 ⓐ 12단계 및 관련된 개념 설명하기, ⓑ 환자가 12단계의 중독 관점과 일치하는 개인적인 사례를 찾도록 가르치기, ⓒ 회복(원하는 결과)과 치유 간의 차이점 강조하기, ⓓ 회복의 길로서 12단계와 모임에 의존하도록 격려하기, ⓔ 후원에 대해 논의하기, ⓕ 빅북이나 12단계 조직에서 발행한 다른 자료와 같은 12단계 읽기 자료에 대한 문답 등이 포함된다.

촉진자로서 역할을 맡게 되면, TSF 치료자들은 환자의 회기 간 행동과 12단계 참여를 강조한다 (Nowinski et al., 2007). 촉진자의 관점에서 치료자는 ⓐ 변화의 책임을 환자에게 직접 맡기고, ⓑ 다양한 유형의 12단계 회복 모임(예: 단계 모임, 토론 모임)에 개인적인 참여를 더욱 장려하며, ⓒ 실무자로서의 역할을 설명하고 유지하며, 후원자나 동료 집단 구성원과 같은 역할을 맡지 않으며, ⓓ 특히 알코올이나 약물사용과 관련된 실수에 대해 부정하는 사례를 강조하고, ⓔ 회복 작업에 대한 제안을 제공하며, ⓕ 12단계 공동체 모임에 적극적으로 참여하는 것을 포함해서 환자가 12단계 공동체에 잘 통합되도록 돕는다. 촉진자로서 치료자는 TSF 치료 목표를 달성하기 위해 변화를 유도하는 논의를 만들도록 노력해야 한다.

(3) TSF 실행

Nowinski(2013)는 집단 환경에서 TSF를 실행하기 위한 여러 전략을 제안했다. 이 권장 사항에는 ⓐ 소규모 집단(6~8명), ⓑ 새로운 참가자가 공동체 모임에 환영받는 개방형 형식, ⓒ 주제-초점화된 회기들, ⓓ 구조화된 회기 형식, ⓔ 유인물 및 기타 교육 자료, ⓕ 충동, 갈망, 실수 및 재발에 대한 논의, ⓖ 각 TSF 모임 종료 시 회복 과제에 대한 환자의 약속 등이 포함된다. Nowinski는 TSF 치료자들이 회기 주제를 미리 선정하고 각 회기에서 한 가지 주제만 다룰 것을 권장했다. 할당된 회복 과제에는 12단계 자조 모임에 일정 횟수의 참석 약속하기, 중독 및 회복에 관련된 독서, 또는 회복을 공고히 하는 기타 활동 등이 포함될 수 있다. 치료자가 환자에게 이 접근을 적용하는 데 도움을 주기 위해 다양한 TSF 매뉴얼과 출판물이 제공되고 있다(Nowinski, 2006; Nowinski & Baker, 2003; Nowinski et al., 2007; Ries et al., 2010).

2) 12단계 치료의 효과성

중독치료에 대한 12단계 접근의 효과는 수많은 연구를 통해 입증되었다. 특히 중독치료에서

12단계 접근의 효과를 입증한 중요한 연구 중 하나는 MATCH 프로젝트(Longabaugh & Wirtz, 2001)에서 발견되었다. MATCH 프로젝트에 참여한 952명의 외래 환자와 774명의 사후 관리 환자들은 여러 치료 기관에서 모집되었다. MATCH 프로젝트에서 검토된 변인들 중 치료 효과는 인지행동치료(CBT), 동기강화 치료(MET), 또는 12단계 촉진(TSF)을 받은 환자들 간에 비교되었다. 각 집단의 모든 참여자는 1년 후 추적 조사에서 알코올 및 약물사용량이 감소한 것으로 나타났으며, 세 집단 간에 유의미한 차이는 없었다. 그러나 3년 후 추적 조사에서, TSF 집단의 참여자들은 CBT(24%)와 MET(27%)에 비해 유의미하게 높은 단주율(36%)을 보였다(Butler Center for Research, 2010; Longabaugh & Wirtz, 2001; Slaymaker & Sheehan, 2008). 다른 연구에서도 12단계 중심의 중독치료의 효과가 입증되었다(Campbell, Guydish, Le, Wells, & McCarty, 2015; Galanter & Kaskutas, 2008; Kingree, 2013; Martino, 2013; Pearce et al., 2008). 이러한 이유로 TSF는 중독치료에 효과적인 선택지로 계속 사용되고 있다.

4. 평가 및 예방의 함의

다른 치료 접근과 마찬가지로 평가 과정은 12단계 중독치료 모델에서 중요한 부분이다(Nowinski, 2006). 일반적으로 12단계 관점에서의 평가는 다른 접근에서 사용되는 정보 수집 활동과 비슷한 과정을 포함한다. 여기에는 환자의 물질사용력, 물질사용의 결과, 정신적 및 신체적 건강, 교육 및 고용 이력, 법적 이력 및 기타 표준적인 조사 영역에 대한 정보를 수집하는 과정이 포함된다. 평가 과정이 끝나면 12단계 모델 치료자는 환자의 알코올 또는 약물과 어떤 관계를 맺고 있는지 철저히 이해하고 환자가 알코올 중독자 또는 약물 중독자인지를 판단해야 한다.

일반적인 통념과는 달리, 12단계 모델에서는 문제가 있는 방식으로 술을 마시거나 약물을 사용하는 모든 사람을 약물 중독자나 알코올 중독자로 규정하지는 않는다(Alcoholics Anonymous, 2001; Narcotics Anonymous, 2008). 어떤 알코올 및 약물사용자의 행동은 알코올 중독자 혹은 중독자의 행동을 모방할 수 있지만(예: 역할 실패, 물질과 관련된 법적 문제), 과도하게 알코올이나 다른 약물을 사용하는 모든 사람이 중독이라는 질병에 걸리는 것은 아니다. 오히려 12단계 모델의 지지자들은 중독이라는 질병의 진행을 설명하기 위해 전형적인 분류나 연속성을 제시한다.

빅북에서 AA(2001)는 일부 과음하는 사람들은 적절한 수준의 음주로 돌아갈 수 있기에 알코올 중독자가 아니라고 설명한다. 이들 중 첫 번째 유형은 중등도 음주자이다. 중등도 음주자들은 음주를 즐기고 때로는 과음하기도 한다. 그러나 중등도 음주자는 알코올이나 약물사용에 있어서 '할 수도 있고, 안할 수도 있는' 입장에 있다. AA 기준에 따르면, 중등도 음주자는 때때로 물질사용을 통제하지 못하거나 실제 중독자와 비슷하게 행동하는 것처럼 보일지라도 물질사용을 조절할 수 있다.

두 번째로, AA(2001)는 전형적인 중독자와 비교하여 과음자(hard drinker)을 인정한다. 과음자는 다음과 같은 경우로 볼 수 있다.

> 신체적 · 정신적으로 점차 손상을 입을 정도로 습관이 깊어질 수 있는 사람으로 간주된다. 과음은 그의 수명보다 몇 년 일찍 죽게 할 수도 있다. 그러나 충분히 강력한 이유—건강 악화, 사랑에 빠짐, 환경 변화, 또는 의사의 경고—가 작용할 경우, 이 사람도 중단하거나 적절히 조절할 수 있지만, 이를 어렵거나 곤란하게 느낄 수 있으며 심지어 의학적인 도움이 필요할 수도 있다(p. 20).

중등도 음주자와 과음자는 중독자의 범주에 속하지는 않지만, 미래에 음주가 증가하고 신체 손상을 초래할 경우 향후 알코올 중독자가 될 수 있다. 이러한 상황에서 시간이 지남에 따라 음주가 심해지면 유전적 소인이 있는 알코올 중독이라는 질병이 발병할 수 있다.

중독이라는 질병에 대한 NA의 설명에서도 역시 사용 유형의 분류가 존재한다. 익명의 마약 중독자 모임은 많은 사람이 약물을 사용하여 중독에 빠지고 그 결과 위험한 행동에 가담할 수 있지만, 그렇게 하는 모든 사람이 중독자는 아니라는 점을 인정한다. 오히려 중독자는 약물에 대한 알레르기 반응을 경험하고 이로 인해 자신의 약물사용을 조절하는 능력이 제한된 사람들이다(Narcotics Anonymous, 2008). 중독 증상을 유발하는 이러한 알레르기 반응은 다른 심리적 또는 환경적 요인이 아닌 유전적 소인으로 이해되고 있다. 유전적으로 약물사용에 대한 알레르기 반응을 일으키지 않는 사람은 문제적 사용 후에도 이론적으로는 약물을 오락적으로 사용할 수 있다.

5. 사례 연구 반응

이제 중독치료에 대한 12단계 접근을 요약한 후, 12단계 관점에서 가브리엘의 사례를 살펴보기로 한다. 이 논의에는 사례 개념화, 치료적 접근 및 기법에 대한 제안, 그리고 가브리엘에게 적용된 이 접근의 강점과 약점이 포함된다. 이 논의에서는 가브리엘 사례와 관련된 몇 가지 독특한 측면을 통해 12단계 이론이 그의 치료와 궁극적인 회복에 어떻게 적용될 수 있는지 강조한다.

가브리엘에게 12단계 기반 치료를 제공하는 첫 번째 단계는 평가이다. 평가 과정에서 치료자의 주요 책임은 가브리엘의 약물 및 알코올과의 관계를 파악하는 것이다. 가브리엘의 사용 패턴 및 관련 행동에 대해 논의하면서 치료자는 가브리엘이 중독 질병을 가지고 있는지 여부를 판단하려고 한다.

가브리엘이 중등도 사용자의 범주에 속하지 않는 것은 분명하지만, 그가 과음자인지 아니면 중독자인지 알아보는 것이 도움이 될 수 있다. 이 평가의 결과(예: 과음자 대 중독자)가 12단계 참여의 효과에 영향을 미치지 않는 것으로 보이지만(Longabaugh & Wirtz, 2001; Slaymaker & Sheehan, 2008), 치료 과정에서 사용할 공통 언어를 찾는 것은 도움이 될 것이다. 가브리엘은 여러 차례 알코올과 약물사용을 줄이려고 시도했으나 실패했고, 음주운전 및 약물 소지와 같은 여러 약물 관련 법적 문제가 있으므로 중독 질병에 시달리고 있을 가능성이 크다. 따라서 회복을 위한 그의 유일한 실행 가능한 선택은 금욕일 것이다.

또한 평가 과정에서 치료자는 가브리엘이 알코올과 약물을 과도하게 사용할 때 자신 및 타인에 대한 행동을 조사할 것이다. 사례 연구에서 알 수 있듯이 가브리엘의 약물 및 알코올 사용 패턴은 그와 그의 가족에게 부정적인 결과를 가져왔다. 예를 들어, 가브리엘의 알코올 및 약물사용은 그를 롤모델이자 멘토로 여기는 그의 조카와의 관계에 영향을 미쳤다. 가브리엘의 조카는 그의 중독 문제에 대해 알고 있으며, 여러 차례 그에게 알코올과 약물사용을 그만하라고 간청했다. 가브리엘은 알코올과 약물을 사용하는 동안 조카를 피하려고 노력했기 때문에 중독으로 인해 그가 조카와 함께 보낼 수 있는 시간은 크게 줄어들었다. 게다가 가브리엘의 어머니는 알코올 중독자의 가족을 위한 12단계 기반 단체인 Al-Anon 모임에 참석하기 시작했다. 이는 그녀가 가브리엘의 중독 문제를 대처하는 데 어려움을 겪고 있다는 것을 나타낸다. 이러한 요소들은 모두 중독 질병을 겪고 있음을 시사한다.

또한 가브리엘의 영성에 대한 견해를 평가하는 것이 중요할 것이다. 이 장 전반에 걸쳐 설명된 바와 같이, 영성은 자조 공동체와 치료에 대한 12단계 접근의 기초이다. 따라서 치료자가 가브리엘의 영적 삶에 대해 논의하고 그가 더 높은 힘의 존재에 대해 어떤 신념을 가지고 있는지 파악하는 것이 필수적이다. 더 높은 힘에 대한 의존은 1~3단계를 완료하는 데 필요하기 때문에 치료 과정 초기에 영성에 대한 논의가 중요할 것이다.

마지막으로, 치료자는 가브리엘의 강점을 평가하고 이를 치료 과정에서 어떻게 활용할 수 있을지에 주의를 기울여야 한다. 사례 연구에서 알 수 있듯이 가브리엘은 AA 모임에 참석하면서 일시적으로 단주에 성공한 적이 있다(7주). 게다가 가브리엘은 가족 내에서 지지를 받고 있는 것으로 보인다. 앞서 언급한 조카는 회복을 위한 동기부여 요소가 될 수 있으며 어머니의 Al-Anon 참석은 가브리엘의 회복을 돕고자 하는 의지를 나타낼 수 있다. 일부 가족 구성원(예: 가브리엘의 아버지)과 함께 있는 것이 가브리엘의 회복을 실제로 위협할 수 있지만 알코올 및 약물과의 관계를 변화시키려는 시도에서 어느 정도의 지지를 받고 있는 것으로 보인다.

평가 과정이 끝날 무렵, 가브리엘을 위한 치료가 시작될 것이다. 12단계 이론에 기반을 둔 치료자가 고려할 수 있는 모델은 12단계 촉진(TSF) 모델이다. 치료 시작 시 치료자는 가브리엘이 개인치료, 집단치료, 또는 그 둘의 조합 중 어느 것이 더 도움이 될지를 결정해야 한다. TSF 실천에서는 소규모 집단이 권장되지만 치료 방식 선택에 있어서 환자의 의견을 반영하는 것도 치료 과정에 도움이 될 수 있다.

TSF의 첫 번째 작업은 가브리엘에게 12단계 모델을 교육하는 것이다. 여기에는 빅북 및 기타 AA/NA 문헌, 12단계와 12가지 전통, 중독의 질병 모델, 그리고 12단계 공동체에 참석해야 하는 필요성에 대한 논의가 포함될 것이다. TSF 치료자의 도움을 받아 가브리엘은 치료와 모임을 통해 1단계에서 3단계(복종 단계)를 진행하게 된다. 이 단계들을 성공적으로 이행하는 데 필요한 시간은 그의 영적 신념에 따라 달라질 수 있으므로, 가브리엘이 12단계 여정을 시작할 때 치료자의 인내심이 매우 중요할 것이다.

복종 단계를 완료한 후 가브리엘는 4단계에서 12단계까지 진행하게 된다. 그의 단계 작업은 TSF의 주요 주제가 되며 치료에서 토론은 그가 12단계를 어떻게 수행하는지에 초점을 맞춘다. 이런 의미에서 TSF는 12단계 모임 참석을 보완하는 개입으로 볼 수 있다. 따라서 TSF의 주요 목표 중 하나는 가브리엘의 12단계 모임 참여를 증진시키는 것이다.

가브리엘의 현재 상황을 12단계와 비교하면, 치료를 위한 몇 가지 목표가 도출된다. 그는 자신이 선택한 더 높은 힘에 복종한 후 자기성찰의 과정을 시작하게 될 것이다. 예를 들어, 4단계에서 가브리엘은 개인적인 내적 평가를 하고 자신과 더 높은 힘 앞에서 자신의 잘못된 본질을 인정한다. TSF 치료자는 이 과정에 적극적으로 참여하여 가브리엘이 과거 행동의 영향을 깨닫도록 도울 수 있다. 이후 9단계에서 가브리엘은 잘못에 대한 보상의 과정을 시작한다. 사례 연구에서 알 수 있듯이, 가브리엘의 행동은 그의 가족들에게 피해를 주었으며 아마도 그의 연애 관계 실패와도 관련이 있을 수 있다. TSF 치료자는 이 어려운 과제를 수행하는 가브리엘에게 지원을 제공할 수 있다. 치료 과정 중 치료자는 가브리엘과 함께 좋은 후원자를 찾고, 12단계 공동체의 다른 구성원들로부터 지침을 받을 수 있도록 도울 것이다. 이후 치료 과정에서 가브리엘은 다른 중독자들에게 봉사하고 지원을 제공하기 시작하며, 이러한 이타적 활동에서 위안을 찾을 수 있을 것이다. 다시 말하지만, TSF 치료자는 이러한 작업에 많은 도움을 줄 수 있다.

가브리엘에게 적용되는 TSF 접근에는 몇 가지 내재적인 강점과 약점이 있다. 가브리엘을 지지하는 일부 가족이 있지만 그의 어머니, 누나, 조카 외에 다른 사회적 지지가 있는지는 알려져 있지 않다. 12단계 모임은 가브리엘에게 비슷한 목표를 가진 다른 사람들로부터 사회적 지지를 받을 수 있는 기회를 제공할 것이다. 또한 가브리엘은 이전 연애 관계, 특히 첫 성경험과 관련하여 많은 수치심을 느끼고 있다. 12단계와 TSF 모임에서 가브리엘은 과거 행동에 대한 비슷한 수치심을 경험하는 다른 사람들을 만나게 될 것이다. 그의 수치심에 대한 보편성의 경험은 자기 용서와 수용으로 나아가게 할 것이다.

이러한 강점 외에도 가브리엘에게 적용되는 12단계 접근의 두 가지 중요한 약점도 논의해야 한다. 첫째, TSF 치료자는 가브리엘의 영적 신념에 대한 정보를 확인해야 할 필요가 있다. 이에 대한 정보는 없지만, 가브리엘의 사례 연구에서 영성에 대한 언급이 없는 것은 이 영역에 대한 믿음이나 헌신이 부족하다는 것을 나타낼 수 있다. 만약 이것이 사실이라면, 가브리엘이 더 높은 힘을 인식하고 복종하도록 돕는 일이 매우 어려울 수 있다. 이 경우 TSF 접근에 대한 치료자의 언급이 중요할 것이다.

가브리엘과의 TSF 접근의 두 번째 잠재적인 약점은 앞서 논의된 다양성 문제와 관련이 있다. 26세의 혼혈 남성인 가브리엘은 12단계 공동체에서 덜 수용되거나 소외감을 느낄 수 있다. TSF 치료자는 이러한 현실을 가브리엘과 함께 탐색하고, 가브리엘이 공동체의 다른 구성원들과 공통점을 찾을 수 있는 방법에 대해 논의할 수 있다. 이와 관련하여 TSF 치료자가 가브리엘이 거주하는 지역의 다양한 지지 집단에 대한 정보를 가지고 있는 것이 좋다. 특히 개별 모임 내 회원의 다양성과 관련된 정보를 가지고 있으면 가브리엘이 환영받고, 받아들여지며, 편안하게 느낄 수 있는 집단을 찾아낼 수 있도록 도와 그의 공동체 참여를 늘릴 수 있다.

이러한 잠재적 약점에도 불구하고 가브리엘은 TSF 치료에서 성공할 가능성이 높다. 가브리엘이 단계 작업에 전념한다면, TSF는 가브리엘이 새롭고 건강한 관계를 형성하는 데 도움을 줄 수 있다. 12단계 촉진은 또한 가브리엘이 가족과 다시 연결되고 과거 잘못에 대한 용서를 구하는 데도 도움을 줄 수 있다. 마지막으로, 가브리엘은 치료와 공동체 모임 참석을 통해 과거 행동에 대한 수치심을 다루고 제거할 수 있다. 이는 가브리엘이 자기 수용을 더 잘하고, 공동체 구성원들이 갈망하는 영적 깨달음에 도달하는 데 기여할 수 있다. 이러한 요인을 고려할 때, 가브리엘은 12단계 원칙과 실천을 통해 성공적인 회복의 길을 찾을 수 있을 것이다.

요약

12단계 접근은 중독치료의 초기 모델 중 하나이다. AA 또는 NA와 같은 12단계 모임의 원칙에 기반하여 치료를 받는 사람들은 알코올 또는 약물남용으로 이어지는 신체적 질병을 가지고 있다고 여겨진다. 치료의 핵심은 알코올 중독 또는 중독에 대한 치료를 경험하기보다는 환자가 회복 과정을 시작하고 유지해야 한다는 것이다. 회복은 적극적이고 평생 지속되는 과정으로 치료에서 유일하게 수용 가능한 목표는 단주이다. 회복에 진입하는 것은 영적인 더 높은 힘을 수용하고 그것에 의존하는 것을 포함한다.

12단계 촉진은 치료자가 환자와의 작업에서 사용할 수 있는 접근 중 하나이다. 궁극적으로 12단계 관점에서 치료를 제공하는 치료자는 12단계 원칙에 대한 심화된 지식이 있어야 한다. 또한 치료자들은 그런 원칙을 기꺼이 사용하여 환자를 공동체 모임에 참석하도록 격려하고 환자가 그 안에서 한 경험을 처리할 수 있게 해야 한다. 치료자들의 이러한 노력이 없다면 12단계 치료 접근은 환자가 알코올리즘 및 중독으로부터 회복하는 데 덜 효과적일 것이다.

지속적인 학습을 위한 자료

▸ **Websites**

AA Big Book: www.aa.org/pages/en_US/alcoholics-anonymous.

Al-Anon: www.al-anon.org. Alcoholics Anonymous: www.aa.org.

American Society of Addiction Medicine: www.asam.org.

Cocaine Anonymous: www.ca.org.

Erickson Research: http://sites.utexas.edu/erickson.

Gamblers Anonymous: www.gamblersanonymous.org.

Narcotics Anonymous: www.na.org. Narcotics Anonymous Basic Text: www.na.org/?ID=NAWay_October_2008.pdf.

Overeaters Anonymous: www.oa.org.

Sex Addicts Anonymous: https://saa-recovery.org.

Treatment of Adolescents With Substance Use Disorders: www.ncbi.nlm.nih.gov/books/NBK64350.

참고문헌

Alcoholics Anonymous. (1981). *Twelve steps and twelve traditions*. New York: Author.

Alcoholics Anonymous. (2001). *Alcoholics Anonymous* (4th ed.). New York: Author.

Alcoholics Anonymous. (2014). *Many paths to spirituality*. New York: Author.

Borkman, T. (2008a). Introduction: The 12-step program model of AA. In M. Galanter & L. Kaskutas (Eds.), *Recent developments in alcoholism* (pp. 1-6). New York: Springer.

Borkman, T. (2008b). The twelve-step recovery model of AA: A voluntary mutual help association. In M. Galanter & L. Kaskutas (Eds.), *Recent developments in alcoholism* (pp. 9-35). New York: Springer.

Butler Center for Research. (2010). *Research update: Project MATCH: A study of alcoholism treatment approaches*. Center City, MN: Author.

Campbell, B., Guydish, J., Le, T., Wells, E., & McCarty, D. (2015). The relationship of therapeutic alliance and treatment delivery fidelity with treatment retention in a multisite trial of twelve-step facilitation. *Psychology of Addictive Behaviors, 29*(1), 106-113.

Connors, G., Walitzer, K., & Tonigan, S. (2008). Spiritual change in recovery. In M. Galanter & L. Kaskutas (Eds.), *Recent developments in alcoholism* (pp. 209-227). New York: Springer.

Crabb, A., & Linton, J. (2007). A qualitative study of recovering and non-recovering substance abuse counselors' belief systems. *Journal of Addiction & Offender Counseling, 28*(1), 4-20.

Dodes, L., & Dodes, Z. (2014). *The sober truth: Debunking the bad science behind 12-step programs and the rehab industry*. Boston: Beacon.

Donovan, D., & Floyd, A. (2008). Facilitating involvement in twelve-step programs. In M. Galanter & L. Kaskutas (Eds.), *Recent developments in alcoholism* (pp. 303-320). New York: Springer.

Fisher, G., & Harrison, T. (2013). *Substance abuse: Information for school counselors, social workers, therapists, and counselors* (5th ed.). New York: Pearson.

Galanter, M., & Kaskutas, L. (Eds.). (2008). *Recent developments in alcoholism*. New York: Springer.

Glaser, G. (2015). The irrationality of Alcoholics Anonymous. *Atlantic Monthly*. Retrieved from www.theatlantic.com/features/archive/2015/03/the-irrationality-of-alcoholics-anonymous/386255.

Kaskutas, L., Greenfield, T., Witbrodt, J., & Bond, J. (2008). Epidemiology of Alcoholics Anonymous participation. In M. Galanter & L. Kaskutas (Eds.), *Recent developments in alcoholism* (pp. 261-282). New York: Springer.

Kelly, J. F., Hoeppner, B., Stout, R., & Pagano, M. (2012). Determining the relative importance of the mechanisms of behavior change within

Alcoholics Anonymous: A multiple mediator analysis. *Addiction, 107*, 289–299.

Kelly, J. F., & McCrady, B. (2008). Twelve step facilitation in non-specialty settings. In M. Galanter & L. Kaskutas (Eds.), *Recent developments in alcoholism* (pp. 321–346). New York: Springer.

Kelly, J. F., Stout, R. L., Magill, M., Tonigan, J. S., & Pagano, M. E. (2010). Mechanisms of behavior change in Alcoholics Anonymous: Does Alcoholics Anonymous lead to better alcohol use outcomes by reducing depression symptoms? *Addiction, 105*, 626–636.

Kingree, J. B. (2013). Twelve-step facilitation therapy. In P. Miller (Ed.), *Encyclopedia of addictive behaviors* (pp. 137–146). London: Elsevier Books.

Laudet, A. (2008). The impact of Alcoholics Anonymous on other substance-abuse related twelve step programs. In M. Galanter & L. Kaskutas (Eds.), *Recent developments in alcoholism* (pp. 71–89). New York: Springer.

Longabaugh, R., & Wirtz, P. (2001). *Volume 8: Project MATCH: Hypotheses, results and causal chain analyses*. Rockville, MD: NIAAA.

Martino, S. (2013). Credibility and treatment fidelity may matter in twelve-step treatment. *American Journal of Drug and Alcohol Abuse, 39*(5), 273–274.

McKellar, J., Stewart, E., & Humphreys, K. (2003). Alcoholics Anonymous involvement and positive alcohol-related outcomes: Cause, consequence, or just a correlate? A prospective 2-year study of 2,319 alcohol-dependent men. *Journal of Consulting and Clinical Psychology, 71*(2), 302–308.

Miller, J. (2008). 12-step treatment for alcohol and substance abuse revisited: Best available evidence suggests lack of effectiveness or harm. *International Journal of Mental Health and Addictions, 6*(4), 568–576.

Moos, R., & Moos. B. (2004). Long-term influence of duration and frequency of participation in Alcoholics Anonymous on individuals with alcohol use disorders. *Journal of Consulting and Clinical Psychology, 72*(1), 81–90.

Morgenstern, J., Labouvie, E., McCrady, B., Kahler, C., & Prey, R. (1997). Affiliation with Alcoholics Anonymous after treatment: A study of its therapeutic effects and mechanisms of action. *Journal of Consulting and Clinical Psychology, 65*(5), 768–777.

Nace, E. (2011). The history of Alcoholics Anonymous and the experience of patients. In M. Galanter & H. Kleber (Eds.), *Psychotherapy for the treatment of substance abuse* (pp. 351–373). Arlington, VA: American Psychiatric.

Narcotics Anonymous. (1986). *NA white booklet*. Van Nuys, CA: Narcotics Anonymous World Services.

Narcotics Anonymous. (2008). *Narcotics Anonymous* (6th ed.). Van Nuys, CA: Narcotics Anonymous World Services.

Nowinski, J. (2006). Facilitating 12-step recovery from substance abuse and addiction. In F. Rotgers, J. Morgenstern, & S. Walters (Eds.), *Treating substance abuse: Theory and technique*

(2nd ed., pp. 31-66). New York: Guilford Press.

Nowinski, J. (2013). *Group implementation of twelve step facilitation therapy*. Center City, MN: Hazelden Foundation.

Nowinski, J., & Baker, S. (2003). *The twelve step facilitation handbook: A systematic approach to recovery from substance dependence*. The Project MATCH Twelve Step Treatment Protocol. Center City, MN: Hazelden Foundation.

Nowinski, J., Baker, S., & Carroll, K. (2007). *Twelve step facilitation therapy manual: A clinical research guide for therapists treating individuals with alcohol abuse and dependence*. Rockville, MD: U.S. Department of Health and Human Services.

Pearce, M., Rivinoja, C., & Koenig, H. (2008). Spirituality and health: Empirically based reflections on recovery. In M. Galanter & L. Kaskutas (Eds.), *Recent developments in alcoholism* (pp. 187-208). New York: Springer.

Peele, S., & Bufe, C. (2000). *Resisting 12-step coercion: How to fight forced participation in AA, NA, or 12-step treatment*. Tucson, AZ: Sharp Press.

Prochaska, J., & DiClemente, C. (1984). *The trans-theoretical approach: Towards a systematic eclectic framework*. Homewood, IL: Dow Jones Irwin.

Ries, R., Galanter, M., Tonigan, J., & Ziegler, P. (2010). Twelve-step facilitation for co-occurring addiction and mental health disorders. In M. Galanter & H. Kleber (Eds.), *Psychotherapy for the treatment of substance abuse* (pp. 299-328). Arlington, VA: American Psychiatric.

Sack, D. (2012). Why the hostility toward the 12 steps? *Psychology Today*. Retrieved from www.psychologytoday.com/blog/where-science-meets-the-steps/201211/why-the-hostility-toward-the-12-steps.

Slaymaker, V., & Sheehan, T. (2008). The impact of AA on professional treatment. In M. Galanter & L. Kaskutas (Eds.), *Recent developments in alcoholism* (pp. 59-70). New York: Springer.

White, W., & Kurtz, E. (2008). Twelve defining moments in the history of Alcoholics Anonymous. In M. Galanter & L. Kaskutas (Eds.), *Recent developments in alcoholism* (pp. 37-57). New York: Springer.

Worley, M., Tate, S., & Brown, S. (2012). Mediational relations between 12-step attendance, depression and substance use in patients with comorbid substance dependence and major depression. *Addiction, 107*, 1974-1983.

Yalom, I. (2005). *The theory and practice of group psychotherapy* (5th ed.). New York: Basic Books.

Zemore, S., & Pagano, M. (2008). Kickbacks from helping others: Health and recovery. In M. Galanter & L. Kaskutas (Eds.), *Recent developments in alcoholism* (pp. 141-166). New York: Springer.

15장 구성주의적 접근

-페미니스트, 여성주의 그리고 내러티브 이론-

Pamela S. Lassiter
Anneliese A. Singh
Taryne M. Mingo

중독치료 분야는 대부분 백인, 서양인 그리고 남성 중심의 틀 안에서 시작되었다. 예를 들어, 익명의 알코올 중독자 모임(Alcoholics Anonymous: AA)의 설립자와 초기 모임 참석자들은 대부분이 백인 남성이었다. 그 후로 중독치료 분야는 여성에 관한 관심이나 유색인종에 관한 관심을 여러 면으로 진전시켜 왔는데, 이러한 진전의 중요한 부분은 중독 분야에 대한 페미니스트적인 비판과 일반적인 여성 문제에 대해 관심을 촉구한 것에서 주로 기인하였다. 또한 중독치료는 중독에 영향을 미치는 다문화 및 사회정의 문제를 인식하는 구성주의적 접근이 필요하다. 그리고 중독에 대한 다양한 진실과 환자의 삶에서 경험한 여러 이야기에 맥락을 제공하는 내러티브적 접근이 필요하다.

이 장에서는 중독치료에 대한 세 가지 구성주의적 접근을 검토한다. 이 과정에서 여성주의 이론이 중독치료에 처음으로 적용되어 제안될 것이다. 여성주의 이론가들은 페미니스트 네트워크에서 발전되었는데, 아프리카계 미국인 여성(이후에는 더 다양한 유색인종 여성)의 삶과 그들의 일상 경험 속에서 나타나는 권한 부여와 힘의 중요성이 인식되어야 한다고 주장했다(Phillips, 2006). 중독치료에서 내러티브 접근은, 구성주의적 전통이 환자와 치료자 간의 관계에 미치는 영향을 고려하여 페미니스트 및 여성주의 접근과 함께 검토될 것이다. 우리는 중독치료에 대한 페미니스트, 여성주의, 내러티브 접근에 걸친 철학적 기반과 핵심 개념, 실천적 전략, 장점과 약점, 사례 연구, 정책 변화에 주목하고자 한다.

1. 페미니스트와 여성주의 이론의 철학적 기초와 핵심 개념

페미니스트, 여성주의, 내러티브 치료와 같은 포스트모던 접근 방식은 권력, 정의, 옹호의 문제에 관한 공통된 철학적 입장을 공유하고 있다. 그러나 임상 적용에서는 서로 다르게 보일 수 있다. 중독치료에 대한 페미니스트와 여성주의 접근은 개인적 경험과 정치적 현실의 교차점, 평등 관계의 중요성, 목소리의 탐색과 회복탄력성 등과 같은 개념을 강조한다. 우리는 이러한 철학적 입장과 핵심 개념을 탐구하고자 한다.

페미니스트와 여성주의 이론의 철학적 기반과 핵심 개념은 많은 유사점을 공유하지만 여러 가지 면에서 뚜렷한 차이점도 있다. 다음 절에서는 중독치료와 관련된 페미니스트 및 여성주의 이론의 범위와 그 안에 포함된 관련 핵심 개념을 구분해 보기로 한다.

1) 페미니스트 이론

중독치료에 대한 페미니스트적 접근은 1960년대와 1970년대 심리치료 분야 내의 페미니스트 운동에서 비롯되었다(Enns & Byars-Winston, 2010). 이러한 운동 이전에 일반적인 치료 접근은 개성과 주장성 그리고 독립성에 중점을 두면서 여성의 문제를 소홀히 하는 경향이 있었다(Brown, 2008). 일반적 치료 접근 방식에 대한 페미니스트적인 비판은 남성 중심의 틀이 여성의 일상적인 경험에 반드시 적용되지 않는다는 점에 초점을 맞추고 있었다. 『새로운 여성 심리학을 위하여(Toward a New Psychology of Women)』의 작가인 Jean Baker Miller(1976)와 같은 페미니스트들은 심리치료 분야를 여성의 관심사에 초점을 맞춘 새로운 패러다임으로 전환하자고 주장했다. 예를 들어, Miller의 획기적인 글에서 그녀는 개별성이 치료의 목표가 되어서는 안 되며, 오히려 관계 및 환자가 자신의 삶을 향상하는 성장 촉진적인 관계를 얼마나 잘 발전시킬 수 있는지에 중점을 두어야 한다고 주장하였다. 이러한 관점의 변화는 심리치료 분야에서 획기적인 일이어서 많은 저항에 직면하였다. 그러나 페미니스트 치료 분야의 학자들은 1990년대와 그 이후에도 계속해서 페미니스트적 접근에 대해 글을 쓰면서 40년 이상 동안 페미니스트적인 치료 체계를 개발해 왔다(Enns, 1993; Popadiuk, 2015).

또한 주목해야 할 중요한 것은 Charlotte Kasl(1989)이 자신의 대표 저서인 『여성, 성 그리고 중독(Women, Sex, and Addiction)』에서 공헌한 점이다. 여기서 그녀는 공동체 지지에 관한 관심 증가와 더불어 여성의 정체성 및 권한 부여에 대한 확언을 통합한 중독 치유의 16단계를 기술했다. 알코올 중독의 12단계가 남성 알코올 중독자의 오만함을 중재하는 데 중점을 둔 것과 달리, Kasl의 16단계는 중독 문제를 가진 여성들이 겸손함이 아닌 자기효능감과 자존감을 높여야 한다는 발상에 기반을 두고 있다.

초기 페미니스트 운동에서 다양한 유형의 페미니즘이 발전했다(Worell & Remer, 2003). 자유주의 페미니스트들은 여성들의 성차별 경험에 초점을 맞추었고 인종차별이나 장애인 차별과 같은 다른 형태의 억압은 다루지 않았다. 급진적인 페미니스트들은 가부장적인 권력 내부의 구조적 불평등이 제도적인 권력 구조 안에 너무 깊이 내재되어 있어서 이러한 구조를 변화시키기 위해서는 새로운 권력 접근을 개발해야 한다고 주장했으며, 때로는 이를 위해서 여성만의 공간이 포함되어야 한다고도 주장하였다. 반면에 사회적 페미니스트들은 성별뿐만 아니라 사회 내의 경제적 계급구조를 비판함으로써 사회 구조에 대한 비자본주의적 접근의 필요성을 주장하였다. 여성주의자들(이 장 후반에서 논의)은 인종, 민족, 성별의 문제를 비롯한 다양한 교차적 문제들을 다루기 시작했고, 문화 페미니스트들은 여성의 경험과 삶에 대한 평가 및 이러한 평가를 통한 가부장적인 구조의 변혁을 옹호했다. Worell과 Remer(2003)는 이러한 페미니스트의 틀 전반에 걸쳐 페미니스트 치료자들이 여성의 경험을 가치 있게 여기고 사회정의 변화를 지향한다는 두 가지 공통된 초점을 가지고 있다는 것을 강조하였다.

페미니스트 치료의 기본 원칙은 개인적인 것은 정치적이며 치료자와 환자 관계는 평등하다는 것이다. '개인적인 것이 정치적인 것'이라는 태도는 사회적 · 문화적 현실에서 성별과 권력이 가지는 맥락을 고려해서 환자를 이해해야 한다는 견지이다. 여성의 경험은 치료를 통해 타당화되며, 환자들은 내부(내부는 고정관념과 성차별된 사회화)와 외부(제도화된 성차별주의, 인종차별주의, 이성애주의) 현실을 구분하는 법을 배우게 된다. 치료는 태도와 가치를 탐구하는 것이고 치료 목표는 적응이 아닌 변화이다. 환자를 억압하고 제한하는 것은 '시스템'의 일부분이기 때문에 변화되어야 한다는 것이다.

치료자와 환자의 평등한 관계는 페미니스트적 접근의 토대가 된다. 치료자는 환자와 함께 실존적 인간으로서 인생의 고군분투에 대한 답을 찾는 동료 여행자가 된다. 치료자는 진실성과 진솔함을 통해 자기 자각의 잠재적 모델이 되며 명확한 심리적 경계를 가지고 온화함과 단호함을 모두 표현할 수 있는 능력을 지녀야 한다. 페미니스트 치료에서 환자들은 확립된 질서에 대한 걱정 없이 그들이 자기 안에 있는 힘을 발견하고 그들의 힘을 표현하는 법을 배우기를 바라는 치료자와 함께하게 될 것이다. 자신의 삶에서 주도권을 잡는 과정은 분노를 일으킬 수 있기에 페미니스트 치료에서는 분노를 다루는 것이 필수적이다. 치료의 목표는 평등한 관계에서 협력적으로 결정되며, 각자 이 과정에서 동등하게 가치 있는 전문지식을 제공한다. 궁극적으로, 페미니스트 치료는 개인적 · 정치적 · 경제적 · 사회적으로 환자에게 권한을 부여하는 데 중점을 둔다. 궁극적으로 페미니스트 치료는 고용 불균형, 성폭력, 성적 지향, 섭식장애, 신체 이미지, 대인 간 폭력, 그리고 유색인종에 관련된 스트레스를 포함한 현실 세계의 문제들을 다룬다. 이는 신체적 외모와 여성의 신체에 대한 통제와 관련된 문제를 강조하는 몇 안 되는 심리학 및 치료 영역 중 하나이다. 페미니스트 치료는 또한 레즈비언과 양성애자들이 직면하고 있는 구체적 투쟁을 인식하고 해결하는 몇 안 되는 접근 중 하나이다.

2) 여성주의 이론

유색인종 여성들은 성차별, 인종차별과 관련하여 삶의 경험에 영향을 미치는 공통된 어려움을 공유하고 있다. 이 집단을 위해 여러 소외된 정체성이 교차하는 지점을 인정하는 맥락적으로 적절한 치료와 개입 전략이 여전히 발전 중이다. 이것은 특히나 유색인종 여성의 독특한 요구를 충족시키기 위해 문화적으로 민감한 접근을 통합해야 하는 중독치료를 제공할 때 더욱 그러하다. 이 절에서는 인종과 성별의 교차점을 인정하는 문화적으로 민감한 틀 안에서, 중독 문제로 힘들어하는 유색인종 여성들을 돕기 위한 적절한 치료 접근을 설명하려 한다. 치료에 대한 여성주의적 접근의 철학적인 틀은 Alice Walker의 여성주의(1983)로부터 나왔으며, Phillips(2006)와 Maparyan(2012)에 의해 구성된 여성주의의 다섯 가지 원리에서 비롯되었다. 이 철학은 교차성을 포함하고 있으며 인종, 계급, 성별과 같은 교차하는 정체성이 삶의 경험, 특히 특권과 억압의 경험에 어떻게 기여하는지를 정의하고 있다(Crenshaw, 1996).

여성주의는 성별과 관련된 남성의 특권과 힘의 차이를 인정할 뿐만 아니라, 여성의 삶에 영향을 미치는 다른 형태의 소외를 인

글상자 15-1 성찰 활동: 성별 사회화 이해하기

잠시 시간을 내어 다음 질문에 답을 해 보라.

- 성별 사회화에 관련된 당신의 가장 초기 기억은 무엇인가?
- 가족, 학교, 친구 집단 그리고 지역사회 내에서 자라면서 어떤 성별 관련 메시지를 받았는가?
- 이러한 성별 메시지가 당신의 행복, 희망 그리고 꿈에 어떤 영향을 미쳤는가?

식함으로써 전통적인 페미니스트적 접근과의 차이를 해소하는 것으로 여겨진다. 여성주의는 특히 유색인종 여성들의 실제적인 경험에 대해 말한다. 이는 여성주의의 틀이 성차별에만 바탕을 둔 것이 아니라, 인종차별, 계급주의, 그리고 여성이 물려받은 다른 소외된 사회적 정체성 안에 내재되어 있는 성차별을 체계적으로 이해하는 데 근본을 두기 때문이다. 그러나 이것은 여성주의가 백인 여성이나 남성을 배제하는 것을 의미하지는 않는다. 여성주의는 오히려 가부장적 사회에서 모든 여성의 삶의 경험을 탐구함으로써 보다 전체적이고 공유된 관점을 제공한다. 근본적으로 여성주의는 권력과 성에 관한 효과적인 대화를 위해서는 모든 목소리가 필요하다는 것을 인정하여 배제를 방지한다.

Crenshaw(1996)가 정의하였듯이, 여성주의의 이론적 렌즈는 억압의 여러 근원이 어떻게 교차하여 사람들에게 공통된 삶의 경험을 형성하는지를 검토하기 때문에 교차성(intersectionality)은 여성주의의 핵심 요소로 간주된다. 많은 연구와 저널은 아시아계 미국인들의 경험, LGBTQ 사람들의 경험, 장애가 있는 사람들의 경험과 같이 다양한 소외 계층에 대한 경험을 탐구한다. 하지만 이러한 예들은 본질주의(essentialism)의 틀에서 개인의 세계관을 이해하려는 시도를 반영하고 있다. 본질주의는 하나의 특성을 공유하는 모든 사람은 같은 경험을 공유한다는 이론이다(Coleman, Norton, Miranda, & McCubbin, 2003). 그 결과, 한 개인의 특정 정체성이 다른 정체성보다 더 중요하게 인식되거나, 개인의 정체성이 얼마나 눈에 띄는지에 따라 혹은 개인의 정체성이 마치 상품처럼 별개이고 독립된 상자에 나눠 담을 수 있다는 믿음 때문에 개인 정체성의 다른 측면들이 축소되거나 덜 중요하게 여겨지게 된다. 교차성은 한 사람을 전체적으로 인식하는 것을 촉진하며, 모든 개인은 하나의 삶의 경험을 반영하는 것이 아니라 많은 공유된 경험을 반영한다는 점을 강조한다(Crenshaw, 1996). 다시 말해 이것은 모든 여성의 공유된 경험을 탐구할 때 교차성이 여성주의의 핵심으로 여겨지는 이유이다.

Layli Phillips(2006)는 Alice Walker의 용어 정의를 바탕으로 『여성주의 독본(The Womanist Reader)』을 출판했으며 여성주의의 다섯 가지 원리를 정립하였다. 이후 그녀는 다른 필명으로 『여성주의 사상(The Womanist Idea)』(Maparyan, 2012)이라는 책에서, 첫 번째 저서의 내용을 상세히 설명하는 두 번째 글을 발표했다. 중독으로 고생하는 사람들을 돕기 위한 틀로서 여성주의를 통합하고자 하는 치료자들을 위해 이 두 권의 책에서 다섯 가지 원리가 탐구되었다.

여성주의의 다섯 가지 원리는 반억압주의, 대중주의(vernacular), 비이념주의, 공동체주의, 영성/빛의 통치(luxocracy)이다(Maparyan, 2012; Phillips, 2006). 첫 번째 원리인 반억압주의는 소외된 집단을 억압하고 지배하는 데 적용되는, 사회적으로 구성된 정체성을 뛰어넘어 개인들에게 힘을 실어 주는 데 초점을 맞추고 있다. 두 번째 원리인 대중주의는 기본적으로 사람들이 유사한 목표와 욕망을 가진 인류의 일원으로 살아가는 '일상'을 의미하며 특권이 있는 사람과 없는 사람의 차이가 인간의 핵심이 아니라는 것이다. 세 번째 원리인 비이념주의는 '경계선'을 해체하고 경계선으로 만들어진 공간을 긍정적인 구조로 바꿈으로써 확보되는 포용성과 긍정적인 상호관계를 강조한다. 공동체주의는 여성주의의 네 번째 원리로서, "공공의 복지를 사회변화의 목표"로 여긴다는 원리이다(Phillips, 2006, p. 25). 공공의 복지는 각 개인이 선택, 행동, 생각, 말을 통해 전체 시스템에 어떻게 기여하고, 각 결정이 다른 사람과 환경에 어떻게 영향을 미치는지에 대한 지적인 이해라고 정의되고 있는데, 이는 필연적으로 다시 개인에게 영향을 미칠 수밖에 없다. 마지막 원리인 영성/빛의 통치는 사람, 동물, 식물, 그리고 지구상의 다른 형태의 생명체를 포함하는 모든 자연 창조물의 상호연계를 주장한다. '빛의 통치'는 더 나은 자기의 빛에 의해 자신을 다스리는 것을 말한다. 영성은 종교인, 비종교인, 영적이지만 종교적이지는 않은, 그리고 무신론자나 불가지론자까지도 연결되고 포용함으로써 종교와는 구분되는 것으로 여겨진다(Maparyan, 2012).

글상자 15-2 생각하고, 나누고, 짝을 이뤄 활동

많은 치료자는 다양한 문화적 배경을 가진 환자들을 돕기 위해 다문화적 틀에서 훈련을 받는다. 그러나 치료자 준비 프로그램은 여러 이유로 소외된 정체성을 가진 환자들의 독특한 경험을 간과하는 본질주의적 틀에서 치료자를 훈련하는 것일 수 있다. 치료자로서 당신과 관련된 다음 질문들을 생각해 보고 파트너와 공유해 보라.

- 당신은 어떤 정체성(예: 인종, 성별, 계층, 성적 지향)을 가지고 있는가?
- 이러한 정체성이 당신의 삶의 경험에 어떻게 영향을 미쳤는가?
- 이러한 정체성이 서로 교차하면서 당신의 삶의 경험에 어떻게 영향을 미쳤는가?
- 당신의 정체성은 환자들의 정체성과 어떤 점에서 비슷하거나 다른가?

2. 치료자가 이론적 접근을 활용하는 방법

중독치료에 대한 페미니스트 및 여성주의 접근은 환자의 호소 문제와 치료자-환자 관계 내에서의 권력, 특권, 억압의 문제를 강조한다. 중독을 가지고 살아가는 사람들에게 이러한 이론들이 보이는 힘의 차이에 관한 관심은, 사회의 체계적인 불평등과 그것이 중독에 미치는 영향에 대해 언급되고 동시에 진정성과 자기가치의 중요성이 강조될 수 있다는 점에서 강력한 치유의 방법이 될 수 있다.

1) 페미니스트 치료의 실제

페미니스트 관점을 적용하는 치료자들은 환자가 호소하는 문제가 사회의 특권 및 억압적인 시스템과 어떻게 관련되어 있는지를 확인하기 위해, 개인은 정치적이라는 포괄적인 개념을 활용한다(Worell & Remer, 2003). 예를 들어, 페미니스트 치료사는 불안함을 보이는 성전환 여성과 작업할 때 그녀의 불안이 인종차별이나 트랜스젠더 혐오 경험과 어떻게 연결될 수 있는지 탐색할 것이다. 앞서 언급했듯이 페미니스트들은 여성의 경험을 중시하기 때문에 페미니스트 치료에서는 여성의 경험을 수용하고 환자가 자신을 진솔하게 표현하도록 지지하는 것이 가장 중요하다(Jordan, 2010). 또한 페미니스트 치료에서 성 사회화(gender socialization)가 문화적으로 내재되어 있다는 것을 인지하고 있다. 예를 들어, 미국의 4세대 남아시아 여성은 서구적 맥락에서 성 사회화를 경험했을 수 있지만, 미국 이민자인 남아시아 출신인 시스젠더 여성의 경험은 남아시아 본국 내에서 경험한 성 사회화와 크게 다를 수 있다(Singh & Hays, 2008).

권한 부여는 페미니스트 치료의 또 다른 구성 요소로 치료자는 환자가 정서적 · 육체적 또는 정신적으로 차단되었다고 느낄 수 있는 여성의 삶의 영역을 탐색한다(M. Walker, 2008). 이런 식으로 페미니스트 치료자들은 전문가보다는 협력자 또는 자문가로서 작업하며 환자의 치유 여정을 함께 한다. 전반적으로, 성차별과 성차별이 일반적인 안녕감, 자기표현, 직업과 경력 추구, 가족 역할과 가족 형성, 성 건강, 그리고 여성의 삶의 다양한 영역에 미치는 영향에 각별한 관심을 기울인다.

따라서 중독 환자들과 작업할 때, 페미니스트 치료자들은 특정한 중독 문제뿐만 아니라 사회적 억압과 성 사회화 경험이 환자의 중독에 어떻게 영향을 미쳤는지 규명하는 데에도 관심을 기울인다. 또한 페미니스트 치료자들은 종종 중독을 치료의 중점으로 두기보다는 환자의 회복 자원과 자존감을 높이기 위하여 권한을 부여하는 개입을 하며 그들의 신념, 생각, 그리고 내면화된 성차별과 관련된 행동들을 탐색한다.

또한 페미니스트 치료자들은 중독 문제를 가지고 살아가는 환자에게 자신의 가치를 강요하지 않기 위해 치료자 자신의 성별과 문화적 사회화에 대해 지속적으로 신중하게 자기성찰을 하며, 환자들이 그들의 삶 속에서 무력감을 느낄 수 있는 상황을 탐색하기 위해 치료 관계 내에서 이러한 사회화와 관련된 치료자 자신의 경험을 종종 활용한다. 페미니스트 치료자들은 다문화적 · 사회적 정의의 렌즈로 힘을 이해하기 때문에 그들은 고통의 존재(예: 알코올 중독) 또는 환자의 저항(예: 재발)을 환자들이 힘을 박탈당했던 경험의 결과로 힘을 부여잡고 있으려는 방식으로 보기도 한다(M. Walker, 2008).

2) 여성주의 치료의 실제

유색여성, 백인여성, 유색남성 또는 백인남성 환자들과 여성주의적 접근을 사용하는 치료자는 특정한 이론적 접근보다는 통합적인 사고방식을 가진다. 그럼으로써 여성주의 치료자는 치료 관계 속에서 각 환자에 대해 상호연결된 부분들의 합으로 보며, 그들은 자기 삶에 있어 전문가로 인식한다. 앞에서 서술한 바와 같이, 여성주의 다섯 가지 원리(Phillips, 2006; A. Walker, 1983)는 총체적으로 인간 본성을 여성주의적 관점에서 구현한다. 따라서 여성주의 접근에서 치료의 목적은 환자들이 온전히 이해받는다고 느끼도록 하고, 삶의 장애물에 맞서는 힘을 부여받았다고 느끼며, 그들의 개인적 목표인 성장에 기초하여 새로운 사고와 행동을 개발할 수 있도록 격려하는 것이다.

중독으로 고군분투하는 유색인종 여성들은 환자가 배제된 맥락에서의 중독이 아닌, 환자 자체에 중점을 두는 여성주의의 다면적 접근에서 혜택을 받을 수 있다. 또한 여성주의 치료 과정은 중독으로부터 사람들을 '치유한다'보다는, 소외된 집단들의 삶에 사회 제도적인 불의가 미치는 영향을 인지하는 데 중점을 두고 있으므로 다른 중독치료 방식과는 독특하게 다를 수 있다. 중독으로 고통받는 환자를 진단하거나 '고치는' 의료적 관점에서의 치료보다 여성주의 치료 접근은 그들의 중독이 그들 자신의 정체성의 여러 측면과 어떻게 독특하게 연관되어 있는지를 인식하도록 돕고, 중독과 중독 물질의 지속적 사용에 기여하는 요인에 대한 환자의 자각을 높이도록 설계할 수 있다. 이는 개인적인 성장과 변화는 각 환자의 다양한 요구와 경험에 따라 다르게 발현될 수 있으나 공통적으로 여성주의의 다섯 가지 원리에 바탕을 두고 있는 교육, 권한 부여 그리고 자기 인식을 통해 이루어진다.

여성주의 치료 과정에 사용되는 기법 및 개입은 여성주의의 원리(Phillips, 2006; A. Walker, 1983)와 직접적으로 일치하며 치료자와 환자의 상호동의하에 적용되어야 한다. 각 원리는 여성주의의 체계 안에서 치료자들이 치료하는 데 도움을 주는 지침으로 사용될 수 있다. 예를 들어, 첫 번째 원리인 반억압주의는 소외된 집단을 억압하고 지배하기 위해 사용되는 사회적으로 구성된 정체성을 뛰어넘어 개인에게 권한을 부여하는 것과 관련이 있다. 중독과 고군분투하는 유색인 여성의 경우, 치료 과정에 이 원리를 포함하는 것은 환자가 자신의 정체성과 관련된 불안이나 두려움을 확인하고 억압된 정체성(예: 알코올 중독자, 마약 중독자, 필로폰 중독자)을 제거하고, 스스로에 대한 지각을 통해 그녀 자신을 재정의하도록 치료자가 돕는 것과 관련될 수 있다. 일단 환자의 중독에 기여했을지도 모르는 억압된 정체성이나 사회적으로 구성된 정체성(예: 성차별주의, 인종주의, 계급주의)을 확인할 수 있게 되면 치료자는 환자가 자신의 가치와 인격을 타당화하는 긍정적인 진술을 할 수 있도록 힘을 부여한다.

앞서 언급된 치료 개입은 여성주의 치료자가 어떻게 중독으로 고생하는 환자를 돕기 위해 치료 과정에 여성주의의 통념을 포함할 수 있는지를 보여 주는 하나의 예시이다. 다시 말하지만, 치료자는 환자와의 협력과 상호 존중뿐만 아니라 여성주의의 통념에 따라 안내한다. 치료 과정에 다섯 가지 원리를 모두 포함하는 것이 여성주의 치료 접근을 수행하는 데 권장되며, 이를 위해서는 치료 과정 내내 유연해야 한다. 따라서 특히 유색인종들의 중독 문제 극복에 도움을 주기 위해 여성주의적인 접근을 사용하는 것에 관심이 있는 치료자들은 여성주의와 관련된 최신 문헌에 대해 잘 알고 있어야 한다(Phillips, 2006; A. Walker, 1983).

3. 평가 및 예방의 함의

1) 페미니스트

페미니스트적 관점에서 중독 문제를 평가할 때, 환자의 중독 문제의 발전과 유지에 관련된 다음 영역을 이해하는 데 특별한 주의를 기울여야 한다.

- 성별 사회화 및 기타 사회적 정체성과 문화적 경험 간의 교차성
- 내면화된 성차별과 이와 관련된 부정적 신념
- 환자의 권한 부여
- 외상 및 기타 학대 경험
- 환자의 강인함과 회복력

글상자 15-3 활동: 페미니스트 평가

짝을 이뤄 최근에 중독 문제로 치료했던 환자를 떠올려 보라. 이 환자와의 접수 면접에서 다음 영역을 어떻게 통합할 수 있을지 생각해 보라.

- 성별 사회화와 다른 사회적 정체성 및 문화적 경험과의 교차성
- 내면화된 성차별 및 그와 관련된 부정적 믿음
- 외상 및 기타 학대 경험
- 환자의 강점과 회복탄력성

글상자 15-4 생각하고 나누고 짝지어 활동

환자와 공통된 대화를 시작하는 것은 치료자가 단순한 적극적 경청이나 '알아 가기'와 같은 소개하는 질문을 넘어서는 방식으로 환자와 소통하는 것을 포함한다. 공통된 대화를 시작하는 것은 치료 과정에서 말로 표현되지 않은 것들도 포함하며, 여기에는 비언어적 의사소통, 치료실 공간의 스타일, 다른 치료진에 대한 것도 포함될 수 있다. "형식에 상관없이, 이야기하고 공유하는 것은 여성들이 자신의 경험, 지식 또는 지혜를 나누는 기회가 된다"(Banks-Wallace, 2006, p. 320).

- 짝을 이루거나 네 명씩 집단을 만들어, 환자가 치료 회기에서 자신의 경험을 자유롭게 공유하고 존중받는다고 느낄 수 있도록 도와줄 플랫폼을 개발해 보라. 다음 질문들을 가이드로 사용하라.
  - 치료 공간은 어떻게 구성되어 있는가?
  - 치료 공간은 어디에 위치하는가?
  - 어떤 물건이나 장식이 눈에 띄는가?
  - 치료실을 대표하는 사람들은 누구이며, 대표하지 않는 사람들은 누구인가?
  - 공통된 대화를 촉진하기 위해 어떤 자료나 자원을 제공할 것인가?

다섯 영역 중 첫 세 가지는 앞서 논의되었지만, 나머지 두 가지 영역 또한 중요하게 평가되어야 한다. 성차별의 체계가 사회에 광범위하게 내재되어 있으므로 중독과 함께 살아가는 환자들은 종종 외상과 학대 경험을 지니고 있을 수 있다. 예를 들어, 백인 시스젠더 레즈비언(cisgender lesbian)은 18세에 커밍아웃을 했을 때 그녀의 가족에게 외면받은 경험이 있을 수 있다. 따라서 그녀가 첫 레즈비언 관계에서 파트너에게 폭력을 당했을 때 그녀는 심하게 고립되어 사회적 억압(예: 가족의 거부)과 신체적 학대 둘 다에 대처하는 방법으로 물질을 남용하기 시작했는지도 모른다. 외상은 이처럼 개인과 시스템의 수준 모두에서 발생한다. 외상이 발생할 수 있는 다양한 수준을 고려하여 평가하는 것이 중요한데, 환자들은 외상에 대한 반응에서 회복탄력성을 발전시킬 수 있다. 이것이 바로 페미니스트 치료자들이 다룰 수 있는 부분이다. 예를 들어, 이 예에서 치료자는 환자가 학대적인 관계를 떠날 수 있도록 사회적인 지원을 제공하는 측면에서, LGBTQ 공동체에서 환자가 가족을 선택하는 것을 배울 수 있도록 할 수 있다. 따라서 치료자는 페미니스트적 관점에서 중독을 가진 환자의 외상과 회복탄력성을 동시에 탐색할 필요가 있다.

2) 여성주의

중독으로 고군분투하는 유색인종 여성들에게 중요한 질문이 무엇인지 인지하는 것은 치료 시간 동안 그들의 문제를 찾는 첫 단계 중 하나가 되어야 한다. 앞에서 언급했듯이 여성주의는 공통적 대화를 강조하는 협력적 접근을 구체화한다. 이러한 공통적 대화는 치료자가 환자를 전체적인 관점에서 볼 때 이루어진다. 즉, 환자를 단순히 중독 문제로 고군분투하는 사람으로 보지 않고 중독과 중독에 기여하는 요인(예: 시스템적 억압, 사회적 장벽, 환경적 영향)에 의해 환자의 독특한 세계관이 어떻게 형성되었는지를 고려하는 것이다. 치료자가 환자와 공통적 대화를 확립하면 치료자는 여성주의적 틀에서 환자를 돕는 접근을 시작할 수 있다(Phillips, 2006).

여성주의의 네 번째 원리인 공동체에 기반하여 치료 관계를 촉진하는 것은 중독으로 힘들어하는 환자들의 정서적 안녕과 약물 예방에 도움이 된다. 이는 각 개인, 환자와 치료자가 어떻게 전체 체계에 기여하는지를 이해함으로써 이루어진다(Phillips, 2006). 치료자들은 중독에 기여하는 내적 · 외적 요인에 대한 정보와 자원을 환자에게 제공함으로써 재발 방지를 도울 수 있다. 이것은 환자들이 그들의 행동에 대해 책임감을 느껴서는 안 된다는 의미가 아니다. 오히려 교육은 자신과 다른 사람들과의 관계를 이해하는 데 중요한 기회를 제공하게 된다. 치료 관계는 더 나아가 지지 체계를 제공한다. 특히 치료자는 미국에서 여러 소외된 정체성을 가지고 사는 삶에 대해 공감하며 환자의 경험을 기꺼이 배우고자 한다.

4. 페미니스트와 여성주의 이론의 강점과 약점

페미니스트 이론을 사용하는 중독치료자들은 환자와의 작업에서 활용할 수 있는 많은 이점을 가질 수 있다. 예를 들어, 페미니스트 치료자들은 환자들에게 힘을 부여하고 억압에 이름을 붙임으로써 중독 문제에 대응하는 관점을 활용할 수 있다. 그렇게 함으로써 환자들은 중독 문제에 집중하는 것이 아니라 오히려 그들의 자기가치감, 자기존중감, 그리고 전반적인 안녕감을 기르는 노력을 할 수 있게 된다. 그 밖의 강점은 치료자의 자기 개방에 관한 관심과 치료 관계 내의 진실성과 상호공감에 대한 강조를 포함한다(Miller, 1976). 그리고 중독에 대한 페미니스트적 접근은 다른 치료 이론과 동시에 또는 통합적으로 사용될 수 있다.

전통적인 중독치료 프로그램들이 남성의 필요에 따라 개발되고 연구되었으며 중독 문제를 가진 여성의 필요에는 초점을 맞추지 못해 왔다. 중독문제로 힘들어하는 여성들은 남자들과 다른 이유를 가지고 있으며 보통 매우 다른 상황에서 치료를 받게 된다. 예를 들어, 중독치료를 받고자 하는 여성들의 경우 비중독 여성들보다 신체적 · 성적 외상을 경험하고 외상 후 스트레스 장애(PTSD)를 진단받을 확률이 더 높다(Hien, Cohen, & Campbell, 2005). 착취, 외상, 내면화된 수치심, 낙인의 역사, 그리고 그에 따른 낮은 자존감을 보이는 여성들은 권한 부여에 초점을 맞춘 페미니스트 치료 접근으로부터 많은 도움을 받게 될 것이다.

그러나 약점은 페미니스트 치료는 분야가 너무 다양해서(Enns, 1993), 페미니스트 중독치료 개입을 추구하는 페미니스트 이론의 구체적인 유형을 주목하는 것이 필요하다. 다른 약점으로는 페미니스트 치료가 트랜스젠더 여성 외에 다양한 여성 집단의 요구에 관해 관심이 부족하다는 점이다. 비록 Bell hooks나 Angela Davis 같은 학자들이 페미니스트 이론가들에게 그들의 접근 방식에서 소외된 다양한 지역사회의 삶을 고려하도록 제안해 왔지만, 그럼에도 환자의 호소 문제들에 영향을 미치는 맥락적 요소를 완전히 이해하는 데 필요한 교차성을 간과하고 성별에만 초점을 맞추는 경향은 여전히 존재한다.

중독치료에서 여성주의적 접근을 적용하는 것에도 장단점이 있다. 치료자가 환자와의 진정한 관계를 구축하고, 교차하는 정체성이 삶의 경험을 형성하는 데 있어서 갖는 독특한 역할을 이해하는 것은 여성주의적 관점의 강점이다. 치료자가 여성주의적 접근을 이론적 접근으로 사용하는 목적은 환자의 정체성에 대해 가정하거나 주장하는 것이 아니라 그들의 염려를 정중하게 경청하고 지지적인 관계를 유지하는 것이다. 여성주의는 긍정적인 관계를 통해 변화와 지지를 강조한다(Maparyan, 2012). 또한 사회적 안녕감에 초점을 맞추는 것은 환자가 개인적인 책임을 지도록 도와주고, 특정한 결정들이 중독을 극복하는 능력에 어떤 영향을 미칠 수 있는지 인지하도록 하기 때문에, 중독 문제를 가지고 있는 환자와 작업할 때 여성주의를 이론적 접근으로 사용하는 것은 커다란 강점이 된다. 자신의 결정이 어떻게 긍정적인 성장을 촉진하거나 저해할 수 있는지를 인지하는 것 외에도, 여성주의적인 틀을 사용하는 것은 환자가 그러한 결정들에 전체적으로 영향을 미치는 가시적이고 보이지 않는 장벽을 확인하는 데 도움을 줄 수 있다. 이러한 장벽에는 성차별, 인종주의, 이성애주의, 그리고 일부에게 특권을 주고 다른 사람들을 무력화시키는 다른 형태의 체계적 억압과 같은 환경적 요인들이 포함될 수 있다. 여성주의 원리들은 이러한 모든 요소가 환자의 삶의 경험과 중독에 영향을 주는 외부 요인에 영향을 미칠 수 있다고 이해한다(A. Walker, 1983).

현재 중독으로 힘들어하는 환자들에게 여성주의적 접근을 사용하는 것의 효과에 관한 연구는 부재한 실정이다. 치료 영역 내에서 여성주의의 활용에 대해서는 여전히 인식의 성장 단계에 있다고 볼 수 있다. 중독으로 힘들어하는 환자들에게 여성주의를 적용하는 데 있어서 또 다른 약점은 현재의 문헌이 특히 흑인 페미니스트 이론과 관련된 여성주의에 대한 다양한 인식과 정의를 반영하고 있다는 것이다. 여성주의라는 용어의 사용을 둘러싸고 아직도 오해나 잘못된 인식이 있다.

5. 철학적 이해와 내러티브 이론의 핵심 개념

문제로 가득 찬 이야기(problem-saturated stories)는 중독에 시달리는 사람들 사이에서 흔하다. 내러티브적 시각에서 중독은 개인을 자기감으로부터 분리하는 물질이나 행동과의 관계 문제라고 본다. 내러티브 치료자들은 인간을 그들의 중독 문제와 분리하여 인식하며, 문제가 그들의 삶에 미치는 영향을 줄일 수 있는 능력, 믿음, 가치 그리고 기술을 가지고 있는 존재로 가정한다. 이 절에서는 해체적 경청, 대화의 외재화, 고유한 결과, 탄탄한 구성, 뉴스의 확산, 희망의 발굴과 같은 내러티브적 개념들이 치료 과정에서 대안적인 이야기로서 선호되는 현실을 어떻게 창조하는지 우리에게 안내할 것이다.

내러티브 치료는 사회 구성주의적 사고에서 이탈한 사람들을 돕는 접근이다. 내러티브 접근은 현실에 대한 인식이 사회적으로 구성되고, 언어를 통해 창조되며, 개인의 내러티브를 통해 조직되고 유지된다고 가정한다. 개인적인 내러티브는 우리가 우리의 경험에 의미를 부여하기 위해 만들고 다른 사람들과의 상호작용을 통해 구성해 가는 이야기들이다. 그것들은 문화적 · 역사적 맥락 속에 존재한다(White & Epston, 1990). 의미의 구성은 사회적 맥락에서 가장 자주 일어나며, '우리의 살아가는 이야기'의 형성 과정은 더 큰 사회, 문화뿐만 아니라 우리의 작은 사회체계(가족, 공동체) 안에 내재된 공동의 가치와 의미를 반영한다(White, 1995). 내러티브적 은유는 사람들이 이러한 이야기들을 통해 자신의 삶을 살아가며, 그 이야기가 상상이 아닌 실제적인 효과를 가지고 있어 삶과 정체성의 구조를 제공한다는 것을 시사한다. 내러티브 치료는 사회구성주의와 포스트모던적 세계관을 통해 알려져 있는데 주로 다음과 같은 내용에 중점을 둔다.

1. 사람들은 어떻게 의미를 구성하는가?

글상자 15-5 생각하고 나누고 짝지어 활동

치료자들은 자기 자신의 내러티브를 치료적 관계 안으로 가져온다. 치료자로서 자신에 대해 다음 질문들을 생각해 보고 상대방과 공유해 보라.

- 본인의 가족이나 문화적 내러티브가 당신의 일에 어떻게 영향을 미치는가?
- 본인의 가족이나 문화에서 어떤 주제들이 당신의 일에 반영되는가?
- 치료자 자신의 그리고 치료자의 가족/문화적 내러티브는 환자의 내러티브와 어떻게 구분되는가?

글상자 15-6 성찰을 위한 질문: 12단계 접근에 대한 함의

- 질병 모델은 12단계 프로그램의 주춧돌이다. 이러한 내러티브적 가정들이 중독의 질병 모델과 어떻게 맞물리는가?
- 12단계 프로그램을 따르기 위해 자신의 정체성을 중독자나 알코올 중독자로 인정해야 한다는 개념에 대해 어떻게 생각하는가?
- 알코올 중독자로 확인된 사람이 문제를 자신과 분리하는 데 도움을 주는 치료자와 함께 작업하는 것이 가능한가? 중독에 대해 정체성을 주장하는 것이 개인과 문제 사이에 공간을 만드는 역할을 한다. 어떻게 그럴 수 있는가?

2. 이 과정에서의 사회적 · 문화적 · 역사적 영향은 어떠한가?
3. 내러티브 혹은 신념체계가 어떻게 경험을 형성하는가?
4. 사람들이 어떻게 문제로 가득 찬 이야기에 갇히게 되는가?
5. 사람들에게 더 적합한 대안적 이야기는 무엇인가?

변화가 어떻게 발생하는지에 대한 내러티브적 접근 방식의 주요 가정은 ⓐ 사람들은 주요 사건들을 가지고 (선택해서) 이야기로 구성하고 이를 더 큰 삶의 내러티브에 통합시킴으로써 그들의 삶에서 의미를 창조한다, ⓑ 삶에 대한 내러티브는 다른 사람들과 상호작용하면서 만들어진다, ⓒ 사회적 맥락 내에서 내러티브가 만들어지기는 하지만 사람들은 자신의 삶을 스스로 창조할 수 있는 능력을 지니고 있다, ⓓ 인간의 딜레마는 인간 개인 안에 내재되어 있는 것이 아니라 사회적 맥락에서 만들어진다(O'Hanlon, 1994), ⓔ 사람들은 그들의 문제와 분리된다(White &Epston, 1990), ⓕ 사람들이 자신의 문제 대부분을 자신의 문제로 인식할 때 치유와 성장이 방해될 수 있다, ⓖ 치료의 주요 목표는 환자와 문제 사이에 공간을 만들어 자기 자신에 대한 대안적 관점을 볼 수 있는 공간을 제공하는 것이다.

내러티브 치료자의 치료적 태도는 낙관주의이다. 이러한 낙관주의는 변화를 촉진하는 치료적 담론의 기조가 된다. 이러한 접근에는 인간 본성에 대한 긍정적인 견해와 궁극적으로는 사람들이 그들 자신의 현실에서 독특하고 풍부한 창조자라는 믿음이 필요하다.

1) 지배적 내러티브

프랑스 철학자 Michel Foucault가 처음 설명한 지배적 내러티브는 특정 문화 내에서 선호되고 믿고 행동하는 관습적인 방식으로 구체화될 수 있는 사회적 이야기이며 종종 내면화되어 진리로 여겨진다(Foucault, 1975). 지배적인 내러티브는 우리의 문화가 성취와 성공, 매력과 젊음, 성별과 직업 역할, 또는 나이와 삶의 질에 대해 우리에게 말해 주는 이야기들이다. 지배적인 내러티브는 적응적이고 도움이 되기도 하지만, 이것이 또한 자아의 긍정적인 관점을 모호하게 할 때는 부적응적일 수 있다. 나아가 지배적인 이야기들은 대안적인 지식이나 내러티브를 최소화하거나 제거할 수 있다(Foucault, 1980). 개인과 가정은 그들에게 얼마나 잘 어울리는지에 관계없이 지배적인 내러티브들을 받아들이는 경향을 가지고 있을 수 있다. 예를 들어, 금전적인 관점에서 성공을 정의하는 지배적인 서양의 내러티브는 아직 자신의 작품을 팔지 않은 예술가의 자존심에 방해가 될 수 있다. 마찬가지로 노인들은 젊음을 강조하는 문화에서 존중받지 못한다고 느낄 수 있다.

글상자 15-7 지배적 내러티브

논의: 다음 주제에 대한 지배적 내러티브의 몇 가지 예를 기술하라.

- 성취와 성공
- 매력과 젊음
- 성별과 직업 역할
- 중독자들

2) 내러티브 치료의 목표

Freedman과 Combs(1996)에 따르면, 사람들은 자신의 삶의 이야기가 자신의 선택을 제한할 때 그리고 선택 가능한 대안들이 고통스럽거나 만족스럽지 않다고 지각될 때 치료를 받으려고 한다. Michael White(1990)는 사람들의 지배적인 내러티브가 그들이 선호하는 내러티브대로 살지 못하도록 방해할 때, 또는 그들이 살아가는 내러티브가 그들의 삶의 경험과 크게 모순될 때 치료를 받게 된다고 믿었다. 이때 치료의 주된 목적은 사람들을 실패의 내러티브에서 희망과 의미를 지닌 선호되는 내러티브로 전환하도록 돕는 것이다. 환자가 스스로 더 의미 있는 이야기로 살아간다고 느낄 때 그의 지각, 선택 그리고 행동은 좀 더 자발적으로 바뀔 것이다(Freedman & Combs, 1996).

다시 말해 치료는 "건강한 삶의 경험을 새로운 치유의 내러티브로 통합하는 과정이며, 환자들은 힘 있는 자신의 이야기에서 유능한 주인공으로 자신을 경험하게 된다"(Semmler & Williams, 2000, p. 61).

6. 치료자가 이론적 접근을 활용하는 방법

내러티브 접근은 기법에 관한 것이 아니라 담론의 전략에 관한 것이다. 다시 말해 이 접근은 치료자에 의한 대화나 담론의 전략적인 초점을 포함하고 있다. 주된 접근은 대화의 외재화, 해체적 경청, 고유한 결과, 탄탄한 구성, 뉴스의 확산, 그리고 성찰적 실천이다.

1) 대화의 외재화

문제로 가득 찬 내러티브는 사람들을 꼼짝하지 못하게 만들고 그들이 그들의 투쟁과 과도하게 동일시하도록 돕는다. 대화를 외재화하면 문제를 사람과 분리하는 데 도움이 된다. 이 전략에서는 문제를 하나의 대상으로 두고 논의한다. 환자는 '나는 우울증 환자'라는 표현 대신에, 자신의 '우울증과의 투쟁'에 대해 말하거나 삶에서 우울증이 얼마나 오래 지속되었는지를 설명하도록 격려받게 될 것이다. 문제와 지나치게 동일시하는 내러티브는 사람들을 그들의 문제에 고착시킨다. 외재화된 유형의 대화는 보이지 않는 것을 가시화시킨다. 그것은 문제와의 관계를 탐구하도록 당사자를 초대하고 새로운 이야기가 탄생할 수 있는 공간을 열어 준다. 이러한 문제에 대해 외재화시키는 대화는 새로운 행동 가능성을 만든다.

글상자 15-8 중독적 사고에 대한 외재화 질문들

중독적 사고에 대한 외재화 질문의 예는 다음과 같다.

- 당신이 의도한 것보다 어떻게 더 많이 중독적 사고를 사용하게 되는가?
- 중독적 사고는 어떻게 당신이 실제로는 위험에 처해 있는데 그렇지 않다고 믿게 하는가?
- 중독적 사고는 어떻게 당신이 스스로 솔직하지 않도록 만드는가?
- 중독적 사고는 어떻게 당신이 정말로 소중하게 여기는 사람들과 멀어지게 하는가?
- 중독적 사고는 어떻게 아무도 당신을 이해하지 못한다고 확신하도록 하면서 다른 사람들로부터 당신을 고립시키는가?

2) 해체적 경청

문제는 사람이 아니다. '문제는 문제다'는 내러티브 치료자가 근본적으로 가정하는 개념이다 (White & Epston, 1990, p. 39). 해체적 경청을 하는 목적은 문제의 역사를 풀어내는 것이다. 현실과 자기에 대한 내면화된 이야기의 차이를 지적하는 듣기 방식이다. 예를 들어, 어떤 성공한 사람은 스스로 금방 정체가 탄로 날 사기꾼이라는 개인적 내러티브를 가지고 있을 수 있다. 해체적 경청은 지배적인 이야기의 통제력을 느슨하게 하고, 무의식적 · 지배적인 이야기들에 이름을 붙이고 외재화할 수 있게 한다. 문제의 역사, 문제의 맥락, 문제가 환자의 생활에 미치는 영향, 개인의 삶에서 문제 간 상호관계, 그리고 그 개인이 문제를 해결하기 위해 사용해 온 전략을 노출하는 대화에 경청하고 참여하는 방식이다. 이러한 집중적인 논의의 예는 다음과 같다.

- 역사: 언제, 어디서 그 문제를 처음 접했는가?
- 맥락: 어떠한 상황에서 그 문제가 주로 드러나는가?
- 효과: 이것이 당신과 당신의 관계들에 어떤 영향을 끼쳤는가?
- 상호관계: 이 문제를 일으키는 다른 문제들이 있는가?
- 전략: 당신에게 어떤 영향을 미치는가?

글상자 15-9 중독적 사고에 대한 외재화 질문들

전통적 질문	외재화 질문
언제 처음 중독되었는가?	무엇이 당신을 중독에 취약하게 만들어 당신 삶을 지배하는가?
전형적으로 어떤 것들이 당신을 중독으로 이끄는가?	당신 삶에서 중독이 당신을 지배하도록 만드는 일들은 무엇인가?
당신이 중독 상태에 있을 때, 만약 중독되지 않았다면 하지 않았을 행동 중에서 하게 되는 행동은 무엇인가?	중독이 당신을 이끌어 더 나은 판단에 반하게 하는 행동을 하게 만든 것은 무엇인가?

출처: Gehart (2010)에서 발췌.

3) 고유한 결과

치료자가 환자 문제의 역사, 맥락, 효과, 상호관계, 전략을 이해하려는 노력이 있어야만 환자의 변화를 위한 전략을 세울 수 있다(Freedman & Combs, 1996). 이 역량-기반의 접근 방식은 환자가 과거에 문제를 극복했던 성공한 경험이 있었다고 가정한다. 문제에 대한 고유한 결과나 예외를 확인하는 것은 중요한 변화 전략이다(White, 2007). 치료자는 문제가 될 수 있었지만 그렇지 않았던 시기에 대해 듣고 묻는다. 다음은 치료자가 중독과 관련된 문제의 고유한 결과에 관한 대화를 끌어내기 위해 적용할 수 있는 몇 가지 질문들이다.

- 가장 최근에 중독을 거부할 수 있었던 때는 언제인가?
- 어떻게 그 지점에 이르렀는가?
- 무엇이 다르다고 스스로에게 말했는가?
- 그럴 수 있었다는 것은 당신에 대해 무엇을 말하는가?

환자가 고유한 결과를 선호하는지 확인하는 것이 중요하다. 치료자는 추측하지 말고 환자에게 고유한 결과가 바람직한 결과인지에 관해 묻는다. "이것은 당신이 더 자주 실천하거나 일어나길 바라는 일인가?" 다음으로, 치료자는 행동의 지형에서 고유한 결과를 탐색하는 작업을 시작한다(White, 2007). 즉, 누가 어떤 순서로 어떤 행동을 취했는지를 확인한다. 예를 들어, 치료자는 문제의 예외적인 상황에 대해 세부 사항을 물을 수 있다. "무엇을 먼저 하였는가? 상대방이 어떻게 반응했는가? 그다음에 무엇을 했는가?" 역량을 발휘한 이야기를 풍부하게 하는 과정에서는 핵심적인 사건에 대한 세부 사항, 사건을 둘러싼 상황, 사건의 순서, 사건의 시기, 전체적인 줄거리 등에 관한 세부 사항을 수집하는 것이 중요하다.

마지막으로, 고유한 결과를 정체성이나 의식의 풍경에서 끌어내는 변화를 촉진하는 것이 중요하다. 줄거리를 풍부하게 하는 것은 역량의 이야기를 확장하는 데 중요하다(White, 1995). 더 방대하고, 더 풍성한 이야기는 무능과 실패에 관한 이야기들이 차지할 수 있는 공간을 축소시킨다. 고유한 결과를 명확히 파악한 후, 치료자는 성공적 결과와 관련된 줄거리를 풍성하게 하여 환자의 정체성과 연관성을 강화한다. 다음은 환자의 고유한 결과를 연결하는 데 도움이 되는 몇 가지 예시 질문이다.

- 이 사건은 당신이 어떠한 사람이라고 말하는가?
- 이러한 행동의 이면에는 어떤 의도가 있었는가?
- 여기서 자신의 행동에 대해 가장 중요하게 생각하는 것은 무엇인가?
- 이것이 당신의 인생, 더 높은 힘, 목적 또는 인생의 목표를 보는 시각을 어떻게 바꾸는가?

고유한 결과는 해결중심치료의 '기적 질문'과 유사하게 보일 수 있다(De Jong & Berg, 2002). 그러나 질문 상황에 약간의 차이가 있다. 예를 들어, 기적 질문에서 치료자는 환자에게 "만약 어느 날 아침에 일어나 보니 어떤 기적에 의해 더는 중독된 상태가 아니라면, 당신의 삶은 구체적으로 어떻게 달라졌을까요?"라는 질문을 할 수 있다. 이에 비해 내러티브 접근을 사용하는 치료자는 다음과 같은 질문을 사용하여 고유한 결과를 얻을 수 있다. "당신이 중독을 제압한 경험이 있나요? 중독이 당신을 점령할 수 있었으나 이에 저항한 경험에 관해 이야기해 보세요" 전자의 접근은 그 사람의 삶에 대한 새로운 비전이나 가능성을 모색하는 것이고, 후자의 접근은 내부 역량과 과거의 성공 사례에 대한 발굴이다. 치료자가 환자와 함께 고유한 결과를 탐색할 때 중요한 것은 '모르겠다'는 말을 많이 들을 준비를 하는 것이다. 우리가 요구하는 것의 대부분은 환자가 아직 말해 본 적 없고, 전혀 고려해 본 적 없는 것에 대한 탐색이기 때문이다(White, 2007). 그러나 이미 질문 안에 힘이 있다. 환자가 답변을 하지 못하더라도 질문은 그 자체로 생명력을 갖게 될 것이고, 환자는 제한된 치료 시간을 넘어서게 되면 어느 정도 자발적으로 답을 찾게 될 것이다.

4) 탄탄한 구성과 뉴스의 확산

탄탄한 구성 혹은 역량 내러티브(competency narrative)는 말하고, 다시 말하고, 다시 말한 것을 또다시 말하는 것을 포함한다. 목표는 문제를 지지하거나 지속시키지 않는 이야기들의 영향을 확대하는 것이다. 고유한 결과에 대한 내러티브를 강화하기 위한 내러티브 전략에는 메모, 목록, 테이프, 선언문, 인증서, 상징물 및 지지망이 포함되지만 이에 국한되지는 않는다. 편지나 문서에 남긴 문구는 대화처럼 사라지지 않기 때문에 글은 지속되며 치료의 증인이 된다(Epston, 1990). 내러티브 편지는 선호되는 이야기와 정체성을 개발하고 강화하는 데 사용될 수 있다. 예를 들어, 치료자들은 사례 기록을 작성하는 대신에 회기가 끝난 후 환자의 새로운 이야기를 상세히 기술하는 편지를 쓸 수 있다. 그들은 더 나아가 그 편지들을 환자에게 보낼 수도 있다. 편지는 환자가 적극성

글상자 15-10 편지 예시

친애하는 로버트
종종 좋은 아이디어는 나중에 떠오르곤 합니다. 그래서 면담이 끝난 후에 가장 중요한 질문이 떠오르는 것은 놀라운 일이 아닐 겁니다. 어쨌든, 우리 만남 후에 떠오른 몇 가지 중요한 질문을 공유하고자 합니다.
직장을 잃었다는 것을 알고 난 후에 당신은 어떻게 술의 초대를 거절할 수 있었나요? 그다음에 무엇을 했나요? 술의 초대를 거절할 수 있었던 자신에 대해 뭐라고 말을 했나요? 이렇게 다른 방식으로 자신에게 말하는 것은 어디에서 배웠나요? 이것이 술과의 관계에 어떻게 변화를 가져왔나요? 이러한 변화가 더 자주 일어나기를 원하나요?
그리고 지난 만남 이후 당신에게 어떤 생각들이 떠올랐나요?

출처: White & Epston (1990)에서 발췌.

을 발휘하는 작은 걸음들과 같이 환자의 주체성을 강화하는 데 활용될 수 있다. 탄탄한 구성을 위해 이러한 전략들을 사용하는 치료자들에게 적절한 조언은 다음과 같다. ⓐ 환자가 만들고 있는 변화에서 관찰자로서의 역할을 분명히 하라, ⓑ 가능한 한 구체적이고 확실한 예를 인용하라, ⓒ 시간의 축을 사용하여 전개되는 이야기를 구성함으로써 시간적 특성을 강조하라. 즉, 환자의 이야기가 어디에서 시작되었는지, 현재 어디에 있는지, 어디로 갈 가능성이 있는지 서술하라. 그리고 ⓓ 단일한 해석을 제안하기보다 다의성을 격려하라. 즉, 다양한 의미가 받아들여지고 격려된다(Freedman & Combs, 1996). 편지는 치료 초기에 환자를 참여시키기 위해, 치료 중에 새로운 선호 행동을 강화하기 위해, 또는 마지막 단계에서는 변화의 과정을 강화하기 위해 사용될 수 있다.

탄탄한 구성의 다른 예로는 미국의 두려움 극복 클럽(Fear Basher's Club of America) 또는 반-거식증/반-폭식증 연맹(Anti-Anorexia/Anti-Bulimia League)(Maisel, Epston, & Borden, 2004)과 같은 것이 있다. 이 연맹은 공통된 문제에 맞선 사람들을 공동체와 역량 안에서 그들을 하나로 모이게 하며 고립감을 줄이는 데 도움을 준다. 실제로 반-거식증 연맹은 내러티브 전략이 사회적으로 수용 가능한 신체 이미지를 정의하는 것(예: 대중 매체, 식이 및 식품 산업)을 멈추게 하기 위해, 어떻게 지배적인 사회적 내러티브에 도전할 수 있는지에 대한 하나의 예시가 된다. 12단계 그룹이 중독에 대항하기 위해 단결하는 것처럼, 환자 연맹은 외부화된 문제에 맞서 싸울 수 있다. 12단계 그룹 및 다른 연맹은 환자가 자신의 역량을 기반으로 회복 정체성을 형성해 가는 것을 도울 수 있다.

5) 성찰적 실천

내러티브 관점에서 볼 때, 윤리적 치료자들은 성찰적인 입장을 발전시켜 간다. 그들은 환자들이 자기 스스로를 전문가로 보도록 이끌고, 사람들에게 공동체 의식과 협력의 경험을 제공한다. 치료자는 환자를 치료의 세계로 이끌기보다 자신이 환자의 세계로 들어가야 한다. 전문성은 도움을 청하는 사람들에게 치료자가 자신을 드러내느냐와 관련이 있다. 즉, 치료자들은 '전문가' 역할에서 임상적인 흰 외투 뒤로 자신의 인격을 숨기지 않아야 한다. 그 대신, 치료자는 환자와 함께 희망을 찾고 협력적인 공동체를 형성하는 실제적인 사람들이기 때문이다.

7. 내러티브 이론의 평가 및 예방의 함의

치료에서 내러티브 접근으로 중독 문제를 평가하는 과정은 중독이 환자의 삶에 미치는 영향을 스스로 이해하도록 돕고 중독과의 관계를 탐구하는 데 도움을 주기 위해 해체적인 경청과 외재화 대화를 사용하는 것이 포함된다. 평가는 한 개인의 삶에서 중독의 영향을 풀어내고 자기와 분리되는 과정을 드러내게 돕는 협업 과정이다. 치료자는 대화의 외재화 및 해체적 경청을 이용하여 문제의 역사, 문제의 맥락, 문제가 환자의 생활에 미치는 영향, 환자의 생활 속 문제 간 상호관계, 그리고 환자가 문제를 해결하기 위해 사용한 전략을 드러내도록 한다. 평가 과정은 문제로 가득 찬 이야기에서 역량의 이야기로의 인지적 전환을 시작하게 만든다. 내러티브 접근은 중독과정에서 유전학과 생물학의 역할을 무시하는 것이 아니라 자기의 재발견(예: 역량을 발견하고 더 많은 도움을 얻고 희망적인 내러티브를 발전시키고, 자신 삶의 주인 자리를 되찾는 것)에 초점을 맞추는 것이다.

내러티브 관점에서의 예방은 물질사용의 위험성과 그 결과를 피하는 방법에 대한 경험적인 '진실'을 제시하는 교훈적이고 논리적인 주장에서 벗어나 설명, 개인적 경험, 그리고 일련의 연결된 사건, 인물 및 결과들을 드러내는 모델이다. 특히 청소년 물질사용에 초점을 맞춘 예방 전략의 예로 내러티브 참여 체계가 있다(narrative engagement framework: NEF; Miller-Day & Hecht, 2013). 이 체계는 내러티브가 내러티브에 대한 지식을 강화하고, 참여를 촉진하며, 정신적 · 행동적 모델을 제공하기 때문에 예방 노력의 핵심이 된다고 주장한다. 예방적 접근은 문화적으로 기반을 두고 있고, 지역적으로 유리하게 위치하며, 대상자들에게 개인적으로 의미 있게 다가간다. NEF의 예는 청소년 약물 예방 교육과정(keepin' it REAL)에 자세히 나타나 있다. 이에 대한 더 많은 정보는 Miller-Day와 Hecht(2013)에서 찾을 수 있다.

8. 내러티브 이론의 강점과 약점

연구들은 내러티브 접근이 중독치료에 효과가 있음을 보여 주었다(Garte-Wolf, 2011; Hagedorn, 2011; Poole, Gardner, Flower, & Cooper, 2009). 이 접근의 강점은 그것이 환자에게 힘을 실어 주고, 환자의 통찰력과 능력을 중시하며, 환자를 자신의 인생 이야기의 주인공으로 자리 잡도록 해 준다는 것이다. 그것은 삶의 투쟁 중에서 의미를 찾는 희망적인 탐색이다. 치료자는 환자에게 관점의 변화와 선호하는 결과를 연결해 주기 위해 창의력과 호기심을 적용하는 적극적인 협력자가 된다. 이 접근은 한 개인의 삶에서 중독의 의미를 드러내고 그 가치를 탐구하는 데 도움을 준다. 그것은 희망의 내러티브를 확장하기 위한 노력으로, 사람들이 선호하는 현실을 개발하기 위해 사람들과 지역사회를 연결한다. 이러한 접근 안에는 특히 지배적이고 억압적 내러티브를 둘러싼 사회적 정의 구현과 사회적 변화를 위한 헌신이 담겨 있다.

내러티브 접근의 약점은 기법적 측면에서 불투명하다는 것이다. 내러티브 접근은 기법이라기보다 일련의 입장들이다. 또한 치료자는 중독 문제를 다룰 때 다른 접근에 내러티브 접근을 연결하는 유용함을 소홀히 할 수 있으며, 인지적 변화를 강조하여 한 개인의 삶에서의 감정과 행동을 부정할 수 있다. 또한 내러티브 접근은 환자에게 그 접근법의 언어를 강요하려 한다는 비난을 받아 왔다(Flaskas et al., 2000). 예를 들어, 치료적 대화에서 사용되는 외재화된 언어는 처음에 매우 어색하고 이상할 수 있다. 그러나 이러한 대화는 문제 상황이 가진 문화적 가정에 암묵적으로 직면하게 한다. 대화를 외재화할 때 은유법을 사용하는 것은 모든 언어적 맥락에서 가능한 것은 아니다. 12단계 집단은 환자가 알코올 중독자나 중독자라는 정체성을 갖도록 하는 것을 장려하는데 이는 문제와의 분리를 장려하는 내러티브 접근과 모순되는 것처럼 보인다. 내러티브 접근은 환자에게 문제에 대한 책임을 묻지 않는 것처럼 보일 수 있어서 환자가 중독의 심각성을 최소화하거나 중독을 부정하는 것을 수년 동안 경험한 가족 구성원들은 분노할 수 있다.

9. 페미니스트 이론의 사례 연구 반응

가브리엘은 아프리카계 미국인과 아메리카 원주민의 혼혈인이며 시골에 사는 26세 이성애자이다. 이러한 정체성은 그의 중독 문제를 이해하는 데 있어 페미니스트 치료자에게 중요하며, 비록 사례 연구에서는 명시되지 않았지만 시스젠더 남성이라는 사실과 그의 이민 역사와 미국 시민권 존재 여부를 이해하는 것도 중요하다. 가브리엘과 만날 때, 치료자는 가브리엘에게 물질남용에 관한 질문뿐만 아니라 물질남용 문제가 언제 시작되었는지 확인하고, 성별, 인종/민족, 계급, 종교, 다른 사회적 정체성과 문화적 경험에 대해서도 신중하게 평가해야 한다. 이 평가에서 페미니스트 치료자는 중독문제가 그의 자존감, 자부심, 자기표현에 미치는 영향에 초점을 맞추면서 이 사건과 관련된 내면화된 지배성(남성 특권)과 내면화된 인종차별의 경험을 살펴보아야 한다. 페미니스트 치료자는 또한 과거의 단절 경험과 가브리엘이 아버지, 어머니, 누나, 그리고 다른 관계들로부터 배운 관계 패턴을 탐색해야 한다.

치료자는 패권적 남성성, 정서적 억압, 스트레스의 내면화를 반영하는 신념을 탐색하고 이에 도전할 것이다. 이러한 경험을 더 자세히 논할 때, 치료자는 성별 사회화에 관한 다른 경험 외에도 가브리엘이 치유되기 위해 가족과 공동체로부터 어떤 지원이 필요한지 물어볼 수 있다. 가브리엘의 과거 꿈, 직업, 경력, 관계, 그리고 내면화된 억압이나 성역할에 대한 고정관념을 반영할 수 있는 그 밖의 관심들에 대해 추가적으로 초점을 맞춰야 한다. 치료자는 가브리엘의 성 사회화 경험과 관련된 삶의 영향을 타당화하고, 그의 다른 두드러진 정체성이 이 성역할에 대한 훈련과 어떻게 교차하는지 탐색할 것이다.

치료자는 가브리엘에게 현재 물질남용에 쏟는 에너지와 관심을 자신의 꿈을 향해 추구하게 된다면 자신의 삶이 어떤 모습이었으면 하는지 상상을 해 보라고 요청할 수 있다. 그 후 치료자는 그가 힘의 부족을 경험했던 다양한 상황과 그의 중독 문제의 발생 사이의 연관성을 찾기 위해 가브리엘과 함께 협력하게 될 것이다. 가브리엘이 어떻게 힘의 상실을 겪었는지 더 깊이 탐색하면서 페미니스트 치료자는 가브리엘과 그의 가족이 참석하는 12단계 프로그램에서 권력 문제를 함께 조심스럽게 탐색하게 된다. 예를 들어, 자신의 무력감을 인정하는 단계는 내면화된 인종차별주의나 내면화된 남성 지배의 감정이 촉발될 수 있다. 페미니스트 치료자는 가브리엘과 긴밀하게 협력하여, 그의 권한 부여와 남성성이 치유의 건강한 모델로 이어질 수 있게 되는 재구성된 힘의 모델을 규명해 낼 것이다.

10. 여성주의 이론의 사례 연구 반응

여성주의적 관점에서 볼 때, 가브리엘의 술, 마약, 가족 관계에 대한 문제는 그의 행동과 결정에 어떻게 영향을 미치는지와 같은 정체성의 다른 측면들과 밀접하게 관련되어 있으므로, 그 문제 자체를 치료의 주요 초점으로 삼지는 않는다. 여성주의의 총체적이고 교차적인 기반을 고려하면, 여성주의적인 관점에서 치료를 진행하는 치료자는 가브리엘이 살아온 경험에 근거하여 그러한 문제들을 어떻게 정의해야 하는지 먼저 이해함으로써, 가브리엘의 문제를 개념화하기 시작할 것이다. 여성주의는 모든 개인의 경험이 독특하다는 것을 인정하기 때문에, 모든 환자의 문제, 필요 또는 쟁점을 도울 수 있다고 추정할 수 있는 방법이나 접근은 없다고 본다. 알코올 중독과 약물사용과 싸우며 고군분투하는 남성과 여성은 도움을 청하거나 도움에 대한 필요를 인식할 때, 성별에 따른 기대에 따라 중독 행동을 다르게 드러낼 수 있다. 또한 유색인종, 장애인, LGBTQ로 정체화하는 사람들, 그리고 중독에 의해 영향을 받는 다른 소외된 사람들도 체계적 억압에 대해 직접적인 방식으로 이러한 문제에 직면할 수 있다. 따라서 여성주의 관점에서 접근하는 치료자는 환자의 강점을 찾는 것에 집중하게 될 것이다. 각 개인의 강점은 달라도, 강점은 공통적으로 환자가 삶의 장애물을 극복하는 데 중요한 요소가 된다고 이해하기 때문이다(Phillips, 2006).

여성주의의 전체론적인 구성 요소는 중독으로 힘들어하는 환자에게 적용되어, 가브리엘의 문제에 기여하는 모든 요소를 연결하는 적절한 방법이 된다. 가족 구성원을 통합하는 것이 환자의 긍정적인 성장에 도움이 된다고 여겨진다면, 이것은 여성주의적 관점에서 작업할 때 고려해야 할 중요한 요소로 생각될 것이다. 따라서 가브리엘의 어머니와 누나는 이후 회기에 함께하며 가브리엘의 해결되지 않은 감정의 원천을 찾거나 잠재적인 협력자들과 함께 가브리엘이 중독을 극복하도록 도울 수 있다. 한편, 가브리엘의 아버지가 여전히 중독에 빠져 있고 도움을 청하지 않은 상태라고 가정한다면, 그리고 그가 가브리엘에게 어떤 식으로든 연결의 고리가 되거나 긍정적인 성장에 보탬이 되지 않는다면, 그는 가브리엘의 회기에 초대받지 못하게 될 것이다.

여성주의적 틀로 치료를 운영하는 치료자가 사용할 수 있는 전략과 기술은, 환자의 요구에 기초하여 Phillips(2006)가 설명한 여성주의의 원리 내에서 확립될 가능성이 크다. 예를 들어, 가브리엘은 비록 성공하지는 못했지만, 법정 의무 평가와 입원 치료 센터에 참여하였고 AA 프로그램의 구성원으로서 후원자와 함께 노력하고, 7주 동안 약물을 사용하지 않는 것과 같이 술과 마약 중독에 대한 도움을 요청하거나 중독을 단절하려는 시도를 여러 차례 한 것으로 보인다. 가브리엘에게 이러한 시도를 언급하는 것은 두 번째 원칙인 대중주의를 실천하는 것인데, 이 원칙은 성공을 가로막는 선택을 했음에도 불구하고 모든 사람의 내면에는 충만한 삶을 살고자 하는 욕망이 있다는 점을 강조하는 것이다.

가브리엘이 중독과 싸우려는 시도를 인식하는 것을 돕는 기법은, 가브리엘이 마약과 알코올의 사용을 피하거나 중단하려고 시도한 모든 방법을 나열하도록 함으로써 시작될 수 있다. 이 기법의 목표는 가브리엘에게 마약과 알코올로부터 자유로워지고 싶은 자신의 욕망의 깊이를 알게 하는 것이다. 또한 가브리엘이 조카를 피하려는 시도는 문제를 인식하고 자기 자신과 타인을 위해 자신의 행동을 바꾸려는 열망으로 해석될 수 있다. 이것은 개인의 행동, 행위 그리고 결정이 우리 자신에게 어떤 영향을 미치는지 인정하게 되는 네 번째 원리인 공동체의 반영이다. 가브리엘이 마약과 알코올에 대한 투쟁에 참여하는 데 책임을 지도록 돕는 기법은, 가브리엘의 중독과 결정들 그리고 그것들이 다른 사람들에게 미치는 영향을 연결하는 두 가지 독특한 시나리오를 쓰게 하는 것이다. 한 시나리오는 가브리엘이 마약과 알코올에 계속 의존한다면 그의 삶이 어떻게 보일지 그리고 이것이 결국 그의 조카와 다른 사람들과의 관계에 어떤 영향을 미칠지를 나타낼 수 있다. 두 번째 시나리오는 가브리엘이 마약과 알코올에 대한 의존을 극복하는 데 성공했다면 그의 삶이 어떻게 보일지 그리고 이 결과가 그의 조카와 다른 가족들과의 관계에 어떤 영향을 미칠 수 있는지를 나타낼 수 있다.

여성주의적인 접근을 하는 치료자는 환자가 자기 삶의 경험에 근거하여 자신의 도전을 정의할 수 있도록 권장한다. 이러한 접근 방식은 치료자가 전문가로서 문제를 전적으로 맡아서, 성공적인 미래를 촉진해 주기를 기대하는 환자에게는 어려울 수 있다. 여성주의적인 관점은 의도적으로 다른 사람들의 생생한 경험에 대해 치료자가 전문가 역할을 하는 것을 피하며, 모든 사람이 성취해야 할 성공의 길이 오직 하나뿐임을 암시하는 것 또한 꺼린다. 그러므로 중독치료에 대한 이론적 접근으로 여성주의를 사용하는 것은 치료에서 좀 더 직접적인 개입을 기대하는 환자를 돕는 데에는 어려움이 있다.

지시적 접근이 부재함에도 불구하고, 중독에 시달리는 환자들을 위한 이론적인 접근으로서 여성주의의 주요한 강점은 개인들이 스스로의 투쟁을 인정하도록 하고, 중독에 기여하는 요소들에 이름 붙이도록 하며, 그들을 돕기 위해 고유한 성장이나 치료 계획을 마련하도록 하는, 스스로에게 힘을 부여하는 측면이다. 가장 중요한 것은 그들의 회복이 치료자의 직접적인 개입이 아닌, 그들의 강점과 이해에 바탕을 두고 있다는 것을 인지하게 하는 것이다. 환자 스스로의 노력에 힘을 실어 주는 것은 미래의 좌절을 예방하고 지속적인 내적 안녕감을 촉진하게 될 것으로 기대된다.

11. 내러티브 이론의 사례 연구 반응

내러티브 이론의 틀에서 가브리엘과 함께하는 치료자는 처음에는 가브리엘의 중독 경험의 역사에 관심을 갖게 된다. 예를 들어, 내러티브 치료자는 가브리엘에게 언제 어디서 처음 중독을 접하게 되었는지 묻는다. 따라서 치료자는 가브리엘의 중독 연대기에 상당히 관심이 있다. 그런 다음, 치료자는 중독이 나타날 가능성이 큰 상황을 포함하여 그의 중독의 맥락을 평가한다. 예를 들어, 내러티브 치료자는 그의 삶에서 이러한 상황적 요소들이 어떻게 나타나는지 묻는다. 그 후 치료자는 가브리엘의 중독이 그의 삶과 대인관계에 미치는 영향을 탐색한다. 이 탐색에는 가족 구성원 및 다른 관계(예: 직장, 지역사회)가 포함된다. 다음으로 치료자는 상호관계와 다른 문제(예: 내재화된 인종차별, 지역사회)가 어떻게 영향을 미치는지, 그리고 그의 중독 경험에 어떤 영향을 주고 중독을 부추기는지 묻는다. 마지막으로, 치료자는 중독이 그의 삶을 어떠한 방식으로 이끌어 왔는지 탐색한다.

이러한 영역에 대해 평가를 한 후에, 내러티브 치료자는 가브리엘이 중독을 거절한 경험에 대해 평가하기 시작한다. 이 탐색에서 치료자는 중독을 인간 가브리엘의 바깥에 존재하는 문제로 외재화하며 어떻게 가브리엘이 중독을 거부할 수 있었는지 묻는다. 다음으로 치료자는 가브리엘이 이 극복의 경험에 대해 이전과는 어떻게 다른 경험이라고 말할 수 있었는지, 그리고 그가 중독을 극복할 수 있는 능력을 지니고 있다는 것이 스스로에 대해 무엇을 말하는지 탐색한다. 이러한 고유한 경험들은 중독이 가브리엘의 삶에 미치는 영향력과 힘을 무력화시키는 역량에 기반한 전략으로 드러나고 적용된다. 내러티브 치료는 이런 식으로 가브리엘이 자신의 인생 이야기에서 권한 부여, 스토리텔링, 그리고 가브리엘이 자기 삶의 내러티브 속에서 스스로의 적극적인 역할을 인지하는 것에 초점을 두어 진행하게 된다.

요약

이 장에서는 중독치료에 있어 페미니즘, 여성주의, 내러티브의 이론적 접근이 제공하는 독특한 관점을 다루었다. 각 이론적 관점에 걸쳐, 환자가 제시하는 중독 관련 문제들은 부당한 체계적 구조와 이것이 환자의 웰빙에 미치는 영향에 대한 이해를 바탕으로 맥락화되었다. 이러한 관점에서 성별 및 기타 사회적 정체성의 사회화, 권력, 특권, 그리고 이 요소들이 환자들의 중독 경험에 대해 만들어 내는 이야기들이 이해된다.

지속적인 학습을 위한 자료

▸ **Books**

Diamond, J. (2000). *Narrative means to sober ends: Treating addiction and its aftermath*. New York: Guilford Press.

Maparyan, L. (2012). *The womanist idea*. New York: Routledge.

Morgan, A. (2000). *What is narrative therapy? An easy-to-read introduction*. Adelaide, South Australia: Dulwich Centre.

Phillips, L. (2006). *The womanist reader*. New York: Routledge.

▸ **Websites**

Dulwich Centre: www.dulwichcentre.com.au.

Feminist Therapy Code of Ethics: http://chrysaliscounseling.org/feminist-therapy-ii.html.

참고문헌

Banks-Wallace, J. (2006). Womanist ways of knowing: Theoretical considerations for research with African-American women. In L. Phillips (Ed.), *The womanist reader* (pp. 313-326). New York: Routledge.

Brown, L. S. (2008). Feminist therapy. In J. L. Lebow (Ed.), *Twenty-first century psychotherapies: Contemporary approaches to theory and practice* (pp. 277-306). New York: Wiley.

Coleman, H. L. K., Norton, R. A., Miranda, G. E., & McCubbin, L. (2003). An ecological perspective on cultural identity development. In D. B. Pope-Davis, H. L. K. Coleman, W. M. Liu, & R. L. Toporek (Eds.), *Handbook of multicultural competencies in counseling and psychology* (pp. 38-58). Thousand Oaks, CA: Sage.

Crenshaw, K. (1996). *Mapping the margins: Intersectionality, identity politics, and violence against women of color*. Philadelphia: Temple University Press.

De Jong, P., & Berg, I. K. (2002). *Interviewing for solutions* (2nd ed.). Pacific Grove, CA: Brooks/Cole.

Enns, C. Z. (1993). Twenty years of feminist counseling and therapy: From naming biases to implementing multifaceted practice. *The Counseling Psychologist, 21*, 3-87.

Enns, C. Z., & Byars-Winston, A. M. (2010). Multicultural feminist therapy. In H. Landrine & N. F. Russo (Eds.), *Handbook of diversity in feminist psychology* (pp. 367-388.). New York: Springer.

Epston, D. (1990). *Collected papers*. Adelaide, South Australia: Dulwich Centre.

Flaskas, C., Stagoll, B., Larner, G., Hart, B., Doan, R., Weingarten, K., . . . Pocock, D. (2000). Dialogues of diversity in therapy: A virtual symposium. *Australian and New Zealand Journal of Family Therapy, 21*(3), 121-143.

Foucault, M. (1975). *The birth of the clinic: An archaeology of medical perception*. New York: Vintage Books.

Foucault, M. (1980). *Power/knowledge: Selected interviews and other writings*. New York: Pantheon Books.

Freedman, J., & Combs, G. (1996). *Narrative therapy: The social construction of preferred realities*. New York: W. W. Norton.

Garte-Wolf, S. I. (2011). Narrative therapy group work for chemically dependent clients with HIV/AIDS. *Social Work With Groups, 34*, 330-338.

Gehart, D. (2010). *Mastering competencies in family therapy*. Belmont, CA: Brooks/Cole.

Hagedorn, W. B. (2011). Using therapeutic letters to navigate resistance and ambivalence: Experiential implications for group counseling. *Journal of Addictions & Offender Counseling, 31*, 108-126.

Hien, D., Cohen, L., & Campbell, A. (2005). Is traumatic stress a vulnerability factor for women with substance use disorders? *Clinical Psychology Review, 25*(6), 813-823. doi:10.1016/j.cpr.2005.05.006

Jordan, J. V. (2010). *Relational-cultural therapy*. Washington, DC: American Psychological Association.

Kasl, C. (1989). *Women, sex, and addiction*. New York: Harper Collins.

Maisel, R., Epston, D., & Borden, A. (2004). *Biting the hand that starves you: Inspiring resistance to anorexia/bulimia*. New York: Norton.

Maparyan, L. (2012). *The womanist idea*. New York: Routledge.

Miller, J. B. (1976). *Toward a new psychology of women*. Boston: Beacon Press.

Miller-Day, M., & Hecht, M. (2013). Narrative means to preventative ends: A narrative engagement framework for designing prevention interventions. *Health Communications, 28*(7), 657-670. doi:10.108 0/10410236.2012.762861

O'Hanlon, B. (1994). The third wave. *The Family Therapy Networker, 18*(6), 18-29.

Phillips, L. (2006). *The womanist reader*. New

York: Routledge.

Poole, J., Gardner, P., Flower, M., & Cooper, C. (2009). Narrative therapy, older adults, and group work? Practice, research, and recommendations. *Social Work With Groups, 32*(4), 288-302. doi:10.1080/01609510902895086

Popadiuk, N. E. (2015). Counseling women: Feminist perspectives and contextual action theory. In R. A. Young, J. F. Domene, & L. Valach (Eds.), *Counseling and action: Toward life-enhancing work, relationships, and identity* (pp. 285-294). New York: Springer.

Semmler, P. L., & Williams, C. B. (2000). Narrative therapy: A storied context for multicultural counseling. *Journal of Multicultural Counseling and Development, 28*(1), 51-62.

Singh, A. A., & Hays, D. G. (2008). Feminist group counseling with South Asian women who have survived intimate partner violence. *Journal of Specialists in Group Work, 33*, 84-102.

Walker, A. (1983). *In search of our mothers' gardens: Womanist prose*. San Diego, CA: Harcourt Brace Jovanovich.

Walker, M. (2008). Power and effectiveness: Envisioning an alternate paradigm. *Women & Therapy, 31*(2/3/4), 129-144. doi:10.1080/02703140802146266

White, M. (1990). *Narrative means to therapeutic ends*. Adelaide, South Australia: Dulwich Centre.

White, M. (1995). *Re-authoring lives: Interviews and essays*. Adelaide, South Australia: Dulwich Centre.

White, M. (2007). *Maps of narrative practice*. New York: W. W. Norton.

White, M., & Epston, D. (1990). *Narrative means to therapeutic ends*. New York: W. W. Norton.

Worell, J., & Remer, P. (2003). *Feminist perspectives in therapy: Empowering diverse women* (2nd ed.). New York: Wiley.

16장 행위 중독

Craig S. Cashwell
Paula J. Swindle

행위 중독은 정신건강 분야에서 비교적 새로운 개념이지만 행위 중독을 둘러싼 정보는 꽤 오래 축적되었다. 예를 들어, 고대 그리스 Commodus 황제의 통제 불능의 상습적 도박은 실제로 로마 제국의 몰락을 초래했다고 전해지고 있다(Hekster, 2002). 중독(addiction)이라는 단어는 빚으로 노예가 된 사람을 지칭하는 법적 용어인 addictus라는 라틴어에서 유래되어, 중독으로 여겨지는 사람들의 통제력 상실을 강조하고 있다(Sadoff, Drogin, & Gurmu, 2015). 따라서 중독이라는 단어는 본래는 물질에 대해서 사용되기보다는 고대 로마에서 채권자들이 채무 불이행자들에게 부과하던 법적 노예 상태의 의존 관계를 가리키는 용어로 쓰였다. 이처럼 중독은 원래 노예 상태나 속박을 의미했다. 기원전 2세기부터 1800년대까지 중독이라는 용어는 독서, 글쓰기 또는 취미에 대한 몰두 등 다양한 집착을 의미했으며, 일반적으로 약점이나 도덕적 실패라는 의미를 내포하고 있는 개념이다. 따라서 근대 역사 대부분에서 중독은 물질이 아닌 행위를 지칭하는 데 사용되었다. 19세기 후반에 이르러서야 중독이라는 단어가 의학 용어로 사용되기 시작했는데 이는 의사가 아편과 모르핀을 과다 처방함으로 인해 약물 중독이 발생한 것에서 비롯되었다(Merkel, 2012).

1. 행위 중독

점점 더 많은 전문가는 물질중독의 주요 기준이 다양한 행위에 적용된다고 지적하고 있다. 어떤 경우에는 행위 중독, 과정 중독이라고 부르며 개인의 생존(음식)이나 종족의 생존(성행위)에 필요한 행위의 경우 본능 중독(natural addiction)이라고 부르기도 한다. 미국 중독 의학회(The American Society of Addiction Medicine: ASAM)는 2011년에 행위 중독을 포함하는 새로운 중독의 정의를 발표하면서 이를 공식적으로 인정하였다.

> 중독이란 뇌의 보상, 동기, 기억 그리고 관련 회로의 일차적이고 만성적인 질병이다. 이러한 회로의 기능 장애는 생물학적 · 심리적 · 사회적 및 영적으로 특징적인 증상으로 이어진다. 이는 약물사용 및 기타 행위를 통해 병적으로 보상 그리고/혹은 완화를 추구하는 것으로 드러난다(ASAM, 연도 미상).

이 정의는 'ABCDE' 모델을 사용하여 중독을 특징 짓는다.

- 금욕 불능(Inability to abstain)
- 행위에 대한 통제 손상(Impairment in behavioral control)
- 갈망(Craving)
- 행위 및 관계에 관련된 중요한 문제에 대한 인식 저하(Diminished recognition of significant problems with behaviors and relationships)
- 감정 반응의 기능 장애(Dysfunctional emotional response)

다른 연구자들(Griffiths, 2005)은 행위 중독의 핵심 요소를 다음과 같이 여섯 가지로 규정했다.

1. **현저성**(Salience): 해당 행위가 궁극적으로 개인의 삶에서 가장 중요한 것이 되며 종종 관계와 다른 활동을 거부하게 된다.
2. **기분 변화**(Mood modification): 해당 행위가 대처 기능으로 작용하여 일반적으로 신경전달물질의 증가를 수반하여 급격한 흥분을 일으키거나 마비시키는 진정 효과를 준다.
3. **내성**(Tolerance): 시간이 지남에 따라 기분 변화를 위해 그 행위의 증가가 필요하게 된다. 이는 행위를 하는 데 보내는 시간이 증가하는 것뿐만 아니라 행위의 강도, 위험, 파괴성 그리고 행위의 자아동질적인 특성의 증가가 나타날 수 있다.
4. **금단**(Withdrawal): 행위를 할 수 없을 때 감정적 어려움(예: 과민성, 초조함, 불안) 또는 신체적 증상이 나타난다.
5. **갈등**(Conflict): 관계(내면적 갈등 포함) 또는 다른 활동(예: 일, 사회생활, 취미)에서의 어려움,

통제력 상실에 대한 주관적인 느낌을 포함한다.

6. 재발(Relapse): 빈번히 과잉 행위로 돌아가는 패턴이 나타나며 통제 기간 후에 가장 극단적인 행위 패턴으로 돌아가는 경우가 많다.

이 여섯 가지 요소를 종합하여 행위 중독을 정의할 수 있다. 행위 중독은 개인이 자기-조절을 위해 행위에 관여하고(기분 변화) 궁극적으로 그 행위를 자제하는 능력을 잃게 되며(갈등), 시간이 지남에 따라 그 행위에 더 과도하게 관여하게 되고(내성), 심지어 행위에 관여하지 않을 때조차 그 행위에 몰두하게 되며(현저성), 행위를 하지 못하면 불편함을 느끼게 되고(금단), 심지어 종종 심각한 결과에 직면하는 상태에서도(갈등) 이러한 행위들에 관여하게 된다. 행위를 조절하려는 시도는 일시적으로 성공할 수 있으나 다시 과잉 행위 패턴으로 돌아가는 경우가 많다(재발).

그러나 『정신질환의 진단 및 통계 편람-5판(Diagnostic and Statistical Manual of Mental Disorders: DSM-5)』(American Psychiatric Association: APA, 2013)은 도박 장애만을 행위 중독으로 포함하고 있다. 다른 행위 중독들도 DSM-5에 고려되었는데 인터넷 게임 장애가 DSM-5의 3부(새롭게 부상하는 측정 및 모델)로 밀려났다(Petry & O'Brien, 2013). 인터넷 중독과 과도한 성행위 장애(일각에서는 성중독이라고 칭함)와 같은 다른 잠재적인 중독 행위들은 포함되지 않았으며 추가 연구가 요구되었다. 운동 중독은 아직 독립적인 진단이 필요한 장애로 인정되지 않지만 '과도한 운동'은 DSM-5의 거식증(Bulimia Nervosa) 진단기준에서 "체중 증가를 방지하기 위한 잠재적 보상 행위"로 언급되었다(APA, 2013, p. 345). 많은 정신건강 전문가는 행위 중독의 특징을 가진 다양한 행위를 치료하고 있으며(Grant, Schreiber, & Odlaug, 2013), 이와 유사하게 사회과학 연구자들도 이러한 현상을 연구하는 데 큰 노력을 기울이고 있다. 하지만 현재로서는 전문가들조차도 어떤 장애가 행위 중독으로 적합한지에 대해 합의를 이루지 못한 것으로 보인다(Black, 2013).

글상자 16-1 중독 행위의 구성 요소

중독 행위의 여섯 가지 구성 요소를 적용할 때 중독 성향을 지닌 행위들에는 무엇이 있는가?

이러한 이유 중 하나는 연구자들이 이론적 문헌을 따라잡기 위해 노력을 계속하고 있기 때문이다. 행위 중독은 주로 중독 행위에 영향을 미치는 생물학적(예: 유전학, 중독이 뇌에 미치는 영향), 심리적(예: 감정, 행위, 인지) 및 사회적(예: 또래, 가족 그리고 광범위한 사회의 영향) 요인의 상호작용을 고려하는 생물심리사회적 모델을 통해 이해된다(Rosenberg & Feder, 2014). 분명히 이 세 가지 요소 간의 상호작용은 미묘하고 복잡하며 이들 간의 상호작용을 완전히 이해하기 위해서는 지속적인 학제 간 연구가 필요하다.

점점 복잡해지는 신경과학 연구와 행위 중독에 관한 관심은 중독 행위를 구별하는 데 큰 가능성을 보여 준다. Rosenberg와 Feder(2014)는 행위 중독의 세 가지 신경생물학적 모델을 제시했으며 각각 뇌 기능의 다른 측면을 강조한다. 보상/실행 기능 모델(reward/executive function model)은 중독 행위가 중뇌 변연계와 내측 전두엽을 변화시켜 중독의 악순환을 지속시키고 종종 심각한 결과에도 불구하고 그 행위에 집착하고 끊임없이 추구하는 것을 설명한다(O'Brien, Volkow, & Li, 2006). 또 다른 이론은 빠른 보상-기반의 신경회로(주로 도파민 급증으로 강화)가 더 느리게 작동하는 차별적인 신경회로를 대체하여 행위에 몰두할 때 무아지경과 같은 상태를 만든다고 주장한다(Redish, Jensen, & Johnson, 2008). 마지막으로, 세 번째 이론은 세포 기억(cellular memory)이 보상 신호의 기억을 유지하는 데 전체적으로 관여한다고 제안한다(Sacktor, 2011). 행위 중독에 대한 신경 과학 연구는 이 장의 범위를 벗어나지만 행위 중독에 관심이 있는 독자들은 특정 행위 중독에 관한 현재의 연구 상태를 완전히 이해하기 위해 경험적인 신경과학 문헌을 검토해 볼 것을 권한다.

그러나 신경과학에서 비롯되는 핵심 문제는 행위 중독을 가진 사람과 그렇지 않은 사람의 차이가 단순히 중독 행위(예: 도박, 자위, 소비)의 빈도만은 아니라는 것이다. 사실 행위 중독은 스트레스와 환경적 자극에 대한 개인이 반응하는 방식에 의해 특징지어진다. 즉, 행위 중독은 부정적인 결과에도 불구하고 보상을 추구하고 집착하며 몰두하는 것으로 특징지어진다. 이는 행위에 대한 과도한 관여(개인이 의도한 것보다 더 자주 또는 더 강렬하게), 행위를 조절하려는 지속적인 욕구, 행위에서 과도한 시간 손실(행위 전에 집착하면서 잃은 시간 및 행위 후 회복되는 시간 포함)로 드러난다. 또한 부정적인 결과(신체적 및 심리적)에도 불구하고 행위를 지속, 사회적 및 직업적 기능에 미치는 부정적인 영향, 중독의 일부인 보상을 얻으려는 점점 좁아지는 초점, 문제의 존재에 대한 부인, 문제를 인식하고도 치료를 받을 준비가 되지 않거나 능력이 부족한 상태로 드러난다(ASAM, 연도 미상).

행위 중독의 복잡성 중 하나는 감정적 측면이다. 일부 사람들은 보상이나 행위에 몰두된 황홀한 상태에 도달하는 목적만을 위해 행위에 중독된다. 그러나 다른 경우에는 원하지 않는 불쾌한 감정 상태에 대한 부적 강화나 해소를 위해(예: 불안을 줄이거나 우울과 관련된 지루함을 완화하기 위해) 행위가 일어난다. 누구든지 중독 행위를 하게 될 때 행위 중에 흔히 '흥분'을 경험하게 된다. 그러나 불행히도 보상 기능은 단순히 기준선으로 작동되는 것이 아니라 실제로는 기준선 이하로 저하되는 반작용이 일어나는 신경화학적 반응으로 자주 일어난다(ASAM, 연도 미상). 행위 중독 초기에는 이 반응이 거의 감지되지 않지만, 중독이 진행됨에 따라 신경화학적 반작용과 행위의 만성화는 종종 불쾌감에 빠지게 하며 이는 일반적으로 빈도, 강도 또는 위험성을 수반하는 중독 행위의 증가에 의해서만 완화된다(즉, 내성이 발생한다). 따라서 행위를 중단하면 개인은 불쾌한 기분 상태에 머물게 된다(금단).

이러한 변수들 안에서 많은 행위가 잠재적으로 중독을 불러일으킬 수 있다. 모든 잠재적인 중독 행위들을 일일이 설명하는 것은 불가능하지만, 우리는 도박, 성, 음식, 운동, 인터넷, 게임, 쇼핑 및 일의 여덟 가지 행위에 주목하겠다. 이들은 전문가들의 문헌에서 잠재적으로 중독성 있는 행위로 널리 인식되고 있다.

1) 도박

도박은 DSM-5에 수록된 유일한 중독 행위라는 점에서 여러 행위 중독 중에서도 독특한 위치를 차지하고 있다. DSM-5는 물질 관련 및 중독 장애의 장에서 도박장애를 포함한 것에 대해, "이 장에는 도박장애를 포함하고 있는데 이는 도박 행위가 약물남용과 유사한 보상 신경회로를 활성화하고 물질사용장애와 유사한 행위 증상을 나타낸다는 증거를 반영하고 있다"라고 밝히고 있다(APA, 2013, p. 481).

도박장애를 물질사용장애에 관한 장으로 이동시킨 것은 도박장애를 개념화하는 방식에 있어 중요한 변화를 나타낸다. DSM-III와 DSM-IV에서는 도박장애를 충동조절장애 범주에 포함했었기 때문이다(Clark, 2014; Grant & Odlaug, 2014). 많은 사람이 이러한 변화가 향후 DSM의 개정판에 다른 행위 중독을 포함하는 문을 열어 줄 것이라고 믿고 있다(APA, 2013; Clark, 2014; Polychronopoulos, Carlisle, Carlisle, & Kirk-Jenkins, 2014).

도박장애에 대한 DSM-5의 기준을 충족하려면(이 장의 앞부분에서 기록된 행위 중독 기준과 일관적으로), 개인은 12개월 동안 다음 중 네 가지 이상을 충족해야 한다.

1. 원하는 수준의 흥분 상태에 이르기 위해 액수를 늘리면서 도박을 하려는 욕구
2. 도박을 줄이거나 중단하려고 할 때 안절부절못하거나 과민해지는가?
3. 도박을 조절, 줄이기, 또는 중단하려는 노력의 실패를 반복적으로 경험하는가?
4. 도박에 자주 몰두하는가?
5. 스트레스를 느낄 때 빈번한 도박

6. 돈을 잃은 후 다른 날에 잃은 돈을 만회하기 위해 다시 도박(손실을 '쫓아감')
7. 도박에 깊이 빠져 있는지를 숨기기 위해 하는 거짓말
8. 도박 때문에 중요한 관계, 일 또는 교육이나 직업 기회를 위태롭게 하거나 잃은 적이 있음
9. 도박으로 인한 절박한 재정 상황을 완화하기 위해 돈을 제공하는 다른 사람에게 의존(APA, 2013, p. 585)

글상자 16-2 도박

왜 DSM-5에 도박은 포함되어 있지만 다른 행위 중독은 아직 인정받지 못했다고 생각하는가?

도박장애의 유병률은 일반 인구의 0.2%에서 4%로 기록되어 있다(APA, 2013; Rash & Petry, 2015). 도박장애가 있는 사람은 기분 및 불안장애뿐만 아니라 약물사용장애가 동반되는 경우가 많으므로 다른 진단도 고려하는 것이 매우 중요하다(Rash & Petry, 2015). DSM-5에서는 진단 배제 기준의 일부로 "도박장애가 조증 삽화로 더 잘 설명되지 않는다"를 포함하고 있다(APA, 2013, p. 585).

도박장애로 어려움을 겪는 개인의 증상을 줄이는 데 효과적인 몇 가지 치료 접근이 입증되었는데 여기에는 인지행동치료, 동기면담 및 개입, 가족치료(Grant & Odlaug, 2014; Rash & Petry, 2015)가 포함된다. 미국도박문제위원회(National Council on Problem Gambling)는 웹 사이트(www.ncpgambling.org) 및 24시간 전화 서비스(1-800-522-4700)를 통해 지역 자원에 대한 정보와 지침을 제공한다. 미국 도박문제위원회는 또한 국가 인증 도박 치료자(National Certified Gambling Counselor: NCGC)가 되는 방법에 대한 정보를 제공하고 웹 사이트에서 치료 제공이 가능한 인증된 도박 치료자의 목록을 관리하고 있다.

또한 많은 자조 프로그램이 이용 가능하며, 그중 가장 일반적인 두 가지 프로그램은 12단계 프로그램인 도박자 익명자 모임(Gambler's Anonymous)(www.gamblersanonymous.org)과 도박 문제가 있는 사람들의 배우자, 가족 또는 가까운 친구들을 위한 Gam-Anon(www.gam-anon.org)이 있다.

2) 성

학술 문헌에서 통제 불능 및 강박적 성행위의 존재에 대해 상당한 합의가 있지만 이러한 행위를 중독(Carnes, 1991), 과잉 성행위(Kafka, 2010), 충동적-강박적 성행위(Mick & Hollander, 2006), 또는

성 도착 관련 행위(Stein, Black, & Pienaar, 2000) 중 어떤 단어로 묘사하는 것이 가장 적합한지에 대한 논란이 있다. 그러나 많은 연구자는 성중독이 통제 불가능한 성행위의 본질을 가장 명확하게 포착한다고 주장하고 있어(Garcia & Thibaut, 2010; Hagedorn & Juhnke, 2005; Samenow, 2010), 신경과학 학자와 연구자들도 이 주장을 지지하고 있다(Hilton, 2013: Kühn & Gallinat, 2014; Phillips, Hajela, & Hilton, 2015; Voon et al., 2014).

성중독을 개념화하는 데 있어 어려움(즉, 건강하거나 정상적인 것 아니면 비정상적인 것) 중 하나는 성행위가 어느 정도는 개인적 · 문화적 가치에 의해 달라지므로, 어느 지점에서 통제력 상실이 발생하는지와 문화가 하나의 요인이 되는 정도를 판단하는 일이 어려울 수 있다는 것이다(Carnes, 1994). 예를 들어, 매우 종교적인 한 환자의 경우 그가 한 달에 2~3회 자위행위를 하는데 이 행위가 종교적 신념과 부딪히기 때문에 깊은 수치심을 갖는다고 보고할 수 있다. 그는 심지어 자신을 성중독자라고 자칭할 수도 있다. 환자가 자신이 바꾸고 싶은 행위를 스스로 결정할 수 있지만, 좋은 임상 작업은 환자의 행위를 정상화하고 중독이라는 낙인을 반박해 주는 것이 중요하다. 이는 그가 명백히 성중독의 진단 기준을 충족하지 않기 때문이다.

일반적으로 유병률은 인구의 3%에서 6%로 추정되지만 인터넷의 보편화 때문에 이 수치는 더 높아질 수 있다. 약 7명의 성중독자 중 1명은 여성이다(Carnes, 1991). 성중독은 DSM-III-R에서 '달리 분류되지 않는 성적 장애' 진단 범주에 포함되었다(APA, 1987). 그러나 성중독은 성행위가 중독 행위로 인정되는가에 대한 명확한 실증적 연구와 합의가 부족하여 DSM-IV에서는 제외되었다(APA, 1997). DSM-5에서는 과다 성욕 장애 진단이 고려되었지만 포함되지 않았다.

글상자 16-3 성

종교 외에 성과 성적 행위에 영향을 미치는 다른 사회적 · 문화적 요인들은 무엇이 있는가?

Carnes는 성중독에 대한 진단 기준을 다음과 같이 제안했다(Rosenberg, O'Connor, & Carnes, 2014에서 인용).

A. 지난 12개월 동안 최소 세 가지 기준을 충족

1. 특정 성행위를 하려는 충동에 저항하는 것을 반복적으로 실패

2. 의도한 것보다 훨씬 더 자주 또는 오랫동안 이러한 행위에 빈번히 참여

3. 행위를 중단하거나 줄이려는 지속적인 욕구 또는 성공하지 못한 시도

4. 성관계의 기회를 찾는 것, 성적 경험을 가지는 것, 그리고 그로부터 회복하는 데 과도한 시간을 소모
5. 성행위 또는 준비 활동에 대한 집착
6. 직업적 · 학업적 · 가정적 또는 사회적 의무를 수행해야 할 때 빈번히 성행위에 관여
7. 성행위로 인해 발생하거나 악화하는 지속적이거나 반복적인 사회적 · 재정적 · 심리적 · 신체적 문제를 알고 있음에도 불구하고 행위를 지속
8. 동일한 강도, 빈도, 횟수 또는 위험한 수준에서 행위를 계속하면서 원하는 효과 또는 감소된 효과를 얻기 위해 행위의 강도, 빈도, 횟수 또는 위험을 증가시킬 필요
9. 성행위로 인해 사회적 · 직업적 또는 여가 활동을 포기하거나 제한함
10. 성행위를 할 수 없는 경우에 불쾌감, 불안감, 초조함 또는 과민함

B. 중요한 개인적 · 사회적 결과가 나타남(파트너, 직업의 상실 또는 법적 문제 등)

성중독을 선별하기 위해 개발된 여러 평가 도구가 있다. 그중 가장 저명한 도구 중 하나는 개정된 성적 중독 선별 검사(Sexual Addiction Screening Test-Revised: SAST-R)로, 20개의 핵심 문항들을 포함한다. 또한 간단한 선별 도구인 PATHOS(preocupied, ashamed, treatment, hurt, out of control, sad)(집착, 수치심, 치료, 상처, 통제 불능, 슬픔)(Carnes et al., 2012)가 개발되었는데, 공식적이고 광범위한 선별 검사가 쉽지 않은 병원이나 교회와 같은 환경에서 성중독 선별을 위해 사용된다. 이 도구는 CAGE(cut down, annoyed, guilty, eye-opener)(끊어야겠다고 느낀 경험, 타인의 비난에 짜증난 경험, 죄책감, 해장술)(Ewing, 1984)와 유사하다. PATHOS는 다음 여섯 가지 질문 중 세 가지에 '예' 응답을 기준 점수로 사용하며, 충분한 민감도와 특수성의 선별도를 확보하고 있다.

1. 성적 생각에 자주 사로잡히는가? (집착)
2. 자신의 성적 행위를 다른 사람에게 숨기는가? (수치심)
3. 마음에 들지 않는 성적 행위에 대해 도움을 구한 적이 있는가? (치료)
4. 당신의 성적 행위 때문에 감정적으로 상처받은 사람이 있는가? (상처)
5. 성적 욕망에 이끌리게 된다고 느끼는가? (통제 불능)
6. 성관계를 한 후에 우울감을 느끼는가? (슬픔)

PATHOS 선별 도구와 관련하여 두 가지 주의할 점이 있다. 첫째, 이 도구는 성중독을 진단하는 것이 아니라 위험에 처한 사람들을 식별하고 추가 평가가 필요한 사람들을 식별하는 데 사용된다. 둘째, 응답 내용을 고려할 때 발달적 맥락을 고려해야 한다. 예를 들어, PATHOS의 2번 질문에 대해 남편의 성적 행위를 숨기는 중년 여성은 부모에게 성적 행위를 숨기는 대학생과 질적으로 다르다.

성중독치료에는 종종 집단 및 개인치료, 동기면담, 인지행동 접근 및 변증법적 행동 접근을 포함하여 촉발 및 갈망을 해결하기 위한 접근, 재발 방지 전략, 약물치료, 12단계 동료 지지 집단 및 공존 정신장애 치료가 포함된다(Rosenberg & Feder, 2014). 치료의 목표는 개인의 성욕을 없애는 것이 아니라 건강한 성생활을 발전시키는 것이다. 흔히 성중독과 관련된 수치심과 비밀스러움 때문에 집단치료가 흔히 사용되며, 개인치료보다 집단치료가 더 효과적이라고 여겨진다. 많은 동료 지지 모임은 AA를 모델로 하고 있으며, 여기에는 SAA(Sex Addicts Anonymous), SA(Sexaholics Anonymous), SLAA(Sex and love Addicts Anonymous) 및 SCA(Sexual Compulsives Anonymous)가 포함된다. AA와 마찬가지로 성중독자의 배우자 및 가족 구성원을 위한 12단계 모임도 있다.

3) 음식

음식 중독이라는 용어는 크게 인기를 얻었지만 여전히 논란이 많은 용어이다. 최근 연구에서 주목을 많이 받았지만 DSM-5에는 음식 중독에 대한 공식적인 진단이 없다. DSM-5에는 폭식장애에 대한 진단이 있으며, 일부 중복될 수 있지만 폭식장애는 음식 중독이라는 용어를 완전히 포괄하지 못한다.

특정 음식, 특히 설탕과 지방 함량이 높아 맛이 좋은 초가공식품에 대해 중독이란 말을 하는 것은 흔한 일이다(Blundell, Coe, & Hooper, 2014; Curtis & Davis, 2014; Davis, 2014; Yau, Gottlieb, Krasna, & Potenza, 2014). 당신은 아마 '나는 초콜릿에 중독됐다'라는 말을 들었거나 한 번 먹기 시작하면 멈출 수 없다는 감자칩 광고를 본 적이 있을 것이다.

음식 중독이 약물사용장애와 공유하는 몇 가지 일반적인 특징으로는 사용량을 줄이려고 해도 실패하는 것, 부정적인 결과에도 불구하고 계속 사용하는 것, 소비량 증가, 통제력 상실 그리고 금단 증상 등이 있다(Gold, Teitelbaum, & Gold, 2015; Yau et al., 2015). 연구자들은 또한 특정 음식이 코카인이나 헤로인과 같은 약물과 유사한 반응을 유발할 수 있다고 지적하고 있다(Gold et al.,

2015; Yau et al., 2015). 여기에는 '중독의 신경전달물질'로 알려진 도파민에 미치는 영향이 포함된다(Joranby, Pineda, & Gold, 2005, p. 205).

공식적인 진단 기준은 없지만 음식 중독을 평가하기 위한 도구들이 존재하며 그중 가장 주목할 만한 것은 예일 음식 중독 척도(Yale Food Addiction Scale: YFAS)이다. YFAS는 DSM-IV의 물질의존 기준을 음식 및 섭식 행위에 적용하며 2009년에 개발되었다(Pursey, Stanwell, Gearhardt, Collins, & Burrows, 2014). 음식 중독의 인구 유병률은 5%에서 19.9%로 추정된다(Davis, 2014; Pursey et al., 2014). 치료자들은 또한 음식 문제가 우울증과 같은 다른 기분장애에 어떻게 영향을 미치는지 고려해야 한다. 식욕 증가는 주요한 우울장애의 한 증상이며 음식은 종종 개인의 우울증에 대한 대처 기제로 사용된다(APA, 2013). 일부 음식이 '위로'를 주는 음식이라고 불리는 데는 이유가 있다.

음식 중독을 보이는 사람들을 위한 치료는 약물사용장애를 위한 치료와 유사하며 익명 과식자 모임(Overeaters Anonymous: OA)이나 익명 음식 중독자 모임(Food Addicts Anonymous: FAA)과 같은 자조 회복 집단, 인지행동치료, 마음챙김 기반 치료, 동기면담 접근 및 변증법적 행동치료를 포함한다(Gold et al., 2015; Joranby et al., 2005; Yau et al., 2014). 그러나 많은 전통적인 물질사용장애 치료는 금욕에 기초한다. 이에 반해 모든 음식을 금욕한다는 것은 불가능하므로 완전히 일치하는 접근 방식은 없고 유연할 필요가 있다. 일부 치료 프로그램은 설탕이나 가공식품과 같은 특정 유형의 음식을 절제하는 것을 권장하고, 또 어떤 프로그램은 영양 상담과 공인 영양사를 치료에 포함한다(Yau et al., 2014).

글상자 16-4 학제 간 접근

영양사(nutritionists, dietitians)와 협력하는 것과 같은 학제 간 접근의 장점과 한계점은 무엇인가?

4) 운동

운동 중독의 진단과 치료에 관한 생각에는 많은 과제가 있다. 운동이라는 행위가 일반적으로 높이 평가되고 장려되기 때문이다. 많은 의료 전문가가 다양한 건강 문제를 해결하고 생명을 연장하기 위해 운동을 처방하고, 많은 정신건강 전문가는 우울증의 스트레스와 증상을 줄이는 방법으로 운동을 권장한다(Dakwar, 2015: Landolfi, 2013). 어떤 사람들은 운동을 "다른 중독을 대체할 수 있는 긍정적인 중독"이라고도 한다(Landolfi, 2013).

그러나 과도해질 때 운동은 중독의 관점에서 바라볼 수 있다. DSM-5에는 독립적인 진단 항목으로 포함되지 않았지만(이전 판에도 포함되어 있지 않음)(Berczik et al., 2012; Berczik et al., 2014; Dakwar, 2015), 운동은 갈망이 있으며 부정적인 결과(예: 부상)에도 불구하고 계속되는 사용 또는 행위, 운동 행위를 줄이기 위한 시도의 실패, 금단 증상, 관계나 일 또는 학업에 대한 방해 등 여러 중독 기준으로 평가될 수 있다(Dakwar, 2015; Landolfi, 2013).

운동 중독은 때때로 두 가지 범주로 나뉘며 1차 또는 2차 범주로 구분된다. 1차 운동 중독에서는 운동이 목표로 여겨진다. 반면에 2차 운동 중독에서는 목표가 체중 감량이며 운동은 이를 위한 수단으로 여겨진다(Berczik et al., 2014). 운동 중독으로 언급되지는 않았지만 "과도한 운동"은 신경성 폭식증에 대한 DSM-5 기준에서 잠재적인 "체중 증가를 방지하는 보상 행위"로 언급된다(APA, 2013, p. 345).

운동 중독의 개념에 관한 다른 가설로 운동을 스트레스 해소 수단으로 사용하는 사람들이 운동에 의존하게 되어 스트레스를 관리하기 위해 점점 더 많은 운동이 필요하다는 것(Berczik et al., 2012; Landolfi, 2013)이나, 일부 운동 유형에서는 엔도르핀의 급증과 함께 경험되는 황홀감을 의미하는 "러너스 하이(runner's high)"가 있다(Landolfi, 2013).

치료자들은 운동 중독을 평가할 때 섭식 장애와 강한 연관성, 그리고 운동이 조증 삽화의 증상일 가능성을 포함한 잠재적 공존장애나 감별 진단에 주의해야 한다(Berczik et al., 2012; Dakwar, 2015).

운동 중독 유병률은 정확히 파악하기 어렵지만 특히 다른 중독과 비교할 때 상대적으로 드물게 나타난다(Berczik et al., 2014; Landolfi, 2013). 치료 지침은 중독에 대한 전통적인 접근으로 어느 정도 많은 도움을 받지만 아직 해결해야 할 과제들이 있다. 전통적인 중독 접근이 도움이 될 수 있지만 건강에 부정적인 영향을 미칠 가능성이 크지 않다면 운동을 완전히 금지하는 것은 가능하지 않기 때문이다. 그러나 인지행동치료, 동기면담 및 마음챙김 기반의 접근은 문제적 운동을 해결하는 데 효과적인 것으로 입증되었다(Berczik et al., 2014; Dakwar, 2015).

5) 인터넷

인터넷 중독(internet addiction: IA)은 1990년대에 학술 문헌에 등장하기 시작했다. IA는 과도하거나 통제되지 않은 집착, 충동 및 행위로 인해 스트레스나 일정 수준의 장애를 초래하는 것으로 특징지어진다(Weinstein, Feder, Rosenberg, & Dannon, 2014). 이는 종종 여러 형태의 사회적 접촉에서의 고립을 포함한다. 인터넷 사용은 다면적이다. Weinstein 등(2014)은 IA의 세 가지 하위 유형을 구별했다. 온라인 게임 또는 도박, 성적 집착 그리고 이메일이나 메시지를 포함하는 사회활동 혹은 사회적 관계망이다. IA를 가진 개인은 이 세 가지 하위 유형 중 하나에만 해당하거나 여러 하위 유형이 결합하여 나타날 수 있다. 또한 IA의 유형은 아니지만 문자 메시지도 행위 중독이 될 수 있는 기술 사용(technology use)의 한 형태이다.

IA는 DSM-5에서 고려되었으며, 한 하위 유형인 인터넷 게임장애는 향후 검토 및 추가 연구를 위해 부록 III에 포함되었다(APA, 2013). 그러나 공식적인 기준 목록이나 평가 절차가 없으므로 연구는 일관되지 않은 기준, 측정 및 방법론적 한계를 가지고 수행되어 왔다(Byun et al., 2009). Block(2008)은 IA 진단에 필수적인 네 가지 기준을 제안했다.

1. 시간 감각의 상실 또는 기본적인 욕구를 무시한 과도한 인터넷 사용
2. 컴퓨터를 사용할 수 없을 때 분노, 긴장, 우울감을 포함한 금단 증상
3. 더 나은 컴퓨터 장비, 더 많은 소프트웨어 또는 더 많은 사용 시간을 요구하는 내성
4. 논쟁, 거짓말, 낮은 학업 또는 직업 성취, 사회적 고립, 피로 등을 포함한 부정적 결과

일관된 기준과 측정 방식의 부족으로 인해 연구자들은 유병률을 정확히 파악하지 못했으며 미국에서는 추정치가 1% 미만(Shaw & Black, 2008)에서 6%(Greenfield, 1999)까지 다양하다. 한 연구 집단(Forston, Scotti, Chen, Malone, & Del Ben, 2007)은 미국 남부 대학생들의 유병률이 25%에 이른다는 결과를 제시하였는데, 이는 현재 인터넷 접근이 가능한 상황에서 성장한 대학생들이 성인이 되면서 인터넷 중독이 점점 더 만연되는 것은 아닌지 우려하게 한다. 만약 그렇다면 유병률은 앞으로 더 증가할 가능성이 있다.

IA 평가에 있어 가장 복잡한 요소는 이것이 기존 장애와 함께 발생하는지 아니면 기존 장애의 결과로 발생하는지 여부이다. 이는 인터넷 중독을 독립적인 상태로 치료해야 하는지를 결정짓는 중요한 문제이다. 예를 들어, Ko 등(2006)은 IA가 단순히 발달적 전환과 위기에 대처하는 건강하지 못한 전략일 수 있으며 시간이 지나면서 중독으로 발전할 수 있음을 발견했다. 이는 적어도 어떤 경우에는 인터넷 중독이 치료의 주요 초점이 되어야 하며 고통을 다루기 위한 건강한 대처 전략의 개발을 포함해야 함을 시사한다. 한편, IA는 대면적 상호작용보다 낮은 위험이 있는 하나의 사회적 상호작용을 제공하고 있다. 그러나 이것은 전통적인 사회적 상황을 두려워하는 사람들에게 중

독적인 요소가 될 수 있다. 이 경우 치료는 개인이 사회적 상황에 대한 두려움을 극복하고 인터넷 기반의 행위를 줄이도록 돕는 데에 초점을 맞추어야 한다(Campbell, Cummings, & Hughes, 2006).

반면에 IA의 많은 사례가 다른 장애와 동반된 경우가 많다. 20개 연구를 검토한 결과(Carli et al., 2013), 문제적 인터넷 사용의 경우 100%의 사례에서 ADHD 증상, 75%의 사례에서 우울증, 66%의 사례에서 적대감/공격성, 60%의 사례에서 강박 증상, 57%의 사례에서 불안과 유의미한 상관관계가 있는 것으로 밝혀졌다. 또한 Luo, Brennan과 Wittenauer(2015)는 과도한 인터넷 사용에서 조증 또는 혼재성 삽화 내에서 발생하는 양극성 장애를 배제하는 것이 중요하다고 강조했다. 마지막으로, 알코올 및 약물사용은 문제적 인터넷 사용과 관련이 있는 것으로 나타났다(Weinstein et al., 2014). 공존장애에 대한 자료는 치료 과정을 세우기 위해 철저한 평가가 중요함을 강조하고 있다.

따라서 치료는 공존장애의 존재 여부에 따라 달라진다. 공존장애가 있는 경우, 기저 장애를 치료하지 않으면 인터넷 중독의 개선이 방해받을 가능성이 크다. 그러나 공존장애가 없는 경우에도 인터넷 중독치료에 대한 합의는 여전히 이루어지지 않고 있다. 따라서 치료는 증상에 초점을 맞추며, 인터넷 사용을 줄이고 사회적 고립과 갈망에 대처하는 전략을 개발하며, 인터넷 중독으로 인해 손상된 인지 및 심리사회적 기능을 개선하는 것을 목표로 한다(Luo et al., 2015). 일부 상황에서는 인터넷 접근을 자발적으로 금지하는 기간이 필요할 수 있다(Shaw & Black, 2008).

6) 게임

비디오 게임은 인터넷 연결이 필요한 게임과 필요하지 않은 게임을 포함한 다양한 전자 게임을 포함한다. 비디오 게임은 오랫동안 존재해 왔지만 온라인 비디오 게임의 인기가 증가하면서 학자들은 게임을 잠재적으로 중독성 있는 행위로 더욱 주목하게 되었다. 오프라인 비디오 게임은 일반적으로 사회적 요소가 없고 게임의 명확한 끝이 있다. 따라서 일반적으로 중독성은 덜하다고 여겨진다. 따라서 오프라인 게임도 문제를 일으킬 수 있지만 대부분의 학문적 관심은 온라인 게임으로 향해 있다. 이는 다른 사용자들과 동시에, 종종 원격으로 게임을 하고, 미리 정해진 끝이 없으므로 문제적이거나 중독적인 사용을 더 자주 초래하게 된다고 여겨진다(Taneli, Guo, & Mushtaq, 2015). 또한 새로운 도전이 가능하도록 개발자와 게임 운영자는 출시 후에도 게임을 업데이트하여 제공한다. 이 새로운 요소는 중독 과정을 촉진할 수도 있다. 미국에서는 약 9%의 청소년이 중독될 가능성이 있는 문제적 게임 사용에 참여하고 있으며(Gentile et al., 2011), 다른 국가는 일반적으로 3%에서 5% 사이로 더 낮게 추정되고 있다(Demetrovics & Griffiths, 2012; Pápay et al., 2013).

DSM-5 작업팀은 개정판을 편찬할 당시 물질관련장애 작업 집단에게 행위 중독을 고려하는 것을 요청했다. 앞서 언급했듯이 도박은 주요 진단으로 포함되었지만, 인터넷 게임 장애는 '새로운 측정 및 모델' III부에 포함되었다. 이는 결과의 심각성에 대한 경험적 증거와 연구가 많아지고 있기 때문이다(Taneli et al., 2015).

Young(1998)은 문제적 온라인 게임에 대한 포괄적인 이론적 틀을 개발했다. 이 이론은 일부 게임 사용자가 게임 운영 시간을 포함하여 다른 의무를 이행할 수 없을 정도로 서서히 게임에 대한 통제력을 잃는 것을 강조하고 있다. 이러한 사용자는 게임 행위가 문제가 되었음을 인식한 후에도 게임 시간을 줄일 수 없으며, 점점 더 가상 세계에 몰두하게 되어 현실 세계에서 문제가 발생하게 된다(Young, 2009). Young의 분류에 따르면, 사용자가 다른 것에 집중해야 할 때 게임에 집착하게 되면 이는 중독으로 진행된다. 흥미롭게도 연구자들(Nagygyörgy et al., 2013)은 온라인 사용자 표본의 79%가 한 가지의 온라인 게임을 하며, 이는 단일 가상 세계에 깊이 몰입했음을 시사한다고 보고하였다.

연구자들은 주의력 문제(ADD 및 ADHD), 우울증, 불안, 사회 공포증에 대한 공존장애를 광범위하게 조사했다. 특히 주의력 문제는 여가 생활로 게임을 즐기는 사람들보다 문제적 게임 사용자에서 약 두 배 더 자주 발견되었다(Batthyany, Muller, Benker, & Wolfling, 2009; Gentile et al., 2011). 또한 문제적 사용자에서는 기분 전환용 사용자보다 더 심각한 우울증 증상, 불안 및 사회 공포증이 발견된다(Gentile et al., 2011). 그러나 현재까지 대부분의 연구는 상관관계 연구로 이루어져 있어, 게임과 공존하는 문제 간의 인과 관계에 대해서는 의문이 남아 있다.

이용 가능한 치료 프로그램이 있지만 그 효과를 발표한 자료는 제한적이다. 대부분은 완전 금욕 모델이나 중간 정도의 균형 잡힌 게임 사용을 촉진하는 폐해 감소 모델을 따른다. 모델과 상관없이 모든 치료는 ⓐ 게임 시간을 줄이고 친사회적 기술을 향상하는 실생활 활동을 증가시키는 것, ⓑ 동반되거나 기저하는 문제를 치료하는 것, ⓒ 목표 설정 및 시간 유지와 같은 관리 기술에 초점을 맞추어야 한다(Griffiths, 2008). 치료를 진행하기 위해서는 우울증, 사회 불안, 강박장애 및 주의력 결핍/과잉행동 장애를 포함한 장애에 대한 철저한 평가와 진단이 필요하다(Taneli et al., 2015). 또한 게임 동기를 평가하는 것도 유용할 수 있으며 연구자들은 주요 동기가 사회적 목적, 탈출, 경쟁, 대처, 기술 개발, 환상 및 기분 전환이라고 제안한다(Demetrovics et al., 2011). 그리고 게임 이면의 동기를 이해하는 것은 대안적인 행위와 치료 전략에 정보를 제공해 줄 수 있다.

공식적인 치료 외에도 다양한 온라인 동료 지지 집단이 유용하다. 익명의 게임 사용자 모임(Gamers Anonymous)은 미네소타 12단계 모델을 기반으로 온라인 지지를 제공한다(Griffiths & Meredith, 2009). 또한 게임 사용자, 부모와 가족, 전문가들에 의해 운영되는 온라인 포럼도 있다(Griffiths, 2008).

7) 쇼핑

> **글상자 16-5 쇼핑**
>
> 우리 사회는 쇼핑과 지나친 소비를 어떻게 부추기는가?

학술 문헌에서 흔히 강박적 구매 장애라고 불리는 중독성 또는 통제 불능 쇼핑은 DSM에서 인정되지 않았다. 이는 부분적으로 학자들 사이에서 통제 불능의 쇼핑이 강박적인지, 충동적인지, 중독적인지에 대해 의견이 일치하지 않는 것에 기인하며, 혹은 이것이 각각의 특성을 공유하고 있기 때문이다. DSM-5에 쇼핑 중독을 포함하려는 제안이 있었지만 이러한 노력은 성공하지 못했다. 쇼핑은 미국에서 인기 있는 여가 활동으로 미국인들은 주당 평균 6시간을 쇼핑에 소비한다(Grant, Potenza, Krishnan-Sarin, Cavallo, & Desai, 2011). 그러나 쇼핑에 대한 시간과 돈이 통제 불능 상태가 되면 병리가 된다(Hussain, Guanci, Raza, & Ostrovsky, 2015). 온라인 쇼핑의 확산은 의심할 여지 없이 쇼핑 중독을 증가시켰다.

쇼핑 중독을 가진 개인들은 일반적으로 행위 중독의 공통적인 부정적-긍정적-부정적인 감정 주기를 따르게 된다. 즉, 핵심 유발 요인 중 하나는 바람직하지 않은 감정 상태, 종종 불안감이다. 행위(쇼핑)에 참여하는 것은 원치 않는 감정 상태를 일시적으로 완화하고 때로는 황홀감(도파민 급증으로 인해 발생)을 제공받을 수도 있다. 그러나 이는 일반적으로 짧게 지속되며 과소비의 형태를 반복한 후 느끼는 죄책감과 수치심은 다시 원치 않는 기분을 초래한다. 중독이 진행됨에 따라 돈이 과잉 지출되는 행위에서 오는 죄책감과 수치심은 또 다른 쇼핑을 통해서만 약화 될 수 있는 지경에 이를 수도 있다. 평가 기준에 따라 연구자들은 미국에서 쇼핑 중독의 유병률을 2%에서 9%로 추정한다(Karim & Chaudhri, 2012; Kukar-Kinney, Ridgway, & Monroe, 2009). 연구자들은 쇼핑 중독을 가진 사람의 대부분이 20대 초반으로 상당히 젊다는 것을 발견했다(Black, 2011). 또한 쇼핑 중독에 성별 차이가 있는가에 관해서는 연구자들 사이에서 의견이 분분하다. 더욱 흥미로운 점은 사회경제적 지위(SES)가 쇼핑 중독의 예측 인자가 아니라는 것이다. 높은 SES 그룹의 사람들이 낮은 SES 그룹의 사람들보다 더 많은 돈을 쓸 수 있지만 두 그룹 모두에서 신경 적응(neuroadaptation) 과정은 거의 동일하다.

강박적 구매 장애에 대한 진단 기준이 다음과 같이 제안되었다(McElroy, Keck, Pope, Smith, & Strakowski, 1994).

- 쇼핑에 대한 집착 또는 침입적인 충동
- 명백히 필요 이상 또는 개인이 감당할 수 있는 것 이상으로 구매
- 쇼핑으로 인한 심각한 고통
- 삶의 다른 생활 영역(예: 사회적 기능 및 직업)에 대한 중대한 방해

이 기준은 쇼핑의 강박적이고 충동적인 성격에 대한 언급을 포함하면서 물질 및 행위 중독에서 흔히 볼 수 있는 요소도 포함하여 이 현상의 복잡성을 강조한다.

중독적으로 쇼핑을 하는 개인은 종종 다양한 결과를 경험한다. 여기에는 재정적인 어려움(심각한 부채 포함), 관계 문제(통제 불능의 지출과 많은 경우 '숨겨진' 지출로 인해 발생), 직업적 어려움(쇼핑에 대한 집착으로 인한 기능 감소, 특히 근무 중 온라인 쇼핑 포함), 또 어떤 경우는 법적 어려움[주로 파산이나 채무를 갚기 위해 절도(상점 절도 또는 횡령)를 저지르는 것]이 포함된다(Racine, Kahn, & Hollander, 2014).

안타깝게도 쇼핑 중독은 전문 학술 문헌에서 여전히 논란이 되고 있는데 많은 정신건강 전문가가 이 장애의 심각성을 인식하지 못하고 있어(Benson & Gengler, 2004) 환자들이 효과적인 치료를 받지 못하거나 도움을 구하는 행위를 중단하는 경우가 많다.

연구자들은 통제 불능의 쇼핑 습관을 지닌 사람들이 더 높은 정신과적 공존장애율을 보이고 있음을 발견했다(Black, Monahan, Schlosser, & Repertinger, 2001; Mueller et al., 2010). Mueller 등(2010)의 연구에 따르면, 지출 중독을 가진 사람들의 평생 정신과적 공존장애율을 조사한 결과, 74%가 기분장애, 57%가 불안장애, 21%가 충동 조절 장애, 그리고 21%가 다른 유형의 행위 중독을 경험하였다고 한다.

쇼핑 중독에 관한 치료 연구는 다양한 학자가 이러한 행위를 충동조절장애, 강박장애, 행위 중독, 또는 단순히 정서장애의 증상으로 특징짓기 때문에 제한적이었다. 따라서 명확한 치료법이 나

타나지 않았다. 문헌에서 가장 주목할 만한 것은 공존장애의 치료, 쇼핑 행위 문제, 감정 및 자존감을 다루기 위한 인지행동치료, 그리고 쇼핑 충동을 극복할 수 있는 기술을 개발하도록 개인에게 권한을 부여하는 집단치료이다(Benson & Gengler, 2004). 또한 지출 중독을 가진 사람들을 위한 12단계 프로그램인 익명의 채무자 모임(Debtors Anonymous: DA)이 있다(Hussain et al., 2015).

8) 일

일 중독은 다른 어떤 행위 중독보다도 평가하고 치료하기 어려울 수 있다. 이는 많은 문화가 과도한 근로 의지를 강점으로 보기 때문이다. 워커홀리즘(workaholism)이라는 용어는 45년 이상 전에 Wayne Oates(1971)에 의해 만들어졌으며 일 중독이라는 용어와 상호 교환적으로 사용된다. 일 중독은 대학 교육을 받은 사람들에게서 유병률이 8%에서 17.5%에 이르며, 법, 의학 및 정신건강과 같은 직업에서는 이 수치가 25%까지 이를 수 있다(Ascher, Avery, & Holoshitz, 2015).

지필 척도로 측정할 수 있는 일 중독 위험 검사(Work Addiction Risk Test; Taris, Schaufeli, & Verhoeven, 2005), 워커홀리즘 척도(Workaholism Battery; Andreassen, Hetland, Molde, & Pallesen, 2011), 네덜란드 일 중독 척도(Dutch Work Addiction Scale; Shimazu, Schaufeli, & Taris, 2010)와 같은 측정 도구들이 존재하지만, 일 중독은 일반적으로 인터뷰와 자기보고에 의해 확인된다(Ascher et al., 2015). 전문가들은 일반적으로 일 중독에는 행위적 요소(즉, 과도한 시간 근로)와 인지적 요소(강박 및 집착)가 포함되어야 하며, 과도한 근로 시간, 일하지 못할 때의 좌절감, 강박적으로 엄격한 작업 스타일, 낮은 자존감, 과도한 스트레스, 삶의 만족도 감소 등의 부정적인 결과가 포함된다고 합의하였다(Ascher et al., 2015).

행위적 요소와 인지적 요소의 결합은 일에 대한 건강한 높은 수준의 열정(이는 삶을 향상할 수 있음)과 일 중독(이는 결국 삶의 만족도와 웰빙을 감소시킴)을 구별하는 데 중요하다(Griffiths & Karanika-Murray, 2012). 실제로, 일 중독은 종종 체중 증가, 수면 부족, 고혈압, 불안, 심인성 문제 호소, 기분장애 등 심각한 건강 문제를 초래하는 것으로 보인다(Ascher et al., 2015). 또한 일 중독은 동반자와의 관계와 일 중독자의 자녀에게 부정적인 영향을 미친다(Carroll & Robinson, 2000).

안타깝게도, 일 중독을 다루기 위한 근거 기반적인 개입은 없다(Ascher et al., 2015). 사실, 일 중독은 종종 자아 동조적이기 때문에 개인이 심각한 건강 문제나 관계 스트레스를 경험하기 전까지는 도움을 구하지 않을 가능성이 크다. 기분장애와 같은 공존장애를 배제하는 것이 중요하며

(Ascher et al., 2015), 이는 일 중독이 다루어지는 동안 심리치료나 약물로 치료될 수 있다. 일 중독 치료는 단순한 행위 개입을 넘어, 일과 삶의 균형을 계획하는 것에서부터 일에 대한 집착과 근본적인 원인을 다루는 과정이 필요하다. 회복에 대한 가장 좋은 방법은 식단, 수면, 스트레스 관리, 일과 관련된 경계 설정을 위한 자기주장, 영적 또는 존재적 문제를 다루는 것을 포함하고 있는 전체론적인 치료를 통해 이루어진다(Ascher et al., 2015).

또한 치료에는 익명의 일 중독자 모임(Workaholics Anonymous: WA)을 통한 12단계 프로그램이 포함될 수 있다. 참가자들은 종종 『익명의 일 중독자 회복 북(The Workaholics Anonymous Book of Recovery)』(Workaholics Anonymous World Service Organization, 2009a) 또는 『익명의 일 중독자 발견 북(The Workaholics Anonymous Book of Discovery)』(Workaholics Anonymous World Service Organization, 2009b)을 활용한다.

2. 행위 중독에 대한 문화적 문제

과정 중독의 영역에서 문화적 문제와 민족적 다양성에 관한 연구는 매우 제한적이며 일부 행위 중독의 경우 그 존재조차 인정되지 않지만 여전히 임상가들이 고려해야 할 몇 가지 중요한 사항이 있다. 예를 들어, 도박 중독에 관한 연구는 전통적으로 남성에 초점을 맞추었지만, 도박 중독은 인종, 성별, 사회 계층, 나이를 포함한 모든 문화적 경계를 넘나드는 것이 점점 더 명백해지고 있다(Ashley & Boehlke, 2012). 이 광의의 스펙트럼은 청소년, 노인과 여성에서 도박 중독률이 증가하고 있는 현상을 반영하고 있으며 지역은 도박의 유병률에 큰 영향을 미치지 않는다고 보고하고 있다(Ashley & Boehlke, 2012; Suissa, 2011; Westermeyer, Canive, Garrard, Thuras, & Thompson, 2005).

마찬가지로, 성중독에 관한 대부분의 연구는 남성에게 초점을 맞추었으며, 여성 유병률에 대한 정보는 매우 제한적이다(McKeague, 2014; Roller, 2004). 추정치에 따르면 약 7명 중 1명이 여성임에도 불구하고 말이다(Carnes, 1991). 더 넓게는 문화마다 다른 성적 규범을 가질 수 있으므로 임상가들은 성중독 평가에서 환자와 문화적 고려를 탐색하는 것이 중요하다(Iwen, 2015). 도박과 성중독에 대해 행해진 많은 연구와는 대조적으로, 음식 중독에 관한 대부분 연구의 초점은 백인 중년 여성들에 맞추어져 있다(Berenson, Las, Pohlmeier, Rahman, & Cunningham, 2015). 이는 성별, 인종, 연령별로 다양한 문제를 이해하는 데 커다란 제한점이 된다.

따라서 행위 중독의 문화적 문제에 관한 추가적인 연구가 절실히 필요하다. 문화적 배경 문제에 관한 명확한 연구가 없는 상황에서 치료자는 환자 개인과 문화적 차이를 존중하고 공감하며, 중독과 회복 과정에서 개인적 및 문화적 경험을 탐색하도록 환자를 도와야 한다.

3. 사례 연구 반응

가브리엘의 사례는 중독치료의 복잡성을 보여 준다. 이 사례는 공존장애 가능성, 기저의 외상, 중독 상호작용을 포함한 많은 도전적인 과제를 제시한다. 그러나 이 장의 목적을 위해 우리는 알코올 및 약물사용과 성적 행위 간의 잠재적인 중독 상호작용에 초점을 맞췄다.

임상 연구는 물질사용장애와 행위 중독 간의 관계를 시사하며(Grant, 2008), 물질사용장애를 지닌 개인 중 다수가 하나 이상의 행위 중독을 가지고 있음을 나타낸다. 중독 상호작용 장애라는 용어는 여러 중독 행위가 동시에 발생하는 현상을 설명하기 위해 만들어졌다(Carnes, Murray, & Charpentier, 2005). 이는 여러 중독이 때로는 단순히 공존하는 것 이상으로 실제로는 여러 방식으로 상호작용하는 것을 설명하기 위해 선택된 용어이다. 가브리엘을 치료하는 초기 단계에서 초기 정보를 바탕으로 치료자는 포괄적인 평가 과정의 일환으로 성중독을 평가하는 것이 좋다. 가브리엘의 초기 성 경험에 대한 수치심과 그의 불륜 역사, 특히 이러한 불륜이 자아 이질적인지 탐색하는 것이 중요하다. 가브리엘은 환자들이 종종 그러듯이 자신이 단지 알코올 및 약물사용 때문에 성적으로 행동한다고 믿을 수 있지만(즉, 상호작용을 억제하는), 그는 최근 입원치료를 받는 동안에 알코올과 약물에서 벗어난 상태에서 여러 상대와 성 행위를 가졌다. 가브리엘의 성공적인 치료를 위해서는 모든 공존장애와 중독을 다루는 것이 필수적이다.

요약

행위 중독에 대한 이해는 치료자 교육에 필수적이다. 공식적인 진단 기준이 행위 중독의 개념을 완전히 받아들이는 데 시간이 걸릴 수 있지만 치료자들은 행위 중독이 존재하며 환자에게 얼마나 파괴적일 수 있는지 이해해야 한다. 치료자들은 도박, 성, 음식, 운동, 인터넷, 게임, 쇼핑, 일 등 다양한 영역에서 중독 문제와 중독 행위를 가지고 치료를 받으러 오는 환자들을 계속해서 만나게 될 것이며, 미래에는 더 많은 종류의 중독이 추가될 가능성이 있다. 일부 경우에는 이러한 행위 중독이 환자가 초기에 털어놓지 못하는 문제가 될 수 있으며 철저한 평가 없이는 문제를 쉽게 놓칠 수 있다.

이 주제는 우리의 이해와 치료 개발의 측면 모두에서 빠르게 진화되고 있다. 치료자들에게는 많은 자원이 제공되고 있으며(지속적인 학습을 위한 자료 참조), 행위 중독과 물질중독은 증상, 공존장애, 치료 가능성을 포함하여 중복되는 부분이 많다. 중독의 신경생물학적인 연구를 포함한 추가적인 연구는 행위 중독의 원인과 치료에 대한 더 많은 정보를 구축하기 위해 계속될 것이다.

지속적인 학습을 위한 자료

▸ **Websites**

Debtors Anonymous (DA): www.debtors-anonymous.org.

Food Addicts Anonymous (FAA): www.food-addictsanonymous.org.

Gamblers Anonymous: www.gamblers-anonymous.org and www.gam-anon.org (for family and friends of problem gamblers).

National Council on Problem Gambling: www.ncpgambling.org (includes information on becoming a National Certified Gambling Counselor [NCGC] and provides a directory of certified gambling counselors).

Online Gamers Anonymous: www.recovery.org/topics/about-the-online-gamers-anonymous-12-step-recovery-program.

Overeaters Anonymous (OA): www.oa.org.

Sex Addicts Anonymous (SAA): www.saa-recovery.org.

Sex and Love Addicts Anonymous (SLAA): www.slaafws.org.

Sexaholics Anonymous (SA): www.sa.org. Sexual Compulsives Anonymous (SCA): www.sca-recovery.org.

참고문헌

American Psychiatric Association. (1987). *Diagnostic and Statistical Manual of Mental Disorders* (3rd ed.). Washington, DC: Author.

American Psychiatric Association. (1997). *Diagnostic and Statistical Manual of Mental Disorders* (4th ed.). Washington, DC: Author.

American Psychiatric Association. (2013). *Diagnostic and Statistical Manual of Mental Disorders* (5th ed.). Washington, DC: Author.

American Society of Addiction Medicine. (n.d.). *Definition of addiction*. Retrieved from www.asam.org/for-the-public/definition-of-addiction.

Andreassen, C. S., Hetland, J., Molde, H., & Pallesen, S. (2011). "Workaholism" and potential outcomes in well-being and health in a cross-sectional sample. *Stress Health, 27*, 209-214.

Ascher, M. S., Avery, J., & Holoshitz, Y. (2015). Work addiction: Taking care of business. In M. S. Ascher & P. Levounis (Eds.), *The behavioral addictions* (pp. 199-208). Washington, DC: American Psychiatric Association.

Ashley, L. L., & Boehlke, K. K. (2012). Pathological gambling: A general overview. *Journal of Psychoactive Drugs, 44*(1), 27-37.

Batthyany, D., Muller, K. W., Benker, F., & Wolfling, K. (2009). Computer game playing: Clinical characteristics of dependence and abuse among adolescents. *Wien Klinische Wochenschrift, 121*, 502-509.

Benson, A. L., & Gengler, M. (2004). Treating compulsive buying. In R. H. Coombs (Ed.), *Handbook of addictive disorders: A practical guide to diagnosis and treatment* (pp. 451-491). Hoboken, NJ: Wiley.

Berczik, K., Griffiths, M. D., Szabo, A., Kurimany, T., Urban, R., & Demetrovics, Z. (2014). Exercise addiction. In K. P. Rosenberg & L. C. Feder (Eds.), *Behavioral addictions: Criteria, evidence, and treatment* (pp. 317-342). New York: Academic Press.

Berczik, K., Szabo, A., Griffiths, M. D., Kurimay, T., Kun, B., Urbán, R., & Demetrovics, Z. (2012). Exercise addiction: Symptoms, diagnosis, epidemiology, and etiology. *Substance Use & Misuse, 47*(4), 403-417.

Berenson, A. B., Laz, T. H., Pohlmeier, A. M., Rahman, M., & Cunningham, K. A. (2015). Prevalence of food addiction among low-income reproductive-aged women. *Journal of Women's Health, 24*(9), 740-744.

Black, D. W. (2011). Epidemiology and phenomenology of compulsive buying disorder. In J. E. Grant & M. E. Potenza (Eds.), *The Oxford handbook of impulse control disorders* (pp. 196-207). New York: Oxford University Press.

Black, D. W. (2013). Behavioural addictions as a way to classify behaviours. *Canadian Journal of Psychiatry, 58*, 249-251.

Black, D. W., Monahan, P., Schlosser, S., & Repertinger, S. (2001). Compulsive buying severity: An analysis of compulsive buying scale results in 44 subjects. *Journal of Nervous*

& Mental Disease, 189, 123–126.

Block, J. J. (2008). Issues for DSM-V: Internet addiction. *American Journal of Psychiatry, 165*, 306–307.

Blundell, J., Coe, S., & Hooper, B. (2014). Food addiction: What is the evidence? *Nutrition Bulletin, 39*(2), 218–222. doi:10.1111/nbu.12092

Byun, S., Ruffini, C., Mills, J. E., Douglas, A. C., Niang, M., Stepchenkova, S., . . . Blanton, M. (2009). Internet addiction: Metasynthesis of 1996–2006 quantitative research. *Cyber-Psychology & Behavior, 12*, 203–207.

Campbell, A. J., Cummings, S. R., & Hughes, I. (2006). Internet use by the socially fearful: Addiction or therapy? *CyberPsychology & Behavior, 9*, 69–81.

Carli, V., Durkee, T., Wasserman, D., Hadlaczky, G., Despalins, R., Kramerz, E., . . . Kaess, M. (2013). The association between pathological Internet use and comorbid psychopathology: A systematic review. *Psychopathology, 46*, 1–13.

Carnes, P. J. (1991). *Don't call it love: Recovery from sexual addiction*: New York: Bantam Books.

Carnes, P. J. (1994). *Contrary to love: Helping the sexual addict*. Center City, MN: Hazelden.

Carnes, P. J., Green, B. A., & Carnes, S. (2010). The same yet different: Refocusing the Sexual Addiction Screening Test (SAST) to reflect orientation and gender. *Sexual Addiction & Compulsivity, 17*, 7–30. doi:10.1080/10720161003604084

Carnes, P. J., Green, B. A., Merlo, L. J., Polles, A., Carnes, S., & Gold, M. S. (2012). PATHOS: A brief screening application for assessing sexual addiction. *Journal of Addiction Medicine, 6*, 29–34. doi:10.1097/ADM.ob013e313182251a28

Carnes, P. J., Murray, R., & Charpentier, L. (2005). Bargains with chaos: Sex addicts and addiction interaction disorder. *Sexual Addiction & Compulsivity, 12*, 79–120.

Carroll, J. J., & Robinson, B. E. (2000). Depression and parentification among adults as related to parental workaholism and alcoholism. *The Family Journal, 8*, 360–367.

Clark, L. (2014). Disordered gambling: The evolving concept of behavioral addiction. *Annals of the New York Academy of Sciences, 1327*(1), 46–61. doi:10.1111/ nyas.12558

Curtis, C., & Davis, C. (2014). A qualitative study of binge eating and obesity from an addiction perspective. *Eating Disorders, 22*(1), 19–32. doi:10.1080/10640266.2014.857515

Dakwar, E. (2015). Problematic exercise: A case of alien feet. In M. S. Ascher & P. Levounis (Eds.), *The Behavioral Addictions* (pp. 29–42). Washington, DC: American Psychiatric Association.

Davis, C. (2014). Evolutionary and neuro-psychological perspectives on addictive behaviors and addictive substances: Relevance to the "food addiction" construct. *Substance Abuse and Rehabilitation, 5*, 129–137.

Demetrovics, Z., & Griffiths, M. D. (2012). Behavioral addictions: Past, present and future. *Journal of Behavioral Addictions, 1*, 1-2.

Demetrovics, Z., Urbán, R., Nagygyörgy, K., Farkas, J., Zilahy, D., Mervó, B., . . . Harmath, E. (2011). Why do you play? The development of the Motives for Online Gaming Questionnaire (MOGQ). *Behavior Research Methods, 43*, 814-825.

Ewing, J. A. (1984). Detecting alcoholism: The CAGE questionnaire. *Journal of the American Medical Association, 252*, 1905-1907.

Forston, B. L., Scotti, J. R., Chen, Y. C., Malone, J., & Del Ben, K. S. (2007). Internet use, abuse, and dependence among students at a southeastern regional university. *Journal of American College Health, 56*, 137-144.

Garcia, F. D., & Thibaut, F. (2010). Sexual addictions. *American Journal of Drug & Alcohol Abuse, 36*, 254-260. doi:10.3109/00952990.2010.503823

Gentile, D. A., Choo, H., Liau, A., Sim, T., Li, D., Fung, D., & Khoo, A. (2011). Pathological video game use among youths: A two-year longitudinal study. *Pediatrics, 127*, 319-329.

Gold, J. A., Teitebaum, K. A., & Gold, M. S. (2015). Food addiction: Sugar high. In M. S. Ascher & P. Levounis (Eds.), *The Behavioral Addictions* (pp. 43-52). Washington, DC: American Psychiatric Association.

Grant, J. E. (2008). *Impulse control disorders: A clinician's guide to understanding and treating behavioral addictions*. New York: W. W. Norton.

Grant, J. E., & Odlaug, B. L. (2014). Diagnosis and treatment of gambling disorder. In K. P. Rosenberg & L. C. Feder (Eds.), *Behavioral addictions: Criteria, evidence, and treatment* (pp. 35-59). New York: Academic Press.

Grant, J. E., Potenza, M. N., Krishnan-Sarin, S., Cavallo, D. A., & Desai, R. A. (2011). Shopping problems among high school students. *Comprehensive Psychiatry, 52*, 247-252.

Grant, J. E., Schreiber, L. R., & Odlaug, B. L. (2013). Phenomenology and treatment of behavioural addictions. *Canadian Journal of Psychiatry, 58*, 252-259.

Greenfield, D. N. (1999). Psychological characteristics of compulsive Internet use: A preliminary analysis. *CyberPsychology & Behavior, 2*, 403-412.

Griffiths, M. D. (2005). A "components" model of addiction within a biopsychosocial framework. *Journal of Substance Use, 10*, 191-197.

Griffiths, M. D. (2008). Diagnosis and management of video game addiction. *New Directions in Addiction Treatment and Prevention, 12*, 27-41.

Griffiths, M. D., & Karanika-Murray, M. (2012). Contextualising over-engagement in work: Towards a more global understanding of workaholism as an addiction. *Journal of Behavioral Addictions, 1*, 87-95.

Griffiths, M. D., & Meredith, A. (2009). Videogame addiction and its treatment. *Journal of Contemporary Psychotherapy, 39*, 247-253.

Hagedorn, B. W., & Juhnke, G. A. (2005).

Treating the sexually addicted client: Establishing a need for increased counselor awareness. *Journal of Addiction and Offender Counseling, 25*, 66-86.

Hekster, O. (2002). *Commodus: An emperor at the crossroads* (Dutch monographs on ancient history and archaeology). Amsterdam: Brill Academic.

Hilton, D. L. (2013). Pornography addiction: A supranormal stimulus considered in the context of neuroplasticity. *Socioaffective Neuroscience & Psychology, 3*. Retrieved from www.socioaffectiveneuroscipsychol.net/index.php/snp/article/view/20767.

Hussain, N., Guanci, N., Raza, M., & Ostrovsky, D. (2015). Shopping addiction: If the shoe fits, buy it in every color! In M. S. Ascher & P. Levounis (Eds.), *The Behavioral Addictions* (pp. 175-186). Washington, DC: American Psychiatric Association.

Iwen, M. (2015). Shame, sexual addiction, and consumption in American culture. *Sexuality & Culture, 19*(3), 413-425.

Joranby, L., Pineda, K., & Gold, M. (2005). Addiction to food and brain reward systems. *Sexual Addiction & Compulsivity, 12*(2-3), 201-217.

Kafka, M. P. (2010). Hypersexual disorder: A proposed diagnosis for the DSM-V. *Archives of Sexual Behavior, 29*, 377-400.

Karim, R., & Chaudhri, P. (2012). Behavioral addictions: An overview. *Journal of Psychoactive Drugs, 44*, 5-17.

Ko, C. H., Yen, Y. J., Chen, C. C., Chen, S. H., Wu, K., & Yen, C. F. (2006). Tridimensional personality of adolescents with Internet addiction and substance use experience. *Canadian Journal of Psychiatry, 51*, 887-894.

Kühn, S., & Gallinat, J. (2014). Brain structure and functional connectivity associated with pornography consumption: The brain on porn. *JAMA Psychiatry, 71*(7), 827-834.

Kukar-Kinney, M., Ridgway, N. M., & Monroe, K. B. (2009). The relationship between consumers' tendencies to buy compulsively and their motivations to shop and buy on the Internet. *Journal of Retailing, 85*, 298-307.

Landolfi, E. (2013). Exercise addiction. *Sports Medicine, 43*(2), 111-119.

Luo, S. X., Brennan, T. K., & Wittenauer, J. (2015). Internet addiction. In M. S. Ascher & P. Levounis (Eds.), *The Behavioral Addictions* (pp. 81-99). Washington, DC: American Psychiatric Association.

McElroy, S. L., Keck, P. E., Pope, H. G., Smith, J. M., & Strakowski, S. M. (1994). Compulsive buying: A report of 20 cases. *Journal of Clinical Psychiatry, 55*, 242-248.

McKeague, E. L. (2014). Differentiating the female sex addict: A literature review focused on themes of gender difference used to inform recommendations for treating women with sex addiction. *Sexual Addiction & Compulsivity, 21*(3), 203-224.

Merkel, H. (2012). The D.S.M. gets addiction right. *New York Times*. Retrieved from www.nytimes.com/2012/06/06/opinion/the-dsm-gets-addiction-right.html.

Mick, T. M., & Hollander, E. (2006). Impulsive-compulsive sexual behavior. *CNS Spectrum, 11*, 944-955.

Mueller, A., Mitchell, J. E., Black, D. W., Crosby, R. D., Berg, K., & de Zwaan, M. (2010). Latent profile analysis and comorbidity in a sample of individuals with compulsive buying disorder. *Psychiatry Research, 178*, 348-353.

Nagygyörgy, K., Urbán, R., Farkas, J., Griffiths, M. D., Zilahy, D., Kökönyei, G., . . . Demetrovics, Z. (2013). Typology and sociodemographic characteristics of massively multiplayer online game players. *International Journal of Human-Computer Interaction, 29*, 192-200.

Oates, W. E. (1971). *Confessions of a workaholic: The facts about work addiction*. New York: World Publishing.

O'Brien, C. P., Volkow, N., & Li, T. K. (2006). What's in a word? Addiction versus dependence in DSM-V. *American Journal of Psychiatry, 163*, 764-765.

Pápay, O., Urbán, R., Griffiths, M. D., Nagygyörgy, K., Farkas, J., Kökönyei, G., . . . O'Brien, C. P. (2013). Internet gaming disorder and the DSM-V. *Addiction, 108*, 1186-1187.

Phillips, B., Hajela, R., & Hilton, D. L., Jr. (2015). Sex addiction as a disease: Evidence for assessment, diagnosis, and response to critics. *Sexual Addiction & Compulsivity, 22*, 167-192.

Polychronopoulos, G., Carlisle, K. L., Carlisle, R. M., & Kirk-Jenkins, A. J. (2014). The emergence of behavioral addiction in DSM-5. *Journal of Human Services, 34*(1), 158-162.

Pursey, K. M., Stanwell, P., Gearhardt, A. N., Collins, C. E., & Burrows, T. L. (2014). The prevalence of food addiction as assessed by the Yale food addiction scale: A systematic review. *Nutrients, 6*(10), 4552-4590. doi:10.3390/nu6104552

Racine, E., Kahn, T., & Hollander, E. (2014). Compulsive buying disorder. In K. P. Rosenberg & L. C. Feder (Eds.), *Behavioral addictions: Criteria, evidence, and treatment* (pp. 285-315). New York: Academic Press.

Rash, C. J., & Petry, N. M. (2015). Gambling disorder. In M. S. Ascher & P. Levounis (Eds.), *The Behavioral Addictions* (pp. 53-65). Washington, DC: American Psychiatric Association.

Redish, A. D., Jensen, S., & Johnson, A. (2008). A unified framework for addiction: Vulnerabilities in the decision process. *Behavioral and Brain Sciences, 31*, 415-487.

Roller, C. G. (2004). Sex addiction and women: A nursing issue. *Journal of Addictions Nursing, 15*(2), 53-61.

Rosenberg, K. P., & Feder, L. C. (2014). An introduction to behavioral addictions. In K. P. Rosenberg & L. C. Feder (Eds.), *Behavioral addictions: Criteria, evidence, and treatment* (pp. 1-17). New York: Academic Press.

Rosenberg, K. P., O'Connor, S., & Carnes, P. (2014). Sex addiction: An overview. In K. P. Rosenberg & L. C. Feder (Eds.), *Behavioral addictions: Criteria, evidence, and treatment* (pp. 215-236). New York: Academic Press.

Sacktor, T. C. (2011). How does PKMzeta

maintain long-term memory? *Nature Reviews Neuroscience, 12*, 9-15.

Sadoff, R. L., Drogin, E. Y., & Gurmu, S. (2015). Forensic implications of behavioral addictions. In M. S. Ascher & P. Levounis (Eds.), *The Behavioral Addictions* (pp. 9-26). Washington, DC: American Psychiatric Association.

Samenow, C. P. (2010). Classifying problematic sexual behaviors: It's all in the name. *Sexual Addiction & Compulsivity, 17*, 3-6. doi:10.1080/10720161003697073

Shaw, M., & Black, D. W. (2008). Internet addiction: Definition, assessment, epidemiology and clinical management. *CNS Drugs, 22*, 353-365.

Shimazu, A., Schaufeli, W. B., & Taris, T. W. (2010). How does workaholism affect worker health and performance? The mediating role of coping. *International Journal of Behavioral Medicine, 17*, 154-160.

Stein, D. J., Black, D. W., & Pienaar, W. (2000). Sexual disorders not otherwise specified: Compulsive, addictive, or impulsive? *CNS Spectrum, 5*, 60-64.

Suissa, A. J. (2011). Vulnerability and gambling addiction: Psychosocial benchmarks and avenues for intervention. *International Journal of Mental Health & Addiction, 9*(1), 12-23.

Taneli, T., Guo, Y., & Mushtaq, S. (2015). Internet gaming disorder: Virtual or real? In M. S. Ascher & P. Levounis (Eds.), *The Behavioral Addictions* (pp. 67-80). Washington, DC: American Psychiatric Association.

Taris, T. W., Scharufeli, W. B., & Verhoeven, L. C. (2005). Workaholism in the Netherlands: Measurement and implications for job strain and work-nonwork conflict. *Applied Psychology, 54*, 37-60.

Voon, V., Mole, T. B., Banca, P., Porter, L., Morris, L., Mitchell, S., Irvine, M. (2014). Neural correlates of sexual cue reactivity in individuals with and without compulsive sexual behaviours. *PLoS One, 9*(7). Retrieved from www.ncbi.nlm.nih.gov.libproxy.uncg.edu/pmc/articles/PMC4094516.

Weinstein, A., Feder, L. C., Rosenberg, K. P., & Dannon, P. (2014). Internet addiction disorder: Overview and controversies. In K. P. Rosenberg & L. C. Feder (Eds.), *Behavioral addictions: Criteria, evidence, and treatment* (pp. 99-117). New York: Academic Press.

Westermeyer, J., Canive, J., Garrard, J., Thuras, P., & Thompson, J. (2005). Lifetime prevalence of pathological gambling among American Indian and Hispanic American veterans. *American Journal of Public Health, 95*(5), 860-866.

Workaholics Anonymous World Service Organization. (2009a). *Workaholics Anonymous book of recovery*. Menlo Park, CA: Author.

Workaholics Anonymous World Service Organization. (2009b). *Workaholics Anonymous book of discovery*. Menlo Park, CA: Author.

Yau, Y. H., Gottlieb, C. D., Krasna, L. C., & Potenza, M. N. (2014). Food addiction: Evidence, evaluation, and treatment. In K. P. Rosenberg & L. C. Feder (Eds.), *Behavioral addictions: Criteria, evidence, and treatment* (pp. 143-184). New York: Academic Press.

Young, K. S. (1998). Internet addiction: The emergence of a new clinical disorder. *CyberPsychology & Behavior, 1*, 237-244.

Young, K. S. (2009). Understanding online gaming addiction and treatment issues for adolescents. *American Journal of Family Therapy, 37*, 355-372.

17장 중독 집단치료

Melanie M. Iarussi

집단치료는 가장 일반적인 형태의 중독치료 중 하나로서 임상적으로 비용 대비 효과적인 것으로 알려져 있다(Brook, 2015). 미국 물질남용 및 정신건강 서비스국(Substance Abuse and Mental Health Services Administration: SAMHSA)이 2013년 실시한 물질남용에 관한 국가 조사에 따르면, 물질남용 치료 프로그램의 94.6%가 치료 방식으로 집단치료를 실시하였으며, 이러한 프로그램들 대부분은 환자의 76~100%가 집단치료를 받았다고 보고하였다(SAMHSA, 2014). 이와 같이 중독치료에 참여하는 대부분은 집단치료에 참여하게 된다.

집단치료에서 지도자는 상호의존적인 집단 구성원이 공동의 목표를 향하여 조금씩 나아가도록 특정 지식과 기술을 적용하기를 요구받는다(Wilson, Rapin, & Haley-Banez, 2000). 집단치료가 커플이나 가족을 대상으로 할 수도 있으나(9장 참조), 이번 장에서는 서로 특별한 관련이 없는 구성원으로 이루어지는 집단치료를 중점적으로 살펴본다. 이러한 집단에서 구성원들은 중독 관련 문제가 있는 사람들과 함께 상호 지지하고 이해하는 기회를 경험하게 된다. 사회적 지지를 주고받는 것 외에도 집단 구성원의 추가적인 치료적 욕구들이 다루어질 수 있는데, 예를 들어 문제에 대한 인식을 높이거나 물질의 유혹을 거부하는 기술을 배우는 것(예: 거부기술훈련) 등이 있다. 이 장에서는 중독치료에서 집단치료의 역사에 대하여 간략하게 이야기하고 이러한 치료 방식의 핵심적인 개념과 이론적인 토대를 설명한다. 이어서 집단치료에 적용되는 두 가지 근거 기반 치료에 대해 간략히 설명하고 집단치료의 방법을 기술한다. 그리고 중독치료에서 집단치료의 강점과 약점을 확인하고, 마지막으로 중독치료에서 집단치료가 어떻게 적용될 수 있는지 실제 사례를 통해 살펴보고자 한다.

1. 중독치료에서 집단치료의 간략한 역사

Blume(2002)에 의하면, 미국에서 중독치료에 집단치료를 시작한 것은 1908년 의사들이 알코올 의존증 환자군에 집단 형식을 적용하면서부터이다. 1935년 익명의 알코올 중독자들(Alcoholics Anonymous: AA) 모임이 시작되면서 중독에서 집단 회복 환경은 더욱 중요하게 되었다. AA는 스스로 알코올 중독자라고 생각하는 사람들이 모임에서 자신의 이야기를 공유함으로써 금주를 실천하고 이를 유지하도록 돕는 것을 기반으로 설립되었다. 이런 모임은 대개 치료보다는 자조 또는 상호 자조 공동체로 여겨졌다(AA와 기타 12단계 및 상호 자조 공동체에 대한 자세한 설명은 14장을 참고). AA가 성공하고 널리 보편화되면서 AA에서 사용하는 12단계 접근을 기반으로 미네소타 모델이 개발되었다. 미네소타 모델은 AA 집단을 보완하기 위해 교육적 집단 회기와 동료 집단 회기를 통합하였다. 1950년대부터 치료 공동체가 발전하면서 치료 프로그램에서는 참만남 집단(encounter groups)을 포함하는 등 집단치료에 크게 의존했다. 1960년대에는 알코올 의존을 위한 집단치료에 Jacob Moreno의 심리극을 적용하기 시작하면서 집단치료와 중독치료의 관계는 더욱 긴밀해졌다(Blume, 2002). 1965년경에는 다양한 입원 재활 프로그램에서 집단적 방법에 크게 의존한다는 보고들이 있었으며 많은 외래 치료 프로그램에서 개인 및 집단치료를 모두 제공하였다. 오늘날 집단치료는 중독치료에 널리 통합되어 대부분 환자가 집단치료에 참여할 기회를 얻는다. 또한 AA 및 기타 상호 자조 공동체가 공식적인 치료와 함께 사용된다.

2. 중독치료에서 집단치료의 핵심 개념과 이론적 기초

집단치료는 중독에 대한 이상적인 치료로 확립되었다. '고립의 질병(a disease of isolation)'이 특징인 중독의 회복은 집단의 맥락에서 가능하다(Roth, 2004). 중독을 경험한 사람들은 때로 인간관계가 깨지거나 단절되어 다른 사람들로부터 고립되므로, 이후 물질이나 특정 행위와 우선적 관계를 허락하게 된다. 또한 중독을 가진 사람들은 종종 기능이 저하된 집단(예: 가족, 사회 집단)의 일부였기에, 집단작업은 구성원들에게 수용과 이해를 표현하는 다른 사람들과 함께하는 집단에서 과거 경험을 재구성하고 치유할 수 있는 기회를 제공한다. 집단 지도자와 집단 구성원 사이에는 **작업동맹** 또는 치료적 관계가 필요하다는 점을 고려하면, 집단치료는 구성원이 건강한 관계를 경험할 수 있도록 돕는 데에 효과적일 수 있다. 또한 집단치료 작업에서는 집단응집력 또는 집단 지도자와 집단 구성원들 간의 관계도 중요하다. 이러한 관계는 집단 구성원이 가지는 잘못된 애착을 바로잡는 데 영향을 미칠 뿐만 아니라 중독자들에게 흔히 나타나는 부인, 투사 또는 합리화와 같은 대인관계 방어기제를 바로잡을 기회를 제공한다(Brook, 2015). 집단치료의 치료적 요인 중 하나인 집단응집력은 이번 장의 다음 절에서 자세히 설명된다.

내용과 과정도 집단치료에서 중요한 개념이다. 집단의 내용은 토론 주제이거나 집단에서 사용되는 실제 언어이다. 내용은 보통 집단의 목표 및 목적과 부합한다. 예를 들어, 변화의 유지 단계에 있는 개인들의 집단의 경우(초이론적 모델에서 변화의 다섯 번째 단계로 자세한 설명은 10장 참조), 집단의 내용은 재발 방지일 수 있다. 집단의 과정 또는 '상호작용하는 개인(즉, 구성원과 치료자) 간에 관계의 본질'은 집단치료에서 똑같이 중요하다(Yalom & Leszcz, 2005, p. 143). 집단 지도자는 집단 구성원들이 진술하는 내용과 이유를 관찰하면서 집단 과정에 적극적으로 참여해야 하고, 모든 구성원에게 건강하고 유익한 집단 과정이 되도록 적극적인 역할을 해야 한다.

중독치료에서 집단은 개방형일 수도 있으며 폐쇄형일 수도 있는데, 개방형 집단은 계속해서 입회가 이루어지고 폐쇄형 집단은 모든 구성원이 동시에 시작하고 종료한다. 집단의 경우 외래, 입원 및 부분 입원을 포함하여 다양한 치료 환경에서 활용될 수 있다. 중독 집단에서는 심리교육 집단과 상담/심리치료 집단 이렇게 두 가지의 집단 형식이 일반적이다. 심리교육 집단은 일반적으로 단기간이며 상담과 심리치료 집단과 비교하여 더 큰 규모의 집단에게 제공될 수 있다. 심리교육은 때로 물질사용/중독 문제 또는 재발 방지에 중점을 둔다. 예를 들어, 물질사용 및 중독의 심리적 및 생리적 영향, 음주량 및 사용 패턴에 대한 정보, 대인관계 및 직업적 기능에 미치는 중독의 영향, 회복 과정 및 자원에 대한 교육에 중점을 둔 집단이 이에 포함된다(Kominars & Dornheim, 2004).

상담(counseling)과 심리치료(psychotherapy)라는 용어는 흔히 혼용되는데, 이는 모두 개인 및 대인관계 문제를 해결하기 위해 특정 개입을 사용하기 때문이다. 집단치료는 일시적인 문제에 중점을 두는 반면, 심리치료 집단은 만성적 문제와 성격의 재구조화에 중점을 둔다는 점에서 그 차이가 있다(Morgan, 2004; Wilson et al., 2000). 상담과 심리치료 집단의 공통적인 목표에는 금욕 확립 및 유지, 대처 기술 습득 및 개선, 정서 인식 및 조절, 건강한 대인관계 발달이 포함된다(Kominars & Dornheim, 2004).

1) 집단치료의 치료 요인

집단치료에서는 집단 그 자체가 변화의 주체이며, 환자가 치료를 시작할 때 겪는 고립과 관계 문제를 고려할 때 이는 중독치료에서 특히 중요하다. Yalom과 Leszcz(2005)가 집단치료의 효과를 설명하는 치료적 요인 또는 특별한 경험을 요약한 내용은 다음과 같다. 희망 심어 주기, 보편성, 정보 전달, 이타주의, 원가족 집단의 교정적 재현, 사회화 기술의 개발, 모방 행동, 대인관계 학습, 집단응집력, 감정정화 그리고 실존적 요인이다(Yalom & Leszcz, 2005, pp. 1-2).

각각의 치료적 요인은 중독 집단치료에서 의미가 있으며 중요하다. 희망 심어 주기(instillation of hope)의 예를 들면, 환자는 때로 절망감을 느끼며 중독치료를 찾아온다. 그들은 흔히 중독으로 인해 삶이 많이 망가져서 또 다른 삶의 방식이 있다는 것을 알기 어려울 수 있다. 회복하고자 결심을 하더라도 그 과정은 험난하고 어려운 여정이다. 미래에 대한 긍정적 희망을 갖는다는 것은 도저히 가늠이 안 될 수 있다. 하지만 건강한 변화를 성공적으로 이룬 집단 구성원과의 만남은 환자에게 자신도 삶의 질을 개선하기 위해 변화를 만들어 낼 수 있다는 희망을 심어 준다. 집단 지도자는 모든 환자가 실제로 긍정적인 변화를 일으킬 수 있는 능력이 있다는 것을 믿고 포용함으로써, 환자들에게 더욱 희망을 심어 주고 자기효능감을 키우도록 도울 수 있다.

보편성(universality)은 중독에서 흔히 나타나는 고립감과 외로움을 즉시 상쇄할 수 있다. 경험을 토론하고 성장하기 위해 함께 모임으로써, 집단 구성원은 자신이 실제로는 결코 혼자가 아니며 중독이 다른 사람들에게 미치는 영향도 비슷하다는 것을 깨닫는다. Yalom과 Leszcz(2005)는 문화적으로 소수자 집단에 속한 구성원의 경우 소외감을 느낄 수 있으며, 이는 보편성이라는 치료적 요인을 제한할 수 있다고 경고했다. 이러한 가능성을 줄이기 위해 집단 지도자는 문화적 차이를 인정하는 것이 권장되며 더 나아가 차이를 넘어 인류 공통의—또는 문화를 넘어서는—경험이 되도록 한다.

정보 전달(imparting information)은 중독 집단 중 특히 학습에 목적을 둔 심리교육 집단에서 흔히 실시하는 것이다. 정보 자체는 분명 가치가 있지만 중독 환자가 '전문가'나 권위 있는 사람(예: 집단 지도자)이 주는 정보를 진정으로 수용하는 데 회의적이거나 주저하는 것은 드문 일이 아니다. 중독 환자는 동료가 정보를 줄 때 더 잘 수용하는 경향이 있다. 또한 충고는 주로 집단 환경에서 구성원 간에 주어진다. Yalom과 Leszcz(2005)는 비록 조언의 내용이 유용하지 않더라도, 조언하는 과정에서 중독자가 일상생활에서는 경험할 수 없는 돌봄과 이해심을 보여 주기 때문에 실제로는 유익하다고 언급하였다.

이타주의(altruism)의 경우, 중독이 대인관계에 미칠 수 있는 피해를 고려할 때, 중독 환자는 때로 자신이 타인에게 긍정적일 수 없거나 타인의 삶에 부담이 될 수도 있다고 생각한다. 집단치료에서 집단 구성원으로서 자신이 타인에게 도움이 될 수 있다는 것을 알게 되면 이는 긍정적인 방식으로 타인에게 실제 도움이 될 수 있다는, 지금까지와는 정반대의 관점을 제공한다. 이러한 관점의 변화는 환자의 자존감을 향상하는 데에도 도움이 될 수 있다.

많은 중독 환자가 중독된 가족이나 역기능적인 가족에서 성장하기 때문에 원가족 집단의 교정적 재현(corrective recapitulation of the primary family group)이라는 치료 요인은 중독치료에서 중요하다. Yalom과 Leszcz(2005)는 치료 집단은 권위자/부모, 동료/형제자매, 개인적 경험의 노출, 강렬한 감정, 친밀감, 적대적 또는 경쟁적 감정을 포함하여 그 구성 요소가 비슷하다는 점에서 가족 집단과 닮아 있다고 하였다. 이러한 경험은 집단 구성원에게 원가족 집단과 과거에 경험한 갈등을 인식하고 다시 경험하고 교정하는 기회가 된다. Yalom과 Leszcz(2005)는 집단치료에서 과거를 단순히 재경험하는 것이 아니라 교정적으로 경험하는 것이 중요하다고 강조했다. 교정적이지 않은 경험은 해로울 수 있기 때문이다. 따라서 집단 지도자가 치료 과정을 인식하고 집단 구성원에게 교정적 경험을 촉진하는 것이 중요하다.

중독자들은 때로 사회적 상황에서 물질을 사용하여 이 영역에서의 결핍을 해소한다. 따라서 사회화 기술의 발달(development of socializing techniques) 또는 기본적인 사회 기술(Yalom & Leszcz, 2005)의 발달은 중독치료에서 중요한 치료적 요소이다. 이러한 학습은 의사소통 기술이 집단 회기의 주된 내용일 때처럼 명시적일 수도 있지만, 집단 구성원이 다른 내용에 대해 의사소통하는 방법에 대한 피드백을 서로 줄 때 간접적으로 일어나기도 한다. 예를 들어, 집단 구성원은 다른 구성원에게 "당신이 너무 작게 말해서 무슨 말을 하는지 이해하기 어렵습니다" 등의 피드백을 제공할 수 있다.

모방 행동(imitative behavior)은 집단 구성원이 흔히 집단 지도자와 다른 집단 구성원(보통 선임)의 행동을 모방한다는 점에서 사회적 기술을 개발하는 것과 연결될 수 있다. 따라서 집단 지도자는 적절한 의사소통 기술의 모델이 되어 주며 집단 구성원을 지지하고 수용하면서, 구성원이 이러한 기술을 개발하고 집단 문화를 구축하는 데 도움을 줄 수 있다. 나아가 집단 구성원의 자기효능감은 다른 구성원의 간접 경험을 통해 증가할 수 있다. Bandura(1994)는 개인이 자신과 비슷한 타인들이 노력하고 성공하는 것을 보면 자신도 그러한 행동과 성공을 할 수 있다는 믿음이 증가한다고 언급하였다.

Yalom과 Leszcz(2005)는 집단을 사회의 축소판으로 여겼는데 집단 구성원이 더 큰 세계의 일부를 나타내기 때문이다. 따라서 집단 구성원은 서로 건강하고 만족스러운 관계를 발전시키고 유지하거나, **대인관계 학습**(interpersonal learning)에 참여하는 방법을 배울 기회를 얻게 된다. Weegmann(2004)은 중독으로 고통받는 개인이 건강한 관계를 만들 수 없다는 점에서 중독은 "외로운 질병"이라고 강조했다(p. 36). 따라서 이러한 치료적 요인은 집단 구성원이 자신의 대인관계 경향을 인식하고 이에 책임을 지며 건강한 관계 형성을 위해 집단 안과 밖에서 변화를 만들어 내는 집단치료에 있어서 매우 중요하다.

앞서 언급했듯이, **집단응집력**(group cohesiveness)은 집단 전체의 관계적 분위기를 말한다. Yalom과 Leszcz(2005)는 치료 결과에 대한 집단응집력의 중요성에 대해 개인치료에서 치료자와 환자의 관계에 비유한 바 있다. 설명에 따르면, 응집력이 강한 집단의 구성원은 "집단 내에서 따뜻함과 위안 그리고 소속감을 느낀다. 집단을 소중하게 여기고 다른 구성원에게 소중히 여겨지고 받아들여지고 지지받는다고 느낀다"(p. 55). 앞서 치료적 요인에서 언급되었듯이, 집단 구성원들 간의 관계는 치유와 회복을 발전시키는 데 필수적이며, 특히 대인관계에서 가치 있게 받아들여진다고 느끼는 것이 어려웠던 중독자들에게는 더욱 그렇다. Khantzian, Golden-Schulman과 McAuliffe(2004)에 따르면, 집단응집력은 처음에는 중독이라는 공통적인 경험을 바탕으로 발달하는 것이 자연스럽지만, 집단 구성원이 '사회의 주류'와 연결되기 위해서는 집단응집력이 다른 공통적 경험으로 성숙해 가는 것이 중요하다고 했다. 그들은 "중독 너머에 있는 일상의 평범한 문제들은 집단 구성원에게 평범한 세상으로 나아가는 길을 제공한다"라고 주장했다(Khantzian et al., 2004, p. 460).

감정정화(catharsis)는 집단 안에서 구성원이 느끼는 정서적 방출(emotional discharge)을 의미한다. 이 요인이 집단치료에서 중요한 요인인 것은 분명하지만, Yalom과 Leszcz(2005)는 감정정화만으로 집단 구성원이 변화를 이루기에는 충분하지 않다고 분명하게 지적하였다. 마지막 치료 요인인 **실존적 요인**(existential factors)은 집단 구성원이 삶은 때때로 공평하지 못하며 이는 어쩔 수 없다는 것을 인식하는 것을 포함한다. 나아가 집단 구성원이 스스로 삶의 방식에 책임이 있다는 것을 강조한다. 중독 환자에게 이 요소가 갖는 의미는 중요하다. 중독 문제가 있다는 것 자체가 부당한 상황으로 인식될 수 있다. 결국 누구도 중독자가 되기를 원하지 않는다. 비록 중독 자체는 피할 수 없더라도 개인은 주어진 상황에서 자신이 어떻게 살아가는지 그 삶의 방식에 대해서는 책임을 져야 한다.

2) 집단 단계

> **글상자 17-1 소집단 토론**
>
> 치료 집단이 아닌 다른 집단에서 치료적 요인을 경험한 적이 있는가? 만약 그렇다면 그 경험을 설명해 보라. 무엇이 도움이 되었고 무엇이 도움이 되지 않았다고 생각하는가?

가장 잘 알려진 집단 발달이론 중 하나로 Tuckman (1965)은 집단의 형성과정을 형성(forming), 갈등 (storming), 규범(norming), 수행(performing), 그리고 해체(adjourning)라는 연속적인 다섯 가지 단계로 설명했다. 형성 단계에서 집단 구성원은 서로와 집단에 대해 알게 된다. 집단 구성원은 보통 첫 번째 회기를 두려워하는 경향이 있으므로 집단 지도자는 그들의 불안과 불편함을 조금이라도 완화하기 위해 개입할 수 있다. 집단의 방향성을 잡으면서 구성원은 집단에 합류한 일차적인 목표를 달성하는 방법과 집단의 사회적 맥락에서 자신의 영역을 발달시키는 방법을 개념화하기 시작한다 (Yalom & Leszcz, 2005).

집단의 갈등 단계에서는 갈등이 자주 발생하며, 집단 구성원들이 권력과 통제의 문제를 결정하기 위해 애쓰면서 부정적인 의견과 비판이 흔히 발생한다. 때로 지도자의 한계에 실망하기 때문에 집단 지도자에 대한 적대감도 나타난다. 규범 단계에서 집단 구성원은 집단의 규범에 적응하고 집단응집력이 발달하는데, 여기에는 집단 구성원 간의 신뢰와 안전한 환경의 구축이 포함된다. 집단이 수행 단계로 이동함에 따라 그들은 목표를 달성하기 위해 함께 노력한다. 이 단계에서 집단 구성원은 반영, 진정성, 자기 노출 및 피드백에 적극적으로 참여한다(Yalom & Leszcz, 2005). 해체 단계에서는 종결이라는 중요한 과제가 다루어진다.

종결 과정은 특히 집단치료에서 관계적 요소의 중요성을 생각하면 신중하게 고려해야 한다. 안타깝게도 종결은 종종 예측할 수 없다. 예를 들면, 환자가 조기 종결하기도 하고, 규칙 위반 또는 환자나 집단에 해로울 수 있는 다른 문제(예: 자살 또는 살인에 대한 사고)로 인해 집단을 종결시켜야 하는 경우가 있기 때문이다. 종결은 집단 구성원이나 집단 지도자의 삶에서 일어난 이전의 이별 경험이 영향을 미칠 수 있으므로, 구성원과 지도자 사이에 불편감을 유발할 수 있다. 따라서 집단 지도자는 종결 문제를 회피하지 않도록 스스로 주의해야 한다. 종결은 단순한 하나의 사건이 아닌 과정으로 접근되어야 한다. 따라서 가능한 한 집단 지도자는 집단 구성원들이 종결이 임박했음을 자각하도록 돕고 각자의 집단치료 여정과 관련된 종결을 진행하고 완성하는 데 도움이 되도록 개입을 통합해야만 한다.

3. 집단치료의 실제

중독치료에서 집단치료의 핵심 개념과 이론적 토대를 설명했으므로, 이번 절에서는 실제 집단치료로 초점을 옮기고자 한다. 집단치료를 실행하는 데 필수적인 구성 요소에는 효과적인 집단 지도자가 되는 것, 집단을 만들고 유지하는 것, 집단 문화를 구축하는 것이 포함된다.

1) 효과적인 집단 지도자

Kurt Lewin의 연구에 따르면, 집단 지도자의 지도 스타일로는 권위적(autocratic), 민주적(democratic), 자유방임적(laissez-faire) 지도자의 세 가지가 있다. 권위적 지도자는 의사결정에 구성원을 참여시키지 않고 집단에서 독재자 역할을 한다. 민주적 지도자는 집단 토론과 의사결정을 촉진하고 집단 구성원의 욕구와 정서를 고려한다. 자유방임적 지도자는 집단과 의사결정 과정에 관여하지 않는다. 연구에 따르면, 가장 효과적인 지도자 스타일은 지도자가 집단 내의 구조는 유지하면서도 구성원에 관한 관심과 배려를 잊지 않는 민주적 지도자이다(Johnson & Johnson, 2013).

집단을 효과적으로 이끌기 위해서는 집단 지도자의 성격과 기술이 신중하게 고려되어야 한다. 첫째, 집단 지도자는 공감, 적극적인 경청 기술, 그리고 강력한 치료 동맹을 구축하는 능력과 같이 치료 과정을 향상하는 것으로 알려진 공통적인 요소를 보여 줘야 한다(Miller, Forcehimes, & Zweben, 2011). 집단 지도자는 구성원에 관한 관심, 수용, 진실성, 공감의 태도를 지녀야 한다(Yalom & Leszcz, 2005). 또한 집단 지도자는 직면을 피하는 것이 좋다. 직면은 물질남용 치료에서 부정적 결과와 관련이 있는 것으로 나타났으며(Miller, Benefield, & Tonigan, 1993), 중독을 위한 집단치료에서 주의해야 하는 것으로 나타났다(Matano & Yalom, 1991). 집단 지도자는 직면하는 대신 변화에 대한 저항을 이해하고 집단 구성원이 판단이나 비난 없이 자신의 행동을 솔직하게 바라볼 수 있도록 도울 수 있다(Khantzian et al., 2004). Brook(2015)은 지도자가 집단 내에서 공감적인 '안아 주는(holding)' 분위기를 조성하는 '지지적인 직면(supportive confrontation)'을 사용할 것을 제안하였는데, 이는 구성원이 불편한 감정이나 역기능적인 행동을 탐색할 때 이해하고 수용하는 것을 특징으로 한다(p. 465). 집단 지도자는 비난, 비판, 낙인, 수치심과 같이 저항을 유발할 수 있는 행동을 피해야 한다(Miller et al., 2011).

자기 자각과 관찰은 집단 지도자가 집단에 주의를 기울이고 집단 구성원을 적절히 존중하는 방식으로 대하는 데 있어 필수적이다. 또한 모든 집단이 다문화적이기 때문에 집단 지도자는 다양한 집단 구성원과 효과적으로 작업할 수 있도록 다문화적 역량을 갖추어야 하고, 사회적 억압과 특권이 집단 과정에 어떤 영향을 미칠 수 있는지 인식해야 한다(Singh, Merchant, Skudrzyk, & Ingene, 2012). Yalom과 Leszcz(2005)에 따르면, 집단 지도자는 ⓐ 집단을 만들고 유지하고, ⓑ 집단 문화를 구축하고, ⓒ 지금-여기를 활성화하고 비추는 책임이 있다.

2) 집단의 형성과 유지

성공적인 집단을 실행하기 위해서 치료자는 여러 임상적이고 실무적인 사항들을 고려해야 한다. 여기에는 집단의 시간과 장소, 집단과 구성원의 목표, 집단의 구성 그리고 집단 구성원을 선별하는 과정이 포함된다. 이상적으로, 집단 구성원은 동일한 구성원과 함께 집단에 연속적으로 참여할 기회를 가지며 이를 통해 최대한의 응집력을 형성하고, 집단치료에서 얻을 수 있는 최대한의 혜택을 제공받을 수 있다.

(1) 집단의 접근성

집단 모임의 시간과 장소는 구성원이 집단에 잘 참여할 수 있도록 설정하는 것이 이상적이다. 예를 들어, 지도자는 대중적으로 이루어지는 12단계 집단 시간과 겹치지 않도록 집단 모임을 정해야 한다. 특히 자조 또는 상호 자조 공동체에 참여하는 것이 치료 프로그램의 필수 또는 권장 사항일 경우 더욱 그렇다. 장소와 관련해서 집단은 다양한 수준의 능력(예: 장애로 인해 보조 기기를 사용하는 환자가 접근 가능한 것)과 교통수단(예: 대중교통)을 고려하여 접근 가능한 위치에서 만나야 한다. 또한 근무 시간 조정을 위한 사유 제공, 버스 이용권이나 주차 인증, 육아 고민과 같은 사회적 문제를 고려해야 한다. 집단과 관련된 인쇄물을 만들 때는 문해력 및 환자의 모국어 문제 등을 고려해야 한다.

(2) 목표

중독 집단치료에서 금욕은 종종 치료 프로그램이나 의뢰기관(예: 보호관찰 또는 가석방, 약물 없는 직장을 실천하는 고용주)에 의해 설정된 주된 목표인 경우가 많다. 집단의 목표는 그것이 금욕이든 폐해 감소든 혹은 그 외의 것이든 구성원이 참여하기 전에 명확히 하는 것이 필요하다. 목표와 집단 구성이라는 측면에서, 집단 지도자는 모든 구성원이 집단에 참여할 때 동일한 목표를 가져야 하는지 혹은 목표가 다를 수 있는지 결정해야 한다. 목표가 다를 수 있다면 폐해 감소에 중점을 두고 물질사용을 지속하는 구성원이 금욕을 추구하는 다른 구성원에게 어떤 영향을 미치는지 고려하는 것이 중요하다. 일부 치료 프로그램은 구성원의 변화 준비도에 따라 집단을 구성하므로 구성원은 유사한 목표를 가질 수 있다. 집단 기간의 경우 일부는 지속적일 수 있고, 일부는 고정된 회기 수를 가질 수 있다. 연구에 따르면, 집단치료 기간이 길수록 결과는 좋다(Brook, 2015). 구성원이 집단 회기에 빠질 때마다 이를 보완하는 규칙과 절차도 설정하고 실행해야 한다.

치료 목표에 대한 또 다른 고려 사항은 목표가 중독을 넘어 삶의 더 넓은 주제로 확장될 수 있는가이다(Miller et al., 2011). 중독은 삶의 모든 면에 영향을 미치므로 집단 구성원은 중독 자체를 넘어 정신건강 문제(예: 우울, 불안), 관계 문제 또는 직업 관련 어려움과 같은 염려를 가질 수 있다. 따라서 중독 이외에 중점을 두어야 할 사항을 포함하여 집단의 여러 문제에 관해 예비 집단 구성원에게 설명해야 한다.

(3) 집단의 구성

집단의 규모는 집단의 목적에 따라 달라질 수 있다. 예를 들어, 정보 전달을 주요 목적으로 하는 심리교육 집단은 많은 인원으로 구성될 수 있다. 반면, 구성원이 학습하고, 행동 기술을 시도하고, 집단 회기 동안 피드백 받는 것을 목적으로 하는 인지행동 기술 훈련에 중점을 둔 집단의 경우 총 인원은 10명을 넘지 않을 것을 권장한다.

집단 지도자는 특정 구성원의 특징과 관련하여 동질 집단과 이질 집단의 영향을 고려해야 한다. 성별, 연령, 인종, 민족 및 문화에 따른 차이점을 반드시 고려해야 한다. 특정 구성원이 집단에서 소수자라면 집단 지도자는 이 문제에 민감해야 한다. 모든 개별적인 환자를 그들 자신의 삶에 대한 전문가로 접근하면서, 인간 중심적 접근을 유지한다면 이질적인 집단에서 발생하는 어려움을 줄이는 데 도움이 될 수 있다(Miller et al., 2011).

때로 문화와 관련된 치료를 하기 위해서는 동질적인 집단이 유리하다. 예를 들어, 여성의 경우 남녀 혼성 집단보다는 여성만으로 구성된 집단에서 더 높은 성공과 치료 유지율을 보이는 것으로 나타났다(Stevens, Arbiter, & Glider, 1989). 또한 LGBTQ 개인은 LGBTQ를 긍정하는 집단에서 더 혜택을 얻을 수 있으며(Center for Substance Abuse Treatment, 2009), 재향군인의 경우 집단 구성원이 비슷한 경험을 공유함으로써 치료적 요인을 강화하므로 동질 집단에서 성과가 더 좋을 수 있다. 그러나 SAMHSA(2014)에서 실시한 2013년 국가 물질남용 치료 서비스 조사에 따르면, 재향군인을 위한 중독 집단치료는 치료의 13%에서만 이루어졌고, LGBTQ 개인을 위한 집단은 12%에서만 이루어졌다. 같은 연구에 따르면, 중독치료 제공자들의 86%가 특정 집단을 위해 적어도 하나 이상의 프로그램 혹은 집단을 제공한 것으로 나타났다(SAMHSA, 2014). 여성을 위한 집단이 가장 많아서, 치료자의 44%가 이 집단을 실시했다고 보고했다. 그러나 치료자의 17%만이 임산부나 산후 여성을 위한 집단을 실시했다. 치료자의 39%가 남성만을 위한 집단을 실시했고, 30%가 청소년을 위한 집단을 실시했으며, 12%만이 노인을 위한 집단을 실시한다고 보고했다. 치료자의 43%가 이중 장애를 지닌 사람을 위한 집단을 실시하였으며, 29%가 트라우마 경험자를 위한 집단, 20%가 친밀한 파트너의 폭력을 경험한 사람을 위한 집단, 20%가 성학대 경험자를 위한 집단을 실시하였다. 형사 사법 문제가 있는 사람의 경우, 치료자의 33%가 음주운전(driving under the influence: DUI)[1] 또는 술이나 약물 복용 후 운전(driving while intoxicated: DWI)[2] 이외의 문제가 있는 환자를 위한 집단을 실시하였고, 치료자의 29%가 DUI와 DWI를 위한 집단을 실시하였다. 이러한 결과로, 성별에 따른 집단은 더 흔하게 실시되는 반면, 재향군인, LGBTQ 개인, 노인 등 더 동질 집단에서 도움을 받을 수 있는 개인을 위한 집단들은 드물게 실시된다는 점이 분명히 드러났다.

환자의 변화 단계(전체 설명은 10장 참조)도 집단 구성에서 고려해야 한다. 집단 구성원은 변화에 대한 준비도에 따라 욕구가 다양할 수 있다. 예를 들어, 다섯 번째 유지 단계에 있는 집단 구성원은 재발 방지에 중점을 두는 것이 도움이 될 수 있지만, 두 번째 숙고 단계에 있는 구성원은 변화에 대한 자신의 양가감정을 탐색하는 것이 도움이 될 수 있다. Velasquez, Maurer, Crouch와 DiClemente(2001)는 변화 단계에 따른 집단치료 매뉴얼을 개발했다. 이 치료 모델에서 집단은 모두 변화의 전숙고 단계에 있는 구성원들로 이루어지며 집단은 문제에 대한 자각을 높이는 것에 중점을 둘 수 있다. 또 다른 집단은 변화의 실행 단계에 있어서 물질사용의 중단에 중점을 둔 구성원으로 구성될 수 있다. 그러나 집단 구성원은 변화 과정에서 더 앞서 있는 다른 구성원의 경험을 통해 이득을 얻을 수 있으며, 이는 이질적인 집단에서 이점으로 작용한다.

---

1) 역자 주: 술, 마리화나, 처방약, 불법 약물의 영향을 받아 정상적인 운전이 어려운 상태에서 운전을 하는 행위

2) 역자 주: 일반적으로 혈중 알코올 농도(BAC)가 법적 기준을 초과한 상태에서 운전을 하는 행위

(4) 선별

목표와 집단 구성이 결정되면 집단 구성원을 선택하는 것은 집단 지도자의 중요한 과제이다. 모든 환자가 중독치료의 집단 환경에 적합한 것은 아니다. 자살 충동, 살인 충동, 급성 정신증, 반사회적 성격장애가 있거나 집단에서 이탈할 수 있는 사람들은 일반적으로 중독치료의 집단치료에 적합하지 않다(Brook, 2015; Yalom & Leszcz, 2005). 또한 지도자는 집단에 참여하지 않으려 하거나 집단에 무관심하고, 집단에 대해 강한 불편감을 드러내거나, 충동 조절 또는 분노 조절 문제가 있거나, 집단 규칙을 무시하거나, 언어 장벽이 있거나, 다른 집단 구성원에게서 부정적인 영향을 받을 수 있는 어린 구성원이 있는 경우 다른 형태의 치료를 고려할 수 있다(Miller et al., 2011). 지도자는 또한 기능할 수 있는 능력, 성숙도, 변화에 대한 동기 수준 및 회복 단계에 따라 집단 구성원을 적절한 집단에 배치해야 한다(Brook, 2015). 집단 구성원 선별을 위한 권장 사항에는 집단 환경에서 예비 집단 구성원을 관찰하는 것(Yalom & Leszcz, 2005)뿐만 아니라, 집단 지도자가 예비 집단 구성원을 개별적으로 만나서 집단에 대한 적합성을 평가하는 것(Miller et al., 2011)이 포함된다. 집단 구성원과의 개별적인 만남은 집단 구성원이 집단에 대해 가질 수 있는 모든 질문에 답하고 집단 구성원의 참여 동기를 높여 조기 종결을 방지하기 위해서도 사용될 수 있다(Brook, 2015; Miller et al., 2011).

3) 집단 문화 구축

중독치료에서 집단치료의 성공에 필수적인 요소는 회복을 촉진하는 문화를 조성하는 것이다(Margolis & Zweben, 2011). 집단 문화는 주로 집단의 규칙과 규범으로 구성된다. 집단의 규칙은 보통 집단 지도자가 정하지만 집단 구성원이 협력하여 정하기도 한다. 규칙은 집단 문화에 커다란 영향을 미치므로, 집단의 목표와 집단 구성원의 성장과 발전을 촉진하는 데 중점을 두어야 한다. 집단 지도자는 집단 내 구조를 만들기 위해 집단 규칙을 강화할 책임이 있다. 집단 구성원의 삶에는 구조가 상대적으로 부족하기 때문에 구조는 중독 집단치료에서 특히 중요하다(Brook, 2015). 또한 집단 지도자는 적절한 한계를 설정하여 집단 내 안전한 환경을 조성한다.

집단 규칙에는 때로 집단 구성원이 비밀을 유지해야 한다는 기대가 포함되어 있는데, 이는 집단 구성원의 신원이나 경험에 대해 집단 외부와 논의하지 않는다는 것을 의미한다. 이 규칙은 실행하기 어렵지만 신뢰와 집단응집력을 촉진하는 안전한 환경을 만드는 데 필수적이다. 집단 규칙에는 집단치료 회기 동안 어떤 집단 구성원이 언제 이야기할 수 있는지에 대한 지침도 포함될 수 있다. 예를 들어, 집단은 구성원 각각이 금욕을 유지하는 데 성공한 사례나 어려움에 대해 차례대로 이야기하는 방식으로 시작할 수 있다. 말하는 규칙은 구성원들이 언제, 어떻게 서로의 의견에 반응하거나 '상호 대화'(즉, 집단 구성원들이 서로에 대해 어떻게 느끼는지 공유하는 것)에 참여할 수 있는지에 대한 지침도 포함할 수 있다(Matano & Yalom, 1991). 다른 집단 규칙은 집단 구성원 간의 신체적인 접촉과 관련될 수 있다. 예를 들어, 집단 구성원들이 서로를 껴안거나 등을 두드려서 지지를 보여 주는 것이 허용되는 행동인가? 이에 대해서는 집단 구성원들 각각의 독특한 역사와 문화적 배경을 고려해야 하며, 집단 지도자는 집단 구성원에게 가장 적절하고 도움이 되는 것이 무엇인지 결정해야 한다.

글상자 17-2 소집단 토론

당신이 중독 환자를 위한 집중 외래 환자 집단을 이끈다고 상상해 보라. 이 집단은 주 3회 3시간씩 모이는, 8명의 구성원으로 이루어진 폐쇄형 집단이다. 코카인과 마리화나를 처음으로 시작한, 현재는 단약 중인 집단 구성원 Sam은 집단에서 잘 지내고 있으며 모든 약물 선별검사에서 음성을 보였다. 그런데 치료의 중간쯤에 Sam은 집단 회기 동안 집중이 어려운 것처럼 보였다. Sam의 눈은 충혈되고 흐릿했으며 집단 구성원들은 Sam에게 평소처럼 말을 걸지 않았다. 집단 지도자로서 당신은 어떻게 진행하겠는가?

또 다른 집단 규칙은 집단 외부에서 집단 구성원이 서로 접촉하는 데 적용될 수 있다. 비록 집단 환경에서 지지적 관계망이 형성되더라도 집단 구성원이 집단 외부에서 서로 만나는 것은 친밀한 관계나 연인 관계로 이어질 수 있으며, 중독 행동이나 물질사용을 포함하여 건강하지 못한 관계 패턴을 지속시킬 수 있다. 따라서 집단 지도자는 구성원이 집단 외부에서 만나는 것을 금하거나 단념시키려 할 것이다. 그러나 이 규칙은 현실적이지 않고 실행하기 어려울 수도 있다(Margolis & Zweben, 2011; Miller et al., 2011). Margolis와 Zweben(2011)은 지지적 집단의 규범이 정해진 모임 시간 이상으로 집단 구성원들에게 도움이 된다고 지적하며, 집단 지도자가 집단을 벗어난 상호작용의 잠재적인 위험에 관한 대화를 이끌어 내어 집단 내에서 그러한 접촉에 대한 논의를 장려할 것을 제안했다.

중독(intoxication)과 관련된 집단 규칙도 수립해야 한다. 알코올이나 약물에 취한 구성원의 집단 참여 금지는 일반적이다. 알코올이나 약물에 취한 사람은 집단으로부터 아무런 이득을 얻지 못할 뿐만 아니라 다른 집단 구성원에게 해를 끼칠 수도 있다. 따라서 집단 지도자는 사전에 정해진 중독을 확인하는 방법(예: 소변 약물 선별검사, 호흡측정기)을 가지고 있어야 하며, 중독자가 안전한 방식으로 기관을 떠날 수 있도록 도와야 한다. 집단에 혼란을 일으키는 것을 최소화하기 위해 집단 지도자는 알코올 또는 약물 선별검사 실시나 이송과 관련하여 여러 기관이나 다른 전문가의 도움을 받아야 할 수도 있다(Miller et al., 2011). 또한 이러한 상황에 대해 공개적으로 논의를 하는 것이 집단에 도움이 될 수 있다(Margolis & Zweben, 2011).

집단의 규범은 집단의 문화를 형성할 때 고려해야 할 중요한 것이다. Yalom과 Leszcz(2005)는 규범을 "집단의 상호작용을 안내할 … 행동 규칙에 대한 암묵적인 규약"이라고 설명했다(p. 120). Yalom과 Leszcz(2005)는 집단 지도자가 수용과 지지, 보편성, 정보 전달, 대인관계 학습, 이타주의, 희망이라는 치료 요인에 바탕을 둔 규범을 세우도록 권고했다. 그렇게 함으로써 집단 지도자는 집단이 변화의 주체로 최대한의 역할을 할 수 있도록 집단 문화를 발전시킨다. 예를 들어, 집단 지도자는 구성원들이 금욕을 유지하기 위한 힘겨운 노력을 할 때, 이를 설명하면서 서로에게 자발적으로 지지하도록 격려할 수 있다. 또한 지도자는 구성원에 대한 편견 없는 수용과 진정한 배려와 관심에 대한 모범을 보여 준다. 또 다른 예로, 집단 지도자는 구성원들에게 새로운 기술을 직접 시도하도록 요청하기 전에 특정 기술(예: 거부 기술, 이완 기술)에 대해 시범을 보일 수 있다. 이처럼 지도자는 부작용 없이 위험을 감수하는 모델이 될 수 있다. 집단 지도자는 집단치료에서 지금-여기를 활성화할 책임이 있다(Yalom & Leszcz, 2005). 그런 가운데, 지도자는 집단 과정에 주의를 기울이고 집단응집력을 발달시킴으로써 집단 문화를 유지한다.

구성원들이 집단의 규칙과 기대에 대해 어떻게 안내받는지는 중요한 고려 사항이다. 개방형 집단의 경우, 대부분 새로운 구성원과의 집단 오리엔테이션은 주로 집단 지도자와의 개별 면담으로 진행된다. 어떻게 새로운 구성원이 기존에 진행 중인 집단에 안내되고 동화될 수 있는지를 고려해야 한다. 예를 들어, 새로운 구성원은 자신의 배경을 집단에 공유해야 하는가? 기존 구성원은 새 구성원과 자신의 이야기를 공유해야 하는가? Miller와 동료들(2011)은 기존 구성원이 집단에 참여한 기간과 이를 통해 경험할 수 있었던 일부 이점을 새로운 구성원과 공유해야 한다고 제안했다. 폐쇄형 집단의 경우, 오리엔테이션은 집단 지도자와의 개별 만남부터 시작하여 첫 번째 집단 모임에서 만난 집단 구성원이 계속해서 집단을 지속하게 된다. 집단별 진행이든 개인별 진행이든

글상자 17-3 실습 활동

3~5명으로 구성된 집단으로 중독 집단치료를 만들어 보라. 동료들과 함께 집단의 목적과 목표, 구성, 세부 사항(모임 시간 및 장소, 개방형 또는 폐쇄형 집단, 집단 기간), 규칙, 규범을 결정해 보라. 집단이 성공하기 위해서 고려할 기타 사항에는 어떤 것이 있는가?

집단 오리엔테이션에서는 집단의 세부 사항, 기대 사항, 규칙을 각각의 구성원에게 제시하고 동의를 구해야 하며, 이를 통해 회복을 촉진하는 집단 문화가 형성될 수 있다. 서면 양식은 집단의 규칙과 기대 사항을 명확하게 알려 주고 집단 구성원이 이러한 규칙을 준수하겠다는 동의를 받는 데 도움이 될 수 있다(Margolis & Zweben, 2011). 〈표 17-1〉은 이러한 양식의 한 예를 보여 준다.

〈표 17-1〉 집단 규칙 및 기대 사항 서식의 예시

(집단명) 집단에 참여하고 모든 구성원의 이익을 위해 집단이 원활하게 운영될 수 있도록 다음 사항들을 약속해 주시기 바랍니다.

1) 집단 구성원은 매 집단에 반드시 참석해야 합니다. 집단에 참여할 수 없는 경우, 가능하면 사전에 집단 지도자에게 알려 주시기 바랍니다.
2) 각 집단 회기에 정시에 도착하시기 바랍니다.
3) 집단 구성원은 매 집단에 약물에 취하지 않은 상태로 참석해야 합니다. 만약에 취한 상태로 집단에 오는 경우, 집단 참여는 불가능하며 안전하게 기관을 떠날 수 있는 조치가 취해질 것입니다.
4) 집단 구성원은 알코올 또는 약물사용과 중독 행동에 대한 논의를 포함하여 집단에서 개방적이고 솔직해야 합니다.
5) 집단 구성원은 다른 집단 구성원들의 신원을 비밀로 유지해야 합니다. 이는 집단 외부 사람에게 집단 내부 사람에 대한 정보를 주지 않는 것을 의미합니다.
6) 집단 구성원은 다른 구성원의 경험에 대해 집단 외부에서 이야기하지 않습니다. 이 정보는 비밀이며 집단 환경에서만 유지되어야 합니다.
7) 집단 회기 안에서만 집단 구성원과 접촉하시기 바랍니다. 집단 회기 밖에서 연락하는 것은 도움이 될 수도 있지만, 집단 구성원은 집단 회기 내에서 개방적이고 솔직하게 행동하지 못하도록 하는 관계를 포함하여, 해로울 수 있는 관계에 관여하지 않아야 합니다. 집단 구성원과의 연인 및 성적 관계는 금지됩니다.
8) 본 프로그램에서는 최소 12주의 집단 회기를 완수하기로 약속합니다. 집단을 조기에 종결할 계획이 있으면 집단 지도자에게 알려 주시기 바랍니다.

본인은 위에 명시된 집단의 규칙과 기대 사항을 읽었으며 이를 준수하기로 동의합니다.

성명:____________________ 날짜:____________________

출처: Margolis & Zweben (2011)에서 인용.

4. 집단치료의 유형

중독치료를 위한 집단치료에는 다양한 유형이 있다. 집단치료에서 12단계 치료 참여를 요구하거나 12단계 치료를 통합할 수 있지만, 12단계 치료에서 제공하는 상호조력과 집단치료에서 제공하는 전문적인 도움 및 방법 간에는 분명한 차이가 있기에 집단 구성원에게 차이에 대해 명확하게 알려야 한다. 정신역동, 대인관계 과정, 동기면담, 그리고 인지행동 집단은 모두 중독 집단치료에서 흔히 사용되는 접근이다. 〈표 17-2〉는 이러한 접근에 기반한 집단치료에 대해 더 배울 수 있는 자료를 제시하고 있다. 이제 중독치료의 근거 기반의 실제로 인정받고 있는 동기면담(MI)과 인지행동치료(CBT)의 집단 적용에 대해 검토할 것이다. MI와 CBT는 모두 집단치료에 성공적으로 적용되었으며, 순차적으로 함께 사용되거나 통합하여 연쇄 효과를 내므로 치료 효과를 높일 수 있다. 예를 들어, MI가 CBT 집단에 앞서 사용되어 변화에 대한 동기 부여와 치료 참여를 높일 수 있다. 또는 집단 지도자가 집단 구성원들과 함께 MI와 CBT를 사용하는 방식으로 MI와 CBT는 통합될 수도 있다.

〈표 17-2〉 특정 접근에 기반한 중독 집단치료에 대한 자료

집단의 유형	자료
정신역동	Albanese, M. J., & Khantzian, E. J. (2002). Self-medication theory and modified dynamic group therapy. In D. W. Brook & H. I. Spitz (Eds.), *The group therapy of substance abuse* (pp. 79-96). New York: Haworth. Flores, P. J. (2007). *Group psychotherapy with addicted populations: An integration of twelve-step and psychodynamic theory* (3rd ed.). New York: Haworth. Khantzian, E. J. (2012). Reflections on treating addictive disorders: A psychodynamic perspective. *American Journal of Addiction, 21*, 274-279.
대인관계 과정	Leszcz, M. (1992). The interpersonal approach to group psychotherapy. *International Journal of Group Psychotherapy, 42*, 37-62. Malat, J., Leszcz, M., Negrete, J. C., Turner, N., Collins, J., Liu, E., & Toneatto, T. (2008). Interpersonal group psychotherapy for comorbid alcohol dependence and non-psychotic psychiatric disorders. *American Journal on Addictions, 17*, 402-407. doi:10.1080/10550490802268223 Malat, J., Morrow, S., & Stewart, P. (2011). Applying motivational interviewing principles in a modified interpersonal group for comorbid addiction. *International Journal of Group Psychotherapy, 6*, 557-575. doi:10.1521/ijgp.2011.61.4.556

집단의 유형	자료
동기면담	Miller, W. R., Zweben, A., DiClemente, C. C., & Rychtarik, R. G. (1992). *Motivational enhancement therapy manual: A clinical research guide for therapists treating individuals with alcohol abuse and dependence* (NIAAA Project MATCH Monograph Series, Vol. 2. DHHS Pub. No. [ADM] 92-1894). Rockville, MD: National Institute on Alcohol Abuse and Alcoholism. Velasquez, M. M., Maurer, G. G., Crouch, C., & DiClemente, C. C. (2001). *Group treatment for substance abuse: A stages-of-change therapy manual*. New York: Guilford Press. Wagner, C., & Ingersoll, K. (2013). *Motivational interviewing in groups*. New York: Guilford Press.
인지행동	Carroll, K. M. (1998). *Therapy manuals for drug addiction: A cognitive-behavioral approach: Treating cocaine addiction* (NIH Pub. No. 98-4308). Bethesda, MD: Department of Health and Human Services, National Institutes of Health, National Institute on Drug Abuse. Wenzel, A., Liese, B. S., Beck, A. T., & Friedman-Wheeler, D. G. (2012). *Group cognitive therapy for addictions*. New York: Guilford Press.

1) 동기면담

앞서 언급했듯이, 환자는 변화에 대한 준비의 연속선상에서 중독치료를 찾는다. 실제로 중독치료를 받기 위해 찾아오는 대부분 환자에게는 행동을 바꿀 만큼의 충분한 동기가 없다. 동기는 치료 참여도와 치료 결과에 영향을 미치기 때문에 환자의 동기를 강화하기 위해 고안된 개입이 자주 실행된다. 동기면담이 집단 환경에서 사용될 때, 집단 지도자는 비직면적이고 내재적인 동기의 힘을 활용한다. 동기를 증진하기 위해 사용하는 전략에는 변화 단계와 중독 행동의 영향에 대한 심리교육 제공, 중독 행동에 대한 구성원의 인식 제고, 집단 구성원의 행동을 우려하는 사람에 대한 탐색, 가치 확인 및 명료화, 관계와 전반적인 환경에서 집단 구성원의 역할과 관계 평가 등이 있다(Velasquez et al., 2001). 이러한 전략은 MI의 방식으로 자주 활용되며, 여기에는 연민과 공감에 기반한 집단의 환경 조성이 포함된다(Miller & Rollnick, 2013). MI를 사용하는 집단 지도자는 개방형 질문, 반영, 재진술, 요약과 같은 치료 기술을 활용하여 환자가 집단 과정에 참여하도록 격려한다(Krejci & Neugebauer, 2015). Krejci와 Neugebauer(2015)는 집단 중독치료에 MI를 사용할 때 다음과 같은 제안을 했다.

- 말을 적게 하고, 더 많이 경청한다. 주된 목표는 가르치는 것이 아니라 촉진하고, 끌어내고, 환기시키는 것임을 기억한다.

- 변화 과정에 초점을 맞춘다. 문제 영역 전반에 걸쳐서 근본적인 공통점을 경청하고 반영적 경청을 통해 양가감정, 불일치, 변화 단계 등과 같은 MI 관련 주제에 집중한다. 모든 구성원에게 적용된다고 확신이 있는 경우가 아니라면, 특정 문제 영역의 세부 사항에 대해 장시간 토론하는 것을 피한다.
- 주의 깊게 경청한다. 모든 집단 상호작용에서 주의 깊고 공감적인 경청에 모범이 되어 준다.
- 집단 과정을 다룬다. 집단에서 갈등, 지루함, 분노 등이 나타나는 경우 개방적이고 존중하는 태도로 이를 기꺼이 다룬다.
- 강점을 강조한다. 노력, 강점, 용기, 정직 등을 공개적으로 인정한다.
- 과도한 '해결적 대화'를 피한다. 많은 집단 구성원(및 일부 치료자)은 해결책과 제안을 성급하게 제공한다(p. 29).

MI 집단에 관한 연구에 따르면, 이러한 접근은 환자가 지각한 자율성과 자기효능감을 증가시키고, 특정 행동을 변화시키려는 의도를 포함하여 변화에 대한 준비도를 강화하며, 사후 관리의 참여에서 치료 참여와 유지율을 높일 수 있다. 또한 MI 집단은 문제 인식을 높이고, 사회적 고립과 부정적인 집단 과정을 줄이는 것으로 나타났다(Wagner & Ingersoll, 2013).

2) 인지행동 집단치료

연구에 따르면, CBT(인지행동치료) 집단의 경우 물질사용을 줄이고, 정서적 고통을 감소시키며, 대처 능력을 향상하는 데 효과적이다(Irvin, Bowers, Dunn, & Wang, 1999; Miller & Wilbourne, 2002). 이러한 집단은 대개 구조화되어 있으며, 환자가 중독 행동을 수정하도록 돕는 인지 및 행동 전략을 지니고 있다. 집단 지도자는 주로 환자에게 인지 모델을 가르치고(Beck, 2011), 그다음에 집단 구성원의 경험을 인지 모델에 적용한다(Wenzel, Liese, Beck, & Friedman-Wheeler, 2012). 변화를 촉진하기 위한 인지 전략에는 중독 행동을 조장하는 사고와 신념을 확인하고 평가하는 것이 해당된다. 대처 기술은 주로 집단 구성원이 물질사용이 없이 사는 삶의 어려움을 관리하는 방법을 배울 수 있도록 돕기 위한 것이다. 이러한 기술에는 갈망 관리 배우기, 강렬한 정서 조절하기, 또는 관계에서 효과적인 의사소통 사용하기 등이 포함된다. 기술은 주로 집단 지도자가 기술과 유용성을 먼저 설명함으로써 학습된다. 그런 다음 지도자는 구성원에게 기술을 사용하는 방법을 시연한다. 집단 지도자는 기술을 시연하면서 성장과 발전을 위해 위험을 감수하는 것에 모범을 보여 주며 취약성을 수용하는 문화를 조성한다. 마지막으로 집단 구성원은 새로운 기술을 시도하고 때로 집단 지도자와 구성원으로부터 피드백을 받는다(Miller et al., 2011). 집단 회기에서 과제는 보통 각 집단이 끝날 무렵에 할당되어 구성원들이 회기 사이에 목표를 향해 나아갈 수 있도록 돕는다(Wenzel et al., 2012).

5. 중독 집단치료의 강점과 약점

모든 치료 형식과 마찬가지로, 집단치료에는 강점이 있지만 이와 함께 고려해야 할 몇 가지 잠재적 약점도 있다. 중독치료에 집단치료를 적용할 때는 이점과 대가를 모두 고려해야 하며 집단치료 전과 진행 중에 단점을 예방하거나 완화하기 위한 노력을 지속해서 기울여야 한다.

1) 강점

집단치료는 개인치료 등 다른 유형의 치료와 비교했을 때 많은 이점이 있다. 집단 형식은 비용 대비 효율적이라는 특성으로 인해 제공자와 환자에게 종종 유리하다. 집단치료는 한 치료자가 여러 환자를 동시에 도울 수 있으므로 개인치료에 비하면 비용이 적게 들 수 있다. 또한 치료자의 관점에서 집단치료는 불참한 환자로 인한 금전적인 손해를 줄일 수 있다.

이번 장 서두에서 설명했듯이 집단치료는 환자에게 집단치료에서만 경험할 수 있는 치료 요인을 제공한다. 여기에는 다른 집단 구성원과의 연결감을 경험하고 그들로부터 배우는 기회가 포함되는데 이는 중독으로 인한 고립감과 대조된다. 집단은 희망감을 제공할 수 있으며, 구성원은 개인치료보다 집단 환경에서 더 유용한 정보를 얻을 수 있다. 집단 구성원은 다른 사람에게 무가치하다는 자기 인식으로부터 신뢰할 수 있고 다른 사람을 도울 수 있는 사람으로 인식이 전환될 수 있다. 또한 원가족 집단에서 잘못된 경험을 교정할 수 있다. 또한 치료 내용도 집단 환경에 더 적합할 수 있다. 예를 들어, 사회적 기술 발달이 필요한 환자는 사회적(즉, 집단) 환경에서 이러한 기술을 더 잘 시도하고 이에 대해 피드백을 받을 수 있을 것이다.

2) 약점

글상자 17-4 수업 토론

치료자로서 중독치료에 개인치료와 집단치료 중 어느 것을 선호하는가? 동료들과 그 이유를 논의해 보라.

치료자 대비 환자 비율이 낮으므로, 집단치료에서는 환자가 개별적인 관심을 덜 받게 된다. 따라서 어떤 환자는 치료에 수동적으로 접근하거나 집단 회기에 정신적으로 덜 관여하게 된다. 이러한 가능성을 줄이기 위해 집단 지도자는 집단 회기를 구조화하거나 환자의 참여를 촉진하고 전체 집단 구성원 또는 가능한 한 많은 구성원을 포함하도록 집단 개입을 통합할 수 있다.

또한 집단치료는 관계적 수준에서 더 복잡하다. 집단 지도자는 각각의 집단 구성원과 치료 동맹을 형성하고 유지해야 하며, 집단응집력 또는 집단 내 관계를 촉진하고 유지하는 것을 포함하여 집단 구성원 간의 관계를 관리해야 한다. 또한 집단치료는 종종 개인치료보다 더 빠른 속도로 진행되므로 집단 구성원 간의 상호작용에는 집단 지도자의 즉각적이면서도 사려 깊은 대응이 필요하다. 집단이 초점화되고 생산적으로 운영되도록 하기 위해 집단 구성원의 이야기 방향을 되돌려야 하는 경우도 종종 있다. 예를 들어, 환자는 신뢰를 쌓거나 동료와 경쟁하기 위해 약물을 사용했던 시절의 '전쟁과 같은 이야기'를 들려줄 가능성이 있다. 그러한 대화는 유익하지 않으므로, 집단 지도자는 이런 대화가 시작되면 방향을 바꿔야 한다.

중독치료에서 집단치료의 또 다른 잠재적 단점은 비밀 유지 문제이다. 개인치료에서 치료자는 비밀 유지를 요구하는 윤리 강령에 따를 의무가 있다. 하지만 집단에서 비밀 유지가 집단의 규칙으로 정해지더라도 이를 지속적으로 관찰하고 강제로 시행하기는 어렵다. 집단 구성원은 동료에 대한 비밀 유지를 위해 전문적 기준을 준수하지는 않으므로 집단치료에서 비밀은 집단 구성원의 신뢰에 달려 있다. 또한 중독은 모든 유형의 사람과 직업에 영향을 미친다. 따라서 중독을 경험한 사람으로 자신을 '공개'하는 집단 구성원은 직업적 · 개인적으로 영향을 미칠 수 있다. 예를 들어, 지역사회와 잘 연결되어 있고 그의 가족들도 잘 알려진 외과 의사를 생각해 보라. 이 외과 의사가 오피오이드 중독 집단치료에 참여하여 자신의 병원과 가족에 대해 잘 알고 있는 집단 구성원에게 자신의 중독을 공개하는 경우, 외과 의사의 중독 문제에 대한 비밀 유지는 쉽게 깨질 수 있다.

6. 사례 연구 반응

집단치료는 가브리엘에게 매우 효과적인 치료 방법이 될 수 있다. 먼저 그에게 가장 적합할 것 같은 유형의 집단을 살펴볼 것이다. 이어서 집단치료에 적용된 치료적 요인과 방법이 가브리엘에게 어떻게 도움이 될 수 있는지 살펴보겠다. 마지막으로 이 환자에게 집단치료의 강점과 약점에 대해 요약하고자 한다.

1) 집단 유형

가브리엘은 다양한 인종으로 구성된 집단에서 도움을 받을 확률이 높다. 그렇지 않더라도 집단 지도자는 다문화적 집단치료를 실천해야 하며, 각 구성원을 개별적인 존재로 바라보는 능력을 갖추고 공감적 접근 방식을 활용해야 한다. 집단 지도자는 또한 집단 구성원이 서로 간의 차이를 넘어 유사점을 인식하여 응집력을 형성하도록 촉진해야 한다. 이를 통해 가브리엘이 물질사용 및 중독과의 싸움에서 혼자가 아니라는 것을 인식할 수 있으므로 보편성이라는 치료 요인이 활성화될 수 있다.

가브리엘은 자신의 성적 지향에 의문을 가지고 있으므로 LGBTQ를 지지하는 집단이나 LGBTQ 개인을 위한 특정 집단에 참여하는 것이 도움이 될 수 있다. 그러나 집단 지도자는 가브리엘이 그러한 집단에 참여할 준비가 되었는지, 아니면 자신의 내면에 있는 동성애 혐오증이 다른 집단 구성원에게 해를 끼칠 위험을 줄이기 위해 개인치료에서 먼저 자신의 성적 지향을 파악해야 하는지를 평가해야 한다.

가브리엘의 정신건강 증상을 고려할 때, 그는 정신건강 문제와 물질 관련 문제를 모두 포함하는 집단에서 도움을 받을 수 있을 것이다. 그러한 집단에서 가브리엘은 자신의 물질사용과 정신건강 증상 간의 연관성에 대한 통찰을 얻고, 정신건강 증상 관리를 돕는 기술을 발달시킬 기회를 얻게 될 것이다. 전반적으로 가브리엘은 필요한 만큼 오랫동안 참여할 수 있는 포괄적인 집단에서 가장 좋은 결과를 기대할 수 있다. 왜냐하면 가브리엘이 집단에 더 오래 참여할수록 성공할 가능성도 커지기 때문이다.

2) 적용

가브리엘은 이전에도 치료를 받은 적이 있지만, 이번에는 실제로 자신이 목표를 달성할 수 있다는 믿음을 가져야 한다. 집단치료 방식은 가브리엘이 성공적으로 회복을 추구하는 다른 구성원들과 상호작용하면서 희망을 고취하고 자기효능감을 향상시킴으로써 도움이 될 수 있다. 그가 가장 오랫동안 금욕한 기간이 AA의 후원자와 함께였을 때라는 점을 고려할 때, 집단치료의 대인관계적 특성과 응집력이 가브리엘이 목표를 달성하는 데 효과적인 치료 방식이 될 수 있다. 집단 회기에서의 대인관계 학습은 가브리엘이 건강하지 못한 관계 패턴을 인식하고 변경하도록 촉진할 수 있다. 그는 자신도 다른 집단 구성원에게 무언가를 해 줄 것이 있다는 사실을 깨닫게 될 것이며(즉, 이타주의), 이는 조카와의 관계 개선과 같이 개인적인 삶으로도 확장될 것이다. 원가족과 관련해서 효과적인 집단 지도력이 제공될 경우 가브리엘은 아버지와의 관계를 포함하여 원가족 집단의 교정적 재현에 참여할 기회를 얻게 될 것이다.

집단치료에서 MI는 공감을 기반으로 연민이 가득하고 수용적인 환경을 조성하는 데 사용될 수 있으며, 이는 가브리엘이 집단과 자신의 경험을 공유할 때 마음이 편안하고 수용된다는 느낌을 얻는 데 도움이 될 것이다. 이러한 접근은 또한 환자의 세계관을 이해하는 데 중점을 두고 있으므로 다문화 치료를 촉진한다. MI를 사용하여 집단 지도자는 가브리엘의 변화 준비도를 평가하고 필요하면 적절하게 개입한다. 가브리엘이 변화의 초기 단계(예: 숙고 단계)에 있는 경우, 집단 지도자는 MI를 사용하여 가브리엘의 변화와 치료에 대한 개인적 동기를 끌어낼 수 있다. CBT 구성 요소는 가브리엘이 회복하는 데 도움이 되는 기술(예: 재발 방지), 관계 개선 기술(예: 의사소통 기술) 및 정신건강 증상(예: 생각 멈추기)을 관리하는 기술을 배우는 데 도움이 될 수 있다. 집단 환경에서 가브리엘은 다른 집단 구성원으로부터 배우고, 안전하고 수용적인 환경에서 새로운 기술을 연습하고 피드백 받을 수 있다.

3) 장점 및 단점

앞서 언급했듯이, 집단치료의 대인관계적인 특성은 가브리엘에게 이 치료 방식의 큰 강점으로 작용할 것이다. 집단 환경은 가브리엘이 통찰을 얻고, 개인적 삶에서 타인과의 관계와 연결성을 개선하는 기술을 발전시키는 데 도움을 줄 것이다. 여기에는 아버지와의 관계를 재연하고 교정하는 것도 포함될 것이다. 또한 집단 환경은 가브리엘이 성공적으로 회복하는 데에 필요한 희망을 심어주고, 자신을 타인에게 해 줄 것이 많은 사람으로 인식하도록 도울 것이다.

그러나 집단치료의 잠재적인 약점 중 하나는 가브리엘이 집단 환경 내의 친밀감을 잘못된 방식으로 사용하도록 유혹받을 수 있다는 점이다. 과거 가브리엘의 여성과의 성관계 패턴을 고려할 때, 만약 그가 남녀 혼성 집단에 참여한다면 집단 밖에서 연애나 성적인 관계를 금지한다는 규칙을 따름으로써 도움이 될 것이다. 또한 가브리엘이 자신의 성적 지향에 대해 의문을 제기하는 현재 상황도 신중하게 고려해야 할 것이다. 집단 지도자는 가브리엘이 다른 집단 구성원의 잠재적인 동성애 혐오로 인해 피해를 보거나 그 반대의 경우가 발생하지 않도록 평가를 적합하게 해야 하고, 문화적 역량도 갖추어야 한다. 가브리엘이 자신의 성적 지향성을 탐색할 수 있는 집단에 배치되는 것이 이상적이며, 그렇지 못하다면 개인치료에서 작업하는 것을 고려할 수 있다.

요약

집단치료는 중독치료에 널리 사용되는데 이는 비용 대비 효율적이며 그 효과가 입증되었기 때문이다. 집단치료의 치료 요인들은 중독 집단에서 모두 중요하게 작용한다. 집단 지도자는 집단치료의 치료 요인들을 촉진하고, 집단을 구성할 때 특정 고려 사항에 주의를 기울이며, 집단 문화를 확립하고 유지하여 집단 구성원에게 효과적인 치료 방식이 되도록 해야 한다. 중독치료에서 많은 유형의 집단치료가 가능한데 MI 및 CBT 집단은 물질 관련 문제에 있어서 근거 기반 치료이다. 중독치료에서 집단치료를 더욱 자세히 알리기 위해서는 추가적인 철저한 연구가 필요하다(Weiss, Jaffee, de Menil, & Cogley, 2004).

지속적인 학습을 위한 자료

▸ Books

Bhat, C. S., Pillay, Y., & Selvaraj, P. R. (2015). *Group work experts share their favorite activities for the prevention and treatment of substance use disorders*. Alexandria, VA: Association for Specialists in Group Work.

Reading, B., & Weegmann, M. (2004). *Group psychotherapy and addiction*. Philadelphia: Whurr.

▸ Scholarly Journal

Weiss, R. D., Jaffee, W. B., de Menil, V. P., & Cogley, C. B. (2004). Group therapy for substance use disorders: What do we know? *Harvard Review of Psychiatry, 12*, 339-350.

▸ Websites

SAMHSA's National Registry of Evidence-Based Programs and Practices: www.nrepp.samhsa.gov.

Substance Abuse Treatment: Group Therapy: www.ncbi.nlm.nih.gov/books/NBK64205.

참고문헌

Albanese, M. J., & Khantzian, E. J. (2002). Self-medication theory and modified dynamic group therapy. In D. W. Brook & H. I. Spitz (Eds.), *The group therapy of substance abuse* (pp. 79-96). New York: Haworth Press.

Bandura, A. (1994). Self-efficacy. In V. S. Ramachandran (Ed.), *Encyclopedia of human behavior* (Vol. 4, pp. 71-81). New York: Academic Press.

Beck, J. S. (2011). *Cognitive behavior therapy:*

Basics and beyond (2nd ed.). New York: Guilford Press.

Blume, S. B. (2002). Group psychotherapy in the treatment of addictive disorders: Past, present, and future. In D. W. Brook & H. I. Spitz (Eds.), *The group therapy of substance abuse* (pp. 411-427). New York: Haworth Press.

Brook, D. W. (2015). Group therapy. In M. Galanter, H. D. Kleber, & K. T. Brady (Eds.), *The American Psychiatric Publishing textbook of substance abuse treatment* (5th ed., pp. 463-478). Arlington, VA: American Psychiatric Publishing.

Carroll, K. M. (1998). *Therapy manuals for drug addiction: A cognitive-behavioral approach: Treating cocaine addiction* (NIH Pub. No. 98-4308). Bethesda, MD: Department of Health and Human Services, National Institutes of Health, National Institute on Drug Abuse.

Center for Substance Abuse Treatment. (2009). *A provider's introduction to substance abuse treatment for lesbian, gay, bisexual, and transgender individuals*. Rockville, MD: U.S. Department of Health and Human Services.

Flores, P. J. (2007). *Group psychotherapy with addicted populations: An integration of twelve- step and psychodynamic theory* (3rd ed.). New York: Haworth Press.

Irvin, J. E., Bowers, C. A., Dunn, M. E., & Wang, M. C. (1999). Efficacy of relapse prevention: A meta-analytic review. *Journal of Consulting and Clinical Psychology, 67*, 563-570. doi:10.1037/0022-006X.67.4.563

Johnson, D. H., & Johnson, F. P. (2013). *Joining together: Group theory and group skills* (11th ed.). Boston: Pearson Education.

Khantzian, E. J. (2012). Reflections on treating addictive disorders: A psychodynamic perspective. *American Journal on Addictions, 21*, 274-279.

Khantzian, E. J., Golden-Schulman, S. J., & McAuliffe, W. E. (2004). Group therapy. In M. Galanter & H. D. Kleber (Eds.), *The American Psychiatric Publishing textbook of substance abuse treatment* (3rd ed., pp. 391-403). Arlington, VA: American Psychiatric Publishing.

Kominars, K., & Dornheim, L. (2004). Group approaches in substance abuse treatment. In J. L. DeLucia-Waack, A. D. Gerrity, C. R. Kalodner, & M. T. Riva (Eds.), *Handbook of group counseling and psychotherapy* (pp. 563-575). Thousand Oaks, CA: Sage.

Krejci, J., & Neugebauer, Q. (2015). Motivational interviewing in groups: Group process considerations. *Journal of Groups in Addiction & Recovery, 10*, 23-40. doi:10.1080/1556035X.2015.999616

Leszcz, M. (1992). The interpersonal approach to group psychotherapy. *International Journal of Group Psychotherapy, 42*, 37-62.

Malat, J., Leszcz, M., Negrete, J. C., Turner, N., Collins, J., Liu, E., & Toneatto, T. (2008). Interpersonal group psychotherapy for comorbid alcohol dependence and non-psychotic psychiatric disorders. *American Journal on Addictions, 17*, 402-407. doi:10.1080/10550490802268223

Malat, J., Morrow, S., & Stewart, P. (2011). Applying motivational interviewing principles in a modified interpersonal group for comorbid addiction. *International Journal of Group Psychotherapy, 6*, 557-575. doi:10.1521/ijgp.2011.61.4.556

Margolis, R. D., & Zweben, J. E. (2011). Group therapy and self-help groups in addiction treatment. In *Treating patients with alcohol and other drug problems: An integrated approach* (2nd ed., pp. 173-197). Washington, DC: American Psychological Association. doi:10.1037/12312-007

Matano, R. A., & Yalom, I. D. (1991). Approaches to chemical dependency: Chemical dependency and interactive group therapy: A synthesis. *International Journal of Group Psychotherapy, 41*, 269-293.

Miller, W. R., Benefield, R. G., & Tonigan, J. S. (1993). Enhancing motivation for change in problem drinking: A controlled comparison of two therapist styles. *Journal of Consulting and Clinical Psychology, 61*, 455-461. doi:10.1037/0022-006X.61.3.455

Miller, W. R., Forcehimes, A. A., & Zweben, A. (2011). *Treating addiction: A guide for professionals*. New York: Guilford Press.

Miller, W. R., & Rollnick, S. (2013). *Motivational interviewing: Helping people change* (3rd ed.). New York: Guilford Press.

Miller, W. R., & Wilbourne, P. L. (2002). Mesa Grande: A methodological analysis of clinical trials of treatment for alcohol use disorders. *Addiction, 97*, 265-277. doi:10.1046/j.1360-0443.2002.00019.x

Miller, W. R., Zweben, A., DiClemente, C. C., & Rychtarik, R. G. (1992). *Motivational enhancement therapy manual: A clinical research guide for therapists treating individuals with alcohol abuse and dependence* (NIAAA Project MATCH Monograph Series, Vol. 2. DHHS Pub. No. 92-1894). Rockville, MD: National Institute on Alcohol Abuse and Alcoholism.

Morgan, R. D. (2004). Groups with offenders and mandated clients. In J. L. DeLucia-Waack, A. D. Gerrity, C. R. Kalodner, & M. T. Riva (Eds.), *Handbook of group counseling and psychotherapy* (pp. 388-400). Thousand Oaks, CA: Sage.

Roth, J. D. (2004). *Group psychotherapy and recovery from addiction: Carrying the message*. Binghamton, NY: Hawthorne Press.

Singh, A. A., Merchant, N., Skudrzyk, B., & Ingene, D. (2012). *Association for Specialists in Group Work: Multicultural and social justice competence principles for group workers*. Retrieved from www.asgw.org/pdf/asgw_mc_ sj_priniciples_final_asgw.pdf.

Stevens, S., Arbiter, N., & Glider, P. (1989). Women residents: Expanding their role to increase treatment effectiveness in substance abuse programs. *International Journal of the Addictions, 24*, 425-434.

Substance Abuse and Mental Health Services Administration. (2014). *National survey of substance abuse treatment services: 2013. Data on substance abuse treatment facilities.*

BHSIS Series S-73, HHS Publication No. (SMA) 14-4890. Rockville, MD: Author.

Tuckman, B. (1965). Developmental sequence in small groups. *Psychological Bulletin, 63*, 384-399.

Velasquez, M. M., Maurer, G. G., Crouch, C., & DiClemente, C. C. (2001). *Group treatment for substance abuse: A stages-of-change therapy manual*. New York: Guilford Press.

Wagner, C. C., & Ingersoll, K. S. (2013). *Motivational interviewing in groups*. New York: Guilford Press.

Weegmann, M. (2004). Alcoholics Anonymous: Group therapy without the group therapist. In B. Reading & M. Weegmann (Eds.), *Group psychotherapy and addiction* (pp. 27-41). Philadelphia: Whurr. doi:10.1002/9780470713549.ch3

Weiss, R. D., Jaffee, W. B., de Menil, V. P., & Cogley, C. B. (2004). Group therapy for substance use disorders: What do we know? *Harvard Review of Psychiatry, 12*(6), 339-350. doi:10.1080/10673220490905723

Wenzel, A., Liese, B. S., Beck, A. T., & Friedman-Wheeler, D. G. (2012). *Group cognitive therapy for addictions*. New York: Guilford Press.

Wilson, F. R., Rapin, L. S., & Haley-Banez, L. (2000). *Association for Specialists in Group Work: Professional standards for the training of group workers*. Retrieved from www.asgw.org/ pdf/training_standards.pdf.

Yalom, I. D., & Leszcz, M. (2005). *The theory and practice of group psychotherapy* (5th ed.). Cambridge, MA: Basic Books.

18장 재발 방지 접근

Amanda L. Giordano
Elliott S. Woehler

금욕 후 일어나는 물질사용의 재발은 환자는 물론 치료자, 환자의 친구나 가족에게 매우 충격적일 수 있다. 환자는 절망감과 수치심을 느낄 수 있고 치료자는 좌절감이나 자기 비난을 경험할 수 있으며, 가족과 친구는 분노 혹은 절망으로 반응할 수 있다. 중독치료자는 재발을 방지하기 위해 환자와 협력할 뿐만 아니라 재발 발생 시 나타나는 다양한 감정에 효과적으로 대응해야 한다. 이러한 감정적 반응에 집중하는 하나의 방법은 재발을 환자 혹은 치료의 실패가 아닌 중요한 학습 기회로 개념화하는 것이다. 대부분의 중독치료 프로그램과 지지 집단의 목표는 약물과 알코올을 완전히 중단하는 것이지만, 약 80%의 환자가 치료 후 첫 해 동안 최소 한 번은 재발을 경험한다(Hunt, Barnett, & Branch, 1971; Miller, Walters, & Bennett, 2001). 구체적으로, 재발은 회복 후 처음 3개월 동안 가장 많이 일어난다(Hunt et al., 1971). 일부 연구자들은 재발의 유병률을 고려할 때, 재발 방지(relapse prevention)라는 용어를 재발 관리(relapse management)로 대체하여 재발의 심각성, 기간, 빈도를 줄이는 것을 목표로 삼아야 한다고 주장한다(Roozen & van de Wetering, 2007). 따라서 치료 후 재발은 예외적인 것이 아니라 일반적인 것이 되었으므로 치료자는 환자가 재발을 피하고 나아가 재발을 관리할 수 있도록 도울 준비가 되어 있어야 한다.

1. 재발 방지 접근의 기본 원칙

1) 재발의 정의

기본적으로 재발이란 행동을 변화시키려는 시도가 중단되는 것으로 정의할 수 있다(Marlatt &

글상자 18-1 행동 변화의 방해 요인

당신이 행동의 변화를 시도했던 때를 생각해 보라(예: 운동, 다이어트, 나쁜 습관 버리기, 긍정적인 활동 늘리기). 당신의 변화 과정은 순조로웠는가? 아니면 어려움이나 걸림돌이 있었는가? 행동의 변화 시도를 방해한 구체적인 생각, 감정, 행동, 사람 또는 상황의 목록을 작성해 보라. 각각에 대하여 어떻게 반응했는가? 장애물을 극복하는 데 도움이 된 것은 무엇이었는가?

George, 1984). 대부분의 사람은 삶의 일부 영역에서 재발을 경험한다. 새로운 운동 계획을 실행하려고 할 때, 건강을 위해 식단에 변화를 주려고 할 때, 새로운 영적 또는 명상 수련을 일상으로 통합하려고 할 때, SNS 사용 시간을 제한하려고 할 때 혹은 일을 미루거나 운전 중 문자 보내기와 같은 잠재적으로 해로운 습관을 끊으려 할 때 재발을 경험하게 된다. McLellan, Lewis, O'Brien과 Kleber(2000)에 따르면 다른 만성 질환과 비교했을 때 약물의존의 재발률(40~60%)은 1형 당뇨병(30~50%), 고혈압 또는 천식(50~70%)의 재발률과 유사하였다. 재발은 또한 정신건강 영역에서도 흔히 일어난다. 조현병 진단을 받은 사람들 중 재발률은 물질사용장애가 있는 사람들과 비슷하다(84.41%; Andreasen, Liu, Ziebell, Vora, & Ho, 2013). 신경성 폭식증 환자의 약 21~55%가 재발을 경험하는데, 이는 재발을 어떻게 정의하느냐에 따라 달라진다(Olmsted, Kaplan, & Rockert, 2005). 재발이라는 개념은 중독 분야에만 국한된 것은 아니지만 삶의 다른 영역에서의 재발보다 더 큰 낙인효과를 갖는 것이 사실이다.

약물사용이 개인의 선택이며 성격적 결함이나 도덕적 실패의 결과라고 여기는 중독에 대한 도덕 모델이 만연해 있어서(Leshner, 2001), 사람들은 재발을 질환이 아닌 개인적 실패로 간주할 수 있다. 하지만 이런 흑백 논리적 사고방식은 치료 진행에 방해가 될 수 있다. 따라서 도덕 모델을 고수하기보다는 유전적 소인, 심리적 고통, 사회적 학습과 같은 중독의 발달에 영향을 미치는 다양한 요인을 고려하는 생물심리사회적 모델이 재발에 대한 보다 정확하고 편견 없는 이해를 제공한다.

2) 생물심리사회적 관점에서 바라본 재발의 이해

1956년 미국의학협회(American Medical Association)는 알코올 중독을 질병으로 구분하면서 이 상태의 생물학적·의학적 특성을 강조하였다. 이는 약물과 알코올의 사용이 전적으로 개인의 의지와 선택의 문제라는 대중의 인식을 완화하는 데 중요한 역할을 하였다. 중독의 생물학적 특성은 재발에 중요한 함의를 지닌다. 동물실험 연구는 중독과 재발의 신경생물학에 대한 통찰을 제공했다. 구체적으로, 연구자들은 어떤 약물을 지속해서 남용할 때 동반되는 자극은 약물이 없더라도 뇌의 보상 경로에서 똑같은(비록 약간 더 작지만) 반응을 유발하도록 조건화된다는 것을 발견했다(Kenny, Koob, & Markou, 2003). 따라서 약물사용과 관련된 자극(특정 장소, 약물 관련 도구, 냄새, 소리 등)은 약물남용과 똑같은 방식으로 뇌의 보상 기능을 자극할 수 있다. 보상 기능의 이러한 자극으로 인해 약물남용에 대한 갈망이 증가하고 이것이 재발 확률을 높인다(Kenny et al., 2003). 예를 들어, 몇 달 동안 단약을 한 환자가 예상치 못하게 헤로인을 정맥에 주사하는 데 사용했던 오래된 주삿바늘을 발견할 수 있다. 환자가 헤로인을 사용하면서 반복적으로 함께 사용했던 주삿바늘을 보게 되면 여러 신경전달물질 중에 소량의 도파민 분비를 자극하여 낮은 수준의 긍정적 정서를 유발하고, 뇌의 보상 기전을 활성화함으로써 주요 약물에 대한 갈망을 일으킬 수 있다. 이러한 약물-조건화된 자극에 대한 신경학적 반응은 익명의 알코올 중독자 모임(AA)의 표어인 '사람, 장소, 물건을 바꾸라(change people, place, and things)'는 조언에 신빙성을 부여하며 초기 회복 단계에 있는 사람들이 단약을 유지할 수 있도록 돕는 역할을 한다.

신경 적응(neuroadaptations)이 생물심리사회적 관점에서 재발에 대한 유일한 고려 사항은 아니다. 치료자는 환자의 심리적 상태와 사회적 학습에도 주의를 기울여야 한다. 심리적 상태의 경우 환자는 절망, 외로움, 슬픔, 스트레스와 같은 부정적인 정서를 경험하면 재발 확률이 증가할 수 있다(Stewart, 2000). 약물남용은 대부분 개인의 기분을 변화시키는 데 있어 예측이 가능하고 일관성이 있다. 따라서 회복 중인 환자는 스트레스 요인에 직면했을 때 불쾌한 심리적 반응을 대처하고 관리하는 것이 여의치 않아 특히 재발에 취약할 수 있다. 예를 들어, 알코올 중독에서 회복 중인 LGBTQ 집단의 청년을 생각해 보자. 그는 몇 주 동안 금주를 달성했지만, 본인의 성적 지향으로 인해 학교에서 괴롭힘을 당하고 이에 분노, 절망, 두려움을 느낄 수 있다. 이러한 심리적 고통은 부정적인 정서 상태를 다루기 위해 알코올을 사용하려는 욕망을 불러일으킬 수 있다.

마지막으로 재발의 사회적 측면과 관련하여 환경은 중요한 고려 사항이다. 연구자들은 사회적 환경의 질이 재발 확률을 예측한다는 근거를 발견했다. 구체적으로 Solinas, Chauvet, Thiriet, Rawas와 Jaber(2008)에 따르면, 금욕 기간 동안 동물의 생활 환경은 재발 확률에 상당한 영향을 미친다. 감각을 자극하고 긍정적인 요소가 풍부한 환경은 약물남용 가능성을 유의미하게 감소시켰다. 이러한 연구 결과는 환경이 재발 위험에 큰 영향을 미칠 수 있다는 것을 나타낸다. 만약 약물 중독에서 회복 중인 환자가 사회적 고립, 신체적 손상, 미미한 자극 등으로 특징지어지는 환경에서 계속 살아간다면 다시 약물을 사용하는 것에 특히 끌릴 수 있다. 그러나 기본 욕구가 충족되고 의미 있는 여가 활동과 사회적 상호작용을 위한 기회가 충분하며, 새로운 자극을 받는 경험을 접할 수 있는 양질의 환경을 만들기 위해 노력하는 환자의 경우 물질 재사용의 가능성은 적을 수 있다. 따라서 효과적인 재발 방지 전략을 수립하기 위해서는 생물학적·심리적·사회적 요인을 포함하여 재발에 대한 총체적인 관점을 수용하는 것이 필요하다.

3) 재발 방지의 정의

재발 방지는 중독치료의 중요한 구성 요소이다. 치료자는 단약 유지를 위해 초이론적 모델(transtheoretical model: TTM; Prochaska & DiClemente, 1982) 중 유지 단계에만 재발 방지 전략이 관련된다고 잘못 가정할 수 있다. 그러나 반대로, 환자의 재발에 대비하고 효과적으로 대응하는 것은 치료 초기부터 필요하다. Marlatt과 George(1984)는 "행동 변화를 시도하는 개인에게 재발 문제를 예상하고 대처하는 방법을 가르치는" 프로그램으로 재발 방지를 정의했다(p. 261). 따라서 재발 방지는 환자가 회복 과정에서 직면할 수 있는 미래의 장애물을 고려하여 지속적인 행동의 변화를 촉진하는 것이다. 재발 방지에 대한 접근은 환자가 약물 및 알코올 사용으로 돌아가지 않고 장애물을 극복할 수 있도록 돕는 회복 계획, 전략 그리고 대처 기술을 개발하기 위한 틀을 제공한다. 치료자는 금욕을 지속하는 데에 잠재적인 걸림돌을 해결하기 위해 변화의 유지 단계까지 기다려서는 안 된다. 오히려 치료자와 환자는 치료 초기에 재발의 위험과 촉발 요인을 확인하고 효과적인 대처 기술을 개발하기 시작하면서 환자의 기술 사용 능력에 대한 자신감을 높일 수 있다.

2. 재발 방지의 철학적 기초와 핵심 개념

재발 방지에 접근하는 방법에는 여러 가지가 있다. 이번 장에서는 경험적 근거가 있는 세 가지의 중요한 접근을 강조한다. 하지만 재발 방지의 추가적인 적용 분야에 관심 있는 독자들은 Rawson, Obert, McCann과 Marinelli-Casey(1993)를 참조할 수 있다. 구체적으로, Marlatt의 인지행동 재발 방지 모델, 마음챙김 기반 재발 방지 접근, 그리고 Gorski의 CENAPS 모델을 설명하고자 한다.

1) 재발 방지 모델

Marlatt와 동료들이 제안한 재발 방지 모델(relapse prevention model: RPM)은 중독치료 분야를 근본적으로 바꾸어 놓았다(Marlatt & George; 1984; Marlatt & Gordon, 1985). Marlatt와 동료들은 물질사용으로 돌아가는 것을 이분법적 용어(즉, 완전한 금욕 또는 완전한 사용, 성공 또는 실패)로 개념화하는 대신 연속적인 관점으로 제시하였다. 구체적으로, 저자들은 지속적 금욕에 대해 약물 재사용 기간을 점차 줄인 다음 금욕 기간을 점차 늘리는 여정이라고 설명한다. 이러한 관점에서 약물을 한 번 재사용하는 경우는 실수(lapse)로 개념화되며, 여기에서 개인은 금욕으로의 복귀(탈출의 의미), 또는 원래의 물질사용으로 되돌아간다는 의미의 완전한 재발로 이어지는 여러 선택지를 갖게 된다(Hendershot, Witkiewitz, George, & Marlatt, 2011). RPM은 전반적인 개입과 상황적 개입으로 구성되어 있어서 환자가 실수가 발생하지 않도록 생활 방식을 바꾸고, 실수에 대처할 수 있는 인지적 · 행동적 도구를 개발하여 완전한 재발 확률을 줄이는 방식으로 대처하도록 돕는다(Hendershot et al., 2011; Marlatt & George, 1984; Marlatt & Gordon, 1985).

전반적인 생활 방식 변화의 경우, RPM은 물질사용장애가 있는 환자가 자기 삶에서 인식된 의무(해야 하는 것)와 즐거운 활동(원하는 것) 사이의 균형을 위해 노력해야 한다고 주장한다. 보상의 즐거움 없이 너무 많은 것을 요구하는 것은 개인을 재발의 위험에 빠뜨리게 한다. 근본적으로, 금욕의 유지를 위해 개인은 금욕 상태에서 기쁨과 만족을 찾아야 한다. 오랜 시간 물질을 사용한 이들에게 사용하지 않는 상태에서 즐거운 활동을 찾기란 상당히 도전적일 수 있다. 따라서 치료자는 환자와 협력하여 일상 생활에서 의무와 즐거운 활동의 균형을 관찰하고, 관심사, 열정, 목표를 식별하기 위한 자기 자각 활동에 참여하고, 생활 방식의 균형을 위해 변화를 시도할 수 있다. 많은 요구와 책임을 지닌 환자의 경우, 운동, 휴식, 명상, 영적 또는 종교적 수련, 즐거운 취미, 사회적 참여와 같은 자기 관리 활동을 통합하면 하루 중 약물남용의 위험을 줄이기 위한 중요한 보상이 될 수도 있다(Larimer, Palmer, & Marlatt, 1999; Marlatt & George, 1984).

전반적인 생활 방식의 변화 외에, RPM은 재발 확률을 증가 또는 감소시킬 수 있는 상황적 요인도 기술하고 있다. 이러한 요인에는 고위험 상황(high-risk situation), 대처 전략(coping strategies), 자기효능감(self-efficacy), 결과 기대치(outcome expectancies) 및 금욕 위반 효과(abstinence violation effect)가 포함된다(Larimer et al., 1999; Marlatt & George, 1984; Marlatt & Gordon, 1985). 물질사용장애가 있는 개인은 ⓐ 부정적인 감정 상태, ⓑ 대인관계 갈등, ⓒ 사회적 압력과 같은 세 가지 범

주에 속하는 고위험 상황에 직면했을 때 재발 위험이 있을 수 있다. 부정적인 감정 상태에는 슬픔, 지루함, 외로움 또는 짜증과 같은 불쾌한 감정의 경험이 포함되고, 대인관계 갈등은 가족, 친구, 동료, 파트너 또는 지인과의 관계에서 긴장을 가리키며, 사회적 압력의 경험에는 술을 마시는 동료가 있거나 친구가 약물사용을 직접 권유하는 등 다른 사람이 물질사용에 직간접적으로 영향을 미치는 것이 포함된다. 이런 상황에서 환자는 이전에 약물이나 알코올 사용 시 사용했던 **대처 전략**이 필요하다. 따라서 환자는 고위험 상황에 맞닥뜨렸을 때, 주의 분산, 이미지화, 거절 기술, 상황에서 벗어나기, 명상, 긍정적인 자기 대화 또는 12단계 프로그램의 후원자에게 연락하기 등과 같은 새로운 대처 반응을 활용해서 그 상황을 해결해야 한다. 대처 전략이 잘 실행되고 효과가 입증되면, 환자의 **자기효능감**이 높아진다.

Bandura(1997)는 자기효능감을 "자신이 어떤 기술을 가지고 있던 다양한 상황에서 원하는 것을 할 수 있다는 믿음"으로 정의했다(p. 37). 따라서 환자가 고위험 상황에 대응하여 물질사용 이외의 대처 전략을 사용하고 그 결과가 긍정적이면 이러한 자신의 기술을 사용할 수 있다는 믿음이 강해진다. 이러한 자기효능감의 향상은 재발 확률을 줄이는 데 도움이 된다. 그러나 대처 전략이 효과가 없는 것으로 판명되면 자기효능감이 낮아질 수도 있다. 이 시점에서 환자는 자신이 원하는 일을 수행할 수 없다고 믿으며, 약물이나 알코올에 대해 **긍정적인 결과 기대치**(positive outcome expectancies)를 경험할 수 있다. 대처 전략이 실패하면 환자는 비록 약물이 일시적이며 부정적인 결과가 있었더라도 삶의 역경에 대처하는 데 도움이 되었던 방식을 회상하며, 약물을 사용했을 때 얻어지는 예측 가능한 행복감과 쾌락에만 집중할 수 있다. 이러한 약물사용에 대한 긍정적인 결과 기대치와 낮은 자기효능감이 결합하여 환자의 실수 또는 물질의 첫 번째 재사용 위험이 증가한다. 처음으로 술이나 약물을 사용하면, 환자는 때로 **금욕 위반 효과**(abstinence violation effect: 이하 AVE)를 경험하기도 한다. AVE는 금욕이라는 목표의 포기를 인식하는 것에 대한 정서적 및 인지적 반응의 결합이다. 정서적으로 환자는 죄책감, 수치심, 절망 또는 자기 비난을 경험할 수 있다. 인지적으로는 "난 완전히 망했어" 또는 "맨정신으로 보낸 4주가 날아가 버렸어"라고 생각할 수 있다. 이러한 사고와 정서는 환자가 약물과 알코올을 계속 사용하여 완전한 재발로 이어지는 위험에 처하게 한다. 게다가 이제 환자는 정신 또는 기분을 변화시키는 물질의 초기 쾌락 효과를 경험했다. AVE와 물질의 긍정적 효과를 동시에 경험하면 재발 확률이 높아진다(Marlatt & George, 1984).

RPM은 치료자와 환자가 실수와 재발 경험을 이해할 수 있는 틀을 제공한다. 완전한 재발로 진행되는 각각의 지점에서 임상적으로 개입할 기회가 있다. 예를 들어, 고위험 상황을 경험할 가능성을 제한하기 위해 생활 방식을 변경할 수 있다. 환자는 효과적이고 건강한 의사소통 기술을 개발하고, 대인관계 기술을 강화하고, 금욕이라는 목표를 공유하는 사회 관계망을 만들고, 삶의 스트레스 요인을 줄이기 위해 노력할 수 있다. 물론, 환자가 고위험 상황에 절대로 마주하지 않을 것이라고 가정하는 것은 현실적이지 못하다. 따라서 치료자와 환자는 약물사용으로 되돌아가지 않으면서 고위험 상황에서의 경험을 관리할 수 있는 효과적인 대처 전략 목록을 만들 수 있다. 그러나 환자가 대처 전략을 효과적으로 사용할 수 없는 경우, 대처 반응에 대한 지식과 기술을 개선하고 자기효능감을 높이기 위한 개입이 필요하다. 치료자는 동기면담(MI; Miller & Rollnick, 2013)을 활용하여 환자에게 과거의 성공 경험을 탐색하도록 하고("과거에 자신이 할 수 없다고 생각했던 일을 해낸 적을 떠올릴 수 있나요?"), 현재의 금욕을 유지하는 노력에 과거 성공 경험에서 사용된 강점과 기술을 적용할 수 있는 방법을 고려함으로써 자기효능감을 높일 수 있다.

환자가 물질사용에 대한 긍정적인 결과 기대치를 경험했을 때, 치료자는 개입을 위해 환자가 자신의 과거 경험을 바탕으로 한 약물사용을 현실적으로 인식하여 이러한 기대에 반박하도록 격려할 수 있다. 예를 들어, 환자는 '지금 마리화나를 피우면 이러한 불안을 어느 정도 덜고 편안함을 느낄 수 있을 거야'라고 생각할 수 있다. 그는 그러한 기대에 대한 반박으로, '하지만 나는 내가 마리화나를 피우면 어떻게 되는지 알고 있어. 직장에서의 약물 검사를 통과하지 못할 것이고 나중에 약 기운이 사라지면 더 심한 불안을 느끼게 될 거야'라고 생각할 수도 있다. 치료자는 환자가 약물을 사용하였을 때 느끼는 초기 쾌감부터 불가피했던 과거의 부정적인 결과에 이르기까지 일련의 사건들을 연쇄적으로 생각해 보도록 할 수 있다(Larimer et al., 1999).

환자가 알코올이나 약물을 복용하다가 처음 중단하는 경우, 임상적 개입과 관련하여 몇 가지 선택의 지점이 있다. 치료자와 환자는 실수 관리 계획을 수립하고 작성하여 AVE를 다룰 수 있다(Larimer et al., 1999). 이 계획에는 환자의 실수가 발생했을 경우 따라야 할 합의된 단계가 포함된다. 실수 관리 계획에는 치료자나 치료센터의 핫라인에 전화하기, 12단계 후원자에게 즉시 연락하기, 부정적 사고를 인지적 재구성으로 반박하기, 고위험 상황에서 벗어나기 등이 포함될 수 있다. 환자와 치료자는 환자가 물질을 사용할 경우를 대비하여 이러한 계획들을 휴대용 카드에 기재할 수 있다(Marlatt & George, 1984). 실수하더라도 이후 성공적으로 개입한다면 환자가 금욕으로 복귀하고(탈출), 완전한 재발로 이어지는 것을 방지하는 데 도움이 될 수 있다.

글상자 18-2 대처 전략 개발

대처 전략이 효과적으로 되기 위해 환자는 적절한 훈련을 받고, 충분한 정보를 얻고, 기술을 사용할 수 있는 능력에 대한 자신감을 키워야 한다. 예를 들어, 횡격막 호흡 기술을 사용하기 전, 치료자는 일반적인 정보와 유용한 지침을 제공하고, 모범이 되는 행동을 보여 주고, 환자가 회기에서 연습하고 피드백을 받을 수 있게 하고, 자신감을 고취할 수 있도록 회기 밖에서 연습할 수 있도록 한다.

지난 수십 년 동안 연구자들은 약물 및 알코올사용을 줄이는 것과 관련하여 RPM을 일관적으로 지지하는 결과를 발견하였다. 구체적으로, RPM 접근은 치료하지 않는 것보다 우수하며 다른 적극적인 치료 방법과 동등하게 효과적이었다(Hendershot et al., 2011). RPM은 치료자와 환자가 실수와 재발 확률에 영향을 미치는 전반적인 요인과 상황적 요인을 모두 이해할 수 있도록 돕는다. 또한 환자의 완전한 재발을 피할 수 있도록 도와주는 임상적 개입을 맞춤화하기 위한 틀을 제공한다. 마지막으로, 이 모델은 재발을 바라보는 이분법적인 관점을 완화하고, 보다 현실적이며 민감한 관점인, 사용으로의 간헐적 회귀와 금욕 기간이 반복되다가 결국 지속적인 금욕 상태에 도달하는 연속적 과정으로 보는 관점을 제시함으로써 혁신적인 전환을 이끌었다.

2) 마음챙김 기반 재발 방지

최근 몇 년 동안 중독치료의 재발 방지 모델에서 마음챙김에 관심을 두기 시작했다. 마음챙김(mindfulness)은 자신의 현재 경험에 대한 인식과 사고, 정서, 행동에 대한 호기심과 수용의 태도를 지니는 이중적인 현상이다(Bishop et al., 2004). Kabat-Zinn(2003)은 마음챙김을 "현재 순간에 의도적으로 주의를 기울이고, 순간순간 펼쳐지는 경험에 판단 없이 주의를 알아차림으로써 나타나는 자각"이라고 정의했다(p. 145). 마음챙김과 기존의 인지행동 재발 방지(cognitive behavioral relapse prevention)(Marlatt & Gordon, 1985)를 통합함으로써 마음챙김 기반 재발 방지(mindfulness-based relapse prevention: MBRP; Bowen, Chawla, & Marlatt, 2010; Witkiewitz, Marlatt, & Walker, 2005)가 개발되었다. MBRP를 적용하는 치료자는 환자가 현재의 경험에 완전하게 집중하면서 판단 없

글상자 18-3 AVE 대처 전략

지속적인 금욕 기간 동안 치료자와 환자는 금욕 위반 효과와 관련하여 파국적 사고에 대응하기 위해, 실수하는 상황에서 환자가 읽을 수 있는 문장을 구성할 수 있다. 실수하고 난 후, '더 노력해서 뭐 해? 나는 이것을 할 수 없어'라고 생각하는 환자를 생각해 보라. 이 생각에 대해 어떻게 반론할 수 있는가?

이 경험을 수용하도록 돕는다. 이렇게 재발 방지를 위한 마음챙김 접근은 금욕을 추구하면서 더 높은 수준의 개인적 선택과 자기 연민을 발달시킨다(Bowen et al., 2010). 또한 환자는 고위험 상황을 마주했을 때 효과적인 대처 전략으로 마음챙김 기반 전략을 사용하는 법을 배운다. 예를 들어, 치료자는 갈망을 경험하는 상황에 마음챙김 기반 기술을 적용하여 환자가 물질을 사용하려는 충동을 인식하고 평가나 판단 없이 이러한 인식을 수용하도록 도울 수 있다.

MBRP에서 갈망이란 환자에게 물질에 대한 욕구를 알리는 생리적 신호로 개념화된다. 따라서 갈망은 익숙해진 물질이 없는 것에 대한 신체의 자연스러운 반응인 것이다(Witkiewitz et al., 2005). 환자는 마음챙김 기법을 사용하여 충동 파도타기(urge surfing)에 관여할 수 있으며, 이는 마치 파도가 정점에 도달했다가 내려가는 것과 같은 과정을 시각화한다(Bowen & Marlatt, 2009). 환자는 갈망에 대해 인식하고, 갈망을 호흡으로 다스리고, 비판단적인 태도를 유지하면서, 갈망이 진정될 때까지 물질에 대한 사용 충동을 견딜 수 있다. 갈망에 대한 수용적이고 비판 없는 태도는 경험을 위협적인 것이 아니라 중립적으로 만들어 다시 물질을 사용하지 않고도 견뎌 내는 것을 쉽게 만든다.

MBRP는 전통적인 CBT 재발 방지 전략과 마음챙김 접근을 통합한 것이기에 치료자는 환자가 촉발 요인과 고위험 상황을 식별하고 효과적인 대처 전략을 지속해서 개발하도록 돕는다. 그러한 대처 전략 중 하나가 마음챙김 명상이다. Kabat-Zinn(2003)은 마음챙김 기술을 발달시키기 위해서는 일상생활에서 공식적이고 규칙적인 수련과 비공식적이고 자발적인 수련이 모두 필요하다고 이야기한다. 따라서 환자는 하루 중에 자각과 수용을 점진적으로 통합할 뿐만 아니라 매일 구조화된 명상 수행을 할 수 있다. MBRP에서 마음챙김 명상 수련은 회기 안팎에서 모두 사용된다. 마음챙김 개발을 촉진하는 수련에는 보디 스캔 명상이나 마음챙김 먹기가 포함될 수 있다. MBRP를 촉진하는 치료자는 환자에게 진실하고 진정한 교육과 모델링을 제공하기 위해 스스로 마음챙김 수련에 참여하도록 권장된다는 점이 중요하다(Kabat-Zinn, 2003).

글상자 18-4 마음챙김 먹기

작은 과일 조각(베리나 포도 등)으로 마음챙김 먹기를 실시해 보라. 가능한 한 주변을 조용하게 하고 나서 시작하라(예: 전자 기기 끄기). 과일 조각을 손에 올려놓고 모양, 색, 향기에 주의를 기울여 보라. 손의 느낌은 어떤가? 어떤 모습이 눈에 띄는가? 손에 놓은 과일에 집중한 후, 씹지 않고 입안에 넣어 보라. 혀에 놓은 과일의 느낌에 주의를 기울여 보라. 씹으면서 과일의 맛과 질감을 느껴 보라. 씹고 삼키는 동안 과일에 모든 의식을 집중해 보라. 무엇을 느낄 수 있는가?

매뉴얼(Bowen et al., 2010)에 따르면, MBRP 회기는 이상적으로 주 1회 2시간씩, 8주 동안 진행이 된다. 회기의 주요 초점은 과거나 미래의 경험이 아니라 집단 구성원의 현재 경험이다. 또한 치료자는 녹음을 제공하여 환자가 매일 명상을 수련하도록 권장하여 그들의 마음챙김 기술을 발달시킨다(Bowen et al., 2010). 연구자들은 인지행동적 RPM과 MBRP, 두 모델 모두 중독치료를 받는 환자에게 일반적인 치료보다 더 효과적이라는 것을 발견했다(Bowen et al., 2014). 구체적으로, 두 모델 모두 6개월 추적 조사에서 재발 위험을 줄였고, MBRP는 12개월 추적 조사에서 지속적인 효과를 보였다. 또한 MBRP는 성 소수자 집단 및 소수 민족 집단에도 유용한 접근이 될 수 있는데, 연구자들에 따르면 소수 인종/민족 여성의 경우 RPM보다 MBRP가 더 효과적인 것으로 나타났다(Witkiewitz, Greenfield, & Bowen, 2013).

3) Gorski의 재발 방지 CENAPS 모델

CENAPS(Center for Applied Sciences) 재발 방지 모델은 1970년대 초에 등장했으며, 지난 수십 년 동안 재발 방지의 근본적 접근으로 지속되어 왔다(Gorski, 1989, 2000). 인지행동치료와 생물심리사회적 관점을 기반으로 하는 CENAPS 모델은 회복의 초기, 중기, 후기 단계에서 재발을 방지하기 위한 체계적인 프로토콜을 제공한다. CENAPS 모델은 몇 가지 핵심적인 구성 요소로 이루어진다. ⓐ 환자의 중독 및 재발 이력에 대한 철저한 평가를 수행, ⓑ 환자의 개별적인 재발 경고 신호 확인, ⓒ 각각의 경고 신호를 관리하기 위한 대처 전략의 개발, ⓓ 회복의 발달 모델을 기반으로 한 체계적인 회복 프로그램의 구축, ⓔ 재발에 대비한 초기 개입 계획의 수립(Gorski, 2000). 이러한 관점에서 환자는 재발의 임박을 알리는 경고 신호에 대한 전문가이다. 따라서 치료자와 환자는 환자의 삶과 중독에 대한 이력을 탐색함으로써 재발을 촉발할 수 있는 사고, 정서 및 행동을 확인할 수 있다. 이러한 경고 신호는 환자와 치료자가 각각에 대한 효과적인 관리 계획을 개발할 수 있도록 식별하고 명명된다. 환

글상자 18-5 재발 경고 신호

Veneshia는 자신의 재발 및 중독 이력을 탐색한 결과, 많은 현금을 지니고 있는 것을 재발 경고 신호로 확인했다. Veneshia는 고급 레스토랑에서 종업원으로 일하고 있으며, 근무가 끝나고 팁을 받을 때, 때때로 자신의 저녁 근무에 대한 '보상'으로 약물을 사고 싶은 충동에 휩싸이게 된다. 이러한 경고 신호와 관련될 수 있는 잠재적인 부적응적 사고, 제어할 수 없는 감정, 해로운 행동을 식별하고 이를 해결하기 위한 관리 계획을 수립해 보라.

자가 경고 신호를 설명하고 관련된 부적응적인 사고, 고통스러운 감정 및 해로운 행동을 목록화하는 것이 중요하다. 예를 들어, 환자는 재발 경고 신호를 '부적절한 느낌'으로 확인할 수 있다. 이와 관련된 비합리적인 사고에는 '아무리 노력해도 나는 가치가 없다, 다른 사람들은 삶을 잘 살아가는 것 같은데 나는 항상 부족하다' 또는 '사람들이 나와 함께 충분한 시간을 보내면 내가 얼마나 실망스러운지 확실히 깨닫게 될 거야' 등이 있다. 고통스럽거나 제어하기 어려운 감정은 외로움, 자책, 절망 및 슬픔일 수 있다. 관련된 자기 파괴적인 또는 해로운 행동에는 고립, 중요한 일에 대한 책임 회피, 프로젝트 및 활동에서의 이탈, 마약 거래상과의 재연락 등이 있다.

환자가 재발 경고 신호에 대해 철저하고 개별화된 목록을 개발하면, 환자는 치료자와 협력하여 각각의 상황을 관리하기 위한 대처 기술과 전략을 확인한다. 치료자는 환자가 이러한 관리 기술을 배우도록 돕기 위해 심리교육, 역할놀이 및 모델링, 회기 외 과제를 사용할 수 있다. 예를 들어, 환자는 신뢰할 수 있는 다른 사람에게 부적절함의 경험을 공개하여, 부적절함을 느끼는 경고 신호를 관리하는 계획을 세울 수 있다(이를 통해 고립과 철수에 맞서 싸울 수 있음). 또한 환자는 영적 또는 명상 수행, 자원봉사 또는 봉사 관련 사업 참여, 공동체 의식을 높이는 활동과 같이 자신의 목적의식을 고양시키는 활동에 참여할 수 있다. 치료자와 환자는 또한 환자가 부적절함을 느끼는 동안 읽을 수 있는 현실적이고 긍정적인 자기 진술 목록, 예를 들어 '나는 소중하고, 내 삶에는 목적이 있다' 등을 개발할 수 있다. 마찬가지로, 환자가 식별한 각각의 경고 신호에 대해 경고 신호 관리 계획이 구성된다.

회복의 발달적 특성에 대한 이해와 더불어, 치료자와 환자는 경고 신호 관리 계획을 통해 전체적인 회복 계획을 구성한다. Gorski(1989, 2000)에 따르면, 효과적인 회복을 위해서는 약물과 알코올에 대한 금욕과 건강한 심리적 변화 및 생활 방식의 변화가 모두 필요하다. 따라서 회복 계획에는 약물과 알코올에 대한 금욕을 확실하게 하기 위한 경고 신호를 다루고, 관찰을 평가하고, 환자가 더 높은 수준의 전인적 안녕감을 향해 나아갈 수 있도록 생활 방식과 성격 문제를 조정하는 것이 포함된다. 이러한 회복 계획에는 환자의 삶에서 중요한 다른 사람들의 지지를 이끌어 내고, 원가족 문제를 해결하며, 목표 달성을 위한 진행 상황을 평가하기 위해 매일 스스로 자신을 관찰하는 것이 포함될 수 있다.

재발 방지 CENAPS 모델의 마지막 구성 요소는 초기 재발 개입 계획의 수립이다. 적절하고 효과적인 관리 전략 없이 경고 신호가 계속되면, 환자는 약물이나 알코올을 재사용할 수 있다. 초기 재발 개입 계획은 환자가 물질을 처음 사용하게 될 때 가능한 한 빨리 사용을 중단하기 위해 취해야 할 단계로 구성된다. 환자가 최대한 빨리 금욕의 노력을 재개하도록 돕기 위해 환자와 그의 지원 체계는 모두 초기 재발 개입 계획에 익숙해질 수 있다. 이 계획에는 거절 전략, 동기를 강화하는 자기-대화, 12단계 치료 모임 참여, 치료자에게 연락하여 약속을 잡는 것 등 특별한 도움 요청 행동들이 포함된다.

재발 방지 CENAPS 모델의 결과, 중독치료자는 재발 경고 신호와 관리 전략의 개념을 그들의 업무에 통합해 왔다. Miller와 Harris(2000)는 Gorski의 물질사용으로 돌아갈 임박한 상황을 알리는 잠재적 경고 신호 목록을 기반으로 재발 경고 신호 평가(Assessment of Warning-signs for Relapse: AWARE) 척도를 개발했다. 이 척도는 28개 항목으로 구성되었으며 치료자가 재발 위험이 있는 환자를 식별하는 데 도움이 될 수 있다. 각각의 항목은 재발 경고 신호를 7점 리커트 척도('전혀 아니다'에서 '항상 그렇다')로 묘사한다. 예시 문항에는 '나는 혼자이고 외로움을 느낀다'와 '나는 갇힌 것 같고 빠져나갈 길이 없는 것 같다' 등이 있다(Miller & Harris, 2000). AWARE 척도는 알코올 중독치료를 받는 환자 표본에서 참여자의 실수와 재발을 유의미하게 예측할 수 있었으며, CENAPS 모델을 사용하는 치료자에게 유용한 도구가 될 수 있다(Miller & Harris, 2000).

3. 치료자가 재발 방지 접근을 활용하는 방법

1) 환자 재발에 대한 초기 대응

환자의 재발에 대한 치료자의 반응은 중독치료에서 매우 중요하다. 환자가 자발적으로 실수와 재발을 보고할 수도 있고, 치료자가 체계적인 약물 검사를 통해 재발을 발견할 수도 있다. 어느 경우이든 환자는 약물의 재사용을 공개한 결과에 대해 종종 엄청난 수치심을 경험하게 된다(Prosek et al., in press; Wiechelt, 2007). 이러한 수치심에 대한 치료자의 반응은 강력한 교정적 정서 경험이 될 수 있다. 따라서 치료자는 환자의 재발에 대한 자신의 반응을 주의 깊게 살펴보는 것이 좋은데, 실패에 대한 치료자의 투사는 실패에 대한 환자의 인식을 강화할 수 있기 때문이다. 이 시점에서 치료자는 공감을 전달하고, 환자의 어려움과 실망을 인정하고, 치료 또는 환자를 실패로 간주하는 인지적 왜곡을 바로 잡는 것이 중요하다. 예를 들어, 재발에 대해 처음 공개했을 때, 치료자는 "얘기하는 게 쉽지 않았을 텐데 제게 솔직하게 말씀해 주셔서 감사합니다. 약물을 중단하는 것이 당신에게 얼마나 큰 의미가 있는지, 그리고 이번 후퇴에 당신이 분명히 실망하고 있다는 것을 알고 있습니다. 하지만 우리는 이 경험에서 앞으로 나아가는 데 도움이 될 많은 것을 배울 수 있다고 생각합니다"라고 말할 수 있다.

치료자는 재발 후 특히 재발을 제삼자에게 공개하는 것과 관련하여, 치료 관계에서 투명성과 솔직성을 모델로 삼을 기회를 가질 수 있다. 중독치료를 시작할 때, 치료자는 사전동의 과정의 일부로서 약물사용의 자진 공개 또는 약물 검사의 양성 결과의 의미를 환자와 함께 탐색해야 한다. 중독치료를 받는 환자는 종종 치료 결과에 개인적·법적 또는 재정적 이해관계가 있는 제삼자에 의해 의뢰된다. 따라서 치료자와 환자 모두 물질사용을 공개하는 것이 치료 과정에 어떤 영향을 미칠지, 그리고 의뢰기관에 어떻게 보고될지 이해하는 것이 중요하다. 또한 환자가 제삼자에 의해 의뢰되거나 법원에 의해 치료를 명령받을 경우, 치료자는 환자의 편에서 환자를 얼마나 옹호할 수 있는지도 솔직하게 말하도록 권장된다. 재발 공개 동의 여부에 대한 논의는 일회적인 것이 아니라 치료 과정 전반에 걸쳐 통합되어야 한다. 따라서 환자가 재발을 보고하거나 약물 검사를 통해 재발이 밝혀질 경우 치료자와 환자는 모두 누구에게 보고해야 할지 알고 있어야 한다.

2) 재발 탐색을 치료 과정에 통합하기

중독치료에서 실수와 재발은 흔히 발생하며 실망스럽기는 하지만 향후 치료에 도움이 될 중요한 학습 도구가 될 수 있다. 재발에 대한 환자의 정서적 반응을 다룬 후, 치료자는 환자의 경험을 탐색할 수 있다. Daley와 Marlatt(2006)은 이 탐색을 쉽게 하도록 실수와 재발 기록지를 만들었다. 환자는 자기 경험을 되돌아보고 ⓐ 약물사용의 주요한 이유, ⓑ 약물사용을 촉발하는 생각과 감정, ⓒ 약물사용을 촉발하는 상황, ⓓ 재발 과정을 시작하기 위해 내린 첫 번째 결정을 보고하도록 초대된다. 치료자는 이 기록지를 활용해서 재발 경험을 분석하고 탐색할 수도 있다(〈표 18-1〉의 예시 기록지 참조). 이러한 항목에 대한 논의가 재발 방지 CENAPS 모델(Gorski, 1989, 2000)을 바탕으로 작업하는 경우, 치료자와 환자가 재발 경고 신호를 감지하는 데 도움이 될 수 있으며, RPM(Marlatt & George, 1984)을 기반으로 작업하는 경우, 고위험 상황을 식별하고 대처 전략의 효과를 평가할 수 있다. 재발에 대한 탐색은 회복 계획의 취약한 영역에 대한 통찰로 이어지고 각 영역을 강화하는 방법에 대한 지침을 제공한다. 예를 들어, 어떤 환자는 마약에 취하는 것이 얼마나 즐거웠는지 떠올리게 하는 약물을 사용하는 친구를 우연히 만났을 때 다시 메스암페타민(필로폰)

을 사용하고 싶다는 충동을 느꼈다고 고백할 수 있다. 약물사용을 촉발한 외부 상황은 약물을 사용하는 친구와의 만남이었다. '나는 오랫동안 기분이 좋지 않았어. 내가 이 정도는 누릴 자격이 있어'와 같은 내적인 생각, 갈망 그리고 마약사용에 대한 정당함에 대한 감정이 일어났다. 그녀가 재발하기 전에 내린 첫 번째 결정은 친구에게 메스암페타민을 가졌는지 물어보는 것이었다.

〈표 18-1〉 실수에서 배우기 기록지

실수에 대한 세부 사항(누가, 무엇을, 어디서, 언제)을 설명하라. 실수를 한 날이나 주를 고려하고 다음 기록지를 완성한다.

내적 요소		외적 요소	
당신은 자기 자신에 대해 어떤 생각을 했는가?		당신은 인생에서 어떤 스트레스를 경험했는가?	
당신은 물질에 대해 자신에게 무엇이라고 설명했는가?		당신은 인생에서 어떤 축하할 일들을 경험했는가?	
회복에 대해 어떤 생각을 지니고 있었는가?		당신에게 과거 물질사용을 떠올리게 하는 사람, 장소, 사물은 어떤 것이 있는가?	
실수 전에 어떤 긍정적인 감정을 경험했는가?		당신의 사회적 상호작용과 관계를 어떻게 설명할 수 있는가?	
실수 전에 어떤 부정적인 감정을 경험했는가?		당신이 가용한 지지적인 사람이나 활동은 어떤 것이 있었는가?	

이렇게 일련의 사건들을 검토하면, 향후 치료 회기에서 강화할 수 있는 다양한 영역이 드러난다. 첫째, Marlatt과 George(1984)에 따르면, 환자는 즐거운 활동과 건전한 자기 보상이 없고 의무와 책임으로 압도된 생활 방식을 가질 수 있다. 따라서 즐거움이라는 것은 환자의 삶의 일상적인 측면이라기보다 오히려 생소한 것처럼 보일 것이다. 전반적인 개입 관점에서 치료자와 환자는 약물사용의 유혹에 빠지지 않도록 책임과 즐거운 활동 사이의 균형을 찾기 위해 노력할 수 있다(Marlatt & George, 1984). 또한 환자는 부적응적 사고('나는 이 정도를 누릴 자격이 있어')와 이에 따른 통제할 수 없는 감정에 대응하여 대처 전략을 사용하지 않는 것으로 보인다. CENAPS 모델을 기반으로 하는 경우, 치료자는 환자가 재발 경고 목록에 이러한 생각, 감정 및 행동을 포함했는지 평

가할 수 있다. 치료자와 환자는 이전에 수립된 전략이 효과가 없는 것으로 판명된다면 더욱 효과적인 관리 계획을 수립하기 위해 노력할 수 있다. 생각, 감정, 행동이 목록에 없는 경우, 치료자와 환자는 이러한 경고 신호를 자세히 설명하고 환자가 향후 사용할 수 있는 관리 계획을 만들 수 있다. 이런 방식으로 치료자와 환자는 환자가 지속적으로 금욕을 유지하면서 회복 계획을 지속해서 수정, 강화, 보완할 수 있다.

치료자가 재발 경험을 치료 과정에 통합하는 또 다른 방법은 약물에 대한 거절 기술을 평가하고 개발하는 것이다. 환자는 때로 실수나 재발 후 거절 기술을 연습하며 도움을 얻는다. 치료자와 환자가 재발로 이어지는 상황을 탐색할 때, 치료자는 환자의 거절 기술의 강도에 대해 환자에게 부드럽게 직면해야 할 필요가 있을 수도 있다. 예를 들어, 치료자는 "당신은 스스로 약물을 사용하는 친구들과 어울린다고 말하고 있습니다. 한편으로는 그들이 당신을 받아들여 준 느낌 때문에 그들과의 어울림이 즐겁지만, 다른 한편으로는 그들이 약물을 제안했을 때 한 번도 거절한 적이 없기 때문에 힘듭니다"라고 말할 수 있다. 이런 부드러운 직면은 치료적 동맹을 효과적으로 유지하는 동시에, 환자가 거절 기술을 강화할 필요성에 대한 통찰을 줄 수 있다. 이러한 새로운 인식을 통해 환자는 물질사용 제안을 거절하는 연습을 위한 역할극에 더욱 기꺼이 참여하기도 한다. 환자는 알코올이나 약물을 거절하는 데 대한 경험이 제한적일 수 있으므로, 회기에서의 연습 기회를 통해 생소한 경험에 익숙해질 수 있다. 역할극 경험에 앞서 거절에 대한 환자의 두려움이나 불확실성을 탐색하는 것이 도움이 된다. 예를 들어, 환자는 동료들에게 호감을 얻고 받아들여지기를 원하는 강한 욕망 때문에 거절하기가 매우 어렵다고 고백할 수 있다. 이러한 고백은 치료에서 심도 있는 탐색을 위한 자료가 되고, 자기주장 훈련 및 자존감 향상과 같은 임상 개입에 정보를 줄 수 있다.

개인 또는 집단 대화 치료 외에도, 체험 활동은 재발 방지의 유용한 구성 요소가 될 수 있다. Hagedorn과 Hirshhorn(2009)은 재발 방지와 관련된 중독치료 집단을 위한 여러 가지 체험 활동을 설명했다. 약물을 재사용하기 시작한 후, 환자는 수치심과 죄책감이 커질 수 있다. 치료자는 환자가 실패감 때문에 집단에 참여하지 않거나 그만둔다는 것을 알아냈다. 체험적인 집단 활동은 집단응집력, 의사소통 및 신뢰를 개선하는 데 도움이 될 수 있다. 그러한 활동 중 하나는 늪 건너기로, 환자는 익명의 알코올 중독자 12단계 모임을 '안전한 발판'으로 삼고 재발 위험 요인인 '악어'를 피해, 회복 첫 해의 '늪'을 성공적으로 건너야 한다. 집단 구성원은 발판에서 발을 떼지 않고, 늪의 위험을 피하면서 넓은 늪을 구성원들과 함께 건너야 한다. 이 활동에서 환자는 어려운 상황에서 벗어나기 위해 다른 집단 구성원에게 도움을 요청하는 데에 익숙해져야 한다. 도움을 요청할 수 있는 능력은 재발 방지에서 매우 중요한 기술인데, 이는 환자가 때로 자신이 약물을 사용하고 싶은 욕망을 신뢰하는 사람에게 밝히기보다 고립되고 숨고 싶은 유혹을 느끼기 때문이다. 재발 방지 노력에 체험적 활동을 통합하면 기술 개발, 통찰력 발달 및 회복에서의 어려움을 정상화할 기회를 제공할 수 있다. 관련 과정 질문과 같은 체험적 집단 활동에 대한 자세한 설명은 Hagedorn과 Hirshhorn(2009)을 참조하라.

4. 재발 방지 평가와 방지의 함의

중독치료에서 재발의 심각성과 유병률을 고려할 때 연구자들은 물질의 재사용과 관련하여 보호 요인과 위험 요인을 모두 조사하였다. 치료 과정 전반에 걸쳐 보호 요인과 위험 요인에 대한 지속적인 평가는 치료자가 환자와의 맞춤화된 작업을 하는 데 도움이 될 수 있다. 치료자는 표준화된 측정을 통한 공식적인 평가, 그리고 임상 작업 전반에 걸친 비공식적 평가를 통해 재발에 대한 보호 요인과 위험 요인을 확인할 수 있다.

1) 재발 방지에 대한 공식적인 평가

재발에 대한 주요 보호 요인 중 하나는 자기효능감이다. 연구자들은 금욕 능력에 대한 자신감이 커질수록 재발 확률이 감소한다는 것을 발견했다(Burling, Reilly, Moltzen, & Ziff, 1989; Connors, Tonigan, & Miller, 2001; Kuusisto, Knuuttila, & Saarnio, 2011; Wikiewitz van der Mass, Hufford, & Marlatt, 2007). 알코올 거절 및 금주와 관련된 환자의 자기효능감을 측정하는 여러 평가 도구에는 상황적 자신감 척도(Situational Confidence Questionnaire: SCQ-39; Annis & Graham, 1988), 단주 자기효능감 척도(Alcohol Abstinence Self-Efficacy Scale: AASE; DiClemente, Carbonari, Montgomery, & Hughes, 1994) 및 음주 거절 효능감 척도-개정판(Drinking Refusal Self-Efficacy Questionnaire-Revised: DRSEQ-R; Oei, Hasking, & Young, 2005) 등이 있다. 이러한 자기 보고형 척도는 환자가 금욕을 하거나 물질사용을 거절하는 데 대한 자신감을 반영하는 점수를 제공한다. 치료자는 재발 방지 노력 과정에서의 환자 자기효능감을 확인하기 위해 이러한 도구를 활용하고, 자기효능감

이 낮은 것으로 드러나는 경우 이를 효과적으로 다룰 수 있다(다양한 평가 도구는 http://casaa.unm.edu/Instruments 참조).

자기효능감 외에도 재발에 대한 또 다른 보호 요인은 지지, 특히 익명의 알코올 중독자와 같은 12단계 치료 프로그램에 참여하는 것이다(Connors et al., 2001; Krentzman, 2007). 12단계 프로그램은 특히 재발 이후 환자의 지지 관계망에 도움이 되는 보조 수단이 될 수 있다. 가족과 관계가 소원해진 환자에게 AA 모임은 건강한 공동체의 유일한 선택지일 수 있다. 또한 재발 후 환자는 금욕을 유지하기 위해 치료 외에 추가적인 지지가 필요하다는 것을 인식하게 된다. 환자의 현재 우려사항에 따라 AA, NA(Narcotics Anonymous, 익명의 마약 중독자 모임), 종교 기반 프로그램인 회복 축제(Celebrate Recovery: CR)와 같은 프로그램을 포함하여 다양한 지지 집단을 활용할 수 있다. 모임 시간과 장소는 인터넷 또는 각 프로그램의 본부에 전화하여 쉽게 찾을 수 있다. 치료 회기 중 비공식적인 대화 외에도 치료자는 AA 또는 다른 12단계 치료 프로그램에서의 환자 참여를 공식적으로 평가하고 싶어 할 수 있다. 하지만 모임에 단지 참석한다는 것이 관여 또는 진정한 참여와 동의어가 아니라는 점에 유의하는 것이 중요하다(Tonigan, Conners, & Miller, 1996). 따라서 익명의 알코올 중독자 참여 척도(Alcoholic Anonymous Involvement scale: AAI; Tonigan et al., 1996)가 도움이 되는 자료일 수 있다. 13개 문항 척도는 AA 참여의 여러 측면을 평가하여 환자 참여의 정도를 측정한다. 예시 문항으로는 “AA 후원자를 가져 본 적이 있나요?”와 “AA의 12단계 중 어떤 단계까지 수행해 보았나요?” 등이 있다. AAI는 12단계 프로그램에서 환자 참여에 대한 유용한 정보를 제공할 수 있으며, 이는 재발 방지 치료에 대한 효과적인 보충 자료가 될 수 있다.

치료자가 공식적인 측정을 통해 재발을 평가할 수 있는 마지막 보호 요인은 환자의 종교성(religiousness) 또는 영성(spirituality)이다. 구체적으로, 연구자들은 환자의 종교성 그리고/또는 영성이 물질사용과 반비례하며(Chitwood, Weiss, & Leukefeld, 2008), 긍정적인 중독치료 결과를 예측한다고 밝혀냈다(Conner, Anglin, Annon, & Longshore, 2009; Petry, Lewis, & Ostvik-White, 2008). 재발 방지에서 치료자는 환자의 종교성과 영성을 탐색하여 환자의 회복 계획과 관련된 신념 체계의 본질과 기능을 이해하도록 권장된다. 다양한 영적 및 종교적 틀이 존재하기 때문에 ‘치료에서 영적 · 윤리적 · 종교적 가치 협회(Association for Spiritual, Ethical, and Religious Values in Counseling: ASERVIC)’는 치료자가 환자의 고유한 영적 정체성을 존중하고 윤리적으로 다룰 수 있도록 돕는 역량 목록을 개발했다(Cashwell & Watts, 2010). 환자의 종교적 및 영적 신념을 평가하는 한 가지 방법은 간편 종교 대처 척도(Brief Religious Coping Scale: BriefRCOPE)(Pargament, Smith, Koenig, & Perez,

1998), 일일 영적 경험 척도(Daily Spiritual Experience Scale: DSES; Underwood & Teresi, 2002), 그리고 탐구 척도(Quest Scale; Batson & Schoenrade, 1991)와 같은 공식 측정 도구를 사용하는 것이다. 이러한 도구는 치료자가 환자의 종교적/영적 신념에 대한 총체적인 이해를 돕고, 이러한 신념을 재발 방지 노력에 통합하는 데 도움이 될 수 있다.

2) 재발 방지의 비공식 평가

치료자는 자기효능감, AA 참여, 종교성/영성에 대한 공식적인 평가 외에도, 환자의 인지, 정서, 행동을 비공식적으로 평가함으로써 재발 경고 신호를 확인한다.

(1) 인지 평가

환자는 재발이 일어나기 전 종종 회복에 어려움을 겪고 있다는 징후를 보이는데 여기에는 부정적인 자기 대화, 인지 왜곡 또는 회복보다는 약물사용에 대한 생각으로 많은 시간을 보내기 등이 있다. 중독치료자는 '재발은 약물이 신체에 들어오기 훨씬 전에 마음에서 일어난다'라는 격언을 자주 인용한다. 실제로 인지적 요인은 환자의 물질 재사용과 상당한 관련이 있다. 치료자는 부정적인 자기 대화와 같은 인지적 재발 경고 신호를 임상적인 기술을 사용하여 확인해야 한다. 이러한 자기 대화는 두드러지게 눈에 띌 수도 있고 은밀할 수도 있다. 잠재적인 재발을 나타내는 눈에 띄는 자기 대화의 예로는 "더는 못하겠어요. 약을 할 때 기분이 더 좋았어요"가 있고, 더 조심스러운 예로는 "사람들과 잘 지내려고 노력했지만 계속해서 배신만 당해요. 누구도 믿을 수 없어요" 등이 있다. 또한 치료자는 환자의 생각 중 회복보다는 물질사용으로 기울어져 있는 그 비율에 주의를 기울여야 한다. 치료자는 환자가 집단 또는 개별 회기에서 약물사용에 관해 이야기하거나, 부정적인 결과 없이 약물을 사용할 수 있었던 때를 자주 이야기하는 경우 주의해야 한다. 마지막 인지적 경고 신호는 부적응적 또는 왜곡된 사고의 형태로 나타난다. 치료자는 또한 "저는 알코올 문제가 있는 다른 사람들과는 다릅니다", "저는 지금 술 마시는 것을 잘 통제하고 있고, 사교적인 음주가 가능합니다", "저는 약물을 사용했을 때보다 지금의 삶이 더 나아지지 않았다고 생각해요"와 같은, 문제가 되는 환자의 신념에 주목해야 한다. 이러한 생각은 회복하는 노력이 감소하고 있으며 새로운 또는 보완된 재발 방지 전략이 필요하다는 경고 신호이다.

(2) 정서 평가

실수나 재발의 경우 불쾌한 정서 상태가 항상 선행한다. 초기 회복은 쉽지 않으며 환자는 대부분 분노, 슬픔, 외로움, 좌절, 수치심, 그리고 약물남용 시절에 대한 향수를 경험하게 될 것이다. 이러한 정서적 경험은 특히 청소년기 초기에 약물을 시작한 환자에게 어려울 수 있으며, 유쾌하지 못한 감정에 대처하는 전략이 자연스럽게 발달하는 것을 방해한다. 따라서 부정적인 감정은 재발에 대한 경고 신호가 될 수 있으며, 특히 아직 새롭고 효과적인 대처 전략이 사용되지 못한다면 더욱 그렇다. 또한 환자는 때로 이전 생활 방식의 상실을 슬퍼한다. 그들이 회복하는 도중에 익숙했던 사람, 장소, 사물들이 바뀌었을 가능성이 크며, 이는 사회적 연결(공공 진실하지 않고 물질사용에 집중되더라도), 친숙한 환경, 일상을 상실하는 것을 의미한다. 또한 더 나아가 약물을 남용하지 않더라도 환자는 중독으로 인해 발생한 피해에 직면해야 하며 이는 죄책감과 수치심으로 이어질 수 있다. 포기하고 싶은 충동은 환자를 압도하여 물질사용으로 회피해 버리고 싶은 충동을 불러일으킬 수 있다.

반대로, 긍정적인 정서 또한 재발에 대한 경고 신호로 작용할 수 있다. 약물과 알코올은 축하 그리고 보상과 연결되며, 이러한 경험은 회복 중인 환자에게 촉발 요인이 될 수 있다. 또한 자신의 금욕 유지 능력을 과신하는 경우 환자는 위험을 감수하거나 경계를 낮추게 되는 경우가 있다. 이것이 AA 구성원이 6개월 또는 9개월 칩(6개월 또는 9개월 동안의 금욕을 유지했다는 것을 의미)을 받을 때와 같은 금욕 기념일에 재발 위험이 큰 이유이다. AA 구성원은 친구들과 술집에서 시간을 보내면서 자신과 다른 사람들에게 이제는 술 마시는 것을 통제할 수 있다는 것을 증명함으로써 단주를 시험하고 싶어 할 수 있다. 고위험 상황과 중독의 생물심리사회적 특성에 대한 이러한 과소평가는 개인에게 비싼 비용과 잠재적인 위험을 초래할 수 있다. 따라서 긍정적 · 부정적 정서 상태는 모두 재발에 대한 경고 신호로 작용할 수 있으며, 치료자와 환자는 이를 주의 깊게 확인해야 한다.

글상자 18-6 재발 위험 요인

재발 예측 요인은 치료를 시작할 때와 치료 과정 전반에 걸쳐서 평가되어야 한다. 일부 위험 요인은 고정적이지만, 어떤 위험 요인은 유동적이며 시간이 지남에 따라 변할 수 있다. 예를 들어, 환자 가족의 중독 이력은 변화가 없지만, 약물을 사용하는 친구와의 교류, AA 참여, 고용 상태, 자기효능감 등은 치료 기간에 변할 수 있다. 치료자는 이러한 유동적인 위험 요인을 정기적으로 평가해야 한다.

(3) 행동 평가

재발은 종종 중독성 물질의 정기적 재사용만이 아니라 조종하는 행동으로의 복귀로도 정의된다. 치료자는 이러한 행동이 회기에서 나타날 때 놀라지 말아야 한다. AA의 '빅 북'은 이러한 행동을 성격 결함이라고 지칭한다(Alcoholics Anonymous, 2001). 생물심리사회적 모델에서 환자는 생존에 필요하다고 느끼는 중독을 보호하기 위해 조종하는 행동을 보이게 된다. 환자는 주말에 자신의 행방에 대해 거짓말을 하거나, 12단계 치료에 참여한 것을 과장하거나, 실수를 숨길 수 있다. 치료자는 환자의 이러한 조종하는 행동 여부를 평가하기 위해 가족 및 친구와 정보공유를 동의하는 서류에 서명하게 하여, 그들에게 조종하는 행동이 나타나고 있는 것을 알리는 것이 중요하다. 다른 행동 재발 경고 신호에는 치료 회기 결석, 12단계 공동체에서의 이탈, 고립, 과거에 친숙했던 사람, 장소 혹은 사물로 돌아가기, 약물을 사용하지 않는 가족이나 친구를 피하는 것 등이 포함될 수 있다. 치료자는 재발 시 적절하게 개입하기 위하여 환자의 행동에서 어려움의 징후를 확인해야 한다.

5. 재발 방지 접근의 강점과 약점

이번 장에서 다룬 재발 방지 접근에는 몇 가지 중요한 강점이 있다. 첫째, 이 접근은 협력적이다. 재발 방지 노력은 환자가 자기 경험과 재발 이력을 바탕으로 재발 경고 신호와 고위험 상황을 식별할 수 있는 전문가의 역할을 할 수 있도록 한다. 치료자는 환자에게 단지 정보를 전달하기보다는 재발 위험 요소와 예방 노력에 대한 환자의 전문성을 끌어내기 위해 노력한다. 치료자의 전문성은 새로운 대처 전략을 학습하고, 자기효능감을 향상하고, 인지적 재구조화를 수행하는 과정을 촉진할 때 중요한 역할을 한다. 따라서 환자와 치료자는 모두 재발 방지 계획에 이바지하며, 이 과정을 통해 환자는 주체성을 가지고 자율성을 느끼며 재발 방지 접근에 더욱 개인적으로 집중할 수 있다. 재발 방지의 예방적 특성은 중독의 생물심리사회적 모델과 변화에 대한 초이론적 모델(TTM)의 나선형 구조(Prochaska & DiClemente, 1982)와 일치한다. 중독의 생물학적 · 심리적 · 사회적 측면과 유지 단계에서 다시 전숙고 단계나 숙고 단계로 되돌아갈 수 있는 잠재적 위험성으로 인하여 환자는 재발에 완전하게 면역될 수는 없다. 따라서 재발 방지계획은 비상 물품이 비치된 폭풍 대피소와 유사하다고 하겠다. 대피소에 보관된 생수, 통조림 식품 또는 손전등을 사용하게 되지 않더라도 토네이도가 발생할 경우를 대비하여 비축하고 준비해두는 것이 현명하다. 마찬가지로 재발 방지 노력이 환자가 물질사용으로 되돌아가는 것을 의미하는 것은 아니지만 재발이라는 폭풍이 닥쳤을 때 도구와 계획을 만들어 놓는 것이 현명하다.

재발 방지 접근에 약점이 없는 것은 아니다. 치료자가 무의식적으로 물질사용을 허용하지 않는 것과 환자를 잠재적인 재발에 대비하도록 준비시키는 것 사이의 균형을 유지하는 것은 어려울 수 있다. 재발 방지 노력은 금욕이라는 목표에 대한 희망을 유지하면서, 최대 80%의 환자가 초기 치료 후 어느 정도 약물사용으로 되돌아간다는 현실을 다루는 방식으로 구성되어야 한다(Hunt et al., 1971; Miller et al., 2001). 이러한 균형은 달성하기 어려울 수 있으며, 치료자는 자신의 임상적 기술, 강력한 치료 관계 그리고 중독의 은밀한 특성에 대한 지식에 의존해야 한다. 마찬가지로 치료자는 환자가 자신의 삶을 스스로 결정할 권리를 존중하는 자율성이라는 윤리적 원칙과 환자에게 해를 끼치지 않는다는 무해성의 원칙(American Counseling Association, 2014)을 고수해야 한다. 이 두 가지 윤리적 원칙은 재발 방지 노력 도중에 서로 충돌할 수 있다. 한편, 환자는 궁극적으로 자기 삶의 방향을 책임진다. 치료자는 환자를 준비시키고, 해를 방지하기 위해 노력하고, 성장을 촉진할 수 있지만, 치료자의 영향력이 환자의 독립성을 대체하지는 못한다. 한편, 단약 기간 이후 물질을 다시 사용하는 것은 해롭고 심지어 치명적일 수 있다. 치명적인 헤로인 과다복용은 때로 일정 기간 약물 중단 혹은 상당한 양의 약물 감소 후에 재사용하는 것과 관련이 있다. 단약 기간으로 인해 내성이 감소하면서, 이전과 같은 양을 사용하면 재발이 치명적일 수 있다(Warner-Smith, Darke, Lynskey, & Hall, 2001). 이러한 재사용의 잠재적 심각성을 고려할 때, 치료자는 재발 방지에서 환자의 자율성과 무해성의 원칙을 모두 준수하는 데 어려움을 겪을 수 있다. 중독치료자는 이 문제를 다루기 위해 정기적으로 지도 감독을 받고 필요한 경우 경험이 풍부한 전문가와 상의하는 것이 좋다.

6. 사례 연구 반응

가브리엘 사례의 경우 치료자는 첫 번째 회기부터 치료에 재발 방지 전략을 통합하기 시작할 것이다. 가브리엘은 간헐적으로 물질을 사용하고 단약을 반복한 이력이 있는데, 이에 대한 탐색은 치료에 중요한 정보를 제공할 것이다. Marlatt의 재발 방지 모델(Marlatt & George, 1984; Marlatt & Gordon, 1985)에 기반하여, 치료자는 가브리엘의 약물 재사용을 방지하기 위해 전반적인 개입과 구체적인 개입을 모두 다룰 것이다. 전반적인 관점에서, 치료자는 가브리엘과 협력하여 그의 삶에서 해야 할 일(인식된 의무)과 원하는 일(자기방종) 사이의 균형을 평가할 것이다. 가브리엘은 어머니에 대해 큰 책임감을 느낀다고 보고하였다. 아버지가 어머니를 학대하는 것을 목격한 이후부터 어머니를 보호해 왔으며, 그는 집안일을 돕기 위해 열심히 일하고 어머니가 받는 스트레스를 최소화하려고 노력했다. 또한 가브리엘은 집안일을 도우려고 자신에게 의지하는 누나와 조카에 대하여 책임감을 느껴 왔다. 치료자가 가브리엘에게 개인적인 즐거움을 위해 무엇을 하는지 물었을 때 그는 대답하기 어려워했다. 그는 조카와 함께 보내는 시간, 특히 축구를 가르치는 시간이 기분이 좋다고 하였지만, 물질사용 이외에는 자신을 위해 하는 활동을 확인하기 어려워했다. 치료자와 가브리엘은 함께 가브리엘의 관심사, 열정, 가치에 대해 탐색함으로써 생활양식에서 해야 할 것과 원하는 것 사이의 더 나은 균형을 세울 것이다. 더 즐겁고 건강한 자기 돌봄 활동을 정기적으로 통합하면 약물과 알코올 사용의 매력은 점차 감소할 것이다.

치료자와 가브리엘은 또한 재발 확률을 증가시킬 수 있는 상황적 요인을 확인하기 위해 함께 작업할 것이다. 가브리엘의 약물 및 알코올 사용 이력을 철저히 탐색한 후 그는 여러 가지 고위험 상황을 식별할 수 있었다. 여기에는 ⓐ 아버지와의 논쟁, ⓑ 여자 친구와의 불안정한 관계, ⓒ 물질을 사용하는 가족 구성원으로부터의 사회적 압력, ⓓ 차별 경험, ⓔ 강박장애 증상이 포함된다. 가브리엘은 이러한 상황에 직면했을 때, 마리화나나 알코올을 단약하는 능력에 대한 자신감이 매우 낮다고 보고한다. 특히 중요한 점은 가브리엘이 혼혈 남성으로 종종 소외감을 느낀다는 것이다. 그는 아프리카계 미국인 동료와 가족 구성원, 그리고 아메리카 원주민 가족 구성원으로부터 주요한 인종적 정체성을 '선택'하라는 압력을 받았다. 그는 자신의 혼혈 정체성에 편안함을 느끼지만, 아프리카계 미국인과 아메리카 원주민 미국인으로서의 경험을 무효로 하려는 다른 사람들로부터 미묘한 공격을 경험한다. 가브리엘은 차별과 미묘한 공격 속에서 소외감을 느끼고 자신의 핵심 정체성에 의문을 가진다. 그는 불편함을 줄이기 위해 마리화나를 사용하지만, 약물사용이 불안을 더 악화시킬 수 있다고 느낀다. 그는 치료자에게 물질사용 외의 방법으로 차별 경험을 어떻게 다루어야 할지 모르겠다고 이야기하였다.

여러 가지 고위험 상황을 식별한 치료자는 가브리엘과 협력하여 대처 기술을 개발하기 시작한다. 구체적으로 치료자는 모델링, 역할극 및 과제를 사용하여 가브리엘의 자기주장, 약물 거절 기술 및 점진적 근육 이완에 대한 효능감을 발달시킨다. 또한 치료자는 가브리엘이 차별 경험에 효과적으로 대응하고 자기 옹호 전략을 실행하도록 힘을 실어 준다. 시간이 지남에 따라 가브리엘은 이러한 대처 전략을 성공적으로 실현하는 데 필요한 지식과 기술을 모두 습득할 것이다. 가브리엘이 고위험 상황에 직면하여 약물을 사용하지 않는 대처 전략을 성공적으로 실현할 때마다 자기효능감은 향상될 것이다.

치료자는 또한 가브리엘과 협력하여 실수가 발생할 경우를 대비하여 계획을 수립한다. 가브리엘은 처음 알코올이나 약물을 복용하면 겪을 수 있을 여러 가지 생각을 확인한다. 이런 자기 대화에는 '내가 또 망쳤다는 게 믿기지 않아. 넌 정말 패배자야, 이건 너무 어려워, 이게 다 무슨 소용이야? 너는 절대 약을 끊을 수 없어' 등이 포함된다. 가브리엘과 치료자는 이러한 자기 대화를 대체할 반대의 생각으로, '이것은 실패가 아니라 후퇴일 뿐이야. 너는 소중하고 목표가 있어. 힘든 일이지만 그만한 가치가 있어' 등의 진술을 개발한다. 가브리엘은 이러한 긍정적인 자기 대화를 지갑 크기의 카드에 적어 치료 센터의 24시간 핫라인 번호와 함께 지갑에 넣고 보관한다. 그리고 실수할 경우, 이것을 꺼내 읽고 완전한 재발로 가기 전에 초기 사용에서 물질사용을 중단하고자 한다. 이런 방식으로 가브리엘과 치료자는 금욕의 지속이라는 목표를 달성하기 위해 전반적인 요인과 상황적 요인을 모두 다룬다.

요약

중독치료에서 재발의 잠재성은 치료자와 환자 모두에게 어려운 현실이다. 경험적으로 입증된 여러 가지 재발 방지 접근은 환자의 물질 재사용의 가능성을 줄여 주거나, 재발이 발생하게 되더라도 그 심각성을 제한할 수 있다. 재발 방지 모델, 마음챙김 기반 재발 방지 접근, 그리고 CENAPS 모델은 고위험 상황과 재발 경고 신호를 식별하고, 환자에게 효과적인 대처 전략을 준비시키며, 실수가 완전한 재발로 되는 것을 막기 위해 인지적 재구조화를 활용하는 등의 공통된 특징을 가지고 있다. 이러한 접근을 통해 치료자는 환자가 촉발 요인과 재발 경고 신호에 대해 이해하고, 물질사용 없이도 고위험 상황 대처할 수 있는 자기 능력에 자신감을 얻을 수 있도록 돕는다. 재발 방지는 치료 시작부터 종결까지 중독치료의 핵심적 요소이다.

지속적인 학습을 위한 자료

▸ **Websites**

Addiction Website of Terence T. Gorski: www.tgorski.com (provides useful information on relapse prevention from the CENAPS model).

Center for Applied Sciences: www.cenaps.com (offers helpful resources regarding the principles and procedures of Gorski's relapse prevention model).

Mindfulness-Based Relapse Prevention: www.mindfulrp.com (provides resources for both clients and counselors pertaining to mindfulness approaches and interventions).

National Institute on Drug Abuse (NIDA): www.drugabuse.gov (provides current articles and resources related to a variety of facets of addiction and treatment, including relapse prevention trends, approaches, and empirical support).

참고문헌

Alcoholics Anonymous. (2001). *Alcoholics Anonymous* (4th ed.). New York: Author.

American Counseling Association. (2014). *ACA code of ethics*. Retrieved from www.counseling.org/knowledge-center/ethics.

Andreasen, N. C., Liu, D., Ziebell, S., Vora, A., & Ho, B. C. (2013). Relapse duration, treatment intensity, and brain tissues loss in schizophrenia: A prospective longitudinal MRI study. *American Journal of Psychiatry, 170*, 609-615.

Annis, H. M., & Graham, J. M. (1988). *Situation Confidence Questionnaire (SCQ-39): User's guide*. Toronto, ON: Addiction Research

Foundation.

Bandura A., (1997). *Self-efficacy: The exercise of control*. New York: Freeman.

Batson, C. D., & Schoenrade, P. A. (1991). Measuring religion as quest: 2) Reliability concerns. *Journal for the Scientific Study of Religion, 30*, 430-447. doi:10.2307/1387278

Bishop, S. R., Lau, M., Shapiro, S., Carlson, L., Anderson, N. D., Carmody, J., . . . Deving, G. (2004). Mindfulness: A proposed operational definition. *Clinical Psychology: Science & Practice, 11*, 230-241. doi:10.1093/clipsy.bph077

Bowen, S., Chawla, N., & Marlatt, A. G. (2010). *Mindfulness-based relapse prevention for substance use disorders: A clinician's guide*. New York: Guilford Press.

Bowen, S., & Marlatt, A. (2009). Surfing the urge: Brief mindfulness-based intervention for college student smokers. *Psychology of Addictive Behaviors, 23*, 666-671. doi:10.1037/a0017127

Bowen, S., Witkiewitz, K., Clifasefi, S. L., Grow, J., Chawla, N., Husu, S. H., . . . Larimer, M. E. (2014). Relative efficacy of mindfulness-based relapse prevention, standard relapse prevention, and treatment as usual for substance use disorders: A randomized clinical trial. *JAMA Psychiatry, 71*, 547-556.

Burling, T. A., Reilly, P. M., Moltzen, J. O., & Ziff, D. C. (1989). Self-efficacy and relapse among inpatient drug and alcohol abusers: A predictor of outcome. *Journal of Studies on Alcohol, 50*(4), 354-360.

Cashwell, C. S., & Watts, R. E. (2010). The new ASERVIC competencies for addressing spiritual and religious issues in counseling. *Counseling & Values, 55*(1), 2-5.

Chitwood, D. D., Weiss, M. L., & Leukefeld, C. G. (2008). A systemic review of recent literature on religiosity and substance use. *Journal of Drug Issues, 38*, 653-688.

Conner, B. T., Anglin, M. D., Annon, J., & Longshore, D. (2009). Effect of religiosity and spirituality on drug treatment outcomes. *Journal of Behavioral Health Services and Research, 36*, 189-198.

Connors, G. J., Tonigan, J. S., & Miller, W. R. (2001). A longitudinal model of intake symptomatology, AA participation, and outcome: Retrospective study of the Project MATCH outpatient and aftercare samples. *Journal of Studies on Alcohol, 62*(2), 817-825.

Daley, D. C., & Marlatt, G. A. (2006). *Overcoming your alcohol or drug problem: Effective recovery strategies* (2nd ed.). New York: Oxford University Press.

DiClemente, C. C., Carbonari, J. P., Montgomery, R. P. G., & Hughes, S. O. (1994). The Alcohol Abstinence Self-Efficacy scale. *Journal of Studies on Alcohol, 55*, 141-148.

Gorski, T. T. (1989). The CENAPS model of relapse prevention planning. *Journal of Chemical Dependency Treatment, 2*, 153-169.

Gorski, T. T. (2000). The CENAPS model of relapse prevention therapy (CMRPT). In *Approaches to drug abuse counseling* (pp. 23-38). National Institute on Drug Abuse.

Retrieved from http://archives.drugabuse.gov/pdf/ADAC/ApproachestoDACounseling.pdf.

Hagedorn, W. B., & Hirshhorn, M. A. (2009). When talking won't work: Implementing experiential group activities with addicted clients. *Journal for Specialists in Group Work, 34*(1), 43-67. doi:10.1080/01933920802600832

Hendershot, C. S., Witkiewitz, K., George, W. H., & Marlatt, G. A. (2011). Relapse prevention for addictive behaviors. *Substance Abuse Treatment, Prevention, & Policy, 6*, 1-17. doi:10.1186/1747-597x-6-17

Hunt, W. A., Barnett, L. W., & Branch, C. G. (1971). Relapse rates in addiction programs. *Journal of Clinical Psychology, 27*, 455-456.

Kabat-Zinn, J. (2003). Mindfulness-based interventions in context: Past, present, and future. *Clinical Psychology: Science & Practice, 10*, 144-156. doi:10.1093/clipsy/bpg016

Kenny, P. J., Koob, G. F., & Markou, A. (2003). Conditioned facilitation of brain reward function after repeated cocaine administration. *Behavioral Neuroscience, 117*, 1103-1107.

Krentzman, A. R. (2007). The evidence base for the effectiveness of Alcoholics Anonymous: Implications for social work practice. *Journal of Social Work Practice in the Addictions, 7*, 27-48.

Kuusisto, K., Knuuttila, V., & Saarnio, P. (2011). Client's self-efficacy and outcome expectations: Impact on retention and effectiveness in outpatient substance abuse treatment. *Addictive Disorders & Their Treatment, 10*, 157-168. doi:10.1097/ ADT.0b013e31820dd4ec

Larimer, M. E., Palmer, R. S., & Marlatt, G. A. (1999). Relapse prevention: An overview of Marlatt's cognitive-behavioral model. *Alcohol Research and Health, 23*, 151-160.

Leshner, A. I. (2001). Addiction is a brain disease. *Issues in Science & Technology, 17*, 75-81.

Marlatt, G. A., & George, W. H. (1984). Relapse prevention: Introduction and overview of the model. *British Journal of Addiction, 79*, 261-273.

Marlatt, G. A., & Gordon, J. R. (1985). *Relapse prevention: Maintenance strategies in the treatment of addictive behaviors*. New York: Guilford Press.

McLellan, T. A., Lewis, D. C., O'Brien, C. P., & Kleber, H. D. (2000). Drug dependence, a chronic medical illness: Implications for treatment, insurance, and outcomes evaluation. *Journal of the American Medical Association, 284*, 1689-1695. doi:10.1001/jama.284.13.1689

Miller, W. R., & Harris, R. J. (2000). A simple scale of Gorki's warning signs for relapse. *Journal of Studies on Alcohol, 61*, 759-765. doi:10.15288/jsa.2000.61.759

Miller, W. R., & Rollnick, S. (2013). *Motivational interviewing: Helping people change* (3rd ed.). New York: Guilford Press.

Miller, W. R., Walters, S. T., & Bennett, M. E. (2001). How effective is alcoholism treatment in the United States? *Journal of Studies on*

Alcohol, 62(2), 211-220.

Oei, T. P. S., Hasking, P. A., & Young, R. M. (2005). Drinking Refusal Self-Efficacy Questionnaire-Revised (DRSEQ-R): A new factor structure with confirmatory factor analysis. *Drug & Alcohol Dependence, 78*, 297-307. doi:10.1037/t04674-000

Olmsted, M. P., Kaplan, A. S., & Rockert, W. (2005). Defining remission and relapse in bulimia nervosa. *International Journal of Eating Disorders, 38*, 1-6. doi:10.1002/eat.20144

Pargament, K. I., Smith, B. W., Koenig, H. G., & Perez, L. (1998). Patterns of positive and negative religious coping with major life stressors. *Journal for the Scientific Study of Religion, 37*(4), 711-725. doi:10.2307/1388152

Petry, N. M., Lewis, M. W., & Ostvik-White, E. M. (2008). Participation in religious activities during contingency management interventions is associated with substance use treatment outcomes. *American Journal on Addiction, 17*, 408-413. doi:10.1080/10550490802268512

Prochaska, J. O., & DiClemente, C. C. (1982). Transtheoretical therapy: Toward a more integrative model of change. *Psychotherapy: Theory, Research & Practice, 19*, 276-288. doi:10.1037/h0088437

Prosek, E. A., Giordano, A. L., Holm, J. M., Daly, C. M., Sender, K. M., Ramsey, Z. B., & Abernathy, M. R. (in press). The experience of shame: Examining the effects of substance abuse, religion, and spirituality. *Journal of College Counseling*.

Rawson, R. A., Obert, J. L., McCann, M. J., & Marinelli-Casey, P. (1993). Relapse prevention strategies in outpatient substance abuse treatment. *Psychology of Addictive Behaviors, 7*, 85-95.

Roozen, H. G., & van de Wetering, B. J. M. (2007). Neuropsychiatric insights in clinical practice: From relapse prevention toward relapse management. *American Journal of Addictions, 16*, 530-531. doi:10.1080/10550490701643419

Solinas, M., Chauvet, C., Thiriet, N. E. I., Rawas, R., & Jaber, M. (2008). Reversal of cocaine addiction by environmental enrichment. *Proceedings of the National Academy of Sciences of the United States of America, 105*, 17145-17150. doi:10.1073/pnas.0806889105

Stewart, J. (2000). Pathways to relapse: The neurobiology of drug and stress induced relapse to drug-taking. *Journal of Psychiatry & Neuroscience, 25*, 125-136.

Tonigan, J. S., Conners, G. J., & Miller, W. R. (1996). Alcoholics Anonymous Involvement (AAI) scale: Reliability and norms. *Psychology of Addictive Behaviors, 10*, 75-80.

Underwood, L. G., & Teresi, J. A. (2002). The Daily Spiritual Experience scale: Development, theoretical description, reliability, exploratory factor analysis, and preliminary construct validity using healthy-related data. *Annals of Behavioral Medicine, 24*(1), 22-33. doi:10.1207/S15324796ABM2401_04

Warner-Smith, M., Darke, S., Lynskey, M., &

Hall, W. (2001). Heroin overdose: Causes and consequences. *Addiction, 96*, 1113-1125. doi:10.1080/09652140120060716

Wiechelt, S. A. (2007). The specter of shame in substance misuse. *Substance Use & Misuse, 42*, 399-409. doi:10.1080/10826080601142196

Witkiewitz, K., Greenfield, B. L., & Bowen, S. (2013) Mindfulness-based relapse prevention with racial and ethnic minority women. *Addictive Behaviors, 38*, 2821-2824. doi:10.1016/j.addbeh.2013.08.018

Witkiewitz, K., Marlatt, G. A., & Walker, D. (2005). Mindfulness-based relapse prevention for alcohol and substance use disorders. *Journal of Cognitive Psychotherapy: An International Quarterly, 19*, 211-228.

Witkiewitz, K., van der Maas, H., Hufford, M. R., & Marlatt, G. A. (2007). Nonnormality and divergence in posttreatment alcohol use: Reexamining the project MATCH data "another way." *Journal of Abnormal Psychology, 116*(2), 378-394. doi:10.1037/0021-843X.116.2.378

찾아보기

인명

Ainsworth, M. 187

Bandura, A. 455, 484
Beck, A. T. 343
Beck, J. S. 351, 353
Blum, K. 79
Blume, A. W. 311
Bourne, P. 54
Bowlby, J. 187
Braun, B. 118
Bromberg, P. M. 110, 114
Brown, S. 170

Carnes, P. J. 429
Carter, J. 54

Denning, P. 310, 311, 313, 325
DiClemente, C. C. 236, 257, 266, 269, 271, 316, 378
DiGiuseppe, R. 347
Dobson, K. S. 339
Doweiko, H. E. 234
Dozois, D. J. 339

Ellis, A. 347
Engel, G. 95
Erikson, E. 163

Fonagy, P. 191
Fowler, J. 168
Freud, S. 109

Gladding, S. T. 235
Gorski, T. T. 482, 488, 489

Hammer, R. 95
Harris, R. A. 490
Hughes, S. O. 271

Jellinek, E. M. 15, 75, 373

Kabat-Zinn, J. 486, 487
Kasl, C. 394
Kohlberg, L. 167
Kohut, H. 139, 144, 145
Kouimtsidis, C. 346

Leonard, M. 47
Leshner, A. 78
Leszcz, M. 454, 456
Lewin, K. 458
Loevinger, J. 164, 165

Main, M. 188
Marlatt, G. A. 311, 482, 483, 491, 492
McInerney, J. F. 347
Miller, J. B. 394
Miller, W. R. 281, 282, 285, 286, 287, 288, 291, 292, 298, 490
Moos, R. 371

Nixon, R. 53
Norcross, J. C. 236, 257, 265, 271, 273
Nowinski, J. 375, 382

Parks, G. A. 311
Pavlov, I. 341
Phillips, L. 397
Prochaska, J. 236, 257, 261, 264, 316, 378

Reagan, R. 55
Rogers, C. R. 316
Rollnick, S. 283, 285, 286, 287, 288, 291, 292, 298
Rosengren, D. B. 294
Rush, B. 46, 75

Sharp, E. B. 53
Siegel, D. 110
Skinner, B. F. 342
Smith, R. 370
Spurling, A. 47
Stuart, C. 121
Sweetser, W. 75

Thombs, D. L. 212
Tuckman, B. 457

Walker, A. 397
Weegmann, M. 118
Wegscheider-Cruse, S. 233
Wenzel, A. 344, 349

Wilson, B. 370
Winnicott, D. W. 184
Yalom, I. 454, 456
Young, K. S. 436

내용

1단계: 원거리 배경 요인 344
12가지 전통 370, 371
12단계 공동체 370
12단계 기반 치료 369
12단계 자조 공동체 370
12단계 촉진 380
12단계 치료 프로그램 495

AA 452
AA의 12단계 372
BASK 해리 모델 118
Boggs법 52
DARN 297, 298
FOCUS 294
Harrison 마약법 50
Jellinek 곡선 75
Just Say No 캠페인 56, 63, 96
K2/스파이스 88
LGBTQ 460
Match 프로젝트 380
MI 정신 285
NA 495
OARS 연습 294
PATHOS 선별 도구 431
RTCQ 272
RULE 287
SOBER 호흡 공간 352
SOCRATES 272
THC 86
URICA 272

ㄱ

가바 71
가족 역할 234
가족 회복의 단계 235
가족체계 이론 230, 246
가족치료 모델 231
각성제 72, 85
갈등 단계 457
갈망 487
감정 표현 불능증 196
감정정화 456

강박적 구매 장애 437
강점 기반 치료 246
강화 262
거울 욕구 141
거울 자기대상 욕구 144
거울반응 145
결단 언어 297
결핍 모델 150
경계 233
고립의 질병 452
고위험 상황 483
고위험 상황 계획 354
고유한 결과 410
고전적 조건형성 341
공감 표현하기 286
공감적 경청하기 288
공감적 조율 143, 154
공동의존 234
공동체 참여 377
공리주의 사상 314
공존장애 239
공중보건모델 217, 218
과잉 일반화 343
과정 언급 125, 127
과정-경험적 148
관계 균열 124
교정 반사 282
교정 반사에 저항하기 288
교정적 정서 경험 126
교차중독 196
국립약물남용연구소 139
귀인 120
규범 단계 457
극단적인 상황에 대해 질문하기 289
근접 상황 요인 345
근접성 추구 185
글루타메이트 71
금단 증상 79
금욕 16
금욕 위반 효과 483, 484
금주 운동 47
금주령 시대 51
긍정성의 축소 343
긍정적인 결과 기대치 484
기능적 자기공명 영상 200
기대 113
기록 및 자료 37
기밀 유지 33
기질 모델 76

ㄴ

날록손 309
날록손 키트 314, 320
낮은 좌절 인내력 347

낯선 상황 실험 188
내러티브 이론 405
내면화 267
내성 84
내적 동기 283
내적작동모델 185
논쟁 피하기 286
뇌 보상경로 73
뇌의 보상 기전 481
뇌의 진동 기능 183
뉴스의 확산 411

ㄷ

단계 작업 377
담배 80, 87
대인관계 학습 456
대화의 외재화 408
델타-9-테트라하이드로칸나비놀 73
도덕 모델 48
도덕 모델의 단점 62
도덕 온도계 46
도덕성 발달이론 167
도덕적 불안 119
도박 427
도박장애 427
도파민 71, 73, 78, 85
독심술 343
동기강화치료 359
동기면담 221, 281, 467
동기면담 과정 295

ㅁ

마리화나 80, 86, 87, 88
마약과의 전쟁 52, 57
마약남용 방지법 57
마음챙김 486
마음챙김 기반 재발 방지 486
마음챙김 명상 487
메스암페타민 85
메타돈 309, 321
메타돈 유지 관리 프로그램 319
메타돈 유지 치료 318, 326
모방 행동 455
몰리 88
무의식적 기억 110
무해성의 원칙 499
문화적 규범 214

ㅂ

바비튜레이트 83
바소프레신 88
반동 형성 112
반영적 경청 297
방어 처리 패턴 199

방어기제 110, 111, 117, 125
법적 · 윤리적 기준 36
베르니케 증후군 79
벤조디아제핀 83
변연계 109, 117
변형 내재화 142, 154
변화 계획 활동지 299
변화 대화 284, 296, 297, 298
변화 언어 284
변화 준비도 검사 272
병리적 자기애 143
보상 74, 113
보상/실행 기능 모델 426
보상과 용서 378
보편성 454
복측피개영역 73
복합 물질 89
본능 중독 423
부인 111, 114, 221, 266
부적 강화 75
부프레놀핀 309, 321
부프레놀핀 유지 치료 326
분열 111
불안 121
불안-양가 애착 189
불안정 애착 189, 190
불일치감 283
불일치감 만들기 287, 290
빅북 376

ㅅ

사고 관찰 351, 352
사고 관찰 기록지 352
사회갈등이론 220
사회적 규범 이론 215
사회적 통제이론 218, 219
사회학 이론 212, 223
사회학습이론 219
사회화 기술의 발달 455
상호 지원 집단 370
생득적 편견 121
생물심리사회모델 95
생물학적 모델 96
생물학적 이론 94
선별 31
성적 중독 선별 검사 430
성중독 429
성찰 기능 191
세대 간 전수 243
세로토닌 71, 88
쇼핑 중독 437
수면제 83
수반성 관리 354, 355
수용 285

수용과 복종 376
수치심 153
수행 단계 457
숙고 단계 259, 267
승화 113, 125
신경 적응 481
신경가소성 95
신경생물학 78
신경생물학적 모델 76, 78
신경유전학 95
신경전달물질 71
신경증 불안 119
신피질 117
실수 483
실행 단계 260, 268, 269
심리사회적 발달이론 163
심상화 351, 353
쌍둥이 욕구 141

ㅇ

아데랄 85
안내된 발견 351
안아 주는 분위기 458
안정 애착 189
알코올 80, 82, 90
알코올 선별 및 개입 358
알코올 중독자 모임 369
암묵적 기억 109
암페타민 80, 85
애착 유형 189
애착 조율 199
약물 법원 63
양가감정 282, 296, 298
억압 112
억세 113
억제제 72, 79
에탄올 82
여성주의 400
여성주의 이론 396
역내성 15
역전이 123, 128
역조건화 262, 264, 269
열반 원리 118
영성 375, 495
영성발달이론 168
영적 각성 375
오피오이드 48, 81, 84
오피오이드 대체 프로그램 312
오피오이드 중독 49
옥시토신 88
외상 결속 196
외적 동기 283
운동 중독 432
원가족 집단의 교정적 재현 455

유머 113
유지 단계 260, 269
유지 대화 296
윤리적 문제 해결 41
음식 중독 431
의식 고양 262, 263, 267
이분법적 사고 343
이상화 111
이상화 욕구 141
이상화 자기대상 욕구 144
이완 훈련 354, 355
이중 관계 28
이타주의 113, 455
이행기 대상 197
익명의 마약 중독자 모임 369
익명의 알코올 중독자들 452
인지 처리 오류 343
인지치료 343
인지행동 467
인지행동 집단치료 468
인지행동치료 339
인터넷 중독 433
일 중독 439
일차과정 사고 118
임의적 추론 343

ㅈ

자가 처방 239
자극 통제 262, 263, 264
자기 140
자기 결정 26
자기 재평가 262, 263, 267
자기 해방 262
자기대상 욕구 141, 142, 146
자기조절 144
자기효능감 484
자기효능감 지지하기 287
자동적 사고 345
자문 40
자아 117
자아 이상 118
자아발달이론 164
자유 연상 121, 129
작업동맹 452
장악된 뇌 이론 78
재발 149, 261, 479
재발 경고 신호 489
재발 경고 신호 평가 490
재발 관리 479
재발 방지 453, 479, 482
재발 방지 모델 483, 488
재발 방지 접근 498
저항 283

저항과 함께 구르기 286, 289
전문적 책임 34
전숙고 단계 258, 265
전치 113
절대 금주자 48
정보 전달 454
정서 조절 154, 191, 196
정시적 각성 262, 263, 267
정서중심치료 196
정신병적 부인 111
정신분석 치료 121
정신분석적 평가 129
정적 강화 73, 75
조작적 조건형성 342
조장 234
종결 단계 261
주의 전환 351, 352
주의력 결핍/과잉행동 장애(ADHD) 85
주지화 114, 117, 266
주지화/정서의 고립 112
준비 단계 259, 268
중독 15
중독 물질 79
중독 회로 75, 78
중독의 3D 15
중독의 속성 14
중요성 척도 연습 활용하기 290
중재 가설 339, 347
중추신경 90
중추신경계 71, 82, 84
증상 대체 125
지도 감독 40, 128
지역사회 강화 356
지역사회 강화 및 가족 훈련 237
지역사회 강화 접근 354
지지적인 직면 458
진단 및 해석 30
진정제 81, 83
질병 모델 75, 76, 96, 373
질병-도덕 모델 63
집단 규칙 462
집단 기준 29
집단 발달이론 457
집단 지도자 458
집단응집력 453, 456
집단의 규범 464
집단치료 451
집단치료의 유형 466

ㅊ

참만남 집단 452
체험적 기법 267
초이론 모델 257, 284, 316
최적의 좌절 142

충동 파도타기 487
취소 111
치료 관계 25
치료 전통 12
치료적 관계 452

ㅋ

코르사코프 증후군 79
코카인 80, 86

ㅌ

탄탄한 구성 411
투사 112, 113, 266
투사 기법 129
투사적 동일시 112, 124

ㅍ

파국화 343
파국화 사고 353
페미니스트 395, 399
페미니스트 이론 394
펜사이클리딘 73
편도체 75
평가절하 111
폐해 감소 309
폐해 예방 29
표준 음주량 82
표준 잔 83
프루프 82
플래카 89

ㅎ

하향식 화살표 연습 351, 353
합리적 정서행동치료 347
합리화 112, 114, 266
합성 마약 88
항상성 74, 233
해리 112
해리된 기억 109
해체 단계 457
해체적 경청 409
행동 기술 훈련 354
행동 시연 354, 356
행동치료 341
행동화 112
행위 중독 423
행위 중독의 핵심 요소 424
헤로인 85
현실 불안 118
현실검증 120
혈중 알코올 농도 82
협력적 경험주의 349
혼란 애착 190
환각제 81

환상 111
환자 복지 25
환자에게 중요한 주제 다루기 및 협상하기 290
환자에게 힘 실어 주기 288
환자의 동기 이해하기 288
활성물질 86
회복발달모델 160, 170
회복의 내면화 152
회전문 53
회피 애착 190
후기-급성 금단 증후군 327
후생 유전학 77, 78
후원 379
흡입제 81
희망 심어 주기 454

편저자 소개

Pamela S. Lassiter

Lassiter 박사는 North Carolina 대학교 Charlotte 캠퍼스 심리치료학과 부교수로 재직 중이다. 그녀는 물질남용 치료와 지역사회 정신건강 분야에서 30년 이상의 치료사, 임상 지도 감독자, 관리자로서 경력을 쌓아 왔다. 공인 전문치료사, 공인 결혼 및 가족치료사, 공인 임상 중독전문가의 자격을 모두 보유하고 있는 Lassiter 박사는 North Carolina Charlotte에 있는 개인치료센터에서 임상 활동을 지속 중이다. 그녀는 North Carolina 대학교 Charlotte 캠퍼스 물질남용 인증 프로그램과 중독 프로그램의 이사로 재직 중이며, 동 대학에서 매년 개최되는 Jonnie McLeod 중독 연구소 소장을 맡고 있다. Lassiter 박사의 관심 연구 분야는 다문화 치료 및 지도 감독, 심리치료 분야에서의 성소수자 문제, 중독치료, 여성문제 등을 포함한다. 국제 중독 및 범죄자 치료협회(International Association of Addictions and Offender Counseling: IAAOC)의 전 회장을 역임한 바 있으며, 현재 『중독 및 범죄자 심리치료 저널(Journal of Addiction and Offender Counseling)』의 부편집장을 맡고 있다. IAAOC에서 수여하는 중독/범죄자 우수 교육상, North Carolina 영적·윤리적·종교적 가치 치료협회에서 수여하는 Mary Thomas Burke 박사 멘토링 상, 국제 심리치료 명예 협회(Chi Sigma Iota International)의 Chi Epsilon 지부가 수여하는 JoAnna White Founders Award를 수상한 바 있다. 박사는 여가 시간에 캠핑, 골프, 정원 가꾸기를 좋아하며, 반려동물 Nola, Ellie, 그리고 Gracie와 함께 시간 보내기를 즐긴다.

John R. Culbreth

Culbreth 박사는 North Carolina 대학교 Charlotte 캠퍼스 심리치료학과 교수로 재직 중이다. 그의 관심 연구 분야는 임상 지도 감독, 중독치료, 치료사 역할로 인한 소진, 그리고 국제 치료사 양성 교육이며, 이와 관련한 주제로 다수의 학술지 논문, 책의 일부분, 두 권의 저서를 집필한 바 있다. Culbreth 박사의 임상경험은 정신건강 치료사, 약물의존 치료사, 그리고 물질남용 예방 치료사로서의 치료 현장경험부터, 학교 환경에서의 학생 지원 프로그램 코디네이터와 개입 치료사로서의 업무 경험을 포괄한다. 그는 교수 활동 외에도 소규모 개인치료 및 지도 감독 실무를 지속하고 있다. 미국 공인 치료사, 공인 임상 지도 감독자, 중독전문 치료사 자격을 보유하고 있으며, North Carolina주의 공인 전문 심리치료 지도 감독자, 공인 임상 중독 전문치료사, 공인 임상 지도 감독자 자격을 갖추고 있다. 또한 미국 심리치료협회, 심리치료 교육 및 지도 감독 협회, 국제 중독 및 범죄자 심리치료협회, 그리고 Chi Sigma Iota 회원으로도 활발히 활동 중이다. 그는 두 개의 학술지, 『중독 및 범죄자 치료 저널(Journal of Addiction and Offender Counseling)』과 『임상 지도 감독자(The Clinical Supervisor)』의 편집위원을 역임했으며, 『심리치료 및 발달 저널(Journal of Counseling and Development)』과 『심리치료 교육 및 지도 감독(Counselor Education and Supervision)』의 특별 편집위원으로 활동 중이다. 그는 교수로서의 본분과 오토바이 여행 및 스키 타기와 같은 취미 사이에서 어떤 것을 선택해야 할지 끊임없는 내적 갈등을 겪고 있다.

저자 소개

Dr. Kathleen Brown-Rice

Nebraska주의 공인 정신건강 제공자, Nebraska주의 공인 알코올 및 약물 치료사, North Carolina주의 공인 임상 중독치료사, South Dakota주의 공인 정신건강 치료사, 승인된 임상 지도 감독자, 그리고 미국 공인 치료사이다.

Dr. Jana Burson

Burson 박사는 2001년부터 중독의학에 관심을 가지게 되었고, 2004년부터 본격적으로 중독 1차 진료 분야에서 10여 년간 활동해 왔다.

Dr. Craig S. Cashwell

Cashwell 박사는 North Carolina 대학교 Greensboro 캠퍼스에서 심리치료 및 교육 개발학과 교수로 재직 중이다.

Dr. Joseph B. Cooper

Cooper 박사는 Marymount 대학교 심리치료학과 학과장이며, Washington D.C.에 위치한 Washington 정신의학 대학의 집중 단기 역동 심리치료 교육 프로그램의 전 학과장이자 현 교수진이다.

Dr. Astra B. Czerny

Czerny 박사는 현재 Philadelphia 대학교 지역사회 및 외상 치료 프로그램의 조교수로 재직 중이다.

Dr. Amanda L. Giordano

Giordano 박사는 공인 전문 치료사(Licensed Professional Counselor: LPC), 미국 공인 치료사(National Certified Counselor: NCC)이자 North Texas 대학교의 조교수이다.

Dr. Charles F. Gressard

Gressard 박사는 William & Mary 대학교의 심리치료 프로그램의 책임자이며, New Leaf Clinic의 중독전문 프로그램 담당자이자 교수 책임자이다.

Dr. Daniel Gutierrez

Gutierrez 박사는 North Carolina 대학교 Charlotte 캠퍼스의 심리치료학과 조교수이자, North Carolina주와 Florida주의 공인 전문치료사이다.

Dr. Leigh E. Holman

Holman 박사는 개인치료센터, 병원, 집중 외래 프로그램(IOP), 부분 입원 프로그램(PHP), 이중 진단 부서, 전문직 재활치료 단위(impaired professionals units), 거주 치료 프로그램, 지역사회 기관, 교도소 등의 다양한 환경에서 20년 이상 정신건강 전문가로 활동한 경력을 보유하고 있다.

Dr. Melanie M. Iarussi

Iarussi 박사는 Auburn 대학교 부교수이자 심리치료 교육 박사 프로그램의 코디네이터로 재직 중이다.

Dr. Katie A. Lamberson

Lamberson 박사는 2010년 재활 치료학 석사 학위를 취득한 후, 중독으로 어려움을 겪는 청소년과 가족들을 위한 치료사로 여러 해 동안 활동해 왔다.

Dr. Simone F. Lambert

Lambert 박사는 Washington D.C.에 위치한 Argosy 대학교의 심리치료학과 부교수로 재직 중이다.

Dr. Todd E. Lewis

Lewis 박사는 North Dakota 주립대학교의 심리치료 및 심리치료 교육학과 교수로 공인 전문치료사와 미국 공인 치료사 자격을 보유하고 있다. Lewis 박사는 미국 심리치료협회 산하 국제 중독 및 범죄자 치료사 협회(IAAOC)에서 재무 책임자와 회장을 역임한 바 있으며, 최근에는 미국 심리치료협회 운영위원 IAAOC 대표로도 활동하였다.

Dr. Jeremy M. Linton

Linton 박사는 Indiana 대학교 South Bend 캠퍼스 내 심리치료 및 인간 서비스학과 부교수이며, 학생 치료사 교육센터의 소장이다.

Dr. Taryne M. Mingo

Mingo 박사는 Missouri 주립대학교에서 조교수로 재직 중이다.

Dr. Regina R. Moro

Moro 박사는 Idaho, Boise 주립대학교 심리치료 교육학과의 조교수이다.

Dr. Marsha Riggio

Riggio 박사는 Washington D.C.에 위치한 Argosy 대학교 심리치료학과의 학과장이자 부교수로, 2016년 교수 멘토상(Faculty Mentor Award)을 수상한 바 있다. 그녀는 심리치료 교육 및 지도 감독 분야 박사 학위를 가지고 있으며, 20년 이상의 교육 및 정신건강 관련 임상경험을 가지고 있다.

Dr. Rebecca G. Scherer

Scherer 박사는 North Carolina주 공인 전문 치료사(LPC), 공인 임상 지도 감독자(ACS), 국가 공인 치료사(NCC) 자격을 보유하고 있다.

Dr. Anneliese A. Singh

Singh 박사는 Georgia 대학교 교육대학의 부교수이자 '다양성, 형평성, 포용성' 프로그램의 부학장으로 재직 중이다.

Michael S. Spivey

Spivey는 임상 정신건강에 관심을 가지고 North Carolina 대학교 Charlotte 캠퍼스에서 심리치료 석사 학위를 공부 중이다.

Paula J. Swindle

Swindle은 North Carolina 대학교 Greensboro 캠퍼스 박사과정 학생으로 석사 학위와 미국 공인 치료사, 공인 전문치료사 지도 감독자 자격을 보유하고 있다.

Heidi Unterberg

Unterberg는 Washington D.C. Argosy 대학교의 박사과정 학생으로, 심리치료학과의 석사 과정 조교로 2년 정도 근무한 경력이 있다.

Dr. Edward Wahesh

Wahesh 박사는 Villanova 대학교 교육과 심리치료학 조교수로 물질남용과 예방, 인지행동 심리치료 분야의 강의를 담당 중이다.

Dr. Amy E. Williams

Williams 박사는 Youngstown 주립대학교 심리치료·특수교육 및 심리학 대학의 조교수로 재직 중이다.

Elliott S. Woehler

Woehler는 North Texas 대학교 심리치료학과 2년 차 박사과정 학생이다.

역자 소개

이문희(Lee, Munhee)

이화여자대학교 심리학과에서 상담심리학으로 석사 및 박사 학위를 받았으며, 한국청소년상담원, 이화여자대학교, 경기대학교에서 상담원으로 일한 경험이 있다. 서강대학교 학생상담연구소에서 상담 수련 과정을 수료하였으며, 상담심리사 1급(한국상담심리학회), 청소년상담사 1급(문화관광부), 중독전문가 1급(한국중독전문가협회) 자격을 취득하였다. 현재 서울상담심리대학원대학교 상담심리학과 중독상담전공 교수로 재직하고 있다. 주요 역서로는 『심리치료의 거장』(공역, 학지사, 2008), 『감정 공포 치료』(공역, 학지사, 2015), 『아동·청소년 성격장애 치료』(공역, 학지사, 2018), 『성격장애의 정신역동치료』(공역, 학지사, 2020)가 있다.

장수정(Jang, Soojung)

서울대학교 식품영양학과에서 박사학위 취득 후 영양생리학(nutritional physiology) 분야에서 연구와 강의를 하였으며, 서울상담심리대학원대학교 상담심리학과에서 중독상담전공으로 석사학위를 마쳤다. 현재 부설 심리상담센터에서 수련과정을 밟고 있다.

김문형(Kim, Moonhyung)

서울상담심리대학원대학교 상담심리학과에서 중독상담전공으로 박사과정을 수료하였으며, 전문상담사 2급(한국상담학회), 중독전문가 1급(한국중독전문가협회) 자격을 취득하였다. 현재는 한국도박문제예방치유원 전문상담기관으로 지정된 해드림상담센터에서 상담 실장으로 근무하고 있다.

손은경(Sohn, Eun Kyung)

서울상담심리대학원대학교 상담심리학과에서 중독상담전공으로 석사학위를 마쳤으며, 상담심리사 2급(한국상담심리학회) 자격을 취득하였다.

김은주(Kim, Eunju)

서울상담심리대학원대학교 상담심리학과에서 중독상담전공으로 박사과정을 수료하였으며, 상담심리사 1급(한국상담심리학회), 중독전문가 1급(한국중독전문가협회) 자격을 취득하였다. 현재는 서울상담심리대학원대학교 부설 강남심리상담센터 수석상담사로 재직 중이며, 한국도박문제예방치유원 협약센터와 법무부 보호관찰소에서 도박 상담 및 마약류 대상자 재활을 위한 보호위원으로 활동하고 있다.

박영례(Park Young Rea)

가톨릭대학교 상담심리대학원에서 상담학 석사학위를 취득하였다. 상담심리사 1급(한국상담심리학회), 중독전문가 1급(한국중독전문가협회), 청소년상담사 2급(여성가족부) 자격을 취득하였고, 현재는 서울상담심리대학원대학교에서 중독상담 박사과정을 이수 중이며 서울상담심리대학원대학교 부설 강남심리상담센터 수석상담사로 재직하고 있다.

이유정(Lee You Jung)

서울상담심리대학원대학교 상담심리학과에서 중독상담전공으로 박사과정을 수료하였다. 상담심리사 1급(한국상담심리학회), 중독전문가 1급(한국중독전문가협회) 자격을 취득하였다. 현재는 법무부 보호관찰소 마약류 관리대상자 보호관찰위원으로 활동 중이며, 유튜브 채널 '앤드쌤의 사랑방'과 앤드심리상담센터 운영자이다.

임보람(Im, Boram)

서울상담심리대학원대학교에서 긍정심리학 전공으로 석사학위를 취득하였으며, 현재 동 대학원 중독상담전공 박사과정에 재학 중이다. 상담심리사 2급(한국상담심리학회) 자격을 취득하였고, 현재는 청소년과 성인을 대상으로 상담 실무 및 연구 활동을 이어 가고 있다.

중독치료의 이론과 실제

Theory and Practice of Addiction Counseling

2026년 1월 20일 1판 1쇄 인쇄
2026년 1월 25일 1판 1쇄 발행

편저자 • Pamela S. Lassiter · John R. Culbreth
옮긴이 • 이문희 · 장수정 · 김문형 · 손은경
김은주 · 박영례 · 이유정 · 임보람
펴낸이 • 김진환
펴낸곳 • ㈜학지사
04031 서울특별시 마포구 양화로 15길 20 마인드월드빌딩
대표전화 • 02-330-5114 팩스 • 02-324-2345
등록번호 • 제313-2006-000265호

홈페이지 • http://www.hakjisa.co.kr
인스타그램 • https://www.instagram.com/hakjisabook

ISBN 978-89-997-3573-8 93180

정가 27,000원